Wohnmobile selbst ausbauen und optimieren
1000 Tipps und Tricks für alle Wohnmobil-Selbstausbauer
und Wohnmobil-Optimierer

Dolce Vita Verlag

Ulrich Dolde

Wohnmobile selbst ausbauen und optimieren

1000 Tipps und Tricks für alle Wohnmobil-Selbstausbauer und Wohnmobil-Optimierer

www.wohnmobil-selbstausbau.com

Dolce Vita Verlag

Vorwort

»Wenn du ein Schiff bauen willst, so trommle nicht Männer zusammen, um Holz zu beschaffen, Werkzeuge vorzubereiten, die Arbeit einzuteilen und Aufgaben zu vergeben, sondern lehre die Männer die Sehnsucht nach dem endlosen weiten Meer!«

Antoine de Saint-Exupéry

Mit dem Bau eines Wohnmobils verhält es sich genauso wie mit dem von Antoine de Saint-Exupéry angesprochenen Bau eines Schiffes. Deshalb findest Du in diesem Buch nicht nur eine detaillierte Beschreibung, wie ein solches Wohnmobil gebaut wird, sondern auch immer wieder Bilder von unserer ersten Testreise nach Marokko und in die Westsahara. Falls Du dieses Buch in Form der CD-ROM erworben hast, kannst Du Dich über unseren sehr persönlichen Reisebericht von unserer achtmonatigen Reise über Südeuropa nach Marokko und in die Westsahara freuen. Vielleicht ist es sogar sinnvoll, diesen zuerst zu lesen und damit die eigene Sehnsucht zu wecken, die Welt zu entdecken. Dann bekommen die Kosten, die Mühen und die Schwierigkeiten einen Sinn, und jeder noch so kleine Schritt an Deinem Wohnmobil ist ein Schritt in Richtung der Verwirklichung Deiner eigenen Träume.

Übrigens biete ich Dir hiermit das »Du« an und erlaube mir, Dich im weiteren Verlauf dieses Werkes zu duzen, eint uns doch mindestens das Reisevirus und sicherlich auch der eine oder andere Spritzer Diesel im Blut.

Vielleicht geht es Dir am Ende ja auch wie uns. Seit unser »Sternchen« – so heißt unser Vehikel – vor der Tür steht, haben sich auch unsere Träume, unsere Vision und damit auch unser Lebensmodell verändert. Unsere Vision sieht so aus, dass wir eigentlich zwei Leben in einem führen möchten: ein Nomadenleben und ein »normales« Leben.

Unsere Vision sieht so aus, dass wir eigentlich zwei Leben in einem führen möchten: ein Nomadenleben und ein »normales« Leben. Eine Zeitlang zu reisen und dann wieder hier in Mitteleuropa seinem Beruf und seiner Berufung nachzugehen, das ist es, was uns wirklich reizt. Die Abwechslung,

Vorwort

die beide Leben bieten und die Gewissheit, dass es nach ein paar Monaten wieder neue Abenteuer zu erleben gibt – im Business oder auf irgendeiner Piste dieser Welt. Mit dem Kauf dieses Buches oder der CDROM hast Du dazu beigetragen, dass wir unserem Ziel ein Stückchen näher kommen. Und so hoffe ich, dass ich Dir mit meinem Werk bei der Verwirklichung Deiner Träume ebenfalls helfen kann.

Herzlichst Ulrich Dolde

P.S. Ich biete Dir hiermit das »Du« an und erlaube mir, Dich im weiteren Verlauf dieses Buches zu duzen, eint uns doch mindestens das Reisevirus und sicherlich auch der eine oder andere Spritzer Diesel im Blut.

Mit meinem Werk richte ich mich an all die Frauen und Männer, die vom Reisen mit dem Wohnmobil träumen und selbst Neu Hand an ihr Fahrzeug legen wollen. Bitte erlaubt mir aber, im Sinne eines leichteren und gebräuchlichen Leseflusses, auf die Nennung der jeweils anderen Geschlechtsform zu verzichten und als Träger des Y-Chromosoms meine Leserinnen und Leser in der männlichen Form anzusprechen. Denn ich möchte vermeiden, dass ständige Stolperer und Stolperinnen den Lesefluss beeinträchtigen. Ich danke Dir für Dein Verständnis.

Information zum Aufbau des Buches

FÜR SELBSTAUSBAUER Der Aufbau des Buches entspricht dem chronologischen Ausbau unseres Fahrzeugs. Deshalb sind beispielsweise die Themen Wasserinstallation und Elektroinstallation zweigeteilt, weil es hier jeweils einen vorbereitenden Part zu einem relativ frühen Zeitpunkt des Ausbaus gegeben hat, während die eigentliche Installation sehr viel später stattfand. Selbstausbauer, die einen Komplettausbau angehen, können sich also in der Abfolge der Ausbauschritte an der Reihenfolge der Inhalte orientieren.

FÜR WOHNMOBIL-OPTIMIERER Wer dieses Buch zur Optimierung seines Wohnmobils nutzt, wird sich kaum durch sämtliche Kapitel kämpfen, sondern gezielt zu dem Kapitel springen, in dem es um den für ihn relevanten Sachverhalt geht. Deshalb habe ich die Struktur des Buches und das Inhaltsverzeichnis deutlich überarbeitet, so dass man die jeweiligen Themen schnell findet.

FÜR SCHNELLLESER Wer sich einen möglichst schnellen Überblick über den Inhalt meines Buches verschaffen will, dem seien die Bilder und Bildunterschriften empfohlen. Da ein Bild mehr als 1000 Worte sagt, habe ich überall da, wo ich ein passendes Bild zur Verfügung hatte, dieses genutzt und die Essenz des Themas in der Bildunterschrift zu verpacken versucht. So sind die Bildunterschriften zwar weitgehend redundant mit den Informationen im Fließtext, sie erlauben aber zusammen mit den Bildern einen Schnellüberblick über das Buch.

KOSTENLOSER UPDATE-SERVICE Wenn Du Dich für meinen kostenlosen E-Mail Newsletter anmeldest (erscheint 3–4 mal pro Jahr), dann erhältst Du automatisch Updates von meinem Buch kostenlos per E-Mail zugesandt, sobald ich daran etwas verändert habe.

WOMO-AUSBAU-WEBINARE In unregelmäßigen Abständen veranstalte ich Webinare – also Live-Seminare im Internet. In meinem Newsletter und auf meiner Homepage informiere ich über die Termine.

Inhaltsverzeichnis

	Vorwort	4
1	Informationen zur neuen Auflage	18
2	Kritische Betrachtungen zum Reisen mit dem Wohnmobil	20
3	Wie es zu diesem Buch kam	22
4	Zielgruppen für Buch und CD-ROM	26
5	Danke schön	28
6	Fachzeitschriften und Online-Plattformen	30
7	Ein alter Traum wird neu belebt	32
8	Warum ein Allrad-Wohnmobil?	36
9	**Fahrzeugauswahl**	**42**
9.1	Pflichtenheft für unser Fahrzeug	42
9.2	Erste Vorüberlegungen und Vorauswahl	44
9.3	Auswahlkriterium weltweite Ersatzteilversorgung	45
9.4	Kauf beim Händler, bei VEBEG oder privat	47
9.5	Gewichtsproblematik in der 7,5-Tonnen-Klasse	48
9.6	Größeres Fahrzeugangebot in der Klasse über 7,5 Tonnen	50
9.7	Gegenüberstellung der von mir probegefahrenen Fahrzeuge	50
9.8	Unsere Kaufentscheidung fällt auf einen Mercedes 914 AK (Allrad-Kipper)	53
9.9	Technische Daten unseres MB 914	55
9.10	Weitere Allrad-Lkws	55

10 Aufbauauswahl — 62

10.1	Kühlkoffer	62
10.2	BGS-Koffer	63
10.3	LAK-Shelter	63
10.4	Bundeswehr-Shelter von Dornier und Zeppelin	63
10.5	Systemvergleich zwischen GFK- und Aluminium-Wohnkabinen	65

11 Kabinenbau — 72

11.1	Sandwichplatten	72
11.2	Erforderliche Infrastruktur für den Kabinen-Selbstbau	75
11.3	Überlegungen zur Ausstattung der Kabine	76
11.4	Zusammenbau der Kabine mit einer Alu-Außenhaut	78
11.5	Zusammenbau einer GFK-Kabine.	79

12 Zwischenrahmen — 86

12.1	Wozu bedarf es eines Zwischenrahmens?	86
12.2	Der Zwischenrahmen wird von vier Faktoren beeinflusst	87
12.3	Welcher Zwischenrahmen für welchen Einsatzzweck?	88

13 Rostbehandlung und Fahrgestell-Konservierung — 92

13.1	Rostbehandlung, Rostumwandlung	93
13.2	Grundierung	95
13.3	Unterbodenschutz	96
13.4	Hohlraumschutz	96

14 Massenverteilung — 98

15 Grundriss-Planung — 100

16 Planung der Seitenansichten und des Dachlayouts — 114

17 Vorstellung des fertigen Fahrzeugs — 120

18 Erläuterung des Raumkonzepts — 124

19 Farbgestaltung — 136

Inhaltsverzeichnis

20	**Befestigungstechnik**	**138**
20.1	Verschraubung	138
20.2	Nieten	140
20.3	Schweißen	141
20.4	Kleben und Dichten	142
20.5	Befestigungstechnik je nach Anwendungsfall	144
20.6	Befestigungstechnik mit Einnietmuttern	151
21	**Vorbereitende Arbeiten am Koffer**	**156**
21.1	Ausbau der Befestigungsschienen	156
21.2	Wandbelag für die Kabine	158
21.3	Überlegungen zur Farbgestaltung innen	159
21.4	Die ursprüngliche Isolierung des Shelters	160
21.5	Nachisolierung des Shelters und Beseitigung der Schimmelprobleme	162
22	**Einbau von Türen, Fenstern, Luken und Klappen**	**168**
22.1	Einbau der Eingangstür	168
22.2	Alternative Eingangstüren	170
22.3	Welche Fenster sind die Richtigen?	172
22.4	Einbau der Dometic-Seitz-S4-Fenster	173
22.5	Echtglasfenster von KCT	**177**
22.6	Echtglasfenster von PABST-Air Tec.	179
22.7	Echtglasfenster von Outbound Motorhome Products	180
22.8	Einbau der WC-Serviceklappe	182
22.9	Einbau der Stauraumklappen	184
22.10	Einbau der Dachluken	188
22.11	Einbau der Kühlschrankbelüftungsklappen	189
23	**Vorbereitung der Elektroinstallation**	**192**
23.1	Grundlegende Gedanken: 12 oder 24 Volt im Aufbau	192
23.1	Planung der Elektroverbraucher	193
23.2	Verlegung der Kabelkanäle	193
23.3	Berechnung der Kabelquerschnitte	195
23.4	Einbau der Versorgerbatterien	197
24	**Durchstieg**	**198**
24.1	Generelle Überlegungen zum Durchstieg	198
24.2	Argumente gegen einen Durchstieg	198
24.3	Argumente für einen Durchstieg	199
24.4	Die gängigsten Durchstiegsvarianten	200
24.5	Bau des Durchstiegs mit einem Faltenbalg aus Lkw-Plane	201

24.6	Bau der Schiebetür auf der Koffer-Innenseite im Durchstieg	203
24.7	Die Durchstiegsarbeiten am Fahrerhaus	205
24.8	Einbau des Faltenbalgs	206
24.9	Durchstiegsklapptür im Fahrerhaus	207
24.10	Alternative Lösung für den Faltenbalg	208

25 Vorbereitende Arbeiten für die Wasserinstallation — 210

25.1	Grundsätzliche Überlegungen	210
25.2	Abwassertank für Dusche und Bad	211
25.3	Abwassertank für die Küche	211

26 Heizung, Warmwasserbereitung und Kühlung — 214

26.1	Diesel- oder Gasheizung?	215
26.2	Luft- oder Wasserheizung?	217
26.3	Gas-Wasserheizung von Alde: Compact 3010	219
26.4	Diesel-Luftheizungen von Eberspächer: Airtronic-D2 bis D5	220
26.5	Diesel Wasserheizungen von Eberspächer: Die Hydronic-Familie von Hydronic 2 bis Hydronic M12	221
26.6	Gas-Luftheizung mit Wasserboiler von Truma: Truma Combi 4 (E) und Combi 6 (E)	222
26.7	Diesel-Luftheizung mit Wasserboiler von Truma: Truma Combi D 6	223
26.8	Gas-Luftheizungen von Truma: Trumatic E 2400/E4000	223
26.9	Diesel-Luftheizung von Webasto: Air Top 2000 ST, Evo 3900, Evo 5500	224
26.10	Diesel Wasserheizung von Webasto: Thermo Top C Motorcaravan	225
26.11	Diesel-Luftheizung mit Warmwasserboiler von Webasto: Dual Top Evo 6-8	226
26.12	Einbau der Heizung	226
26.13	Verlegung der Heizungsrohre	231
26.14	Not-Heizung mit Heizaufsatz für den Gaskocher	232
26.15	Verschiedene Wege der Warmwasserbereitung	232
26.16	12-V-Aufdach-Standklimaanlage von Eberspächer: Ebercool Holiday III	235

27 Möbelbau Teil 1: Küche, Bad, Schrank, Deckenkästen — 236

27.1	Grundsätzliche Informationen zum Möbelholz	236
27.2	Gewichts- und festigkeitsoptimiertes Möbelbau-Material	237
27.3	Gewichteinsparungspotenzial bei meinem Möbelbau	239
27.4	Gewichtseinsparung durch unterschiedliche Plattenstärken bzw. unterschiedliche Materialien	239
27.5	Generelle Überlegungen zum Dekor	240
27.6	Unser Möbelholz: 16-mm-Tischlerplatten mit weißer Melaminbeschichtung	241
27.7	Vorüberlegung über einzubauende Komponenten	241
27.8	Möbelplanung und Vermaßung	242
27.9	Möbelbefestigung mit Blindnietmuttern	245
27.10	Umleimer	246
27.11	Scharniere	246
27.12	Schubladen	246

Inhaltsverzeichnis

27.13	Der Möbelbau in chronologischer Reihenfolge	249
27.14	Einbau der Schubladen	250
27.15	Schubladen- und Hängeschrankverschlüsse	252
27.16	Einbauten im Bad	254
27.17	Möbelbau Teil 1–Chronologie in Bildern	263
27.18	Kochgelegenheiten	267
27.19	Einbau des Gas-Kochfeldes	268
27.20	Dieselkocher als Alternative zu Gas und Spiritus	269

28	**Wasserinstallation**	**270**
28.1	Grundsätzliche Überlegungen	270
28.2	Erläuterung des Wasser-Planes	271
28.3	Vorbereitung der Tanks	272
28.4	Maßgefertigte Tanks zur optimalen Raumausnutzung	272
28.5	Tankgeber und Tankuhren	273
28.6	Bau der Bett-Unterkonstruktion zur Fixierung der Wassertanks	274
28.7	Tankbefüllung mittels dreier separater Einfüllstutzen	276
28.8	Übersicht über die technischen Komponenten (ursprüngliches Konzept)	277
28.9	Alternative Wasserleitungssysteme	278
28.10	Druckwasserpumpe	278
28.11	Flüsterregler oder Ausgleichsbehälter	279
28.12	Isolierung der Wasserleitungen	280
28.13	Wasserhähne	280
28.14	Wasser tanken, ohne das Fahrzeug zu fluten	280
28.15	Wasserentkeimung, Wasserkonservierung, Wasserfilterung	281
28.16	Meine neue Wasserfilteranlage	287
28.17	Reinigung der Wassertanks und des Wassersystems	289
28.18	Überwinterung des Wassersystems	290
28.19	Wasserversorgung total autark–mit einer Entsalzungsanlage	290

29	**Möbelbau Teil 2: Bett, Sitzgruppe, Kontrollkonsole**	**292**
29.1	Bau der Bett-Unterkonstruktion	293
29.2	Bau des Zwischenbodens im Stauraum	294
29.3	Quick Fist-Befestigungen für Ordnung im Stauraum	295
29.4	Verstärkung der Lattenroste	296
29.5	Bau der Sitzgruppe	297
29.6	Nähen der Sitzbankbezüge	303
29.7	Bau des Tisches	306
29.8	Bau der Radio-, Kontroll- und Steuerungskonsole	310
29.9	Bau der Radio- und Ablagekonsole im Fahrerhaus	310
29.10	Bau einer Fußbox auf der Beifahrerseite	313
29.11	Bau einer Ablage-Konsole für das Navigationsgerät und den Bildschirm für die Rückfahrkamera	314

30 Elektroinstallation ursprüngliches Konzept — 316

- 30.1 Vorbemerkungen zu meiner ursprünglichen Elektroinstallation — 316
- 30.2 Sicherheitsrichtlinien für das 230-V-Stromnetz im Wohnmobil — 319
- 30.3 Mein ursprüngliches Elektrokonzept — 320
- 30.4 Erste konzeptionelle Überlegungen — 321
- 30.5 Stromlaufplan Strom-Inputseite — 322
- 30.6 Stromlaufplan Strom-Outputseite — 323
- 30.7 Elektrikzentrale im Podest vor dem Durchstieg — 324
- 30.8 Erläuterung der Strom-Inputseite — 324
- 30.9 Montage der Solaranlage — 325
- 30.10 Booster–Spannungswandler 24/12 V — 326
- 30.11 Zuführung des Landstroms — 327
- 30.12 12-V-Batterieladegerät — 327
- 30.13 Batterien und Stromspeicher-Komponenten — 327
- 30.14 Wechselrichter — 328
- 30.15 FI-Schutzschalter — 330
- 30.16 Steckdosen für 12-V- und 230-V-Installation — 330
- 30.17 Plus- und Minus-Verteilerleiste — 330
- 30.18 Anschließen sämtlicher Verbraucher — 332
- 30.19 Stromversorgung der Zusatzgeräte im Fahrerhaus durch die Kofferbatterien — 333
- 30.20 Musikanlagen für Fahrerhaus und Wohnaufbau — 334
- 30.21 Installation der Rückfahrkamera — 336
- 30.22 Grundsätzliche Überlegungen zum Thema Kühlbox, Kühlschrank, Kompressor- oder Absorbergerät — 336
- 30.23 Einbau eines Kompressorkühlschranks — 338
- 30.24 TV- und Internet-Anlage — 338

31 Elektroinstallation optimiertes Konzept — 342

- 31.1 Optimierung der Elektroinstallation und der Komponeten — 342
- 31.2 Optimierung der Sicherungsblöcke — 343
- 31.3 Optimierung der Solaranlage — 344
- 31.4 Optimierung der Lichtmaschinenladung durch einen Ladewandler — 351
- 31.5 Neuer Wechselrichter — 353
- 31.6 12-V-Ladegerät — 353
- 31.7 24-V-Ladegerät — 355
- 31.8 Lampen, Leuchten und Leuchtmittel — 356
- 31.9 Weitere Optimierungspotenziale auf der Strom-Inputseite — 360
- 31.10 Funktionsprinzip einer Brennstoffzelle — 361
- 31.11 Vorstellung der beiden Brennstoffzellen-Typen — 363
- 31.12 Überarbeitete Elektropläne — 367
- 31.13 Batterien, die eigentlich Akkus sind — 369
- 31.14 Installation der Lithium-Ionen-Batterien und der sie umgebenden Peripherie — 382

Inhaltsverzeichnis

31.15	Fazit zu meinem optimierten Elektrokonzept	390
31.16	Notstart mit den Aufbaubatterien	391
31.17	Starthilfe geben oder Starthilfe erhalten	392
31.18	Not-Ladung der 24-V-Starterbatterien mit 12-V-Ladegerät	392

32 Gasanlage 394

32.1	Konzeption der Gasanlage	394
32.2	Sicherheitsrichtlinien	395
32.3	Auswahl und Dimensionierung der Gasanlage	398
32.4	Positionierung des Gastanks	399
32.5	Komponenten der Gasanlage	399
32.6	Gasfilter und Betankungsfilter	400
32.7	Planung der Gasanlage im Fahrzeuggrundriss	402
32.8	Installation des Gastanks	403
32.9	Installation von Edelstahl- und Kupfer-Gasleitungen	403
32.10	Außenkochstelle	405
32.11	Gasprüfung	407
32.12	Gaswarner	407

33 Anbauten am Fahrzeug 408

33.1	Schwenkbarer Heckträger	408
33.2	Montage von Nummernschildhalter, Beleuchtung und Rückfahrkamera sowie Verkabelung des gesamten Heckträgers	411
33.3	Größeren 300-Liter-Dieseltank montieren	414
33.4	Tankunterfahrschutz	416
33.5	Anhebung des Fahrzeughecks mit Distanzklötzen	417
33.6	Stauraumboxen	418
33.7	Neue Kotflügel aus Alu-Riffelblech	419
33.8	Halterung für die Einstiegsleiter	419
33.9	Markise	422
33.10	Sandblechhalter	426
33.11	Sicherheitsfeatures	427
33.12	Tropendach	430
33.13	Dachgepäckträger	430
33.14	LED-Fahr- und Zusatzscheinwerfer	433
33.15	Verzurrmöglichkeiten auf dem Dach schaffen	436
33.16	Kanisterhalter und Wegroll-Keile montieren	437

34 Bergeprävention, Bergetechnik und Bergeequipment 438

34.1	Steckenbleib-Prävention durch Luftablassen	438
34.2	Tragbare Kompressoren oder Einbauanlagen	439
34.3	Reifendruck Ablassventile	441

34.4	Bead-Lock-Felgen	441
34.5	Reifenluftdruck-Regelanlage	441
34.6	Sandschaufeln	442
34.7	Anfahrhilfen: Sandbleche, Waffleboards und Element Ramps	443
34.8	Seilwinden	444
34.9	Neu und genial! Die Felgenwinde	445
34.10	Bergegurte und Schäkel	446
34.11	Hebewerkzeuge	448
34.12	Holzfällerwerkzeug	450
34.13	Schneeketten	450

35 Ausbau in Zahlen — 452

35.1	Zeitaufwand	452
35.2	Kostenaufwand	453

36 Bezugsquellen — 454

37 Resümee und Schlussbetrachtung — 458

38 Impressum — 462

REIMO®
ALLES FÜR REISEMOBILE, CAMPING & CARAVANS

Urlaubsträume verwirklichen

REIMO ist einer der führenden Reisemobil- und Freizeit-Ausstatter in Europa.

Kompetenz und Individualität rund um das Reisemobil machen uns zum Spezialisten in allen Fragen des Fahrzeug-Ausbaus und Zubehörs mit eigener Entwicklung und Produktion seit 1980.

Individuelle Inneneinrichtungen
- Für Kastenwagen und Kombis
- Zum Selbsteinbau
- Zur Montage durch Fachhändler

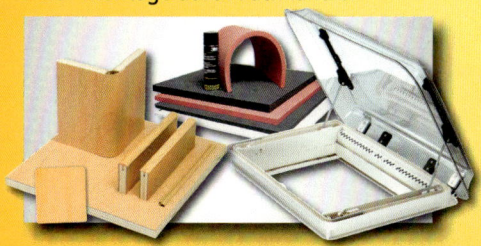

Sitzbanksysteme und Zubehör
- Die legendären Variotech® Sitz-Schlafbänke
- TÜV-geprüft (seit 1991)
- Für Neu- oder Gebrauchtfahrzeuge

Dächer und Dachzubehör
- Hubdächer für mehr Stehhöhe
- Aufstelldächer mit Zusatzbett
- Feste Hochdächer für mehr Stauraum

Ausbau-Materialien für den Bau von Campingbussen
- Wenn Sie handwerklich geschickt sind, bauen Sie die Reimo Inneneinrichtung selbst ein
- Für Ihren Individual-Ausbau erhalten Sie viele unserer hochwertigen Materialien auch einzeln

Der Van-Profi
Auf 160 Seiten finden Sie urlaubsfertige Reisemobile sowie individuelle Einrichtungskonzepte für Campingbusse und Vans von VW, Mercedes, Ford und vielen anderen Marken.

Der Zubehör-Profi
Auf mehr als 700 Seiten bieten wir Ihnen tolle Angebote für Reisemobil, Camping und Caravan.

REIMO Reisemobil-Center GmbH · Boschring 10 · 63329 Egelsbach · Tel.: 06103-400521 · Fax: 06103-42064

www.reimo.com   www.facebook.com/reimocom

1 Informationen zur neuen Auflage

Wer ein Wohnmobil selbst ausbaut oder optimiert, der braucht neben technischem Verständnis, handwerklichen Fähigkeiten, Mut, Zeit und Geld vor allem eines: Informationen. Informationen über Einbau- und Verarbeitungstechniken, über Produkte und Komponenten, über deren Eignung für bestimmte Einsatzzwecke und wie sie sich in der Praxis bewähren. All das in einem einzigen Buch unterzubringen würde dieses wahrscheinlich ebenso überladen wie es viele Wohnmobile sind.

Andererseits kauft man sich ja ein Buch, um eben diese Informationen in geballter Form zu finden. Die durchaus berechtige Kritik einiger meiner Leser, mein Buch würde ja »nur« den Ausbau *meines* Fahrzeugs behandeln, habe ich sehr ernst genommen und versucht, in der hier vorliegenden Neuauflage auch Alternativen zu den von mir verbauten Komponenten und Verarbeitungsweisen zu beleuchten. Das gilt vor allem für die komplexen Themen wie Heizung, Warmwasserbereitung, Stromerzeugung und Stromspeicherung sowie für Systeme zur Wasserführung und Wasserfilterung.

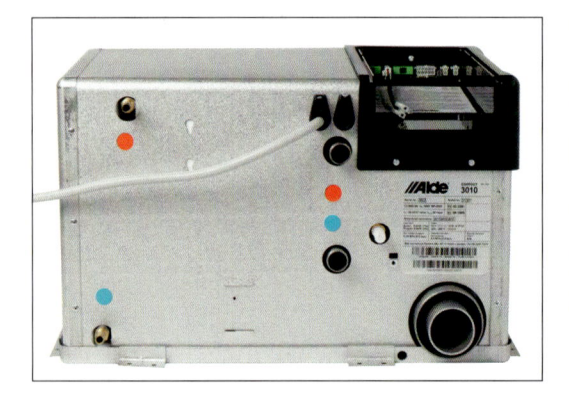

In all diesen Bereichen gibt es grundsätzlich verschiedene Systeme, die unterschiedliche Leistungsparameter bieten, zu denen man durchaus geteilter Meinung sein kann oder gar eine eigene Philosophie dazu entwickeln kann. Ich habe versucht, vor allem solche Systeme zu finden und zu beschreiben, die ein anderes Konzept als die von mir eingesetzten Komponenten verfolgen und damit vielleicht den individuellen Anforderungen meiner Leser besser gerecht werden. Man möge es mir jedoch nachsehen, dass die Liste dieser Komponenten nie vollständig sein kann und dass es sicherlich noch eine ganze Reihe weiterer Lösungen gibt, die ich in meinem Buch nicht beschrieben habe. Aber mein Buch soll auch kein Sammelsurium aller am Markt befindlichen Systeme werden, sondern soll den Blick über den Tellerrand der in meinem Fahrzeug verbauten Produkte hinaus lenken und Optionen aufzeigen, um die sich dann jeder Leser bei den Herstellern, Händlern und in einschlägigen Foren weiter informieren kann.

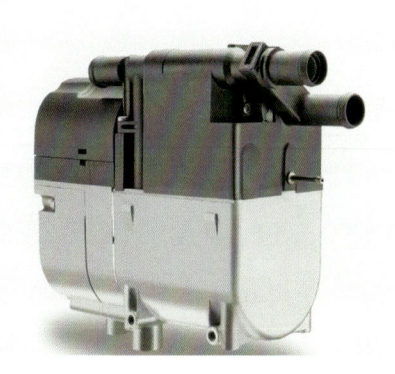

Und man möge es mir bitte nachsehen, dass ich nicht alle diese Komponenten selbst verbaut und genutzt habe und somit nichts oder nur wenig über deren Einbau und Alltagstauglichkeit berichten kann. So ist dieses Buch um eine ganze Reihe von Produkten und Lösungen angewachsen, die vor allem eines auszeichnet: Sie sind anders als die Komponenten, die ich verbaut habe und sie stellen damit eine Option für meine Leserinnen und Leser dar, eigene Wege zu gehen, um das jeweils individuelle Anforderungsprofil optimal zu erfüllen.

2 Kritische Betrachtungen zum Reisen mit dem Wohnmobil

Unter dem Eindruck einer 10-tägigen Messeteilnahme auf dem Caravan-Salon 2013 in Düsseldorf drängen sich mir eine Reihe kritischer Gedanken zum Reisen mit dem Wohnmobil auf, die ich hier gerne mit meinen Lesern teilen möchte. Diese Gedanken haben durchaus auch etwas mit Systemen und Komponenten zu tun, die wir glauben zu brauchen, um ein glücklicher Womo-Reisender zu werden.

Was man auf einer solchen Messe zu sehen bekommt sind fast ausnahmslos wunderschöne Fahrzeuge, deren Interieur durchaus dazu geeignet ist, das der eigenen vier Wände in den Schatten zu stellen. In den Küchen liefern sich Mikrowellengeräte, Gasbacköfen, Espressomaschinen und Corianspülbecken ein Kopf-an-Kopf-Rennen. In den hammam-verdächtigen Bädern geht der Trend zum separaten WC, natürlich in edler Keramik-Ausführung und neuerdings für den notorischen Stehpinkler sogar mit eigenem Pissoir.

»Freiheit braucht Raum« hat der Hersteller auf dieses Fahrzeug geschrieben. Ob er auch darüber nachgedacht hat, wie sehr der Überhang die Freiheit einschränkt?

Um das alles auf zwei oder drei Achsen unterzubringen, rücken diese immer weiter auseinander, was ja auch sein muss, um die drei Meter Überhang gesetzlich zu legitimisieren. Schade nur, dass der in Verbindung mit 25 cm Boden»freiheit« jeden Knick in der Botanik und jeden zweiten Fähranleger zu einem unüberwindbaren Hindernis macht. So bieten moderne Reisemobile zwar allen erdenklichen Luxus, der lässt die Mobile aber immer häufiger zu Immobilien mutieren.

Nun wird die Industrie argumentieren, dass derlei Reisemobile ja vom Markt nachgefragt und gekauft werden. Das stimmt. Aber vielleicht auch nur deshalb, weil den Kunden kaum etwas Alternatives angeboten wird. Und weil den Kunden suggeriert wird, all diesen Schnickschnack in ihren Mobilen zu benötigen. Hier ist es wieder an jedem Einzelnen zu reflektieren, was man mit seinem Reisemobil erleben möchte und was es dafür wirklich braucht.

Vor allem sollte die Industrie ihre Kunden mit solchermaßen überfrachteten Fahrzeugen nicht alleine und schon gar nicht in die Illegalität entlassen. Eine der Hauptaufgaben der Reisemobil-Industrie sehe ich darin, die Rahmenbedingungen für das mobile Reisen positiv zu verändern. Denn diese tragen massiv dazu bei, dass das Reisen im Wohnmobil für viele junge Menschen nicht mehr attraktiv ist. Fragt man nach Konzepten für junge, agile und sportive Leute, dann wird man auf die abgespeckten und geschrumpften Versionen dieser Luxus-(Im)Mobilien verwiesen, die man mit einem kecken Zierstreifen versieht und mit einer sportiven Messestands-Dekoration aus Kitesurfboards aufzuhübschen versucht. Auf die Frage nach konzeptionellen Raffinessen und technischen Features, die ein solches Gefährt für den sandstrand-süchtigen Surffreak prädestiniert, erntet man in der Regel nur ein Achselzucken. Darin liegt die zweite Hauptaufgabe für die Industrie: neue Konzepte zu entwickeln, um eine neue, junge Zielgruppe an das Reisen mit dem Wohnmobil heranzuführen. Denn eines kann ich aus meiner Erfahrung als Marken- und Marketing-Stratege heute schon orakeln: Die Jungen werden genauso wenig mit den gleichen Womos wie die Alten herumfahren, wie sie auch nicht die gleiche Turnschuh-Marke wie ihre Eltern tragen.

Mit diesen Zeilen möchte ich meine Leserinnen und Leser ermuntern, sich genau zu überlegen, welche Art von Reisen mit dem dafür vorgesehenen Mobil unternommen werden sollen. Welche Optionen soll das Fahrzeug offen lassen? Welche Komponenten brauche ich unbedingt, welche sind »nice to have« und auf welche kann ich guten Gewissens verzichten? Und ich möchte Euch ermuntern, über alternative Reisen mit dem Mobil nachzudenken, Verbote zu hinterfragen und aktiv an der Veränderung der gesetzlichen Rahmenbedingungen für das Reisen mit dem Wohnmobil mitzuwirken. Ich wünsche Euch allen gute Reisen, vor allem in eine Zukunft, in der das individuelle Reisen, das wir alle mit unseren Fahrzeugen anstreben, noch möglich ist und Freude bereitet.ermuntern, über alternative Reisen mit dem Mobil nachzudenken, Verbote zu hinterfragen und aktiv an der Veränderung der gesetzlichen Rahmenbedingungen mitzuwirken.

Ich wünsche Euch allen gute Reisen, vor allem in eine Zukunft, in der das individuelle Reisen, das wir alle mit unseren Fahrzeugen anstreben, noch möglich ist und Spaß macht.

3 Wie es zu diesem Buch kam

Vielleicht geht es Dir genauso wie mir, und Du kommst zu dem vorliegenden Buch »wie die Jungfrau zum Kind«. Für mich war es weder geplant noch gewollt, sondern es ist am Ende eines langen Ausbau-Prozesses und nach unserer achtmonatigen »Testreise« mehr oder weniger das Tüpfelchen auf dem berühmten »i«. Es konnte allerdings nur deshalb entstehen, weil ich den gesamten Ausbau detailliert fotografisch dokumentierte. Jeden Arbeitsschritt versuchte ich für mich festzuhalten, denn der Ausbau meines Traumfahrzeuges stellt für mich bereits die erste Etappe unserer Reisen dar.

Der erste Gedanke an ein solches Werk kam mir, als mir ein Allrad-Lkw-Kollege etwa nach der Hälfte der Ausbauarbeit ein englischsprachiges Buch über den Wohnmobilausbau in die Hand drückte. Darin beschreibt der Autor, was er an seinem Fahrzeug verbaute und wie er es machte – aber nicht, warum. Keiner seiner Schritte wurde reflektiert, keine Alternativen aufgezeigt, und keine der sicherlich auch bei ihm stattgefunden inneren wie äußeren Diskussionen fanden ihren Niederschlag in seinem Werk. Alle seine Schritte waren dort so dargestellt, als wären sie die einzig möglichen. Dies ärgerte mich, denn gerade bei meinem Ausbau wurde mir mehr als irgendwann sonst in meinem Leben bewusst, dass eine Entscheidung für etwas auch immer eine Entscheidung gegen alle möglichen Alternativen darstellt. Diese Entscheidungen fallen oftmals sehr schwer, weil sie teilweise unter mangelnden Informationen oder gänzlicher Unkenntnis der Materie getroffen werden müssen.

Irgendwann im letzten Drittel der Ausbauzeit kam Michael Kasper bei Intercamp auf die Idee, dass ich aus den vielen Bildern, die ich während der Arbeit geschossen hatte, eine Ausbaustory für einen Fachverlag schreiben könnte, oder – noch besser – doch gleich ein Buch darüber zu schreiben. Damit war die Idee (fast) geboren. Denn der liebe Gott hat mich mit einem Faible fürs Schreiben ausgestattet, und so lag das Schreiben über das Schrauben relativ nah. Es dauerte dann aber noch über eineinhalb Jahre, bis ich mich dann endlich dazu entschließen konnte, ein Buch über meinen Ausbau zu verfassen.

Natürlich kann auch ich nur den Ausbau unseres Fahrzeuges anhand des vorliegenden Beispiels beschreiben. Aber die vielen grundsätzlichen Überlegungen, Entscheidungen und Planungen, die inneren und äußeren Diskussionen und all die Gedanken drum herum möchte ich Dir und allen anderen Lesern hier nicht vorenthalten. Denn sie sind neben all den praktischen Tipps und Tricks die wirklich wichtigen Informationen. Sie sollen Dir helfen, möglichst viele Aspekte zu berücksichtigen, gewichtige Argumente gegeneinander abzuwägen und die richtigen Entscheidungen für Dich und Dein Fahrzeug zu treffen – auch wenn sie völlig anders ausfallen mögen als meine. Sie sollen Dir aber auch helfen, Zeit und bares Geld zu sparen: Geld für Fehlinvestitionen und für das Ausbügeln von Fehlern.

Mit dieser neuen Auflage habe ich versucht, gerade bei den wichtigen und komplexen Komponenten wie Heizung, Warmwasserbereitung, Wasserfilterung, Batterien und Ladetechnik, über den Tellerrand meines eigenen Fahrzeugs hinauszublicken und alternative Komponenten zu beleuchten, um Dir einen noch weiteren Entscheidungshorizont zu eröffnen. Vor allem aber möchte ich Dich mit diesem Werk dazu ermutigen, Dir den Selbstausbau zuzutrauen, auch wenn Du – wie ich – seit mehr als 20 Jahren kaum einen Schraubenschlüssel in der Hand hattest oder zum ersten Mal in Deinem Leben an einer Tischlerkreissäge stehst.

Diese Ermutigung würdest Du mir vielleicht nicht abnehmen, wenn es schon mein fünfter oder gar zehnter Ausbau wäre oder wenn ich gänzlich aus dem Profilager käme. Da ich allerdings das Glück hatte, mit den Freunden von Intercamp wahre Profis an meiner Seite gehabt zu haben, kannst Du andererseits davon ausgehen, dass Du mit meinem Werk nicht nur Laienwissen und Improvisationskunst vermittelt bekommst, sondern das Know-how von Spezialisten, die zumindest mental und beratend, oftmals aber auch mit einer helfenden Hand, hinter mir standen.

Deshalb gebührt den Intercamplern mein ganz besonderer Dank, denn ohne deren Hilfe hätte ich mich sicherlich ungleich schwerer getan, und das Ergebnis wäre wohl ein anderes geworden.

In dieses Buch fließen jedoch nicht nur meine Erfahrungen aus der Ausbauzeit ein, sondern auch die unserer direkt darauf folgenden Testreise nach Marokko und in die Westsahara. Insgesamt hat unsere Reise acht Monate gedauert, in denen wir 25 000 km auf teilweise übelsten Pisten zurückgelegt haben. Mit den zwei Monaten vor der Reise und den sechs Monaten danach können wir auf insgesamt 16 Monate Leben in unserem selbst gebauten Wohnmobil zurückblicken. Eine Langzeiterfahrung, in der sich so manche Schwachstelle zeigte, die teilweise im Nachhinein ausgebügelt werden musste. 16 Monate im Wohnmobil zu leben entspricht 12 Jahresurlauben à sechs Wochen. Das heißt, dass wir Dir mit diesem Buch auch eine Langzeiterfahrung mitgeben, für die

3 Wie es zu diesem Buch kam

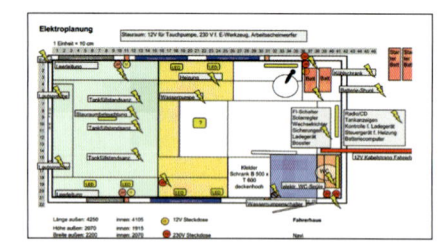

Das ist ein kleines Beispiel aus meinen Gott sei Dank nicht allzu häufigen »Shit-happens-Storys«.

man unter »normalen« Bedingungen mindestens 12 Jahre braucht. Wir freuen uns, wenn Dir unsere Informationen und Erfahrungen helfen, unsere Entscheidungen nachzuvollziehen und gegebenenfalls andere zu treffen, wenn Du dies für sinnvoll erachtest.

Damit möchte ich zu meinen ganz persönlichen Motiven für dieses Werk kommen: Der Inhalt dieses Buches soll informieren und inspirieren, er soll Mut machen und motivieren, und er soll dazu beitragen, von der Planung bis zur Realisation des Ausbaus Fehler, Fehlinvestitionen und Fehlentscheidungen zu vermeiden. Inspirieren möchte ich alle, die den Traum von der kleinen oder großen Freiheit »Wohnmobil« in sich tragen, damit sie diesen Traum leben und in die Realität umsetzen. Dazu mehr im Kapitel »Ein alter Traum wird neu belebt«. Ich möchte Dir Mut machen, dass Du Dir den Ausbau zutraust, auch wenn Du vielleicht keinen handwerklichen Beruf erlernt hast und keine komplett eingerichtete Werkstatt Dein Eigen nennst. Denn auch ich betrat mit diesem Ausbau technisches und handwerkliches Neuland.

Meine Ausbaustory soll Dich motivieren, indem die wichtigsten Schritte und die größten Hemmnisse beim Thema Wohnmobil-Ausbau in Text und Bild beschrieben werden und damit ihre Schrecken verlieren. Sie soll Dir helfen, die Themen von der Planung bis zur Umsetzung technisch zu begleiten und zu »entmystifizieren«

Davon kann jeder profitieren, ganz gleich, ob er sich »nur« eine Liegefläche und eine Kochstelle in seinen Kastenwagen einbaut oder ob ein geländegängiges Fernreisemobil entstehen soll. Darüber hinaus nenne ich Bezugsquellen und Preise, sodass Du auch in dieser Hinsicht ein Gefühl für die zu erwartenden Kosten bekommst. Und letztendlich möchte ich Dich auch von meinen Fehlern »profitieren« lassen. Denn nur wer nichts macht, macht nichts verkehrt. Trotzdem waren die meisten meiner Fehler unnötig und wären bei besserer Sachkenntnis, genauerer Planung oder schlichtem Nachdenken vermeidbar gewesen. So bin ich überzeugt davon, dass diese Ausbau-Story nicht nur für Selbstausbauer wertvoll ist, sondern für alle, die mit einem Wohnmobil unterwegs sind und selbst Hand daran anlegen wollen – oder müssen.

So, liebe Leserin, lieber Leser, jetzt möchte ich Dich nicht länger auf die Folter spannen, sondern wünsche Dir viel Spaß, viele Erkenntnisse, das eine oder andere Aha-Erlebnis, Bestätigung, dass Du es genauso gemacht hättest, oder das gute Gefühl, vielleicht eine noch viel bessere Idee zu haben.

Wir drei, Edith, Sternchen und ich, wünschen Dir viel Spaß beim Lesen und beim Bildergucken, beim Planen und Konzipieren, beim Suchen und Finden, beim Bauen, beim Staunen und beim Stolzsein auf das Ergebnis. Vor allem aber wünschen wir Dir/Euch viel Spaß beim Reisen und beim Genießen Deiner/Eurer neuen Freiheit.

Herzlichst

Edith & Ulrich & Sternchen

4 Zielgruppen für Buch und CD-ROM

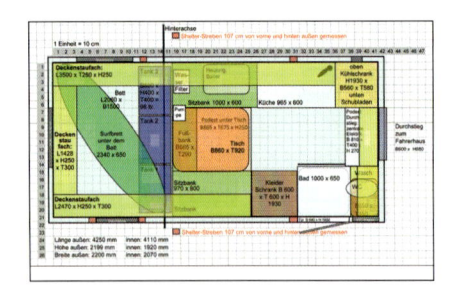

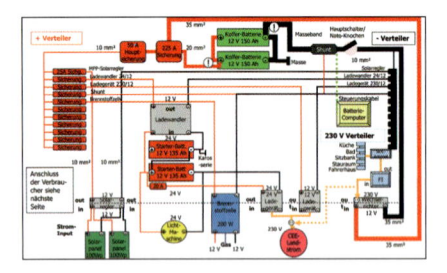

Buch oder CD-ROM oder beides?

Im Jahr 2010 brachte ich die erste Auflage meines Buches auf CD-ROM heraus; nicht nur, weil die Produktionskosten wesentlich geringer sind, sondern weil gute Gründe für das digitale Format sprechen: So kann man in die vielen Bilder bis zu einem gewissen Grad hineinzoomen, um Detaillösungen besser erkennen zu können. Auf der CD-ROM liegt mein Grundriss-Planungstool im offenen Excel-Format. Darin sind mehr als 10 verschiedene Grundrisspläne für unterschiedliche Koffergrößen enthalten, in denen vielfältige Möglichkeiten der Raumaufteilung gezeigt und diskutiert werden.

Die Pläne können mit wenigen Klicks nach den eigenen Vorstellungen verändert werden. Im Grundriss-Planungstool sind darüber hinaus die technischen Detailpläne für die Elektro-, Wasser- und Gasinstallation enthalten, außerdem die Pläne für die Seitenansichten des Koffers sowie für das Dachlayout.

Alleine hiermit sparst Du Dir viele Stunden an Arbeit und bekommst hilfreiche Anregungen für Deine Planung. Meine Elektroplanung habe ich mithilfe von Powerpoint dokumentiert. Die Planungsgrundlage liegt in Form einer offenen Power-Point-Datei ebenfalls mit auf der CD-ROM. Auf ihrer Basis kannst Du Dir Deine eigene Elektroplanung anpassen und für Dich dokumentieren, sodass Du auch zu einem späteren Zeitpunkt immer und überall den Durchblick hast, wie welche Komponenten miteinander verbunden sind.

Und schließlich befindet sich auf der CD-ROM unser 136-seitiger Bericht von unserer ersten Reise durch Südeuropa, Marokko und die Westsahara – sozusagen als Appetitanreger für all die Mühe, die mit einem Wohnmobil-Selbstausbau verbunden sind. Das alles ist in einem gedruckten Buch leider nicht möglich.

Zielgruppe Wohnmobil-Selbstausbauer

Zunächst einmal habe ich das Buch als Inspirationshilfe und Leitfaden für alle Wohnmobil-Selbstausbauer geschrieben. Denn die Überlegungen und Aufgaben sind (fast) immer die gleichen, ganz egal, ob man einen VW-Bus, einen Kastenwagen oder ein Expeditionsmobil ausbaut.

Für Selbstausbauer empfiehlt sich die CD-ROM, denn mithilfe der Grundriss- und Elektrik-Planungstools lässt sich viel Zeit in der Planungsphase sparen. Wer während des Ausbaus das Buch danebenliegen haben will, dem sei das preisoptimierte Bundle bestehend aus Buch und CD-ROM empfohlen.

Planungsarbeit, die man sich sparen kann.

Zielgruppe Wohnmobil-Optimierer

In den vergangenen vier Jahren habe ich an vielerlei Stellen unser Sternchen optimiert, was sich unter anderem auch im nicht unerheblich erweiterten Umfang dieser aktuellen Auflage widerspiegelt. Die hierbei getätigten Arbeiten sind solche, die auf nahezu jeden Wohnmobilbesitzer zukommen können, wenn er im Reiseeinsatz Schwachstellen entdeckt oder sich die Anforderungen an das Fahrzeug verändern.

Die aktuell überarbeitete und stark erweiterte Auflage richtet sich deshalb mehr als die vorhergehende auch an die Zielgruppe derer, die selbst Hand an ihr Fahrzeug legen möchten, aber noch weit entfernt von einem Selbstausbau sind. Für diese Zielgruppe dürfte das Buch geeigneter sein, weil sie auf die Planungstools verzichten kann.

Nachträgliche Installation einer Gasanlage mit Gastank.

Zielgruppe »Wohnmobil-Ausbauen-Lasser«

Interessanterweise spiegelte mir einer meiner ersten Leser wider, welchen Zweck mein Buch noch haben kann. Nach der Lektüre musste er sich eingestehen, dass ein Selbstausbau aus vielerlei Gründen für ihn nicht infrage kam. Aber immerhin habe ihm das Werk dahingehend geholfen, dass er nun genauer wisse, worauf es bei der Planung ankomme, auf welche Ausstattungsdetails er Wert legen solle, welche technischen Komponenten geeignet seien und welcher Aufwand hinter einem solchen Ausbau stecke.

Optimierung der Elektrik-Komponenten im Hinblick auf mehr Input und weniger Verbrauch.

Damit könne er nun »auf Augenhöhe« mit seinem Ausbaubetrieb kommunizieren. So ist mein Buch sicherlich auch für all jene Wohnmobilisten hilfreich, die sich von einem Ausbaubetrieb ein maßgeschneidertes Mobil bauen lassen. Hier hilft wieder das Planungstool auf der CD-ROM, weil damit wertvolle Zeit gespart werden kann.

Wohnmobil-Fahrer mit Neigung zum Selbstreparieren

Ich bin so vermessen zu behaupten, dass letztendlich jeder Wohnmobil-Fahrer von meinem Buch profitieren kann, denn es vermittelt ihm die technischen Zusammenhänge, zeigt zumindest eine Variante auf, wie Komponenten miteinander verwoben sind und wie ein möglicher Defekt eventuell ohne Zuhilfenahme einer Werkstatt behoben werden kann. Für diese Zielgruppe ist das Buch besser geeignet, weil es problemlos auf Reisen mitgeführt und als Nachschlagewerk genutzt werden kann.

5 Danke schön

INTERCAMP

Zuallererst und in ganz besonderem Maße zu Dank verpflichtet fühle ich mich der Firma Intercamp in Anzing bei München (zum Zeitpunkt meines Ausbaus noch in Vaterstetten). Leichtsinnigerweise ließ sich Ralph Ametsbichler, der Inhaber der Firma, auf einen Deal ein, den ich ihm im Januar 2008 vorschlug: »Ich kaufe alle Teile bei euch, die ich für mein Fahrzeug benötige, dafür darf ich in eurer Halle stehen und dort unter eurer Anleitung mein Wohnmobil selbst ausbauen.« Ralph willigte ein, und so bezog ich Mitte Februar 2008 das Lager der Firma Intercamp, das ich – zur Verwunderung aller Beteiligten einschließlich meiner selbst – erst Ende Oktober final verlassen sollte.

Für die freundschaftliche Aufnahme, die hilfreiche Unterstützung, die Beantwortung von gefühlten 280 000 Fragen und für die vielen Tipps und Tricks von Ausbau-Profis danke ich Euch: allen voran Ralph Ametsbichler, Sebastian Kail und Hubert Öhm, der zu meinem technischen Mentor mutierte. Aber auch all den anderen Intercamplern Michael Ametsbichler, Michael Kasper, Can Üstenür, Klaus Naithana und Dieter Technau sei hier für ihre Gastfreundschaft, für ihre Unterstützung und für all den Spaß, den wir miteinander hatten, ganz herzlich gedankt. Mit allen verbindet mich neben dem technischen Endprodukt, an dem ich mich jeden Tag erfreue, eine schöne Erinnerung an die Ausbauzeit und eine echte Freundschaft.
www.ic-intercamp.de

REIMO

Ein Wiedersehen nach mehr als 20 Jahren gab es auch mit der Firma REIMO – wenngleich erst mal nicht physisch, sondern emotional. Hatte ich doch weiland Mitte der 1980er-Jahre etliche Teile für meinen VW-Bus bei REIMO gekauft und bin dazu extra von meiner badischen Heimat Bad Schönborn nach Egelsbach gedüst. Da Intercamp einer der großen Vertriebspartner von REIMO ist, trifft es sich gut, dass ich auch die meisten Ausbauteile über REIMO beziehe. Das zahlt sich mehr als einmal aus; immer dann, wenn ein Teil gerade mal nicht auf Intercamp-Lager liegt, aber schnell beschafft werden muss, damit die Arbeit weitergehen kann. So hatte ich löblicherweise keine Ausfallzeiten aufgrund nicht lieferbarer Teile zu beklagen.

ONLINERACKET
Meinem Bruder Bernd möchte ich an dieser Stelle noch einmal dafür danken, dass er uns für die Zeit unserer Reise ein virtuelles Heim geboten und sich um unsere Post gekümmert hat. Er betreibt seit Jahren sehr erfolgreich einen Online-Shop für Tennis-, Squash- und andere Racket-Sportartikel. Falls also einer meiner Leser in seiner Freizeit nicht nur bastelt und schraubt, sondern auch auf einen Ball eindrischt, dem möchte ich den Shop meines Bruders wärmstens ans Herz legen.
www.onlineracket.de

FABIAN HEIDTMANN: EXPEDITIONS-LKW
Bedanken möchte ich mich auch bei Fabian Heidtmann, der sich mit seiner offenen, ehrlichen und fairen Art zur besten Adresse für den Kauf eines Allrad-Lkws empfohlen hat. Und das ist nicht nur mein persönlicher Eindruck, sondern auch die Erfahrung, die mir der Markt widerspiegelt. Bei Fabian ist man in guten und fairen Händen.
www.expeditions-lkw.de

ALOIS KERN METALLBAU
Ebenso fair wurde ich bei Alois Kern Metallbau in Tillbach in Niederbayern behandelt. Hier bekommt man nicht nur sauberste Metallbauarbeiten in perfekter Qualität zum fairen Preis, sondern noch die genialen Ideen und Problemlösungen des Chefs Alois und seines Sohnes Andreas obendrauf. Auch Euch und Euren Mannen ein herzliches Dankeschön.
www.kern-metallbau.de

ALLRAD-LKW-GEMEINSCHAFT
Ein letztes Dankeschön geht an die vielen Mitglieder der Allrad-Lkw-Gemeinschaft www.allrad-lkw-gemeinschaft.de, die aktiv oder passiv zur Entscheidungsfindung für unser »Sternchen« beigetragen haben. In diesem Forum hat jeder ein(-en) Laster und spricht auch noch gerne darüber. Hier bleibt keine Frage ungeklärt. Die meisten davon sind schon diskutiert und im Archiv nachzulesen. Was neu hinzukommt, wird von den fachkundigen und hochgradig motivierten Mitgliedern häufig in nächtelangen Foren-Schlachten, E-Mails oder per Telefon erschöpfend behandelt. So auch bei mir: Sowohl in der Vorentscheidungsphase für den Kauf unseres Trucks als auch während des Ausbaus brütete ich oft nächtelang über dem Forum und mailte und telefonierte mit Mitgliedern, die mir halfen, meine vielen Fragen zu beantworten. Es sind sogar echte Freundschaften daraus entstanden. Euch allen ein herzliches Dankeschön. Ihr seid einfach eine tolle Truppe!

6 Fachzeitschriften und Online-Plattformen

www.reisemobil-international.de

www.allradler.com

www.camp24magazin.com

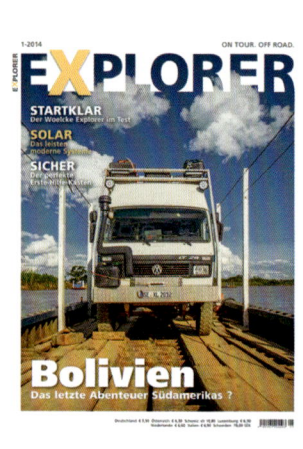

www.reisemobil-international.de

www.off-road.de

www.promobil.de

www.reisemobil-international.de

Online-Plattformen zu den Themen Wohnmobil, Wohnmobil-Ausbau, Wohnmobil-Reisen, Offroad- und Offroad-Reisen:

www.4wheelfun.de
www.adventuremedia4u.de
www.allrad-lkw-gemeinschaft.de
www.allrad-magazin.de
www.explorermagazin.de

forum.womoverlag.de
www.meinwomo.net
www.offroadtruks-austria.com
www.steyrforum.de
www.womobox.de

31

7 Ein alter Traum wird neu belebt

Mein Traum war über 20 Jahre alt, und eine dicke Staubschicht schien ihn zugedeckt zu haben. Das tägliche Leben, der Job, das Funktionieren in unserer Gesellschaft mit all ihren Konventionen hatte sich über meinen Traum gelegt wie dichter Nebel über eine Herbstlandschaft. Doch dann kam der Anruf von Frau Krause von der Süddeutschen Klassenlotterie. Nein, ich hatte nicht im Lotto gewonnen, denn ich hatte noch gar nicht gespielt. Doch Frau Krauses Ansinnen war vertrieblicher Art. Sie wollte mir schlicht ein Los verkaufen. Normalerweise würge ich solcherlei Telefonate innerhalb von wenigen Sekunden ab. An diesem Tag hatte ich aber gerade nichts Besseres zu tun, als mich in die Welt der Hoffnungen entführen zu lassen. Denn ich hatte wenige Tage zuvor meinen Job an den Nagel gehängt und sann nach neuen Herausforderungen. Da kam mir die Ablenkung mit Millionenchance gerade recht. Sie faselte etwas von Sonderlos mit höheren Gewinnchancen, Teilnahmemöglichkeit an Günther Jauchs SKL-Show und derlei mehr.

Ich ließ sie zwar fabulieren, aber zuhören tat ich kaum. In vorauseilendem Gehorsam war meine Fantasie in die (hoffentlich) nahe Zukunft enteilt, um den Bären bereits zu verteilen, noch bevor er erlegt war.

»Was würdest du tun, wenn du eine Million im Lotto gewinnst?«,

war die Frage, die ich mir mental stellte und schon damals auf den grammatikalisch richtigen Konjunktiv »gewännest« verzichtete, während die gute Frau mit blumigen Worten ihr Los anpries. Die Antwort schoss mir nur Millisekunden später durch den Kopf:

»Wohnmobil kaufen und die Welt bereisen!«

Und da war er wieder: Der seit langem verschüttete Traum, von dem Frau Krause ohne ihr Wissen den Staub des Vergessens geblasen hatte. Den träumte ich bereits seit den frühen 20ern meines damals noch jungen Lebens wieder und wieder. Immer dann, wenn es gegen Ende eines Urlaubes auf den Heimweg ging, trieb mich die Sehnsucht einfach weiter: weiter zum nächsten Ziel, zur nächsten Bucht, zum nächsten Surfstrand, über die nächste Grenze in das nächste Land.

Damals, als ich noch mit meinem alten MB-206-Hanomag-Kastenwagen durch Jugoslawien dieselte, mit meinem VW-Bus Italien, Griechenland und die Türkei bereiste, mit den Wohnmobilen meines Bruders durch Spanien, Portugal oder Korsika tingelte, damals träumte ich den Traum, der seit langem vergessen schien:

»Die Welt mit dem Wohnmobil zu bereisen und an einsamen Stränden zu surfen!«

Mein erstes »Wohnmobil« verdiente nicht mal den Namen: ein Kastenwagen ohne Fenster, ohne Isolierung, und das Lenkungsspiel war sogar ohne Worte …

So habe ich es Frau Krause zu verdanken, dass mein alter Traum plötzlich wieder jung und frisch vor mir steht und nichts von seiner Attraktivität eingebüßt hat. Ganz im Gegenteil: Standen in den letzten 20 Jahren Job, Karriere, Geldverdienen und es-zu-etwas-bringen im Vordergrund, so kann ich heute, mit Anfang Fünfzig, auf 25 Jahre Erfahrung im Business zurückblicken: Ich war allein 14 Jahre in der Werbebranche tätig, vom Marketing- und Kommunikationsberater bis hin zum Markenstrategen und Agentur-Geschäftsführer.

1) Ein bisschen Schrauben gehörte damals schon zum Programm.
2) Mein zweites Wohnmobil: Mit Echtholz-Schreinerausbau schon der totale Luxus gegenüber Nr. 1. Mit Küche, Gasheizung, 60-l-Wassertank und Kühlbox. Baujahr 1973 und mit 66-Benzin-PS die reinste Rakete!

Der MB 608 meines Bruders, hier bei meinem ersten Besuch in Tarifa 1990

7 Ein alter Traum wird neu belebt

Die Luxusklasse: mit dem Iveco Clou meines Bruders auf Korsika

Ich hatte mein Hobby zum Beruf gemacht und mich an einem Surfreiseveranstalter beteiligt, hatte danach den New-Economy-Hype als Geschäftsführer eines (der wenigen erfolgreichen) Start-ups mitgemacht und war schließlich geschäftsführender Gesellschafter eines Beratungsunternehmens in der Immobilienbranche gewesen.

Ich hatte für meine Bedürfnisse zwar noch nicht alles, aber doch einiges erreicht und auch die angenehmen Begleiterscheinungen eines solchen Lebens in Form von schnellen Autos, schöner Wohnung und weiten Reisen genossen. Nicht dass ich all dieser Annehmlichkeiten überdrüssig geworden wäre, ganz im Gegenteil. Aber ich hatte das alles schon gehabt. Der nächste Job, die nächste Wohnung, das nächste Auto ... all das würde mir keine wirklich neue Erfahrung bringen. All das würde mich auch nicht wirklich glücklicher machen. All das war – wie ich es auszudrücken pflege – *entmystifiziert*.

So sah mein Traum aus: Lonely Surfer am einsamen Strand: »Weiße Düne«, Dakhla, Westsahara.

Nur eines hatte ich seit Studiumsende nie mehr wirklich gehabt: *Zeit*!

Da traf es sich gut, dass ich just wenige Tage zuvor meine Beteiligung an einem Beratungsunternehmen verkauft und damit meinen Job an den berühmten Nagel gehängt hatte. Ich saß quasi vor einem leeren Schreibtisch und dachte darüber nach, mein Leben neu zu gestalten, als Frau Krause mit ihrem Lottolosvertriebstelefonat in mein Leben platzte.

Es vergingen ein paar Tage, in denen mich die neue alte Idee immer wieder beschäftigte. Noch war ja nichts passiert, außer dass ich Frau Krause tatsächlich ein Los abgekauft hatte. Das erwies sich im Nachhinein als Niete, brachte aber der guten Frau sicherlich den gerechten Lohn für ihre unbewusste Inspirationsarbeit. So konfrontierte ich meine damalige Lebensgefährtin und heutige Frau Edith, mit der ich gerade mal seit zwei Jahren zusammenlebte, erstmals mit meiner Vision:

»Was hältst du davon, wenn wir uns ein Wohnmobil kaufen und in ferne Länder reisen?«

Zu meiner großen Verblüffung war sie total begeistert. Verblüfft war ich deshalb, weil ich meine Ex-Frau früher ein paar Mal von der Idee zu begeistern versucht hatte. Sie hatte aber immer mit dem Satz abgewunken: »Ach, hör mir doch auf mit Camping, das hatten wir doch alles schon! Da hab ich keinen Bock mehr drauf.«

Ganz anders die Reaktion von Edith. Ihre Begeisterung zwang mich förmlich dazu, mir tatsächlich ernsthaft Gedanken über die Umsetzung meiner Vision zu machen. Was hinderte mich? Ich hatte keinerlei Verpflichtungen: keine Immobilie, die abzuzahlen war, keine Schulden, keine Kinder, noch nicht mal einen Hund oder Goldfisch, der mitzunehmen gewesen wäre.

Wenn nicht ich, wer dann?
Wenn nicht jetzt, wann dann?

Das waren meine beiden finalen Fragen, die ich mir stellte. Ach nein, die allerletzte war die der Finanzierung. Ich hatte nämlich nicht gerade das Kleingeld herumliegen, mit dem ich hätte ein Wohnmobil kaufen und losziehen können. Ich hatte aber etwas Geld für meine Altersvorsorge zurückgelegt, das ich »eigentlich« nicht angreifen wollte. Aber wie das so ist, wenn in einem Satz ein »eigentlich« steckt ... Kurzerhand war die Entscheidung getroffen, dies in den Kauf eines Wohnmobils und in unsere erste Reise von mindestens 1–2 Jahren zu investieren. Unsere ersten Ziele sollten Indien und Nepal sein, die wir über die Türkei, den Iran und Pakistan zu erreichen gedachten. Stellte sich nun die Frage, was es denn für ein Wohnmobil werden sollte – womit wir uns dem eigentlichen Thema dieses Werkes nähern.

Wie sagte schon der Berber grinsend in seinem Laden in Essaouira bei meinem ersten Marokko-Trip: »Du hast Uhr, ich hab Zeit!«

8 Warum ein Allrad-Wohnmobil?

Ein Allrad-Wohnmobil ist mehr als ein Auto oder Wohnmobil – es ist eine Lebensphilosophie. Als Windsurfer und Kitesurfer habe ich schon mit Mitte 20 davon geträumt, irgendwann einmal mit einem Allrad-Fahrzeug all die unberührten Strände in der Welt »abzugrasen«, wild zu campen, wo ich wollte, einfach dort zu bleiben, wo es mir gefiel, wo der Wind blies, es eine tolle Bucht oder eine schöne Welle gab.

Die unendlichen Weiten des marokkanischen Universums

So war Allrad bereits in die Serienausstattung meines Traumes eingebaut, da ich ja all die sandigen Spots an den Meeren dieser Welt bereisen wollte. Allrad hilft aber auch da, wo es feucht wird. Man denke nur an die berühmte »Schweinewiese« in Tarifa, die nach einem kräftigen Regenfall ihren Namen nicht zu Unrecht trägt, wenngleich er daher rührt, dass dort hin und wieder nicht nur Kühe, sondern auch Schweine weiden.

Die »Schweinewiese« in Tarifa nach einem Sauwetter

Sich mit einem 2-Wheel-Drive durch diesen Morast zu wühlen, hat schon mit viel Gottvertrauen zu tun. Aber häufig reicht schon eine nasse Wiese, dass aus einem zweiradgetriebenen Mobil eine Immobilie wird. Der Feldweg, der ins Irgendwo führt, die Sandpiste runter zum Strand, all diese kleinen und großen Abenteuer versagen wir uns aus Angst um unser Auto oder wegen der Kosten und Mühen, selbiges bergen zu müssen.

Natürlich bietet unser gepflastertes und überreglementiertes Europa kaum noch die Chance, sich in die Büsche zu schlagen. Aber die Betonung liegt hier vor allem auf dem »kaum«. Denn wer suchet, der findet. Lest Euch die Reiseberichte derer durch, die in Norwegen, Schweden oder Finnland abseits der Hauptrouten unterwegs waren. Schaut Euch an, was es in Albanien, Rumänien oder Bulgarien zu entdecken gibt. Fahrt in die Türkei, in die Ukraine, macht die Umrundung des Schwarzen Meeres oder die Islands.

Oder entdeckt Portugal, die Pyrenäen und Nordspanien so, wie wir es auf der Rückreise von unserer Marokko- und Westsahara-Tour erlebt haben: mit Dutzenden von traumhaften Stauseen, an denen wir mutterseelenalleine am Ufer standen, Lagerfeuer machten, grillten, badeten und die Freiheit des Seins genossen haben.

Ja, es ist viel verbaut in Europa. Aber gerade das ist es, was uns Allradler dazu zwingt, über Alternativen nachzudenken. Wenn Du in Marokko lebst, bist Du nach zweimaligem Umfallen auf irgendeiner Piste–und, wenn Du es willst, auch daneben. In Europa gibt es kaum noch Pisten, und ein Daneben schon gar nicht. Wenn Du über »alternative Reisen« nachdenkst, dann denkst Du im Grunde über ein »alternatives Leben« nach. Und das ist es, was den Allrad-Wohnmobilisten in der Tiefe seiner Seele kennzeichnet.

Ein Allrad-Wohnmobil ist eine Lebensphilosophie!
Es geht um die gelebte Freiheit, weiter zu kommen, als es uns die Erbauer der Asphaltbänder erlauben: Es geht in den seltensten Fällen darum, auch noch den letzten Dünenhang erklommen oder das schlammigste Flussbett durchquert zu haben. Das suchst Du gar nicht, wenn Du Dein ganzes Leben in den acht oder zehn Quadratmetern hinter Dir herschleppst.

Ein Allrad-Wohnmobil bietet Dir die Möglichkeit, dahin zu kommen, wo die Masse der Menschen »leider« draußen bleiben muss. Und je häufiger Du diese Möglichkeiten wahrnimmst, desto häufiger wirst Du Deine Karre irgendwo ausgraben müssen. Denn Du bringst Dich in Situationen, in die Du ohne Allrad nie gekommen wärst. So behaupte ich mal, dass Allradler häufiger buddeln als einachsgetriebene Wohnmobilisten. Aber so erleben wir halt mehr!

8 Warum ein Allrad-Wohnmobil?

Lkw-Versenken, Teil 1, in einer Kärntner Kiesgrube, noch bevor die Reise losging

Ein Allrad-Wohnmobil konfrontiert Dich mit Deinem Lebenskonzept. Es gibt Dir die Möglichkeit, aus dem »normalen« Alltagsleben auszusteigen und ein anderes, ein »alternatives« Leben zu leben. Ob, wann und wie oft Du diese Möglichkeit nutzt, steht auf einem anderen Blatt. Aber sie zu haben, weckt Träume. Und träumen heißt leben. Denn wer keine Träume mehr hat, ist eigentlich schon tot. Deshalb ist ein Allrad-Wohnmobil vielleicht die wirksamste Methode, sich selbst am Leben zu erhalten und selbiges auch gleich infrage zu stellen.

Ein Allrad-Wohnmobil ermöglicht diesen Blick.

Es muss ja nicht gleich ein Allrad-Lkw sein – aber warum eigentlich nicht?
Während meiner achtmonatigen Ausbau-Zeit bei Intercamp in Vaterstetten habe ich sehr viele der Intercamp-Kunden kennengelernt. Die meisten hatten ein »normales« Wohnmobil, doch kaum einer konnte es sich verkneifen, einen Blick in die Halle zu werfen, um zu schauen, was da wohl vor sich geht. Mehr als ein Dutzend stellten unisono dieselbe Frage: »Fährt der in die Wüste?«, und ich habe immer brav geantwortet: »Ja, der fährt auch in die Wüste. Er fährt aber vor allem dahin, wo ich hin will.« Viele dieser Besucher sind über die Zeit zu Fans und teilweise auch zu Freunden geworden. Bei den meisten leuchteten die Augen, und sie fingen an davon zu schwärmen, dass sie auch immer von einem solchen Fahrzeug geträumt hätten, aber die Vernunft, die Frau, die Familie, das Geld … und überhaupt seien die Dinger ja sauteuer. All die vorgenannten Punkte mögen gelten, aber dass ein Allrad-Lkw per se sauteuer sein muss, das stimmt nicht.

Aufgrund der Fülle von Fahrzeugen, die die Bundeswehr, die Feuerwehren, das THW und andere Hilfsorganisationen nach 20 Jahren zwecks Fuhrparkerneuerungen ausmustern, gibt es voll funktionsfähige Allrad-Lkws ab ca. € 5.000,–. Klar, dass daran noch vieles gemacht werden muss oder kann. Aber für € 5.000,– gibt es auch kein voll funktionsfähiges Wohnmobil. Wenn man bereit ist, € 20.000,– bis € 30.000,– für ein Wohnmobil in die Hand zu nehmen, dann kann man für dieses Geld auch einen Allrad-Lkw zum Wohnmobil ausbauen. Das soll nun nicht heißen, dass sich jeder einen Lkw kaufen muss. Ich möchte aber mit der Mär aufräumen, dass ein Expeditionsmobil unter € 100.000,– nicht zu haben wäre. Viele der komplett ausgerüsteten Lkws gibt es gebraucht ab € 15.000,– bis € 30.000,– zu kaufen, mehr oder weniger fix und fertig für die Reise. Es ist also keineswegs nur eine Frage des Geldes, sondern die der inneren Einstellung.

8 Warum ein Allrad-Wohnmobil?

Ja, natürlich ist da noch der Spritverbrauch. Und es ist klar, dass der bei einem 7,5-Tonner älteren Baujahrs höher ausfällt als bei einem Euro 5 Motor, der mit allerlei Elektronik-Hilfe mit 16 bis 18 Litern zu fahren ist, ganz zu schweigen vom Verbrauch eines »herkömmlichen« Wohnmobils, das man auch mit 13 bis 14 Litern fahren kann. Unser Sternchen gönnt sich da schon mal 10 Liter mehr. 23 auf hundert Kilometer sind mehr oder weniger die Regel. Das schockiert vielleicht auf den ersten Blick, relativiert sich aber, wenn man es mal genauer durchrechnet. Geht man davon aus, dass man im Jahr mit seinem Wohnmobil kaum mehr als 10 000 km fährt, stellt sich die Frage, ob einem der Spaß eines

Allrad-Lkws nicht die € 1.500,– wert ist, die die 10 Liter Mehrverbrauch auf 10 000 km kosten. Aber wie gesagt: Das ist eine Philosophie-Frage, die jeder selbst für sich klären muss.

Wie auch im Kapitel »Fahrzeugauswahl« bemerkt, kommt es immer darauf an, wofür man ein Wohnmobil haben möchte. Unser »Sternchen« ist jedenfalls eines, das Träume weckt: unsere eigenen und die all derer, die es sehen, sich den Kopf verdrehen und denen man an der Nasenspitze ansieht, dass sie mental schon auf Weltreise sind. Im vorliegenden Werk wird die Entstehung dieser kleinen Traumfabrik im Detail beschrieben. Die darin enthaltenen Informationen, Tipps und Tricks, Arbeitsschritte und meine begangenen Fehler helfen aber allen, die sich dem Thema »Wohnmobilausbau« nähern. Denn eine Traumfabrik kann jedes Fahrzeug sein, das die Möglichkeit bietet, damit zu reisen. So war auch mein Hanomag DB 206 D eine Traumfabrik, denn damit entdeckte ich meine Liebe zum Reisen. Allerdings wäre der rudimentäre Ausbau desselben auf wenigen Seiten abgehandelt und würde den geistigen Nährwert eines Cheeseburgers kaum übersteigen.

Deshalb scheint es sinnvoller, den Wohnmobil-Ausbau anhand eines Fernreisemobils zu erläutern, auch wenn der eine oder andere Arbeitsschritt – wie beispielsweise der Bau eines Durchstiegs vom Fahrerhaus in den Koffer – für manche Leser irrelevant sein mag. Bei einem Fernreisemobil geht es darum, eine robuste und funktionale Technik mit einem ebensolchen Ausbau zu verbinden, aber eben auch so viel Wohnkomfort zu schaffen, dass man sich auch über einen längeren Zeitraum darin wohlfühlt.

Wir können mit Fug und Recht behaupten, dass uns dies mit unserem Ausbau gelungen ist, haben wir doch insgesamt 16 Monate darin gelebt, und der Einzug in ein festes Heim hat bei aller Freude darauf auch wahrlich geschmerzt.

Warum ein Allrad-Wohnmobil? Deshalb!!!

9 Fahrzeugauswahl

Die Frage nach einem geeigneten Fahrzeug ist wahrscheinlich die schwierigste in dem ganzen Prozess – zumindest dann, wenn man sie so wichtig nimmt wie wir. Denn es hätte auch ganz einfach sein können: zum Beispiel mit einem Mercedes 508 oder 608. Die gibt es ausgebaut bereits ab € 5.000,–, wenn es etwas komfortabler sein soll, können es auch mal € 10.000,– sein. Steckt man dann noch mal € 2.000,– bis € 5.000,– für individuelle Anpassungen hinein, hat man für überschaubares Geld ein vollwertiges Fernreisemobil mit zuverlässiger Technik auf dem Hof: zwar nicht mit Allrad – aber immerhin robust. Und das ist dann schon fast die Luxusausführung. Wer das wirklich empfehlenswerte Buch »Weltreise« von Dieter Kreutzkamp liest, erfährt, wie dieser in den 70er-Jahren gemeinsam mit seiner Frau mit dem VW-Bus um die halbe Welt gereist ist – und das ohne Allradantrieb! Ok., ganz so rudimentär wollen wir es nicht angehen. Wir erstellen erst mal ein Pflichtenheft, was unser Fahrzeug denn so alles »können« sollte:

9.1 Pflichtenheft für unser Fahrzeug

- Das Basisfahrzeug sollte möglichst einfach aufgebaut und ohne Elektronik-Schnickschnack ausgestattet sein, sodass es auch in entferntesten Ländern mit einfachen Mitteln repariert werden kann. Es sollte vorzugsweise von einem Hersteller kommen, dessen Ersatzteilversorgung möglichst weltweit ausgebaut ist.
- Das Fahrzeug sollte uns für mindestens 14 Tage autark von jeglicher Versorgung machen. Nach unserer Einschätzung und dem Vergleich mit den technischen Daten anderer Fernreise-Mobile sollten hierfür 300 Liter Trinkwasser, mindestens 300 Ah Batteriekapazität für den Aufbau sowie eine Tankkapazität für eine Reichweite von rund 1500 Kilometern ausreichen.
- Allradantrieb, damit wir an all die einsamen Strände zum Wind- und Kitesurfen kommen und auch sicher wieder zurück.
- Es sollte noch eine Enduro mitgenommen werden können, damit man nicht immer mit dem Wohnmobil zum Einkaufen in die Stadt fahren muss. Mit einer Enduro hätte man noch den Spaßfaktor und die Möglichkeit, kleinere Touren per Zweirad anstatt per Womo zu unternehmen.
- Es sollte von seiner Dimensionierung nicht durch unsere Auf- und Ausbauten das technische Gewichtslimit ausreizen.
- Es muss uns ein gemütliches »Zuhause« bieten, in dem wir uns auch auf längeren Reisen und bei ausgedehnten Schlechtwetterperioden wohlfühlen.
- Warmwasser-Dusche und WC
- Kochgelegenheit
- Kühlschrank
- Viel Stauraum für Kleidung, Proviant und Ausrüstung
- Es muss ausreichend Stauraum für Werkzeug und Reiseequipment wie Klapptisch, Klappstühle, Grill usw. vorhanden sein.
- Es sollte ein Festbett haben, damit nicht jeden Abend das Bett durch

Umklappen von Sitzbank oder ähnliches neu gebaut und bezogen werden muss. Im Notfall muss auch mal einer während der Fahrt im Bett liegen können. Auch ein Alkoven-Bett war uns nicht so recht geheuer. Mit einer Kopffreiheit von 60 bis 70 cm ist das Raumgefühl doch eher beengt und für eine Langzeitreise nach unserem Geschmack eher ungeeignet.
- Das Windsurf- und Kitesurf-Equipment muss logischerweise auch noch mit.
- Zwischen Fahrerhaus und Wohnaufbau sollte ein Durchstieg bestehen, sodass man bei schlechtem Wetter via Durchstieg ins Fahrerhaus gelangt und in einer kritischen Situation auch schnell die Flucht ergreifen kann.
- Bezahlbar sollte das Ganze auch noch sein.
- Investitionssicherheit: Fahrzeug und Ausbau sollten so beschaffen sein, dass man das Ganze im Falle eines Falles auch ohne erheblichen Wertverlust wieder verkaufen kann.

Fazit: Was wir suchen, ist eine geländegängige Zwei-Zimmer-Küche-Bad-Wohnung mit Keller und Dachboden mit acht bis zehn Quadratmetern oder anders ausgedrückt: *»die eierlegende Wollmilchsau auf vier angetriebenen Rädern«*

9 Fahrzeugauswahl

Dass ein solches Pflichtenheft für jeden anders aussieht, versteht sich von selbst. Deshalb ist es besonders wichtig, dass man sich klarmacht, wofür und wie man ein solches Fahrzeug nutzen möchte. Wer die üblichen 5–6 Wochen Urlaub im Jahr zur Verfügung hat und diese vorzugsweise in Europa verbringt, der braucht sicherlich kein Allradfahrzeug – es sei denn, er hätte ähnlich bescheuerte Hobbys wie wir. Wer ein reines Spaßmobil für Wüstentrips haben möchte, mit dem er extreme Touren abseits von Straßen und Pisten im offenen Gelände fährt, für den ist der Wohnkomfort im Fahrzeug wahrscheinlich als nachrangig zu bewerten. Der wird eher versuchen, das Gesamtgewicht des Fahrzeugs zu minimieren, damit er nicht die Hälfte seines Urlaubs mit Schaufeln verbringt. Und wer wie wir plant, sich mehrere Monate auf 8 m² an seinem Partner zu reiben, der legt vielleicht etwas mehr Wert auf Komfort und Gemütlichkeit als auf die letzten 3% Steigfähigkeit am Dünenhang.

9.2 Erste Vorüberlegungen und Vorauswahl

Fahrzeuge wie VW-Bus Synchro, DB 207, Sprinter usw. fallen entweder wegen des begrenzten Raumangebotes aus dem Rennen oder wegen der eingeschränkten Zuladung bzw. wegen des fehlenden Allradantriebs. Das Gros der DB 406 bis 609 scheitert am Heckantrieb. Hier ist der Allrad-Wunsch häufig der am stärksten limitierende Faktor.

Allrad-Fahrzeuge wie z. B. der DB 613 Iglhaut scheiden wegen ihrer Zwillingsbereifung aus. Diese eignet sich nicht für Sandfahrten, weil sich das innere Hinterrad im Sand eine neue Spur bahnen muss, was zusätzlich Leistung und Spritverbrauch kostet. Außerdem kann der Reifenluftdruck nicht beliebig abgesenkt werden, weil die Reifenflanken dann aneinanderscheuern. Und schließlich können sich im Gelände Steine zwischen den Reifen verkeilen und diese zerstören.

Natürlich gibt es diese Fahrzeuge auch mit Einzelbereifung, was dann durchaus eine mögliche Alternative darstellen könnte. Allerdings sind diese Geräte auch vergleichsweise selten und teuer. Geländefahrzeuge wie Landrover, Toyota Landcruiser, Mercedes-G-Modell und Konsorten mit Wohnaufbau kommen aufgrund der Alkoven-Problematik und der sehr limitierten Zuladung nicht infrage. Sie wären eigentlich die ideale Lösung. Denn mit einer Absetzkabine kann man das Schneckenhaus auch mal am Strand stehen lassen und sich mit dem Fahrgestell und Spaßmobil in den Dünen austoben oder zum Brötchenholen in die Stadt fahren. Größtes Manko bei dieser Fahrzeugklasse ist die eingeschränkte Zuladung, wegen der manche Fahrer schon auf eine größere Batterie verzichten – ganz zu schweigen von großen Wassertanks für mehrere Wochen Autarkie, Surfequipment, Werkzeug usw.

So kristallisiert sich zusehends heraus, dass wir wohl kaum um einen Allrad-Lkw herumkommen werden. Eigentlich will ich ja nur reisen und nicht gleich zum Trucker mutieren. Aber so, wie es aussieht, lassen sich die wichtigsten im Pflichtenheft aufgelisteten Eckdaten nur auf einem Lkw- Fahrgestell realisieren. Klar ist aber auch, dass bei 7,5 Tonnen Schluss ist. Denn erstens habe ich keinen Lkw-Führerschein und will diesen auch nicht machen – wobei das sicherlich sinnvoll wäre. Wichtiger ist mir aber die Tatsache, dass ein Wohnmobil auf Lkw-Basis über 7,5 Tonnen umso schwerer zu verkaufen ist. Und diese Investitionssicherheit ist immer ein wichtiger Aspekt bei all unseren Überlegungen.

Aber auch die Geländegängigkeit eines Lkws – insbesondere auf Sand – ist vor allem eine Funktion aus Gewicht, Gewichtsverteilung, Reifenaufstandsfläche und Motorleistung. So sehe ich meine selbst auferlegte Gewichtsbeschränkung auch unter diesem Aspekt als sinnvoll an. Allerdings bin ich in der Zwischenzeit zur Erkenntnis gelangt, dass die Selbstbeschränkung auf 7,5 t auch eine Reihe von Nachteilen mit sich bringt und dass es eine nicht zu unterschätzende Herausforderung darstellt, die wenigen überhaupt infrage kommenden Fahrgestelle innerhalb des 7,5-t-Limits zu einem sinnvoll funktionsfähigen Expeditionsmobil aufzubauen. Dieses Thema werde ich im Verlaufe dieses Buches noch eingehender beleuchten.

Unter Budget- und Ersatzteilversorgungs-Gesichtspunkten grenzen wir die Auswahl der infrage kommenden Marken schnell auf drei ein: *Mercedes-Benz, MAN und IVECO/Magirus.* Mit dem Wissen von heute würde ich den Steyr 12M18 ebenfalls mit ins Kalkül ziehen.

Aus Budgetgründen ist klar, dass es sich wohl um ein Fahrzeug aus Ex-Bund-Beständen (Bundeswehr, Polizei) oder Hilfsorganisationen wie Feuerwehr oder THW handeln werde. Und nur diese vier Marken stehen dort überhaupt zur Verfügung. Da die Ersatzteilversorgung für alte Magirus-Fahrzeuge von IVECO eher lieblos betrieben wird, scheidet nach einigen Überlegungen und Diskussionen mit Forumsteilnehmern der Allrad-Lkw-Gemeinschaft IVECO-Magirus ebenfalls aus, wenngleich diese Fahrzeuge wesentlich günstiger zu bekommen sind als Mercedes und MAN.

9.3 Auswahlkriterium weltweite Ersatzteilversorgung

Aber auch hier sind für uns der Investitionsschutz auf der einen Seite und die drohende Gefahr eines Reiseabbruchs aufgrund eines fehlenden Ersatzteiles auf der anderen Seite die ausschlaggebenden Argumente, warum IVECO-Magirus für uns aus dem Rennen fällt.

9 Fahrzeugauswahl

Allerdings ist in den vergangenen vier Jahren meine etwas eingeschränkte Sichtweise in Bezug auf die weltweite Ersatzteilversorgung ein klein wenig aufgeweicht worden. Denn ich habe zwischenzeitlich eine Reihe von Fahrzeughändlern persönlich kennengelernt, die genau aus dieser Problematik eine Problemlösung für ihre Kunden und damit ein Businessmodell für sich selbst entwickelt haben. »Wenn dich ein Kunde aus Südamerika anruft und ein Verteilergetriebe für seinen IVECO braucht, dann kannst du nicht einfach sagen: ›Ich habe keines.‹ Dann wirst du plötzlich sehr kreativ, wo man ein solches Teil herbekommen könnte«, erzählt mir beispielsweise Frank Flick von der Firma BAT-TRADE in Gummersbach.

Da auch er das Teil nicht beim Hersteller beschaffen konnte, hat er kurzerhand einen zum Verkauf stehenden IVECO »geschlachtet« und das erforderliche Teil per UPS um den Globus geschickt und so seinem Kunden die Reise gerettet. So hat sich in den vergangenen Jahren ein blühender Markt für gebrauchte Ersatzteile entwickelt. Flick und einige seiner serviceorientierten Kollegen haben sich unter anderem darauf spezialisiert, ihren globetrottenden Kunden im Falle eines Falles den Rücken frei von Ersatzteilproblemen zu halten. Denn wenn Du irgendwo im Nirgendwo stehst und Dir eine Kolbenrückzugsfeder fehlt, dann wird aus dem weit gereisten Globetrotter ganz schnell ein festsitzender Globetrottel.

Natürlich werden eigene Kunden bevorzugt behandelt, und so kann es durchaus ein Kalkül sein, sich sein Fahrzeug bei einem Händler wie Fabian Heidtmann, Frank Flick, Günter Ctortnik oder Franz und Michael Aigner zu kaufen und sich im Falle einer größeren Reise außerhalb Europas auf deren Ersatzteilservice zu verlassen. Sie alle haben gebrauchte Ersatzteile im Regal liegen oder Fahrzeuge auf dem Hof stehen oder verfügen über einschlägige Kontakte in die Szene, dass sie in relativ kurzer Zeit in der Lage sind, auch ausgefallene Teile zu beschaffen. Dass diese Überlegungen auch bei Mainstream-Marken mit vermeintlich weltweiter Ersatzteilversorgung angebracht sind, liegt auf der Hand. Denn wer ein neues Getriebe benötigt und dabei in die Ersatzteilpreislisten von Mercedes, MAN & Co. blickt, hängt wahrscheinlich mental schon an der Herz-Lungen-Maschine.

Also können auch hier Gebrauchtteile die einzig finanzierbare Lösung darstellen, für die es aber eines Spezialisten in der Heimat bedarf, damit der das richtige Teil in angemessener Zeit zu einem fairen Preis besorgt und weltweit verschickt. So hört man immer wieder von den weltreisenden Kollegen, dass im Ausland Ersatzteile nicht zu beschaffen sind, die in Mitteleuropa innerhalb eines Tages den Weg vom Hersteller zum Händler finden. Auch in solchen Fällen ist es hilfreich, wenn man sich auf einen Partner verlassen kann, der sich dann auch gerne um den Versandservice ins ferne Ausland kümmert. Gleiches gilt übrigens auch für Reifen. Die Aigners, CAMO und Frank Flick haben sich u. a. auch darauf spezialisiert, die Behördenfahrzeuge standesgemäß umzubereifen, das heißt die originalen Zwillingsräder, auf denen die meisten Fahrzeuge stehen (außer Unimog, vw-man, Steyr 12M18 und man kat), auf Einzelbereifung umzurüsten. Dazu gehören dann auch die Felgen, wobei der weise Reisende wohlweislich auf die exotischen Sprengringfelgen setzt, mit denen er zur Not einen Reifen auch eigenhändig wechseln kann.

Die Händler beraten über die je nach Einsatzzweck sinnvoll einzusetzenden Reifenarten und Reifengrößen, beschaffen und montieren diese auf passende Felgen und kümmern sich in der Regel auch um die Eintragung der Reifen in die Fahrzeugpapiere. Nicht selten verschicken sie Neu- oder Gebrauchtreifen per Spedition um die halbe Welt, wenn im jeweiligen Land der benötigte Reifen nicht verfügbar ist oder ein Vermögen kostet.

9.4 Kauf beim Händler, bei vebeg oder privat

Mittlerweile hat es sich herumgesprochen, dass Behördenfahrzeuge von Bund und Heer direkt bei der bundeseigenen Verwertungsgesellschaft vebeg (www.vebeg.de) in regelmäßig stattfindenden Auktionen ersteigert werden können. Da kann man mit viel Sachkenntnis und noch mehr Glück ein gutes Schnäppchen machen, doch sollte sich jeder dessen bewusst sein, dass das russischem Roulette mit Fahrzeugen gleich kommt. Das Risiko, hier eine Niete zu ziehen, ist nicht gerade gering und kann auch von absoluten Profis nicht ausgeschlossen werden. Denn die Crux bei den Fahrzeugen liegt in der Tatsache, dass sie zwar besichtigt, nicht aber Probe gefahren und auf Funktionsfähigkeit geprüft werden können. Außerdem bietet man gegen die einschlägigen Fahrzeughändler, die alte Hasen in diesem Geschäft sind. So kann es äußerst sinnvoll sein, sein Fahrzeug bei einem dieser Händler zu erwerben, denn das größte Risiko bei ausgemusterten Behördenfahrzeugen mit häufig nur sehr geringer Kilometerleistung (< 50 000 km) liegt in den Standschäden, die meist erst einige Monate nach dem Kauf zutage treten.

Seriöse Händler untersuchen die Fahrzeuge eingehend, ersetzen defekte oder kritische Teile im Vorfeld und sind sicherlich kulant bei der Übernahme oder Durchführung von Reparaturen, wenn diese kurz nach dem Kauf auftreten. Für die eigenen Kunden geht der Service in der Regel aber noch weiter, indem weitere erforderliche Umbauten ausgeführt werden; seien es der Bau eines Zwischenrahmens, der die Verwindungen des Fahrzeugs ausgleicht, damit sie nicht in den Wohnkoffer eingeleitet werden (siehe dazu Kapitel 11), der Einbau von Zusatzausstattungen wie größere Tanks, Zyklon- und Separfilter, die Optimierung der Einspritzpumpe, die Änderung der Achsübersetzungen oder der Einbau von Vorderachssperren, was vor allem die Aigners speziell für man kat anbieten. Jeder der Händler hat sich auf ganz bestimmte Fahrzeugtypen spezialisiert, für die er dann auch die Ersatzteilversorgung übernehmen kann und will.

9 Fahrzeugauswahl

> **BEZUGSQUELLE**
>
> **AIGNER GMBH**
> www.aignertrucks.com
>
> **FAHRZEUGE** IVECO 110-16, 110-17, Magirus Deutz 90-16, 170 D 11 FA, VW-MAN 8.136 und 8.150, MAN KAT, Steyr 12M18, Mercedes 1017, Unimog.
>
> **BAT-TRADE**
> Frank Flick
> www.bat-trade.de
>
> **FAHRZEUGE** IVECO 110-17, VW-MAN 8.136, MAN KAT, Mercedes 1017
>
> **FABIAN HEIDTMANN NUTZFAHRZEUGE**
> www.expeditions-lkw.de
>
> **FAHRZEUGE** Mercedes 911, 1113, 914, 917, 1017, 1114, 1117, 1120, Steyr 12M18; andere auf Anfrage
>
> **CAMO MILITARY VEHICLES**
> www.camo.co.at
>
> **FAHRZEUGE** Steyr 680, Steyr 12M18, S-Lkw, MB-Unimog, Tatra 815 VVN, ZIL 131, Pinzgauer und Puch G

Einige dieser Händler sind mir persönlich bekannt, so dass ich sie ruhigen Gewissens weiterempfehlen kann. Allen Händlern gemein ist die Tatsache, dass es eigentlich zu wenig Fahrzeuge in der 7,5-t-Klasse gibt und sie deshalb händeringend nach Fahrzeugen suchen. Für die Kunden bedeutet das steigende Preise, denn auch hier regeln Angebot und Nachfrage den Marktpreis.

Waren vor einigen Jahren gute MB 1017 bereits ab € 8.000,– zu haben, so sind die Preise in den letzten Jahren auf gut € 15.000,– bis € 18.500,– geklettert. Für Fahrzeuge aus der leichten Klasse von Mercedes wie der 914, 917, 1114, 1117, 1120 usw. müssen in der Regel schon € 18.000,– bis € 25.000,– für gepflegte Fahrgestelle mit einer Laufleistung von unter 100 000 km veranschlagt werden. In einer ähnlichen Preislage bewegen sich die Unimogs. Da liegt es nahe, auf die deutlich preiswerteren IVECO auszuweichen.

Der IVECO 110/17 spielt in der gleichen Liga wie ein MB 1017, wobei ein guter IVECO oft schon für € 8.000,– bis € 12.500,– zu haben ist. Allerdings sollte man sich bei diesen Fahrzeugen dessen bewusst sein, dass es sich eigentlich um 10-Tonnen-Fahrgestelle handelt und sie deshalb nur mit Mühe und mindestens einem zugedrückten Auge mit echten 7,5 Tonnen reisefertig aufzubauen sind. Hier sind dann extremer Leichtbau oder eine sehr spartanische Ausstattung gefragt, die über die Dauer aber meist nicht zu halten ist. Denn mit den Reisen steigen die Ansprüche, und so werden in der Regel immer mehr An- und Einbauteile in die Fahrzeuge verbaut und immer mehr Equipment mitgenommen, sodass sie von Jahr zu Jahr schwerer werden.

ANMERKUNG ZU DEN PREISEN Bei den hier genannten Preisen handelt es sich in der Regel um Fahrzeuge von der Bundeswehr, den Feuerwehren, der Polizei oder von Hilfsorganisationen wie dem THW. Sie sind meist wenig bis gar nicht aufbereitet, nicht einzelbereift, noch ohne Zwischenrahmen und gänzlich ohne Aufbau oder mit einem Aufbau versehen, der aber meist nicht verwertbar ist.

Die Preise spiegeln die aktuelle Marktlage Ende 2013 wider und können sich erfahrungsgemäß sehr schnell in die eine wie andere Richtung verändern. Sie sollen meinen Lesern eine grobe Orientierung bieten, mit welchem finanziellen Aufwand für den Aufbau eines Expeditionsmobils auf Allrad-Lkw-Basis zu rechnen ist. Aktuelle Informationen findet man im Internet.

9.5 Gewichtsproblematik in der 7,5-Tonnen-Klasse

Generell kann man sagen, dass ein Fahrgestell mit Einzelbereifung und Ersatzrad nicht über fünf Tonnen wiegen sollte, wenn man sich realistisch innerhalb der 7,5-Tonnen-Grenze bewegen will. Erstellen wir hier mal eine kleine Liste, was die Dinge so wiegen können:

	leicht	schwer
Fahrgestell	5000	5000
Koffer	600	1000
Zwischenrahmen	200	300
Möbelholz	200	300
Techn. Einbauten*	300	400
Ersatzradträger	100	250
Batterien	100	150
Sprit	200	300
Wasser	200	300
Proviant	50	100
Kleidung/Schuhe	80	150
Camping-Equipment	30	50
Werkzeug, Ersatzteile	100	200
Crew 2/4 Personen	150	250
SUMME	**7310**	**8750**

* Tür, Fenster, Heizung, Tanks, Kühlschrank, Gasanlage, Wassertanks, Elektrik, Solarzellen usw.
Zuschlag für Doppelkabine: ca. 150 kg
Zuschlag für langen Radstand und langen Koffer: ca. 200 kg, Zuschlag für 2. Ersatzrad: ca. 140 kg
Zuschlag für Bergeequipment: 50 bis 150 kg

Die Gewichtsaufstellung macht deutlich, dass man in allen Bereichen am untersten Gewichtslimit bleiben muss, um am Ende die 7,5 t nicht zu überschreiten. Alleine 100 kg an Werkzeug, Ersatzteilen und Schmiermittel mitzunehmen, ist schon unrealistisch. Ich kenne Leute, die karren 400 kg durch die Lande. Hier ist noch gar nicht an mitzunehmende Fahrräder oder gar einen Roller oder ein Motorrad gedacht, genauso wenig an Sportequipment, Bücher, Laptops, Hund usw.

Mit dieser Liste will ich aufzeigen, dass es extrem schwierig ist, mit einem Allrad-Lkw das 7,5-t-Limit einzuhalten, wenn das Fahrgestell bereits 5 Tonnen wiegt. Im Prinzip ist es ähnlich kompliziert, wie mit einem Allrad-Geländewagen oder Pickup mit Alkoven-Kabine die 3,5-t-Grenze nicht zu überschreiten. Dabei sind viele der vermeintlich infrage kommenden Fahrgestelle aber noch deutlich schwerer als die angenommenen 5000 kg! Hier wandeln ja meist schon die Wohnmobilisten mit herkömmlichen Fahrzeugen auf illegalen Pfaden. Deshalb ist es mehr als sinnvoll, sich noch vor der Anschaffung eines Fahrzeuges darüber klar zu werden, wohin man reisen will, was man mitnehmen möchte oder muss und welches Fahrzeug dann überhaupt noch infrage kommt.

9 Fahrzeugauswahl

Von dieser Last befreien kann man sich am einfachsten, indem man für rund € 2.000,– den Lkw-Führerschein macht. Angesichts eines Gesamtinvestments von mindestens € 40–60.000,–, vielleicht auch € 100.000,– und mehr, scheint diese Investition gerechtfertigt zu sein, zumal es hier ja nicht nur um die Sicherheit der Insassen, sondern auch um die des Umfeldes geht. Und wie gesagt, mit einem schwereren Lkw steigt das Angebot bei sinkender Nachfrage, womit man beim Fahrzeug eventuell das Geld für den Führerschein einsparen kann.

Unsere Fahrzeugauswahl ist von derlei Überlegungen noch wenig beeinflusst. Wir wollen ja gar keinen Lkw, sondern einfach nur reisen. Der drängt sich uns aber mit der Auseinandersetzung mit dem Pflichtenheft förmlich auf. Dementsprechend blauäugig gehe ich dann an den Ausbau heran und lege nicht sonderlich viel Augenmerk auf die Gewichte der einzubauenden Komponenten. Mit meinen Schilderungen und der eindringlichen Warnung vor einem zu hohen Gewicht will ich meine Leser vor ähnlichen Fehlern bewahren.

9.6 Größeres Fahrzeugangebot in der Klasse über 7,5 Tonnen

Wer sich aus den engen Grenzen der 7,5-Tonnen-Klasse befreit, findet ein wesentlich breiteres Angebot an Allrad-Lkw-Fahrgestellen in der 12- bis 16-Tonnen-Klasse bei deutlich geringerer Nachfrage. Das bedeutet, dass in diesem Fahrzeugsegment die Preise noch nicht so überhitzt sind und man hier gute Deals machen kann. Vom gesparten Geld ist dann der Lkw-Führerschein schnell bezahlt, und man fährt mit dem guten Gefühl, für das Fahren eines solchen Gerätes auch gut ausgebildet zu sein. Nicht umsonst wurde die 7,5-Tonnen-Regelung im Zuge der Europäisierung aufgehoben. Auch wenn ich selbst noch davon profitiere und zu Beginn meiner Lkw-Zeit wenig Lust verspürte, den Lkw-Schein zu machen, hat sich meine Einstellung diesbezüglich mittlerweile gewandelt, und ich ziehe es ernsthaft in Betracht, noch einmal die Fahrschulbank zu drücken. Denn auch unser Sternchen hat mittlerweile so viel Speck angesetzt, dass die 7,5 Tonnen nur noch mit leichtem Handgepäck halbwegs zu halten sind. Allerdings sei darauf hingewiesen, dass auch Wohnmobile über 7,5 t dem Geschwindigkeitslimit von 60 km/h auf Landstraßen unterliegen und einigen anderen für große Lkws geltenden Regelungen mehr.

9.7 Gegenüberstellung der von mir probegefahrenen Fahrzeuge

Bei unserer Fahrzeugwahl gibt es schon einen heimlichen Favoriten, für den unser beider Herz schlägt: den alten Mercedes-Rundhauber, der einfach Kultstatus besitzt. Trotzdem unternehmen wir Probefahrten mit verschiedenen Fahrzeugen, um einfach ein Gefühl für die Materie zu bekommen, was letztendlich dazu führt, dass es wie so oft anders kommt, als man denkt. So teste ich einen MB 613 Iglhaut, einen MB 1219, einen MB 911, einen MB 1113, einen Magirus 130, einen Magirus Merkur und einen MB 914, alle mit Allrad ausgestattet.

Zwischen den Fahrzeugen liegen Welten, und plötzlich fließen weitere Aspekte mit in die Kaufentscheidung ein: Fahrkomfort, Geräuschkulisse im Fahrerhaus, Spritverbrauch, Eigengewicht des Fahrgestells, Motorleistung, Drehmoment und Durchzugskraft, Getriebeabstufung, Untersetzungsgetriebe, Differentialsperren, Radstand, Reifengröße, Art des Aufbaus und natürlich auch des Ausbaus, sofern das Fahrzeug einen hat. Die Entscheidung fällt uns wahrlich nicht leicht, denn selbstverständlich hat jedes der Fahrzeuge seine Vor- und Nachteile. Nachfolgend möchte ich die Hauptargumente für und gegen einen Kauf kurz aufführen.

ANMERKUNG Gerne hätte ich auch Bilder von den nachfolgenden Fahrzeugen gezeigt, was aber aufgrund des Urheberrechts der Verkäufer nicht machbar ist.

MB 1219 (Frontlenker)
Vorteile: 9,6-Liter-Saugdiesel-Maschine mit 190 PS, 8-Gang-Getriebe mit Crawler, ca. 40 000 km, Rotzler-Winde, 14.00er- Einzelbereifung, Außenplanetenachsen. Preis nur Fahrgestell € 15.000,–.

Gründe, warum wir das Fahrzeug nicht gekauft haben: 12-Tonnen-Fahrgestell mit Seilwinde und schwerer 14.00er-Bereifung bringt das Fahrzeug in Gewichtsregionen, mit denen man ohne Lkw-Führerschein mit einem Bein im Gefängnis steht. Das fehlende Untersetzungsgetriebe tut ein Übriges dazu, dass unsere Entscheidung gegen das Fahrzeug ausfällt.

Auch der fehlende Turbo hat nicht nur den Vorteil, dass ein solcher nicht kaputtgehen kann, sondern auch den Nachteil, dass Turbomotoren in der Regel über ein wesentlich höheres Drehmoment verfügen.

MB 911 (Rundhauber)
Vorteile: Mit € 15.000,– ein überschaubarer Preis für ein mehr oder weniger komplett ausgebautes Fahrzeug. Kultstatus.

Gründe, warum wir das Fahrzeug nicht gekauft haben: Doppelkabine, Ausbau eher »handgestrickt« mit einigen Liebhaber-Spezialeinbauten wie Holzofen oder Toilette unter der Sitzbank in der Doppelkabine, Motorleistung von nominell 130 PS, die allerdings schon der Anblick einer Steigung in die Knie zwingt.

9 Fahrzeugauswahl

MB 613 Iglhaut
Vorteile: Allradantrieb, komplett ausgebaut, ca. 80 000 km, mit ca. € 26.000,– fast schon ein Schnäppchen.

Gründe, warum wir das Fahrzeug nicht gekauft haben: Zwillingsbereifung, Motor dreht bei 85 km/h 2500 Umdrehungen, klingt aber, als wären es 6000. Eine normale Unterhaltung im Fahrerhaus scheint damit unmöglich. Der Ausbau wirkt relativ ungemütlich mit hellgrauen Möbeln und den üblichen Womo-»Designer«-Sitzbezügen, mit denen man befürchten muss, wegen optischer Umweltverschmutzung belangt zu werden. Schlafmöglichkeit entweder im Alkoven über dem Fahrerhaus oder auf der Sitzbank mit täglichem Umbauzwang. Integrierter Aufbau, das heißt.: Die Fahrerhaus-Scheiben müssen mit Isoliermatten abgedeckt werden, um Hitze und Kälte abzuweisen, oder es muss eine zusätzliche Trennwand zwischen Fahrerhaus und Wohnkabine eingebaut werden.

MB 1113 (Rundhauber)
Vorteile: mit 170 PS akzeptable Motorleistung. Nur rund 20 000 km. Kultstatus.

Gründe, warum wir das Fahrzeug nicht gekauft haben: Etliche Roststellen, laute Fahrgeräusche im Fahrerhaus, insbesondere auch vom Schalthebel ausgehend (alte Benz-Krankheit). Mit € 17.000,– ein recht stolzer Preis für einen Oldtimer. Das Konzept des Kurz- oder Rundhaubers stammt aus den 50er-Jahren und ist dementsprechend betagt. Fahrkomfort stand damals noch nicht im Pflichtenheft von Mercedes, und dementsprechend schwach ist die Schalldämmung der Rundhauber.

Magirus 130
Vorteile: mehr oder weniger fix und fertiges Expeditionsmobil für überschaubare € 18.500,–. Der Magirus 130 ist sozusagen das Gegenstück zum Mercedes 914 oder MAN 8.136 bzw. 9.150.

Gründe, warum wir das Fahrzeug nicht gekauft haben: Magirus-Ersatzteilversorgung, begrenztes Raumangebot im Koffer, wenig Fensterflächen, Lenkeinschlag durch Spurstangen begrenzt, weil 365er-Reifen daran anstoßen – fraglich, was der TÜV dazu sagt.

Magirus Merkur (Bj. 1965)
Vorteile: fix und fertig ausgebaut, relativ wohnlich, Preis ca. € 6.000,–!
Gründe, warum wir das Fahrzeug nicht gekauft haben: Getriebe nicht synchronisiert, antiquiertes Fahrzeug, mit 16.00er-Bereifung ideales Showcar mit martialischer Optik für Kurzstrecken und Messeeinsatz, nicht aber als Dauergefährt und Roll-Wohnung.

9.8 Unsere Kaufentscheidung fällt auf einen Mercedes 914 AK (Allrad-Kipper)

Vorteile: Das Fahrzeug fährt sich fast wie ein Pkw. Die Lenkung ist leichtgängig, die Schaltung präzise mit kurzen Wegen, die Druckluftbremsen ziehen beachtlich, und im Fahrerhaus herrscht beinahe eine Pkw-ähnliche Geräuschkulisse, in der man sich noch bequem unterhalten kann. Vmax 100 km/h trotz bescheidener 136 PS. Untersetzungsgetriebe, Hinterachssperre und Mittelsperre. 310 cm Radstand, von Fabian Heidtmann bereits mit 365/80–20 auf Sprengringfelge einzelbereift, robuster Zwischenrahmen mit Zentralrohr vorhanden, der nur noch auf die Koffermaße angepasst werden muss. Mit einem auf 7,5 Tonnen abgelasteten 9-Tonnen-Fahrgestell ist dieses selbst bei reichlicher Ausnutzung der 7,5 t immer weit unterhalb des technischen Limits.

Nachteile: Mit 140 PS nicht gerade übermotorisiert und mit € 20.000,– ein stolzer Preis für ein 20 Jahre altes Ex-Bundeswehr-Fahrzeug (niederländische Armee).

Der gute Zustand des Fahrzeugs, die niedrige Kilometerleistung von nur 36 000, die Einzelbereifung und der vorhandene Zwischenrahmen relativierten den Preis, da für einen Zwischenrahmen zwischen 2.500,– und € 5.000,– veranschlagt werden müssen und auch die Umbereifung mit € 2.000,– bis € 5.000,– zu Buche schlägt. Alles in allem sind das genügend Gründe, uns für diesen Lkw zu entscheiden.

Außerdem sind es sowohl Ediths Bauch als auch meiner, die ganz spontan wohlwollend knurren und sich zu unserem späteren »Sternchen« hingezogen fühlen. So nennen wir es liebevoll, weil es von der Apotheke mit dem Stern kommt und zur leichten Klasse zählt und damit noch ein kleiner Lkw ist.

9 Fahrzeugauswahl

Liebe auf den ersten Blick ...

Bei unserer Gelände-Jungfernfahrt entsteht dann »zufällig« das nachfolgende Bild, auf dem sich die Sonne im Mercedes-Stern bricht. Wenn das kein gutes »Zeichen« für unser Sternchen ist ...

9.9 Technische Daten unseres MB 914

- Mercedes-Benz 914 AK (ex-niederländisches Heer) AK steht für Allrad-Kipper
- Zulassung als Wohnmobil
- Baujahr: 1988
- Km-Stand beim Kauf: 36 000
- 6-Zylinder-Saugdiesel
- Hubraum: 5958 cm³
- Leistung: 136 PS, durch ESP-»Tuning« auf ca. 150 PS erhöht
- Drehmoment: 402 Nm bei 1400 U.
- Starterbatterien: 2 × 12 V 135 Ah = 24 V, mittlerweile auf 2 × 55 Ah Optima umgerüstet
- 9-Tonnen-Fahrgestell, abgelastet auf 7,49 t (für alten Pkw-Führerschein)
- Gewicht Fahrgestell mit Einzelbereifung, Zwischenrahmen und Ersatzrad: 5020 kg
- Zwischenrahmen mit 4-Punkt-Lagerung auf Basis des massiven Zentralrohres des Kipper-Fahrgestells
- Radstand: 3,09 m
- Wendekreis: hab's nicht gemessen, dürfte aber ähnlich eng wie bei einem Smart sein
- Tank-Kapazität: 300 l im Haupttank + 3 × 20 l in Kanistern
- Watt-Tiefe: ca. 80 cm
- 5-Gang-Getriebe
- Permanent Allrad
- Untersetzung
- Hinterachssperre
- Mittelsperre
- Servolenkung
- Druckluft-Bremsen
- Einzelbereifung: Rigdon 365/80-20 Schlauchreifen, MPT-Profil, heißrunderneuert auf Gianetti-Sprengringfelgen, mittlerweile geändert auf Conti MPT 81 Schlauchlos-Reifen auf Gianetti schlauchlos Sprengringfelgen
- Fahrerhaus: zwei luftgefederte ISRI-Schwingsitze

9.10 Weitere Allrad-Lkws

Auf vielfachen Wunsch meiner Leser habe ich das Kapitel »Fahrzeugauswahl« ausgedehnt und beleuchte weitere Allrad-Lkw-Modelle, die ich nicht unbedingt selbst zur Entscheidungsfindung herangezogen und Probe gefahren habe. Dabei mögen mir meine Leser verzeihen, dass ich mich hier auf die gängigen Modelle beschränke, die derzeit von Behörden ausgemustert werden und somit für eine breitere Käuferschicht erschwinglich sind. Man möge es mir nachsehen, dass ich dabei genauso wenig auf die gängigen aktuellen Lkw-Modelle von Mercedes, MAN, IVECO, Bremach, SCAM & Co. eingehen kann, wie ich noch viel weniger die Vielzahl von Pickups, Geländewagen,

9 Fahrzeugauswahl

SUVs, Transporter, Kastenwagen, VW-Busse, Sprinter, Boxer, Daily, Weekly und Konsorten beleuchten kann. Beurteilungen dieser Modelle sind in kompetenterer Form der aktuellen Fachpresse zu entnehmen, der nicht nur die Fahrzeuge, sondern auch die entsprechenden Testumgebungen zur Verfügung stehen. Die hier angerissen Modelle sind in der Regel solche, die vor 15 oder 20 Jahren zum letzten Mal in der Fachpresse erwähnt und die in der Regel nicht auf ihre Eignung als Fernreisemobil hin untersucht wurden. Die nachfolgende Aufstellung von möglichen Allrad-Lkw-Fahrgestellen soll einen groben Überblick über die derzeit verfügbaren Modelle vermitteln und eine kurze Charakteristik und Einordnung in die unterschiedlichen (Gewichts-)Klassen liefern.

Detailliertere Informationen sind jedoch von den verschiedenen Händlern zu erfahren, die im Rahmen der Übersicht genannt werden und die genau wissen, welches Fahrzeug für welchen Einsatzzweck geeignet ist. Sie haben mich bei der Erstellung dieser Auflistung nach Kräften unterstützt.

Mercedes-Benz Unimog
Der Kindheitstraum (fast) eines jeden Mannes ist ein Unimog. Das **Univer**sal-**Mot**or-**G**erät von Mercedes-Benz ist so ziemlich das Nonplusultra, was es an Geländegängigkeit in der leichten Lkw-Klasse gibt. Das liegt zum einen an dem bereits angesprochenen äußerst verwindungsfähigen Leiterrahmen, der auch bei extremer Geländeunebenheit noch alle vier Räder am Boden hält und somit für Traktion sorgt, zum anderen resultiert seine Geländegängigkeit aus den Portalachsen und dem Schraubenfeder-Fahrwerk im Gegensatz zu den Blattfedern in den Frontlenker-»Straßen-Lkws«.

Gerade die Portalachsen verschaffen dem Unimog eine von kaum einem anderen Fahrzeug erreichte Bodenfreiheit. Aber genau sie sind es auch, die die Fernreisetauglichkeit eines Unimogs einschränken. Denn Ölwanderungen in den Portalachsen können zu massiven Schäden führen, die gerade im fernen Nirgendwo kaum jemand reparieren kann. Außerdem neigt der Unimog aufgrund seines Schraubenfederfahrwerkes mit großen Federwegen bei schweren Aufbauten deutlich zum Schaukeln.

So muss man genau abwägen, ob die Vorteile im Gelände die Nachteile im Straßenbetrieb und bei der Wartung und Instandsetzung aufwiegen. Das kann nur jeder für sich selbst beantworten. Weitere Vorteile im Gelände versprechen die standardmäßig verbauten drei Sperren an der Hinterachse, in der Mitte und an der Vorderachse. Eine Frontsperre ist bei herkömmlichen 4 × 4-Fahrzeugen eher die Ausnahme als die Regel. Auch wenn man sie nicht häufig benötigt, ist es doch von Vorteil, eine Frontsperre zu haben. Allerdings sei besonders bei einer Vorderachssperre auf die Besonderheiten beim Fahren mit Differenzialsperren hingewiesen, weil auch hier sehr schnell einiges kaputtgehen kann.

Vergleich Unimog und MB 914 mit identischem Aufbau. Durch das längere Fahrerhaus rückt der Koffer beim Unimog deutlich weiter nach hinten.

BEZUGSQUELLE

AIGNER GMBH
www.aignertrucks.com

PREIS UNIMOG ca. € 18.000,– bis € 22.000,– für ein Unimog-Fahrgestell aus BW-Beständen; U 1300 L, Typ 435, 130 PS Saugdiesel-Motor (OM 352)

PREIS VW-MAN 8.136 ca. € 14.000,–
VW-MAN 8.150: ca. € 15.000,–

Ein weiterer Nachteil des Unimogs stellt seine kurze Haube dar, durch die das Fahrerhaus auf dem Fahrgestell um ca. 70 cm nach hinten rutscht. Das hat zur Folge, dass bei gleichem Radstand von z. B. 3,10 m ein Frontlenker einen längeren Aufbau verträgt als ein Unimog–was auf dem Bild sehr gut zu erkennen ist. Beim Unimog ist der hintere Überhang gut 50 cm größer, was die Gesamtoptik stört und den Böschungswinkel verschlechtert. Deshalb müsste man beim Unimog auf einen 3,6 m langen Radstand ausweichen, um ein unter optischen und gewichtsverteilungstechnischen Aspekten harmonisches Gesamtbild zu schaffen. Und schließlich sei noch das relativ enge und nicht gerade komfortabel geräuschgedämmte Fahrerhaus auf der Negativseite erwähnt.

Nichtsdestotrotz sind viele Weltenbummler mit Unimogs unterwegs, und wer sich seinen Kindheitstraum nun endlich erfüllen will, hat im Unimog sicherlich ein wunderbares Spielzeug, insbesondere fürs Gelände. Nur möchte ich mit diesen Zeilen darauf aufmerksam machen, dass es einige technische Besonderheiten beim Unimog zu beachten gibt, um die der Laie wissen sollte–der Experte wird sowieso damit umzugehen wissen. Unter Fahrzeuggewichts-Gesichtspunkten hat der Unimog vor Frontlenkern die Nase vorn–soll heißen, dass er leichter ist und 7,5 t relativ problemlos realisierbar sind.

VW-MAN 8.136/8.150

Die kleinen VW-MANs sind die Gegenstücke zu IVECO 130 und Mercedes 814/914. Man sagt ihnen sogar eine etwas bessere Geländetauglichkeit nach als den Benzen. Sie sind relativ rar und die Preise dementsprechend hoch. 5,7 l Reihensechszylinder-Saugdiesel (nur 8.136), 5-Gang-Getriebe mit Untersetzung, Heck- und Mittelsperre, einzelbereift.

ACHTUNG Der ZEPPELIN-FM-2-Shelter mit einer Länge von 4,2 m ist auf dem kleinen MAN nur mit viel Hecküberhang ähnlich wie beim Unimog möglich. Hier bedarf es einer Kabine mit max. 3,6 m Länge.

9 Fahrzeugauswahl

Mercedes 1017

Das sicherlich am häufigsten angebotene Fahrzeug dürfte der Mercedes 1017 sein. Das liegt daran, dass die Bundeswehr den 1017er in rauen Mengen eingesetzt hat und so jährlich hohe Stückzahlen dieses Klassikers ausmustert. Der 1017er basiert in seiner Grundkonstruktion noch auf dem Rundhauber-Konzept aus den 1950er-Jahren – ist quasi mehr oder weniger ein Rundhauber mit einem Frontlenker-Fahrerhaus. Damit darf man von einem 1017er nicht ganz den Fahrkomfort erwarten, wie ihn die modernere Fahrgestelle 814, 914, 917, 1114, 1117 und 1120 bieten. Auch ist die Geräuschkulisse im Fahrerhaus nicht mit derjenigen neuerer Typen vergleichbar.

Gewichtsmäßig liegt der 1017 einige hundert Kilo über dem Gewicht eines 917er-Fahrgestells, weshalb er sich nur mit äußerster Mühe noch innerhalb der 7,5 Tonnen als Expeditionsmobil aufbauen lässt. Aufgrund der hohen Verfügbarkeit war der 1017 relativ günstig zu bekommen, was sich aber mit steigender Nachfrage durch Fernreisende gerade ändert. Es gibt ihn in seltenen Fällen auch als Doppelkabiner mit 4,20 m Radstand, häufiger mit 3,60 m Radstand. In der Regel muss man für einen Doppelkabiner auf den MB 1019 mit 190-PS-Saugdiesel-Maschine ausweichen, der sowohl als Einzel- als auch als Doppelkabiner erhältlich ist.

- Radstand mit Einzelkabine: 3,6 m, geeignet für Aufbauten bis ca. 4,6 m.
- Radstand Doppelkabiner: 4,2 m, Aufbau bis 4,2 m geeignet wegen der großfamilientauglichen Doppelkabine.
- 5-Gang-Getriebe mit Untersetzung, Hinterachs- und Mittelsperre.
- Kosten für ein 1017er-Fahrgestell aus BW- Beständen: ca. € 15.000,– bis € 18.500,–

IVECO 110-16

Den IVECO 110-16 gibt es mit 3,6 m und 4,1 m Radstand, mit Letzterem prädestiniert für einen langen Wohnaufbau. Aufgrund des relativ geringen Fahrzeuggewichts ist er in der kurzen Version bei konsequentem Leichtbau als 7,5-Tonner zu realisieren. Er ist bereits original mit 13.00 × 20 einzelbereift, 14.00er-Reifen sind möglich – 7,5 t dann allerdings nicht mehr. Der luftgekühlte 6,1-l-Reihensechszylinder von KHD ist quasi unkaputtbar und weltweit auch als stationäres Stromaggregat im Einsatz. 6-Gang-ZF-Getriebe mit Untersetzung, Heck- und Mittelsperre.

IVECO 110-17

Das »ivecische« Gegenstück zum MB 1017 ist der 110-17. Er eignet sich gut als Fernreisemobil, weil er noch einfacher aufgebaut ist als ein MB 1017. Als 7,5-Tonner ist auch er nur dann realistisch aufzubauen, wenn beim Aufbau konsequent Gewicht gespart wird.

BEZUGSQUELLE

www.aignertrucks.com
www.bat-trade.de
www.expeditions-lkw.de

PREISE (AIGNER)
- IVECO 110-16: ca. € 12.500,–
- IVECO 110-17: ca. € 11.000,–
- Magirus Deutz 90-16: ca. € 11.000,–
- Magirus Deutz 170 D 11 FA: ca. € 7.000,–

Die schlechtere Ersatzteilversorgung über IVECO macht der große Gebrauchtteilemarkt wieder wett, wenn man einen Partner hat, der sich um die Beschaffung kümmern kann, falls auf einer Reise mal ein Teil nicht verfügbar sein sollte. Den 110-17 gibt es sowohl in der 4 × 2- als auch in der 4 × 4-Radformel. Er steht originär auf Zwillingsreifen, was bedeutet, dass er noch umbereift werden muss. Diese Kosten sind also noch hinzuzuzählen. Der Radstand beträgt 3,6 m.

Magirus Deutz 90-16
Dieses Fahrzeug ist eines der wenigen, das sowohl als Einzel- als auch als Doppelkabiner verfügbar ist. Für Familien ist der MD 90-16 eine der wenigen Möglichkeiten, die Kinder im DoKa-Fahrerhaus mitzuführen. Eine Ablastung auf 7,5 t ist mit der Singlekabine mit Einschränkungen möglich, mit der DoKa und vier Personen Besatzung keinesfalls mehr sinnvoll.

Magirus Deutz 170 D 11 FA
Aus THW- und Feuerwehrbeständen gibt es immer wieder den 170er-Magirus, der sich ebenfalls als Basis für Expeditionsmobile eignet. Sechszylinder-V-Motor ohne Turbo mit 8,4 l Hubraum, 5- oder 6-Gang-Getriebe mit Untersetzung, Heck- und Mittelsperre. Manche Exemplare verfügen über eine hydraulische Rotzler-Seilwinde mit Front- und Heckausgang. Häufig mit großer Doppelkabine. Umbereifung auf 14.5 R 20 (365/80 R 20) oder 385/65 R 22.5 notwendig.

Steyr 12M18
Ein sehr interessantes und beliebtes Fahrzeug als Expeditionsmobil-Basis ist der Steyr 12M18, der eine ganze Reihe von Vorteilen in sich vereint, die so manchem Mercedes nicht automatisch in die Wiege gelegt sind. So hat er serienmäßig neben einer Hinterachs- und einer Mittelsperre wie ein Unimog auch eine Differentialsperre an der Vorderachse. Zusammen mit dem Permanent-Allrad und dem Untersetzungsgetriebe ist er damit schon mal ziemlich gut für Abwege gerüstet. Der nächste Vorteil des Österreichers mit deutschen Adoptiveltern (MAN) liegt darin, dass er serienmäßig schon einzelbereift auf 14.5-R-20-MIL-Geländereifen steht, sodass man sich die aufwendige Umrüstung spart.

Die Umbereifung auf 14.00 R 20 ist möglich. Die 6,6-l-Direkteinspritzer-Turbomaschine leistet 180 PS und produziert ein stattliches Drehmoment von 680 Nm. Das serienmäßige 8+1-(Crawler)-Gang-Getriebe von ZF hilft dabei, die Drehzahlsprünge zwischen den Gängen gering zu halten, sodass nach dem Hochschalten guter Kraftschluss gegeben ist. Weitere Vorzüge sind der relativ geringe Überhang an der Vorderachse und eine gegenüber Mercedes um etliche Zentimeter höher gelegte Karosserie am Vorbau, was dem Steyr einen deutlich steileren Rampenwinkel beschert. Damit ist die Gefahr geringer, dass sich nach Steilabfahrten die Stoßstange und die Lampen in den Boden graben, wie das bei Geländefahrten mit meinem 914er schon häufiger der Fall war.

9 Fahrzeugauswahl

BEZUGSQUELLE

Steyr 12M18
www.aignertrucks.com
www.expeditions-lkw.de
www.camo.co.at

MAN KAT (in Österreich S-Lkw)
www.aignertrucks.com
www.bat-trade.de
www.camo.co.at

Fahrwerkstechnisch ist der Steyr außerdem mit Parabelfedern ausgestattet, was auch nicht jeder Benz mitbringt. Bei so vielen Vorteilen kann der Nachteil doch nicht weit sein. Den gibt es tatsächlich, nämlich bei der Ersatzteilbeschaffung und bei der Tatsache, dass man im fernen Ausland in einer Werkstatt halt noch selten einen Steyr gesehen geschweige denn repariert hat, während besonders die älteren Mercedes-Modelle weltweit verbreitet sind. Allerdings rollen in den USA wohl um die 60 000 Steyr 12M18 bei der Amerikanischen Armee, so dass die Ersatzteilversorgung in Nordamerika gesichert sein sollte.

Das heißt nun aber nicht, dass man mit einem Steyr verlassen auf weiter Flur steht. Zwar befindet sich einerseits die MAN-Ersatzteilversorgung nicht ganz auf dem Niveau derer von Mercedes, aber doch auf einem hohen. Andererseits helfen in der Regel diejenigen weiter, die einen 12M18 auch gerne verkaufen. Das sind einmal die Aigners in Falkenberg, Fabian Heidtmann in Landsberg und Günter Ctortnik in Wien. Bei Aigner liegt ein Steyr 12M18 in der Regel bei ca. € 17.000,–.

Und für ca. € 3.000,– mehr gibt es gleich noch einen ZEPPELIN-Shelter mit dazu. Der steht dann fest verzurrt auf der Original-Pritsche, es kann aber gegen Aufpreis auch ein Zwischenrahmen geordert werden. Weil die Aigners um die Nachteile bei der Ersatzteilbeschaffung wissen, übernehmen sie diesen Service auch gleich mit, womit vielleicht eines der schwerwiegendsten Argumente gegen den knuffigen Österreicher aus dem Weg geräumt ist.

Gewichtsmäßig boxt der 12M18 ungefähr in derselben Klasse wie ein Mercedes 1017, womit der Steyr nur ohne Pritsche noch halbwegs realistisch unter dem 7,5-t-Limit liegt. Wer ihn vernünftig aufbauen möchte, wird ihn nur schwerlich unter die 7,5-t-Grenze bringen.

MAN KAT (in Österreich S-Lkw)

Für die MAN-KATS gibt es eine wachsende Fangemeinde, die ihn als Expeditionsmobil wählt, obwohl er 40 Liter und mehr auf 100 km inhaliert. Seine überragenden Geländeeigenschaften in Verbindung mit der Möglichkeit eines langen Aufbaus sind die Hauptgründe dafür. Neben Travellern versorgen Franz und Michi Aigner die UN und Hilfsorganisationen mit KATS und haben sich schon deshalb ein riesiges Ersatzteillager aufgebaut. Frank Flick vertreibt die KATS eher an gewerbliche Nutzer–und eben auch an Mobilreisende.

Die Aigner'schen Preise für MAN-KATS liegen derzeit bei:
- MAN KAT 4 × 4: ca. € 12.500,–
- MAN KAT 6 × 6: ca. € 25.500,–
- MAN KAT 8 × 8: ca. € 31.000,– (durch extrem großen Wendekreis als Expeditionsmobil nur sehr bedingt geeignet).

Gerade für die österreichischen Weltenbummler positioniert sich Günter Ctortnik mit seiner Firma CAMO Military Vehicles als ideale Anlaufstelle für den Kauf eines Expeditionmobil-Fahrgestells. Ob Klassiker wie Steyr 12M18 und S-Lkw, für die er sowohl gebrauchte als auch neue Ersatzteile in großer Menge auf Lager hat, oder dem Kult-Oldie Steyr 680, der sich gewichtsbedingt sehr gut als 7,5 t-Fahrzeug aufbauen lässt.

Steyr 680

Für Letzteren hat CAMO den gesamten Neuersatzteilbestand des österreichischen Heers übernommen. Er eignet sich sehr gut als »Einstiegsdroge« in die Lkw-Klasse. Mit 6 Zylindern, 6 l Hubraum, 120 Saug-PS, zuschaltbarem Allradantrieb, Geländeuntersetzung, Heck- und Mittelsperre bringt der 680er die wichtigsten Offroad-Gene für ein Expeditionsmobil mit. Und das Schönste: Die Preise starten bei ca. € 3.500,– und liegen bei ca. € 5.500,– für ein TÜV-fähiges Fahrzeug. Allerdings ist das Fünfganggetriebe nicht synchronisiert.

Darüber hinaus stehen Exoten auf seinem Hof, die das Herz eines manchen Technik-Freaks höher schlagen lassen: Tatra 815 VVN in 6 × 6 und 8 × 8 mit V12-Motoren, ZIL 131 und einige amerikanische Modelle, aber auch Pinzgauer und Puch G.

Genauso wie seine Kollegen Aigner und Flick hilft CAMO bei Umbauten, beim Bau von Zwischenrahmen, dem Einbau größerer Tanks, zusätzlicher Sperren (wo dies möglich ist), bei der Beschaffung und Eintragung von Reifen und vor allem bei der weltweiten Ersatzteilversorgung. Das kann uns Travellern aus der Patsche helfen, wenn im fernen Irgendwo irgendwas kaputt geht. Besonders wichtig für Österreicher ist die Tatsache, dass CAMO die Typisierung des Fahrzeugs übernimmt, denn das funktioniert in Österreich leider nicht ganz so reibungslos, wie das in Deutschland meist (noch?) der Fall ist.

BEZUGSQUELLE

Steyr 680
CAMO MILITARY VEHICLES
www.camo.co.at

PREIS Steyr 680, 2- und 3-achser-Preise ab € 3.500,– (unaufbereitet) ab € 5.500,– (TÜV-fertig)

10 Aufbauauswahl

Übersicht über verschiedene, teils »zweckentfremdete« Aufbauten

Zum Zeitpunkt der Fahrzeug-Entscheidung war bei uns die Entscheidung bezüglich des Aufbaus bereits für einen ZEPPELIN-Shelter gefallen. Nachdem wir uns bei den gängigen Kabinen- und Aufbau-Herstellern wie Ormocar, Füss, Langer & Bock, Alu-Star und einigen anderen mehr informiert haben, ist klar, dass eine neue GFK- oder Alu-Kabine unseren Budgetrahmen dann endgültig sprengen würde. Die Einstiegspreise liegen zwischen € 8.000,– und € 16.000,–, nach oben scheint die »Richter-Skala« aber wie so oft relativ offen. Auch den Selbstbau einer GFK-Kabine ziehen wir in Betracht und holen uns verschiedene Angebote ein. Alleine das Material würde auf ca. € 7.000,– kommen, ohne Türen, Stauraumklappen und Fenster. Von einem Forums-Mitglied weiß ich, dass der Selbstbau einer GFK-Kabine mit rund 200 Stunden zu Buche schlägt.

10.1 Kühlkoffer

Eine weitere Möglichkeit stellen Kühlkoffer von Kühlfahrzeugen dar. Diese sind einsatzbedingt hervorragend isoliert, haben in der Regel am Heck zweiflügelige Türen, die über die gesamte Breite öffnen, und häufig seitlich noch eine zusätzliche Eingangstür. Beschläge und Schlösser sind ebenfalls von guter Qualität, was die Koffer auch für Wohnausbauten hervorragend eignet.

Ein gebrauchter Kühlkoffer in den Außenmaßen 4600 × 2560 × 2455 wird uns für rund € 900,– äußerst preiswert angeboten. Die Gründe, warum wir uns gegen den Koffer entscheiden, liegen in eben diesen Maßen.

Eine Breite von 256 cm ist schon extrem, was im Ausland in engen Gassen und auf schmalen Straßen leicht zu Problemen führen kann. Noch schwerwiegender schätzen wir aber die Höhe von 245 cm ein. Die Oberkante unseres Zwischenrahmens liegt bei 120 cm, was bei diesem Koffer eine Gesamthöhe von 3,65 m ergeben hätte. Rechnet man hier noch einmal eine zusätzliche Aufbauhöhe für Dachluken von 14 cm hinzu, wären wir bei einer Fahrzeug-Gesamthöhe von 3,80 m: zu hoch, um beispielsweise noch einen Ersatzreifen auf dem Dach zu transportieren. Die 4-Meter-Marke würde deutlich überschritten, und wir könnten in Städten wie auf Autobahnen ernsthafte Probleme bekommen. So fällt *dieser* Kühlkoffer als Kabinenlösung für uns aus.

ANMERKUNG Mittlerweile wissen wir, dass es auch Kühlkoffer mit geringeren Maßen gibt, die dann durchaus eine gute – vielleicht sogar bessere – Alternative zum Shelter darstellen, insbesondere weil sich die Raumbreite mit 2,20 m bis 2,30 m äußerst positiv auf das Raumgefühl auswirkt.

Kühlkoffer

10.2 BGS-Koffer

Typisch für die Koffer vom Bundesgrenzschutz ist das gerundete Dach. Aufgrund der Stahlträgerkonstruktion sind BGS-Koffer relativ schwer und schlecht isoliert – mit einer Vielzahl von Kältebrücken. Außerdem haben diese Koffer häufig rundum Normalglasfenster, die keine Isolierung bieten. Diese Fenster müssten gegen Isolierglasfenster ausgetauscht oder zugeschweißt werden. Der BGS-Koffer verfügt aufgrund seines gewölbten Daches nur in der Mitte über Stehhöhe. An den Rändern fällt die Höhe auf ca. 160 cm ab. Auch aus diesen Gründen kam ein BGS-Koffer für uns nicht infrage.

10.3 LAK-Shelter

Die LAK-Shelter (LAK = leicht absetzbarer Koffer) kommen vom ostdeutschen Heer, sind aus GFK gefertigt und relativ günstig. Sie haben meiner Meinung nach den großen Nachteil, dass die Dachkanten abgeschrägt sind, sodass man keine Deckenkästen verbauen kann. Man verschenkt also zum einen viel Stauplatz im Innenraum, zum anderen ist auch die Dachfläche dadurch stark eingeschränkt. Wer Solarpanels und Dachluken verbauen und evtl. noch irgendwelche Dinge auf dem Dach transportieren möchte, stößt hier schnell an seine Grenzen. Außerdem knallt die Sonne durch die in den Dachschrägen eingebauten Fenstern in den Innenraum und heizt diesen auf wie eine Dachwohnung. Auch das Gewicht der LAK-II-Koffer soll relativ hoch sein (genaue Daten liegen mir allerdings nicht vor).

Die größte Herausforderung bei einem LAK-Shelter dürfte aber die Unterbringung des Ersatzrades sein. Denn aufgrund der Dachschrägen ist der Einbau einer seitlichen Tür recht knifflig. Und wer die Hecktür weiter als Eingang nutzen möchte, kann das Fahrzeugheck nicht als Ersatzradhalter nutzen. Auch die Mitnahme von Fahrrädern oder eines Motorrads wird damit äußerst schwierig. Trotzdem gibt es viele Fans der LAK-Shelter, wohl auch, weil der Koffer durch die abgeschrägten Kanten nicht so wuchtig wirkt. Als echten Vorteil stellen sich die abgeschrägten Ecken jedoch beim Fahren im Gebirge heraus, wodurch die Gefahr, mit dem Koffer an überhängenden Felsen entlang zu schrammen deutlich reduziert ist.

LAK-II-Shelter

10.4 Bundeswehr-Shelter von Dornier und Zeppelin

Generell gibt es Bundeswehr-Shelter von zwei Herstellern, ZEPPELIN und Dornier, in zwei (eigentlich drei) verschiedenen Größen, wobei nur die großen Varianten II und III Stehhöhe bieten. Dieser sogenannte Shelter II hat folgende Maße:

Außenmaße (L × B × H): 425 cm × 220 cm × 223,5 cm.
Innenmaße (L × B × H): 411 cm × 206 cm × 191 cm.

10 Aufbauauswahl

In ganz seltenen Fällen ist auch mal die 5-Meter-Variante vom Zeppelin-Shelter auf dem Markt. Der grundsätzliche Unterschied zwischen dem Shelter von ZEPPELIN und dem von Dornier liegt in der Aufbaukonstruktion des Shelters. Der Zeppelin-Shelter hat eine innere und eine äußere Alu-Wand von jeweils ca. 2 mm Wandstärke, zwischen denen sich eine 56 mm starke PU-Schaum-Isolierung befindet. Der Dornier-Shelter hat drei Alu-Wände. Zwischen der äußeren und der mittleren befinden sich 3 cm Isolierung, zwischen der mittleren und der inneren Wand ein Hohlraum, durch den die Bundeswehr mittels Heizung warme Luft bläst.

Der größte Unterschied liegt aber im Gitterrahmen des Dornier-Shelters, der alle 40 × 60 cm einen vernieteten Alu-Steg aufweist. Von außen ist ein Dornier-Shelter sehr leicht an seiner pickligen Außenhaut erkennbar, während ein ZEPPELIN-Shelter glatt ist. Das bedeutet, dass man bei sämtlichen Einbauten in der Außenhaut (Tür, Fenster, Dachluken, Stauraumklappen) immer wieder auf die Alu-Stege stößt, die mit der Stichsäge oder Flex zu durchtrennen sind. Außerdem bilden diese Alu-Stege Kältebrücken, die zusätzlich isoliert werden müssen, will man Schwitzwasser im Fahrzeug vermeiden.

Meiner Meinung nach ist der ZEPPELIN-Shelter unter Preis-Leistungs-Gesichtspunkten die beste oder für uns geeignetste Koffer-Lösung.

Entscheidungsgründe für den ZEPPELIN-Shelter

- ZEPPELIN-Shelter sind zwischen € 1.400,– (mit viel Glück direkt bei der VEBEG, wobei man dann öfter mal 6 bis 8 Stück abnehmen muss) und € 3.000,– beim Händler zu bekommen und kosten damit nur einen Bruchteil eines neuen GFK- oder Alu-Koffers. Sie sind zwar etwa € 500,– bis € 1.000,– teurer als Dornier-Shelter, aber die bessere Isolierung und der gitterrahmenfreie Aufbau rechtfertigen diesen Mehrpreis allemal.
- Die Stabilität des Alu-Koffers ist gegenüber GFK-Koffern als deutlich höher einzustufen. Dies ist zwar nur eine Mutmaßung, die aber dadurch

Wandaufbau meines ZEPPELIN-Shelters: 2 mm Alu, 56 mm PU-Schaum, 2 mm Alu, unter den eingebauten Zurrschienen ist das Alu aufgedoppelt.

Seit der Begegnung mit dem Balkon sieht man tatsächlich, was im Shelter steckt. Der Verlauf der beiden Spriegel ist gut zu erkennen.

untermauert wird, dass die Shelter bei der Bundeswehr unter härtesten Bedingungen zum Einsatz kommen. In Andalusien durfte unser Shelter zeigen, was in ihm steckt, als ich beim nächtlichen Rückwärtsfahren einen Balkon auf 3,5 m Höhe übersehen habe. Am Shelter sind nur Kratzer. Ein GFK-Koffer hätte hier sicher älter ausgesehen.
- Mit der Hecktür ist bereits eine äußerst stabile und massive Tür vorhanden.
- Der Shelter wird mit den vier Container-Locks auf dem Zwischenrahmen befestigt und kann jederzeit problemlos vom Fahrzeug abgehoben werden.
- Die Kastenform macht den Ausbau relativ einfach.
- Das Dach ist frei begehbar.
- Die Konstruktion ist so stabil, dass mein schwenkbarer Heckträger im aufgeklappten Zustand alleine an den beiden linken Container-Locks hängt.

Nachteile eines ZEPPELIN-Shelters

Der Fairness halber sollten aber auch die Nachteile eines Shelters aufgeführt werden:
- Mit rund 960 kg ist ein ZEPPELIN-Shelter kein Leichtgewicht.
- Die Stehhöhe von 191 cm ist für sehr große Menschen zu gering.
- Die Maße sind fest definiert. Gerade die Innenbreite ist mit 206 cm doch deutlich geringer als bei üblichen Wohnaufbauten, was zulasten des Raumgefühls geht.
- Die Vorder- und Rückwand sowie die umlaufenden Kanten bilden Kältebrücken, die gesondert isoliert werden müssen, will man bei kalten Außentemperaturen Schwitzwasser vermeiden (siehe Kapitel 21.5 »Nachisolierung des Shelters«).
- Einbauten für Türen und Fenster sind beim ZEPPELIN-Shelter nicht völlig frei wählbar, weil jeweils 107 cm, von vorne und hinten gemessen (außen), ein 4 cm breiter Spriegel verläuft, der nicht durchtrennt werden darf. Zusätzlich ein weiterer Spriegel rechts der Aufstiegshilfe (siehe Bild auf der linken Seite) zum Dach, was ich zu meinem Leidwesen zu spät bemerkte (siehe Kapitel 22.7 »Einbau der Stauraumklappen«, wo ich das Malheur in einer meiner »Shit-happens-Storys« kund tue).

10.5 Systemvergleich zwischen GFK- und Aluminium-Wohnkabinen

Nachdem wir uns hier schon einige der verfügbaren Standard-Aufbauten angesehen und deren Vor- und Nachteile abgewogen haben, drängt es sich auf, noch einen Systemvergleich zwischen individuell gefertigten GFK- und Aluminium-Koffern zu wagen. Insbesondere die Gewichts- und die Kältebrücken-Problematik–auf Letztere gehe ich im Kapitel 21.5 »nachträgliche Isolierung unseres Zeppelin-Shelters« noch ausführlich ein–zwingt jeden Ausbauer,

10 Aufbauauswahl

der keinen Kastenwagen oder Bus ausbaut, sondern ein separates Schneckenhaus für sein Mobil wählt, sich über die Vor- und Nachteile der verschiedenen Optionen klar zu werden.

Für die »Standard-Shelter-« oder Kühlkoffer-Lösungen« sprechen ganz klar erst mal der Preis, weshalb sich diese Lösungen für all jene Ausbauer anbieten, bei denen Geld einen limitierenden Faktor darstellt oder für die die Maße der verfügbaren Optionen passen. Allerdings sollte man sich im Klaren sein, dass man relativ viel Geld und noch mehr Zeit in eine Lösung investiert, die eine Reihe von Nachteilen mit sich bringt:
- Vorgegebene Maße
- Meist keine echte Kältebrückenfreiheit bei Sheltern, oder diese ist nur mit einem hohen zusätzlichen Aufwand zu realisieren–bei gebrauchten Kühlkoffern besteht die Gefahr, dass der Schaum Wasser aufgenommen hat.
- Meist höheres Gewicht als speziell als Wohnkabine gefertigte Koffer
- Mit steigender Anzahl von Kompromissen sinkt der Wiederverkaufswert eines solchen Aufbaus.

Wer es sich also leisten kann und will, der ist in der Regel mit einem individuell auf seine Bedürfnisse ausgelegten und mit den zum Fahrzeug passenden Wunschmaßen gefertigten Koffer immer besser beraten. Abgesehen von einigen Eigenbau-Exoten aus Holz und anderen Materialien bieten sich zwei grundsätzlich verschiedene Materialalternativen an, die ich hier einem Systemvergleich unterziehen möchte: die Bauweise mit GFK-Sandwichplatten und die Bauweise mit Aluminium-Sandwich-Platten.

Um den Systemvergleich mit fundierten Informationen zu untermauern, habe ich stellvertretend für die diversen Aufbauhersteller je einen etablierten Hersteller nach seinen Argumenten für das von ihm präferierte Material befragt. Für die GFK-Fraktion hat diese Aufgabe die Firma Ormocar übernommen, für die Aluminium-Zunft die Firma Alu-Star. Beide Firmen verfügen über langjährige Erfahrung im Bau von Kabinen für Wohn- und Expeditionsmobile, und beide liegen im unteren Preissegment, sodass die jeweils erzielten Qualitäten nicht ausschließlich durch eine exorbitant teure Konstruktion zustande kommen. Um Preise und Gewichte miteinander vergleichen zu können, gehen wir bei diesem Vergleich von einem 4,50 m langen, 225 breiten und 195 cm hohen Koffer aus (Innenmaße), wie er in den meisten Fällen auf Fahrgestellen mit 3,60 bis 4 m Radstand zum Einsatz kommt.

GFK-Kabine von Ormocar

Peter Kuhn, Inhaber von Ormocar im pfälzischen Hauenstein, berichtet mir, dass er GFK für das geeignetere Material für einen Wohnmobilaufbau hält, weil das Material einerseits leichter ist als Aluminium (GFK: 1,2–1,4 t/m³, Aluminium 2,7 t/m³), andererseits aus seiner Sicht einfacher zu reparieren ist. Bei Ormocar verwendet man für den Aufbau eines Expeditions-Lkws in der Regel Sandwichplatten in einer Stärke von 50 mm, wobei als Außen- und Innenhaut je nach Kundenwunsch zwischen 1,3 und 3 mm Deckschichtstärke möglich sind. Mit den standardmäßig bevorrateten Schaumstärken von 25 bis 49 mm ergeben sich zahlreiche Kombinationsmöglichkeiten. Andere Deckschicht- oder Schaumstärken sind möglich. Es wurden schon Kabinen mit einer Schaumstärke von 100 mm gebaut.

Je nach Einsatzzweck und Gewichtslimit können die Sandwichplatten individuell mit einer Stärke zwischen 28 und 100 mm gefertigt werden.

So bringt die 4,50 m lange und 2,35 m breite Fernreise-Rohkabine ohne Türen, Fenster und Zwischenrahmen rund 500 kg auf die Waage und kostet dabei rund € 8.000,– (in 40er-Wandstärke) bis € 8.500,– (in 50er-Wandstärke). Bei diesem Preis muss der Kunde allerdings die mitgelieferten GFK-Außenwinkel selbst mit PU-Kleber verkleben. Meist werden die Kabinen jedoch fix und fertig ausgeliefert.

Ormocar setzt bei den Verstärkungswinkeln ebenfalls auf GFK, weil ein Materialmix aus GFK- mit Alu- oder Edelstahlwinkeln thermische Probleme provozieren könnte, denn die verschiedenen Materialien haben auch unterschiedliche Ausdehnungskoeffizienten. Dadurch kann es mit der Zeit zu Spannungsrissen kommen, in die dann früher oder später Wasser eindringen könnte, wobei der von Ormocar verwendete RG50-PU-Schaum kein Wasser aufnimmt. Türen und Stauklappen schlagen je nach Ausführung und Größe mit jeweils ca. € 400,– zu Buche, zum Beispiel für eine Kofferklappe im Maß 700 × 300 mm aus Aluminiumrahmen mit GFK-Füllung und Kastenschloss. Eine im Kunden-Wunschmaß in Handarbeit gefertigte Eingangstür aus GFK mit Dreiseitenverriegelung kostet rund € 1.400,–. Allerdings hat Ormocar auch sämtliche Bauteile im Programm, um sich Türen und Stauklappen, ja, sogar ganze Kabinen selbst zu bauen (siehe dazu: www.ormocar.de/bauteile-zubehoer/spezielle-bauteile/ und Kapitel 22.2).

Komplett mit Tür, großer Heckstauraumklappe, zwei eingeklebten Badwänden einschließlich Badtür und Vierpunkt-Stahlzwischenrahmen (der wiegt alleine schon rund 300 kg) bringt es die 4,50 × 2,35 m große Kabine gewichtsmäßig auf rund 1000 kg, preislich auf rund € 13.000,– (ohne Zwischenrahmen).

10 Aufbauauswahl

BEZUGSQUELLE

GFK-Kabine
www.ormocar.de

PREIS
GFK-Kabine von Ormocar: ab € 8.500,–

Beim Zwischenrahmen kommen meist verzinkte Stahlrahmen zum Einsatz, die mit Federn auf dem Fahrzeugrahmen verspannt werden (Federlagerung light). Die kosten ab ca. € 3.400,–, Vierpunktlagerungen aus verzinktem Stahlrahmen ab ca. € 3.800,–.

Beim Bau von besonders gewichtssensiblen Kabinen wie z. B. für Pickups oder Transporter in der 3,5-Tonnen-Klasse kommt bei Ormocar 1,2 mm starkes GFK-Material mit einem 27 mm starken PU-Kern zum Einsatz. Bei diesen Fahrzeugen wird die Eingangstür meist aus Alu-Rahmen mit einer GFK-Sandwichfüllung gefertigt. Der Zwischenrahmen für das Fahrgestell wird aus verzinktem Stahl hergestellt, eine Fertigung aus Aluminium ist auch möglich. Die Möbel werden in GFK-Kabinen an eingeklebten Holzleisten oder Aluminium-Winkeln befestigt und wer noch weiter gehen will, kann sich seine Kabine sogar von Ormocar ausbauen lassen. Da man bei Ormocar die GFK-Sandwichplatten selbst herstellt, kann man individuell auf Kundenwünsche eingehen und Innen- und Außenwand jeweils in Wunschmaßen fertigen lassen. Genauso ist es möglich, an bestimmten Stellen ganz gezielt Verstärkungen durch Aufdoppelung des GFK-Materials oder durch das Einkleben von Holzleisten, Alu- oder Stahlprofilen einzubauen.

Bleibt final noch auf die Reparaturfreundlichkeit von GFK einzugehen. Im Falle eines Schadens kann GFK nach Aussage von Herrn Kuhn relativ einfach gespachtelt bzw. können Sandwichplatten eingeklebt oder einzelne Komponenten der Kabine ausgetauscht werden–was man weitgehend selbst machen kann, im Gegensatz zum Schweißen einer Alu-Kabine.

Aluminium-Kabinen von Alu-Star
Bei Alu-Star im badischen Murg ist man GFK gar nicht so abgeneigt, wie der Name zunächst vermuten ließe. Denn GFK wird auch dort für die Innenwände der Alu-Star-Kabinen verbaut. Außen hingegen setzt Inhaber Alexander Feldweg ausschließlich auf Aluminium, um seine Koffer für die raue Reisewelt zu rüsten. Ob das der Pinienwald ist, den es zu bezwingen gilt, um einen schönen Stellplatz am Strand zu erreichen, oder Felsüberhänge in bergigen Gefilden: Die Reiseerfahrung hat gezeigt, dass die Umwelt nicht immer berührungslos zu bewältigen ist, und da hat sich Aluminium als ein relativ leichtes und trotzdem äußerst robustes Material für den Kofferbau erwiesen.

Für Front- und Heckwand kommen gewichtsoptimierte 1,2 mm starke Alu-Außenwände zum Einsatz, insbesondere auch deshalb, weil an der Frontwand in der Regel ein Dachgepäckträger und Astabweiser in Verbindung mit 4-mm-Alu-Winkeln für die notwendige Robustheit sorgen. Für Seitenwände und Dach kommt 3,2 mm starkes Alu zum Einsatz, womit in etwa eine Festigkeit wie bei einem Bundeswehr-Shelter erzielt wird. Bei gewichtssensiblen Fahrzeugen wir auf 2 mm Alu-Außenwand und 55 mm PU-Schaum abgespeckt.

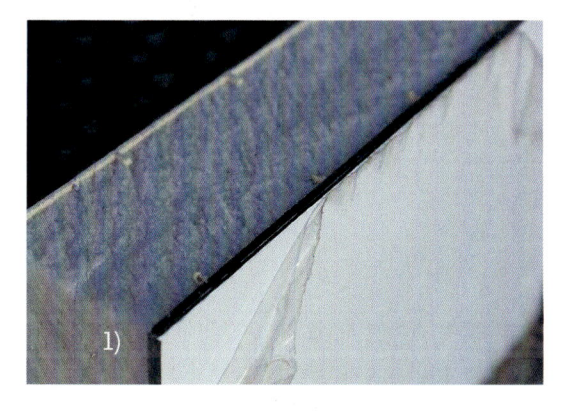

Damit wird deutlich, in welcher Qualitäts- und Robustheitsliga Alu-Star spielt. Die Koffer sind für den echten Offroad-Einsatz unter harten Bedingungen konzipiert, was unter anderem auch vom wohl bekanntesten Vertreter–der lila Pistenkuh–deutlich und dauerhaft unter Beweis gestellt wird. Klar ist damit aber auch, dass eine Alu-Star-Kabine sowohl vom Preis als auch vom Gewicht her nicht am untersten Ende der Skala angesiedelt sein kann.

1) Alu-Star Wandaufbau: 3,2 mm Alu außen, bis zu 80 mm PU-Schaum und 2 mm GFK innen
2) Alu-Leichtbau funktioniert auch in der Klasse bis 3,5 t.

10 Aufbauauswahl

> **BEZUGSQUELLE**
>
> **Aluminiumkabine**
> ALU-STAR
> www.alu-star.com
>
> **PREIS**
> Alu-Kabine von Alu-Star: ab € 19.000,–

Allerdings, und das ist dann schon wieder verblüffend, belastet ein 4,50 m langer und 2,35 m breiter Alu-Koffer von Alu-Star ohne Tür und Fenster mit rund 850 kg das ihn tragende Fahrgestell, was angesichts der üppigen Wandmaße noch unter dem Gewicht eines BW-Shelters liegt (ca. 960 kg). Mit Tür, Stauraumklappe(n) und Fenstern kommt das Gewicht auf 920 bis 950 kg (je nach Art der Fenster) in der »Heavy-Duty-Ausführung«. Nutzt man die gewichtsoptimierte Variante mit 2 mm starker Alu-Haut und 55 mm dicker PU-Isolierung, gelangt man gewichtsmäßig sogar fast in die Regionen von GFK-Kabinen.

Die Belastungen fürs Portemonnaie des stolzen Besitzers liegen mit rund € 19.000,– für eine »nackte« 4,50-m-Kabine ohne Türen und Fenster trotzdem noch im unteren Drittel der Angebotspalette. Türen und Stauklappen werden im eigenen Haus in einem aufwendigen Verfahren kältebrückenfrei aus Aluminium mit Kunststoffprofil-Einlagen gefertigt. Das schlägt allerdings zusammen mit einer hochwertigen Dreipunkt-Verriegelung mit Sicherheitsverschluss pro Tür oder Klappe mit jeweils rund € 3.500,– zu Buche, sodass sich die Gesamtkosten für einen Koffer mit Tür und zwei Stauklappen, aber noch ohne Fenster, dann doch auf rund € 30.000,– summieren.

Die Zwischenrahmen-Lösungen aus dem Hause Alu-Star bewegen sich preislich auf üblichem Niveau. Ein Federlagerungs-Zwischenrahmen kostet ab ca. € 3.000,– bis € 3.500,–, für eine Drei- oder Vierpunktlagerung sind zwischen € 4.500,– und € 5.000,– fällig. Die Möbel werden bei Alu-Star mit speziellen GFK-Nieten an die Innenwände genietet und die Kontaktflächen mit PU-Kleber verklebt.

Die lila Pistenkuh bei artgerechter Haltung

Das Arbeiten mit Einniet- oder Einziehmuttern, wie ich es bei meinem Shelter gemacht habe, funktioniert nach Aussagen von Herrn Feldweg bei GFK nicht, weil das Material zu spröde und nicht auf eine punktuelle Belastung ausgelegt ist. Die Nietmuttern würden mit der Zeit ausreißen. Aufgrund der großen Wandstärken und der dicken verbauten Alu-Bleche hält Alexander Feldweg seine Kabinen sogar für überschlagsicher. Wer darauf ganz besonderen Wert legt, kann sich seinen Koffer auch in der Gitterrahmen-Bauweise von Alu-Star fertigen lassen, in der man früher die Koffer gebaut hat. Auch die ist kältebrückenfrei, dürfte aber gerade in Sachen Umfaller oder Überschlag noch größere Belastungen aushalten.

Ein weiterer Vorteil der Aluminium-Konstruktion ist seine Wirkung als Faradaykäfig. Im unwahrscheinlichen Fall eines Blitzeinschlages in den Koffer leitet dieser die Blitzenergie wie ein herkömmlicher Pkw ab. Sollte ein GFK-Kunde darauf besonderen Wert legen, kann dies bei Ormocar durch den Einbau von Kupferleitungen in das Sandwichmaterial ebenfalls realisiert werden.

Die Reparatur-Thematik von GFK sieht Herr Feldweg allerdings etwas diffiziler, wenn die Umgebungsbedingungen nicht perfekt sind. Er kommt ursprünglich aus dem GFK-Bootsbau, wo man immer wieder mit dem Osmose-Problem zu kämpfen hat. Sein Tipp: Eine GFK-Reparatur sollte immer bei rund 20 Grad Celsius und einer geringen Luftfeuchte durchgeführt werden. Sind Temperatur und Luftfeuchtigkeit höher, kann es passieren, dass die in Lufteinschüssen zwangsläufig enthaltene Grundfeuchte bei Minustemperaturen gefriert und die Bläschen aufplatzen, was zu Mikrorissen und in weiterer Folge zu Osmose des Materials führen kann. Demgegenüber kann eine fachgerechte, wenngleich provisorische Reparatur eines Schadens in der Alu-Kabine mit einem Alu-Blech, das mit PU-Kleber aufgeklebt wird, relativ einfach mit Bordmitteln umgesetzt werden.

Mein Fazit: Ob GFK- oder Aluminiumkoffer, ist also in erster Linie wohl eine Frage des Einsatzschwerpunktes des Fahrzeugs, des Gewichts und der Kosten. Da ein Alu-Star-Koffer tendenziell mehr wiegt und mehr kostet als eine vergleichbare GFK-Kabine, wird man insbesondere dann GFK den Vorzug geben, wenn Gewichts- und/oder Kostenlimits einzuhalten sind. Soll die Kabine auch raueste Offroad-Behandlung gelassen wegstecken, dann wird man wohl tendenziell lieber zu einer Aluminium-Konstruktion greifen.

11 Kabinenbau

Je nach Ambitionsgrad eines Selbstausbauers kann auch der Bau der Kabine zum Leistungsspektrum dessen gehören, was man selbst bewerkstelligen kann. Manche gehen ja sogar noch einen Schritt weiter und bauen sich die Sandwichplatten selbst. Allerdings gehe ich mal davon aus, dass es sich hier wirklich um Einzelfälle handelt, die sowohl die räumlichen als auch maschinenspezifischen Rahmenbedingungen haben, um großflächige Platten unter Vakuum zu verpressen.

Ich halte es für ambitioniert genug, fertige Platten zu kaufen und daraus eine Kabine zu bauen. Auch ich hatte das ursprünglich einmal in Erwägung gezogen, es dann aber aufgrund der Entscheidung für den doch noch deutlich günstigeren Shelter wieder verworfen. Aber wer weiß, vielleicht bekomme ich ja eines Tages noch mal Lust auf einen Ausbau? Dann könnte es durchaus sein, auch die Kabine selbst zu bauen.

Nichtsdestotrotz möchte ich mit meinem Buch auch diesen Selbstbauprozess beleuchten und meinen Lesern eine Idee davon vermitteln, wie der Bau eines Wohnkoffers realisiert werden kann und was es dazu an Equipment und Know-how bedarf. Natürlich habe ich mich im Vorfeld umgesehen und umgehört, welche Lieferanten von Plattenmaterial es gibt, was diese in etwa kosten und wo die Vor- und Nachteile des Selbstbaus liegen.

11.1 Sandwichplatten

Unter einer Vielzahl von möglichen Lieferanten für Sandwichplatten sei zuallererst einmal der genannt, die bereits hier im Buch im Rahmen des Systemvergleichs zwischen GFK- und Alukabinen zur Sprache kommt: die Firma Ormocar in Hauenstein. Ormocar liefert GFK-Sandwichplatten an Selbstbaukunden und darüber hinaus auch komplette Bausätze für Türen und Stauraumklappen einschließlich der erforderlichen Beschläge, so dass man dort seine Selbstbauleidenschaft zur Genüge ausleben kann. Der Preis für einen Plattensatz (innen und außen 2 mm GFK, 49 mm Isolierung) für eine 4,50 m lange Kabine ohne jegliche Schrägen kostet einschließlich der Kantenleisten und Winkel (alles 90°) € 6.900,–.

Ein Anbieter, der sich auf Hardcore-Expeditionsmobile spezialisiert hat, ist die Firma F&F Expedition im bayrischen Altomünster, mit der ich mich etwas detaillierter zum Thema Kabinenbau auseinandergesetzt habe. Nicht zuletzt auch deshalb, weil uns seit geraumer Zeit mein Einkaufspool verbindet, mit dem ich meinen Lesern den vergünstigten Einkauf von Wohnmobil-Ausbauteilen ermögliche. Denn Klaus und Pia Fröhlich verzichten dankenswerterweise auf einen Teil ihrer Händlermarge zugunsten meiner Leser.

Klaus Fröhlich konzipiert, plant und realisiert seit vielen Jahren Expeditionsmobile aller Couleur, vom Pickup bis hin zum 6 × 6 MAN KAT und hat dabei viel Erfahrung im Bau von Kabinen gesammelt. Er geht einen etwas anderen Weg beim Kabinenbau und setzt dabei auf einen neuen Materialmix, der mich von der Argumentation her durchaus überzeugt und ich diese meinen Lesern nicht vorenthalten möchte.

Als Architekt und Bauingenieur ist Klaus Fröhlich in der Lage, seine Fahrzeuge auf CAD zu planen und ebenso Festigkeitsberechnungen anzustellen. Und genau hier–bei der Festigkeit–setzt auch seine Materialmix-Philosophie an, die dann zu einem etwas anderen Sandwichplatten-Innenleben führt. Er geht davon aus–und dazu muss man kein Festigkeitsexperte sein–dass die hochfesten Kleber von Sikaflex und Co. deutlich mehr Haftkraft an den Tag legen, als der PU-Schaum einer herkömmlichen Sandwichplatte dagegen setzen kann. Konkret heißt das, dass vorher der Schaum und die Sandwichplatte reißen, bevor der Kleber nachgibt. Das wissen wir alle aus leidvoller Erfahrung, wenn wir ein mit Sika & Co. verklebtes Teil aus unseren Gefährten wieder ausbauen wollen oder müssen.

Also ist die Schwachstelle in einem Koffer nicht die Verklebung zweier Sandwichplatten, sondern die Sandwichplatte selbst. Und zwar an allen Eckverbindungen und an den Stellen, wo aufgrund von Tür-, Fenster- oder Lukenausschnitten nur noch wenig Wandfläche stehen bleibt. Dort kann dann der Koffer reißen, wenn aufgrund von extremer Verwindung trotz Zwischenrahmens Verzugskräfte in den Koffer eingeleitet werden. Solche Schäden gibt es tatsächlich und die können je nach Ausmaß des Schadens den wirtschaftlichen Totalschaden einer Kabine bedeuten.

Um dieses Risiko zu minimieren und die Kabinen von vornherein stabiler zu bauen, lässt Fröhlich beim Bau der Sandwichplatten hochfeste Schaumeinlagen mit einer Dichte von 320 kg/m³ an den Ecken und Kanten in die Sandwichplatten einlaminieren, so dass an allen Kanten diese leichten und trotzdem hochstabilen Materialien ihre Wirkung entfalten können. Die hochfesten Schäume haben in etwa eine mit Holzeinlagen vergleichbare Festigkeit bei wesentlich niedrigerem U-Wert.

HINWEIS Der U-Wert ist der Wärmedurchgangskoeffizient, mit dem der Wärmefluss durch ein Material gekennzeichnet wird. Dieser Wärmefluss wird im Wesentlichen durch die Wärmeleitfähigkeit und Dicke des oder der verwendeten Materialien bestimmt. So hat eine 6 cm Sandwichplatte beispielsweise einen U-Wert von 0,37, eine Bodenplatte sogar nur einen U-Wert von 0,29. Zum Vergleich: Ein hochwertig gedämmtes Fenster mit Dreifachverglasung aus dem Hausbereich hat einen U-Wert von ca. 0,7, eine

11 Kabinenbau

Bei Anlieferung dieses Kabinenbausatzes bei meinem Leser Saevar Skaptason auf Island sind die grünen Hartschaumeinlagen sehr gut zu erkennen.

dicke Aluplatte, die eine Kältebrücke darstellen würde, einen U-Wert von drei oder sogar vier. Je höher der Wert, desto höher die Wärmeleitfähigkeit und desto schlechter die Wärmedämmung.

Das Einlegen von hochfesten Schäumen setzt allerdings voraus, dass man vor der Produktion der Sandwichplatten weiß, wie groß eine Kabine sein wird und wo sich die Eingangstür oder eine sehr große Klappe befindet, damit dort die hochfesten Schaumeinlagen platziert werden können. Damit erzielt F&F-Expedition eine extrem hohe Festigkeit bei seinen Kabinen, die gerade für Weltreisende und echte Offroader von unschätzbarem Wert sein kann. Natürlich hat auch das seinen Preis, denn Fröhlich muss seinem Sandwichplattenproduzenten einen CAD-Plan liefern, aus dem die exakte Position der Schaumeinlagen hervorgeht. Und der kann die Platten nicht produzieren wie »geschnitten Brot«, sondern muss an den vorgegebenen Stellen die Hartschaumkerne einlegen. Aus den hochfesten Schaumkanten ergibt sich noch ein weiterer Vorteil: Es kann im Innenbereich der Kabine in den Ecken und an der Decke auf Innenwinkel verzichtet werden. Das reduziert das Gewicht, sieht sauberer aus und vereinfacht sowohl den Kabinen- als auch den Möbelbau.

Da der Mehraufwand und die damit verbundenen Mehrkosten meiner Meinung nach in einem durchaus vertretbaren Rahmen liegen, möchte ich besonders dem Teil meiner Leserschaft diese Art des Sandwichplattenbaus ans Herz legen, der ein Expeditionsmobil fürs Grobe aufbaut. So liegt der »Vergleichspreis« für einen Kabinen-Bausatz mit den Maßen L 4,5 m × B 2,4 m × H 2,2 m in der oben beschriebenen Bauweise mit hochfesten Schaumeinlagen bei € 14.690,– zuzüglich € 900,– für den Transport des Bausatzes (wahlweise Selbstabholung in Holland). Darin sind die Beratung und Planung durch Klaus Fröhlich, sämtliche Teile von der 91 mm starken Bodenplatte, 60 mm starke Wände mit hochfesten Schaumeinlagen, sämtliche Außenwinkel in Kabinen-Außenmaterial (wahlweise GFK oder Alu) sowie der erforderliche Kleber enthalten.

Für € 8.750,– Aufpreis kann die Kabine auch fix und fertig gebaut geliefert werden – das heißt die komplette Kabine kostet dann € 23.440,– zuzüglich der oben genannten Transportkosten. Der Vollständigkeit halber sei erwähnt, dass eine Kabine nicht zwangsläufig eine kubische Form haben muss, sondern durchaus Schrägen an Front und Heck haben kann. Auch eine integrierte Eingangstreppe ist denkbar, der Bau eines Durchstiegs sowie der Einbau von Türen, Fenstern und Klappen, was den Preis einerseits deutlich erhöhen kann, die Fertigungstiefe des selbst Geschaffenen aber entsprechend reduziert. Und schließlich kann eine solche Kabine bei F&F Expedition auch fix und fertig nach Kundenwunsch ausgebaut werden, falls man sich den Selbstausbau nicht zutraut oder keine Zeit dafür hat.

Als weiteres »Schmankerl« im F&F-Materialmix bietet Klaus noch eine weitere Option an: den Materialmix zwischen innen und außen. Klaus empfiehlt, eher außen als innen GFK zu verwenden, weil es etwas leichter zu reparieren ist als Alu. Im Innenbereich der Kabine bietet Alu wiederum Vorteile, weil dort mit Blindnietmuttern zur Befestigung der Möbel gearbeitet werden kann, so wie ich das auch in meinem Shelter gemacht habe. Grundsätzlich sind aber alle Kombinationen möglich, also auch reine Alu- oder reine GFK-Kabinen.

11.2 Erforderliche Infrastruktur für den Kabinen-Selbstbau

Zunächst sollte man sich im Klaren sein, ob man zum Bau einer Kabine überhaupt über die erforderliche Infrastruktur verfügt. Dazu gehört in erster Linie eine Halle, denn die Sandwichplatten dürfen auf gar keinen Fall nass werden. In die Halle sollte nicht nur die fertige Kabine hineinpassen, sondern idealerweise auch das dazugehörige Fahrzeug. Und die Einfahrt muss so hoch sein, dass das Fahrzeug nach der »Hochzeit« von Kabine und Fahrgestell auch noch hindurch passt. Darüber hinaus ist es wichtig, dass die Raumtemperatur bei der Verarbeitung 15 Grad nicht unterschreitet. Falls man den Kabinenbau im Winter plant, ist eine Beheizung der Halle unabdingbar, damit der Kleber richtig funktioniert.

Außerdem benötigt man geeignete Werkzeuge, um die Verklebungen mit ausreichend Druck zu verpressen. Dazu sind lange Schraubzwingen erforderlich, die mindestens der Länge der Kabine entsprechen. Überhaupt kann man nie genug Schraubzwingen haben, was ich an verschiedenen anderen Stellen in diesem Buch noch eindrucksvoll darlegen werde. Lange Schraubzwingen kann man sich bei einer befreundeten Schreinerei ausleihen. Sind die nicht verfügbar, können mehrere Schraubzwingen ineinander gehakt oder mit einer Kette oder einem Ratschengurt miteinander verbunden werden. Alternativ kann der erforderliche Druck auch mit Hydraulik-Wagenhebern aufgebaut werden, wenn man diese an einer Hallenwand, am Fahrerhaus oder sonstwo großflächig abstützen kann.

ACHTUNG Beim Druck bitte nicht übertreiben! Eine andere Variante können Ratschengurte darstellen. Dabei ist immer sicherzustellen, dass es die Platten durch die Verspannung nicht verschiebt. Jede Verklebung braucht 24 Stunden Ruhe zum Aushärten, bevor man mit dem nächsten Arbeitsschritt fortfährt. Das macht den ganzen Prozess so zeitintensiv und teuer, wenn man die Leistung nicht selbst erbringen kann. Wer sich die Sandwichplatten nicht auf das exakte Maß zuschneiden und auf Gehrung sägen lassen kann, braucht überdies noch eine große Tischlerkreissäge.

11 Kabinenbau

An Werkzeugen benötigt man eine (Akku-)Bohrmaschine mit gut sortiertem Bohrersatz, eine Stichsäge mit entsprechend langen Sägeblättern, eine (Druckluft-)Nietzange, einen großen Alu-Winkel, Spachteln, Schleifmaterial, Kreppband zum Abkleben und Fugenmaterial. Angesichts der großen Klebeflächen ist eine elektrische oder druckluftbetriebene Kartuschenpresse sicher ebenfalls hilfreich.

Ob man die Kabine am Boden baut oder direkt auf dem Fahrgestell aufbaut, hängt höchstwahrscheinlich davon ab, ob man ein geeignetes Hebegerät zur Verfügung hat, um die mehrere hundert Kilo schwere Kabine zum Abschluss der Arbeiten auf das Chassis zu heben.

11.3 Überlegungen zur Ausstattung der Kabine

Die maximale Länge der Kabine wird am Gesamtaufbau des Fahrgestells bemessen und der damit verbundene Überhang darf 60% des Radstands nicht übersteigen. Es empfiehlt sich jedoch nicht, diese 60% ausnutzen, weil ein zu großer Überhang einerseits den Böschungswinkel im Gelände beeinträchtigt und darüber hinaus auch eine Beleidigung für ein ästhetisch anspruchsvolles Auge darstellt.

Die maximale Breite ist vom Gesetzgeber auf 2,55 m begrenzt, wobei eine Breite von 2,35 bis 2,40 m ausreichend ist, um ein angenehmes Raumgefühl zu erzeugen. Bei der Höhe sollte man versuchen, 3,60 m Dachniveauhöhe nicht zu überschreiten, so dass man noch »Luft« nach oben hat, um gegebenenfalls mal einen Reifen oder sonstiges Equipment auf dem Dach zu transportieren.

Abschrägen: Ein guter Trick, um noch ein paar Zentimeter mehr Kabinenlänge herauszuschinden, ohne dass das Fahrzeug zu hecklastig wirkt, ist das Abschrägen der hinteren Unterkante des Koffers. Das verbessert den Böschungswinkel und verschafft dem Fahrzeug eine gefälligere Optik.

Auch das Abschrägen der vorderen Oberkante des Koffers trägt nicht unerheblich zu einem harmonischen Gesamtbild bei und hilft auch noch ein bisschen Sprit zu sparen, weil die Aerodynamik verbessert wird. Sämtliche Schrägen müssen natürlich bei der Planung des Koffers und bei der Bemaßung der zu bestellenden Platten berücksichtigt werden.

In den Koffer integrierte Treppe versus Außentreppe

Überlegen sollte man sich im Vorfeld auch, ob man die Treppe in den Zwischenrahmen oder in den abgesenkten Fahrzeugboden einlässt oder den Koffer über eine von außen angebrachte Treppe besteigt. Beides hat Vor- und Nachteile.

Bei dieser Art der Treppenkonstruktion muss man den Koffer freischwebend erklimmen

Die Vorteile einer eingelassenen Treppe liegen vor allem im Bereich des Komforts und der Sicherheit. Wer einen Allrad-Lkw ausbaut, hat das Problem, dass dessen Einstiegs-Unterkante in der Regel auf einer Höhe von ca. 1,20 m bis 1,50 m über dem Boden thront. Mit einer integrierten Treppe kann man einen Großteil dieses Höhenunterschiedes im Innenraum des Fahrzeugs überbrücken, wo man sich in der Regel an den Möbeln festhalten kann, für den Fall, dass man ausrutscht.

Bei einer von außen frontal angelehnten Treppe, wie das bei uns der Fall ist, bedarf es schon eines sicheren Trittes, um ohne jegliches Geländer, eventuell mit einem Tablett voll mit den Frühstücks-Utensilien in den Händen, über die Leiter nach unten zu balancieren. Das ging bei uns bisher (fast) immer gut, stellt aber eine Gefahrenquelle dar, die mit dem Einlassen der Treppe in den Fahrzeugboden zu einem großen Teil ausgeschaltet oder zumindest gemildert werden kann.

Die Nachteile einer eingelassenen Treppe bestehen einerseits darin, dass der bauliche Aufwand deutlich höher ist, weil man ja eine Treppe im Innenraum bauen muss und diese auch noch isoliert sein sollte. Desweiteren wird wertvoller Raum im Innenbereich der Kabine verschenkt, den wir bei unserem Fahrzeug beispielsweise für das Bad nutzen. Außerdem benötigt man zur Überbrückung des letzten halben Meters bis zum Boden eine ausklappbare Treppe. Und schließlich nimmt die eingelassene Treppe wichtigen Raum für den Tank weg, für den es bei einem so kompakten Fahrgestell wie dem unseren kaum eine Alternative gibt.

Ein weiterer Nachteil einer eingelassenen Treppe kann darin liegen, dass die Verwindungssteifigkeit des Koffers an dieser Stelle geschwächt wird, weil einerseits ein tiefer Ausschnitt in der Bodenplatte notwendig ist, andererseits ein noch tieferer Ausschnitt in der Seitenwand für die Tür. Gegebenenfalls kann der Ausschnitt in der Bodenplatte mit einem Stahlrahmen eingefasst werden, der die Stabilität der Bodenplatte wieder herstellt.

In den Koffer eingelassene Einstiegsstufen sind komfortabel und sicher, benötigen aber innen wie außen wertvollen Raum.

Eine Leiterplattform erhöht die Sicherheit beim Ein- und Ausstieg

11 Kabinenbau

Wer diese ungewollte Sollbruchstelle in seinem Koffer vermeiden möchte, kann einerseits mit den oben erwähnten Hartschaumeinlagen den Koffer an den entsprechenden Stellen verfestigen. Andererseits kann man eine risikominimierte Variante zur Koffererklimmung wählen, indem man vor dem Eingang eine ausziehbare Plattform installiert, an die die Treppe im 90-Grad-Winkel angeordnet wird, so dass man sich zumindest auf der Fahrzeugseite festhalten oder abstützen kann.

TIPP Bei der Konzeption der Tür kann es sinnvoll sein, diese vielleicht nur 170 cm hoch zu machen, damit über der Tür noch ausreichend viel Plattenmaterial stehen bleibt, um eventuell auftretende Verwindungskräfte im Koffer aufzunehmen. Das gilt insbesondere für GFK-Koffer

Heruntergezogene Seitenwandschürzen zur Integration von Stauboxen

Auch sollte man sich vor der Bestellung der Kabinenwände überlegen, ob man Stauboxen mit in die Kabinenwand integrieren möchte, indem man die Kabinenwand über die Bodenplatte nach unten fortsetzt und dort später in die seitlichen Schürzen Stauklappen einbaut. Die andere Alternative bedeutet, die Kabine mit der Bodenplatte enden zu lassen und Stauboxen aus Riffelblech oder Standard-Stauboxen aus dem Zubehörhandel an die Unterseite des Koffers zu montieren.

Wenn all diese Überlegungen abgeschlossen sind und zu guten Entscheidungen geführt haben, kann man die Bestellung der Platten in Auftrag geben und sich nach der Lieferung freudvoll an die Arbeit machen, die ich nachfolgend beschreiben möchte.

11.4 Zusammenbau der Kabine mit einer Alu-Außenhaut

Wer seinen Koffer mit einer Alu-Außenhaut oder gänzlich in Alu plant, kann Front- und Heckwand und das Dach aus einem Stück fertigen lassen. Es werden dann an den entsprechenden Stellen »nur noch« 90-Grad Winkel

1) Bei Alu-Koffern können Front, Heck und Dach aus einem Stück gefertigt und dann »gefaltet« und geklebt werden
2) Hilfswinkel stellen sicher, dass die Sandwichplatten im gewünschten Winkel verklebt werden.

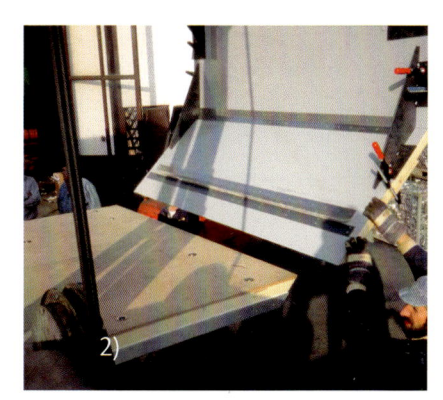

herausgefräst, an denen die Platte zu einem Koffer »gefaltet« wird. Mit einem GFK-Koffer ist das leider nicht möglich. Dort müssen die Teile einzeln zusammengeklebt werden.

Bei abgeschrägten Ecken helfen geschweißte Hilfswinkel, die Sandwichplatte in der gewünschten Schräge mit Schraubzwingen zu verspannen. Nach dem Trocknen des Klebers und nachdem die inneren Winkel zur Befestigung mit der Bodenplatte angebracht wurden, wird das Front-Heck-Dach-Ensemble gedreht und mit einem Kran oder Gabelstapler auf das Fahrzeug gehoben. Hilfsverstrebungen stabilisieren die Hülle, bis sie auf der Bodenplatte des Koffers fixiert ist. Alle weiteren Schritte erfolgen analog zum nachfolgend beschriebenen Unterkapitel.

1) Die zu einer Hülle gefaltete und verklebte Aluplatte wird mit Winkeln versteift und gedreht auf das MAN Kat-Chassis aufgesetzt.
2) Die Winkel werden mit der Bodenplatte verschraubt und verklebt. Danach erst werden die Hilfswinkel entfernt.

11.5 Zusammenbau einer GFK-Kabine.
Schritt 1: Die Bodenplatte auf den Zwischenrahmen des Fahrzeugs schrauben.
Damit impliziere ich auch gleich, dass der Zwischenrahmen bereits vorhanden ist. Alternativ kann dieser Schritt auch ganz am Ende des Kabinenbaus erfolgen, wenn man einen Gabelstapler oder Kran zur Verfügung hat.

Letzteres ist bei dem hier gezeigten Beispiel von Saevar Skaptason der Fall. Saevar ist Isländer, hat sich 2011 meine CD gekauft, 2012 das Buch dazu und ist darin auf Alois Kern Metallbau aufmerksam geworden, in dessen Firma alle meine Metallarbeiten verrichtet wurden. Über Alois ist Saevar an Klaus Fröhlich vermittelt worden, der für Saevar einen Kabinenbausatz geplant hat, der dann in Holland gefertigt wurde.

Erfreulicherweise hat Saevar alle Schritte des Kabinenbaus fotografisch dokumentiert, so dass ich hier in der Lage bin, meinen Leserinnen und Lesern die Abfolge eines Kabinenbaus detailliert zu schildern. An dieser Stelle gleich mal ein herzliches Dankeschön an Saevar nach Island.

11 Kabinenbau

Hier sieht man auch gleich, dass Saevar glücklicher Besitzer einer geräumigen Halle ist, in der er den Zusammenbau der Kabine bewerkstelligt. Im Bild ist nicht Saevar sondern ein eifriger Helfer zu sehen.

Schritt 2: Ausschnitte für Türen, Fenster, Luken und Klappen in die Wände und Decke schneiden.

Spätestens jetzt sollte man sämtliche Ausschnitte für Fenster, Türen, Klappen und Luken aus den Wänden bzw. Decke der Kabine ausschneiden. Nach dem genauen Messen und Anzeichnen empfiehlt es sich, die Schnittstellen beidseitig abzukleben, wenn man mit der Handkreissäge (gerader Schnitt) und für die Ecken mit einer Stichsäge arbeitet, damit man die Wände nicht verkratzt. Falls die Sandwichplatten noch mit Schutzfolien versehen sind, ist es ratsam, diese noch solange darauf belassen, bis die Ausschnitte hergestellt sind. An den Klebekanten muss die Schutzfolie natürlich entfernt werden. Es empfiehlt sich aber, die Klebekanten mit Krepp-Papier abzukleben, damit austretender Kleber nicht die Wandflächen verschmiert, so dass man ihn in mühevoller Kleinarbeit entfernen muss.

Die inneren Bodenwinkel werden mit der Wand vernietet und verklebt

TIPP Beim Sägen von Rundungen mit der Stichsäge im Sandwichplattenmaterial hat das lange Sägeblatt die Neigung, auf der Unterseite der Platte nach außen auszuweichen. D.h., der Radius ist auf der Unterseite größer als auf der Oberseite. Um das zu vermeiden, empfiehlt es sich, das Sägeblatt soweit zu kürzen, dass es nur die GFK-Schicht und den Schaum bis kurz vor der Unterseite der zweiten GFK-Schicht sägt. Mit dem Stanley-Messer entfernt man dann den Rest des Schaumes und sägt die andere GFK-Schicht in einem zweiten Vorgang von der anderen Seite.

Schritt 3: Installation der inneren Bodenwinkel

Bodenwinkel im Abstand von 10 cm mit 5-mm-Bohrer vorbohren und innen auf die Seitenwände und auf Heck und Frontplatte festkleben und umlaufend mit VA-Senkkopfnieten befestigen. Beim Kleben je nach Klebesystem mit oder ohne Primer verfahren wie vom Hersteller empfohlen.

Bei Kleber für den Kabinenbau wird in der Regel ein 2-Komponenten-Kleber verwendet, der sicherstellt, dass auch bei großflächigeren Klebeflächen der Kleber gut reagiert und aushärtet. Das ist bei 1-K-Klebern, die mit der Luftfeuchtigkeit reagieren, nicht immer gegeben.

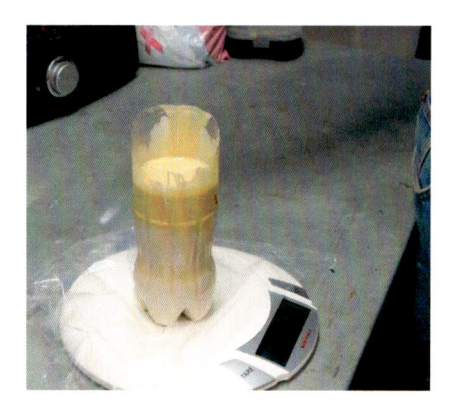

Schritt 4: Erste Wand ankleben.
ACHTUNG Ich möchte darauf hinweisen, dass 2-K-Kleber in der Regel nur von gewerblichen Verarbeitern eingesetzt werden dürfen, weshalb der Selbstbau der Kabine an der Verfügbarkeit geeigneter Kleber scheitern könnte.

Kontaktflächen der ersten Wand einseitig dick (ca. 3 mm) mit Kleber bestreichen und mit der Spachtel gleichmäßig verteilen, so dass eine ca. 3 mm starke Klebeschicht vorhanden ist. Seitenwand lotrecht ansetzen. Mit geeignetem Werkzeug wie oben beschrieben die Klebeflächen verpressen. Mit ausreichend großen Metallwinkeln sicherstellen, dass die Seitenwand exakt im rechten Winkel zur Bodenplatte steht.

Das Mischen der beiden Komponenten des 2-K-Klebers erfolgt am besten mittels einer Küchenwaage. Unbedingt Schutzhandschuhe tragen!

Die erste Wand wird auf die Bodenplatte aufgesetzt, verschraubt und verklebt. Der erforderliche Druck wird mit Spanngurten aufgebaut.

Bitte darauf achten, dass austretender Kleber nicht auf Schraubzwingen und ähnliche Hilfswerkzeuge tropft und diese mit dem Koffer verklebt. Die im Bodenwinkel vorgebohrten Löcher in der Holz-Deckschicht der Bodenplatte übertragen und den Winkel mittels Spax-Senkkopfschrauben mit der Bodenplatte verschrauben und verkleben. Das Ganze 24 Stunden ruhen lassen, bevor man mit dem nächsten Arbeitsschritt fortfährt.

Schritt 5, 6 und 7: Rückwand und Seitenwände verkleben
Auf den nachfolgenden Bildern wird gezeigt, wie die Kabine Wand für Wand Gestalt annimmt.

11 Kabinenbau

Wie man sieht, lässt sich Saevar ausgeklügelte Konstruktionen einfallen, um mittels Ratschengurten die Seitenteile miteinander zu verpressen.

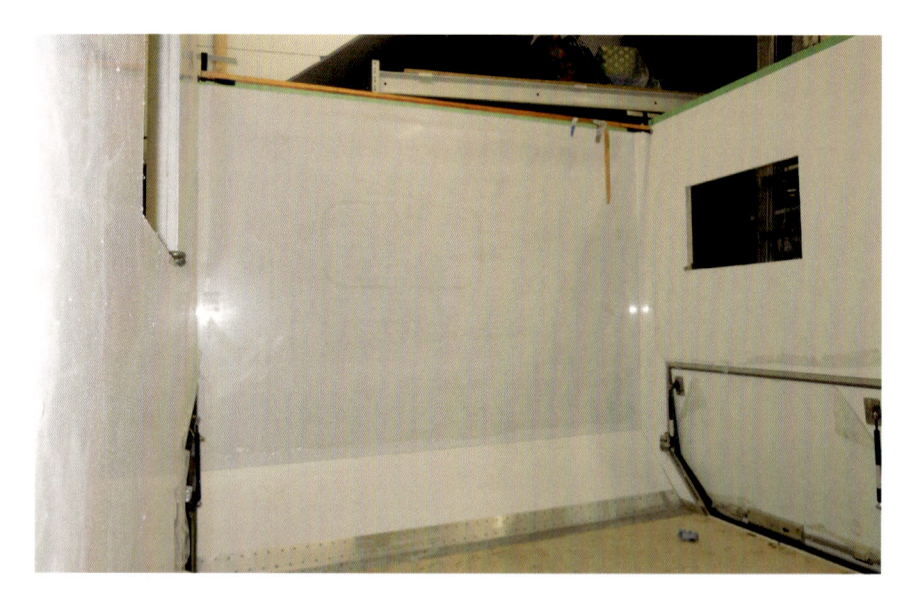

Schritt 8: Kabel für Positionslampen, Rückfahrkamera und Außenbeleuchtung in die Ecken verlegen

Bevor das Dach auf den Kabinenkorpus aufgesetzt wird, sollten die erforderlichen Fräsungen im Schaum vorgenommen werden, um Kabel für Positionslampen, Rückfahrkamera und Außenbeleuchtung zu verlegen. Wer seine Kabine mit einem Faraday'schen Käfig aus Kupferkabeln schützen möchte, sollte spätestens jetzt die Kupferkabel einziehen.

Schritt 9: Dach aufsetzen

Die nebenstehende Konstruktionszeichnung zeigt, wie das Dach auf den Seitenwänden aufliegt. Die sind aufgrund der runden Winkel leicht angeschrägt, wobei auch eckige Winkel möglich sind. Im Hohlraum hinter dem Winkel ist genügend Platz für die Verlegung von Kabeln aller Art zur Versorgung der Außenbeleuchtung, der Rückfahrkamera, elektrischer Seilwinde usw.

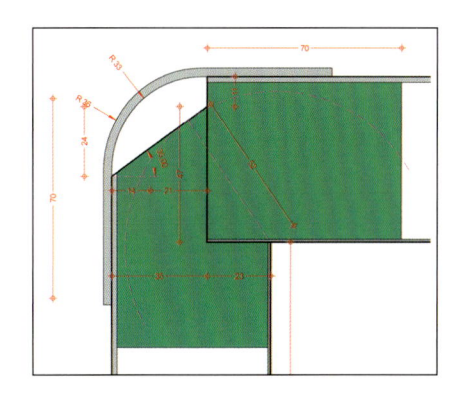

Zum Aufsetzen des Daches hat sich Saevar ebenfalls eine wilde Konstruktion einfallen lassen. Gut, dass er zwei Dachluken vorgesehen hat und ein Kran in der Halle verfügbar ist..

Schritt 10: Außenwinkel auf Gehrung sägen und verkleben

Dabei je nach verwendetem Klebesystem nach Herstellerangaben vorgehen. Danach die Stöße der Winkel mit dem Kleber auffüllen und etwas erhöht stehen lassen. Nach dem Trocknen verschleifen.

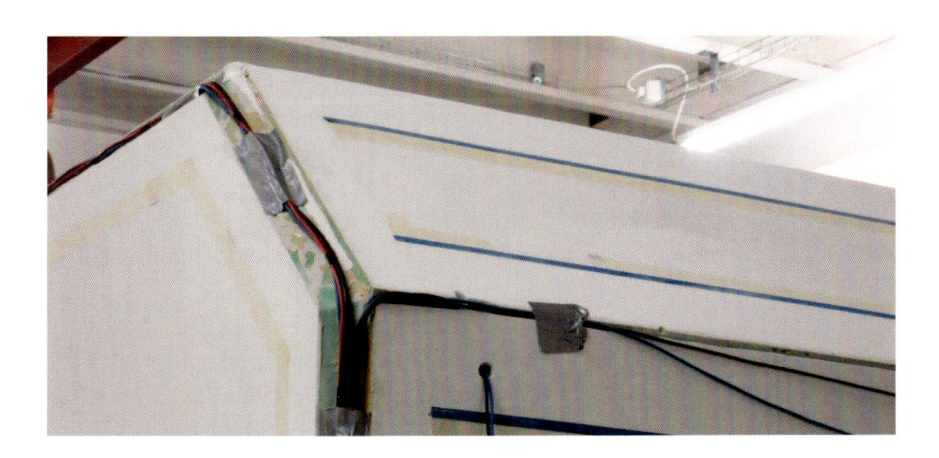

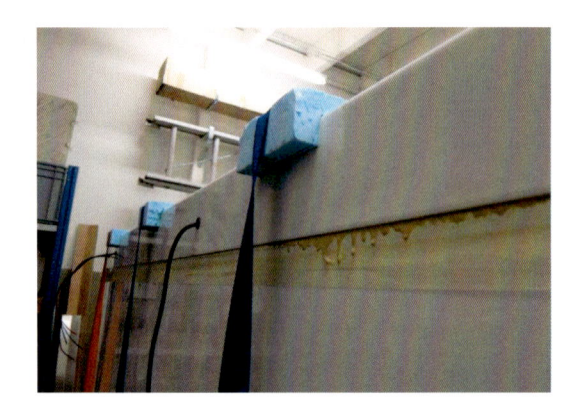

11 Kabinenbau

TIPP Um bei Alu-Außenwinkeln einer Rissbildung bei großen Temperaturunterschieden an den Gehrungsstößen vorzubeugen, empfiehlt es sich, die Aluwinkel nur anzuheften und punktuell Schweißpunkte zu setzen, dann den kompletten Rahmen abzunehmen, an den Stößen zu verschweißen und danach als Komplettrahmen auf die Kabine aufsetzen und verkleben. Bei GFK-Winkeln sollte man alle Stöße an den Ecken mit entsprechenden Winkeln überkleben, dass selbst bei Verzug und aufplatzenden Nähten kein Wasser eindringen kann.

Schritt 11: Fenster, Türen, Luken und Stauraumklappen einbauen
Wenn man Fenster- und Türrahmen vor der Lackierung einbaut, dann erhalten die Rahmen außen die gleiche Farbe wie die Kabine und die offenen Klebefugen sind durch den Lack UV-geschützt.

Schritt 12: Kabine lackieren (lassen)
Damit sind die wichtigsten Schritte des Kabinenbaus sowie vorgelagerte Überlegungen zur Ausführung der Kabine erläutert. Man kann davon ausgehen, dass man als Kabinenbau-Rookie ca. 200 Mannstunden für den Bau des Koffers benötigt. Die verteilen sich auf ein bis zwei Personen, weil man für das Handling der großen Platten insbesondere beim Kleben mindestens zu zweit sein sollte. Die ganze Prozedur nimmt aufgrund der Trocknungszeiten bei ambitionierter Arbeitsweise rund acht bis zehn Tage in Anspruch.

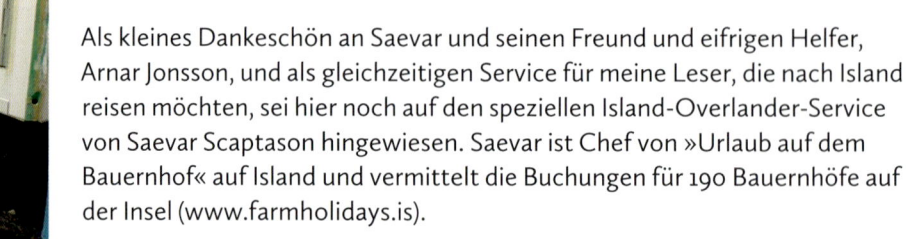

Als kleines Dankeschön an Saevar und seinen Freund und eifrigen Helfer, Arnar Jonsson, und als gleichzeitigen Service für meine Leser, die nach Island reisen möchten, sei hier noch auf den speziellen Island-Overlander-Service von Saevar Scaptason hingewiesen. Saevar ist Chef von »Urlaub auf dem Bauernhof« auf Island und vermittelt die Buchungen für 190 Bauernhöfe auf der Insel (www.farmholidays.is).

Als Bergfex, Offroader und ehemaliger Hüttenwirt kennt er die Insel und speziell die Berge wie seine Westentasche und hilft Island-Reisenden gerne mit tollen Tourentipps, wo die Insel am schönsten ist. Darüber hinaus ist

Mit Ratschengurten und Schaumteilen wird Druck auf die verklebten Kanten ausgeübt

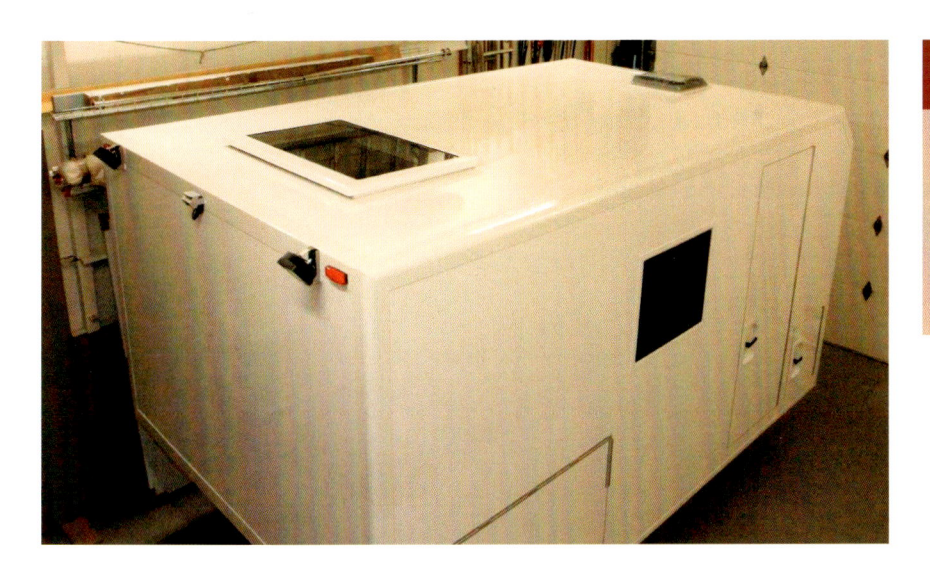

> **BEZUGSQUELLE**
>
> **Bausatz für Heavy-Duty-Wohnkabine**
> F&F EXPEDITION
> www.ff-Expedition.de
>
> **PREIS** ab € 14.690,–

er gerne behilflich, wenn jemand Fragen oder Probleme hat oder sein Fahrzeug auf Island überwintern möchte, um im nächsten Jahr die Insel erneut zu bereisen. Und bei entsprechender Nachfrage könnte sich Saevar vorstellen, Island-Reisende auf einer geführten Offroad-Tour die schönsten Ecken der Insel zu zeigen. Erreichbar ist Saevar unter seiner E-Mail-Adresse: saevar@enta.is, www.enta.is

12 Zwischenrahmen

12.1 Wozu bedarf es eines Zwischenrahmens?

Wer sich mit seinem Womo in die Büsche schlagen will, um abseits des großen Trubels Natur und Ruhe zu genießen oder um fern der Touristenhauptrouten die bereisten Länder noch in ihrer ursprünglichen Form zu erleben, braucht nicht zwangsläufig Allrad-Antrieb – aber es hilft. Hat man sich dann für Allrad-Antrieb entschieden, stellt sich gleich die Frage nach dem Zwischenrahmen. Das ist das Teil am Fahrzeug, das den Fahrzeugrahmen mit dem Aufbau verbindet und sicherstellt, dass die Torsionskräfte des Fahrgestells nicht in den Aufbau eingeleitet werden.

Drehbar gelagertes Mittelrohr, das Herzstück unseres Zwischenrahmens

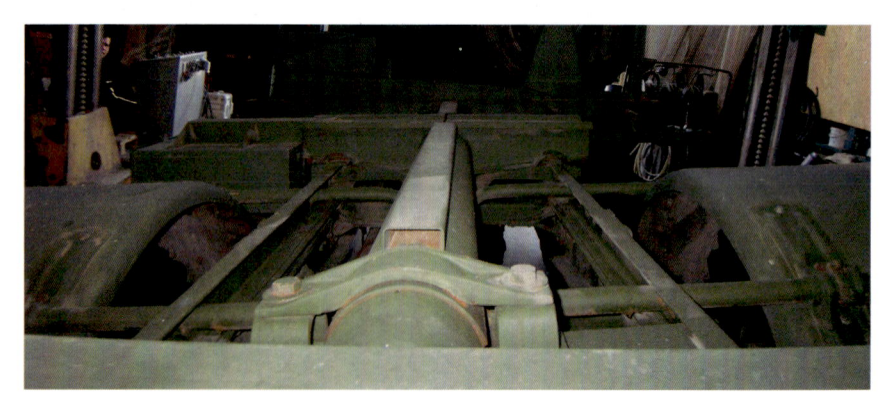

Bei unserem »Sternchen« stellt sich die Frage nach dem Zwischenrahmen glücklicherweise nicht wirklich, weil das Fahrzeug als Kipper bereits mit einem drehbar gelagerten Zentralrohr ausgestattet ist, das fast wie eine Vierpunktlagerung wirkt.

Fabian Heidtmann passt das Zentralrohr auf die Maße des Shelters an, indem er das 26-cm-Rohr verlängert und Ausleger mit Container-Locks anschweißt, mit denen der Shelter verschraubt wird.

Im Bedarfsfall kann der Koffer so mit wenigen Handgriffen vom Fahrgestell gelöst werden (vorausgesetzt, man bedenkt all die Ein- und Anbauteile wie z.B. die Dieselpumpe für die Heizung, deren Verbindungen natürlich vorher gelöst werden müssen).

Um meinen Lesern (und mir selbst) ein besseres Verständnis von der Zwischenrahmen-Thematik und -Problematik zu vermitteln, habe ich Alois und Andreas Kern von der Firma Kern Metallbau im niederbayerischen Tillbach zu diesem Thema interviewt. Die Kerns haben sämtliche Metallarbeiten wie Heckträger, Staukästen, Kotflügel usw. an unserem Fahrzeug gebaut (siehe Kapitel 33 »Anbauten am Fahrzeug«) und sind wahre Zwischenrahmen-Spezialisten. Vom kleinen Pickup bis hin zum 8 × 8-Kat haben sie schon etliche Dutzend Zwischenrahmen in allen möglichen Varianten und Größen konzipiert und gebaut. Sie vermitteln mir die nachfolgenden Zusammenhänge:

1) So sieht das fertige Fahrgestell mit Zwischenrahmen aus ...
2) ... und so das Fahrzeug nach der »Hochzeit« von Fahrgestell und Shelter ...
3) ... und so der stolze Besitzer: »Jetzt habe ich noch ein(en) Laster!« Am 30. Januar 2008 holen wir unser »Sternchen« bei Fabian Heidtmann in Landsberg ab.

12.2 Der Zwischenrahmen wird von vier Faktoren beeinflusst
1. Welche Verschränkung lässt der Fahrzeugrahmen überhaupt zu?
2. Wie heftig sollen oder können Geländeeinsätze werden?
3. Wie lang ist der Fahrzeugrahmen und der Aufbau, und wie groß sind die Niveauunterschiede am Rahmen bei maximaler Verschränkung?
4. Welche Art von Aufbau soll auf dem Zwischenrahmen zum Einsatz kommen?

12 Zwischenrahmen

Die Intensität eines Geländeeinsatzes ist in der Regel vorher schwer absehbar. Viele Kunden wollen ihr Fahrzeug »nur« im leichten Gelände auf befestigten Feldwegen und Pisten abseits der Hauptrouten bewegen. Doch was passiert, wenn eine solche Piste von einem halben Meter tiefen Graben, der diagonal zur Fahrtrichtung verläuft, durchkreuzt wird und der das Fahrzeug in seine maximale Verschränkung zwingt? Wenn dann der Zwischenrahmen die im Fahrgestell auftretenden Torsionskräfte nicht ausgleichen kann, kommt es im schlimmsten Fall zu Rissen in der Kabine – insbesondere dann, wenn es sich um eine Leichtbaukabine handelt, die keine großen Krafteinwirkungen verträgt. Wie verwindungsfähig ein Fahrgestell ist, hängt also zunächst mal vom Fahrzeugtyp ab. Wählt man beispielsweise einen Bremach, dessen Rahmen sich so gut wie gar nicht verwindet, dann kann man sich unter Umständen einen Zwischenrahmen sparen.

Allerdings ist ein steifes Fahrgestell im Gelände alles andere als vortriebsförderlich. Denn allzu schnell ist ein Rad in der Luft, und dem Vortrieb geht dieselbe aus. Je verwindungsfähiger ein Rahmen, wie dies beispielsweise beim Unimog der Fall ist, desto geschmeidiger »schmiegt« der sich an den Untergrund an und sorgt dafür, dass alle Räder am Boden bleiben und traktionswirksam arbeiten. Und genau hier kommt der Zwischenrahmen ins Spiel. Der sorgt nämlich dafür, dass die Basis für den Aufbau eine gerade Fläche bleibt, ganz gleich, wie stark sich das Fahrgestell darunter verwindet. Nur dann ist gewährleistet, dass keine Torsionskräfte vom Fahrgestell in den Aufbau eingeleitet werden, die diesen im Extremfall zerreißen könnten.

Zwischenrahmen XL auf einem MAN KAT 6 × 6

12.3 Welcher Zwischenrahmen für welchen Einsatzzweck?

Bei den Zwischenrahmen unterscheidet man grundsätzlich drei verschiedene Ausführungen, die je nach Fahrzeug, Art des Aufbaus und des Einsatzzwecks ihre Berechtigung haben.
1. Federlagerung light
2. Dreipunktlagerung
3. Vierpunkt- oder Rautenlagerung

Je länger ein Fahrgestell und der Aufbau werden, desto stärker wirken sich auch nur ein paar Grad Verschränkung am Ende des vier oder fünf Meter langen Fahrzeugrahmens aus. Dementsprechend kann es möglich sein, dass die Federlagerung light nicht mehr alle Verwindungen des Fahrgestells ausgleichen kann. Es kommt zu Spannungen im Zwischenrahmen, wodurch der auf Dauer reißen kann. Außerdem können diese Spannungen unter Umständen bei einer starken Verschränkung in den Koffer eingeleitet werden. Soll auf dem Zwischenrahmen eine superleichte GFK-Kabine thronen, dann ist die Gefahr größer, dass diese reißt. Steht ein stabiler Bundeswehr-Shelter darauf, kann das unproblematisch sein, weil der große Krafteinwirkungen verträgt.

1. **Federlagerung light**
Diese Art des Zwischenrahmens ist die einfachste, niedrigste, leichteste und die den Geldbeutel am wenigsten belastende. »Leicht, einfach und preiswert« klingt gut, hat aber den Haken, dass dieser Zwischenrahmen lediglich 10–15 cm Bewegung im Fahrzeugrahmen ausgleichen kann. Das bedeutet, dass dieser Zwischenrahmen vor allem für Fahrzeuge prädestiniert ist, die über einen relativ starren Rahmen und/oder einen vergleichsweise kurzen Rahmen verfügen.

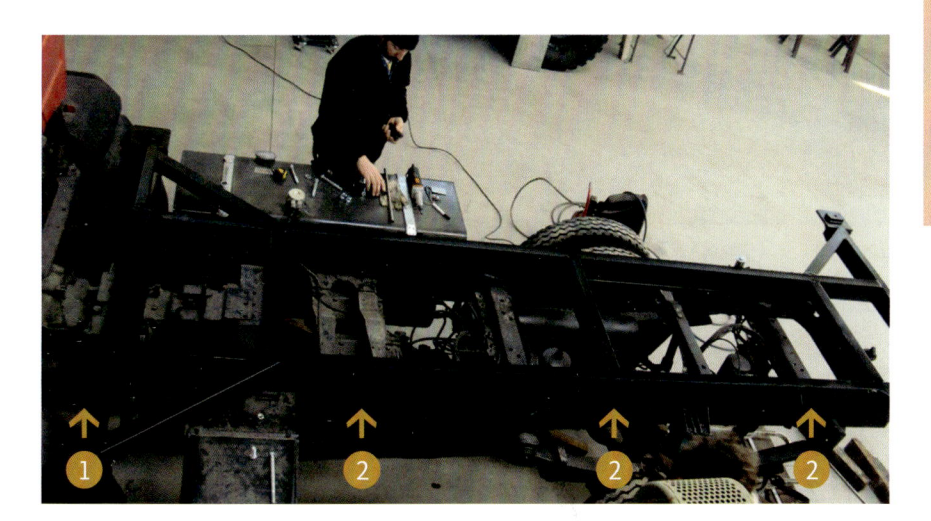

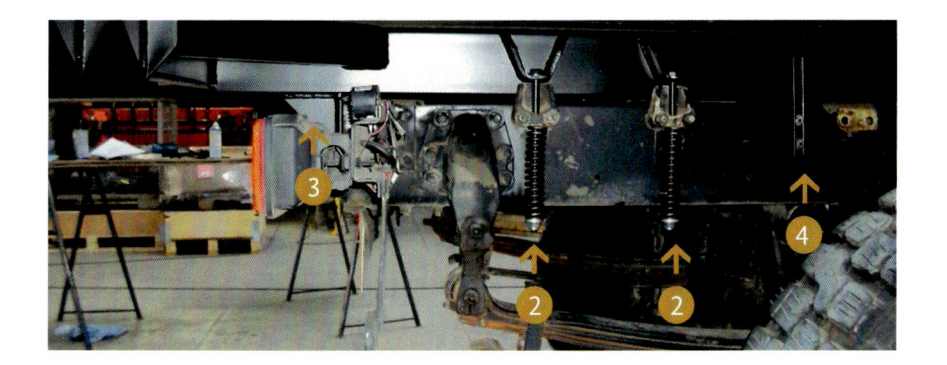

BEZUGSQUELLE

Zwischenrahmen
ALOIS KERN MASCHINENBAU
www.kern-metallbau.de

PREIS
- Zwischenrahmen in Federlagerung light: ab ca. € 2.500,–
- Zwischenrahmen mit Dreipunktlagerung: ab ca. € 3.800,–
- Zwischenrahmen mit Vierpunktlagerung: ab ca. € 4.500,–

In beiden Fällen werden sich Verschränkungen im Fahrwerk nicht so stark auswirken, sodass dieser Zwischenrahmen ausreichen kann. Konstruktiv funktioniert die Federlagerung light so, dass ein Zwischenrahmen in der Größe der Kabine auf den Fahrzeugrahmen aufgesetzt wird. Vorne am Fahrerhaus wird der Zwischenrahmen mit dem Fahrzeugrahmen mit jeweils einer Schraube (1) links und rechts verschraubt, sodass der Zwischenrahmen zwar am Fahrzeugrahmen fixiert ist, sich aber trotzdem noch bewegen kann. Über die Länge des Zwischenrahmens wird er im Abstand von ca. einem Meter mit langen Schrauben und eingesetzten Federn (2) mit dem Fahrzeugrahmen verspannt.

12 Zwischenrahmen

Am Heck des Fahrzeuges sorgt je eine U-Schiene (4), die vom Zwischenrahmen ausgehend entlang des Fahrzeugrahmens verläuft, dafür, dass weder Zwischenrahmen noch der Aufbau darauf seitlich verrutschen können. Eine Winkelplatte (3) am Heck des Zwischenrahmens stützt sich am Fahrzeugrahmen ab und nimmt die Kräfte bei starken Bremsmanövern auf, sodass Zwischenrahmen und Aufbau nicht nach vorne rutschen können. Die Federn (2) lassen ca. 12 cm Verschränkung zu.

2. **Dreipunktlagerung**
Die Funktionsweise einer Dreipunktlagerung wird am Beispiel der nachfolgenden Vierpunkt- oder Rautenlagerung erläutert. Laut Alois Kern ist eine Dreipunktlagerung am ehesten bei Fahrzeugen mit kurzen Rahmen und dementsprechend kurzen Aufbauten wie beispielsweise einem Unimog sinnvoll. Bei längeren Fahrzeugen werden die Fahreigenschaften auf der Straße beeinträchtigt, weshalb man hier auf jeden Fall eine Vierpunktlagerung vorziehen sollte. Eine Dreipunktlagerung funktioniert ähnlich einer Vierpunktlagerung. In der Regel fällt die Wippe am Fahrerhaus weg, und die beiden mittig sitzenden Längswippen wandern auf dem Hauptrahmen nach vorne an den Kopf des Hilfsrahmens. Hinten bleibt die Wippe bestehen, sodass der Zwischenrahmen sich auf dem Hauptrahmen neigen kann, aber in sich eben bleibt und deshalb keine Torsionskräfte in den Aufbau leitet. Da die Beweglichkeit der Dreipunktlagerung gegenüber einer Vierpunktlagerung eingeschränkt ist, bildet Letztere das Nonplusultra in Sachen Geländefähigkeit.

Vierpunktlagerung auf
Nissan-Navarra-Fahrgestell

3. Vierpunkt- oder Rautenlagerung

Da der Arbeitsaufwand bei einer Vierpunktlagerung nur unwesentlich höher ist als bei einer Dreipunktlagerung, empfiehlt Kern immer eine Vierpunktlagerung – auch bei kurzen Fahrzeugen wie dem Nissan Navarra auf dem hier gezeigten Bild. Dort ist deutlich der Aufbau einer Vierpunktlagerung erkennbar. Der Zwischenrahmen ist auf vier rautenförmig auf dem Hauptrahmen angeordneten Wippen aufgebaut, von denen je zwei mittig in Querrichtung auf dem Hauptrahmen sitzen (2) sowie zwei weitere in der Mitte des Zwischenrahmens in Längsrichtung (1). Damit kann der Zwischenrahmen die Fahrzeugverschränkung ausgleichen, ohne dass Torsionskräfte in den Koffer eingeleitet werden. Gerade bei Leichtbaukoffern drängt sich diese Lösung auf, wobei eine Vierpunktlagerung in einer Länge von gut vier Metern ungefähr 300 kg auf die Waage bringt. Die Lager sind mit Schmiernippeln versehen, sodass sie von Zeit zu Zeit gewartet werden können.

13 Rostbehandlung und Fahrgestell-Konservierung

Wer viel Geld, noch mehr Zeit und ganz viel Liebe in sein Wohnmobil investiert, möchte möglichst lange seine Freude daran haben. Leider nagt aber der Zahn der Zeit auch an unseren Mobilen, und nicht selten leiden besonders gebrauchte Fahrzeuge massiv unter Korrosions-Karies. Ob das nun die üblichen Verdächtigen sind wie Fiats Ducatos, die meist schneller rosten, als sie rasen, oder aber die Sprinter mit dem Stern, deren Glanz verdächtig schnell verbleicht; ganz besonders aber die Transporter und Lkws von Bundeswehr und Hilfsorganisationen, die, nach 20 Jahren ausgemustert, meist erheblich mehr Patina am Rahmen als Kilometer auf dem Tacho haben.

Sie alle verlangen nach intensiver Pflege, die man den Fahrzeugen idealerweise vor dem Ausbau angedeihen lässt, weil man da an verschiedene Stellen noch besser herankommt. Aus gegebenem Anlass möchte ich mich in meinem Buch auch diesem Thema widmen, denn rund vier Monate am Meer während unserer Südeuropa-Marokko-Westsahara-Reise haben ihre Spuren am Sternchen hinterlassen, die nach Beseitigung oder zumindest nach deutlicher Entschleunigung verlangen. Klar, dass man zunächst die Kollegen nach deren Erfahrungen mit Väterchen Rost befragt. Aber wie so oft erhält man mindestens ebenso viele unterschiedliche Meinungen, wie man Leute interviewt, und ist am Ende oft weniger schlau als vorher, aber verwirrter. Befragt man das weltweite Web-Orakel zum Thema Korrosionsschutz, so spuckt es gleich an erster Stelle eine Firma gleichen Namens aus, die wohl ein Depot von geeigneten Mittelchen betreibt: Die Firma Korrosionsschutz-Depot in Langenzenn.

Im Gegensatz zu anderen Schutzorganisationen schützt man aber nicht den Rost, sondern das Umfeld vor demselben. Das Versprechen »rostlos glücklich« auf dem überraschend dicken Katalog der Firma macht auf jeden Fall schon mal Hoffnung. Was man in der Einleitung über Rostentstehung und Rostbeseitigung liest, lässt die Hoffnung aber gleich wieder schwinden. Denn dort steht geschrieben, dass es generell kaum möglich sei zu sagen, welches Produkt sich für welche Aufgabe am besten eigne. Es kommt nämlich–wie so oft–drauf an: auf die Möglichkeiten zur Verarbeitung, was mit welchem Produkt bezweckt werden und welche Beschichtung eventuell noch folgen soll.

In der Broschüre werden sämtliche Einsatzbereiche und hierfür infrage kommenden Produkte aufgeführt, meist mit Alternativen je nach Einsatzzweck und nachfolgender Beschichtung. Reicht dies zur Erhellung des Problems nicht aus, gibt es beim Korrosionsschutz-Depot eine ganze Reihe kompetenter Leute, die dem ratlosen Rostlöser den Weg durch den Dschungel der Korrosionsschutz-Produkte weisen und hilfreiche Tipps zu deren Verarbeitung geben.

So habe ich kurzerhand die betroffenen Stellen an meinem Fahrzeug mit der Digitalkamera fotografiert, die Bilder an die Korrosionsschützer gemailt und mich danach am Telefon zwecks Rost-Be- und Produkt-Verarbeitung beraten lassen. Im Folgenden möchte ich die wichtigsten Produkte mit wenigen Worten charakterisieren, um die Bandbreite der Mittel und deren Einsatzzwecke aufzuzeigen. Deren detaillierte Eigenschaften und daraus resultierende Einsatz- und Verarbeitungsempfehlungen würden den Rahmen meines Buches bei Weitem sprengen. Hier sei auf den Katalog und die äußerst kompetente Telefonberatung des Korrosionsschutz-Depots verwiesen, die löblicherweise entgegen landläufigen Gepflogenheiten nicht per 0180-5-...-Bezahl-Nummer erfolgt, sondern zu den üblichen Festnetz-Tarifen.

13.1   Rostbehandlung, Rostumwandlung

Fertan Rostumwandler zersetzt Rost chemisch und löst ihn vom darunterliegenden Metall. Zusätzlich wird auf der nun nicht weiterrostenden Oberfläche eine neue Metallschicht – eine Eisen-Tannin-Verbindung – erzeugt, die ähnlich wie Zink schützen kann.

Kovermi ist ein Rostkonverter für leicht bis mittelstark angerostete oder mechanisch entrostete Metalle, der den Rost in einen stabilen Eisen-Tannin-Komplex umwandelt. Muss nicht abgewaschen werden. Sehr schnelle Reaktionszeit.

Owatrol (Farbkriech-)Öl stoppt Rost. Der muss zunächst mit der Drahtbürste grob entfernt werden. Danach wird Owatrol sättigend aufgetragen und der Vorgang im Abstand von zehn Minuten ein- bis zweimal wiederholt. Owatrol dringt in den Rost ein und verdrängt Luft und Feuchtigkeit. Danach kann mit Ovagrundol, Chassislack oder Unterbodenschutz die Endbehandlung erfolgen.

Pelox RE Rostentferner basiert auf Phosphorsäure und löst Rost vollständig auf. Das Blech ist nach der Pelox-Behandlung absolut rostfrei wie neues Metall. Das ist der Unterschied zu Rostkonservierern. Entrostete Bleche können problemlos geschweißt und verzinnt werden. Sichere Ausgangsbasis für Lackaufbau.

Metall Ready + Fedox wirk wie Pelox, jedoch hinterlässt das Produkt auf dem entrosteten Metall eine dünne Zinkphosphatschicht. Gut für Tankentrostung innen.

Brunox Epoxy ist ein bewährtes Rostsanierungssystem auf Epoxydharzbasis.

13 Rostbehandlung und Fahrgestell-Konservierung

1) Rostbefall am hinteren Stabilisator
2) Die Blattfedern vor der Behandlung
3) Rost am Zwischenrahmen ...
4) ... und seine Beseitigung mit der Drahtbürste
5) Da muss man durch, auch wenn's keinen Spaß macht.

Rostschutzbehandlung an unserem Fahrzeug.

Wie man an den hier gezeigten Bildern erkennen kann, ist der Rostbefall am Fahrgestell deutlich zu sehen, geht aber noch nicht wirklich tief in das Material hinein. Am Schlimmsten sehen die Blattfedern aus, und an einzelnen Teilen des Fahrzeugrahmens und des Zwischenrahmens platzt hie und da der Lack ab, weil sich darunter Rost gebildet hat.

Nach eingehender Beratung durch die Profis vom Korrosionsschutz-Depot, denen die Bilder von den befallenen Stellen meines Fahrgestells und Führerhauses vorliegen, empfehlen mir die Korrosionsschützer als Basis Owatrol Kriechöl. Nach deren Meinung sei der Rost an meinem Fahrzeug noch relativ oberflächlich. Eine grobe Entfernung mit der Drahtbürste und das dreimalige Streichen mit dem Pinsel bzw. Sprühen mit einer Sprühflasche innerhalb einer Stunde reiche aus, den Rost in seinem derzeitigen Stadium zu stoppen und das Fahrgestell für die nächsten 2–3 Jahre zu konservieren, bevor man den Vorgang wiederholt. Optional gibt es dann noch die Möglichkeit, den mit Owatrol behandelten Rahmen mit Chassislack gegen Steinschläge zu schützen und gegebenenfalls sogar noch den Chassislack mit Unterbodenschutz zu versiegeln, um den Steinschlagschutz zu optimieren.

Ich beginne also mit Schritt 1 der Behandlung und entferne erst mal den Rost mit der Drahtbürste: keine wirklich lustige Aufgabe, zumal es viele Stellen gibt, an die man mit der Drahtbürste nicht hingelangt. Hier wäre eine Sand- oder Trockeneisstrahlung sicherlich die komfortablere und wirksamere Lösung.

Das Vorteilhafte an Owatrol ist die Tatsache, dass es nur leicht gelblich ist und auf dem Rahmen völlig farblos wirkt. Das bedeutet, dass man die Bildung von neuen Roststellen leicht erkennen und frühzeitig behandeln kann. Als nächsten Arbeitsschritt, der nun ansteht, ist die Grundierung des owatrolbehandelten Rahmens mit Chassislack vorzunehmen. Dazu stehen folgende Produkte zu Auswahl:

13.2 Grundierung

Ksdcolor Grundierfüller 400 ist eine universelle Grundierung für den Einsatz an Kraftfahrzeugen. Als einfache Grundierung oder in dickeren Schichten als Füller verwendbar. Gut schleifbar.

Ksdcolor 4:1 EP-Grundierung (2K) ist eine Epoxygrundierung, um auch auf schwierigen Untergründen einen Lackaufbau zu ermöglichen.

Brantho-Korrux »nitrofest« Universalgrundierung mit guten Rostschutz- und Füllereigenschaften. Bietet Vorteile, wenn Restaurierungsarbeiten Stück für Stück über einen langen Zeitraum geschehen.

Ovagrundol + Unterwasser Primer bietet eine hohe Widerstandskraft, speziell geeignet für Achsteile und als Unterbodenschutz sowie zur Rostschutz-Grundierung bei der Verwendung von Chassislack.

POR 15 »Rostverhütungslack« funktioniert als Grundierung und Decklack in einem. POR (paint over rust) 15 entzieht dem Rost Feuchtigkeit und nimmt die Basis für weiteres Rosten. Funktioniert nur auf komplett entlacktem Metall! Weitere Produkte für die unterschiedlichsten Anwendungsbereiche sind im Programm.

13 Rostbehandlung und Fahrgestell-Konservierung

Grundierung an unserem Fahrzeug:
Die Roststellen am Zwischenrahmen hatten sich schon ein bisschen ins Metall hineingefressen, sodass nach der Drahtbürstenbehandlung dort unschöne Vertiefungen zu sehen sind. Diese fülle ich mit Brantho Korrux nitrofest auf, verschleife sie und streiche danach noch einmal mit Brantho Korrux 3in1 in Schwarz darüber. Brantho Korrux 3in1 soll später einmal am gesamten Fahrgestell zum Einsatz kommen, wo ich Achsen, den Rahmen und sämtliche Aufhängungsteile nach einer intensiven Owatrol-Vorbehandlung zunächst mit schwarzem Brantho Korrux nitrofest lackiere und danach mit Brantho Korrux 3in1 einerseits einen wirksamen Steinschlagschutz herstelle, andererseits den Rahmen mit der zusätzlichen Farbschicht langfristig konserviere.

Das Ganze hat noch den gewünschten optischen Nebeneffekt, dass das etwas aus der Mode gekommene NATO-Oliv am Fahrgestell sukzessive von zeitlosem Schwarz verdrängt wird. Bis es aber so weit ist, soll die Owatrol-Behandlung erst mal der Korrosion Einhalt gebieten. Damit 3in1 gut auf Owatrol Öl haftet, ist es immer sinnvoll, zunächst eine Schicht Nitrofest aufzutragen.

13.3 Unterbodenschutz

Beim Unterbodenschutz lerne ich auch Neues dazu, nämlich die Tatsache, dass Produkte auf Wachs-/Harz-Basis wesentlich besser geeignet sind, weil alterungsbeständiger als solche auf Teer-/Bitumen- oder PVC-Basis, wie ich sie früher unter meine Autos geschmiert habe. Hier ist ein Überblick über einige der empfohlenen Produkte und deren Anwendungsgebiete:

Over4sp ist ein gut haftender Steinschlagschutz, der die Entstehung von Rost nachhaltig verhindert. Überlackierbar.

UBS 220 Unterboden- und Steinschlagschutzwachs transparent ist ein sehr elastischer, dauerhafter Unterbodenschutz auf Wachsbasis, der Verwindungen ausgleicht und äußerst stabil auch gegen Steinschlag ist. Nicht überlackierbar!

Elaskon UBS hell ist ähnlich wie UBS 220, aber hell, fast klar, sodass man gut erkennt, ob der Unterbodenschutz alle Nischen, Ecken und Winkel erreicht hat.

Perma-Film Hervorragende Schutzwirkung schon bei sehr dünner Schichtstärke, nur zu empfehlen in Verbindung mit Fluid-Film als Roststopper.

13.4 Hohlraumschutz

Einen weiteren »Schandfleck« habe ich an der Rückseite des Fahrerhauses. Dort rostet das Blech an der Stelle, wo durch eine Bohrung das Schwitzwasser aus dem Fahrerhaus ausgeleitet wird. Chef-Korrosionsschützer Dirk Schucht empfiehlt mir, an der Innenseite des Fahrerhauses das Ganze erst mal großzügig mit Owatrol-Öl einzulassen, um ein Weiterrosten zu verhindern. Um hier aber professionell vorzugehen, gilt es, das Ganze mit der Flex bis aufs Blech abzuschleifen, denn offensichtlich wurde an dieser Stelle auch schon gespachtelt. Danach muss ein neues Blech eingeschweißt und mit Owatrol, Grundierung und Lack die Stelle professionell versiegelt werden. Bis ich die Zeit für diese Arbeit finde, muss die Owatrol-Lösung erst mal das Weiterrosten verhindern. Für die Versiegelung von Hohlräumen gibt es ebenfalls eine Vielzahl unterschiedlicher Produkte mit spezifischen Eigenschaften und entsprechenden Anwendungsempfehlungen. Mal auf Wachs-, mal auf Fettbasis, mal mehr oder weniger kriechend, stärker oder weniger stark roststoppend: Die Art der Anwendung und die Beschaffenheit der Hohlräume geben hier meist das Produkt vor.

BEZUGSQUELLE

Korrosionsschutz
KORROSIONSSCHUTZ-DEPOT
www.korrosionsschutz-depot.de

Weitere Produkte
Protewax BP527 ist ein glasklares Schutzwachs ähnlich wie ein Klarlack, bildet allerdings eine stärkere mechanische Schutzbarriere.

Elaskon Agro ist ein temporärer Unterbodenschutz und kann wieder abgewaschen werden.

Elaskon C-UBS Caravan-Unterbodenschutz speziell für Holzböden, atmungsaktiv, sehr gut auch in Kombination mit Owatrol-Öl.

Darüber hinaus bietet das Korrosionsschutz-Depot eine Vielzahl von Werkzeugen und Geräten zur Verarbeitung der oben genannten Produkte, aber auch zur Bearbeitung von Blech und Metall.

14 Massenverteilung

Bei der Planung des Grundlayouts für das Fahrzeug sollte ein wichtiger Aspekt nicht außer Acht gelassen werden: die Massenverteilung und das Gesamtgewicht des Fahrzeugs. Dabei ist nicht nur die Verteilung der Achslasten zwischen vorne und hinten gemeint, sondern auch die zwischen linker und rechter Fahrzeugseite. Dieser Aspekt wird umso wichtiger, je leichter das Fahrzeug ist und je weniger Zuladung es bietet.

Mach einfach mal selbst den Test und stelle zwei Personen auf die eine Fahrzeugseite und dann auf die andere, und miss, inwieweit sich die Neigung des Fahrzeugs aufgrund dieser Massen verändert. Damit wird klar, dass es nicht unerheblich ist, an welcher Stelle welche Massen walten.

Generell ist zu sagen, dass die Hauptgewichte möglichst in einem ausgewogenen Verhältnis zwischen den beiden Achsen positioniert werden sollten. Wassertanks, Batterien, Möbel und Werkzeug sind hier als die größten Einzelposten im Inneren zu nennen.

Starterbatterien, Aufbaubatterien und die Küche mit Kühlschrank samt deren Inhalt bilden den Gewichtsschwerpunkt auf der linken Fahrzeugseite vorne

Im Außenbereich sind es vor allem der oder die Treibstofftanks, das Ersatzrad, ein eventuell zu transportierendes Motorrad und dessen Trägersystem, die Markise und eventuelles Sportgerät wie Surfequipment, Flugdrachen oder sonstige Lasten. Erfahrungsgemäß werden solche Lasten ganz weit hinten oder ganz weit oben transportiert, was sich ungünstig auf das Fahrverhalten des Fahrzeugs auswirkt.

So versuche ich, bei der Planung des Grundrisses auch die Gewichtsverteilung zu berücksichtigen. Auf der rechten Fahrzeugseite wird ein 300-Liter-Dieseltank montiert. Dementsprechend versuche ich die beiden 150-Ah-Kofferbatterien auf der linken Seite als Gegengewicht unterzubringen. Da sich dort auch im Außenbereich die beiden 135-Ah-Starterbatterien befinden (seit Sommer 2012 wurden die durch zwei 50 Ah OPTIMA-Batterien ausgetauscht, die wesentlich leichter sind), ist dies schon mal ein guter Ausgleich für die

Belastung. Darüber hinaus liegen auf der linken Fahrzeugseite die Küche mit dem massivsten Möbelanteil und insgesamt 12 Schubladenauszügen sowie der Kühlschrank, die Heizung und die Wasserfilteranlage.

Die Wassertanks installiere ich genau über der Hinterachse an der Rückwand der Sitzgruppe quer über die gesamte Fahrzeugbreite unter dem Bett. Da auf der Vorderachse das Hauptgewicht des 6-Liter-Motors samt Getriebe lastet, bilden die Gewichte im Stauraum und am Heckträger dazu den Gegenpol. Allerdings darf man sich hier nicht in die Tasche lügen, denn alle Gewichte, die hinter der Hinterachse liegen, sind gerade bei Geländefahrten und auf weichem Untergrund extrem ungünstig. Auch sollte man die Verschiebung der Achslasten bei Bergauffahrten berücksichtigen. Fährt man einen Dünenhang hoch, verschieben sich die Achslasten massiv nach hinten, was häufig dazu führt, dass sich die Hinterräder eingraben.

1) Auf der rechten Fahrzeugseite fallen der 300 l Dieseltank und das Werkzeug im Stauraum ins Gewicht.
2) Exakt über der Hinterachse befinden sich die drei Frischwassertanks mit je 100 l Volumen.

ACHTUNG LKW-FAHRER Wichtig ist auch, die zulässigen Achslasten im Auge zu behalten. Es macht keinen Sinn, die Hauptgewichte in Richtung der Vorderachse zu verlagern, weil dies im Gelände bei Bergauffahrten vorteilhaft ist, und dann festzustellen, dass man die zulässige Achslast der Vorderachse überschritten hat.

Am Fahrzeugheck schlagen der schwere Ersatzrad- und Motorradträger und dessen Beladung zu Buche.

15 Grundriss-Planung

Nachdem Fahrzeug und Koffer definiert sind, gilt es sich mögliche Grundrisse für die Raumaufteilung zu überlegen. Bei der Planung des Grundrisses muss man sich, wie auch beim Gesamtfahrzeug, zunächst einmal fragen, wo, wie, wie oft und wie lange man das Fahrzeug einsetzen möchte. Wer ausschließlich in Europa reist und vorzugsweise auf Campingplätzen weilt, kann bei der technischen Ausstattung sparen, beispielsweise beim Wechselrichter, beim Frischwasservorrat, der Solarzellen- und Batteriekapazität. Das spart Gewicht und Geld und schafft Platz im Innenraum oder ermöglicht gar einen kleineren Gesamtaufbau.

Wer auf der anderen Seite nur wenige Wochen im Jahr in die Wüste möchte, um dort seinem Offroad-Faible zu frönen, der legt höchstwahrscheinlich mehr Wert auf ein möglichst geringes Gesamtgewicht und wird deshalb auf den einen oder anderen Einbau verzichten können und höchstwahrscheinlich schon aus Gewichtsgründen zu einem ganz anderen Fahrzeug-Typ greifen. Bei uns steht das Bereisen ferner Länder im Vordergrund – je länger, desto besser. Deshalb sind für uns Gemütlichkeit, Wohnkomfort und eine möglichst große Autarkie von Strom- und Wasserversorgung wichtiger als extreme Geländegängigkeit.

Wenn man für eine 2-Zimmer-Küche-Bad-Wohnung mit Keller acht Quadratmeter zur Verfügung hat, dann ist klar, dass alles ein Kompromiss ist. Um aber zu wissen, wo man welchen Kompromiss eingehen muss, stellen wir uns folgende Frage:

Wo halten wir uns in unserem Fahrzeug wie lange auf?
1. Im Bett: hoffentlich wenigstens 7–8 Stunden täglich.
2. Auf unserer Sitzecke: bei schönem Wetter gar nicht, bei schlechtem Wetter im schlimmsten Fall ebenfalls 7–12 Stunden.
3. In der Küche: bei schönem Wetter so gut wie gar nicht, weil wir draußen kochen oder grillen und Geschirr abwaschen. Bei schlechtem Wetter für die Zubereitung von 2–3 Mahlzeiten bis zu zwei Stunden.
4. Im Bad: morgens und abends je nach »Katzenwäsche« je 15 Minuten.

Nach dieser Prioritätenliste dimensionieren wir die einzelnen Bereiche und behalten dabei im Hinterkopf, dass wir – wenn alles so läuft, wie wir uns das vorstellen – nicht nur drei Wochen in unserem Fahrzeug verbringen, sondern vielleicht drei Monate oder irgendwann einmal sogar mehrere Jahre. Leider habe ich in einer sehr frühen Phase meiner Ausbauüberlegungen erste rudimentäre Grundrisse mit Microsoft Excel erstellt. Je mehr sich die Pläne konkretisieren, desto mehr werden sie verfeinert, sodass ich am Ende bei Excel bleibe. Mir ist durchaus bewusst, dass dies nicht gerade das professionellste Planungstool ist. Im Internet gibt es zahlreiche 3-D-Freeware-Programme, mit denen man 3-D-Planungen relativ schnell und einfach realisieren kann – eine gewisse Einarbeitungszeit vorausgesetzt.

Wir sind allerdings schon so tief in der Materie, dass ich unsere Planungen nicht mehr auf eine andere Software übertragen will. Nichtsdestotrotz habe ich für die CD-Kunden unter Euch, die einfach mal ein bisschen mit Excel herumspielen möchten, auf der CD eine offene Excel-Datei mit den nachfolgenden Planungsvarianten draufkopiert.

Kunden des Buches können das Grundriss-Planungstool und die Elektroplanung im offenen Powerpoint-Format zum Sonderpreis von € 10,– in Form der kompletten CD gleich mitordern oder im Nachhinein die Planungstools zum gleichen Preis als Download bei mir erwerben. So kann der, der möchte, einfach schon mal mit der Planung beginnen, kann bestehende Pläne nach eigenen Ideen verändern und muss das Rad auch hier nicht ganz neu erfinden. Für alle 3-D-Freaks und die, die es werden wollen, habe ich einige Tipps aus dem Forum der Allrad-LKW-Gemeinschaft zum Thema 3-D-Software recherchiert:
- www.allrad-lkw-gemeinschaft.de/phpBB2/viewtopic.php?t=5224
- www.allrad-lkw-gemeinschaft.de/phpBB2/viewtopic.php?t=2587

Hier sind einige der Software-Lösungen, die im Forum diskutiert werden:
- Google Skechup, 7 kostenlos
- Unigrafix NX4, kostenpflichtig
- www.softimage.com
- www.xsibase.com
- www.wings3d.com

Daneben gibt es noch eine Reihe von Software zur Wohnungsgestaltung, u. a. auch von Ikea. Auch die können helfen, den Ausbau zu planen. www.netzwelt.de/news/76219-einfach-raumhaft-freewarewohnungsplaner.html. Als ich der CAD-Lösungen gewahr werde, ist bei uns der Planungszug schon so weit abgefahren, dass er quasi uneinholbar scheint.

Empfehlenswert ist das Forum der Allrad-Lkw-Gemeinschaft für all die Heavy-Metal-Freunde, die etwas schwerere Womos ihr Eigen nennen–sprich Allrad-Lkws (www.allrad-lkw-gemeinschaft.de). Hier werden neben so ziemlich allen Themen rund um Allrad-Lkws ebenfalls Ausbau- und Ausstattungsthemen diskutiert, vor allem aber auch Reisethemen. Ebenfalls empfehlenswert ist die Mitgliedschaft im Forum der www.womobox.de. In diesem Forum geht es hauptsächlich um Ausbau- und Optimierungsthemen.

Im Folgenden möchte ich Euch unsere wichtigsten Plan-Alternativen aufzeigen und die Vor- und Nachteile der einzelnen Pläne stichpunktartig erläutern, auf die man vielleicht auf den ersten Blick gar nicht kommt. Vielleicht ist ja der eine oder andere interessante Gedanke für Euch dabei.

15 Grundriss-Planung

Variante 1: Kühlkoffer oder maßgefertigte Kabine

Die Kabinenmaße von 440 cm Innenlänge und 230 cm Innenbreite sind mit die gängigsten Maße für Fahrgestelle mit 3,6 m Radstand. Auch wenn ich mich von diesem Format relativ schnell verabschiedet habe, möchte ich meinen Lesern die dabei entstandenen Pläne nicht vorenthalten. Bei dieser Kabinengröße ist es nicht notwendig, den Eingangsbereich ins Bad zu legen, aber ich bin nach wie vor von dieser platzsparenden Möglichkeit überzeugt.

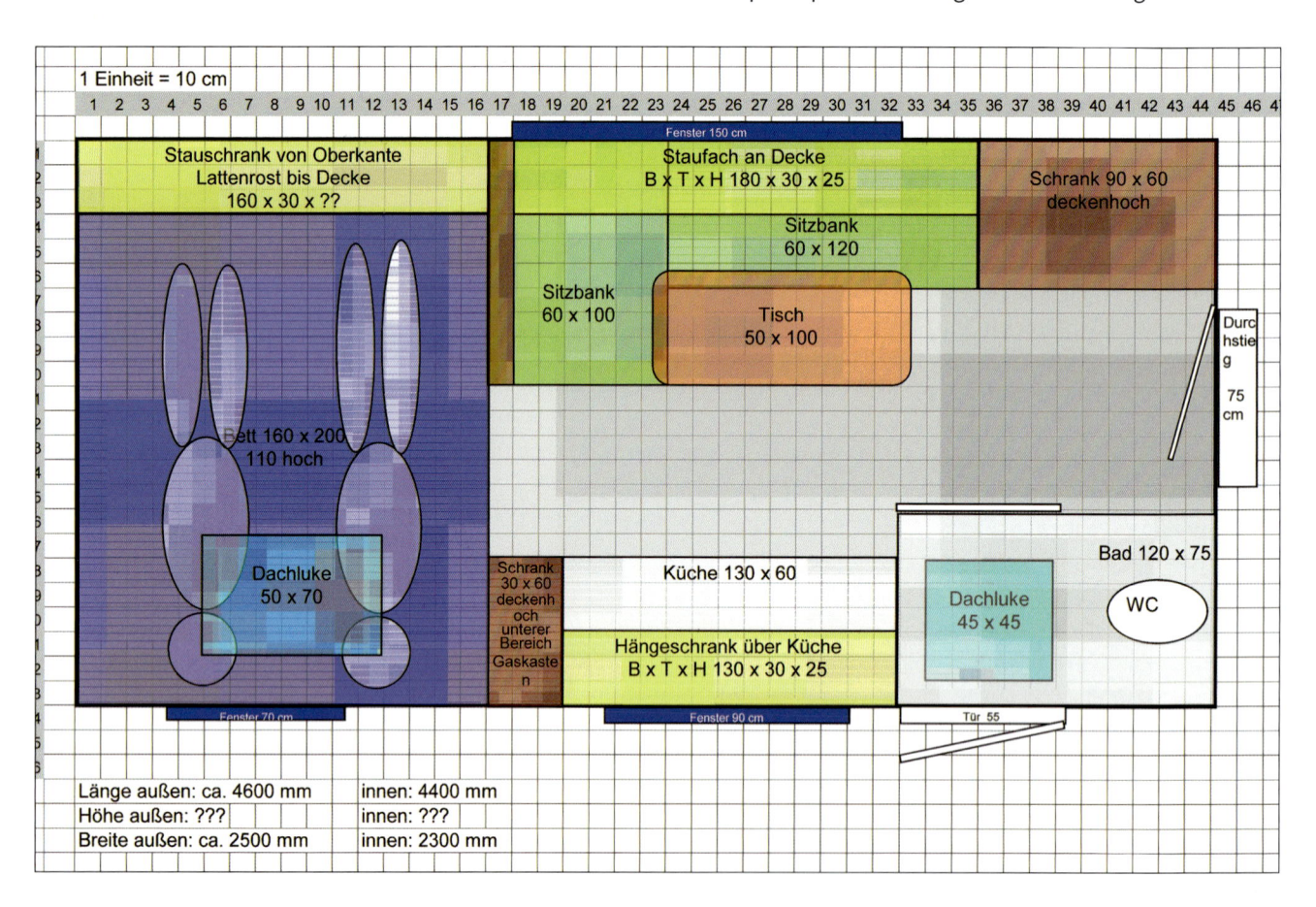

[Grundriss-Zeichnung: 1 Einheit = 10 cm]

- Stauschrank von Oberkante Lattenrost bis Decke 160 x 30 x ??
- Staufach an Decke B x T x H 180 x 30 x 25
- Schrank 90 x 60 deckenhoch
- Sitzbank 60 x 100
- Sitzbank 60 x 120
- Tisch 50 x 100
- Bett 160 x 200, 110 hoch
- Dachluke 50 x 70
- Durchstieg 75 cm
- Schrank 30 x 60 deckenhoch unterer Bereich Gaskasten
- Küche 130 x 60
- Hängeschrank über Küche B x T x H 130 x 30 x 25
- Bad 120 x 75, WC
- Dachluke 45 x 45
- Fenster 70 cm, Fenster 150 cm, Fenster 90 cm, Tür 55

Länge außen: ca. 4600 mm — innen: 4400 mm
Höhe außen: ??? — innen: ???
Breite außen: ca. 2500 mm — innen: 2300 mm

Innenmaße: 440 × 230 cm
Mögliche Schlafplätze für zwei Erwachsene und ein Kind

Vorteile:
- Festbett und großzügige Küche
- Ausreichend dimensioniertes Bad
- In die Trennwand zw. Bett und Sitzgruppe kann eine Schiebetür integriert werden, um das »Schlafzimmer« vom Wohnbereich abzutrennen
- Die Eingangstür liegt relativ weit vorne, deshalb kann eine große Markise verbaut werden
- Sitzgruppe kann noch großzügiger dimensioniert werden als hier gezeigt

Nachteil:
- Eingang im Bad ist nicht Jedermanns Sache

Variante 2: Kühlkoffer oder maßgefertigte Kabine mit Motorrad im Innenraum

Da ich eine Enduro mit auf Reisen nehmen möchte, habe ich mir eine ganze Zeit lang eingebildet, diese im Innenraum des Fahrzeugs in einer abgetrennten »Garage« zu transportieren. Dies ist generell möglich, und Freunde von uns haben dies auch so gelöst. Allerdings ist deren Koffer deutlich über 5 Meter lang, sodass sich hinten eine separate Garage gut abteilen lässt. Das Motorrad wird in deren Fall mit einer an der Decke montierten Kranschiene angehoben, ins Fahrzeug gefahren, dort wieder abgesenkt und am Boden mit Ratschengurten verzurrt.

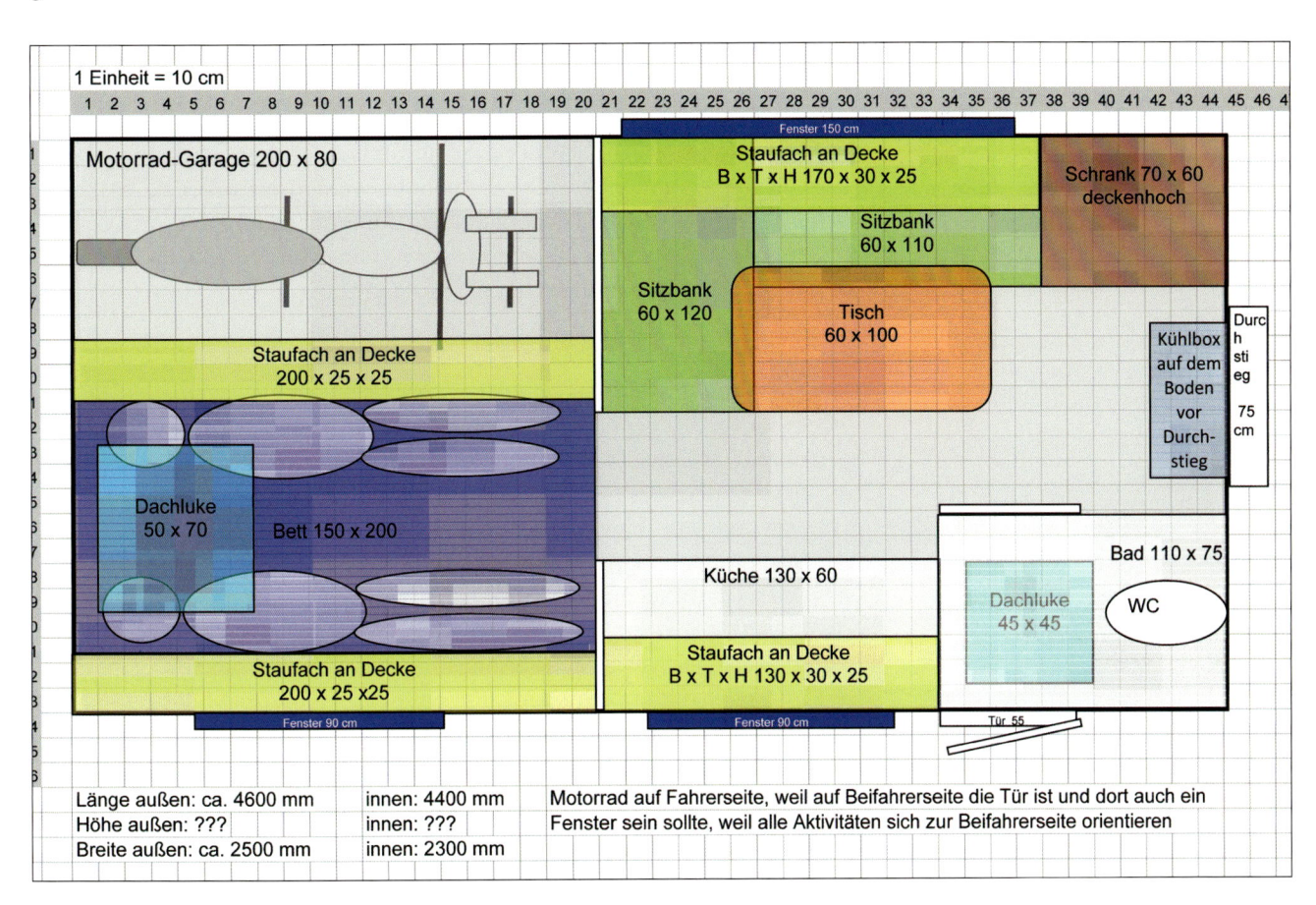

(Grundrissplan: 1 Einheit = 10 cm)

- Motorrad-Garage 200 x 80
- Staufach an Decke B x T x H 170 x 30 x 25
- Schrank 70 x 60 deckenhoch
- Fenster 150 cm
- Sitzbank 60 x 110
- Sitzbank 60 x 120
- Tisch 60 x 100
- Staufach an Decke 200 x 25 x 25
- Kühlbox auf dem Boden vor Durchstieg
- Durchstieg 75 cm
- Dachluke 50 x 70
- Bett 150 x 200
- Küche 130 x 60
- Bad 110 x 75
- Dachluke 45 x 45
- WC
- Staufach an Decke 200 x 25 x 25
- Staufach an Decke B x T x H 130 x 30 x 25
- Fenster 90 cm
- Fenster 90 cm
- Tür 55

	außen	innen
Länge	ca. 4600 mm	4400 mm
Höhe	???	???
Breite	ca. 2500 mm	2300 mm

Motorrad auf Fahrerseite, weil auf Beifahrerseite die Tür ist und dort auch ein Fenster sein sollte, weil alle Aktivitäten sich zur Beifahrerseite orientieren

Der Grund, warum ich das Motorrad innen transportieren will, ist der, dass alles, was am Heck des Fahrzeugs befördert wird, durch Spritzwasser und Verwirbelung extrem verdreckt. Ein völlig verdrecktes Motorrad macht sicher wenig Lust, damit zu fahren, und wenn man jedes Mal erst das Moped putzen muss, bevor es einsatzbereit ist, dann vergeht einem sicherlich die Lust am Fahren. Außerdem ist im Innenraum die Gefahr des Diebstahls gebannt.

Innenmaße: 440 × 230 cm
Mögliche Schlafplätze für zwei Erwachsene und ein Kind

15 Grundriss-Planung

Beim Motorrad muss selbstverständlich das Vorderrad ausgebaut werden. Je nach Größe des Motorrads ist es möglich, dass die Vorderradgabel noch ein Stück weit unter die Sitzgruppe ragt.

Generelle Frage: Motorrad/Moped mitnehmen oder nicht?
Diese Frage muss jeder für sich selbst beantworten. Wer wie ich gerne Motorrad fährt, hat sicherlich mit einer Enduro ein weiteres Spaßgerät dabei, das einem zusätzlich gute Dienste leistet. Steht man irgendwo länger als drei Tage, stellt sich meist die Frage des Einkaufens. Dazu jedes Mal den Lkw startklar zu machen, das heißt alles auf- und einzuräumen, Markise einzurollen usw., macht die Sache natürlich etwas unkommod. Außerdem dürfte das mit dem Lkw geholte Brot wahrscheinlich das teuerste sein, das man jemals gegessen hat.

Ein Moped, Motorroller oder Motorrad leistet hier sehr gute Dienste und kann zusätzlich zur Erkundung der Gegend genutzt werden. Natürlich tut es häufig auch ein Fahrrad. Auch ein Sicherheits-Aspekt ist mit einem Motorrad verbunden, denn sollte man mal eine größere Panne haben und Hilfe benötigen, kann man die mit dem Motorrad leicht herbeirufen.

Was spricht gegen die Mitnahme eines Motorrads?
Dem steht der Aufwand für die Anschaffung sowie für ein geeignetes Trägersystem mit Kran gegenüber, um das Gerät halbwegs bequem auf- und abladen zu können. Das Gewicht eines motorisierten Zweirads ist nicht zu unterschätzen, insbesondere wenn es hinten angebracht wird. Denn zusammen mit dem Ersatzrad und dem Trägersystem kumulieren am Heck beachtliche Massen, was sich besonders beim Fahren im Gelände negativ bemerkbar macht. So wiegt beispielsweise unser Ersatz-Komplettrad in der Größe 365/80 R20 auf Sprengringfelge ca. 140 kg–also so viel wie eine halbwegs ausgewachsene Enduro (wenngleich es da auch Eisenhaufen mit weit mehr als 200 kg gibt). Bei Fahrzeugen mit 14.00er oder gar 16.00er Bereifung kommt das Ersatzrad schnell auf 200 kg und mehr! Man sollte es also nicht übertreiben und sich auch hier bewusst sein, für welchen Einsatz man sein Wohnmobil baut. Eine gewichtsverteilungstechnisch günstigere Variante ist die Beförderung des Motorrads zwischen Koffer und Fahrerhaus–was man gar nicht so selten sieht. Allerdings verhindert diese Variante einen Durchstieg zwischen Kabine und Fahrerhaus.

Dazu kommt noch, dass beim Reisen in carnetpflichtige Länder für das Motorrad ebenfalls ein Carnet dé Passage mitgeführt werden muss und eine Sicherheitssumme von pauschal € 3.000,– für das motorisierte Zweirad zu hinterlegen ist (auch als Bankbürgschaft möglich)–unabhängig vom Wert des Geräts. Genaueres und die aktuell gültige Summe kann man beim ADAC nachfragen. Viele, die mit »Beiboot« unterwegs waren, lassen dieses mittlerweile wieder zu Hause, weil das Auf- und Abladen des Motorrads zu aufwendig ist.

Generell kann man also hier keine Empfehlung aussprechen, sondern jeder muss für sich die Vor- und Nachteile abwägen. Aber es ist sicher gut, dass man mal darüber gesprochen hat, und das Thema gehört sicherlich in einen Ausbau-Führer wie diesen. Deshalb wird am Ende dieses Werkes im Kapitel 33 »Anbauten« ein Heckträger beschrieben, der unter anderem auch für die Mitnahme eines Motorrads konzipiert wurde.

Variante 3: Shelter mit Motorrad innen
Bei der Variante Motorrad im Shelter, die ich immerhin eine ganze Zeit lang verfolge, muss das Bett zweigeteilt werden, wobei der hintere Teil senkrecht an der Rückwand zur Garage befestigt ist. Zum Schlafen wird das Bett dann über die Sitzbank gezogen und am Morgen wieder in umgekehrter Richtung verstaut.

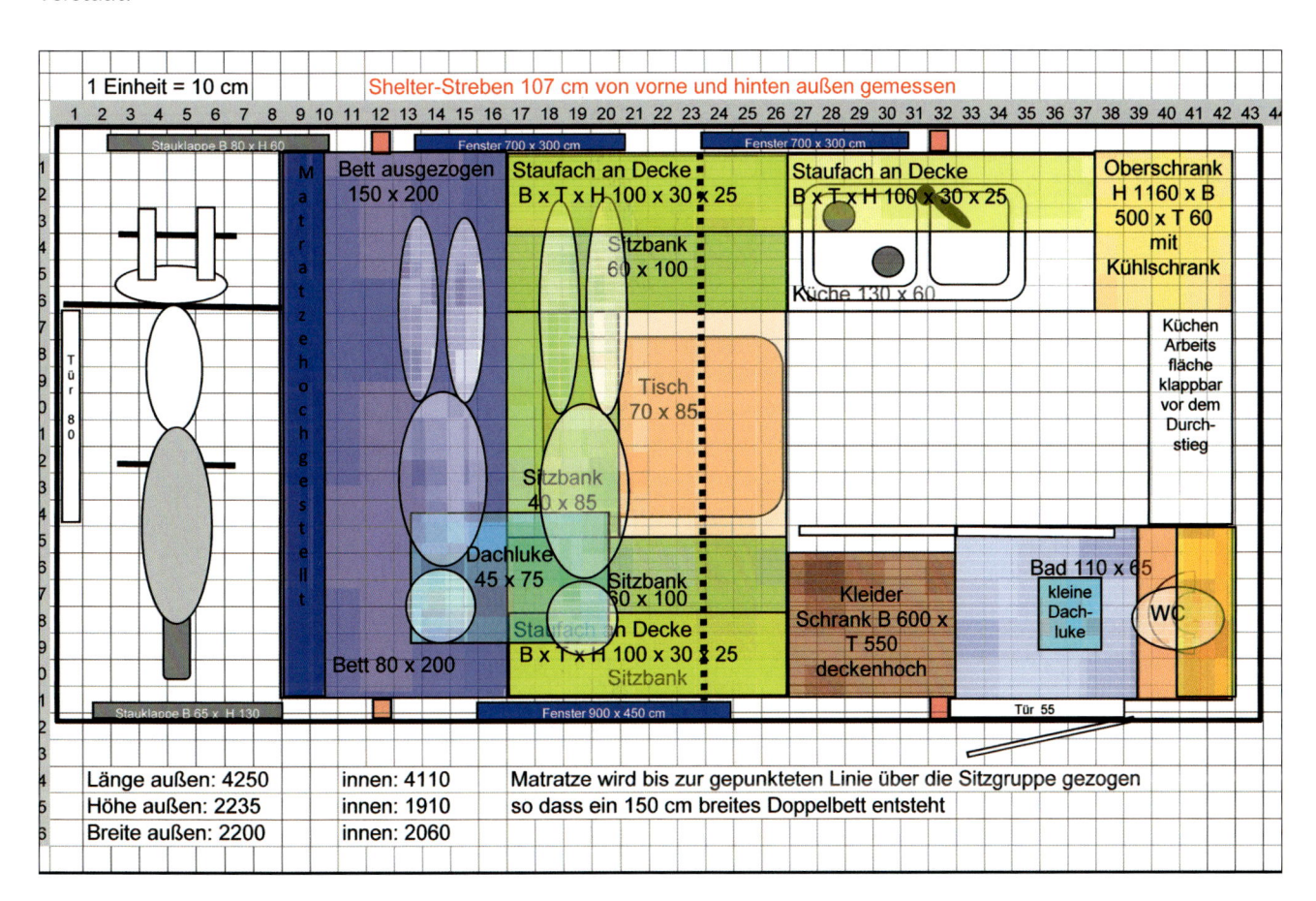

Großer Nachteil bei dieser Variante ist die Tatsache, dass das Bett immer wieder frisch gemacht werden muss und dass man nicht auf der Sitzbank sitzen kann, wenn ein Reisegefährte schon schläft. All das ist uns letztendlich zu umständlich, weshalb wir die Variante wieder verwerfen – Edith allerdings wesentlich früher als ich.

Innenmaße: 410 × 206 cm
Mögliche Schlafplätze für zwei Erwachsene. Alternativ kann der Grundriss ohne Motorrad für kurze Kabinen von 3,30 m Länge herangezogen werden.

15 Grundriss-Planung

Variante 4: Shelter mit Bad zwischen Bett und Ecksitzbank

Bad und Schrank trennen den Innenraum in zwei Bereiche: Bett und Sitzbank/Küche. Es entstehen zwei voneinander trennbare Räume, wenn man die Badtür öffnet und damit die Schlafkoje verschließt. Das Bad ist separat, nicht im Eingang. Sowohl von der Küche als auch von der Sitzgruppe aus kann man gut durch die geöffnete Eingangstür nach draußen blicken. Bei dieser Planungsvariante fällt die Sitzbank kleiner aus, aber beschauliches und gemütliches Lümmeln auf der Bank ist noch möglich, wenn man die Füße seines Partners mag. Weiterer Vorteil: Es bleibt genügend Platz für Markise und Sandbleche.

Nachteil
- Der Raum wird in in zwei Teile zerstückelt, und das Raumgefühl wird noch beengter.

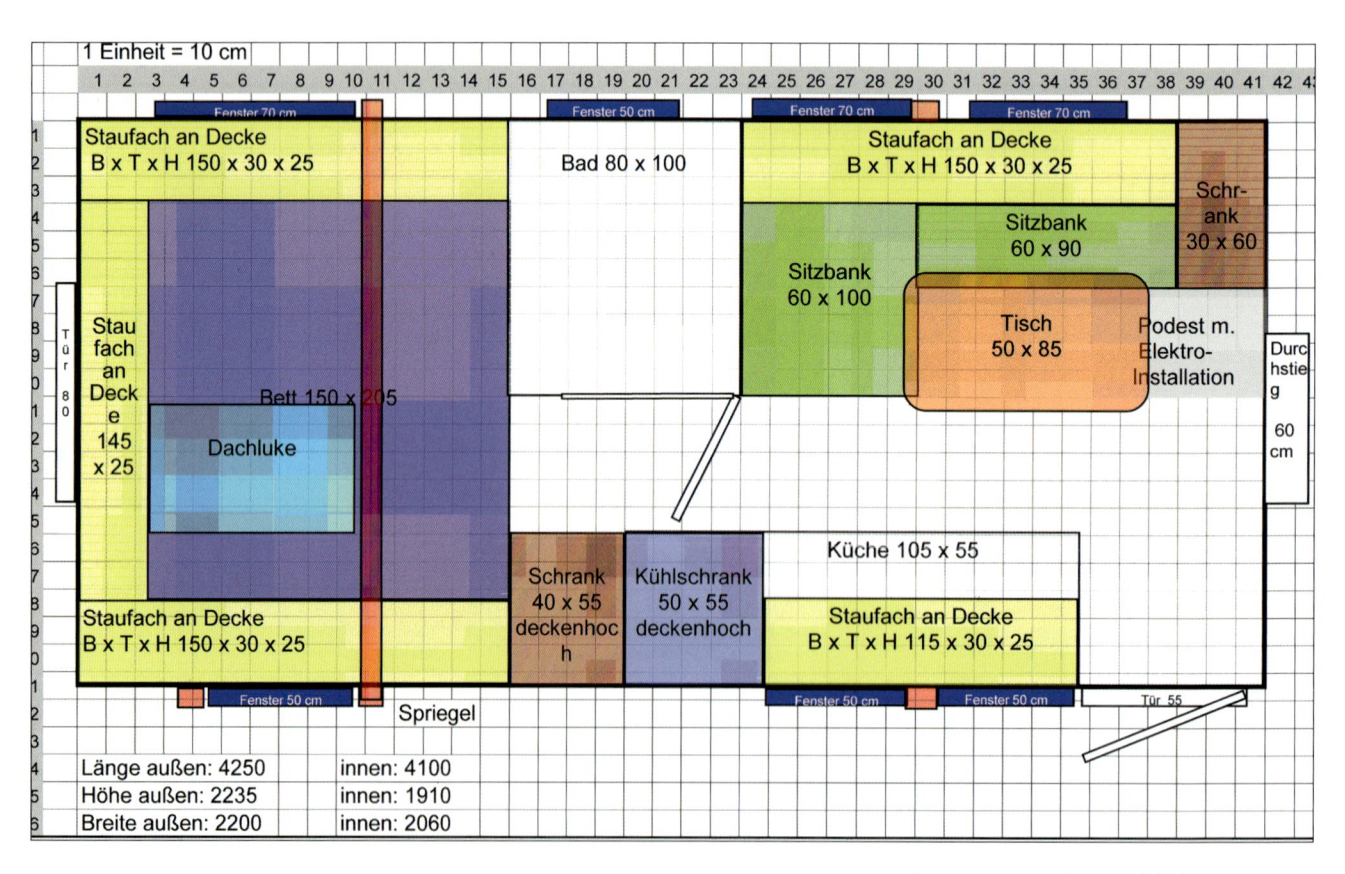

Innenmaße: 411 × 206 cm
Mögliche Schlafplätze für zwei Erwachsene und ein Kind

OPTIMIERUNGSPOTENZIAL: Wenn man auf den 30-x-60-Schrank links vorne verzichtet, kann man sowohl Bad als auch Sitzbank entsprechend vergrößern.

Variante 5: Shelter mit Bad vorne links

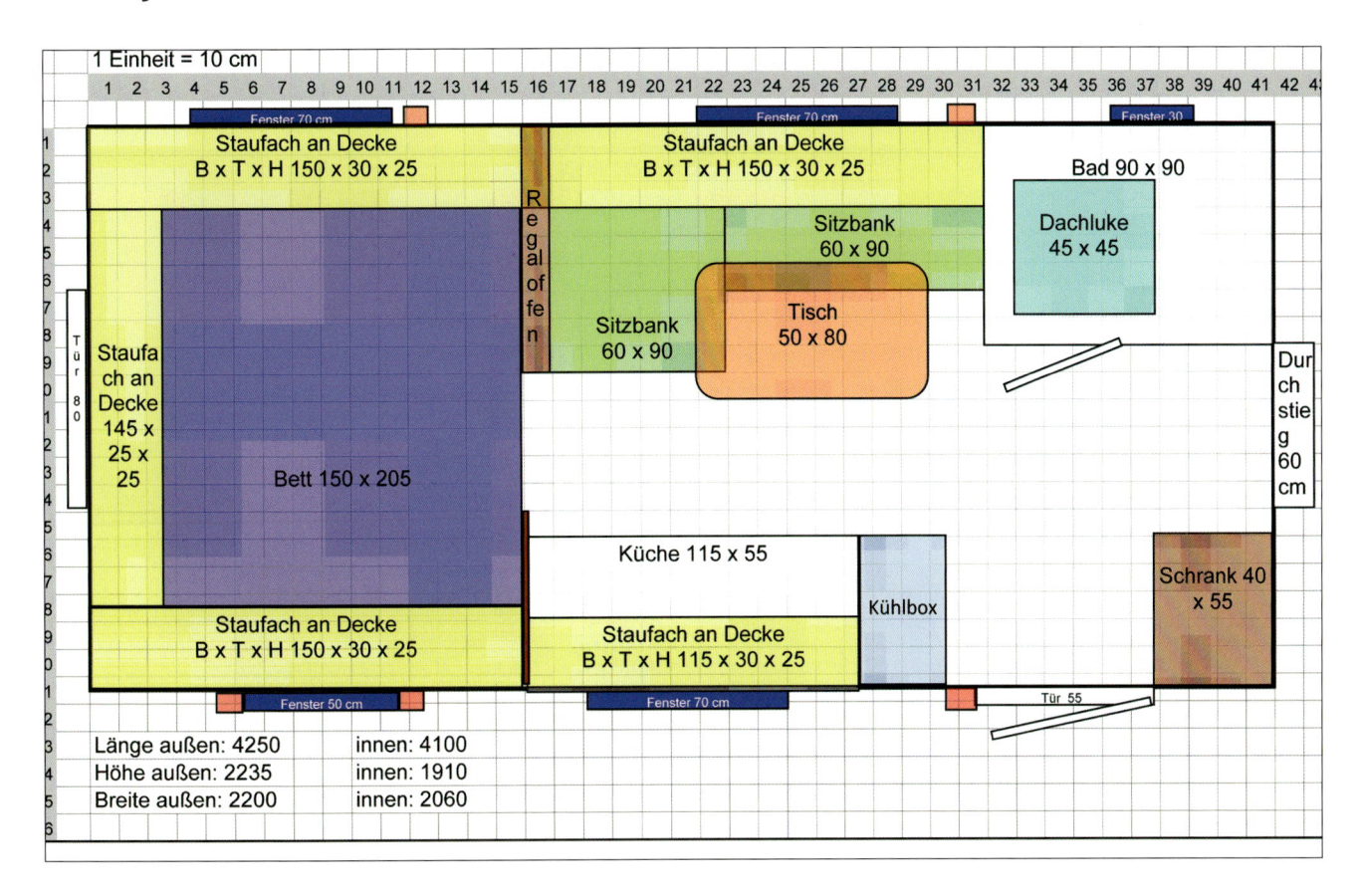

Vorteile
- Bad bzw. Eingang sind immer frei zugänglich.
- Blick von Sitzgruppe durch offene Tür möglich.
- Positionierung der Kühlbox zwischen Küche und Eingang bietet den Vorteile, dass sie von innen und außen gut zugänglich ist.

Nachteile
- Das Bad ist mit 90 × 90 cm zu klein. 10 cm könnte man ggf. beim Regal zwischen Sitzbank und Bett einsparen, weitere 10 cm beim Bett selbst.
- Auch hier fällt die Sitzgruppe recht klein aus.

Innenmaße: 411 × 206 cm
Mögliche Schlafplätze für zwei Erwachsene und ein Kind

Alternative Sitzbank-Anordnung

15 Grundriss-Planung

Variante 6: Shelter mit Bad im Eingang, Küche auf der Eingangsseite

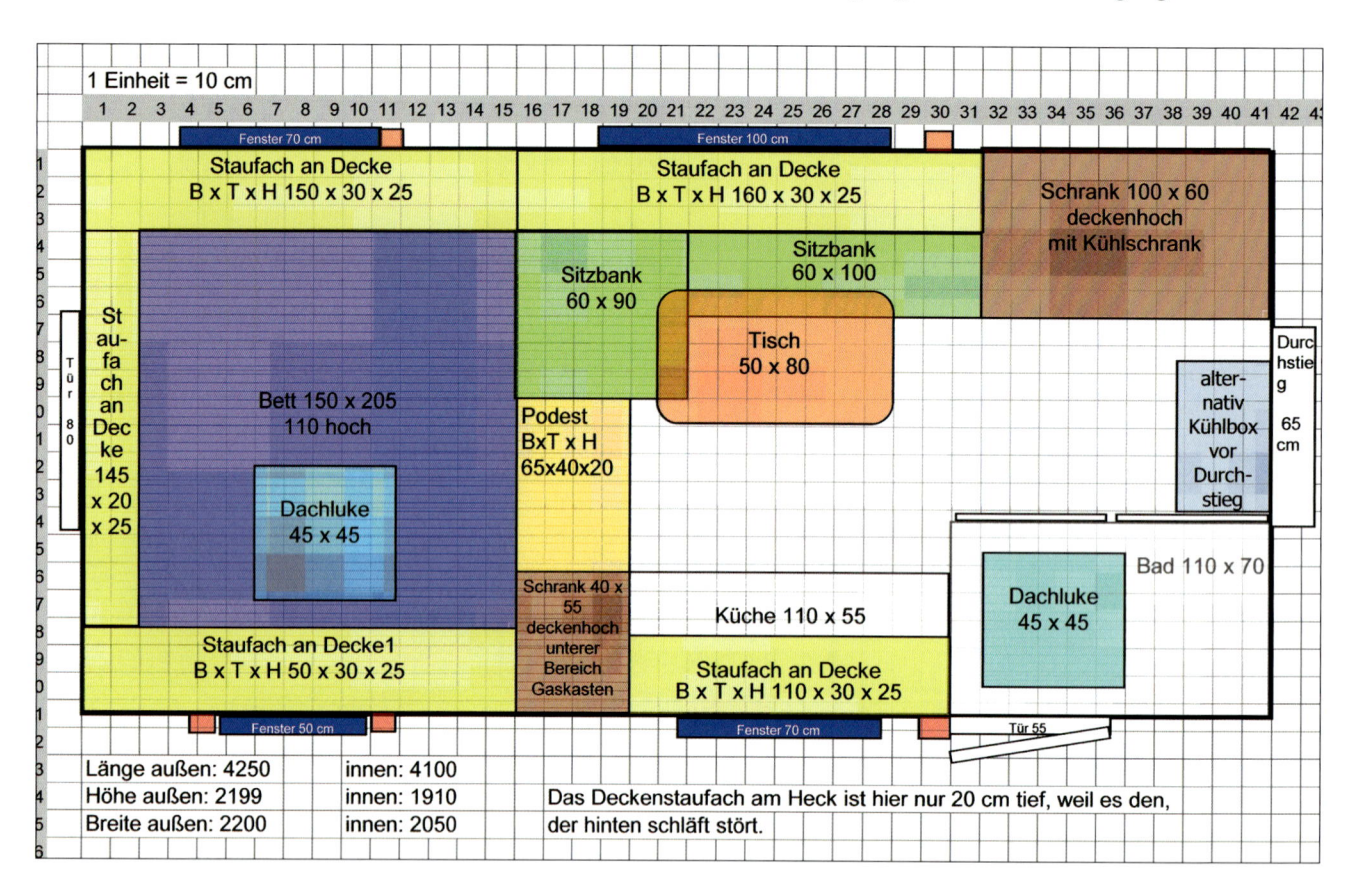

1 Einheit = 10 cm

Fenster	70 cm
Fenster	100 cm
Staufach an Decke	B x T x H 150 x 30 x 25
Staufach an Decke	B x T x H 160 x 30 x 25
Schrank	100 x 60 deckenhoch mit Kühlschrank
Tür	80
Staufach an Decke	145 x 20 x 25
Sitzbank	60 x 90
Sitzbank	60 x 100
Tisch	50 x 80
Bett	150 x 205, 110 hoch
Podest	B x T x H 65 x 40 x 20
Dachluke	45 x 45
Durchstieg	65 cm
alternativ Kühlbox vor Durchstieg	
Schrank	40 x 55 deckenhoch unterer Bereich Gaskasten
Küche	110 x 55
Bad	110 x 70
Dachluke	45 x 45
Staufach an Decke1	B x T x H 50 x 30 x 25
Staufach an Decke	B x T x H 110 x 30 x 25
Fenster	50 cm
Fenster	70 cm
Tür	55

Länge außen: 4250   innen: 4100
Höhe außen: 2199   innen: 1910
Breite außen: 2200 innen: 2050

Das Deckenstaufach am Heck ist hier nur 20 cm tief, weil es den, der hinten schläft stört.

Innenmaße: 411 × 206 cm
Mögliche Schlafplätze für zwei Erwachsene und ein Kind

Diese Planvariante ist die Umsetzung der Planvariante 1 auf Sheltermaße. Die Vor- und Nachteile sind identisch, der Vergleich beider Pläne vermittelt ein Gefühl dafür, wie sich die geringeren Maße auf den Raum auswirken.

Variante 7: Bett hinten, Sitzgruppe vorne

Eine weitere immer wieder gerne genommene Variante ist: vorne sitzen–hinten schlafen.

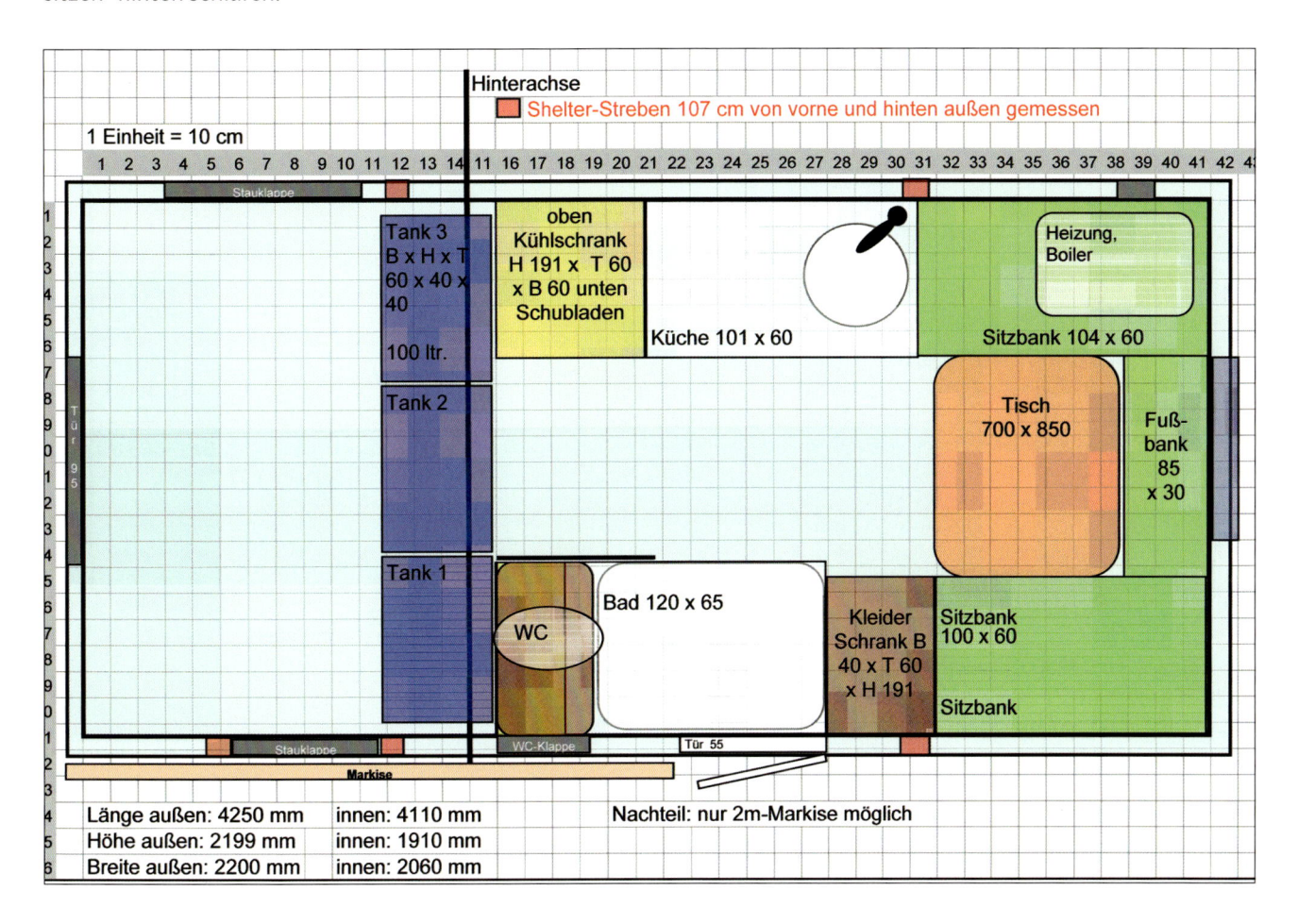

Floor plan details:

- Hinterachse
- Shelter-Streben 107 cm von vorne und hinten außen gemessen
- 1 Einheit = 10 cm
- Staukappe
- Tank 3: B x H x T 60 x 40 x 40, 100 ltr.
- Tank 2
- Tank 1
- Tür 95
- oben Kühlschrank H 191 x T 60 x B 60 unten Schubladen
- Küche 101 x 60
- Heizung, Boiler
- Sitzbank 104 x 60
- Tisch 700 x 850
- Fußbank 85 x 30
- WC
- Bad 120 x 65
- Kleider Schrank B 40 x T 60 x H 191
- Sitzbank 100 x 60
- Sitzbank
- Staukappe
- WC-Klappe
- Tür 55
- Markise
- Länge außen: 4250 mm, innen: 4110 mm
- Höhe außen: 2199 mm, innen: 1910 mm
- Breite außen: 2200 mm, innen: 2060 mm
- Nachteil: nur 2m-Markise möglich

Innenmaße: 411 × 206 cm
Mögliche Schlafplätze für drei Erwachsene

Vorteil
- Es ergeben sich mehr oder weniger zwei Räume, die durch Bad/Schrank voneinander getrennt sind. Einer kann im Bett schlafen, während der andere auf der Sitzgruppe sitzt und liest oder im Internet surft.

Nachteile
- Der sowieso schon begrenzte Raum wird noch mehr zerstückelt.
- Der Durchstieg ins Fahrerhaus erfolgt durch oder über die Sitzgruppe, was je nach Bauart des Tisches beengt oder unkomfortabel sein kann.
- Die Sitzgruppe kann nicht auf einem Podest gebaut werden, weil sie sonst wesentlich höher läge als die Unterkante des Durchstiegs, das heißt: Man verliert Stauraum.
- Die Eingangstür zerteilt die Außenfläche. Es kann maximal eine Zweimeter-Markise verbaut werden.

15 Grundriss-Planung

Variante 8: Eingang nicht im Bad sondern zwischen Sitzgruppe und Bad

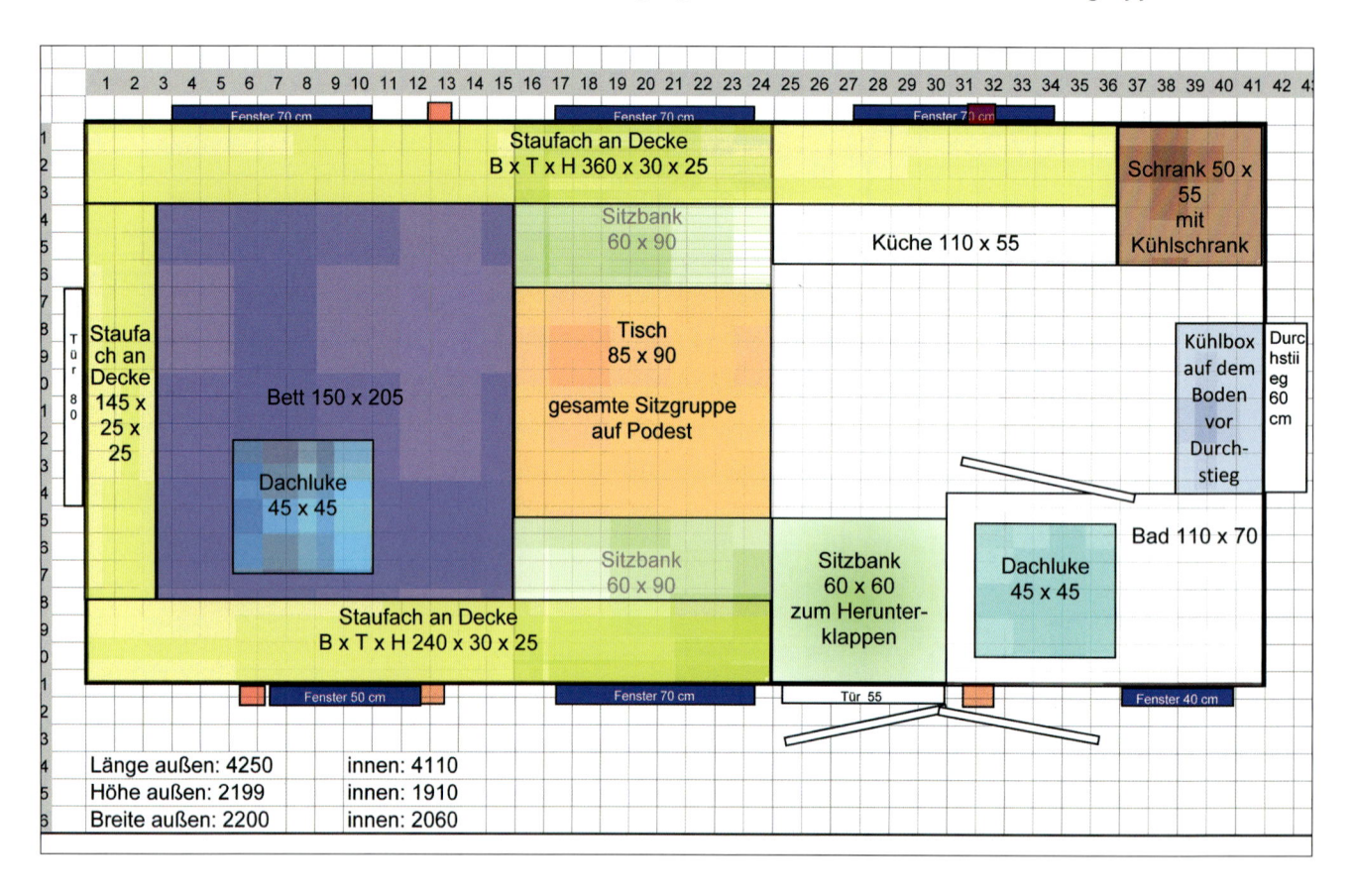

Fenster 70 cm	
Staufach an Decke B x T x H 360 x 30 x 25	Schrank 50 x 55 mit Kühlschrank
Sitzbank 60 x 90	Küche 110 x 55
Staufach an Decke 145 x 25 x 25	Tisch 85 x 90 gesamte Sitzgruppe auf Podest	Kühlbox auf dem Boden vor Durchstieg	Durchstieg 60 cm
Bett 150 x 205		
Dachluke 45 x 45		Bad 110 x 70
Sitzbank 60 x 90	Sitzbank 60 x 60 zum Herunterklappen	Dachluke 45 x 45
Staufach an Decke B x T x H 240 x 30 x 25	Tür 55	Fenster 40 cm

Länge außen: 4250 — innen: 4110
Höhe außen: 2199 — innen: 1910
Breite außen: 2200 — innen: 2060

Innenmaße: 411 × 206 cm
Mögliche Schlafplätze für drei Erwachsene

Vorteile gegenüber unserer umgesetzten Variante 9:
- Das Bad ist immer frei zugänglich.
- Beim Blick ins Auto fällt nicht der Blick auf die Toilette.
- Von der Sitzgruppe hat man einen freieren Blick durch die Tür ins Freie.

Nachteile:
- Der Kleiderschrank fällt der Tür zum Opfer
- Es kann maximal eine 2,4 m Markise verbaut werden

Bei all den Varianten fragt sich der aufmerksame Betrachter vielleicht, warum wir es nie in Betracht gezogen haben, das Bett vorne zu planen und den Eingang mit der Original-Sheltertür hinten zu belassen. Wir haben es in Betracht gezogen, aber ganz schnell wieder verworfen. Hätten wir das Bett vorne platziert, hätte uns der Durchstieg dazu gezwungen, die Oberkante des Bettes auf ca. 50 cm über dem Boden zu legen. Mit der Unterkonstruktion des Bettes mit Matratze und Lattenrost wäre der Stauraum unter dem Bett auf ein Minimum mit maximal 40 cm Höhe zusammengeschrumpft, während im Kopfbereich jede Menge überflüssiger Raum vorhanden gewesen wäre.

Der wichtigste Grund liegt aber an ganz anderer Stelle: Die Original-Sheltertür als Eingangstür zu belassen, setzt voraus, dass man für das Ersatzrad einen anderen Platz findet als das Heck des Fahrzeugs. Und das ist angesichts der Größe (Durchmesser 111 cm, Breite ca. 40 cm, Gewicht ca. 140 kg) gar nicht so einfach – schon gar nicht bei einem Radstand von 3,09 m. Es auf das Fahrerhaus-Dach zu verfrachten, funktioniert aufgrund des hohen Gewichtes nicht. Zum einen haben wir ein Kipp-Fahrerhaus, was vorausgesetzt hätte, dass man jedes Mal das Ersatzrad vom Dach nimmt, bevor man das Fahrerhaus kippen kann. Zum anderen ist die Lagerung des Fahrerhauses für solche Gewichte nicht ausgelegt. So haben wir uns last, but not least für nachfolgendes Grundriss entschlossen:

Unsere umgesetzte Variante 9: Bad im Eingang, Küche gegenüberliegend, Bett im Heck, Sitzbank davor, Surfequipment unter dem Bett.

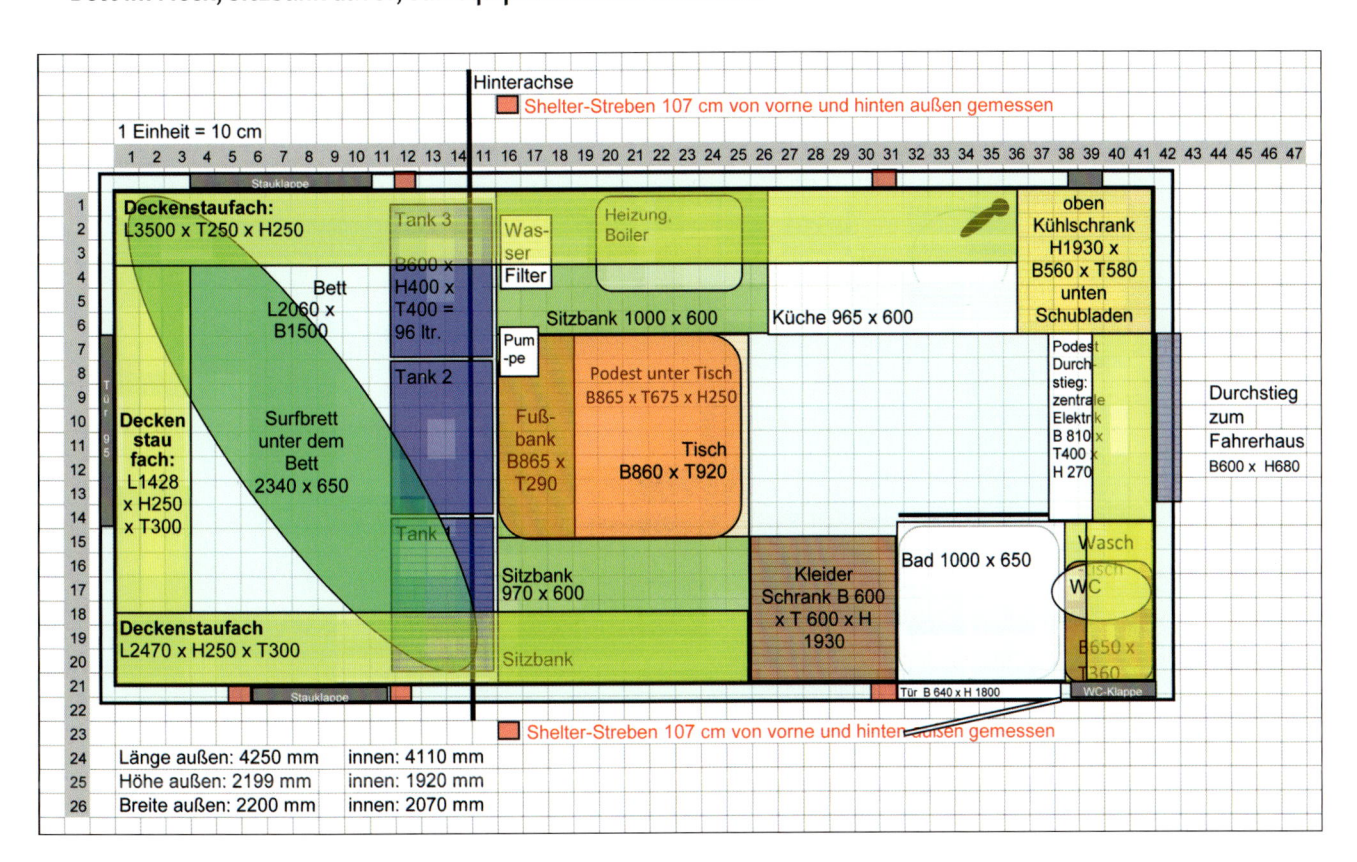

[Grundriss-Skizze mit folgenden Angaben:]

Hinterachse
Shelter-Streben 107 cm von vorne und hinten außen gemessen
1 Einheit = 10 cm

Deckenstaufach: L3500 x T250 x H250
Tank 3
Wasser Filter
Heizung, Boiler
oben Kühlschrank H1930 x B560 x T580
unten Schubladen
Bett L2060 x B1500
B600 x H400 x T400 = 96 ltr.
Sitzbank 1000 x 600
Küche 965 x 600
Pumpe
Tank 2
Podest unter Tisch B865 x T675 x H250
Podest Durchstieg: zentrale Elektrik B 810 x T400 x H 270
Durchstieg zum Fahrerhaus B600 x H680
Deckenstaufach: L1428 x H250 x T300
Surfbrett unter dem Bett 2340 x 650
Fußbank B865 x T290
Tisch B860 x T920
Tank
Sitzbank 970 x 600
Kleider Schrank B 600 x T 600 x H 1930
Bad 1000 x 650
Wasch WC
Deckenstaufach L2470 x H250 x T300
Sitzbank
Tür B 640 x H 1800
B650 x T360
WC-Klappe
Stauklappe
Shelter-Streben 107 cm von vorne und hinten außen gemessen

Länge außen: 4250 mm innen: 4110 mm
Höhe außen: 2199 mm innen: 1920 mm
Breite außen: 2200 mm innen: 2070 mm

Vorteile:
- Viel Stauraum unter dem Bett und unter der Sitzbank, weil die auf einem Podest thronen.
- Bad im Eingang mit Schiebetür innen: fungiert als Schmutzschleuse und Windfang.
- Da die Eingangstür relativ weit vorne sitzt, können wir eine

Innenmaße: 411 × 206 cm
Mögliche Schlafplätze: drei Erwachsene

15 Grundriss-Planung

3-Meter-Markise verbauen, die es auch braucht, wenn man wirklich Schatten haben möchte.

Nachteile:
- Der Blick durch die Tür ins Freie ist von der Sitzgruppe aus nicht möglich.
- Wenn das Bad belegt ist, muss man durch den Durchstieg ein- und aussteigen.
- Der Blick von Draußen auf die Toilette ist nicht besonders einladend. Das Problem kann allerdings ganz einfach durch den vor das WC gezogenen Duschvorhang behoben werden.

OPTIMIERUNGSPOTENZIAL Der Schrank neben dem Bad könnte um 20 cm kleiner ausfallen und das Bad dementsprechend größer. Man könnte im Bad an der Schrankwand eine Garderobe einrichten mit Kleiderhaken oben für Jacken und Schuhfächern unten. Wer mit 140 cm für das Bett auskommt, kann Küche oder Sitzbank oder Bad entsprechend vergrößern.

113

16 Planung der Seitenansichten und des Dachlayouts

Im Gegensatz zu individuell gefertigten Wohnmobilaufbauten, bei denen die Positionierung von Tür, Fenstern, Stauraumklappen, Dachluken usw. frei definiert werden kann, gibt es bei einem ZEPPELIN-Shelter ein paar Einschränkungen. Jeweils 107 cm von vorne und hinten (außen) gemessen, verläuft umlaufend ein etwa 4 cm breiter Spriegel, der nicht durchtrennt werden darf, damit die Stabilität der Kabine nicht beeinträchtigt wird. Somit muss die gesamte Planung um diese Fixmaße herum organisiert werden. Das sollte in der Planungsphase kein Problem sein, stellt sich dann aber an der einen oder anderen Stelle im Verlaufe des Ausbaus doch als Herausforderung dar, auf die ich an der jeweiligen Stelle später eingehen werde. Die Positionierung von Tür und Fenstern ergibt sich fast automatisch, wenn man sich aller Anforderungen bewusst ist. Für die Fenster habe ich Abdeckklappen vorgesehen, um die Fenster einerseits vor Ästen zu schützen und andererseits das Fahrzeug bei längerer Abwesenheit oder einer möglichen Verschiffung einbruchsicherer zu machen.

Da ich ursprünglich davon ausging, dass die Fensterklappen um 180 Grad nach oben geklappt werden, musste über den Fenstern mindestens der gleiche Raum nach oben vorhanden sein, wie das Fenster insgesamt hoch ist, da ansonsten die Abdeckklappen über den Dachrand überstünden. Das Maß für die Unterkante der Fenster (einschließlich Innenrahmen) ergibt sich aus der Oberkante der Rückenlehne der Sitzgruppe. Daraus resultiert bei uns eine maximal mögliche Fensterhöhe von 400 mm (die natürlich dadurch hätte vergrößert werden können, dass ich das Podest unter der Sitzgruppe niedriger dimensioniert hätte oder aber die Rücklehnen der Sitzpolster etwas weniger hoch geplant hätte). Die Fensterbreite legen wir mit 750 mm auf der linken Fahrzeugseite (zwei Fenster) und 900 mm auf der rechten Seite (ein Fenster) fest. Dafür muss natürlich vorher definiert werden, wie hoch die Sitzbank einschließlich der Sitzpolster werden soll.

Linke Fahrzeugseite

Die Planung der linken Fahrzeugaußenseite ist unproblematisch. Außer den Fenstern und deren Abdeckklappen sind hier noch zwei Kühlschrank-Entlüftungsklappen vorgesehen, die Klappe für den Stauraum unter dem Bett sowie die Sandbleche (alle im Bild grau unterlegten Flächen).

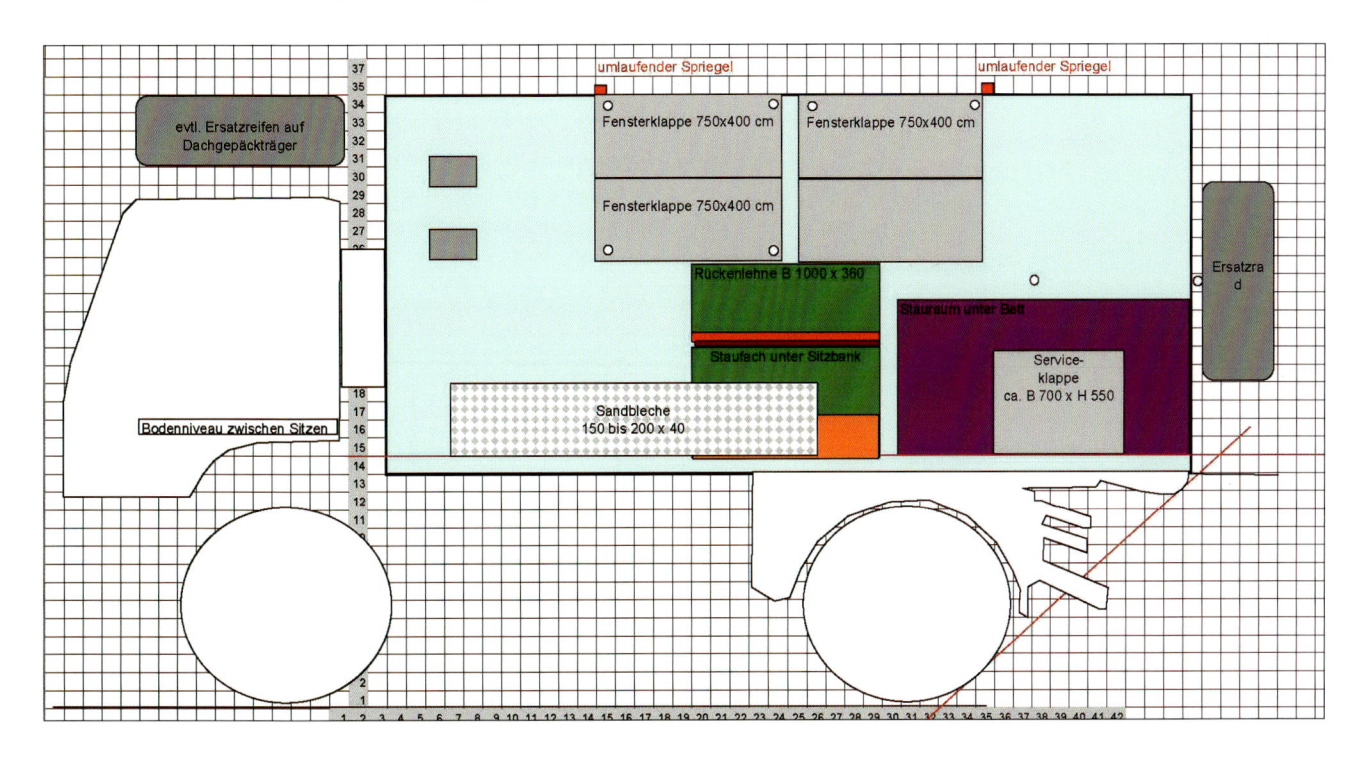

16 Planung der Seitenansichten und des Dachlayouts

Rechte Fahrzeugseite

Hier gilt es, vor dem vorderen Spriegel die Tür und die WC-Serviceklappe unterzubringen. Rein planerisch kein Problem, bei der Ausführung fehlen aber zwei Zentimeter, die mich ungefähr zwei Tage Arbeit kosten! (Siehe dazu Einbau der WC-Serviceklappe im Kapitel 22.6) Auch bei der hinteren Stauraumklappe gibt es Probleme, weil mir nicht bewusst ist, dass rechts der Aufstiegsleiter ein weiterer Spriegel verbaut ist. Den hätte ich durch Abklopfen der Außenhaut mit einem Gummihammer leicht ausfindig machen können. Aber hinterher ist man ja bekanntlich immer schlauer. Doch auch dazu später mehr beim Thema »Einbau der Stauraumklappen« im Kapitel 22.7. Da zwischen der Eingangstür und der Stauraumklappe nur noch zwei Meter Raum sind, muss ich auf der rechten Seite kürzere Sandbleche montieren als links.

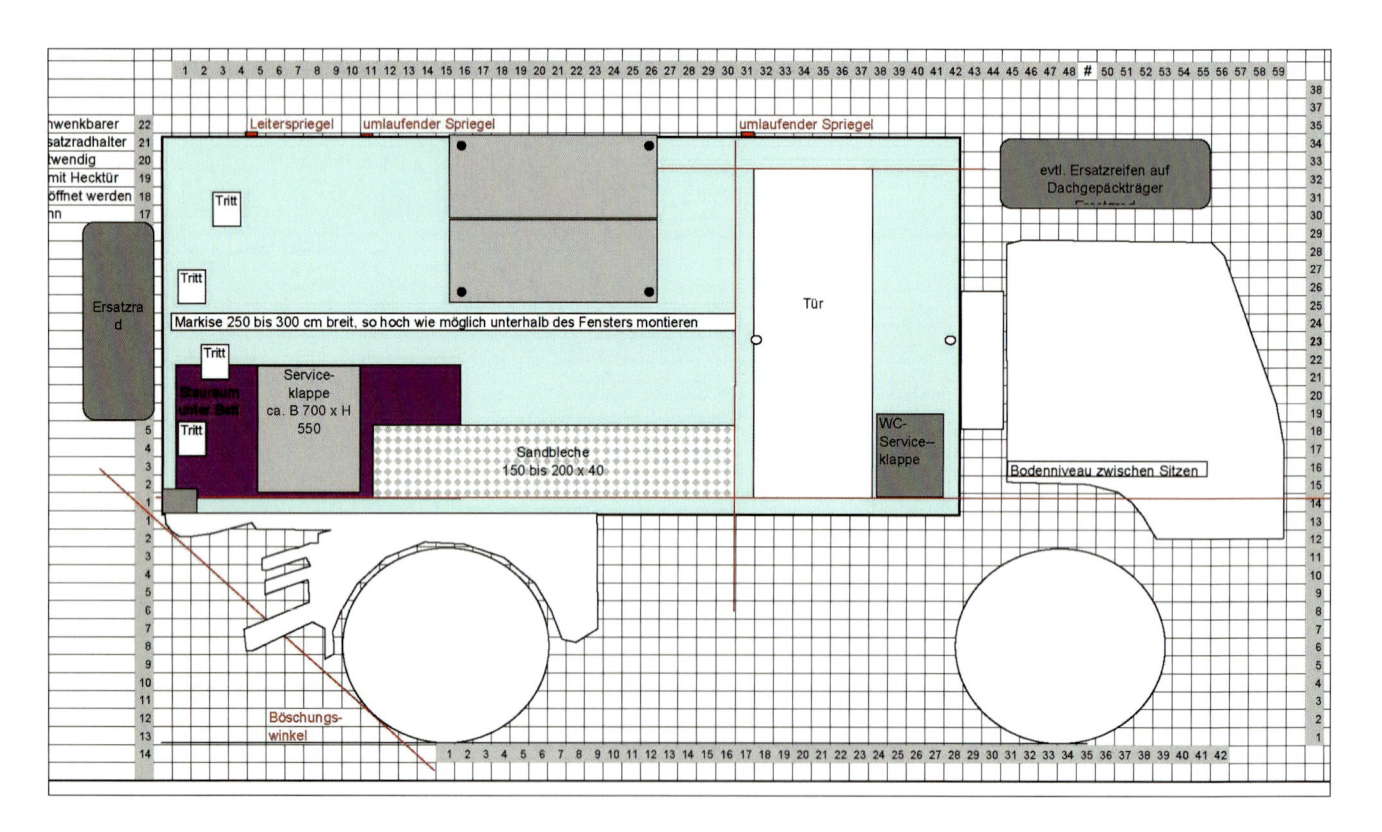

Zwischen Eingangstür und Ende des Shelters soll eine möglichst lange Markise ihren Platz finden. Damit sie auch wirklich Schatten spendet, wird sie ungewöhnlicherweise unterhalb des Fensters montiert, was aber immer noch einer Höhe von ca. 230 cm entspricht. Eine Montage über dem Fenster wäre aufgrund der geplanten Fensterklappen nicht möglich gewesen. Außerdem wäre bei einer Höhe von 290 cm der Schattenspender-Effekt bei tief stehender Sonne verloren gegangen.

Ursprünglich geplantes Dachlayout

Auf dem Dach sollen folgende Ein- und Aufbauten ihren Platz finden:
- Zwei Solarpanels
- Eine Dachluke Midi-Heki, teilweise über Bett und Tisch platziert
- Eine Dachluke Mini-Heki im Bad über der Duschwanne platziert
- Abdeckungen für beide Dachluken, um wie bei den Fenstern sowohl einen Kratzschutz als auch einen Einbruchschutz zu schaffen.
- Ursprünglich wollte ich die Abdeckungen für die Dachluken mittels eines abschließbaren Bolzens über den Dachluken verschrauben und sie im geöffneten Zustand neben den Dachluken mit ebensolchen Bolzen verschrauben (siehe nächste Abbildung: ursprüngliche Dachplanung).

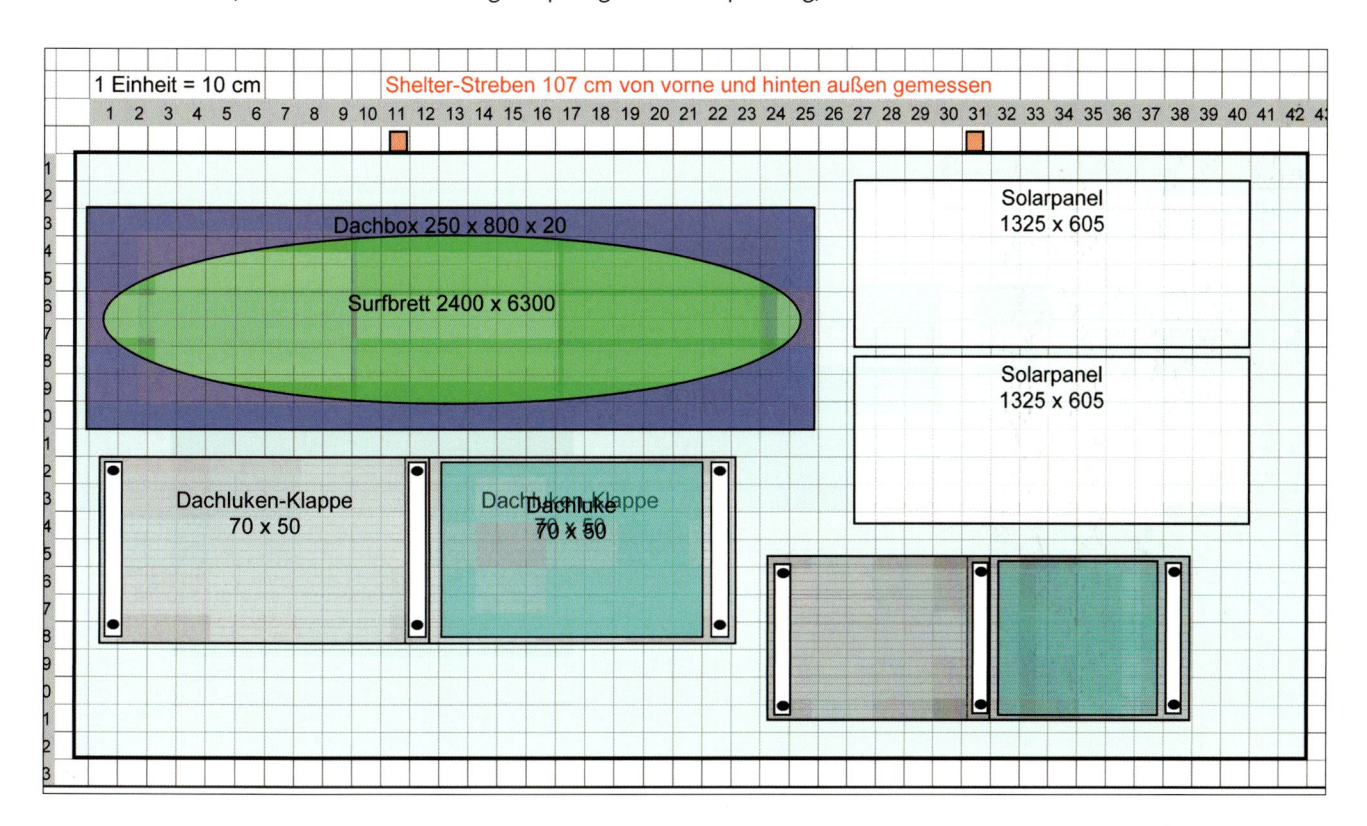

Wie man hier sehen kann, wäre damit das Dach völlig verplant gewesen. Es hätte noch nicht einmal Platz gegeben, um den Kran zu betätigen, ganz abgesehen von meinem Wunsch, auf dem Dach auch mal einen oder mehrere Reifen transportieren zu können.

Ursprünglich wollte ich auch auf dem Dach mein Surfequipment in einer 2,60 Meter langen und 70 cm breiten Alubox transportieren. Die konnte glücklicherweise entfallen, weil ich mit dem Zwischenboden unter dem Bett den erforderlichen Raum im Fahrzeug geschaffen habe.

Ursprüngliches Dachlayout

16 Planung der Seitenansichten und des Dachlayouts

Neues Dachlayout

Mit der Standortverlegung meines Surfequipments vom Dach unters Bett wird Platz auf dem Dach frei, wodurch ich dieses neu beplanen kann. Denn es ist mir wichtig, dass das Heck des Daches frei bleibt, um den Kran für das Ersatzrad oder Motorrad betätigen und um erforderlichenfalls auch mal größere Dinge auf dem Dach transportieren zu können. Für die Befestigung der Dachluken-Abdeckklappen finde ich noch eine bessere als die vorne beschriebene Lösung: die Alu-Schienen aus dem Shelter-Innenraum, in denen die Luken verschiebbar sind. Ich denke auch über Seilzug-Lösungen nach, die Abdeckungen von innen über die Dachluken zu ziehen und zu verschließen, lasse das Ganze aber, weil der Aufwand hierfür in keinem Verhältnis zum Nutzen stünde. Im Bedarfsfall muss ich aufs Dach, die Deckel manuell verschieben und mittels Senkkopf-Inbusschrauben fixieren. An den Licht-Schlitzen der Abdeckungen kann ich ein Stahlseil durchführen und mit einem Vorhängeschloss an einer Bohrung in den Aluschienen abschließen.

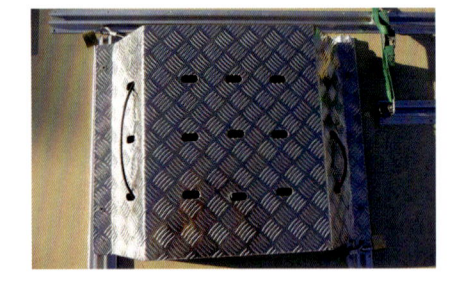

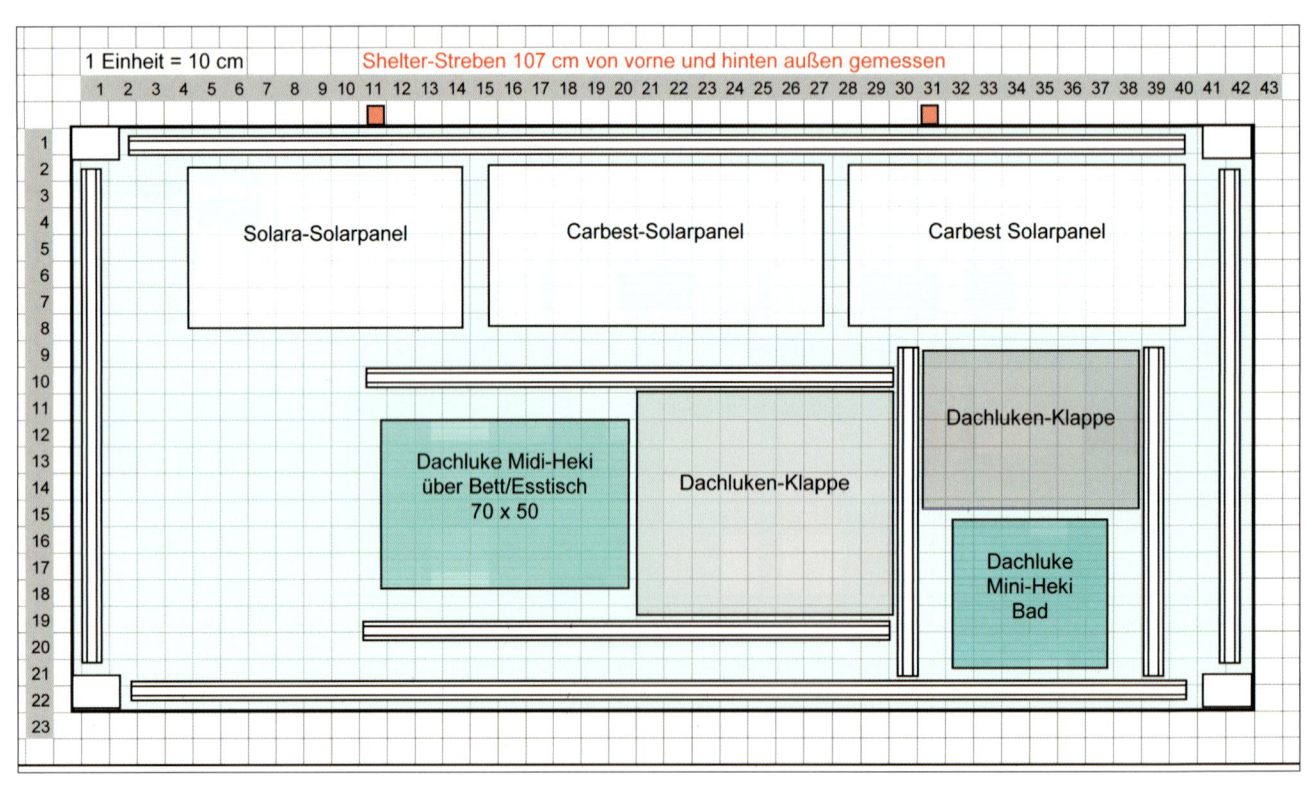

Aktuelles Dachlayout

Natürlich ist auch das kein wasserdichter Einbruchsschutz. Ein mit Inbusschlüssel und Bolzenschneider oder Brecheisen bewaffneter Einbrecher hebelt einfach die Aluschienen vom Dach oder schneidet das Stahlseil durch. Aber für den Gelegenheits-Einbrecher, der nicht mit vollem Equipment unterwegs ist, ist das schon eine ordentliche Hürde. Vor allem geht es mir aber darum, die bis zu 14 cm überstehenden Dachluken bei einer Fahrt durch dichten Wald mit tief hängenden Ästen (< 3,50 m) zu schützen. Hierfür bieten die geschlossenen Klappen einen wirksamen Schutz.

Allerdings ist Edith auf unserer ersten Tour durch Marokko auf den Windsurfgeschmack gekommen, obwohl ich ihr (vor allem aus Platzgründen) dringend zum Kitesurfen geraten habe. Auf dem Rückweg durch Südfrankreich kaufen wir ein Einsteigerboard für sie, für das der Platz nun wirklich nicht vorgesehen war. So wird einmal mehr deutlich, dass auch die ausgeklügeltste Planung nicht alle Eventualitäten des Lebens berücksichtigen kann.

Mit den Aluschienen beklebe ich das gesamte Dach umlaufend und schaffe damit vielfältige Möglichkeiten, Dinge wie Verzurrösen oder Astabweiser zu montieren. Mittlerweile ist auch ein drittes Solarpanel verbaut, das begehbar ist und mit somit nach wie vor die Heckfläche zur Bedienung meines Krans zur Verfügung steht.

So sieht das fertige Dach mit dem dritten Solarpanel aus.

17 Vorstellung des fertigen Fahrzeugs

Bevor wir jetzt ins »Eingemachte« gehen, möchten wir Euch aber an dieser frühen Stelle das Ergebnis unserer achtmonatigen Ausbauarbeit präsentieren – sozusagen als Appetitmacher und als die Vorstellung des großen Ganzen, dessen Entstehungsgeschichte alsdann so detailliert wie möglich erläutert wird.

Endlich fertig!

Das Ergebnis nach acht Monaten Fulltime-Bauzeit

17 Vorstellung des fertigen Fahrzeugs

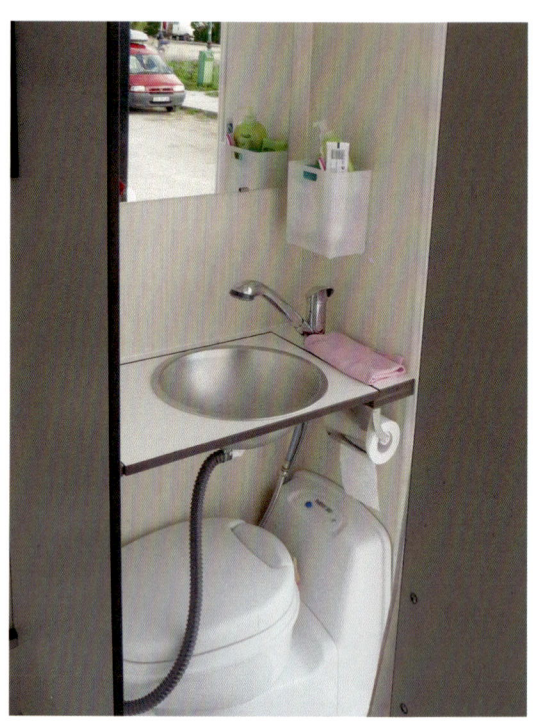

Schwenkbarer Heckträger mit Ersatzradhalterung, Motorrad- oder Fahrrad-Plattform und Seilwinde

Ich heiße »Sternchen« und bin gerade beim Sandspielen.

Da hilft nur noch, Luft abzulassen.

18 Erläuterung des Raumkonzepts

Unser Plan neun spiegelt am ehesten die Annahme über die Zeiten wider, die wir voraussichtlich an den verschiedenen Positionen im Fahrzeug verbringen werden, und er verbindet am besten all die Wünsche, Anforderungen und Vorstellungen in Bezug auf unseren Wunschausbau.

ANMERKUNG Die Kriterien, die zur Verwendung der verschiedenen Einbauteile geführt haben, sowie mögliche Alternativen werden nicht im Rahmen des Raumkonzeptes erläutert, sondern kommen an der jeweiligen Stelle des Einbaus zur Sprache. Ebenso werden dort Bezugsquellen und Preise (Stand 2008) genannt.

Bett

150 cm breit, denn dort halten wir uns hoffentlich am längsten auf, und mit einem guten Schlaf ist der nächste Tag schon so gut wie gerettet. Außerdem gehen wir davon aus, dass wir auch sehr heiße Länder bereisen werden, in denen es nachts kaum abkühlt. Dann ist es doppelt unangenehm, wenn der Schlafraum beengt ist und man »aneinanderklebt«. Des Weiteren ergibt sich aus den Maßen des Bettes die Größe des Stauraumes.

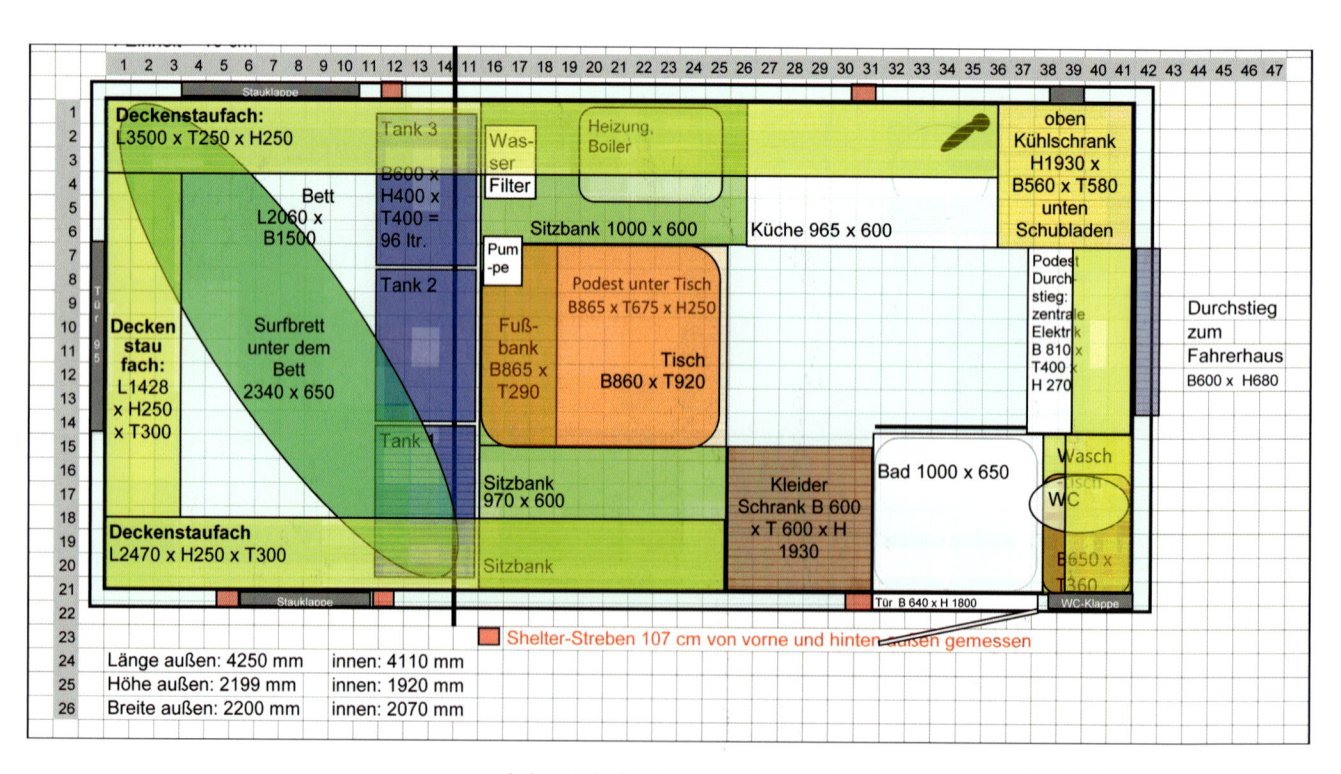

Nachdem ich die Motorradlösung im Shelter verworfen habe, setze ich mir in den Kopf, mein Wind- und Kitesurfequipment im Innenraum unter dem Bett zu transportieren, denn auf dem Dach ist dank Dachluken und Solarpanels schon gar kein Platz mehr dafür. So wird das Maß unseres Bettes durch die Länge des Surfboards bestimmt, das in der Diagonalen seinen Platz darunter finden soll. Dazu kaufe ich mir mir eigens ein neues Surfboard, das nur 236 cm lang ist und gerade so mit Boardbag unter das Bett passt. Dort ruhen jetzt direkt unter uns 1 Windsurfbrett, 5 Segel, 2 Gabelbäume sowie Surfanzüge, Trapeze und Kleinkram, und die eine oder andere Flasche Wein rutscht auch noch dazwischen.

Sitzgruppe

Die Sitzgruppe ist, grob gemessen, einen Meter breit (auf der Küchenseite etwas breiter, weil sich die Gesamtlänge der Küche aus den drei Schubladenreihen ergibt (zwei 60er-Laden und eine 40er-Lade plus jeweils 16 mm für den Holz-Steher). Die Sitzgruppe füllt ganz am Ende des Möbelbaus den verbleibenden Raum zwischen Bett und Küche bzw. Kleiderschrank aus.

1) Der ursprüngliche Tisch war drehbar, wackelte aber immer mehr, bis ich ihn ausgetauscht habe.
2) Der neue Tisch liegt hinten auf dem Bett-Steher auf und ist verschiebbar damit man bequem auf die Sitzbank gelangt und zu den darunter liegenden Stauräumen.. Der einzelne Tischfuß vorne ist höhenverstellbar.

18 Erläuterung des Raumkonzepts

Da man beim Sitzen die Raumhöhe nicht ausnutzt, baue ich die Sitzgruppe auf ein 23 cm hohes Podest (danke Axel für den Tipp). Sie wird mit einer 80er-Lade »unterkellert«. Unter den Sitzbänken und der Fußablage sind die Stauräume jeweils mit Zwischenböden unterteilt, sodass man mehr unterbringt. In der untersten »Etage« verlaufen auch die Kabelkanäle, die Heizungsrohre und die Wasserleitungen.

Sitzgruppe auf Podest. An der Hinterseite des Tisches ist eine 30 cm tiefe Fußbank verbaut, die es erlaubt, von jeder Seite der Sitzgruppe die Füße hochzulegen.

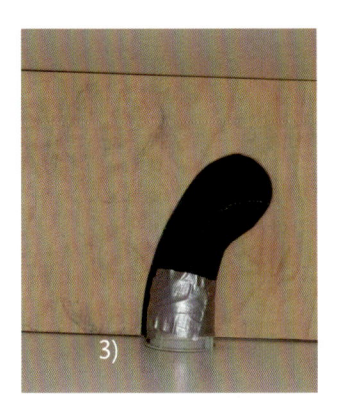

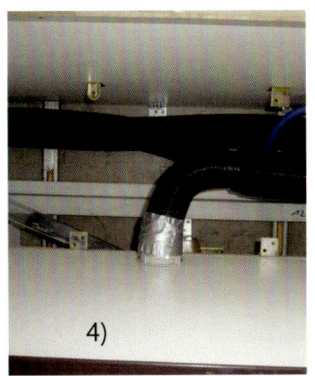

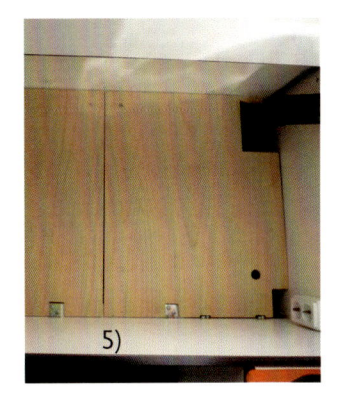

1) Sitzbank-Stauraum Fahrerseite
2) Unter dem Zwischenboden auf der Fahrerseite befindet sich die Heizung. Daneben ist die neue Wasserfilteranlage verbaut.
3) Stauraum unter der Fußablage mit Zwischenboden und Heizungsrohr zum Fußraum unter dem Tisch
4) Unter dem Zwischenboden der Fußablage verlaufen die Kabelkanäle von links nach rechts. Hier befindet sich auch die Wasserpumpe.
5) Stauraum auf der Beifahrerseite mit Zwischenboden
6) Stauraum Beifahrerseite ohne Zwischenboden

18 Erläuterung des Raumkonzepts

12 Ikea-Schubladen mit selbst gebauten Fronten

Mit ca. 98 cm ist die Küchenarbeitsplatte gerade noch ausreichend dimensioniert. Wichtig sind uns ein großes Spülbecken und Schubladen statt Klapptüren.

Was die Kochmöglichkeit anbelangt, haben wir uns zu diesem Zeitpunkt bereits für einen Origo-Spirituskocher entschieden, der während der Fahrt in der obersten Schublade unter der Arbeitsplatte seine Ruhestätte findet. In der Schublade könnte man theoretisch sogar kochen, was wir aber nie getan haben, sondern wir haben den Kocher immer herausgenommen und auf die Arbeitsplatte gestellt.

Der Spirituskocher macht uns flexibel, denn man kann ihn bei schönem Wetter mit nach draußen nehmen und draußen kochen – was in der Theorie gut klingt, in der Praxis aber nur dann wirklich funktioniert, wenn der Kocher windgeschützt steht. Als Außenkochstelle haben wir eine einzelne 3-kg-Gasflasche

1) Origo Spiritus-Kocher mit 2 × 1500 Watt Brennleistung – mittlerweile ersetzt durch einen 2-Flammen-Gaskocher
2) Origo-Kocher im Einsatz, hier sogar beim Brotbacken im Topf.
3) Als Außenkochstelle diente eine Gasflasche mit Brenneraufsatz – mittlerweile ersetzt durch eine schmucke Außenkochstelle mit 2-Flammen-Gasherd.

mit Brenneraufsatz im Staukasten, auf dem man bequem Fisch oder Fleisch brutzeln kann, was im Fahrzeug zu viel Gestank und Fettspritzer verursachen würde.

ANMERKUNG Der Origo-Kocher musste mittlerweile einer Gaskochstelle weichen, weil seine Brennleistung nicht wirklich berauschend war. Im Zuge der Gasinstallation habe ich dann auch gleich eine Außenkochstelle mit 2-Flammen-Gaskocher und einen Gastank an der Vorderfront des Shelters über dem Durchstieg eingebaut. Der vermeintlich so üppig vorhandene Platz unter dem Koffer hat dann doch nicht für die Installation des knapp einen Meter langen Gastanks ausgereicht.

18 Erläuterung des Raumkonzepts

Mit Gas macht das Kochen noch mehr Spaß.

1) Mit dem 2-×-4,5-kW-Kocher Cago JV02 lässt es sich auch draußen gut brutzeln.
2) 50-l- oder 20-kg-Gastank über dem Durchstieg

Bad
Das Bad hat mit 110 cm Breite und 65 cm Tiefe nicht gerade Hammam-Ausdehnungen, wurde aber von einem Marokkaner doch als solches erkannt. Es ist mit diesen Maßen gerade noch ausreichend dimensioniert, sodass man – wenn auch mit einigen Einschränkungen – halbwegs genüsslich duschen kann. Es ist im Eingangsbereich positioniert, und somit ist der Platz für den Einstieg clever genutzt.

Duschwanne
Die Duschwanne ist eine Spezialanfertigung aus Edelstahl und dient auch als Schmutzwanne. Schuhe werden generell entweder vor der Treppe im Freien stehen gelassen oder bei schlechtem Wetter in der Duschwanne. Somit bekommt das Bad auch die Funktion einer Schmutzschleuse. Wenn ich es noch einmal planen würde, dann würde ich den Kleiderschrank neben dem Bad 20 cm schmaler machen (40er- statt 60er-Schubladen) und dafür das Bad um den gleichen Anteil vergrößern!

Erste Befürchtungen, der eiskalte Stahl könnte beim Duschen unangenehm sein, haben sich schnell verflüchtigt. Das Gegenteil ist der Fall. Die Wanne kurz mit warmem Wasser ausgespült, nimmt der Stahl sofort die Wassertemperatur an, und der glatte Boden fühlt sich barfuß sehr angenehm an.

Edelstahl Duschwanne

Die Tür zum Bad ist als Schiebetür konstruiert, weil einem eine Schwingtür eigentlich immer im Weg ist, egal, wohin sie gerade schwingt. Die Schiebetür wird oben und unten mit je zwei über Konterschrauben einstellbare Rollenblöcke in Aluschienen geführt. Im geschlossenen Zustand ergibt sich im Bad eine Art Windfang, der verhindert, dass bei kalten Außentemperaturen die Wärme aus dem Fahrzeug entweicht, wenn die Eingangstür geöffnet wird. Im geöffneten Zustand schiebt sich die Badtür vor den Kleiderschrank, der in der Regel seltener gebraucht wird.

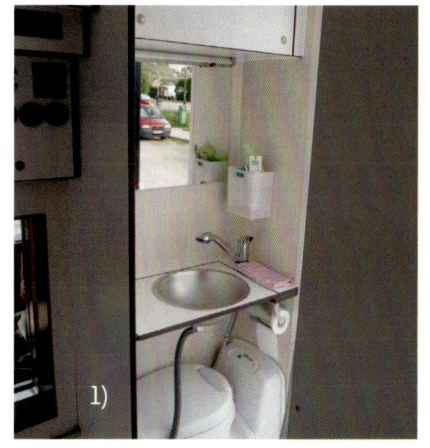

1) In Bad und WC ist alles o. k. Die Toilette ist drehbar, und das Waschbecken ist nach links klappbar, was die Benutzung des WCs erheblich vereinfacht.
2) Waschtisch hochgeklappt. Beim WC handelt es sich um eine Thetford C200CS Cassettentoilette mit 18-l- Kassette, drehbarer Schüssel und elektrischer Spülung.

18 Erläuterung des Raumkonzepts

Kleiderschrank
Zwischen Bad und Sitzgruppe ist ein 60 cm breiter Hochschrank verbaut – im oberen Bereich mit Hängeteil für Jacken, im unteren Bereich mit vier Schubladen. Der Schrank ist 60 cm breit und könnte durchaus auf 40 cm reduziert werden, was einem größeren Bad zugute käme.

Durchstieg ins Fahrerhaus
Im geöffneten Zustand verschwindet die Schiebetür für den Durchstieg zwischen dem rechten Küchen-Möbelsteher und der vorderen Shelter-Außenwand. Als Durchstiegshilfe ist unten ein Podest montiert, in dem sich die zentrale Elektroinstallation befindet.

1) Zwischen Bad und Küche befindet sich der Durchstieg ins Fahrerhaus.
2) Der Durchstieg kann mit einer Schiebetür verschlossen werden.
3) Die Schiebetür läuft auf Rollen in Aluschienen.
4) Podest unter dem Durchstieg mit Elektroinstallation

Elektroinstallation im Podest kurz vor der Fertigstellung in der optimierten Version (Stand 2012)

Stauraum unter dem Bett

Der Stauraum unter dem Bett ist mit einem Zwischenboden abgeteilt, weil die lichte Höhe von ca. 90 cm kaum ohne ein spezielles Regalsystem ausgenutzt werden kann. Mit den Maßen B 206 × T 110 × H 60 cm bietet der große Stauraum unter dem Bett ein Volumen von 1 260 Litern oder, anders ausgedrückt, von 1,26 Kubikmetern.

Hinter der mit Metallbändern gehaltenen Holzwand befinden sich die drei Frischwassertanks.

18 Erläuterung des Raumkonzepts

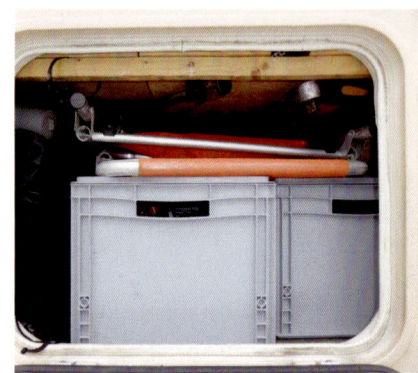

1) Raum für Werkzeug, Ersatzteile und Kiteboards an der Decke des Zwischenbodens
2) Ein weiterer Stauraum mit den Maßen B 206 × T 150 × H 28 cm befindet sich zwischen dem Zwischenboden und den Lattenrosten des Betts. Er hat ein Volumen von 840 Litern oder 0,84 m³. Darin findet mein komplettes Surfequipment seinen Platz.

Koffer
- ZEPPELIN-II-Shelter von der deutschen Bundeswehr, Gewicht Koffer leer: ca. 960 kg
- Gewicht reisefertig mit Wasser und Sprit vollgetankt (je 300 l): ca. 8 t
- Koffer-Aufbau: Sandwichkonstruktion aus 2 mm Aluminium innen und außen und 5,6 cm PU-Schaum. Unter den Aluminium-Befestigungsschienen ist das Alumaterial aufgedoppelt.
- Große Hecktür 95 × 190 cm

Kofferausbau
- 12-V-Elektrik
- Vier Optima Yellow-Top Spiralzellen-AGM-Batterien mit je 75 Ah = 300 Ah (mittlerweile ersetzt durch zwei Mastervolt MLI Ultra 2500 Lithium-Ionen-Batterien mit je 180 Ah Kapazität.)
- 110-l-Waeco-Kompressor-Kühlschrank
- 230-V-Versorgung: Votronic-Wechselrichter 1500 Watt
- Zwei Solarpanels von Carbest mit je 100 Wp

- Heizung: Diesel-Luftheizung Webasto Dualtop RHA 100 mit integriertem 11-l- Warmwasserboiler; wahlweise 40-Grad oder 70-Grad-Heißwasser
- Wasserversorgung durch Shurflo-Druckwasserpumpe »Trailerking«
- Drei Frischwassertanks zu je 100 l im Stauraum unter dem Bett, separat über drei Einfüllstutzen befüllbar und separat über drei Kugelhähne ansteuerbar.
- 64-l-Abwassertank für die Küche
- 45-l-Abwassertank für das Bad
- Flüsterregler zur Reduktion des Geräuschpegels der Wasserpumpe mit Ausgleichsbehälter-Funktion–schont auch die Pumpe
- Thetford C 200cs Cassettentoilette
- Edelstahl-Duschwanne im Eingang
- Dusche/Bad/WC kann mittels Schiebetür zum Wohnraum hin verschlossen werden. Dadurch entsteht auch eine Art »Windfang«.
- Außendusche mit Wassersack von der schweizer Armee oder mit Brausekopf angeschlossen an das Kaltwassersystem
- Heizung: Diesel-Luftheizung Webasto Dualtop RHA 100 mit integriertem 11 l Warmwasserboiler; wahlweise 40 Grad oder 70 Grad Heißwasser
- Gasanlage mit 50 l/20 kg Gastank, Zweiflammen-Gasherd in der Küche und zweiflammiger Außenkochstelle
- Drei Seitz-Aufstellfenster mit Verdunkelungsrollos und Fliegenschutz 1 × 900 × 400 mm, 2 × 750 × 400 mm
- Eine Mini-Heki-Dachluke im Bad (ohne Zwangsbelüftung) 40 × 40 cm
- Eine Midi-Heki-Dachluke im Wohnraum 70 × 50 cm
- Bett: 150 × 200 cm
- Kaltschaummatratzen auf Lattenrost, geteilt in 70 × 200 cm und 80 × 200 cm
- Stauraum unter dem Bett ist mittels eines Zwischenbodens abgeteilt.
- Fünf Original-Verzurrschienen im Boden des Stauraums
- Zwei Stauraumklappen sowie 90 cm breite Hecktür zur Be- und Entladung des Stauraums 26 × 20,5 cm
- Zwei Kühlschrank-Belüftungsklappen (ursprünglich Fahrerhaus-Belüftungsklappen): Die können mittels eines Bowdenzugs von innen verschlossen werden (bei nächtlichem Starkregen).
- Durchstieg zum Fahrerhaus mit Faltenbalg aus Lkw-Plane.
- Aufgrund des Kippfahrerfahrerhauses ist das Faltenbalg-Rahmenpaket auf der Fahrerhausseite mit 4 Stehbolzen verschraubt, sodass diese im Bedarfsfall schnell gelöst werden können.
- Schwenkbarer Heckträger mit Ersatzradhalter und klappbarer Motorrad-/Fahrradträgerplattform für optimierten Böschungswinkel (45 Grad)
- Kran mit manueller Seilwinde
- Drahtlose Funk-Rückfahrkamera, mittlerweile ersetzt durch kabelgesteuerte Rückfahrkamera
- Navigation: Garmin GPSmap 278

19 Farbgestaltung

Die Lackierung des Fahrzeugs ist natürlich in erster Linie Geschmackssache und damit kein Punkt, an dem ich mich im Rahmen dieses Buches lange aufhalten möchte. Allerdings kann man in diesem Zusammenhang auch ein paar praktische Überlegungen anstellen, die dann durchaus doch einen Einfluss auf die Farbentscheidung haben könnten. In unserem Fall ist es klar, dass die NATO-Tarnfarbe durch etwas Unmartialischeres ersetzt werden muss. Zum einen, weil es Länder gibt, in die man mit militärähnlichen Fahrzeugen gar nicht einreisen darf, zum anderen, weil es Länder gibt, in denen das Militär nicht nur Freunde hat und wir nicht riskieren wollen, dass man uns versehentlich die Karre unter dem Hintern wegschießt.

Bei der Farbgebung steht für uns im Vordergrund, dass wir mit dem Fahrzeug so wenig wie möglich auffallen möchten – was ja eigentlich wieder für die NATO-Tarnfarbe gesprochen hätte.

Dazu ähnlich geeignet, aber ohne die oben genannten Risiken, sehen wir den RAL-Ton 1001 (beige). Das Auto fügt sich mit dieser Farbe sehr gut in die Natur ein – wie man auf dem Bild rechts hier gut erkennen kann, insbesondere dann, wenn man die Farbe nicht glänzend, sondern matt wählt, andererseits auch nur dann, wenn die Natur eher sandig ist. Außerdem ist die Farbe denkbar unempfindlich, weil normaler Straßenstaub in etwa den gleichen Farbton hat. Da spart man sich den einen oder anderen Waschgang.

Einen Sicherheitsaspekt hat die Farbe obendrein. Denn wer uns nicht sieht, kommt gar nicht auf dumme Gedanken. Das gilt nicht nur für Halunken, sondern auch für die Gegenpartei, die einen beim Wildcampen gerne mal davonscheucht. Wem eine einfarbige Lackierung zu langweilig ist und eine farbige zu schrill oder zu teuer, für den bietet sich noch die Möglichkeit der Beklebung. Mein Freund Charly hat ein Werbestudio und beklebt dort auch Fahrzeuge, sowohl einfarbig als auch vierfarbig – wobei er ehrlicherweise von einer vierfarbigen Beklebung abrät, weil die nach einigen Jahren ausbleicht.

Charly hat mir mal ein paar Vorschläge ausgearbeitet, wie ich unser Sternchen aufhübschen könnte. Natürlich ist jedes andere Motiv ebenfalls denkbar. Charly verschickt die Aufkleber gerne auch mit der Post und fügt eine Anleitung bei, wie man das Dekor faltenfrei auf sein Fahrzeug bekommt. Er verwendet ausschließlich Hochleistungsfolie, die mindestens sieben Jahre UV- und witterungsbeständig ist, oft aber auch 10 Jahre und länger hält. Die hier genannten Preise sind Fixpreise für den Aufkleber und circa-Preise für die Beklebung, da die abhängig ist von der Anzahl der Fenster, die ausgespart werden müssen. Bei Selbstbeklebung entfällt der letztgenannte Preis.

1) So gescheckt kann das Sternchen leider nicht bleiben.
2) Auch unser Schneckenhaus soll eine andere Farbe bekommen.

1) Motiv Frosch: Aufkleber € 59,–
Beklebung: ca. € 20,– (abhängig vom Fahrzeug)
2) Motiv »Tuareg«: Aufkleber € 49,–
Beklebung: ca. € 20,– (abhängig vom Fahrzeug)
3) Motiv »Reifenspur«: Aufkleber € 69,–
Beklebung: ca. € 35,– (abhängig vom Fahrzeug)
4) Motiv: »Weltkarte«: Aufkleber € 249,–
Beklebung: ca. € 120,– (abhängig vom Fahrzeug)
5) Motiv »Tribal«: Aufkleber € 149,–
Beklebung: ca. € 20,– (abhängig vom Fahrzeug)

BEZUGSQUELLE

Fahrzeugbeklebung
WERBESTUDIO KÖFERL
www.werbestudio-koeferl.de

20 Befestigungstechnik

Beim Ausbau oder der Optimierung eines Reisemobils müssen wir Möbel, Fenster, Türen, Luken und Klappen, Komponenten, Zubehör sowie An- und Aufbauten befestigen. Dazu gibt es eine Reihe von Möglichkeiten die – wie sollte es anders sein – alle ihre Berechtigung und auch ihre Vor- und Nachteile haben. Deshalb möchte ich in diesem Kapitel die verschiedenen Verfahren zur Befestigung von Bauteilen aufzeigen, dabei auch die von mir eingesetzten Systeme oder Verfahren vorstellen und meine Erfahrungen damit erläutern.

Dass es bei Diskussionen über die beste oder geeignetste Befestigungstechnik mit Womo-Bastlern zu regelrechten Philosophie-Diskussionen kommen kann zeigt, dass der Weg zur optimalen Befestigung nicht immer eindeutig definiert werden kann. Jedoch zeigt es sich auch, dass unterschiedliche Meinungen häufig auch von unterschiedlichen Grundvoraussetzungen ausgehen, beispielsweise was die zu verbindenden Materialien anbelangt oder deren Beanspruchung durch mechanische, dynamische, thermische oder chemische Belastungen. Nicht jede Befestigungstechnik funktioniert mit jedem Material gleich gut. Gerade deshalb gibt es ja die unterschiedlichen Wege und es ist von Fall zu Fall abzuwägen, für welches Befestigungssystem man sich entscheidet.

Die hier im Zusammenhang mit dem Wohnmobil-Ausbau und der -Optimierung zur Sprache kommenden Befestigungstechniken sind: schrauben, nieten, schweißen und kleben. Auf diese Befestigungsarten möchte ich in diesem Kapitel eingehen, wohlwissend, dass man zu jedem dieser Verfahren ein eigenes Buch schreiben könnte, um es umfassend und richtig zu erläutern. So können meine Ausführungen hier nur einen groben Überblick über die Befestigungsmöglichkeiten darstellen und jeder Bastler sollte sich dann gegebenenfalls mit den von ihm bevorzugten Befestigungssystemen eingehender beschäftigen.

20.1 Verschraubung

Schrauben steht vielleicht deshalb hier an erster Stelle, weil es die mir persönlich sympathischste Form der Befestigung darstellt. Eine Verschraubung kann nämlich in der Regel wieder gelöst und das damit verbaute Bauteil wieder ausgebaut werden. Somit hat eine Verschraubung nicht ganz den Unendlichkeitscharakter, den eine Verklebung oder Verschweißung mit sich bringen. Allerdings hat die Verschraubung eine große Schwäche: das Loch. Überall da, wo man in ein Bauteil eigentlich gar keines hineinbohren möchte, weil es das Bauteil zerstört, verschandelt oder undicht macht, fällt die Verschraubung aus eben diesen Gründen flach. Auch wenn ich ein großer Freund des Schraubens bin, meide ich sie überall da wie der Teufel das Weihwasser, wo sie zu Undichtigkeiten oder zum Eindringen von eben diesem (wenngleich es sich selten um Weihwasser handelt) führen kann. Also in der Außenhaut meines Fahrzeugs und ganz besonders auf dem Dach. Dort wird mir das Kleben dann plötzlich furchtbar sympathisch, auch wenn ich weiß, dass das was da klebt wahrscheinlich nie mehr entfernt werden kann. Zumindest nicht so, dass man nichts mehr von der Verklebung sieht.

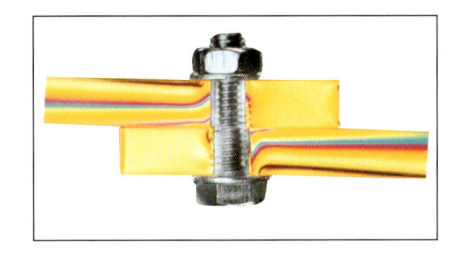

Eine weitere Schwäche von Verschraubungen liegt in der Tatsache begründet, dass es sich um eine punktuelle Belastung handelt, rund um die Verschraubung herum. Das setzt voraus, dass das zu verschraubende Material stark genug ist, der Belastung langfristig standzuhalten. Mit mehr oder weniger großen Beilagscheiben kann man die Fläche der Kraftübertragung bis zu einem gewissen, zugegebenermaßen geringen Grad ausdehnen. Schraubverbindungen können sich durch Vibrationen oder Bewegungen im Material lösen, was man durch das Unterlegen von Fächerscheiben oder Sprengringen bzw. durch die Verwendung von Sicherungsmuttern oder gekonterten Muttern eindämmen oder verhindern kann.

Krafteinwirkung bei Verschraubungen

Verschraubungen haben auch dort ein Manko, wo nicht genug Material vorhanden ist, dass eine Schraube hält oder kein Platz für eine Mutter vorhanden ist – wie beispielsweise in der Wand unseres Shelters. Mit ca. 2 mm Wandstärke würden Blechschrauben sicher eine Zeitlang halten, wie lange aber ist angesichts des relativ weichen Aluminiums fraglich. Für solche Fälle haben findige Leute die Blindniet- oder Einziehmutter erfunden, mit der man eine Niete in das Blech setzen kann, die ein Innengewinde aufweist. Man nietet quasi eine Mutter auf der Rückseite des Bleches ein, so dass man das Bauteil mit Maschinenschrauben befestigen kann.

Damit habe ich meine gesamten Möbel im Shelter befestigt und bin froh darum, dass ich sie im Falle eines Falles auch wieder ausbauen kann. Man stelle sich nur einen kapitalen Wasserschaden vor, der dazu führt, dass der Fahrzeugboden oder das Möbelholz aufquellen. Wer dann die Möbel direkt mit der Wand verklebt hat, wird es kaum schaffen, sie so zu entfernen, dass Möbel und Wand nicht zerstört werden.

Allerdings – und hier ist der Haken der Befestigungstechnik mit Blindnietmuttern – funktioniert dieses Verfahren nicht bei GFK-Kabinen. GFK ist zu spröde, als dass Blindnietmuttern dauerhaft darin halten. Im schlimmsten Fall reißt das GFK um das Loch herum aus und die Blindnietmutter hat keinen Halt mehr. Also ist diese Art der Befestigungstechnik kein Allheilmittel, sondern muss spezifisch je nach Untergrundmaterial betrachtet werden.

Verschraubungen haben aber auch ein kosmetisches Problem, denn überall da, wo geschraubt wird, sind eben diese Schrauben zu sehen. Das kann zwar hinter der Fassade von Möbelplatten und den Deckeln von Hängeschränken geschehen. Aber spätestens da sind dann die Schraubverbindungen mehr oder weniger sichtbar, je nachdem wie viel Mühe man sich dann gibt, sie mit Plastikkappen oder Ähnlichem zu kaschieren.

20 Befestigungstechnik

Bei so vielen Nachteilen stellt sich mir berechtigterweise die Frage, warum mir eine Verschraubung trotzdem so sympathisch ist? Die liegt einerseits wohl daran, dass ich mit Verschraubungen viel vertrauter bin, als mit allen anderen Möglichkeiten der Materialverbindungen. Der Hauptgrund ist aber tatsächlich in der Tatsache zu suchen, dass eine Verschraubung eben problemlos wieder gelöst werden kann. Überall da, wo dies nicht erforderlich ist, gibt es aber smartere Arten der Materialverbindung

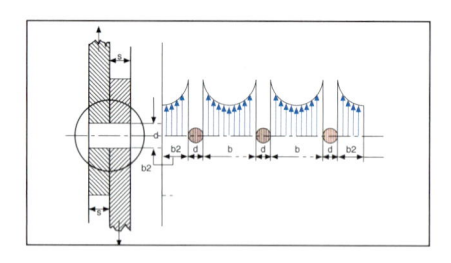

20.2 Nieten

Das Vernieten zweier zu verbindender Teile drängt sich dann auf, wenn es entweder besonders schnell gehen soll und großflächig gearbeitet werden kann oder muss, wobei es viele Befestigungspunkte geben kann, deren Löcher nicht stören. So hat die Firma Zeppelin in meinem Shelter die Befestigungsschienen mit rund 1500 Nieten an den Aluwänden verbaut, die ich in mühevoller Kleinarbeit habe alle herausbohren dürfen. Dornier geht sogar soweit, den gesamten Shelter zu vernieten, was man an der Vielzahl der Nieten in der Außenhaut eines Dornier-Shelters schon von weitem erkennt. Für derlei Anwendungen hat man früher Nieten verwendet und würde heute dafür wohl tendenziell eher die Verklebung wählen. Die geht deutlich schneller und ist damit wirtschaftlicher. Ich bin jedoch heilfroh, dass dies bei meinem Shelter noch nicht der Fall war, denn ich hätte mir ungleich schwerer getan, hätte ich verklebte Schienen von den Aluwänden entfernen müssen.

Der Nachteil von Nieten ist, dass die Kraftübertragung noch punktueller erfolgt, als dies beim Verschrauben der Fall ist und dass deshalb nur eine Vielzahl von Nieten dafür sorgen kann, dass die Kraft flächig auf den Untergrund verteilt wird. Allerdings muss die Länge der Nieten exakt auf die Dicke der beiden zu verbindenden Teile abgestimmt sein, was es mit sich bringt, dass man je Menge unterschiedlich langer und dicker Nieten benötigt, um für alle Gelegenheiten gewappnet zu sein.

Durch Schläge und Verwindungen können Nieten mit der Zeit locker werden, so dass die derlei verbundenen Teile gegeneinander scheuern oder klappern. Dann gilt es, die aufgeweiteten Nieten herauszubohren und durch neue zu ersetzen. Deshalb sollten Nieten tendenziell eher bei statischen Belastungen eingesetzt werden und weniger bei dynamischen.

Der Vorteil des Vernietens gegenüber einer Verschraubung liegt vor allem in der Zeit- und Kostenersparnis bei der Verarbeitung, aber auch in der Tatsache, dass eine vernietete Verbindung sich nicht wie eine Verschraubung wieder lösen kann. Deshalb kann man überall da Blindnieten einsetzen, wo man nach dem Ausbau nicht mehr hin gelangt oder wo man keine Muttern aufsetzen kann, wie das zum Beispiel beim Aufbringen von Airline-Zurrschienen auf meinem Fahrerhaus-Dach der Fall war (es sei denn, ich hätte den Dachhimmel

Krafteinwirkung beim Nieten

entfernt und geschraubt). Die habe ich mit Becher-Blindnieten befestigt, zusätzlich das Ganze aber auch noch mit Dekasyl MS 5 verklebt und damit auch abgedichtet. Gerade die Kombination aus Verschrauben bzw. Vernieten und Kleben bietet große Stärken. Wie man auf dem nachfolgenden Bild sieht, kann mit der Kombination von Nieten und Kleben eine Versteifung meines Fahrerhausdaches hergestellt werden, so dass ich dieses sogar begehen kann.

Vernietungen können aber auch einem Gelegenheitsdieb die Laune verderben, wenn der sich mit Schraubenzieher bewaffnet daran machen möchte, meine Solarzellen vom Dach oder meine Markise von der Shelterwand zu schrauben. Beide sind nämlich mittels Blindnieten befestigt und es bedarf dann schon eines Akkuschraubers und des passenden Bohrers, um die Nieten herauszubohren.

20.3 Schweißen

Will man Metalle wirklich dauerhaft miteinander verbinden, hat sich das Schweißen seit Jahrzehnten bewährt. Allerdings will das richtige Schweißen gelernt sein und meine diesbezüglichen Ambitionen haben mir Schweißfachleute gleich wieder ausgeredet. Es bedarf einer großen Erfahrung und einer fortwährenden Praxis, um hochgradig belastbare Schweißnähte zu produzieren, wie sie beispielsweise bei der Konstruktion meines Heckträgers erforderlich waren. So bleibe ich zumindest was diesen Punkt anbelangt bei meinen Leisten und überlasse sämtliche Schweißarbeiten den Spezialisten rund um Alois und Andreas Kern. Denn an Schweißen führt häufig kein Weg vorbei, insbesondere dann, wenn es um die Aufnahme von Scher-, Schäl- oder Torsionskräften geht. Andererseits haben Verschweißungen aber auch ihre Schwächen.

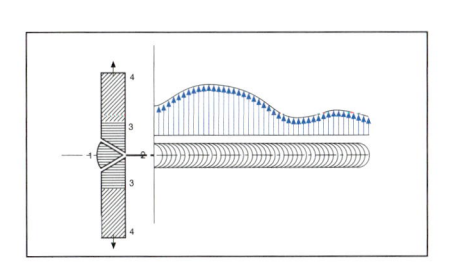

Krafteinwirkung beim Schweißen

Die liegen zum einen in der punktuellen oder eingeschränkten Fläche rund um die Schweißnaht und in der Schwächung des Materials rund um die Naht. Zudem können sich Bauteile durch die ungleichmäßige Hitzeeinwirkung verziehen und schließlich fällt Schweißen überall da aus, wo in unmittelbarer

20 Befestigungstechnik

Nähe Kunststoffe, Schäume oder ähnliche Materialien verbaut sind, die durch die Hitzeeinwirkung zerstört würden. Eine weitere Besonderheit ist die Tatsache, dass man häufig nur als Fachmann beurteilen kann, ob eine Schweißnaht wirklich langfristig hält. Außerdem haben verschweißte Bauteile keinerlei Dämpfungseigenschaften, so dass Vibrationen und Schläge ungefiltert weitergegeben werden. Das kann langfristig zum Brechen von Schweißnähten führen.

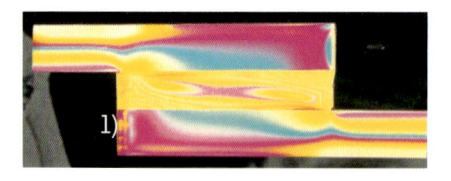

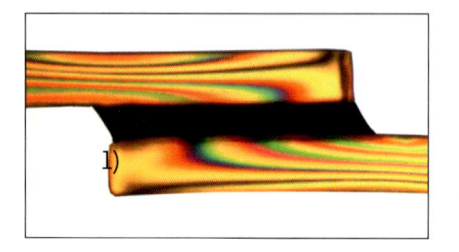

20.4 Kleben und Dichten

Die Vierte und wahrscheinlich innovativste Art, Bauteile miteinander zu verbinden, ist sicherlich die Verklebung. Die moderne Chemie schreitet mit Riesenschritten voran und eröffnet mit neuen Produkten und Verarbeitungsweisen immer mehr Möglichkeiten, Bauteile miteinander zu verbinden. Überall da, wo ausreichend große Klebeflächen zur Verfügung stehen, bildet die Verklebung häufig die smartere Art der Bauteilverbindung, weil eine Vielzahl von Klebstoffen elastisch sind und sie deshalb Torsions- und Verwindungskräfte, aber auch Vibrationen und Schläge aufnehmen und abfedern können. Darüber hinaus lassen sich flächige Verbindungen mit Klebstoffen deutlich belastbarer gestalten, als dies beispielsweise mit Verschraubungen oder Vernietungen der Fall ist.

Hinzu kommen die größten Vorteile des Klebens: dass die Bauteile nicht zerstört oder angebohrt werden und dass das Klebemittel im Gegensatz zu anderen Befestigungsarten häufig gar nicht sichtbar ist. Damit hat Kleben auch eine kosmetische Funktion und kann überall da eingesetzt werden, wo andere Befestigungsarten optisch störend wirken. Darüber hinaus können bestimmte Klebstoffe eine Dichtfunktion übernehmen, damit an Bohrlöchern oder zwischen den Verbindungsteilen kein Wasser eindringen kann.

Da es weder sinnvoll noch möglich ist, im Rahmen dieses Buches alle Klebstoffhersteller, deren Produkte und ihre spezifischen Verarbeitungsschritte vorzustellen, habe ich mich hier auf die beiden Hersteller konzentriert, die im Bereich Wohnmobil- und Caravanbau am etabliertesten und aktivsten sind. Die Firma Sika in Stuttgart und die Firma Dekalin in Ransbach. Die Produkte beider Unternehmen werden bei den verschiedenen Herstellern von Caravans und Wohnmobilen im Fertigungsprozess eingesetzt und haben sich auch schon bei hunderten von Ausbaubetrieben und tausenden von Selbstausbauern bewährt. Dabei setzen beide Unternehmen auf unterschiedliche chemische Basismaterialien, aus denen dann teilweise unterschiedliche Verarbeitungsweisen und Ergebnisse resultieren. Sika setzt mit seinen Sikaflex-Produkten auf Polyurethan oder Polyurethan-Hybride während Dekalin seine Klebstoffe auf MS-Polymerbasis aufbaut. Reine Dichtmittel basieren bei beiden Unternehmen auf Butylbasis.

1) Krafteinwirkung beim Kleben
2) Zug- und Scherkräfte beim Kleben

Die generellen Unterschiede zwischen beiden Systemen liegen darin, dass MS-Polymere ein größeres Haftspektrum aufweisen, sich also tendenziell mit mehr Untergründen »vertragen« und deshalb bei der Vorbehandlung eines Untergrundes meist auf Primer verzichtet werden kann. Deshalb schreibt Dekalin für seine Kleber MS 2 und MS 5 lediglich eine Reinigung und Entfettung der Klebeflächen vor, aber keine Behandlung mittels Primer. Bei Sika gilt dies mit Einschränkungen nur dann, wenn der Kleber im Innenbereich eingesetzt wird und keinen extremen Belastungen ausgesetzt ist oder wenn es sich um die Hybridkleber von Sika handelt. Immer dann, wenn es um maximale Haftstärke, Dichtheit und UV-Beständigkeit geht, schreibt Sika eine mechanische und chemische Vorbehandlung des Untergrundes vor, um diesen von Staub, Fett und Schmutz zu befreien, aufzurauen und mit Primern einen optimalen Haftgrund vorzubereiten. Primer sind im Prinzip nichts anderes als Oberflächenoptimierer in Form eines Voranstrichs. Gerade auf nicht geschlossenen Oberflächen wie z.B. Holz oder Stein verbessert der Primer den Untergrund und schafft so eine tragfähige Basis für eine dauerhafte Verbindung. Auf Lacken, deren Zusammensetzung nicht bekannt ist, schafft der Primer eine Deckschicht, auf der der Sika-Kleber dann optimal haftet.

Bei Dekalin kürzt man diesen Schritt aus dem Verarbeitungsprozess, wodurch die Arbeit mit Dekalin-Produkten etwas bequemer und schneller von der Hand geht – bei laut Dekalin – ähnlich verlässlichen Klebeergebnissen. Dabei bringen MS-Polymer-Kleber von Haus aus eine hohe witterungs- und UV-Beständigkeit mit, was bei PU-Klebern nur bei speziell eingestellten Produkten wie beispielsweise bei Sikaflex-521 UV oder Sikaflex-295 UV der Fall ist.

Sika konzentriert sich mit seinen Produkten schwerpunktmäßig auf den gewerblichen Bereich, wo man die Verarbeiter eingehend schulen und mit den Produkten vertraut machen kann. Demensprechend vielfältig ist die Sika-Produktrange, bei der man schon sehr genau darauf achten muss, welches Produkt für die jeweilige Anwendung das Richtige ist und wie die Produkte zu verarbeiten sind. Eine Reihe von Sika-Produkten werden nur an zertifizierte Profi-Anwender abgegeben und sind im freien Handel nicht erhältlich – teilweise auch aufgrund von gesetzlichen Gefahr- oder Giftstoffverordnungen.

Bei Dekalin kommt man in der Regel mit zwei Klebeprodukten aus, deren Anwendung darüber hinaus noch vereinfacht ist: die beiden Polymerkleber MS 2 und MS 5, die dementsprechend weniger Verarbeitungs-Know-how voraussetzen und in Summe kostengünstiger sein dürften, weil man nicht so viele verschiedene Klebstoffe benötigt.

Dass die Haftwirkung bei beiden Produktlinien ähnlich ist beweist die Tatsache, dass zahlreiche Hersteller sowohl auf die einen als auch auf die anderen Produkte vertrauen. Für welches der Systeme sich meine Leser entscheiden, möchte ich Euch selbst überlassen. Ich möchte Euch mit den nachfolgenden

20 Befestigungstechnik

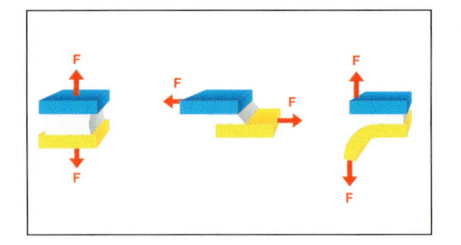

Ideale Klebeanwendungen

Zeilen einen Überblick über die meisten beim Wohnmobilausbau und bei der Wohnmobiloptimierung üblichen Klebeanwendungen vermitteln und nenne die von den beiden Herstellern hierfür vorgesehenen Produkte. Das ist mit beiden Herstellern abgestimmt, so dass Ihr Euch sicher sein könnt, die richtigen Produkte für die jeweilige Anwendung einzusetzen. Ich möchte jedoch dringend dazu raten, auf den Websites der Hersteller unter www.sika.de bzw. www.dekalin.de die Datenblätter mit Verarbeitungshinweisen für die jeweiligen Produkte herunterzuladen und aufmerksam zu lesen. Denn dort steht in der Regel sehr detailliert, für welche Materialien die Klebstoffe geeignet sind, genauso auch, wie sie idealerweise zu verarbeiten sind, ob und wann eine Untergrundvorbehandlung notwendig ist, wie lange die Offen-, Ablüft- und Trockenzeiten sind und bei welchen Temperaturen die Produkte verarbeitet werden sollten.

An folgenden Stellen habe ich Klebe- oder Dichtstoffe in meinem Fahrzeug eingesetzt:

- Spoiler der Solarzellen aufs Dach geklebt: PU-Kleber
- Zurrschienen auf das Dach geklebt: PU-Kleber
- Fenster und Dachluken eingedichtet: Dekaseal 8936 dauerelastische Dichtmasse
- Stütznaht um die Fenster: PU-Kleber
- Zurrschienen auf das Fahrerhausdach geklebt: Dekasyl MS 5
- PE-Extremisolator an die Innenwand geklebt: Dekafol
- Stahlrahmen des Durchstiegs auf das Fahrerhaus geklebt: PU-Kleber
- Umleimer-Kante auf gerundeten Tisch geklebt: Pattex
- PVC-Boden neu verklebt: Dekasyl MS 2

20.5 Befestigungstechnik je nach Anwendungsfall

Um dieses Kapitel für Selbstausbauer und Selbst-Renovierer so pragmatisch wie möglich zu gestalten, beleuchte ich die wichtigsten Klebeanwendungen im Rahmen eines Wohnmobilausbaus oder einer Optimierung und erläutere wo immer möglich anhand meines eigenen Fahrzeugs, mit welcher Befestigungstechnik ich die entsprechenden Komponenten verbaut habe. Darüber hinaus zeige ich alternative Befestigungstechniken auf, mithilfe derer man eine ähnlich gelagerte Aufgabenstellung ebenfalls bewältigen kann.

Kabinen-Selbstbau

Anforderung an die Befestigung: Die Sandwichplatten müssen absolut fest miteinander verbunden sein. Keine besondere Anforderung an die Dichtigkeit, weil die durch die anschließend verklebten Winkel hergestellt wird.

Wie im entsprechenden Kapitel 11 bereits erläutert, wird für den Kabinenbau in der Regel 2-Komponenten-Klebstoff eingesetzt, der üblicherweise vom Plattenproduzenten im Rahmen eines Selbstbau-Sets mitgeliefert wird.

Allerdings bleibt die Verarbeitung von 2-K-Klebstoffen normalerweise Profis vorbehalten, weil der Gesetzgeber hier Gefahren für den Laien im Umgang mit den giftigen Substanzen sieht. Dabei handelt es sich um Isocyanate, die vorzugsweise über die Haut aufgenommen werden. Deshalb ist das Tragen von Schutzhandschuhen bei der Verarbeitung von 2-K-Klebstoffen ein absolutes Muss!

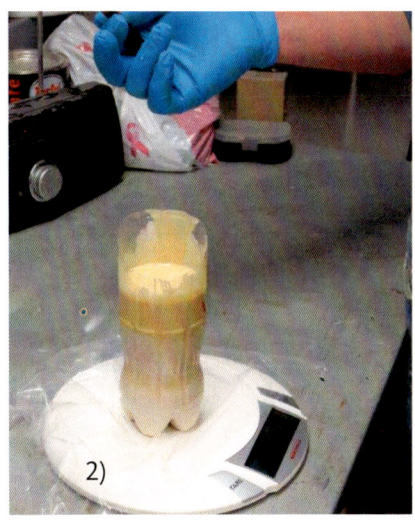

2-K-Klebstoffe kommen immer dann zum Einsatz, wenn aufgrund der Größe der Klebeflächen nicht immer gewährleistet ist, dass der gesamte Kleber mit der Luftfeuchtigkeit reagieren und aushärten kann (1-K-System). Deshalb wird die chemische Reaktion nicht dem »Zufall« bzw. dem Vorhandensein von Luftfeuchtigkeit überlassen, sondern mittels eines Härters gezielt herbeigeführt.

Bei Sika sind das Produkte wie Sikaforce-7720 L45 oder Sikaflex-553 2K, die zum Bau von Wohnkabinen mit Alu- oder GFK-Sandwichplatten eingesetzt werden. Dabei ist eine Vorbehandlung der Klebeflächen an den Sandwichplatten mit Haftreiniger /Aktivator ausreichend, Primern ist nicht erforderlich. Dekalin empfiehlt für den Kabinenbau Dekalin DEKApur 2K-6000, das allerdings nur für gewerbliche Anwender erhältlich ist.

Verkleben von Winkeln auf Wohnkabinen

Anforderung an die Befestigung: Die Winkel müssen absolut fest und wasserdicht verklebt sein. Der Kleber muss hochgradig UV- und witterungsbeständig sein. Sika empfiehlt hier seinen primerlos zu verarbeitenden PU-Hybridkleber Sikaflex-521 UV. Dekalin führt für derlei Anwendungen Dekalin MS 5 im Programm, das von zahlreichen SAT- und Solar-Herstellern freigegeben ist. Der Selbstbau einer Wohnkabine ist in Kapitel 11 (Aufbau-Auswahl: Kabinen Selbstbau) detailliert beschrieben.

1) Ideale Klebeanwendungen
2) Das Tragen von Schutzhandschuhen ist beim Umgang mit 2-K-Klebstoffen unbedingt erforderlich.

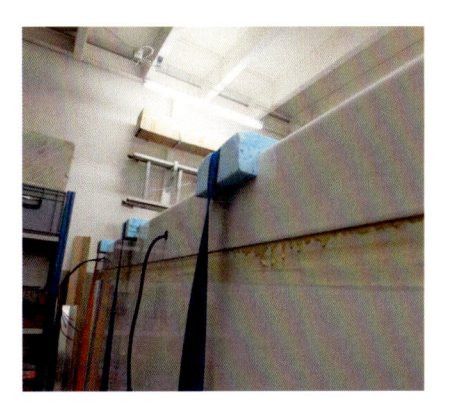

20 Befestigungstechnik

Einbau/Aufkleben von Solarpanels und/oder TV-Sat-Anlagen auf das Fahrzeugdach

Die Befestigung von Solarpanels, Sat-Anlagen und anderen An- und Aufbauten auf dem Dach ist eine der oben beschriebenen Arbeiten, die selbst mich als Schraub-Fetischisten zum Klebe-Fan mutieren lassen. Wo immer möglich sollte man ein Loch im Dach vermeiden, denn wo keines ist kann definitiv auch keine Feuchtigkeit eindringen. Das ist aber nicht der einzige Grund für die Verklebung von Aufbauten auf dem Dach. Wenn man eine ausreichend dicke Klebeschicht von mindestens 3 Millimetern herstellt, übernimmt der Kleber zusätzlich auch eine Dämpfungsfunktion, indem er Vibrationen und Schläge beim Fahren nicht eins zu ein an die Bauteile weitergibt, sondern diese mehr oder weniger durch seine eigene Flexibilität abfedert. Nachfolgend will ich hier die Verklebung meiner Solarzellen mit PU-Kleber auf dem Dach schildern und damit den generellen Umgang bei der Verarbeitung mit PU-Kleber erläutern.

Anforderung an die Befestigung

Solarpanels müssen halten, sind aber keinen extremen Zug-, Druck- oder Torsionskräften ausgesetzt, abgesehen von denen, die durch den Fahrtwind entstehen. Es bestehen auch keine besonderen Anforderungen an die Dichtigkeit, abgesehen von der Kabeldurchführung.

Da Sat-Anlagen höher bauen als Solarpanels, entstehen hier größere Hebelkräfte durch den Fahrtwind bzw. im aufgeklappten Zustand durch Wind. Diese Zugkräfte werden aber von modernen Klebstoffen bei weitem übertroffen. Die zusätzliche Funktion der Dämpfung von Vibrationen und Schlägen beim Fahren kann der Klebstoff dann erfüllen, wenn der Klebeauftrag dicker erfolgt (mindestens 3 mm) als der nachfolgend gezeigte Klebeauftrag für meine Solarzellen. Die Schichtdicke kann mit entsprechend dicken Distanzhaltern eingestellt werden. Wichtig ist, dass der Härtegrad der Distanzhalter dem des Klebers entspricht. Sie sind bei den Herstellern erhältlich.

Sika empfiehlt hier entweder Sikaflex-252i oder Sikaflex-521UV, Dekalin hat für derlei Anwendungen Dekalin MS 5 im Programm, das von zahlreichen SAT- und Solar-Herstellern freigegeben ist und von diversen Fahrzeug-Herstellern eingesetzt wird.

Montage der Solaranlage

Nachfolgend ist die Montage von fest installierten Solarpanels beschrieben, wie ich sie im Jahr 2008 vorgenommen habe. Die Vorgehensweise beschreibt auch generell den Umgang mit extrem haftenden PU-Klebern wie Sikaflex oder dem von mir verwendeten Produkt von Würth: »Klebt und dichtet–Bond Seal«. Folgendes Equipment ist hierfür erforderlich, das man vorher bereithalten sollte, damit man während der Arbeitsgänge nicht nach den erforderlichen Gerätschaften suchen muss und dabei der Kleber aushärtet:

- Bleistift zum Anzeichnen der Klebeflächen, Kreppband zum Abkleben der Klebeflächen
- Schleifklotz und Schleifpapier zum Aufrauen der Klebeflächen
- Bremsenreiniger oder entsprechende Reinigungsmittel des Klebemittelherstellers, um die Klebeflächen zu entfetten
- PU-Kleber (Sikaflex 252 oder Würth »Klebt und dichtet«) und den jeweils dazugehörenden Primer
- Pinsel, um den Primer aufzutragen
- Kartuschenpresse für den PU-Kleber
- Spachtel, um den Kleber flächig zu verstreichen
- Flächige Gewichte, um die angeklebten Solarpanels zu beschweren

TIPP Die Solarpanels sollten nicht in Reihe geschaltet werden (es sei denn, eine 24-V-Anlage machte dies erforderlich), sondern jedes Panel sollte separat mit einem Kabel mit dem Solarregler verbunden werden.

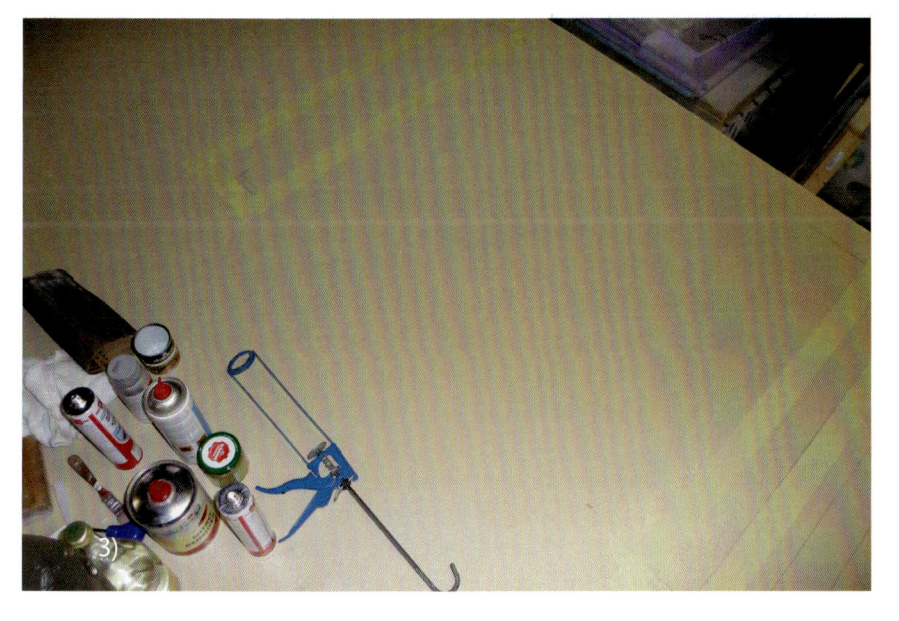

1) Vorbereitung der Panels: Löcher bohren
2) Mit dem Druckluft-Nieter werden die Panels auf die Halter genietet. So schraubt sie mir schon keiner vom Dach.
3) Vorbereiten des Daches: die Klebeflächen anzeichnen und abkleben

20 Befestigungstechnik

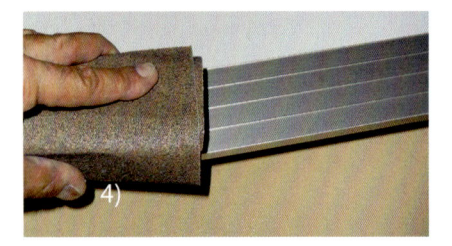

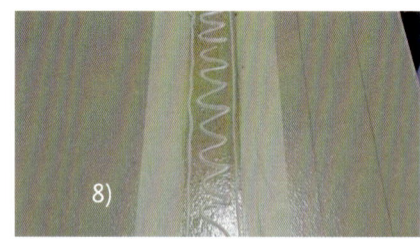

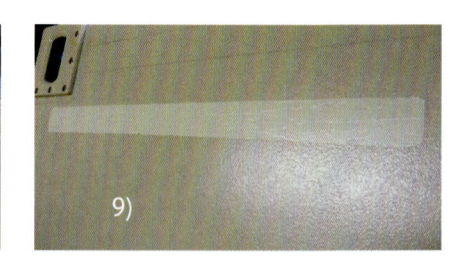

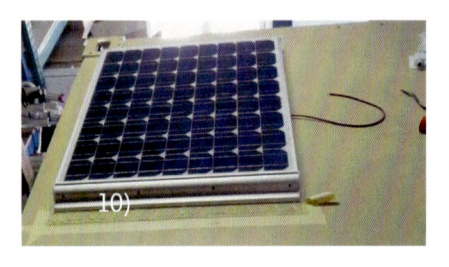

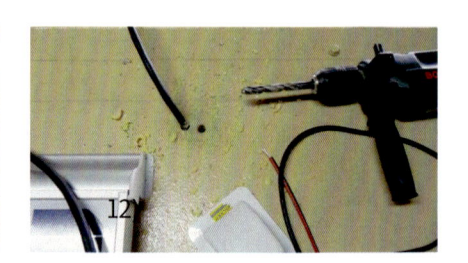

4) Anschleifen der Klebeflächen – sowohl an der Halterung ...
5) ... als auch am Dach
6) Reinigen und Entfetten der angeschliffenen Flächen mit Bremsenreiniger
7) Bestreichen der Klebeflächen mit Primer
8) Auftragen des Klebers
9) Mit Spachtel gleichmäßig verteilen und Klebeband entfernen
10) Vorbereitetes Solarpanel mit den Trägern auf die Klebefläche setzen
11) Über Nacht beschweren und trocknen lassen
12) Für die Kabeldurchführung zwei Löcher bohren und die Kabel vom Solarregler im Fahrzeug durch das Dach nach oben führen (oder umgekehrt)

Hintereinandergeschaltete Panels liefern nur so viel Strom wie das schwächste, also am wenigsten von der Sonne beschienene Panel. Werden mehrere Solarpanels miteinander verbunden und ist eines davon abgeschattet, reduziert das die Leistung der gesamten Anlage.

Einbau von Türen, Fenstern, Luken und Klappen
Anforderung an die Befestigung: Maximale Dichtheit und maximale Festigkeit im Fall, dass die Fenster, Türen und Klappen nicht zu zusätzlich verschraubt werden.

Sika empfiehlt für diese Anwendung seinen primerlos zu verarbeitenden Hybridklebstoff Sikaflex-521 UV, eine haftstarke Klebe- und Dichtmasse mit hoher Witterungsbeständigkeit. Der Klebstoff funktioniert auf allen Untergründen wie Holz, Metall, GFK, 2-K-Lack und Kunststoffen. Dekalin rät zum Einsatz des MS-Polymerklebers MS 2, der sowohl eine hohe Haftkraft als auch einen gute Dichtwirkung und hohe UV-Beständigkeit aufweist.

Es kann aber auch sinnvoll sein, Türen, Fenster, Luken und Klappen mit dem Fahrzeug zu verschrauben, so dass man sie im Zweifel wieder ausbauen kann. Das gilt besonders für Seitz Heki-Dachluken von Dometic, die mit einem Überstand von 14 cm über dem Dachniveau durchaus mal von einem tiefhängenden Ast oder Fels beschädigt werden können. In einem solchen Fall ist man froh, wenn die Luke nicht eingeklebt ist. Bei einer Verschraubung übernimmt diese die Festigkeit, so dass nur noch die Dichtfunktion hergestellt werden muss.

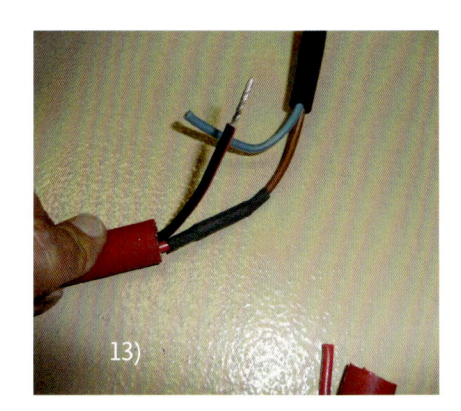

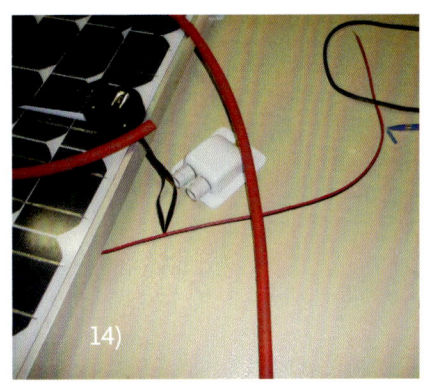

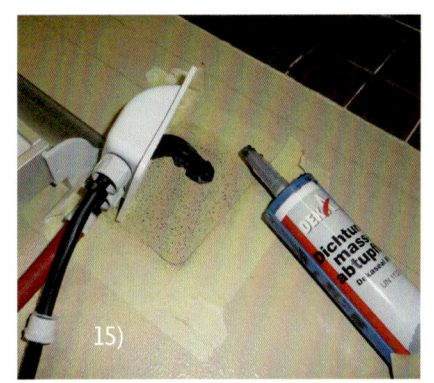

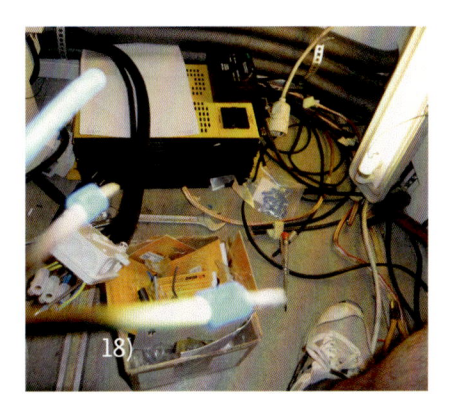

Sika empfiehlt hierfür seinen wieder lösbaren Butyldichtstoff SikaLastomer-710. Dekalin hat zum Dichten Dekaseal 8936 im Programm, mit dem auch ich zum Dichter wurde, weil ich meine Türen, Fenster und Dachluken damit eingedichtet habe.

Isolierung, Folien, PVC, Pappe, Holz-Verkleidungsplatten uws. an die Wand kleben

Bei Kastenwägen oder ähnlichen Fahrzeugen, die es zu isolieren gilt, aber auch bei Sheltern, die einen gewissen Nachisolierungsbedarf aufweisen, stellt sich die Frage, wie man die Isolierung–aus was auch immer sie bestehen mag–dauerhaft an der Wand befestigt. Darüber hinaus gibt es weitere ähnlich gelagerte Anwendungen, wenn z.B. Teppichböden, PVC, Vliese, Gewebe oder Folien verklebt werden sollen. Für solch flächige Anwendungen empfiehlt es sich die Verklebung, insbesondere dann, wenn die Fahrzeugwand gebogen oder gewölbt ist.

13) Die Kabel der Solarpanels mit Quetschverbindern mit denen des Solarreglers zusammenführen und mit Schrumpfschlauch wasserdicht versiegeln.

14) Über die Kabel der Solarpanels schiebe ich einen Womo-Wasserschlauch als UV-Schutz.

15) Kabeldurchführung mit Dekaseal 8936 abdichten

16) Abklebe-Schmirgel-Entfettungs-Primer-Klebe-Verstreich-Ritual wiederholen und Kabeldurchführung auf das Dach kleben

17) Die Deckel für die Kabeleinführungen fest verschrauben und mit Dekaseal 8936 abdichten.

18) Eine Etage tiefer herrscht »Chaos in Laos«! Vor dem Durchstieg trifft sich alles, was Kupfer und Litze hat.

20 Befestigungstechnik

Hier gut zu erkennen: Die Festigkeit wird durch die Dichtblindnieten erzeugt, die Dichtheit durch Dekaseal 8936 abtupfbare Dichtmasse

Bei der Nachisolierung der Heckwand habe ich die PE-Matten mit Verkleidungsplatten an die Wand geschraubt. Heute würde ich sie kleben.

Sika empfiehlt für solche Anwendungen seine Klebstoffe SikaSense-4450 oder Sikasense-4300 FD. Es handelt sich beim letzteren um einen wässrigen 2K-Dispersionsklebstoff, mit dem Isoliermaterialien, Bodenbeläge, Stoffgewebe und ähnliches dauerhaft verklebt werden können. Allerdings ist auch dieser Kleber dem gewerblichen Verarbeiter vorbehalten.

Für das Verkleben von (Holz-)Verkleidungsplatten auf die Isolierung empfiehlt Sika sein Sikaflex-252i. Dekalin hat dafür das kostengünstige und umweltfreundliche DEKAfol im Programm, mit dem Stoffe, PE-Matten, PVC, Folien, Alu, Papier, Pappe und Vliese auf die unterschiedlichsten Untergründe wie Beton, Stein, Putz, Holz und Metall geklebt werden können. (Holz-) Verkleidungsplatten klebt Dekalin mit MS 2.

Als notorischer Schraub-Fetischist und Klebeverweigerer hatte ich bei meiner Nachisolierungsaktion im Jahr 2010 aufgrund der gerade Wände noch Verkleidungsplatten bevorzugt, mit denen ich die PE-Xtrem-Isolatormatten an die Wand geschraubt hatte. Sika rät zur Vorsicht, weil PP und PE schlecht miteinander verklebbar sind. Mittlerweile bin aber auch ich zur Einsicht gelangt, dass mit einer Verklebung der Isolationsmaterialen dieses schneller, dauerhaft und gewichtsoptimiert erfolgt. Außerdem reduziert das Verkleben die Ausdehnung oder das Schrumpfen des Isolationsmaterials aufgrund von Temperaturschwankungen. Auch ein herunterhängender Dachhimmel in meinem Pkw ist mittlerweile mit DEKAfol verklebt und wieder da wo er hin gehört.

Befestigung von Möbeln im Aufbau
Anforderung an die Befestigung: Möbel müssen absolut rüttelfest verbaut werden.

Meine persönliche Anforderung an den Möbelbau: Ich muss die Möbel auch wieder ausbauen können, wenn das erforderlich sein sollte.

Hier muss differenziert werden, um welches Material es sich bei den Innenwänden der Kabine handelt. Wenn die Kabineninnenwand aus Aluminium besteht, wie das bei mir der Fall ist, dann können die Möbel mit der Wand verschraubt werden. Allerdings war mir das Verschrauben mit Blechschrauben zu wenig, da ich befürchtete, dass sich diese auf heftigen Rüttelpisten im Laufe der Zeit lösen könnten. Deshalb habe ich mich dazu entschlossen, mit Einnietmuttern zu arbeiten, um so für Verschraubungen Maschinenschrauben nutzen zu können, die in ca. 5–6 mm tiefen Gewindebohrungen halten. Bei GFK-Koffern funktionieren die Einnietmuttern aus oben genannten Gründen nicht, weshalb hier die meisten Ausbaufirmen die Möbel verkleben. Sika empfiehlt hierfür das bekannte und bewährte Sikaflex-252i, wobei der Untergrund geprimert werden muss. Dekalin schwört auf seinen etwas elastischeren MS 2-Polymerkleber.

TIPP Wer bei der Verklebung der Möbelwände trotzdem die Option haben möchte, die Möbel zerstörungsfrei wieder ausbauen zu können, dem sei empfohlen, nicht das Möbelholz mit den Wänden zu verkleben, sondern Alu-U-Schienen in Möbelstärke. Die U-Schienen nehmen die Möbelplatten auf und man kann die Möbel durch die Schienen durchschrauben, und sie so wieder ausbauen, wenn es mal erforderlich sein sollte.

20.6 Befestigungstechnik mit Einnietmuttern

Für alle Ausbauer und Optimierer, die Aluwände als Untergrund haben, möchte ich im Folgenden die Verarbeitungsweise von Einnietmuttern erläutern und wie ich die Möbel damit befestigt habe.

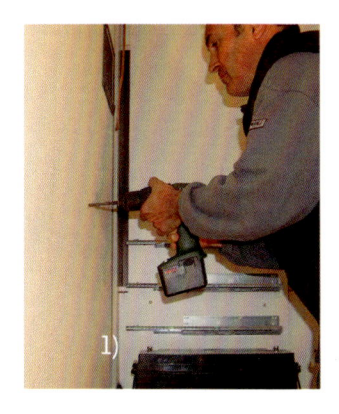

Sämtliche Verbindungen in die Außenwände des Shelters werden mittels Einzieh- oder Einnietmuttern realisiert, weil mir die circa 2 mm starken Alu-Wände des Shelters als zu dünn erscheinen, als dass darin Schrauben langfristig einen festen Halt finden können. Um zu vermeiden, alle paar tausend Kilometer etliche hundert Schrauben nachzuziehen, entscheide ich mich dazu, Einnietmutter zu verwenden (nach einem Tipp von Forumskollege Axel aus Schleswig-Holstein. Danke, Axel!). So sind es nicht 2, sondern jeweils 5 bis 7 mm-Gewinde, die die Schrauben halten. Dazu lege ich unter jede Schraube eine Fächerscheibe, um auch dadurch ein Sich-Lösen der Schrauben zu verhindern. Diese Befestigungstechnik hat sich in den vergangenen Jahren sehr bewährt. Die Überlegung, die Möbel zusätzlich mit PU-Kleber am Boden und den Wänden zu verkleben, wie es mir mancher Forumskollege empfiehlt, verwerfe ich, weil ich mir die Möglichkeit und Flexibilität nicht nehmen möchte, die Möbel bei Bedarf auch mal wieder auszubauen. Noch vor der Abreise auf unsere erste große Testtour sollte sich das als notwendig erweisen.

1) Loch bohren
2) Einnietmuttern aufschrauben
3) Rein ins Loch und in der Wand verquetschen
4) Fertig!

Denn ich muss aufgrund eines Einbaufehlers die Heizung noch einmal ausbauen. Dazu darf ich einen Teil der linken Sitzgruppe noch einmal demontieren. Ich würde jedem empfehlen, dies ebenso zu machen, wobei die Befestigungstechnik natürlich auch vom Wandmaterial abhängt. Laut Fachleuten

20 Befestigungstechnik

So finden mit der Zeit rund 200 Einnietmuttern ihren Weg ins Blech.

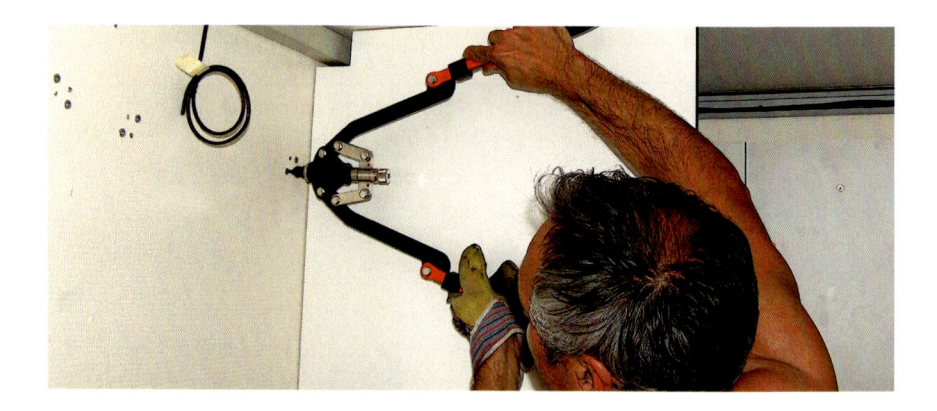

ist die Verwendung von Einnietmuttern in GFK-Wänden nicht geeignet, weil GFK nicht auf punktuelle Belastungen ausgelegt ist. Ich bin jedenfalls froh, im Falle eines Falles auch mal ein Möbelstück ausbauen zu können, ohne es zu zerstören – was beim Kleben in der Regel nicht der Fall ist.

TIPP Die richtige Einstellung der Nietzange sollte man an einem Probe-Werkstück prüfen. Ich nehme dazu einen der Fensterausschnitte und tüftle damit die Aufschraub-Tiefe der Einziehmuttern am Stift aus. Damit stelle ich sicher, dass die Niete ausreichend in der Wand verquetscht ist und sich nicht mitdreht, andererseits, dass nicht zu viel Zug auf die Nietmutter kommt und das Gewinde dadurch in Mitleidenschaft gezogen wird oder sogar ausreißt. Nach zwei bis drei Versuchen habe ich den Bogen raus. Ich verwende übrigens Stahl-Einnietmuttern für M4-Schrauben; Alu-Muttern erscheinen mir als zu weich.

Wandbefestigung

Zunächst denke ich darüber nach, durchgängige Winkelschienen für die Verbindung von Möbelstehern zur Wand zu nutzen. Intercampler Hubert Öhm rät mir aber davon ab und empfiehlt mir, nur an den Stellen, wo tatsächlich geschraubt wird, einen Winkel einzusetzen und so die Metallflächen so gering wie möglich zu halten. Denn am Metall kondensiert in der Regel zuerst die Luftfeuchtigkeit, und je größer die Metallflächen sind, desto mehr Wasser bildet sich im Fahrzeug. Außerdem sind die Winkel leichter als durchgängige Schienen. Trotz des hohen Gewichtes des Holzes hat sich diese Verbindungstechnik bis heute bewährt.

Befestigung von Markisen oder ähnlichen Bauteilen am Fahrzeug

Die seitliche Befestigung einer Markise am Fahrzeug kann durchaus mit Klebeprodukten bewerkstelligt werden, weil hier eine relativ große Fläche zur Verfügung steht, die auch die dynamischen Kräfte einer 20 oder mehr Kilogramm schweren Markise aufnehmen können.

Sika empfiehlt in diesem Fall Sikaflex-252i oder Sikaflex-553 2K Klebstoff, die insbesondere für die Aufnahme von dynamischen Kräften entwickelt wurden, so wie sie beim Offroad-Fahren auftreten können. Dekalin schwört bei derlei Anwendungen auf seinen MS 2 Kleber, der aufgrund seiner höheren Flexibilität in der Lage ist, Vibrationen und Schläge besser abzufedern. Wenn Schrauben reduziert werden sollen kommt dann besser der Kraftkleber MS-5 zum Einsatz, insbesondere bei kombinierten Fügeverfahren unterstützt er die Kraftübertragung und reduziert Spannungsspitzen, die zur Materialschädigung, d.h. Ausriss der Schrauben, führen können.

Ich selbst habe meine 17 kg schwere Markise mit zwei M 10 Schlossschrauben durch die Shelterwand hindurch geschraubt und dabei bewusst die Kältebrücken in Kauf genommen, die die beiden Schrauben bilden. Mit Plastikkappen abgedeckt gibt es hier allerdings keinerlei Probleme mit Kondenswasser.

Damit müssten alle wesentlichen Befestigungstechniken anhand beispielhafter Anwendungsfälle erläutert sein, so dass meine Leserinnen und Leser auch andere Befestigungs-Herausforderungen anhand der hier aufgezeigten Beispiele einordnen können und die passende Befestigungslösung finden können.

1) Ein interessantes Ensemble von Winkeln. Die Schrauben sind noch nicht festgezogen, damit beim Einbau der Möbelsteher noch etwas »Spiel« vorhanden ist.
2) Edith beim »Posen«
3) Jetzt fehlen nur noch die Klappen.

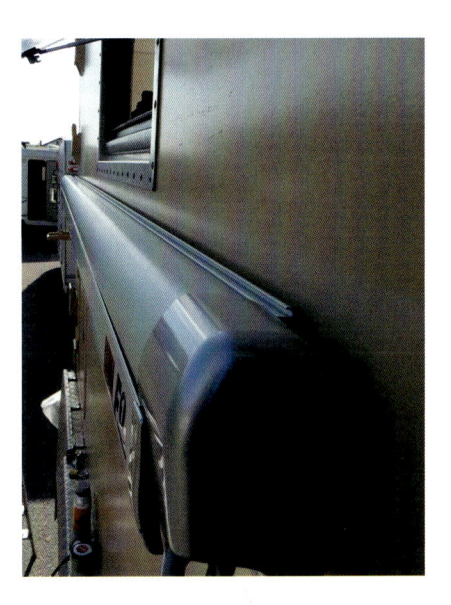

20 Befestigungstechnik

Produktprogramm Sika

Produktprogramm Dekalin

155

21 Vorbereitende Arbeiten am Koffer

Als stolze Besitzer eines Allrad-Lkws mit leerem Bundeswehr-Shelter auf dem Rücken machen wir uns sofort an die Arbeit, damit das nicht so bleibt. Wer sich für einen Bundeswehr-Shelter entscheidet, hat meist noch die undankbare Aufgabe, die gesamte Installation der Bundeswehr auszubauen und zu entsorgen. Je nach ehemaligem Einsatzzweck kann da leicht ein Container Material zusammenkommen, das man entweder über eBay versteigern oder gleich beim Schrotthändler entsorgen kann.

21.1 Ausbau der Befestigungsschienen

Als Nächstes gilt es die Befestigungsschienen auszubauen, mit denen die Bundeswehr ihr Inventar im Shelter fixiert. Auch diesen Punkt kann man kontrovers diskutieren, denn je nach Einsatzzweck und eigenem Anspruch an die Gemütlichkeit des Innenausbaus gibt es durchaus Gründe, die Schienen im Koffer zu belassen:

Der gesamte Möbelbau kann mit den Schienen bombenfest verschraubt werden, wodurch man kaum zusätzliche Befestigungselemente benötigt. Auf die danach noch offen liegenden Schienen können Verkleidungsplatten geschraubt werden, sodass quasi eine zweite Haut entsteht.

Nachteile, wenn die Schienen nicht entfernt werden:
- An Tür- und Fensterausschnitten müssen sie partiell entfernt werden.
- An den Metallschienen kondensiert bei Kälte gerne das Wasser und tropft herab.
- Wenn die Schienen nicht verkleidet werden, ergibt sich eine doch eher technisch nüchterne denn eine gemütliche Innenraumatmosphäre.
- Schraubt man auf die Schienen Verkleidungsplatten, entsteht ein Hohlraum zwischen Wand und Verkleidungsplatten, in dem sich Kondenswasser und Schimmel bilden können.
- Der Innenraum wird noch einmal um ca. fünf Zentimeter schmaler.

1) Der leere Shelter mit den Befestigungsschienen.

Nach gründlichem Abwägen entscheiden wir uns dafür, die Befestigungsschienen an den Wänden und der Decke zu entfernen, den Shelterboden mit seinen Schienen und Linoleumboden aber unversehrt zu belassen. Gerade Letzteres soll sich noch als sehr gute Entscheidung erweisen.

So fällt mir die meditative Arbeit zu, rund 1500 Nieten aufzubohren, mit denen die Schienen befestigt sind. Die Schienen sollte man übrigens nicht gleich auf eBay verhökern, denn wie sich im Verlaufe meines Buches noch zeigen wird, gibt es vielfältige Möglichkeiten, diese wieder am und im Fahrzeug zu verbauen.

2) Pure Meditation: 1500 Nieten ausbohren
3) Geschafft!

Als Nächstes glaube ich, die 1500 Löcher mit Spachtelmasse zukleistern und anschließend verschleifen zu müssen. Doch nehme ich davon nach dem zwanzigsten Loch Abstand, da mit der Glasfasertapete als Wandbelag und zweimaligem Rollen mit Latexfarbe die Löcher sowieso nicht mehr sichtbar sein werden. Der Boden des Shelters besteht aus einem ca. 2,5 cm starken Holzboden, auf den ein Linoleumbelag geklebt ist und in den sechs Aluschienen eingearbeitet sind. Erste Überlegungen, auch diesen zu entfernen, um eine größere Deckenhöhe für eine eventuell zu verlegende Wasserheizung zu schaffen, verwerfen wir wieder.

Wir wollen die Möbel wenigstens am Boden in den Schienen verankern und den Holzboden belassen. Mit einer lichten Höhe von 191 cm ist die Kopffreiheit für uns ausreichend. Außerdem haben wir uns mittlerweile gegen eine Wasserheizung entschieden, sodass uns die vollen 191 cm Stehhöhe erhalten bleiben. Im Nachhinein hat sich das Belassen der Schienen im Boden als sehr nützlich erwiesen. Wie es sich in den ersten »Betriebsmonaten« zeigen sollte, gibt es leider mehr als genug Möglichkeiten für einen »Wassereinbruch« im Fahrzeug, und zwar nicht von außen, sondern von innen. In jedem dieser (später beim Thema »Heizung« detailliert beschriebenen) Fälle sammelt sich das Wasser in den Aluschienen und kann von da relativ leicht aufgenommen

21 Vorbereitende Arbeiten am Koffer

werden. Ohne die Schienen besteht die Gefahr, dass das Wasser tagelang an irgendwelchen unzugänglichen Stellen des Fahrzeugs herumsteht und dort sein Unwesen in Form von aufquellendem Möbelholz treibt.

21.2 Wandbelag für die Kabine

Die Frage nach dem Wandbelag stellt sich für jeden Aufbau, ganz gleich, ob es sich um einen Bundeswehr-Shelter, einen Möbel- oder Kühlkoffer oder eine individuell gebaute GFK- oder Alu-Kabine handelt. Laut unserem Anforderungsprofil soll der Wandbelag keine Feuchtigkeit aufnehmen und abwaschbar sein.

TIPP AUS DER LANGZEITERFAHRUNG Im Nachhinein hat es sich gezeigt, dass es durchaus auch sinnvoll sein kann, feuchtigkeitsaufnehmende Materialien einzusetzen, damit die den Feuchtigkeitshaushalt im Fahrzeug zu regulieren helfen und überschüssige Luftfeuchtigkeit nicht gleich an kalten Stellen kondensiert. Allerdings empfiehlt es sich, diese mit schimmelabweisenden Mitteln zu behandeln (siehe Kapitel 21.5 »Nachisolierung des Shelters«), um Stockflecken und Schimmel zu vermeiden.

Teppichbodenbeläge scheiden u. a. auch aus diesem Grund aus. Es drängt sich die klassische Holzverkleidungsplatte auf, die es in den unterschiedlichsten Dekors und Farben gibt bzw. die beklebt, tapeziert oder gestrichen werden kann. Allerdings bleibt immer noch das Risiko der Feuchtigkeitsaufnahme und des Quellens, falls mal irgendwo Wasser austreten sollte.

Wir entscheiden uns für eine Glasfasertapete, wie sie in Büros und modernen Wohnräumen häufig eingesetzt wird. Die Verarbeitung verläuft in sieben Schritten, die ich nachfolgend kurz erläutern möchte.

1. Zuschneiden der Tapete
2. Abrollen der Wand/Decke mit einem speziellen Kleber für Glasfasertapeten (gibt es im Baumarkt, wie die Tapeten auch)
3. Aufbringen der trockenen Tapete auf die nasse Wand/Decke
4. Erneutes Abrollen der Tapete mit Kleber, sodass alle Stellen benetzt sind
5. Abziehen des überschüssigen Klebers mit einer Aluleiste (z. B. Shelter-Schiene)
6. Nachdem die Tapete getrocknet ist, kann sie beliebig gestrichen werden. Wir verwenden Latexfarbe in einem gebrochenen Weiß, was allerdings bedeutet, dass wir zweimal streichen müssen, weil der erste Anstrich nicht ausreichend deckt.
7. Zweiter Anstrich

TIPP Es ist von Vorteil, wenn beim Tapezieren und Malern nicht gerade Minusgrade herrschen, wie das bei uns im Februar 2008 der Fall ist. Bei trockener Witterung und moderaten Temperaturen trocknen Farbe und Kleber schneller.

21.3 Überlegungen zur Farbgestaltung innen

Wir wollen ein möglichst helles und freundliches Fahrzeug, weil die Fensterflächen doch relativ klein gegenüber dem Innenraum ausfallen. Je dunkler die Farbe, desto dunkler ist der Innenraum. Außerdem hat ein heller und ungemusterter Innenraum den Vorteil, dass er größer wirkt und dass man Fliegen und Moskitos leichter erkennt und sich dieser entledigen kann. Auch hierfür ist es von Vorteil, wenn die Oberflächen abwaschbar sind. In Verbindung mit den weißen Möbeln, den orangefarbenen Sitzbezügen und unserer bunten Bettwäsche ergibt sich so ein heller und freundlicher Innenraum, der in Schlechtwetterphasen wie ein Antidepressivum wirkt.

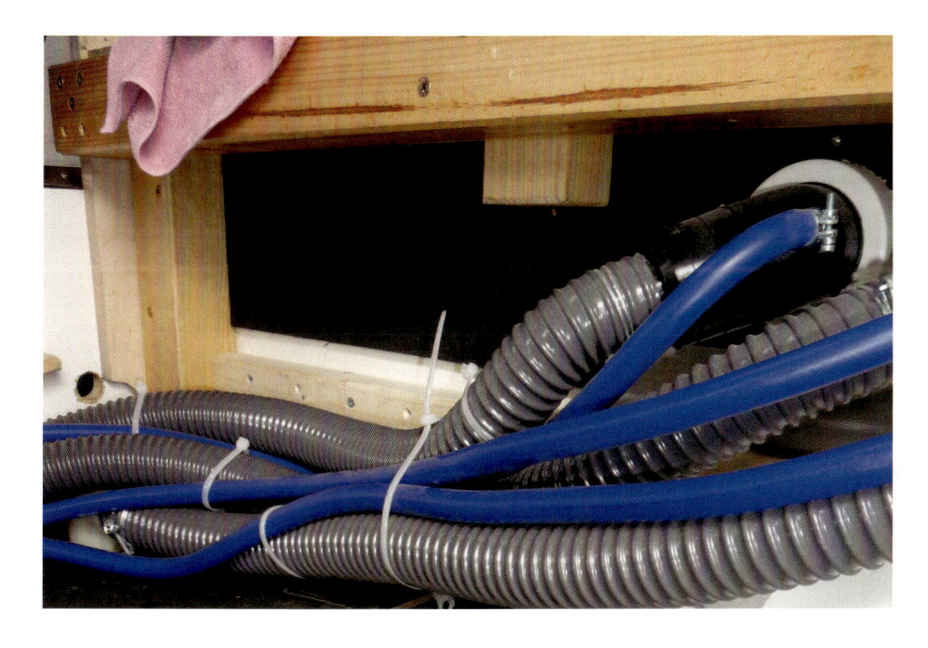

21 Vorbereitende Arbeiten am Koffer

21.4 Die ursprüngliche Isolierung des Shelters

Vorbemerkung

Die nachfolgend beschriebene Isolierung des Shelters hat sich auf unserer achtmonatigen Testreise durch Marokko und die Westsahara als *nicht ausreichend* erwiesen. Bei Temperaturen unter 5 Grad Celsius kommt es an den Container-Locks sowie an der Front- und Heckwand häufig zu Taubildung, wo sich nach einiger Zeit dann auch Schimmel bilden kann, wenn die Stellen wenig bis gar nicht belüftet sind – wie dies in geschlossenen Deckenkästen im Heckbereich der Fall ist.

Das ist für kürzere Aufenthalte im Kühlen mit gelegentlicher Taubildung im Fahrzeug sicherlich kein Problem, sollte aber bedacht und berücksichtigt werden, wenn man mit seinem Fahrzeug Wintercamping machen möchte oder längere Reisen in kühle oder gar kalte Regionen plant. Bei unserer Reise durch Marokko wurden wir im Dezember 2008 im Norden Marokkos von nasskaltem Wetter genauso erwischt, was dann zu den oben beschriebenen Problemen führte. Deshalb werden nach der Erläuterung der ursprünglichen Isolierungsmaßnahmen die Schimmelsanierung und Nachisolierung des Shelters beschrieben. Die fand im Frühjahr 2010 bei den ersten warmen Sonnenstrahlen statt und nahm noch einmal gut 100 Stunden Arbeitszeit in Anspruch!

Eigentlich sollte man ja davon ausgehen, dass ein Shelter mit seinen 60 mm PU-Schaum besser isoliert ist als die meisten anderen Wohnmobile, die teilweise mit nur 35 mm PU-Schaum als Isolierung daherkommen. Dem ist aber nur bedingt so. Die thermischen Schwachpunkte eines Shelters – auch eines

Meknès im Regen – braucht kein Mensch

1) Container-Lock
2) Die Container-Locks habe ich mit 20 mm starkem PE-Material verkleidet.
3) Als Nächstes werden die Kanten mit fünf cm breiter und ca. 3 mm dicker, selbstklebender PE-Rollenware aus dem Baumarkt (Hornbach) beklebt.

Zeppelin-Shelters – liegen in den relativ massiven Front- und Heckwänden sowie in den Ecken und Kanten des Koffers. Die umlaufende Alu-Rahmenkonstruktion kommt hier mit dem Innenraum in Verbindung und schafft so Kältebrücken, an denen sich Kondenswasser bilden kann. Am deutlichsten ist dies an den acht Ecken des Shelters der Fall, wo die massiven Alu-Blöcke der Container-Locks in den Innenraum ragen. Aber auch die Front- und Heckwand haben es in sich. Durchgehende Aluminiumstege rund um die Serviceklappen und Ausschnitte für Heizung- und Klimagerät geben Anlass zur Nachisolierung. Das Gleiche gilt für die Hecktür, die sehr massiv ist und zusammen mit ihrem Rahmen eine einzige Kältebrücke darstellt. Hier liegen klar die Nachteile eines solchen Shelters gegenüber kältebrückenfrei gebauten Kabinen der einschlägigen Hersteller.

Auch die umlaufenden Spriegel und Kanten der Kabine bilden Kältebrücken, deren Isolierung allerdings nicht unbedingt notwendig ist. Auf den nachfolgenden Seiten habe ich die nachträgliche Isolierung ausführlich geschildert und detailliert bebildert. Bei allen Vorzügen, die ein solcher Shelter speziell in finanzieller Hinsicht bietet, sollte man sich dieser Nachteile bewusst sein und sich im Zweifel für eine kältebrückenfrei gebaute Kabine entscheiden–insbesondere dann, wenn längere Aufenthalte in kalten Regionen geplant sind. Um sicherzustellen, dass sich das selbstklebende PE-Material bei Kälte nicht löst, fixiere ich die PE-Isolierung der Kanten, indem ich Kunststoff-Kabelkanäle für die Elektroinstallation in die Ecken schraube. So werden in nahezu allen Ecken und Kanten die Kabelkanäle verlegt (siehe dazu das Kapitel 23.3 »Vorbereitung der Elektrikinstallation«).

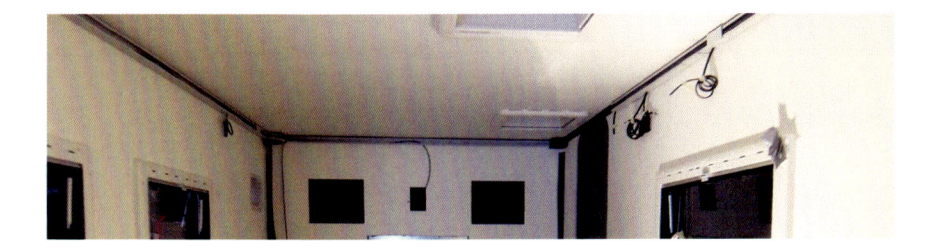

Bezugsquelle für selbstklebende PE-Rollenware und die Kabelkanäle sind gut sortierte Baumärkte–in meinem Fall Hornbach.

Die Heckwand bekleben wir im Wohnbereich mit 20 mm starken PE-X-trem-Isolator-Matten, die Hecktür hat Edith mit 10 mm starker PE-Matte verkleidet. Im Stauraum unter dem Bett ist keine zusätzliche Isolierung vorgesehen.

ACHTUNG Wie bereits erwähnt, zeigt sich im Dauer-Wohnbetrieb bei Temperaturen unter 5 Grad, dass die Isolierung der Ecken und Kanten des Shelters mit der Baumarkt-PE-Rollenware nicht ausreichend ist. Es bildet sich Kondenswasser in den Kabelkanälen und an der Decke/Wand entlang der umlaufenden Kantenspriegel–besonders an solchen Stellen, die nur wenig belüftet sind, wie dies in geschlossenen Schränken und Deckenkästen der Fall ist. Diese sollten besser mit einer Hinterlüftung gebaut werden. Besonders problematisch ist es, wenn das Dämm-Material nicht fest an der Wand anliegt und sich dahinter ein Spalt bildet, in dem sich die Feuchtigkeit dauerhaft halten kann. Dort kann sich dann in späterer Folge Schimmel bilden.

21 Vorbereitende Arbeiten am Koffer

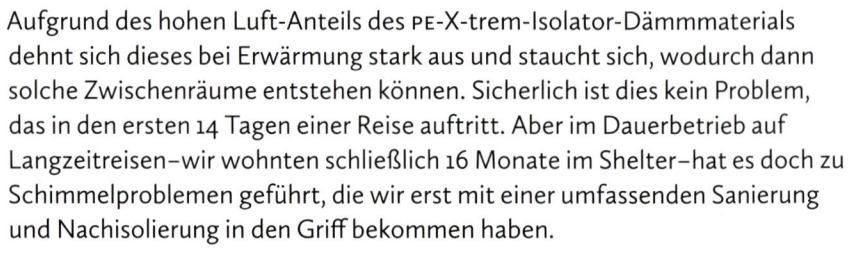

Aufgrund des hohen Luft-Anteils des PE-X-trem-Isolator-Dämmmaterials dehnt sich dieses bei Erwärmung stark aus und staucht sich, wodurch dann solche Zwischenräume entstehen können. Sicherlich ist dies kein Problem, das in den ersten 14 Tagen einer Reise auftritt. Aber im Dauerbetrieb auf Langzeitreisen – wir wohnten schließlich 16 Monate im Shelter – hat es doch zu Schimmelproblemen geführt, die wir erst mit einer umfassenden Sanierung und Nachisolierung in den Griff bekommen haben.

21.5 Nachisolierung des Shelters und Beseitigung der Schimmelprobleme

Schimmel ist ein häufiges Thema bei Wohnmobilen und Wohnwägen – und doch auch wieder nicht, weil nämlich niemand über seine Schimmelprobleme spricht. Oft sind sie einem gar nicht bewusst, weil man ja in den seltensten Fällen mal eben hinter den Kühlschrank oder die Wandverkleidung blicken kann.

Es ist eines der wenigen Tabu-Themen, über die man lieber schweigt, weil die Lösung der Probleme häufig mit enormem Aufwand verbunden ist. So auch bei uns, aber ich möchte mit dem Thema offen und ehrlich umgehen und alle Ausbauer – ganz gleich, ob Shelter oder GFK-/Alukabine – deutlich vor den Folgen einer unterdimensionierten Isolierung oder von Kältebrücken warnen. Das Problem zeigt sich nämlich nicht nur bei Sheltern an den angesprochenen Stellen, sondern mehr oder weniger in jedem Wohnmobil oder Wohnwagen in Abhängigkeit zur Wandstärke der Kabinenisolierung, der Aussentemperatur und der relativen Luftfeuchtigkeit im Innenraum. So können Kondensationsprobleme auch in modernen Wohnmobilen auftreten, wenn die Außentemperatur gering ist, im Inneren vier oder mehr Personen für eine hohe Luftfeuchtigkeit sorgen und die Wandstärke des Mobils mit 35 mm bis 40 mm relativ dünn dimensioniert ist.

Generell geht es in allen Fahrzeugen darum, Kältebrücken zu vermeiden und diese gänzlich auszuschalten. Aber auch dann kann es zu Kondenswasserbildung kommen, nämlich immer dann, wenn trotz Isolierung Teile des Fahrzeuginneren so weit abkühlen, dass der Taupunkt unterschritten wird. Dann bildet sich an den kältesten Stellen des Fahrzeugs Kondensat.

Auch das Kochen oder Duschen im Fahrzeug erhöht die Luftfeuchtigkeit massiv. Bei all diesen Tätigkeiten sollte deshalb auf eine ausreichende Belüftung und auf einen gesunden Luftaustausch im Fahrzeug geachtet werden; insbesondere da, wo feuchte Stellen nicht ausreichend belüftet sind.

1) Edith beim Isolieren der Hecktür
2) Das Verkleiden der Hecktür mit PE-Matten gestaltet sich als Sisyphus-Arbeit.

Um unser Schimmelproblem nach unserer Langzeitreise in den Griff zu bekommen, lassen wir uns in einem Farbenfachgeschäft beraten, wo man uns die Anti-Schimmel-Produkte der Firma Fakolith empfiehlt. Die Fakolith Farben GmbH hat sich ganz auf die Beseitigung von Schimmel im Haus, in der Wohnung, aber auch im Wohnwagen und Wohnmobil spezialisiert.

Das Schimmelbeseitigungs- und -präventionssystem besteht aus drei aufeinander aufbauenden Komponenten, um Schimmel zu bekämpfen oder präventiv der Bildung von Schimmel entgegenzuwirken. Nach unserer ersten Langzeit-Testreise bauen wir in einer 14-tägigen Sanierungsaktion die Möbel an allen von Schimmel befallenen Wänden aus und entfernen den Schimmel zunächst mit Anti-Schimmel- und Desinfektionsmittel Fakolith FK 12.

Im nächsten Schritt werden alle verdächtigen Stellen mit Fakolith FK 14 eingesprüht und zum Schluss mit Fakolith FK 5 (schimmelabweisender Farbe) zweifach gestrichen. Danach sieht unser Mobil wieder wie neu aus, und seitdem haben wir keinerlei Probleme mehr mit Schimmel.

1) Shit happens! Schimmel auch.
2) Fakolith Schimmelpräventions- und -beseitigungssystem

Für die Vermeidung von Schimmel gelten folgende Regeln

1. Kältebrücken vermeiden! Das bedeutet im Kastenwagenbau, nicht nur zwischen den Spriegeln und Traversen zu isolieren, sondern ganz besonders eben diese tragenden und deshalb massiveren Teile. Diese transportieren die Kälte von draußen nach drinnen, wo je nach Luftfeuchtigkeit und Temperatur die Taubildung früher oder später einsetzt. Dazu gilt es die tragenden Traversen mit einer Holzleiste zu verkleiden, um den Kältetransport zu unterbrechen.
2. Isolierung möglichst so verlegen, dass keine Luft zwischen Isoliermaterial und Aussenwand gelangen kann, denn dort bildet sich dann der Schimmel. Am besten funktioniert dies, indem jegliches Isoliermaterial mit einer zusätzlichen Verkleidungsplatte oder anderen Bauteilen fest an die Wand geschraubt wird, sodass dort keine Hohlräume entstehen. Alternativ kann das Isoliermaterial mit der Trägerwand verklebt werden. Der Einsatz mit doppelseitigem Fußbodenbelag-Klebeband hat sich dabei nicht bewährt. Aufgrund der großen Ausdehnungen des X-trem-Isolators löst sich der Kleber mit der Zeit. Eine wirksame Verklebung mit der Wand funktioniert sehr gut mit Klebstoffen wie Sikasense-4450 oder Sikasense-4300FD oder mit Dekafol von Dekalin (siehe Kapitel 20 »Befestigungstechnik«). Allerdings scheue ich Verklebung wie der Teufel das Weihwasser und bevorzuge die Verschraubung, weil damit bauliche Veränderungen jederzeit möglich sind.
3. Belüftung des Fahrzeugs optimieren und für ausreichend Luftaustausch sorgen: Geschlossene Schränke und Staukästen bieten wenig bis keinen Luftaustausch, weshalb die Feuchtigkeit hier nicht abtransportiert wird. Bei uns bildete sich Feuchtigkeit und in der Folge Schimmel in den Deckenkästen an Front- und Heckwand sowie in den Hohlräumen hinter sich

BEZUGSQUELLE

Schimmelbeseitigung/-prävention
www.fakolith.com oder im guten Farbenfachhandel

PREIS Im Set kosten die beiden Anti-Schimmel-Mittel sowie 5 kg Anti-Schimmel-Farbe ca. € 100,– (Sonderangebot 2010).

21 Vorbereitende Arbeiten am Koffer

1) Die Rückseite des Container-Locks aus massivem Alu.
2) Die ursprüngliche 20 mm starke PE-Verkleidung der Container-Locks hat sich als nicht ausgereichend erwiesen. In kalten Nächten hat sich auf dem PE-Material Kondenswasser gebildet. Deshalb das Ganze noch einmal!
3) Zunächst wird mit 20 mm starkem PE-Material gearbeitet, und dann wird noch eine Lage aufgedoppelt, sodass die Container-Locks mit 40 mm starkem PE isoliert sind.
4) Danach werden Wände und Decke in dezentes 20 mm starkes, schwarzes PE gehüllt.
5) Die gleiche Prozedur auch im Deckenkasten im Bad. Die Befestigungswinkel werden ausgespart, sodass sie später noch zugänglich sind, und dann mit den Ausschnitten wieder verschlossen.

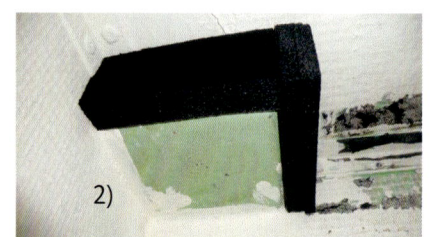

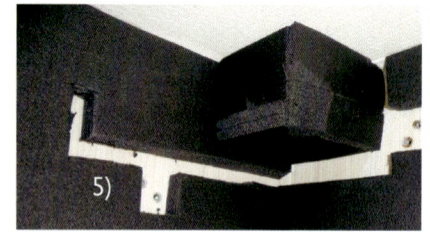

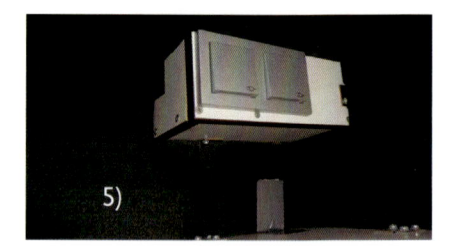

stauchenden PE-Matten, was natürlich besonders tückisch ist, weil man diese Stellen ja isoliert wähnt.

4. Schimmel-Prävention: Eine gute Idee wäre beispielsweise, das Fahrzeug gleich mit einem Anti-Schimmel-Mittel der Firma Fakolith zu streichen. Im Farbenfachhandel wird jeder gewünschte Farbton auch in der Anti-Schimmel-Farbe »FK 5« angemischt.

Ob die tatsächlich Schimmel vermeidet, kann ich (noch) nicht beurteilen, aber wenn es die Chance erhöht, dann ist es den geringen Mehraufwand allemal wert. Wir haben unser Fahrzeug an den befallenen Stellen jedenfalls mit dieser Farbe gestrichen und werden bei zukünftigen Malerarbeiten weiterhin auf FK 5 setzen.

Auch wenn die Farbe relativ teuer ist, schlagen die Kosten weit weniger zu Buche, als wenn nach einer längeren Reise eine so massive Sanierungsaktion ansteht, wie dies bei uns der Fall war.

Nachdem ich die ursprüngliche Isolierung entfernt habe und Edith sich gründlich der Beseitigung des Schimmels gewidmet hat, gilt es die Ursachen für die Schimmelbildung in den Griff zu bekommen. Dazu werden die Decken und Wände der Deckenkästen an Front- und Rückwand mit 20 mm starken X-trem-Isolator-PE-Matten verkleidet.

TIPP FÜR DIE ISOLIERUNG DER SHELTERTÜR Wenn man die Tür eines Zeppelin-Shelters mit 10 mm starken PE-Matten isoliert, ist die Oberfläche des PE-Materials bündig mit der Oberfläche der daneben liegenden Wände. Das bedeutet, dass man das PE-Material an den Wänden über die Tür ragen lassen kann. Damit überlappt die Wandisolierung den Türspalt und schließt bündig und relativ luftdicht den Türspalt ab, und es bildet sich kein Kondenswasser im Türrahmen.

1) Die PE-Matte der Seitenwand liegt satt auf der PE-Isolierung der Tür auf.

2) Danach wird die PE-Matte mit einer Verkleidungsplatte an die Wand gepresst.

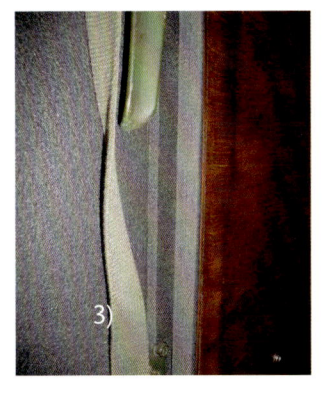

3) Bei geschlossener Tür schließt die PE-Matte dicht mit der Türoberfläche ab

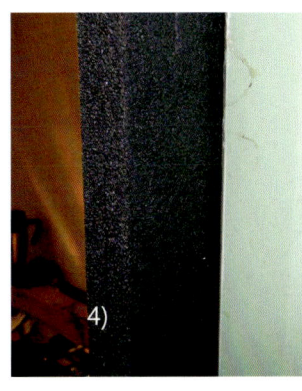

4) Von außen betrachtet steht die PE-Matte von der Seitenwand ca. 5 cm in den Türausschnitt hinein.

5) Die Aussparungen für die Hecktür werden teils mit der Flex ins PE geschnitten ...

6) ... teils mit dem Teppichbodenmesser.

7) Mit diesen Fertigkeiten ...

8) ... werde ich wohl beim nächsten PE-Matten-Kunstschnitzerwettbewerb teilnehmen.

21 Vorbereitende Arbeiten am Koffer

1) Im Stauraum fixieren Verkleidungsplatten die PE-Matten an der Wand und schützen sie vor herumrutschender Ladung.
2) PE, so weit das Auge reicht – jetzt auch im Stauraum.

Zum Schluss verpasse ich der in PE gehüllten Hecktür eine hübsche Verkleidungsplatte, was eine gemütlichere Atmosphäre verbreitet als das schlichte Mattschwarz der PE-Matten.

Isolierungstipp für Shelterausbauer

Wer mit dem Ausbau eines Shelters beginnt, ist gut beraten, möglichst dicke PE-Matten flächig an Front- und Heckwand zu verkleben oder mit einer Möbelplatte zu fixieren. Auf dieser Möbelplatte können dann die zu befestigenden Möbel angebaut werden. Das kostet zwar ein paar Zentimeter Platz, aber dafür ist der Shelter bestens isoliert.

ACHTUNG BEI DER VERARBEITUNG VON PE-MATTEN! Die Isolierwirkung der PE-Super-Isolator-Matten ist sicherlich unbestritten. Allerdings sollte man sich bei der Verarbeitung im Klaren darüber sein, dass sich PE unter Temperatureinfluss stark ausdehnt. Das bedeutet, dass PE, das bei hohen Temperaturen verarbeitet wird, im Winter schrumpft und sich in den entstehenden Ritzen und Spalten erneut Feuchtigkeit niederschlagen kann. Umgekehrt verhält es sich, dass passgenau bei kühlen Temperaturen verarbeitete PE-Matten sich bei warmen Temperaturen ausdehnen und stauchen, falls sie nicht durch eine Verkleidungsplatte in Form gehalten werden.

In diesem Fall ist eine Verklebung sicher zielführender, weil der Klebstoff das Ausdehnen und Schrumpfen der Matten weitgehend unterbindet. Dabei sollten sowohl in der PE-Matte als auch in der Verkleidungsplatte Befestigungswinkel ausgespart werden, damit diese später noch zugänglich sind, ohne dass man die Verkleidungsplatte demontieren muss.

TIPP Wenn die PE-Matte passgenau zugeschnitten ist, empfiehlt es sich, davon die Umrisse auf einem Blatt Papier oder Karton festzuhalten. So hat man im Bedarfsfall eine Schablone, nach der man eine Verkleidungsplatte anfertigen kann.

BEZUGSQUELLE

PE-Matten
REIMO

PE-X-trem-Isolator-Matten sind in unterschiedlichen Stärken von 5 mm, 10 mm, 20 mm, 30 mm, selbstklebend und nicht selbstklebend erhältlich. Vom Kleber der selbstklebenden Matten sollte man sich nicht zu viel erwarten.

PREIS 1 × 2 m große Superisolations-Matten in 20-mm-Stärke kosten ca. 26 Euro. Dünnere Matten sind günstiger, dickere entsprechend teurer.

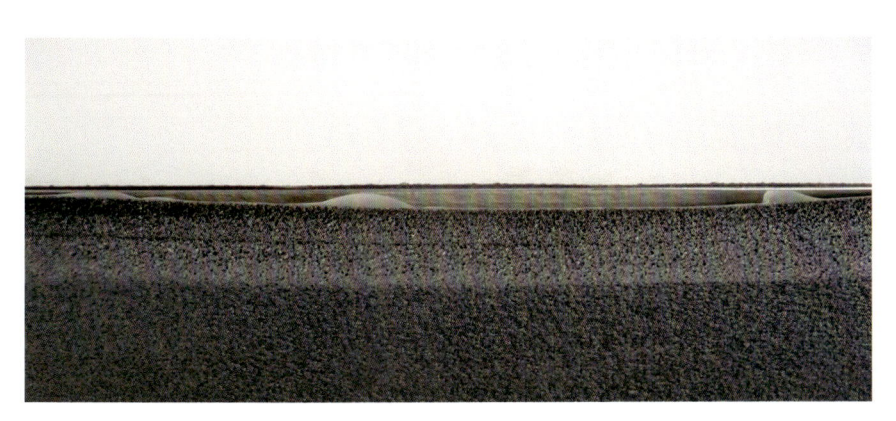

1) Um die Türverkleidung anzupassen, baue ich die Tür aus.
2) Kunstschnitzen ist auch bei der Verkleidungsplatte angesagt.
3) In Palisanderfarbe gestrichen macht die Verkleidungsplatte jetzt richtig was her.

22 Einbau von Türen, Fenstern, Luken und Klappen

Nach Abschluss der Malerarbeiten geht es zur Firma Intercamp in Vaterstetten (heute in Anzing bei München), wo man mir ein trockenes Hallenplätzchen im Lager freiräumt. Glück habe ich, dass deren Rolltore gerade mal 3 cm höher sind, als unser Sternchen nach(!) dem Einbau der Dachluken hoch ist. Es ist nämlich blöd, wenn man einen Hallenplatz gefunden hat und nicht reinkommt, aber richtig peinlich, wenn man nach dem Ausbau nicht mehr rauskommt. Da hilft dann nur noch, Luft abzulassen und zu beten, dass es reicht. Das erste Loch im Koffer war das schlimmste! Ich bringe es nicht übers Herz, Bohrmaschine und Stichsäge anzusetzen, um die Kabine zu perforieren. Ralph Ametsbichler, Inhaber der Firma Intercamp, tut sich da sichtlich leichter. Klar, es ist ja auch nicht sein Auto. Mit süffisantem Grinsen und erhobenem Daumen jagt er den Bohrer für ein erstes »Testloch« in unsere »neue Heimat«. Das tut weh! Aber es soll ja nicht das letzte sein …

22.1 Einbau der Eingangstür

Vater Michael Ametsbichler übernimmt dann in flotten 4 Stunden den Einbau der Tür, während ich den Hiwi mime und dabei viel lerne. Der Vorgang wird bei den Fenstern weiter unten detailliert beschrieben und bebildert.

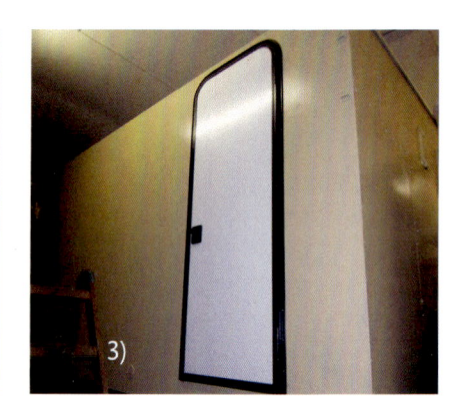

1) Mit der Stichsäge angezeichneten Ausschnitt heraussschneiden.
2) Die Wand ist draußen.
3) Die Türe ist drinnen.

1. Positionierung der Tür. Diese muss nach meiner Planung direkt an den vorderen umlaufenden Spiegel des Shelters anschließen, um rechts von der Tür noch ausreichend Platz für die WC-Serviceklappe zu haben. Anzeichnen der Schnittlinie.
2. Bohren der Ecklöcher, um das Stichsägeblatt einsetzen zu können.
3. Sägen des Türausschnitts. Michael sägt an der Oberkante des unteren Shelterspiegels von rechts nach links, bis er auf den umlaufenden Spiegel trifft, der 107 cm von der äußeren Vorderkante des Shelters um den Koffer verbaut ist.
4. Provisorisches Einsetzen des Türrahmens mit der Tür, um die Bohrlöcher am Spiegel zu markieren, in die die beiden Schließriegel des Türschlosses in den Spiegel greifen sollen.
5. Herausnehmen der Tür, Bohren der Löcher für das Schloss.

6. Vorbereiten der Tür mit Dekaseal 8936 dauerelastischer Dichtmasse.
7. Finales Einsetzen der Tür und Verschrauben mit der Shelterwand.

ACHTUNG Nach §35e STVZO muss eine seitlich im Koffer verbaute Tür immer in Fahrtrichtung vorne angeschlagen werden, damit sie sich nicht im Fahrtwind öffnen kann. Das muss man wissen, wenn man Fenster plant, die später nicht von einer offen stehenden Tür verdeckt sein sollen.

Die Tür gibt es mit und ohne Fenster, sowohl links als auch rechts angeschlagen. Mit 186 × 64 cm hat sie genau die Maße, die wir brauchen. In die Tür ist eine Schwingtür mit Fliegengitter integriert, was ebenfalls sehr angenehm ist. Sicherlich gibt es stabilere Türen mit deutlich belastbareren und sichereren Beschlägen. Diese kosten in der Regel aber auch deutlich mehr, wiegen auch wesentlich mehr und verfügen häufig nicht über eine Fliegengittertüre. Tourfactory hat die Tür vorzugsweise für Absetzkabinen für Offroad-Fahrzeuge in der 3,5-t-Klasse im Einsatz, wo es an allen Ecken und Enden Gewicht zu sparen gilt. Eine gute Gelegenheit für mich, mit dieser Tür auch meinem 7,5-Tonner eine kleine Diät angedeihen zu lassen. Im Nachhinein stellt sich heraus, dass ich das ruhig öfter hätte machen können.

Tipp für das Schneiden von Tür- und Fensterausschnitten!

Die Dicke der Shelterwand gestaltet das Schneiden von Tür- und Fensterausschnitten bei Rundungen als etwas problematisch. Aufgrund der Wandstärke von 6 cm muss ich lange Sägeblätter verwenden. Die neigen beim Schneiden von Rundungen dazu, auf der unteren Seite des Materials – also da, wo die Stichsäge nicht aufliegt – nach außen auszuweichen.

Damit fällt der Ausschnitt auf der gegenüberliegenden Seite größer aus als geplant, was durchaus nicht gewünscht ist. Deshalb ist es sinnvoll, bei Rundungen ein kurzes Sägeblatt zu verwenden und die Ausschnitte von beiden Seiten zu schneiden. Dies muss ich auch bei den Fensterausschnitten machen, weil die Fenster mit einem Alu-Z-Profilrahmen in der Wand versenkt werden und somit innen einen geringeren Ausschnitt erfordern als an der Außenseite.

Beim ersten Ausschnitt wird auch klar, warum die Stichsäge mal leichter und mal schwerer läuft. An den Stellen, an denen auf der Innenseite des Shelters die Alu-Schienen verbaut waren, ist das Wandmaterial aufgedoppelt – gut zu wissen für den Fall, dass man schwere Einbauten zu befestigen hat. Deshalb sollte man sich im Falle eines Shelterausbaus die Maße der Schienenpositionen notieren, um die besondere Festigkeit der Wand an diesen Stellen gezielt nutzen zu können.

BEZUGSQUELLE

Eingangstür mit Fliegengitter
TOURFACTORY
www.tourfactory.de

PREIS € 650,– zuzüglich € 50,– Versandkosten (2013)

Aufgedoppeltes Wandmaterial an den Stellen, wo Alu-Schienen verbaut waren

22 Einbau von Türen, Fenstern, Luken und Klappen

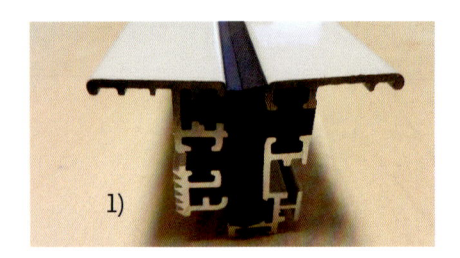

22.2 Alternative Eingangstüren

Tür-Selbstbausatz von Ormocar

Für Selbstausbauer, die in der Eigenfertigungstiefe noch etwas weiter gehen wollen, bietet die Firma Ormocar Selbstbausätze an, in denen vom Türrahmen über die Beschläge, eine Dreipunkt-Verriegelung und Türblatt aus GFK-Sandwichmaterial in einer Stärke von 40 mm alles notwendige enthalten ist.

BEISPIELPREISE Tür oder Stauraumklappe mit Alurahmen mit thermisch getrenntem Alu-Profil, vier runde Ecken, weiss, pulver-beschichtet. GFK-Füllung 40 mm, Größe nach Wahl, Dreiseiten-Verriegelung € 1.150,– bzw. € 1.130,–

tegos Eingangstüren mit und ohne Zentralverriegelung

Wer sich die Tür nicht selbst bauen will, aber eine Eingangstür sucht, die etwas mehr Sicherheit und Solidität vermittelt, als die von mir verbaute, der wird vielleicht beim schwäbischen Hersteller tegos fündig. Die Firma entwickelt und baut Wohnmobil-Eingangstüren und -Stauklappen für eine ganze Reihe deutscher und internationaler Wohnmobil-Hersteller, wobei man diese Türen auch als Selbstausbauer und Endkunde beziehen kann.

Drei verschiedene Türen stehend von tegos zur Auswahl:
Die Selbstausbauer-Tür.

Sie kann in der Variante »oben rund« mit einer definierten Größe von 600 × 1635 mm oder 600 × 1912 mm (B × H) geordert werden. Wer eine Tür in individuellen Maßen braucht, kann auf die Variante mit zwei abgerundeten Ecken zurückgreifen. Das Türblatt ist in Stärken zwischen 32 bis 42 mm verfügbar, außen aus 1 mm Alublech gefertigt und mit einer Einpunktverriegelung versehen. Optional kann ein Sicherheitsschloss ergänzt werden, um die Einbruchsicherheit der Tür zu erhöhen. Die Tür wird komplett mit Einbaurahmen und Fliegenschutz-Tür geliefert.

1) Thermisch getrenntes Aluprofil
2) Tür- oder Stauraumklappen-Rahmen

Selbstausbauertür im definierten Maß mit rundem Türausschnitt

Selbstausbauertür mit frei wählbaren Maßen

Fliegenschutz für Selbstausbauertür

Beides zusammen wiegt ca. 12 kg und kostet € 960,– bei Selbstabholung in Ostrach. Versand innerhalb Deutschlands ist für ca. € 50,– möglich (Ausland auf Anfrage). Die Fliegengitter-Tür ist auch einzeln zum Preis von € 235,– zuzüglich der Versandkosten erhältlich. Wahlweise kann man sich die Tür bei tegos in Ostrach oder einem der Einbaupartner auch einbauen lassen. Die Kosten hierfür belaufen sich auf ab € 300,– (je nach Einbausituation im Fahrzeug).

Nachrüstbare Zentralverriegelung

Optional ist die Selbstausbauertür auch mit Zentralverriegelung erhältlich, die auf Wunsch auch in ein bereits vorhandenes Zentralverriegelungssystem eingebunden werden kann. Die Zentralverriegelung gibt es ebenso als Nachrüst-Modul und kann theoretisch an jeder beliebigen Tür oder Stauraumklappe eines Wohnmobils nachgerüstet werden, wenn diese einen Druck- und *keinen* Drehriegelspannverschluss hat. Der Elektronik-Spezialist und tegos-Partner hegotec hat hierbei seine langjährige Erfahrung in der Wohnmobilbranche eingebracht und die Zentralverriegelung mit den aus der Kfz-Industrie bekannten Merkmalen wie zyklische Ansteuerung und Überwachung sowie Aussperrschutz ausgerüstet.

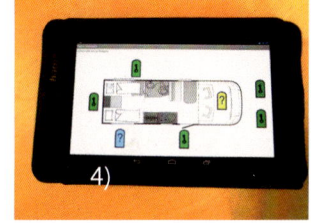

Bei einem kompletten Neuaufbau sollte vorab mit tegos die Konstruktion aller Türen und Klappen besprochen werden. Im Falle des Umbaus eines bestehenden Fahrzeugs sind die kompletten Nachrüstsätze mit tegos abzustimmen. Bei der Nachrüstung ist es auch möglich, sinnvolle Gruppen von Türen zu definieren, so dass beispielsweise nur die Aufbautüre oder nur die Stauraumklappen geöffnet werden, während die anderen Türen verschlossen bleiben. Das Türblatt hat eine Stärke von 32–42 mm, die Außenhaut besteht aus 1 mm Alublech. Der Nachrüst-satz für die Zentralverriegelung kostet ein-malig für eine Tür, mit zwei Funkhand-sendern € 258,–. Zentralverriegelungs-Modul für jede weitere Tür oder Klappe € 95,–.

Die Variante mit Handy-App ist zwar teurer, bietet allerdings den Luxus, den Status aller Türen z.B. vor dem Schlafengehen nochmals am Handy oder Tablet-PC prüfen zu können und eventuell nicht verschlossene Klappen direkt zu verriegeln.

1) Zentralverriegelung mit Schlüssel oder Funkfernbedienung
2) Innenansicht des zv-Schlosses
3) Türen können am Display von innen nach Gruppen zusammengefasst und gesteuert werden.
4) Die Steuerung kann via Mobile-App auch vom Tablet-PC oder Handy aus erfolgen.

22 Einbau von Türen, Fenstern, Luken und Klappen

Die Premium Top-Tür mit Zentralverriegelung und Zuziehhilfe

Die High-End-Türversion von tegos ist eine Komforttür mit eingebauter Zentralverriegelung und Zuziehhilfe. So muss die Tür nicht mehr lautstark zugeschlagen sondern nur noch angelehnt werden. Die Steuerungsmechanik schließt die Tür dann automatisch absolut dicht ab. Von außen ist die Tür mittels Knopfdruck zu öffnen, oder eben wie oben beschrieben via Fernbedienung oder Mobile-App.

Die Tür ist mit einer hochwertigen Zweipunktverriegelung ausgestattet und kann optional mit einem weiteren, außenliegenden Sicherheitsschloss zusätzlich gesichert werden. Die Tür verfügt über ein 90 cm hohes, bruchfestes Kunststofffenster und über eine solide Innenverkleidung und den weiter oben gezeigten Fliegenschutz.

BEZUGSQUELLE

www.tegos-systeme.de

PREIS

- Selbstausbauertür mit Fliegenschutz: € 960,–
- Fliegenschutztür separat: € 235,–
- Einbau einer Selbstausbauertür: ab € 300,–
- Premium-Top-Tür inkl. Fliegenschutz und Einbau: € 2.585,–

22.3 Welche Fenster sind die Richtigen?

Bei den Fenstern entschieden wir uns im Jahr 2008 mangels preislicher Alternativen recht schnell für Dometic-Seitz-S4-Ausstellfenster. Heute würde die Entscheidung anders ausfallen–doch dazu später mehr bei den Fenster-Alternativen..

Dometic-Seitz-Fenster sind relativ kostengünstig–aber alles andere als perfekt, was man wohl bei einem Preis von ca. € 389,– (Stand 2012) für ein Fenster im Format 900 × 500 mm einschließlich eines Insekten- und Verdunkelungsrollos vielleicht auch nicht erwarten kann. Wie fast allen Wohnmobilisten leidlich bekannt, leiden die Fenster auch im Seniorenalter noch an Kinderkrankheiten. So finden an den Lüftungsschlitzen oberhalb und unterhalb des Fensters sowie an den Außenrändern des Fliegen- und Verdunkelungsrollos allerlei Plagegeister bis hin zum Wespenformat den Weg ins Wageninnere, um dort über die sich in Sicherheit wiegende Besatzung herzufallen.

Beim Thema »wiegen« kommt aber ein anderer Vorzug von Dometic-Seitz-Fenstern zum Tragen, denn sie sind mit einem Gewicht von rund 8 kg beim oben genannten Maß einschließlich des Einbaurahmens und Fliegen-/Verdunklungsrollos mit die leichtesten Fenster am Markt.

Das ist für alle Womos in der 3,5-Tonnen-Klasse, aber auch für so manchen Allrad-Lkw, der die 7,5 Tonnen nicht überschreiten soll, ein gewichtiges Kaufargument. Hier spielt die leichte Kunststoffverglasung ihre Stärken gegenüber Echtglasfenstern aus, um sie auf der anderen Seite beim Thema Kratzfestigkeit gleich wieder zu verspielen. Denn Berührungen mit Sträuchern und Ästen hinterlassen unweigerlich einen bleibenden Eindruck, der mit der Zeit den klaren Durchblick und damit auch die Freude an demselben trübt. Allerdings können die Kratzer auch wieder herauspoliert werden, wenn sie nicht allzu tief sind.

Dometic-Seitz-Fenster gibt es übrigens auch in der Schiebeversion, die aber für uns schon deshalb nicht infrage kommt, weil die wirksame Fensteröffnung auf 50 Prozent der Fensterfläche reduziert wird. Allerdings bieten Schiebefenster einen Vorteil, wenn man über den Fenstern Abdeckklappen installieren möchte. Die können ohne eine spezielle Mechanik von innen ver- und entriegelt werden, was bei Ausstellfenstern unter Umständen etwas mehr Hirnschmalz verlangt. Diese Herausforderung lässt sich aber lösen und wird im Kapitel 33.11 »Anbauten« beim Thema »Fensterklappen« erläutert. So sind Seitz-Fenster preis- und gewichtsbedingt seit Jahren die meistverbauten Fenster in der Womo-Szene.

22.4 Einbau der Dometic-Seitz-S4-Fenster

Platzierung der Fenster
Bei der Anordnung der Fenster sollte die Planung des Innenausbaus weitgehend abgeschlossen sein, weil sich die Positionierung der Fenster ja auch an den Innenmaßen orientieren muss. Wer einen Kastenwagen oder Shelter ausbaut, wird zusätzlich mit der Herausforderung konfrontiert, dass tragende Teile nicht entfernt werden dürfen. Beim Kastenwagen ist im Zweifel mit dem Hersteller zu klären, welche Elemente durchtrennt werden dürfen. Bei einem Zeppelin-Shelter führt das Durchtrennen der umlaufenden Spriegel (jeweils außen 107 cm von vorne und hinten gemessen) zu einer Beeinträchtigung der Stabilität des Shelters.

Die Oberkante der Rückenlehne der Sitzgruppe bildet das untere Maß für die Fensterrahmen. Der verbleibende Raum bis zur Oberkante des Daches ist der Platz, der für das Fenster einschließlich einer komplett nach oben zu öffnenden Abdeckklappe zur Verfügung steht. Daraus ergibt sich bei uns eine

22 Einbau von Türen, Fenstern, Luken und Klappen

Fensterhöhe von 40 cm, und wir entscheiden uns, auf der linken Wagenseite zwei Fenster im Format 750 × 400 mm zu verbauen, auf der rechten Seite ein Fenster im Maß von 900 × 400 mm.

BEZUGSQUELLE

Alu-Z-Profilrahmen
HEISS STAHLBAU GMBH
www.stahlbau-heiss.de

PREIS Je Rahmen ca. € 100,– (Stand 2008)

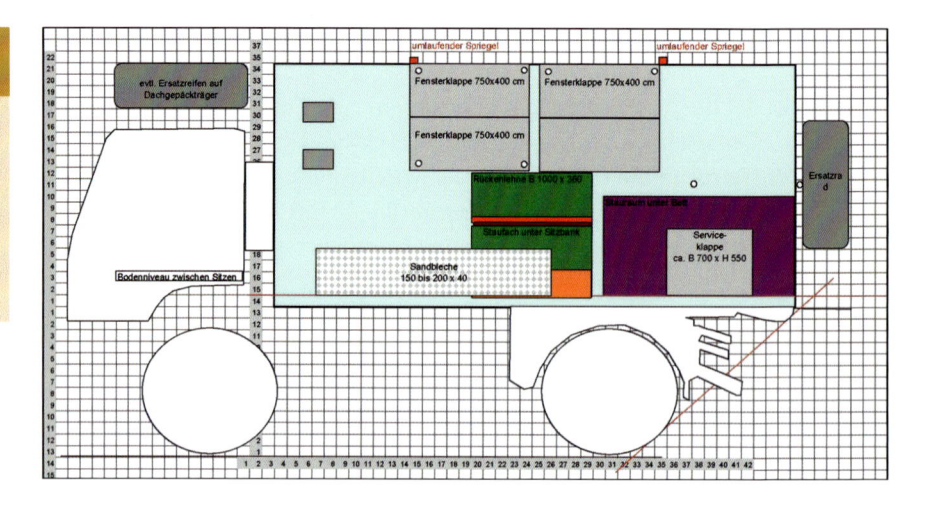

Versenken der Fenster in die Wand mit Alu-Z-Profil-Rahmen

Da die Wandstärke des Shelters 60 mm beträgt und die Seitz-Fenster beim Aufsetzen auf die Außenwand ca. 2 cm überstehen würden, entscheide ich mich dazu, die Fenster mittels eines Alu-Z-Profil-Rahmens in die Wand zu versenken. Die Maße für das Profil betragen B 35 × T 25 × B 35 mm.

Wer Fensterklappen zur Abdeckung der Fenster plant, sollte die Tiefe der Z-Profil-Rahmen auf 30 mm erhöhen. Das Versenken hat zum einen den Vorteil, dass die Fenster nicht über die Außenhaut überstehen. Allerdings sind sie deshalb auch nicht besser gegen Äste geschützt. Aber man gewinnt Raum zwischen Fenster und Fensterklappe und kann deren Schließmechanismus durch den Fensterspalt bedienen. Im Nachhinein stellt sich aber heraus, dass die Fensterklappen dreidimensional gebaut werden müssen, damit sie eine gewisse Stabilität mitbringen. Vorteil: Die Fenster können unter der geschlossenen Klappe soweit geöffnet werden, dass man den Schließmechanismus betätigen kann (siehe Thema Fensterklappen im Kapitel Kapitel 33.11.). Ohne die Z-Profile hätte ich innen einen Verkleidungsrahmen aus Holz bauen müssen, weil die 6 cm Wandstärke von den Fensterrahmen nicht überdeckt worden wären.

TIPP Wenn bei einem Fahrzeug unklar ist, wo Spriegel und Streben verlaufen, findet man die relativ einfach, indem man die Wand mit einem Gummihammer abklopft.

WICHTIG Zuerst den kleineren Innenausschnitt von innen sägen, bevor man den größeren Ausschnitt auf der Außenseite sägt.

Arbeitsschritte

1. Anzeichnen der Ausschnitte an der Innenwand mit dem Innenmaß des Z-Profil-Rahmens. Abkleben der Innenwand mit Krepp-Klebeband, um die Tapete zu schützen. Das Ausmessen und Anzeichnen meines ersten selbst ausgeschnittenen Fensters dauert sicherlich mehr als eine Stunde, weil ich panische Angst davor habe, einen gravierenden Fehler zu machen und hinterher vor einem Loch in der Wand zu stehen, durch das das Fenster durchfällt. Also lieber 17 mal messen als einmal zu wenig!
2. Bohren von 10 mm Löchern an den Ecken von innen nach außen zum Einsetzen der Stichsäge. Die Löcher können durchgebohrt werden, denn es wird mit dem langen Sägeblatt die Shelterwand komplett durchsägt (im Gegensatz zum Außenschnitt!).
3. Von innen nach außen den ersten, kleineren Ausschnitt mit dem langen Sägeblatt sägen und den Ausschnitt herausnehmen.
4. Danach den äußeren, größeren Ausschnitt anzeichnen.
5. Mit Krepp-Klebeband außen abkleben.
6. An den Ecken 10 mm Löcher für das Einsetzen des Sägeblattes von außen nach innen bohren.
   ACHTUNG Nicht durchbohren sondern die Außenwand nur anbohren!
7. Sägeblatt auf das dem Z-Profil entsprechende Maß kürzen (in meinem Fall auf 25 mm Schnitttiefe).
8. Äußeren Ausschnitt sägen.
9. Mit dem Stanleymesser und Lineal den senkrechten Innenschnitt, ca. 26 mm (entsprechend der Tiefe des Z-Profilrahmens) von der Außenkante gemessen, in den PU-Schaum setzen.
10. Dann vorsichtig den Außenrand aus der Wand lösen. Übrig bleibt ein dem Z-Rahmen entsprechendes Profil im PU-Schaum der Wand, in das der Rahmen eingesetzt werden kann.

22 Einbau von Türen, Fenstern, Luken und Klappen

Sieht schick aus und ist funktional.

BEZUGSQUELLE

Domestic-Seitz S4-Fenster
WWW.REIMO.COM

PREIS JE FENSTER (STAND 2008)
- im Format 900 × 400: ca. € 280,–
- im Format 750 × 400: ca. € 270,– (Stand 2008)

11. Z-Profil-Rahmen einsetzen und auf Passung prüfen. Falls erforderlich, mit dem Stanley-Messer den PU-Schaum nacharbeiten, bis der Außenrahmen plan auf der Kabinen-Oberfläche aufliegt.
12. Z-Profil-Rahmen mit Schraubzwingen fixieren. Löcher für Dichtblindnieten in den Rahmen und Shelter vorbohren.
13. Dekaseal 8936 dauerelastische Dichtklebemasse dick auf den Z-Profil-Rahmen auftragen. Hier ist es sehr hilfreich, wenn man eine elektrische oder druckluftbetriebene Kartuschenpresse zur Verfügung hat.
14. Rahmen in Ausschnitt einsetzen und mit Schraubzwingen an die Wand pressen.
15. Mit 5 mm Dichtblindnieten den Rahmen im Shelter fixieren.
16. Dometic-Seitz-S4-Fenster ebenfalls mit Dekaseal-Dichtmasse im Z-Profil-Rahmen einsetzen und mit dem Seitz-Innenrahmen verschrauben.
17. Die Dichtmasse einige Tage etwas abtrocknen lassen und dann mit einem Dekaseal-Rest die überflüssige Dichtmasse abtupfen.
18. Stütznaht mit PU-Kleber oder Dekasyl MS 5 um die Rahmen herum anbringen (siehe nächste Seite).

ANMERKUNG Warum mit Dekaseal 8936 arbeiten und nicht mit PU-Kleber? Die Fensterrahmen kann man auch mit PU-Kleber einbauen. Die Profis von Intercamp raten mir jedoch, hierfür Dekaseal (dauerelastische Dichtmasse) zu verwenden, weil sie die Erfahrung gemacht haben, dass PU-Kleber mit der Zeit aushärtet, spröde wird und dann gegebenenfalls Wasser eindringen kann. Dekaseal ist eine dauerelastische Dichtmasse, die hochgradig UV- und alterungsbeständig ist und somit dauerhaft ihre Dichtwirkung behält. Somit kann ein Einbauteil auch wieder ausgebaut werden, was bei einer Verklebung mit PU-Kleber in der Regel nur mit der Zerstörung des verklebten Bauteils und ggf. auch des Untergrundes einhergeht.

Weiterer Vorteil: Die Verarbeitung ist weit weniger aufwendig als mit PU-Kleber. Bei PU-Verklebung müsste der Untergrund zunächst angeschliffen, entfettet und geprimert werden (siehe Vorgehensweise im Kapitel 20 »Befestigungstechnik«). Außerdem ist bei der Arbeit mit PU-Kleber sehr viel mehr Sorgfalt erforderlich, weil die Reste des Klebers nur sehr schwierig entfernt werden können.

TIPP VOM PROFI Intercamp-Chef Ralph Ametsbichler rät mir, nach dem Abtupfen des überflüssigen Dekaseal eine sogenannte »Stütznaht« aus PU-Kleber rund um die mit Dekaseal abgedichteten Kanten zu ziehen, um dieses wiederum vor dem Auslaufen zu schützen. Denn wenn die Sonne auf das Blech brennt, neigt die Dichtmasse dazu, dünnflüssiger zu werden und aus dem abzudichtenden Spalt herauszutropfen.

Vorgehensweise für die Stütznaht
1. Abkleben
2. Nahtstelle leicht anschleifen und mit Primer bestreichen.
3. Dünne Stütznaht ziehen und mit nassem Finger glatt streichen.
4. Klebeband direkt nach dem Glattstreichen abziehen. Das ist wichtig, weil man den Klebestreifen nicht mehr sauber abbekommt, wenn der PU-Kleber einmal ausgehärtet ist!

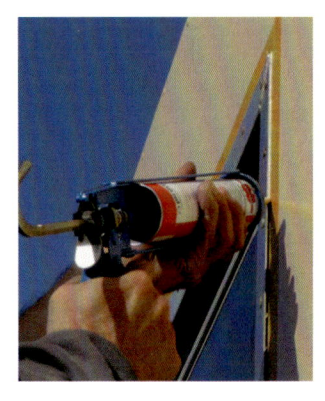

22.5 Echtglasfenster von KCT

Während Seitzfenster die Klassiker in der Touristenklasse sind, sind es KCT-Fenster in der First Class. Seit Jahren sind sie erste Wahl bei den meisten Expeditionmobil-Ausbauern, wenn es darum geht, Stabilität, Einbruchsicherheit, Langlebigkeit, Höhentauglichkeit und Funktionalität unter einen Hut zu bringen. Hier seien die wichtigsten Produkteigenschaften stichpunktartig aufgelistet:

- Außenwandbündig
- Hartglasscheiben
- Einbruchhemmend
- Hoher Luftdurchsatz
- Lüften bei Regen möglich
- Einhandbedienung

22 Einbau von Türen, Fenstern, Luken und Klappen

BEZUGSQUELLE

KCT-Fenster
AMR-OUTDOORWELT GMBH
www.amr-outdoorwelt.de

- Zweifach abgedichtet
- Verschweißte Ecken
- Lackierbarer Rahmen
- Stahlrahmen verstärkt
- Doppelte Stahlverriegelung
- Im Rahmen integrierte Aussteller
- Verriegelbare Lüftungsposition
- Beliebiger Öffnungswinkel
- Einfache Reinigung
- Hochwertige Optik
- Bis 5000 Meter höhengetestet

1) Stabile, aber trotzdem kältebrückenfreie Kunststoffrahmen mit Stahleinlagen, robuste Beschläge und Scharniere, doppelt ausgeführte Abdichtungen und das kratzfeste Hartglas zeichnen KCT-Fenster aus.

2) Sonnen- und Fliegenschutz-Rollo mit moskitodichtem Fliegengitter, das in verschiedenen Mesh-Stärken lieferbar ist.

KCT-Fenster werden seit Jahren schon von den etablierten Expeditionsmobilspezialisten und Kabinenkonstrukteuren verbaut, weil sie in vielen Jahren bewiesen haben, dass ihnen weder dichtester Dschungel noch Steine werfende Kinder noch Höhen von über 5000 Metern etwas anhaben können. Selbst ein Einbruchversuch mit einem herkömmlichen Hammer ist zum Scheitern verurteilt, was die Fenster zu einer Investition in eine sichere und lange Zukunft macht. Gerade wer auf ein hohes Maß an Sicherheit Wert legt, kommt an Echtglasfenstern kaum vorbei, denn in die Kunststofffenster und -dachluken kommt man im Zweifel mit einem kräftigen Fußtritt oder einem Taschenmesser hinein. Wer ganz auf Nummer sicher gehen will, der ordert gleich noch die optionalen Metallklappen dazu, um sein Fahrzeug beispielsweise für eine Verschiffung oder längere Standzeiten im Ausland zu sichern.

Aber auch Details wie Verdunkelungs- und Fliegenrollos sorgen bei KCT-Fenstern für entspannte Kunden. Sie funktionieren dank absolut moskitodichtem Fliegengitter und sind sogar noch schön anzusehen. War der Einbau von KCT-Fenstern lange Zeit den Vertriebspartnern wie AMR-Outdoorwelt vorbehalten, so öffnet man sich im schwäbischen Rosenfeld nun immer mehr auch für die Selbstausbauer und bietet neuerdings sogar eine Videounterstützung für den Einbau von KCT-Fenstern an (www.kctechnik.de/video.html).

Einziger Wehrmutstropfen von so viel Perfektion war bislang der Preis von ungefähr € 2.000,– für ein Fenster inkl. Einbau. Da der jetzt auch in Eigenregie erfolgen kann, reduzieren sich die Gesamtkosten. Die genauen Preise sind je nach Fenstergröße beim Hersteller oder einem seiner Fachhandelspartner, wie z. B. AMR-Outdoorwelt zu erfragen.

Ein weiterer Wehrmutstropfen für alle Gewichtssparer ist die Tatsache, dass ein KCT-Echtglasfenster rund 20 kg auf die Waage bringt.

22.6 Echtglasfenster von PABST-Air Tec.

Waren Dometic-Seitz- und KCT-Fenster lange Jahre die marktbeherrschenden Anbieter in völlig unterschiedlichen Preis- und Leistungssegmenten, so bringt die Firma PABST-Air Tec. seit Anfang 2012 Echtglasfenstern auf den Markt–und das zu einem fairen Preis. PABST-Air Tec. entwickelt und produziert selbst in Deutschland und positioniert sich laut eigenen Angaben speziell für Selbstausbauer.

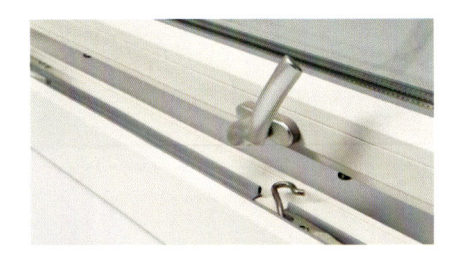

Technische Details
- Fenster Air Tec. F1 mit 87-Grad-Öffnungswinkel, oberer Spalt zum Durchgreifen; beim Putzen von innen hilfreich
- Weißer PVC- Rahmen mit umlaufender Stahleinlage sorgt für enorme Stabilität.
- Zwei innen liegende Gummidichtungen sorgen für eine effiziente Isolierung.
- Die außen liegende Bürstendichtung weist Schmutz am Fensterflügel ab.
- Sicherheitsbeschlag TSH 30 für optimalen Schutz gegen Aushebeln
- Die variable Lüftungsstellung mit Einhandbedienung und Sicherheitsmechanismus kann von außen nicht geöffnet werden.
- Scheibe mit Kfz-Zulassung; CLplus Ultra UG.1.1 6-16-6
- Alle Artikel werden in Wunschmaßen geliefert.
- Rahmenstärke in 50 oder 60 mm möglich
- Der PVC-Rahmen ist überlackierbar.
- Der Einbau ist sehr einfach, Dauer ca. 45 min.
- Preisbeispiel für ein Fenster im Format 900 × 500 mm: € 773,– ohne Rollo
- Preis mit Rollo: ca. € 970,–

Einbau-Kurzanleitung
Nach Ansicht von PABST-Air-Tec.-Inhaber Pascal Bocianowski ist der Einbau der Fenster deshalb so einfach, weil es lediglich vier gerader Schnitte bedarf, um den Ausschnitt zu sägen.
1. Ausschnitt anzeichnen, mit Krepp abkleben und ca. 12 bis 16 mm größer sägen als das Fenstermaß. 6 bis 8 mm Distanzhölzer vorbereiten, um das Fenster zu vermitteln.

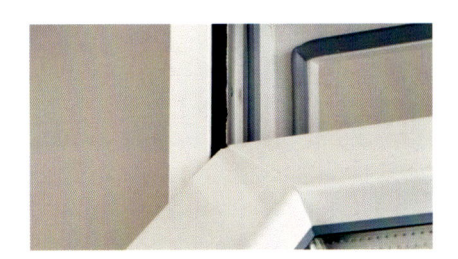

Fenster Air Tec. F1

22 Einbau von Türen, Fenstern, Luken und Klappen

Fliegengitter mit Verdunkelungsrollo, ebenfalls in Wunschmaßen gefertigt.

BEZUGSQUELLE

Echtglasfenster von PABST Airtec
PABST-AIR TEC.
www.pabstairtec.de

PREIS auf Anfrage

2. Die Klebeflächen des Fensters mit PU-Kleber bestreichen, von innen in den Ausschnitt schieben und von außen mit den Distanzhölzern vermitteln und mit Schraubzwingen fixieren.
3. PU-Kleber härten lassen, Zwischenräume ausschäumen. Nach dessen Aushärtung überstehende Reste entfernen.
4. In die über die Außenhaut des Koffers überstehende Nut im Fensterrahmen werden mitgelieferte Leisten eingeschoben, die den Schnittrand außen abdecken.
5. Leisten mit PU-Kleber abdichten. Fertig!
6. Detaillierte Einbauempfehlung unter pabstairtec.de/Einbauempfehlung.pdf

Mit den modernen, kältebrückenfreien Profilen, hochfesten Beschlägen und Verschlüssen und dem hochfesten, Kfz-zugelassenen Glas ist sich Inhaber Bocianowski sicher, in der Champions League der Womo-Echtglasfenster zu spielen, aber nur 2.-Bundesliga-Preise dafür aufzurufen. Uns Womo-Selbstausbauer soll es freuen, wenn es endlich eine mittelpreisige Alternative auf Echtglasfenster-Niveau mit funktionierendem Insektenschutz gibt.

22.7 Echtglasfenster von Outbound Motorhome Products

Auf der Abenteuer Allrad Messe 2013 in Bad Kissingen hat erstmals ein holländischer Hersteller von Echtglasfenstern und -dachluken seine Produkte ausgestellt, vertreten durch seinen deutschen Vertriebspartner, die Firma imt. Es handelt sich dabei um Leichtbau-Echtglasfenster, deren Gewicht deutlich unter dem von anderen Echtglasfenstern liegt, womit Outbound-Fenster auch für gewichtssensible Fahrzeuge interessant werden. Der äußere Rahmen der Fenster ist aus weißem Polyester kältebrückenfrei gefertigt, der innere Fensterrahmen besteht aus einem nur 32 mm breiten mattschwarzen Aluminium. Die leicht getönten, vorgespannten ESG Doppelglasscheiben sind wärmeabweisend und hervorragend isoliert und für alle relevanten Höhen getestet. Beschläge und das Verschlusssystem sind aus hochwertigem Edelstahl gefertigt und die Fenster sind mit einem Teleskop-Aufsteller versehen, so dass es in jeder Position offen bleibt. Das Verschlusssystem lässt auch eine Belüftungsstellung zu, in der das Fenster von außen nicht geöffnet werden kann. Besonders interessant scheinen mir die Kombination aus Leistung, Gewicht und Preis. Denn ein Outbound-Fenster in der Größe 650 × 400 mm wiegt nur 10,1 kg und kostet € 645,– (ohne Rollo). Andere Maße und deren Preise siehe Website.

Verdunklungs- und Fliegenschutz-Rollo
Die Outbound-Rollos sind auf die jeweiligen Fenster zugeschnitten und bestehen aus Verdunklungs- und Fliegenschutz-Rollo, die mit einer Hand bedient werden können. Das zum oben genannten Fenster passende Rollo »CH-20« wiegt 3,7 kg und kostet € 345,–. So summiert sich der Preis für ein komplettes Fenster mit Rollo in der Beispielgröße 650 × 400 mm auf € 990,– und das Gewicht auf 13,8 kg.

Dachluken
Besonders interessant erscheinen mir die Dachluken von Outbound, die aus dem gleichen System gefertigt sind, wie die Fenster. Zum einen deshalb, weil Dachluken das größte Einbruchs-Gefahrenpotenzial darstellen. Denn ist ein Einbrecher erst mal auf dem Dach, ist es in der Regel ein Leichtes, eine Plastik-Dachluke wie die Seitz-Hekis mittels Fußtritts zu knacken. Da stellen Echtglasfenster eine deutlich höhere Barriere dar, wenngleich auch sie nicht völlig einbruchsicher sind. Aber ohne geeignetes Werkzeug wird sich ein Gelegenheitseinbrecher erst mal schwer tun.

Das Alleinstellungskriterium der Outbound-Dachluken liegt aber in einem noch ganz anderen Bereich: in der geringen Höhe von lediglich 40 mm. Ragt eine Seitz-Midi-Heki-Dachluke, wie ich sie verbaut habe, ganz 140 mm über die Dachfläche hinaus, hilft die Outbound-Dachluke Höhe zu sparen, weil sie flacher baut, als herkömmliche Solarpanels. Die weiter oben beschriebenen

22 Einbau von Türen, Fenstern, Luken und Klappen

BEZUGSQUELLE

Echtglasfenster und Dachluken von Outbound
www.outbound.eu

Vertriebspartner für Deutschland Firma imt: info-outbound-germany@gmx.de

Sonnen- und Fliegenschutz-Rollos gibt es auch für die Dachluken. Zur Reduktion der Aufbauhöhe werden sie zum Teil ins Dach eingelassen. Dachlukenmaße, -gewichte und -preise siehe Website www.outbound.eu.
Beispiel: 640 × 400 mm, 12,1 kg, € 885,–, Dachluken Rollo, 3,7 kg, € 345,–

Damit dürften die Outbound-Produkte für eine ganze Reihe von Wohnmobilisten interessant sein, die sich bislang mit Kunststofffenstern begnügen mussten. Insbesondere auch deshalb, weil der Einbau der Fenster und Dachluken relativ einfach ist:

- Ausschnitte anzeichnen
- Links und rechts des Ausschnitts mit Krepp abkleben, damit die Oberfräse keine Kratzer hinterlässt
- Erste Schnitttiefe mit der Oberfräse bearbeiten
- Zweite Schnitttiefe mit der Fräse bearbeiten
- Schleifen des Ausschnittes
- Einpassen des Rahmens
- Anschleifen, entfetten, Primer/Aktivator auftragen
- Kleber auftragen
- Fensterrahmen einsetzen und andrücken
- Überschüssigen Kleber entfernen
- Klebefugen verstreichen
- Klebeband abziehen

Ein Video vom Einbau ist unter folgendem Link abrufbar: http://www.outbound.eu/de/manual_windows.php

22.8 Einbau der WC-Serviceklappe

Beim WC entscheiden wir uns für das Thetford C200CS mit elektrischer Wasserspülung. Weitere Hintergründe zu unserer Entscheidung für eine Cassettentoilette findest Du im Kapitel 27.16 »Möbelbau–Einbauten im Bad«. Einer der Kaufgründe ist auch die verdrehbare WC-Schüssel, die man bei Nichtgebrauch platzsparend wegdrehen kann. Das WC kann nicht auf dem Boden stehen, weil über dem Boden noch der umlaufende Sheltersspiegel verläuft und man deshalb die Kassette nicht hätte herausnehmen können. Es gilt also, das WC mindestens auf das Niveau der Oberkante des Shelterspiegels zu bringen, was ich mittels eines 7 cm hohen Holzpodests realisiere. Das hat den Vorteil, dass die Duschwanne der tiefste Punkt im Bad ist und herumspritzendes Wasser vom Podest in die Duschwanne läuft.

Als eine der ersten großen Herausforderungen gestaltete sich der Einbau der WC-Serviceklappe in die Shelterwand. Hierfür sollte exakt der erforderliche Raum zwischen Eingangstür und vorderer Shelterwand zur Verfügung stehen. Tut er aber nicht, weil das Rahmenprofil des Shelters 2 cm stärker ist als die angenommen 6 cm.

Wie man in Bild 3 erkennen kann, klaffen Planung (schwarzer Strich rechts vom Ausschnitt–siehe roten Pfeil) und Realität (Ausschnitt) deutlich auseinander. Auch wenn es sich nur um 2 cm handelt, sind die doch sehr unangenehm.

Dementsprechend eng wird es beim Einsetzen des Rahmens der Serviceklappe. Den muss ich so weit nach links verschieben, dass er gut 2 cm über den Rahmen der Eingangstür ragt. Da die bereits fix eingebaut ist, kann ich den Rahmen der Tür nicht mehr abflexen. Deshalb entschließe ich mich, den Rahmen der WC-Serviceklappe auf dem Türrahmen aufzusetzen und die übrigen drei Seiten mit einer Hilfskonstruktion aus Alu-Cobond-Material mit der gleichen Materialstärke zu unterfüttern und mit PU-Kleber zu verkleben.

BEZUGSQUELLE

Toilette Thetford C 200CS
WWW.REIMO.COM

PREIS ca. € 420,– (2008)

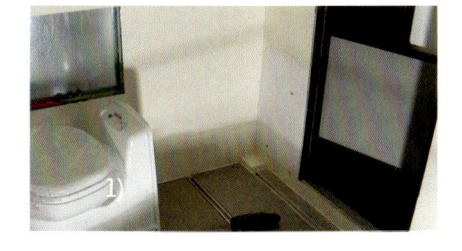

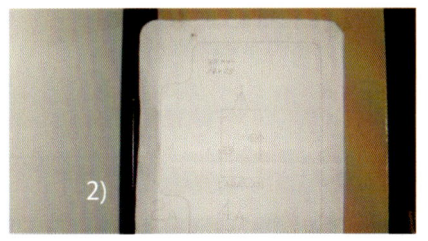

In der Zwischenzeit säge ich das vom PU-Schaum gelöste Blech des Türausschnittes mit der Stichsäge so zurecht, dass es als Deckblech über der GFK-Platte des Türausschnittes zum Einsatz kommen kann. Damit beim Öffnen der WC-Serviceklappe nicht der PU-Schaum der Shelterwand offen liegt, schneide ich einen 6 cm breiten Streifen aus einem 1 mm Alublech und klebe dieses mit PU-Kleber in den Ausschnitt. Das Ganze wird mit einem Holzkreuz verspannt, sodass das Blech angedrückt wird, bis der Kleber ausgehärtet ist. Zum Schluss werden die Ränder mit Silikon verfugt.

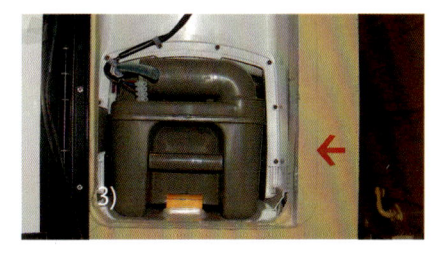

1) Mit den mitgelieferten Papier-Schablonen zeichne ich die Bohrpunkte und Schnittkanten innen und außen an …

2) … und stelle mit Entsetzen fest, dass zwar der Innenrahmen problemlos auf die Innenseite passt, dass aber der Außenrahmen mit seinem Rand breiter ausfällt und deshalb um 2 cm den Rahmen der Eingangstür überlappt.

3) Shit happens! Der Ausschnitt kann nicht wie angezeichnet gesägt werden.

22 Einbau von Türen, Fenstern, Luken und Klappen

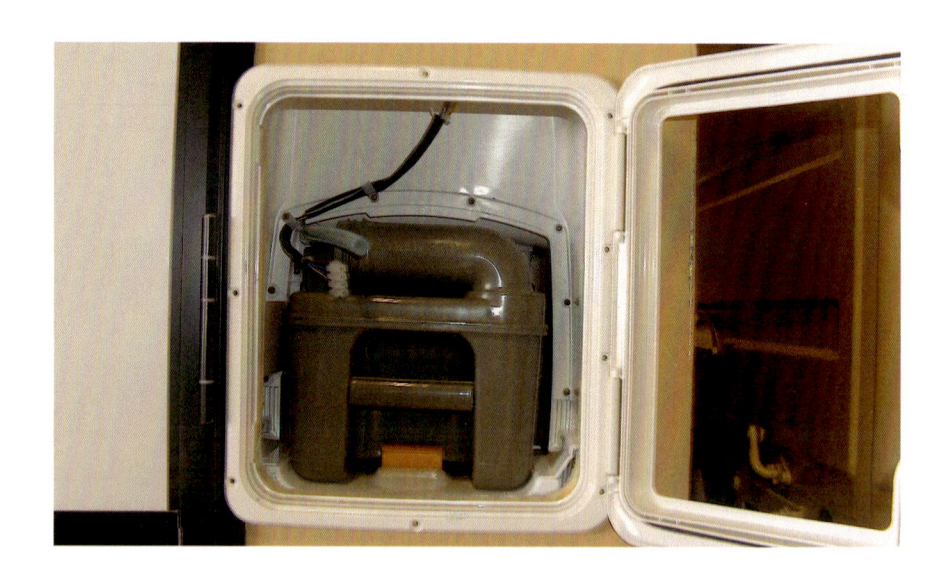

1) Mit einem Hilfsrahmen aus Alu-Cobond werden die fehlenden 2 mm Höhe ausgeglichen.
2) Das Ganze wird dann mit Deutschlands größter Schraubzwingendichte pro Quadratmeter zum Aushärten fixiert.

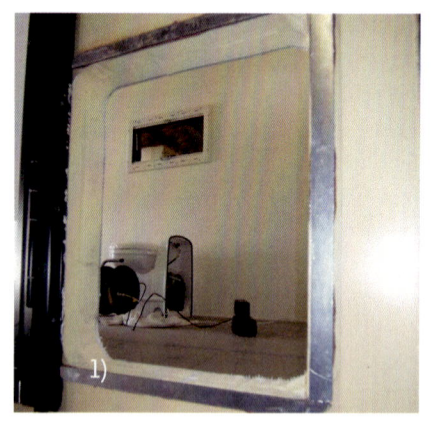

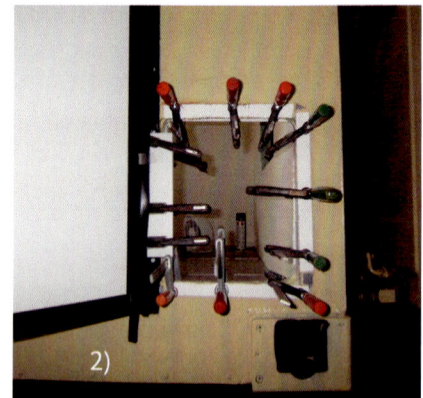

22.9 Einbau der Stauraumklappen

Geeignete Stauraumklappen finde ich wie auch die Eingangstür bei der Firma tourfactory zum Preis von jeweils ca. € 175,–. Bei diesem Preis werden die Klappen jedoch nicht fertig vorkonfektioniert geliefert, sondern als »Bausatz«, bestehend aus dem weiß lackierten Alu-Rahmen, einer rechteckigen Platte GFK-Verbundmaterial und einem Southco Kompressionsverschluss dazu. Der Zusammenbau erfolgt dann in Eigenregie.

Arbeitsschritte:
1. Übertragen der Maße des Rahmens auf die GFK-Platte.
2. Obligatorisches Abkleben der Flächen, auf denen die Stichsäge läuft.
3. Aussägen des Ausschnittes.
4. Abkleben des Rahmens und des Einsatzes für die »PU-Klebebehandlung«.
5. Einspritzen des PU-Klebers – hier das Produkt von Würth »klebt und dichtet«.
6. Einsetzen der GFK-Platte und Fixieren mit Schraubzwingen.

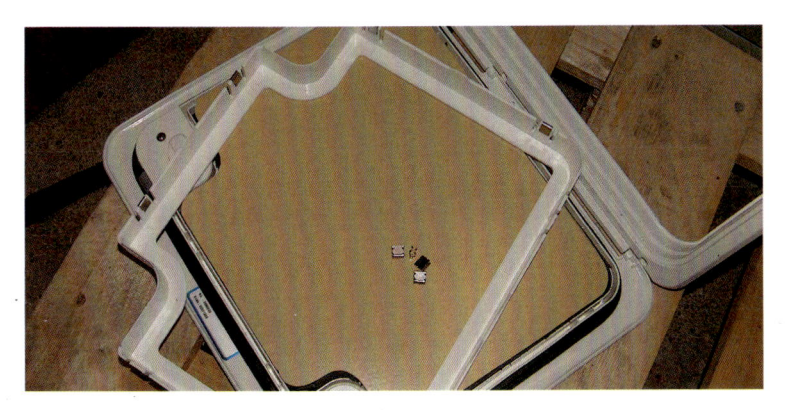

7. Vorbereitung des Schloss-Einbaus: Abkleben der Schnittflächen.
8. Aussägen des Ausschnittes. Hier habe ich Holzleisten in der Stärke des Metallrahmens unterlegt, damit die Stichsäge nicht an demselben hängen bleibt.
9. Einsetzen des Schlosses und Verschrauben mit der Tür.

Aus dem ausgeschnittenen Außenblech fertige ich einen Türeinsatz.

TIPPS ZUR VERARBEITUNG VON PU-KLEBER WIE SIKAFLEX ODER WÜRTH »KLEBT UND DICHTET« Da PU-Kleber sehr schwierig zu entfernen ist, muss man den Rahmen und das Füllmaterial neben der Klebefläche unbedingt sorgfältig abkleben. Wer sich das schenkt, um Zeit zu sparen, wird später ein Vielfaches an Zeit dafür aufwenden, die angetrockneten Kleberspuren zu beseitigen.

Immer dann, wenn man PU-Kleber verarbeitet, sollte zwischen Schraubzwinge und dem eingeklemmten Gegenstand Holz oder Pappe gelegt werden, damit man mit eventuell seitlich herausgepresstem Kleber nicht die Schraubzwinge an das Werkstück klebt. Papier oder Holz sind in diesem Fall unproblematischer zu entfernen. Eine detaillierte Verarbeitungsbeschreibung von PU- und MS-Polymerklebern findest Du im Kapitel 20 »Befestigungstechnik«.

22 Einbau von Türen, Fenstern, Luken und Klappen

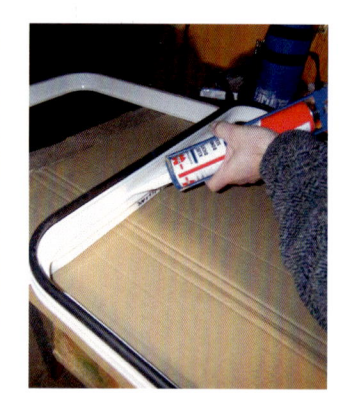

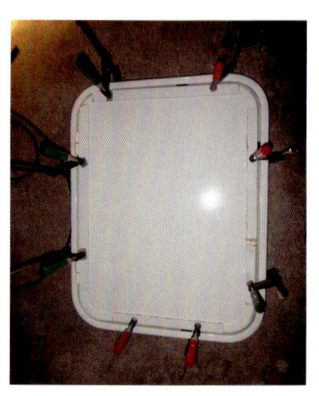

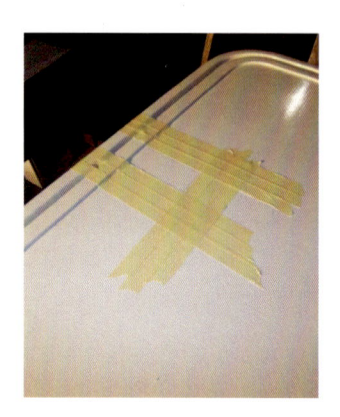

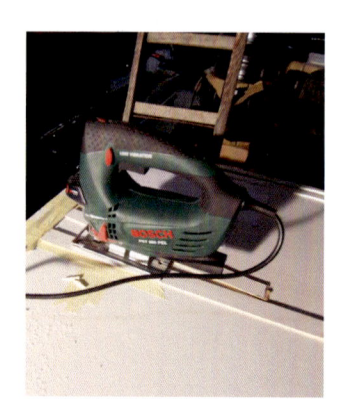

BEZUGSQUELLE

Stauraumklappen
WWW.TOURFACTORY.DE

PREIS Tür mit Schloss ca. € 175,–
(Stand 2008)

Ausschnitte für Stauklappen in den Shelter sägen – eine weitere Story aus der Kategorie »Shit happens!«

Wie man auf der rechten Seite an der optimistischen Krepp-Beklebung auf Bild eins unschwer erkennen kann, soll die Stauraumklappe quer eingesetzt werden. Ein weiteres Aha-Erlebnis der überflüssigen Art gibt es, als die Stichsäge erneut von einem Spriegel gestoppt wird, der, »völlig überraschend für mich«, rechts der Aufstiegsleiter verläuft. Das tut weh! Eigentlich ist es ja logisch, dass die Aufstiegsleiter nicht einfach nur mit Heftklammern im Alublech und dem PU-Schaum fixiert ist, sondern sich an einer wie auch immer gearteten Unterkonstruktion abstützt. Aber ich komme beim besten Willen nicht auf die Idee, die Wand vor dem Schnitt mal mit dem Gummihammer abzuklopfen. Dann hätte ich es nämlich gehört, dass sich darunter etwas Massives befindet. Zur Rettung der Situation setze ich die Tür hochkant ein. Allerdings ist der Ausschnitt links schon zu groß gesägt, was mir einen guten Tag zusätzliche Arbeit beschert. Den verbringe ich damit, ein passendes Alu-Vierkantrohr zu suchen, auf das passende Maß zuzuschneiden und mit PU-Kleber in den Ausschnitt zu kleben. Die Rundung unten links muss ebenfalls noch aufgefüllt und verklebt werden. Ich stelle mir gerade vor, wie sich das anfühlen mag, wenn einem so etwas an einem Kundenauto passiert …

Nach dem Aushärten des Klebers verspachtle ich die Übergänge und schleife sie noch schön glatt. Wie das Bild drei beweist, sieht man nichts mehr von dem Malheur, nachdem die zweite Lackierung erfolgt ist. Im Nachhinein bin ich sogar froh, dass mich der Spriegel dazu gezwungen hat, die Klappe hochkant einzusetzen. Denn durch die gewonnene Höhe kann ich die Einfüllstutzen für die Frischwassertanks innen in der Stauraumklappe einbauen und habe immer noch genügend Platz darunter für mein Werkzeug. Das erspart mir drei weitere Löcher in der Shelterwand, und die Wassereinfüllstutzen sind von außen weder sichtbar noch zugänglich. Damit reduziert sich die Gefahr, dass mal jemand in einen nicht abgeschlossenen Tankstutzen etwas einfüllt, was da nicht hineingehört, oder Wasser abzapft.

Auf der linken Fahrzeugseite gibt es in Ermangelung einer Aufstiegshilfe auch keinen weiteren Spriegel. Deshalb kann ich hier die Stauraumklappe wie geplant quer einsetzen. Zur Verkleidung des Innenausschnittes finde ich im Intercamp-Fundus Kunststoffleisten mit passenden Rundungen, sodass ich den innen offen liegenden PU-Schaum in den Ausschnitten der Klappen verkleiden kann. Die mit der Klappe mitgelieferten Klammern werden montiert und der Rahmen nach innen mit den Klammern am Shelter verschraubt. Auf ein Verkleben des Rahmens verzichte ich, weil die Klammern sicher halten. Allerdings werden die Klappen mit Dekaseal 8936 eingedichtet.

1) Shit happens!
2) Das war so nicht geplant: Mit einem Alu-Vierkantrohr wird die Situation gerettet.
3) Der neue Lack deckt alles zu.
4) Die drei Einfüllstutzen sitzen jetzt innen am oberen Rand der Stauraumklappe.
5) Stauraumklappe links von innen betrachtet

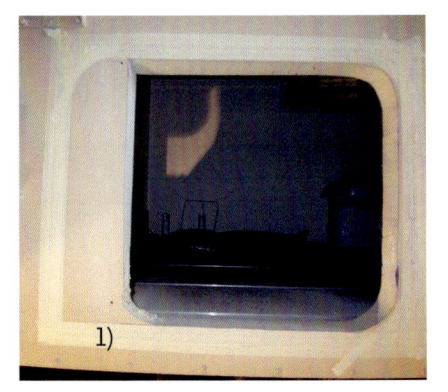

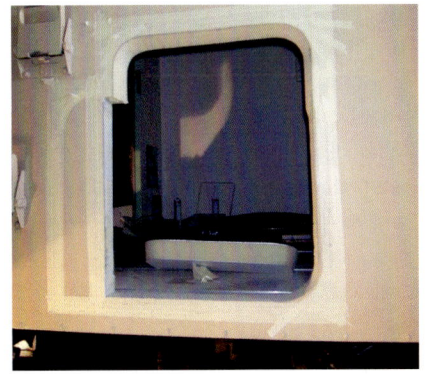

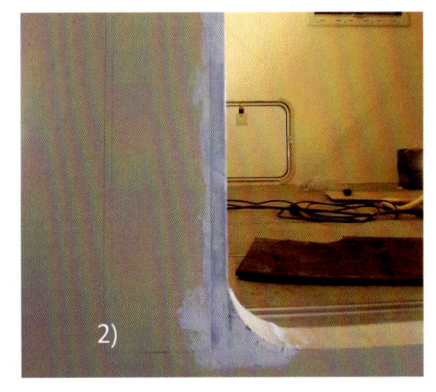

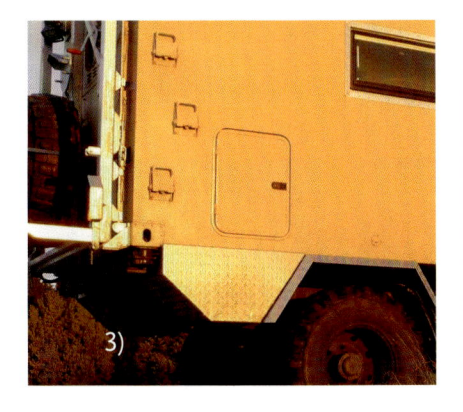

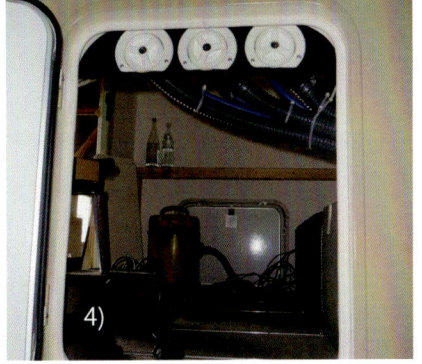

22 Einbau von Türen, Fenstern, Luken und Klappen

22.10 Einbau der Dachluken

Dachluken sind unter Reisemobilisten immer wieder ein Thema für Grundsatzdiskussionen. Die Kritiker verzichten auf Dachluken aus Sicherheitsgründen, denn sie bilden noch vor den Fenstern die schwächsten Stellen des Fahrzeugs in der Außenhaut des Koffers und sind in der Regel sehr leicht zu knacken, wenn man erst mal auf dem Dach ist. Außerdem kursiert das Gerücht von Kondenswasser, das sich an den Dachluken bildet und nächtens heruntertropft.

Die Befürworter plädieren für die Luken, weil sie mit die wirksamste Methode darstellen, das Fahrzeug relativ schnell zu lüften und zu kühlen. Nach dem Abwägen von Für und Wider entscheiden wir uns für den Einbau zweier Dachluken. Das Sicherheitsproblem lösen wir mit Alu-Deckeln, die über den Dachluken verschraubt und verriegelt werden können. Das Argument herabtropfenden Kondenswassers kann ich entkräften durch die Verwendung von Isolierglas-Dachluken. Im Bad soll die Dometic-Mini-Heki-Luke ohne Zwangsbelüftung zum Einsatz kommen, im Wohnraum das manuell aufzukurbelnde Midi-Heki vom selben Hersteller.

Der Einbau der Dachluken erfolgt analog zum Einbau der Fenster bzw. der Stauraumklappen. Die Details sind bitte an entsprechender Stelle nachzulesen.

Einbau einer Dachluke am Beispiel der Midi-Heki-Dachluke

Wie im Innenraum ist es auch auf dem Dach hilfreich, wenn man sich alle Ausschnitte mit wasserfestem Stift markiert, sodass man die Übersicht behält. Aufgrund der großen Abweichungen beim Sägen mit langem Sägeblatt entschließe ich mich, genauso wie bei den Fenstern die Dachausschnitte mit dem kurzen Sägeblatt einmal von oben und einmal von unten zu sägen.

Dachlukenhauben sorgen für mehr Sicherheit und schützen die Dachluken

1) Dach-Auflagefläche der Dachluke dick mit Dekaseal 8936 versehen.
2) Dachluke einsetzen und mit den Halteklammern an der Decke verschrauben.
3) Rahmen aufstecken und fertig.

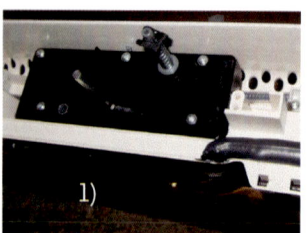

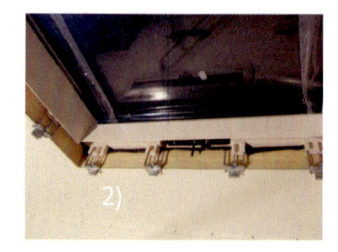

1. Ausmessen und Anzeichnen
2. Abkleben mit Krepp-Band
3. Bohren von 10 mm Löchern an den Ecken
4. Sägen des Ausschnittes von oben
5. Sägen des Ausschnittes von unten

Aus den gleichen Gründen wie bei den Fenstern klebe ich auch die Dachluken nicht mit PU-Kleber ein, sondern mit Dekaseal 8936 dauerelastischer Dichtmasse (Vorteile und Verarbeitungsweise siehe Fenstereinbau). Denn insbesondere bei den Dachluken kann es mal vorkommen, dass man sie aufgrund von Bruch austauschen muss, beispielsweise wenn ein dicker Ast die bis zu 14 cm überstehenden Luken zerstört. Dann ist der Ausbau der mit Dekaseal eingesetzten Luken wesentlich einfacher, als wenn man diese mit PU-Kleber eingebaut hat.

> **BEZUGSQUELLE**
>
> **Dachluken**
> WWW.REIMO.COM
> **PREIS**
> - Dometic Mini-Heki fürs Bad: 400 × 400 mm, Preis: ca. € 90,–
> - Dometic Midi-Heki 700 × 500 mm, Preis ca. € 385,– (Stand 2008)

3)

ANMERKUNG ZUM RAHMEN Der Rahmen wird nur auf den Dachrahmen aufgesteckt und hält durch Stahlklammern. Im Dauer-Rütteleinsatz in Marokko hat sich einige Male der Dachlukenrahmen gelöst. Deshalb habe ich ihn mittlerweile mit vier kleinen Schrauben an der Decke fixiert, und damit dürfte das Thema ein für alle Mal erledigt sein.

Zweckentfremdete Fahrerhaus-Dachluken als Kühlschrank-Belüftungsklappen.

22.11 Einbau der Kühlschrankbelüftungsklappen

Da die Shelter-Außenhaut offensichtlich noch nicht genug perforiert ist, rät mir Hubert von der Intercamp-Truppe, für die Be- und Entlüftung des geplanten Kompressor-Kühlschranks Lüftungsklappen einzubauen. Die bringen den Vorteil, dass der Kühlschrank einerseits nicht so sehr den Innenraum im Sommer aufheizt, andererseits der Kühlschrank weniger häufig anspringt und weniger lange läuft, was den Stromverbrauch reduziert. So soll es an diesen beiden Löchern in der Shelterwand auch nicht mehr scheitern, weshalb ich mich flugs an die Positionierung derselben mache.

Als zu öffnende Luken kommen zweckentfremdete Fahrerhaus-Dachluken (eigentlich Dachlükchen) im Format 260 × 205 mm zum Einsatz. Nach so viel Übung sind diese beiden Ausschnitte recht schnell bewerkstelligt und die beiden »Lükchen« in gewohnter Manier mit Dekaseal abgedichtet und mit dem Koffer verschraubt.

22 Einbau von Türen, Fenstern, Luken und Klappen

1)

2)

1) Eine zusätzliche schräg eingesetzte Kunststoffleiste bewirkt, dass eindringendes Wasser nach draußen abfließt.
2) Die Ausschnitte werden innen mit Kunststoffprofilen ausgekleidet und mit Silikon verfugt, damit kein Regenwasser in die offene Shelterwand eindringt.

Da ich allerdings befürchten muss, dass es bei starkem Regen und Wind in die geöffneten Klappen hineinregnen könnte, kommen erneut die Kunststoff-Winkelleisten zum Einsatz, mit denen ich bereits die Schnittflächen bei den Stauraumklappen verkleidet habe. Die Kanten habe ich dann aufgrund der Nässegefahr mit Silikon abgedichtet, um zu vermeiden, dass bei Regen und Wind Feuchtigkeit in den PU-Schaum der Shelterwand eindringt.

Alsdann klebe ich mit Silikon eine weitere Kunststoffleiste schräg nach außen abfallend in den Ausschnitt, sodass beim Eintritt von Regenwasser dieses nach außen abfließt. Kurz vor Einbau des Kühlschranks kommt mir noch die Idee, dass es nächtens bei einsetzendem Starkregen großer Überredungskünste bedürfen könnte, Edith davon zu überzeugen, aufzustehen und auf der Fahrzeug-Außenseite die Kühlschrankklappen zu schließen. Um derlei Diskussionen aus dem Wege zu gehen, installiere ich bei jeder Klappe einen im Fahrradhandel erhältlichen Bowdenzug, dessen Enden ich unter der Küchenarbeitsplatte befestige, damit man die Klappen von innen schließen kann.

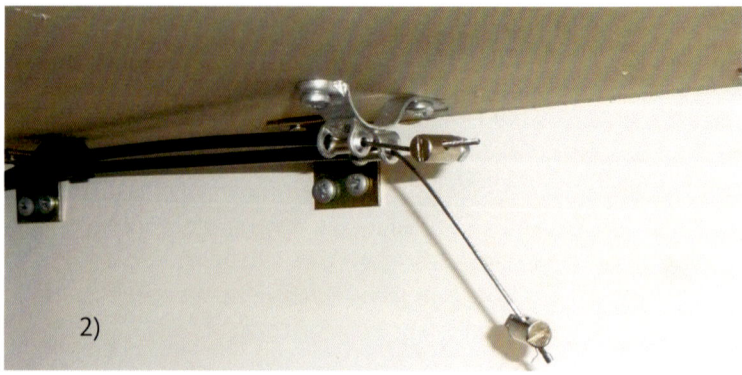

1)

2)

1) Ein Fahrrad-Bowdenzug ermöglicht das Schließen der Klappen von innen.
2) Die Bowdenzüge sind unterhalb der Küchenarbeitsplatte gelegt.

Ein Vollprofi hätte das sicher mit Elektro-Servomotoren gelöst, die auch in der Lage sind, die Klappen zu öffnen. Aber ich stehe halt auf Mechanik. Und damit uns über die gerade geschaffenen Öffnungen keine fliegenden oder kriechenden Quälgeister besuchen, sich von hinten durch den Kühlschrank fressen und mir heimlich mein Bier wegtrinken, habe ich diese zu guter Letzt auch noch mit Fliegengittern versehen – wohl wissend, dass dadurch der Luftdurchsatz eingeschränkt wird. So hätte ich in letzter Konsequenz noch Computerlüfter installieren und so mit dem Kühlschrank verschalten sollen, dass sie gemeinsam mit diesem anspringen und warme Abluft nach außen schaufeln. Auf diesen letzten Schritt hatte ich aber nach all der Arbeit überhaupt keine Lust mehr. Denn alles in allem war das ziemlich viel Aufwand für die Kühlung des gleichnamigen Schranks. Allerdings stellen wir fest, dass bei geöffneten Kühlschrankklappen der Kühlschrank weniger häufig anspringt und er deshalb besonders an warmen Tagen auch weniger Strom verbraucht.

Fliegengitter versperren Quälgeistern den Weg nach innen.

23 Vorbereitung der Elektroinstallation

23.1 Grundlegende Gedanken: 12 oder 24 Volt im Aufbau

Wer sein Wohnmobil auf der Basis eines Pkw- oder Transporter-Fahrgestells ausbaut, wird dort eine 12-V-Elektrik vorfinden und braucht sich hinsichtlich der Betriebsspannung im Wohnaufbau keine Gedanken zu machen. Handelt es sich jedoch um ein Lkw-Fahrgestell, dann stellt sich die Frage, ob die 24-V-Bordelektrik auch im Koffer fortgeführt oder ob der Aufbau mit 12-V-Geräten ausgestattet werden soll. Für beide Ansätze gibt es gute Gründe. Da in unserem Lkw-Chassis die gesamte Elektrik auf 24 V ausgelegt ist, gilt es hier eine grundsätzliche Entscheidung zu treffen.

Gründe, die für eine 24-V-Elektrik im Aufbau sprechen:
- Man hat sowohl im Fahrerhaus als auch im Aufbau überall 24 V.
- Die Kabel können dünner ausfallen, weil ein geringerer Strom fließt.
- Die Gefahr eines Kabelbrandes ist geringer.
- Die Kabel sind kostengünstiger und wiegen weniger.

Gründe, die für 12 Volt im Aufbau sprechen:
- Die Komponenten sind in der 24-V-Version häufig etwas teurer.
- Für viele Kleingeräte wie Handy, iPod, Laptop, mobile Wechselrichter, Lüfter, Kühlbox usw. hat man teilweise schon Kfz-Ladekabel, weil man sie auch im Pkw benutzt. So besteht immer wieder die Gefahr, dass man ein 12-V-Gerät an eine 24-V-Steckdose anschließt und damit das Gerät zerstört.
- Außerdem befürchte ich, dass 24-V-Geräte im Ausland schwieriger zu bekommen sind, falls man unterwegs mal Ersatz benötigt.
- Der Ausbau der Batteriekapazität funktioniert im 24-V-Modus immer nur paarweise. Es kann also nicht mal nur eine Batterie ergänzt werden, sondern es müssen bei 24 V derer immer zwei sein.
- Das Gleiche gilt auch für Solarpanels, wo zwei 12-V-Panels in Reihe geschaltet werden, um 24 V zu erzeugen. Das kann bei kleineren Fahrzeugen wie dem unseren zu Platzproblemen auf dem Dach führen.
- Zahlreiche Komponenten wie beispielsweise Heizungen werden ausschließlich mit 12-V–Versorgungsspannung angeboten.

Aus all diesen Gründen habe ich mich für eine 12-Volt-Elektrik im Wohnaufbau entschieden und versorge auch sämtliche Geräte im Fahrerhaus aus den Kofferbatterien mit 12 V bzw. 230 V. Damit vermindere ich auch das Risiko, dass ein eingeschalteter Verbraucher im Fahrerhaus die Starterbatterien leert.

Zur Vorbereitung der Elektroinstallation sollte man relativ genau wissen, wo welche Verbraucher eingebaut werden, um die erforderlichen Kabel an die entsprechenden Stellen zu verlegen. So erstelle ich auf der Basis des Grundrissplanes einen Elektroplan, in dem alle Verbraucher eingezeichnet sind. Die Grafik rechts gibt einen Überblick über alle zu verbauenden bzw. anzuschließenden Elektrogeräte und elektrisch betriebenen Komponenten.

23.1 Planung der Elektroverbraucher

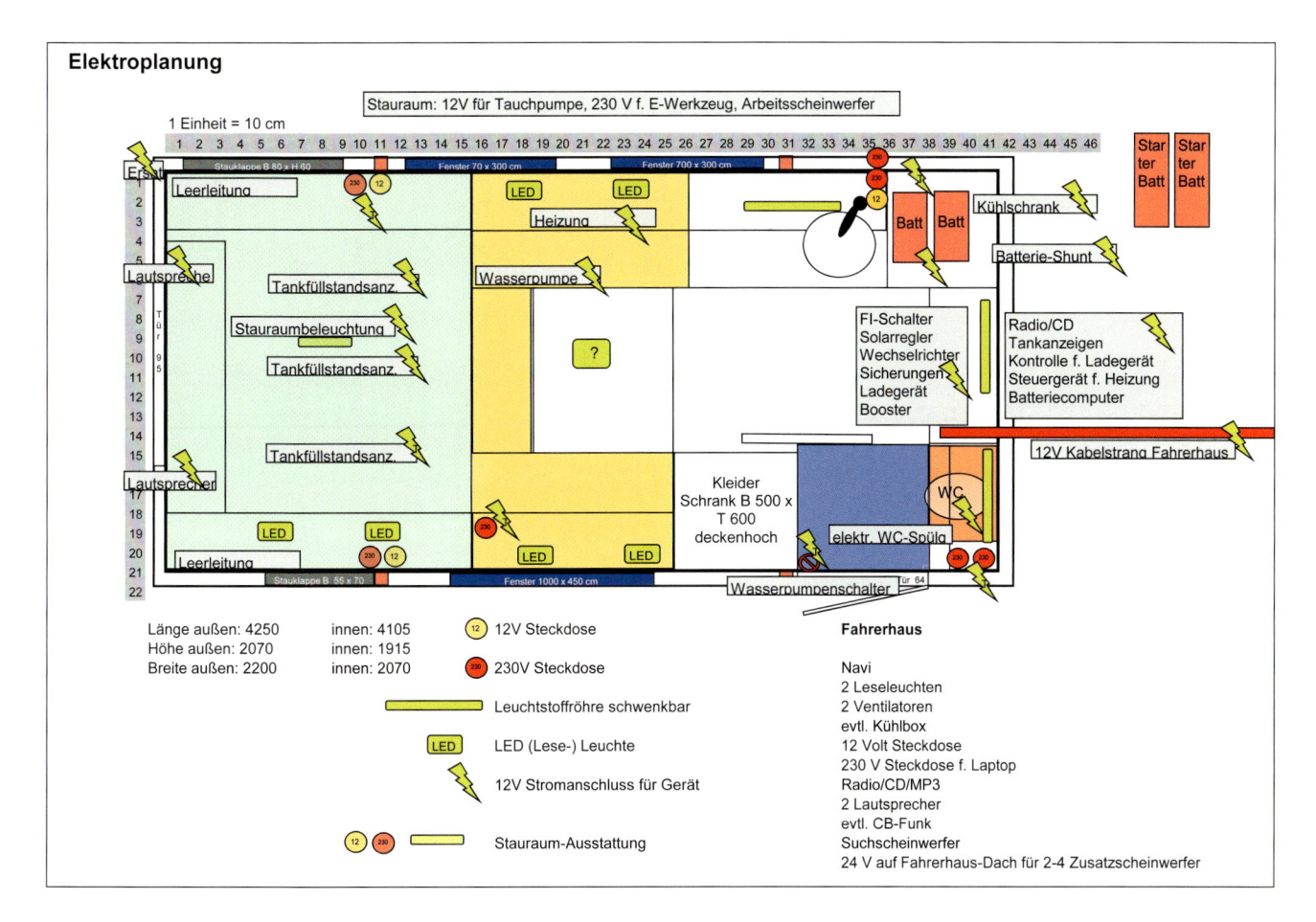

Elektroplanung

Stauraum: 12V für Tauchpumpe, 230 V f. E-Werkzeug, Arbeitsscheinwerfer

1 Einheit = 10 cm

Länge außen: 4250 innen: 4105
Höhe außen: 2070 innen: 1915
Breite außen: 2200 innen: 2070

- (12) 12V Steckdose
- (230) 230V Steckdose
- Leuchtstoffröhre schwenkbar
- LED (Lese-) Leuchte
- 12V Stromanschluss für Gerät
- Stauraum-Ausstattung

Fahrerhaus

Navi
2 Leseleuchten
2 Ventilatoren
evtl. Kühlbox
12 Volt Steckdose
230 V Steckdose f. Laptop
Radio/CD/MP3
2 Lautsprecher
evtl. CB-Funk
Suchscheinwerfer
24 V auf Fahrerhaus-Dach für 2-4 Zusatzscheinwerfer

23.2 Verlegung der Kabelkanäle

Auf Basis meiner Planung montiere ich nun Kabelkanäle entlang der Kanten des Shelters, weil erwartungsgemäß an nahezu allen Ecken und Enden ein Elektroverbraucher sitzt. Die Kabelkanäle haben – wie bereits beim Thema »Isolierung« erläutert – die Zusatzfunktion, die in die Ecken und Kanten geklebte Isolierung zu fixieren und an die Wand zu pressen. So werden alle Kanten mit Kabelkanälen versehen. An der Decke befinden sich ausschließlich 12-V-Kabelkanäle (bis auf's Bad).

ACHTUNG Grundsätzlich ist noch zu erwähnen, dass aus sicherheitstechnischen Gründen 12-V- oder 24-V-Leitungen nicht in den gleichen Kabelkanälen verlegt werden dürfen, in denen 230-V-Leitungen liegen. Siehe dazu auch die sicherheitstechnischen Hinweise zur Elektroinstallation im gleichnamigen Kapitel.

ANMERKUNG Es handelt sich hier um meinen ursprünglichen Elektroplan. Ein Teil der Komponenten wurde mittlerweile ausgetauscht.

23 Vorbereitung der Elektroinstallation

TIPP Man sollte sich bei der Installation der Kabelkanäle dessen bewusst sein, ob und wo eventuell Möbelsteher direkt an die Wand anschließen und deshalb der Kabelkanal um das entsprechende Maß von der Wand weggerückt werden muss.

Am Boden montiere ich über den 4 × 4 cm Kabelkanälen für die 12-V-Installation noch flachere Kanäle für die 230-V-Installation.

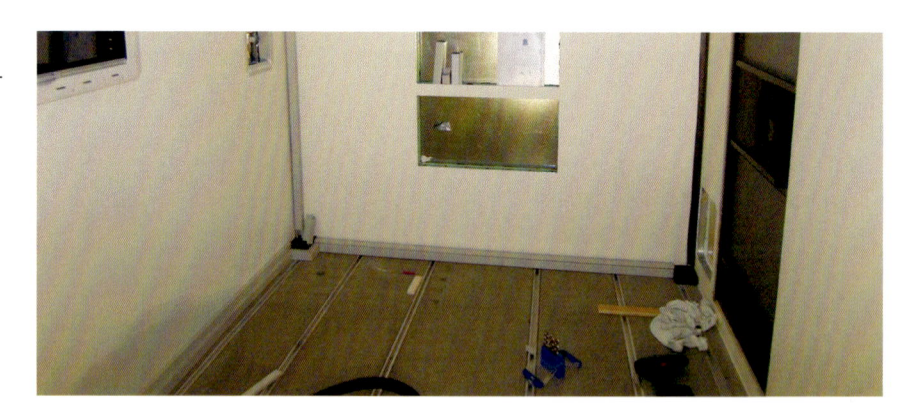

In unserem Fall ist dies an der Frontwand erforderlich, in die ein Durchstieg zum Fahrerhaus installiert werden soll, der mittels einer Schiebetür auf der Koffer-Innenseite verschließbar ist. Die Schiebetür läuft in einer Schiene, die wiederum auf einer Möbelplatte montiert ist, die zum Zeitpunkt der Kabelkanal-Verlegung noch nicht eingebaut ist. Aus diesem Grund sieht man auf dem Bild ein Holzstück in Möbelplattenstärke zwischen Kabelkanal und Wand, das als Abstandshalter für die später kommende Möbelplatte dient. Eine gute Planung zahlt sich also auf jeden Fall aus, will man verhindern, während der Bauphase dauernd irgendetwas nachbessern zu müssen. So entsteht mit der Zeit ein ganz beachtlicher Kabelbaum von mehr als 250 Metern Länge.

Etwa in der Mitte des Raumes, unterhalb der Sitzbank, ziehe ich eine Kabelkanal-Quertrasse von links nach rechts, um die am Boden verlegten Kabel von einer Seite zur anderen zu führen. An der Decke werden die Kabel über der

Hecktür von der linken Fahrerseite zur Beifahrerseite verlegt. Hilfreich für die Orientierung ist es, wenn man den Möbelgrundriss mit wasserfestem Filzstift auf den Boden überträgt.

23.3 Berechnung der Kabelquerschnitte

TIPP Zur Ermittlung der richtigen Kabelquerschnitte gibt es im Internet eine Reihe von Websites, die bei der Berechnung der Kabel behilflich sind, z.B.: www.yachtbatterie.de/de/Installationsmaterial/Kabel.html. Faustregel für die Bestimmung des Kabelquerschnittes: Amperezahl ÷ 3 = Kabelquerschnitt. Das gilt für Leitungslängen bis 3 Meter. Für jeden weiteren Meter sollte man 2 mm² mehr wählen. Beispiel: Hat ein Ladegerät eine Leistung von 30 Ah, dann sollte die Leitung einen Querschnitt von 10 mm² aufweisen, sofern sie nicht länger als 3 Meter ist, ist sie 5 Meter lang, nimmt man ein 16er Kabel.

Besonders bei einem Kompressor-Kühlschrank darf man nicht beim Leitungsquerschnitt sparen, da hier bei zur Neige gehender Batteriekapazität die Spannung mal leicht unter die 12-V-Marke abfallen kann, beispielsweise wenn sich die Heizung einschaltet, wodurch der Kühlschrank dann selbsttätig in den Störungsmodus geht.

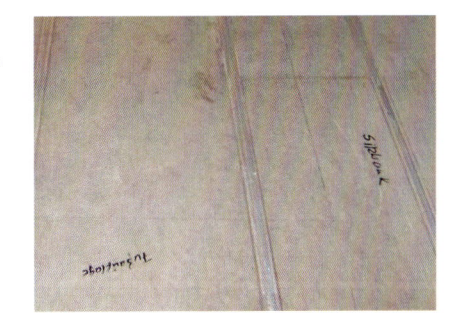

TIPP Bei den meisten Kompressor-Kühlschränken kann die Abschaltspannung manuell an der Rückseite des Geräts verändert werden. Zum Schutz der Starter-Batterien wird werksseitig meist eine Abschaltspannung von 12 V eingestellt. Hängt der Kühlschrank allerdings an Kofferbatterien, kann die Abschaltspannung (in Abhängigkeit zum verwendeten Batterietyp) durchaus auf 11,5 V reduziert werden, was den Abschaltzeitpunkt deutlich hinauszögert. Wichtig ist nur, dass es nicht zu einer Tiefentladung der Batterien kommt. Deshalb ist auf dem technischen Datenblatt der Batterien zu prüfen, bis zu welcher Spannung sie entladen werden dürfen, ohne Schaden zu nehmen. Es gibt übrigens Batterien, die nicht nur eine, sondern viele Tiefentladungen klaglos wegstecken. Siehe dazu im Kapitel 31.14 »Spiralzellen-AGM-Batterien«.

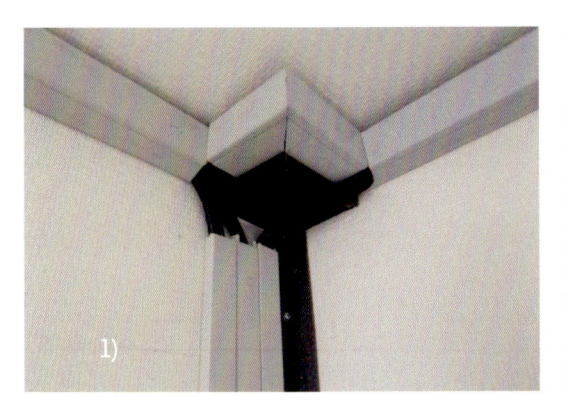

1) Auch rund um die Container-Locks geht's mit Kabelkanal.
2) Die Kabelenden laufen alle vor dem Durchstieg zusammen und wachsen sich dort zu einem ansehnlichen Gewirr aus. Eine gute Beschriftung ist enorm wichtig.

Hilfreich für die Orientierung ist es, wenn man den Möbelgrundriss mit wasserfestem Filzstift auf den Boden überträgt.

23 Vorbereitung der Elektroinstallation

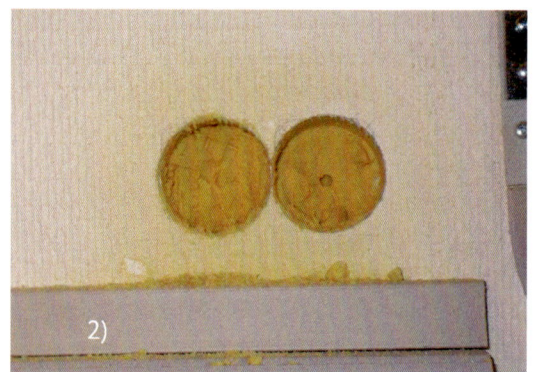

1) Die 230-V-Verteiler müssen in Feuchtraum-Verteilerdosen installiert werden, um sicherzustellen, dass bei einem Wasserschaden kein Kurzschluss entsteht. Letzterem sollte jedoch zusätzlich durch einen FI-Schalter bei der Elektroinstallation vorgebeugt werden.

2) Mit dem passenden Topfbohrer die Löcher in die Wand bohren. Unten sieht man den größeren 12-V-Kabelkanal, darüber den kleineren für 230 V. Mit dem Schraubenzieher ein Loch zum Kabelkanal durchstoßen und die Leitungen für 12-V- und 230-V-Versorgung einziehen.

TIPP Es empfiehlt sich, auf jeder Seite des Koffers in den 12-V-Kabelkanälen sowohl oben als auch unten mindestens ein, besser noch zwei Leerkabel mit 4–6 mm² einzuziehen für den Fall, dass später doch noch Verbraucher hinzu kommen sollen, an die man zu Beginn der Planung nicht gedacht hat. Auch das Einziehen einer Schnur in die Kabelkanäle kann eine gute Idee sein, um die Möglichkeit zu haben, nachträglich noch ein Kabel zu verlegen. Sind alle Kabel verstaut und in den Kabelkanälen an entsprechender Stelle Löcher vorgebohrt, um die Kabel zu den Verbrauchern zu führen, kann mit der Installation der Steckdosen begonnen werden. Ich montiere auf jeder Seite des Stauraums je eine 12-V- und eine 230-V-Steckdose, weil man ja nie weiß, an welcher Seite man später mal eine Bohrmaschine, eine externe Wasserpumpe für die Tankbefüllung oder ein anderes Gerät betreiben will, ohne dass man immer gleich die Kabeltrommel oder das Verlängerungskabel herausholen muss.

Damit aus dem Kabelgewirr kein Chaos entsteht, müssen alle Kabel selbstverständlich an beiden Enden mit Aufklebern beschriftet werden. Chaos herrscht allerdings nicht nur am Ende des Kabelkanals, sondern in der ganzen Hütte. Immer dann, wenn mehr Zeit für das Suchen von Werkzeug draufgeht, als man für das eigentliche Arbeiten benötigt, sollte man mal wieder eine Generalaufräumaktion starten, nach der sich in der Regel nicht nur das gesuchte Werkzeug wieder einfindet, sondern auch der Durchblick.

23.4 Einbau der Versorgerbatterien

Als vorläufig letzte Arbeit im Rahmen der Elektroinstallation fixiere ich die Batterien mit Aluwinkeln am Boden und halte sie mit Metallbändern in ihrer Position. Hier sollte man allerdings besser Ratschengurte oder wenigstens isolierte Metallbänder verwenden, damit im Falle eines Lösens kein Kurzschluss entstehen kann! Die Batterien sitzen links vorne im Koffer im Küchenblock unterhalb des Kühlschranks. Zum Einsatz kommen zwei 150 Ah-AGM-Batterien, weil diese das permanente Laden durch die Solarzellen wesentlich besser verkraften als herkömmliche Säurebatterien. Allerdings schlägt sich diese Eigenschaft auch im Preis nieder.

> **BEZUGSQUELLE**
>
> **Batterien**
> WWW.REIMO.COM
>
> **PREIS** Green Power AGM 150 AH: ca. € 450,– pro Batterie (Stand 2008)

Wie man hier auf dem Bild erkennen kann, habe ich an den Kanten unter den Metallbändern dicke Gummistücke unterlegt, damit die Batteriegehäuse nicht beschädigt werden. Bei der Auswahl geeigneter Aufbaubatterien und deren Dimensionierung sollte man sich über seinen künftigen Stromverbauch im Klaren sein. Dazu mehr im Kapitel »Elektroinstallation«. Dort findet sich auch ein Unterkapitel über die verschiedenen Batterietypen und deren Vor- und Nachteile sowie über den korrekten Zusammenschluss von Batterien im 12- und 24-V-System.

Aber auch die Maße der Batterien sind relevant bei der Planung der Möbel. So sitzen unsere Batterien unter dem Küchenblock und belegen damit den Platz, der aufgrund des Elektropodests im Durchstieg sowieso nicht durch eine Schublade zugänglich wäre. Wer Säurebatterien verwendet, die nicht geschlossen sind, muss die Entlüftung der Batterien nach außen legen, da ansonsten die säurehaltigen Gase vor allem Metalle angreifen und diese korrodieren.

24 Durchstieg

24.1 Generelle Überlegungen zum Durchstieg

Der Bau eines Durchstieges ist – wenn er dicht sein soll – eine kitzlige und aufwendige Sache, weshalb das Thema immer wieder heiß diskutiert wird. Diese Diskussion möchte ich hier möglichst knapp zusammenfassen, sodass sich am Ende jeder selbst seine Meinung darüber bilden kann, ob er einen Durchstieg braucht oder nicht.

Für Ausbauer von Kastenwagen und Transportern stellt sich allerdings die umgekehrte Frage, nämlich ob es sinnvoll ist, zwischen Fahrerhaus und Wohneinheit eine Trennwand einzuziehen, um die thermischen Probleme, resultierend aus der nicht vorhandenen Isolierverglasung im Fahrerhaus, in den Griff zu bekommen.

24.2 Argumente gegen einen Durchstieg

- Unnötig, die paar Mal kann man auch außen herum gehen.
- Es entsteht ein hoher Kostenaufwand alleine für das Material.
- Man hat einen hohen Arbeitsaufwand.
- Es ergibt sich ein Dichtheitsproblem, irgendwo tröpfelt es immer rein.
- Der Geräuschpegel im Fahrerhaus nimmt drastisch zu, wenn ein Loch in die Fahrerhausrückwand geschnitten wird.
- Ohne Durchstieg muss man brenzlige Situationen, in denen man flüchten müsste, im Koffer »aussitzen«, wenn man sich nicht nach draußen traut. Eine schnelle Flucht ist häufig schon deshalb nicht möglich, weil es meist mehrere Sekunden bis Minuten dauern kann, bis die Kessel der Druckluftbremsen den nötigen Druck aufgebaut haben und die Bremsen freigeben. In dieser Zeit könnten »Angreifer« auch auf andere Art und Weise verhindern, dass man wegfährt.
- Durch die Verschränkung des Fahrzeugs ist es sehr aufwendig, einen Faltenbalg so zu konzipieren, dass er einerseits dicht ist, andererseits die Verwindung des Fahrzeugs mitmacht, ohne zu reißen.
- Bei Kipp-Fahrerhäusern muss zuerst der Faltenbalg auf einer Seite gelöst werden, bevor man das Fahrerhaus kippen kann.
- Im Koffer muss eine Tür oder Klappe zum Durchstieg hin installiert werden, um eine starke Auskühlung des Koffers zu verhindern.
- Im Fahrerhaus muss ebenfalls eine Klappe montiert werden, um die Geräuschkulisse wieder auf ein erträgliches Niveau zu senken.
- Ein Durchstieg erleichtert einen Einbruch über das Fahrerhaus in den Aufbau, es sei denn, der Durchstieg ist ebenfalls mit einer abschließbaren Tür gesichert.

24.3 Argumente für einen Durchstieg

Komfort-Aspekte
- Die Anlässe, bei denen man in der Kabine etwas vergessen hat, Getränke aus dem Kühlschrank, Süßigkeiten zur Besänftigung des Fahrers (ja, Haribo macht auch Erwachs'ne froh!), Regenklamotten, andere Schuhe, den Fotoapparat, Reisedokumente usw. aus dem Aufbau holen muss, sind so mannigfaltig und häufig, dass sich alleine schon deshalb ein Durchstieg lohnt. Wir haben unseren jedenfalls täglich mehrfach benutzt und möchten ihn nicht missen.
- Die Geräuschprobleme kann man dadurch reduzieren, dass man im Fahrerhaus eine Klappe montiert und diese mit Akustik-Dämmmaterial verkleidet.
- Nicht zuletzt verringert ein Durchstieg die Standzeiten während der Fahrt beträchtlich, indem die zahlreichen Piesel-Pausen der Besatzung deutlich verkürzt werden.

Sicherheitsaspekte
- Es ist beruhigend zu wissen, dass man im Falle eines Falles vom Bett ohne Umweg nach draußen auf den Fahrersitz gelangen und sofort losfahren kann – obwohl es auf unserer achtmonatigen Reise die Notwendigkeit nie gegeben hat.
- Wer auf einen Durchstieg verzichtet und bequem ins Fahrzeug einsteigen will, muss die Leiter benutzen, die dann in der Nacht draußen bleibt – es sei denn, sie ist auf der Innenseite der Einstiegstür im Aufbau montiert. Jeder erkennt in einem solchen Fall, dass sich im Fahrzeug Menschen befinden und dass hier übernachtet wird. Das ist insbesondere beim Übernachten in belebten Gegenden unangenehm. Umgehen kann man diesen Umstand, indem man über eine Kletterlösung ins Fahrzeug hinein und wieder herauskommt – was allerdings zulasten des Komforts geht.
- Es ist uns auf der Reise mehrfach passiert, dass wir trotz eines Kontrollblicks vergessen haben, den Kühlschrank zu verriegeln, einige der Schubladen-Push-Locks zu schließen oder die Schiebetür zum Bad zu blockieren.
- Mit einem Durchstieg bleiben einem solche »Fauxpässe« Gott sei Dank nicht verborgen. Ohne Durchstieg heizt man vielleicht über Hunderte von Kilometern über Landstraßen oder gar Pisten. Man kann sich vorstellen, wie lange eine voll beladene Schublade oder eine relativ schwere Schiebetür so etwas mitmachen, bis sie herausfallen und den Rest der Einrichtung demolieren – ganz zu schweigen von einem Kühlschrank, der sich schon in der ersten Kurve »übergeben« hat und dessen Inhalt dann stundenlang in der Hütte herumkugelt oder -schwappt. Alles das ist uns mehrfach passiert, nur eben nicht über Stunden!
- Für uns ist es deshalb von Anfang an klar, dass wir einen Durchstieg haben wollen, und wir haben es trotz des wirklich hohen Aufwandes nicht bereut. Im Folgenden erläutere ich die Gedankengänge und Arbeitsschritte, mit denen ich den Durchstieg realisiert habe.

24 Durchstieg

Das ist so ziemlich die maximale Verwindung, die es bei unserem Fahrzeug mit einem Faltenbalg zu überbrücken gilt.

24.4 Die gängigsten Durchstiegsvarianten

Für das Abdichten eines Durchstiegs gegen Staub und Wasser stehen verschiedene Materialien zur Auswahl, die ich hier kurz beleuchten möchte.

Cabrio-Verdeck

Sehr robust, wasserdicht, uv-beständig, es dehnt sich allerdings nicht und ist relativ teuer. Wenn es ausreichend dimensioniert ist, muss kein Faltenbalg genäht werden, im Normalzustand »schlabbert« aber das überflüssige Material im Zwischenraum zwischen Koffer und Fahrerhaus herum.

Neopren

uv-empfindlich, mittlere Preislage, leicht zu verarbeiten, kein Faltenbalg erforderlich (abhängig vom Grad der Verschränkung), empfindlich gegenüber spitzen Gegenständen wie Ästen sowie gegenüber Witterungseinflüssen wie uv-Strahlung.

Bürsten

Bürsten scheinen eine relativ einfache Lösung darzustellen. Am Fahrerhaus wird ein fixer Durchstiegskanal montiert, der zum anderen Ende am Aufbau mit Bürsten abgedichtet wird. Bei Verschränkung scheuern die Bürsten am Koffer, liegen aber durch ihre Flexibilität doch so stark an, dass der Durchstieg weitgehend wasser- und staubdicht abgeschottet sein sollte. Ich kenne bislang noch niemanden, der diese Variante verbaut hat, und kann deshalb auch nichts zur Funktionsfähigkeit sagen. Von den Kosten her ist diese Lösung sicherlich die günstigste. Ob die Bürsten-Geräusche im Fahrerhaus hörbar sind und wie wasser- und staubdicht die Bürsten tatsächlich sind, kann ich nicht beurteilen.

AMR-Spezial-Dichtungsprofil
Als Alternative zu den Bürsten werden häufig Gummiprofile verbaut, ähnlich wie sie die Bahn früher zur Abdichtung zwischen zwei Waggons eingesetzt hat. Dabei wird am Fahrerhaus ein Alu-Profil montiert, in das eine Gummilippe eingeführt wird, die mit Druck am Aufbau anliegt und den Spalt abdichtet.

Teichfolie
Anstelle von Lkw-Plane kann auch hochwertige(!), UV-beständige Teichfolie verwendet werden, die sich um bis zu 400 Prozent dehnt. Durch diese enorme Dehnbarkeit kann weniger Folie verwendet werden, so dass man sich ggf. einen Faltenbalg spart. Der Vorteil liegt vor allem im geringen Preis, der es ermöglicht, eine Ersatzfolie auf Reisen mitzunehmen. Die Teichfolie ist im guten Garten- oder Teichfachhandel erhältlich.

Lkw-Plane zum Faltenbalg verarbeitet
Eine relativ gängige Variante stellt ein Faltenbalg aus Lkw-Plane dar. Da die Plane nicht flexibel ist, muss die Flexibilität zur Überbrückung der Verschränkung durch einen Faltenbalg hergestellt werden. Der wird wie eine Ziehharmonika genäht, verklebt und verschweißt, was die Sache relativ aufwendig macht. Lkw-Plane bietet allerdings den Vorteil, dass sie auf der ganzen Welt erhältlich ist und kleinere Löcher mit einem Heißluftföhn und Reparaturstücken relativ einfach geflickt werden können. Aus diesen Gründen entschließen wir uns für die Lkw-Plane.

Gelenkbus-Faltenbalg
Eine weitere Faltenbalg-Variante stellt die Verwendung von Faltenbälgen dar, wie sie bei Gelenkbussen zum Einsatz kommen. Dieses Material ist deutlich robuster als Lkw-Plane, allerdings auch erheblich teurer.

24.5 Bau des Durchstiegs mit einem Faltenbalg aus Lkw-Plane

Bei den Bundeswehr-Sheltern sitzt an der Vorderseite in der Regel ein großes Klimagerät, das die Innentemperatur reguliert. Nach Abbau des Gerätes bleibt ein großes Loch, das ideal für einen Durchstieg dimensioniert ist. Erfreulicherweise ist die Öffnung so platziert, dass in unserem Fall auf der gegenüberliegenden Fahrerhaus-Seite eine entsprechend große Fläche als Einstieg ins Fahrerhaus zur Verfügung steht. Bei anderen Basisfahrzeugen kann es vorkommen, dass der Motorblock oder das Getriebe höher bauen und deshalb weniger Platz für den Durchstieg zur Verfügung steht. Das Gleiche kann

---

BEZUGSQUELLE

AMR-Dichtungsprofil
AMR-OUTDOORWELT GMBH
www.amr-outdoorwelt.de

PREIS
- Gummidichtung ca. € 20,80/Meter
- Alu-Profilleiste ca. € 9,20/Meter

Den Zwischensteg trenne ich mit der Stichsäge heraus. Abkleben mit Kreppband nicht vergessen, damit der Lack nicht verkratzt!

24 Durchstieg

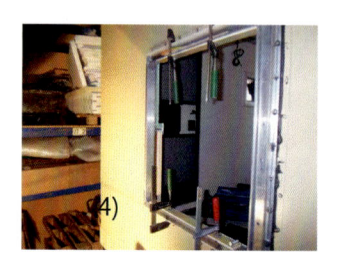

1) Die beiden Stutzen des Mittelstegs lasse ich bewusst stehen. In die bohre ich jeweils ein Loch und schneide ein Gewinde hinein. So kann die Schiebetür im Falle einer Verschiffung zugeschraubt werden.
2) Das Rahmen-Set für die Fahrerhaus-Seite.
3) Links der Stahlrahmen, den ich mit PU-Kleber auf das Fahrerhaus klebe, rechts das Alu-L-Profil und der dazugehörige Alu-Vierkantrahmen.
4) Das Alu-L-Profil ist am Koffer montiert.

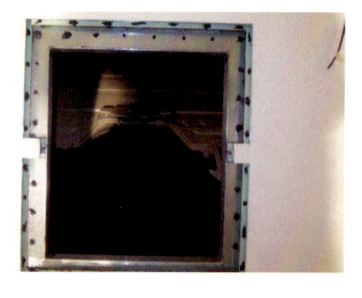

So sieht das Ganze von der Kofferseite aus.

passieren, wenn der Zwischenrahmen zu hoch baut, der Koffer deshalb weiter oben steht und die Durchstiegsoberkante bereits oberhalb der Dachkante liegt, was bei sehr flachen Fahrerhäusern der Fall sein kann.

TIPP Unbedingt im Vorfeld prüfen und genau ausmessen, wo die Durchstiegskanten von Koffer und Fahrerhaus liegen.

Den Faltenbalg und die erforderlichen Alu- bzw. Stahlrahmen lasse ich mir bei der Firma Jännert Fahrzeugbau in Kirchheim bei München bauen. Es sind insgesamt fünf Rahmen erforderlich:

1. Ein Stahlrahmen, der mit dem Fahrerhaus verschweißt oder verklebt wird. Ich verwende PU-Kleber.
2. Hinzu kommt ein Alu-L-Profil, das auf den Stahlrahmen des Fahrerhauses passt.
3. Ein Alu-Vierkantprofil, das genau auf das L-Profil passt, aber so viel Spiel lässt, dass rundherum die Lkw-Plane des Faltenbalgs dazwischengeklemmt werden kann. Beide Rahmen werden dann miteinander verschraubt und der Faltenbalg damit eingeklemmt.
4. und 5. Es werden je ein weiterer Alu-Vierkantrahmen und ein L-Profil-Rahmen für die Kofferseite benötigt.

Die Kontaktfläche des L-Profil-Rahmens mit dem Koffer streiche ich dick mit Dekaseal ein und niete ihn in den zahlreichen vorgebohrten Löchern mit 5 mm-Dichtblindnieten auf den Koffer. Da ich das lichte Maß des Kofferausschnittes nicht ganz ausnutze, muss ich den Innenrahmen des Koffers mit Holz auskleiden, um auf das Durchstiegsmaß des Alu-L-Profil-Rahmens zu kommen. Als Nächstes verkleide ich das Ganze noch mit einem Holzrahmen aus wasserfest verleimten Siebdruckplatten.

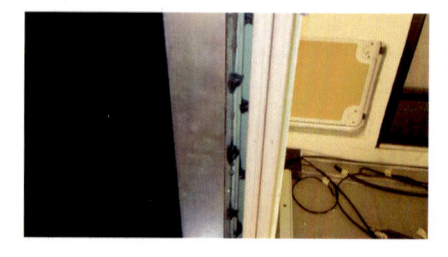

Es ist wichtig, hier ein wasserfestes Material zu verwenden, weil die Erfahrung gezeigt hat, dass es bei starkem Regen doch immer wieder mal am Faltenbalg in den Zwischenraum tröpfelt.

Nach der Verkleidung mit den Siebdruck-Platten hat der Durchstieg ein Maß von 66,5 cm Höhe und 58 cm Breite: absolut ausreichend wenn man ein bisschen gelenkig ist! Da mich der hellbraune Verkleidungsrahmen noch stört, versehe ich die gesamte Wand mit einer Verkleidungsplatte, die tapeziert und mit Latex-Innenraumfarbe gerollt wird.

24.6 Bau der Schiebetür auf der Koffer-Innenseite im Durchstieg

Weiter geht es mit dem Bau der Schiebetür. Das ist ein heißer Tipp von Hubert Öhm, der bei Intercamp sozusagen als der Erfinder der Schiebetüren gilt. Vorteilhaft ist die Lösung aber allemal, da sie lediglich 1,6 cm der Fahrzeugtiefe kostet. Zunächst bauen wir die Schiebetür, weil die vor dem Festschrauben der oberen Führungsschiene eingesetzt werden muss. Die Schiebetür selbst ist aus 12 mm wasserfest verleimter Siebdruckplatte gefertigt, auf die ich auf der Fahrerhausseite eine 2 mm starke Alu-Platte klebe. Damit bekommt die Schiebetür von der Fahrerhausseite her eine Metalloptik, was ihr einerseits optisch mehr Solidität verleiht und sicher der Stabilität nicht abträglich ist. Die Führungsrollen gibt es im Baumarkt (Obi) zu kaufen.

An der Frontwand des Shelters wird ein Möbelsteher direkt an der Stelle auf die Wand geschraubt, wo bei der Vorbereitung der Elektroinstallation ein Holzstück als Platzhalter zwischen Kabelkanal und Wand diente. Beim verwendeten Möbelholz handelt es sich um 16 mm starke Tischlerplatten, die zwar um einiges schwerer sind als das übliche Pappel-Sperrholz, dafür aber auch stabiler und rüttelfester. Im Womo-Handel gibt es Alu-Schienen, die ebenfalls 16 mm breit sind. Eine solche habe ich als Führungsschiene oben und unten auf die Möbelplatten geschraubt.

Hier sieht man nun endlich einmal, wer eigentlich die ganze Arbeit macht. Edith sägt hier gerade die Ausschnitte für die Führungsräder aus der Schiebetür.

24 Durchstieg

So sieht die Tür fertig aus mit den vier Führungsrollen und der Metalloptik auf der Fahrerhaus-Seite.

An die Frontwand des Shelters schraube ich jeweils oberhalb und unterhalb der Schiebetür eine Möbelplatte, auf der die Führungsschienen für die Schiebetür aufgeschraubt sind. Vor dem Festschrauben der Führungsschienen muss natürlich die Schiebetür eingesetzt werden.

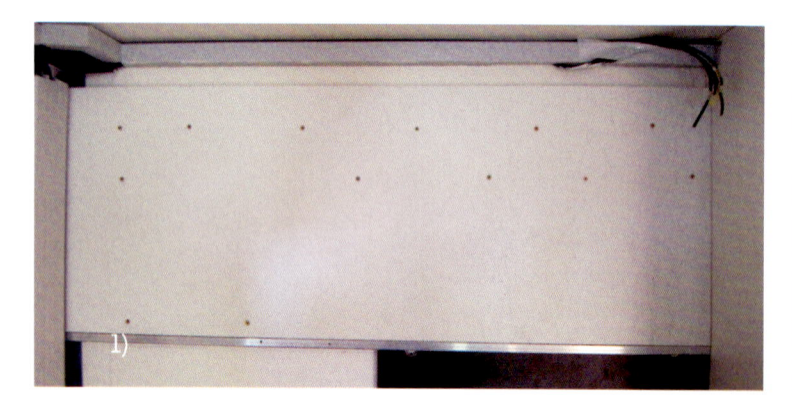

1) Eine Möbelplatte wird oberhalb des Durchstiegs an die Frontwand geschraubt. Auf der Möbelplatte ist die Führungsschiene für die Schiebetür befestigt.
2) Das Gleiche geschieht mit der unteren Führungsschiene, die auf die untere Möbelplatte geschraubt wird.

TIPP Damit die Schiebetür angenehm leise und gedämpft läuft, empfiehlt es sich, einen Filzstreifen in den beiden Führungsschienen einzukleben. Dessen Dicke ist bei der Dimensionierung der Tür zu berücksichtigen! Während der Fahrt ist die Schiebetür immer geöffnet, damit man besser hört, wenn wieder mal eine(r!) von uns beiden vergessen hat, eine Schublade oder die Schiebetür vom Bad zu verriegeln.

Die Verriegelung erfolgt ganz simpel mittels eines Holzstabes, den wir in die Alu-Schiene klemmen. Hier ließen sich sicher auch elegantere Lösungen finden, aber wir haben uns mittlerweile daran gewöhnt. Außerdem dient uns der Holzstab auch gleichzeitig als »Aufsteller« für die Fahrerhausklappe, die ebenfalls auf eine Gasdruck-Lösung wartet.

24.7 Die Durchstiegsarbeiten am Fahrerhaus

Zunächst gilt es am Fahrerhaus die Original-Heckfenster auszubauen. Erste Überlegungen, diese in die Tonne zu treten, weichen zweiten, es vorher doch mal auf eBay zu versuchen. Zusammen mit den Dichtungsgummis bringen sie noch erstaunliche 40 Euro. Wer hätte das gedacht? Nachdem die Fenster draußen sind, übertrage ich die Eckpunkte des Durchstiegsrahmens vom Koffer auf das Fahrerhaus. Den Ausschnitt schneide ich etwas größer als die Durchstiegsrahmen sind, um zu vermeiden, dass eine scharfe Blechkante in den Durchstieg ragt.

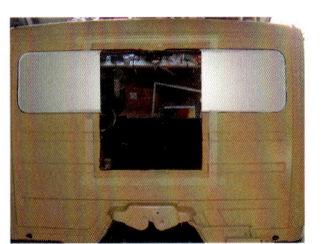

Danach ist der für das Fahrerhaus vorgesehene Stahlrahmen dran. Mit PU-Kleber klebe ich diesen aufs Fahrerhaus und fixiere ihn mit Schraubzwingen, natürlich nicht, ohne vorher das Ganze mit Krepp abzukleben, um die PU-Kleber-Sauerei im Rahmen zu halten. Was auf dem Bild nicht deutlich wird ist die unangenehme Tatsache, dass die Alu-Cobond-Deckel genauso wie die Scheiben, die sie ersetzen, tiefer liegen als die Auflagefläche des Durchstiegsrahmens auf dem Fahrerhaus. Den ca. 1,5 cm breiten Spalt muss ich deshalb noch mit Alu-Cobond-Streifen versehen, die ebenfalls mit PU-Kleber eingeklebt werden. Die nur wenige Millimeter tiefen Falze im Blech werden mit PU-Kleber verschlossen.

1) Das tut schon weh, das Fahrerhaus dermaßen zu perforieren.
2) Mit PU-Kleber klebe ich die vorgefertigte Deckel aus Alu-Cobond-Material in die alten Fensterausschnitte.

TIPP Den Ausschnitt aus dem Fahrerhaus-Blech nicht mit der Stichsäge herausschneiden, sondern mit der Blechschere, um Metallspäne im Fahrerhaus zu vermeiden. Die Späne würden beim Sägen nämlich zwischen das Außen- und das Innenblech des Fahrerhauses fallen und dort munter vor

24 Durchstieg

sich hin rosten. (War ein Tipp von Intercamp-Ralph – wie so viele. Herzlichen Dank!) Währenddessen macht sich Edith am Faltenbalg zu schaffen und verschraubt diesen mit dem Rahmenpaket.

24.8 Einbau des Faltenbalgs

Die Laschen am Faltenbalg werden auf allen vier Seiten gleichmäßig um den Alu-Vierkantrahmen gewickelt, durchbohrt und mit Schlossschrauben verschraubt. Danach bohre ich von der anderen Seite 8-mm-Löcher durch den mit den Faltenbalg-Laschen umwickelten Vierkantrahmen und setze Schlossschrauben ein, mit denen der Vierkantrahmen durch den L-Profil-Rahmen hindurch mit der Kabine verschraubt wird. Eine vorher zugeschnittene Dichtung aus PE-Material verhindert das Eindringen von Regenwasser. Auf der Fahrerhaus-Seite wird der Vierkantrahmen mit dem Alu-L-Profil und einer dazwischenliegenden PE-Dichtung zu einer festen Einheit verschraubt.

Dimensionierung des Faltenbalges

Der zu überbrückende Abstand zwischen Koffer und Fahrerhaus beträgt bei uns 24 cm. Bei Verschränkung im Gelände liegen gut 50 cm zwischen den oberen Eckpunkten der Faltenbalg-Rahmen. Deshalb lasse ich mir einen Faltenbalg mit sechs Falten und einer Faltentiefe von 6 cm bauen. Je Falte können also theoretisch zwölf Zentimeter überbrückt werden, realistisch sind es aber schätzungsweise 8 bis 9 cm. Bei sechs Falten müssten sich so 48 bis 54 cm überbrücken lassen.

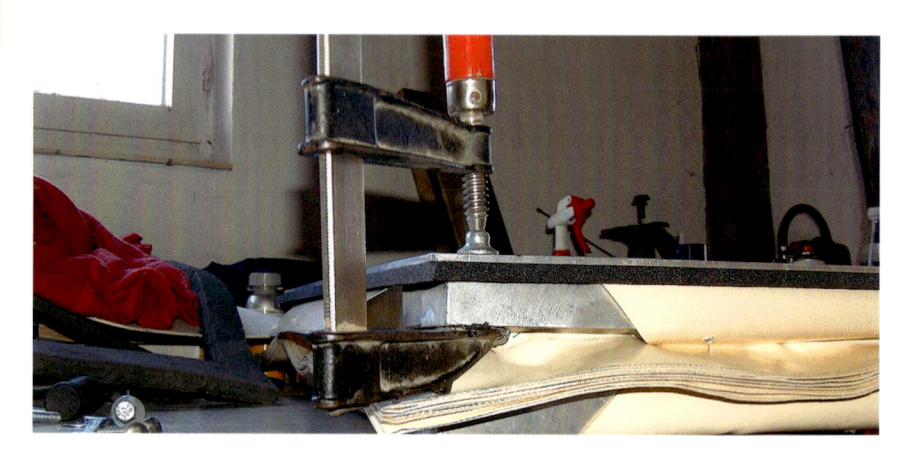

Den Faltenbalg-Rahmenverbund schraube ich mit vier Schlossschrauben durch den Stahlrahmen am Fahrerhaus auf dasselbe und befestige bzw. löse das Ganze mittels vier Flügelmuttern im Fahrerhaus. Grund: Da der MB 914 ein Kippfahrerhaus hat, muss bei den relativ (seltenen) Wartungs- und Reparaturarbeiten zuerst der Faltenbalg auf der Fahrerhausseite demontiert werden, bevor selbiges gekippt werden kann. Mit den vier Stehbolzen ist das eine Sache von fünf Minuten.

BEZUGSQUELLE

Faltenbalg und Rahmen
Jännert Fahrzeugbau
www.jaennert-gmbh.de

PREIS
- pro Rahmen ca. € 100,–
  Rahmenmaß: 680 × 600 mm
- Faltenbalg: sechslagig: ca. € 600,– (2008)

Der spannendste Augenblick ist natürlich der, im Gelände zu testen, ob alle Überlegungen richtig waren oder ob es den Faltenbalg bei der ersten Gelegenheit zerreißt. Zu überbrückender Abstand zwischen Koffer und Fahrerhaus: 24 cm im Stand, bei Verschränkung ca. 45 cm.

TIPP Die Dimensionierung des Faltenbalges hängt einerseits vom Abstand zwischen Koffer und Fahrerhaus ab (bei uns 24 cm) und von der Verwindungsfähigkeit des Fahrzeugs. Im Zweifel den Faltenbalg lieber etwas großzügiger dimensionieren, als dass er die erste Verwindung nicht verwindet.

1) Hübsch, mein neues Faltenröckchen!
2) So sieht der Faltenbalg aus, wenn das Fahrerhaus gekippt ist. Die vier Stehbolzen und die PE-Dichtung sind gut zu erkennen.

24.9 Durchstiegsklapptür im Fahrerhaus

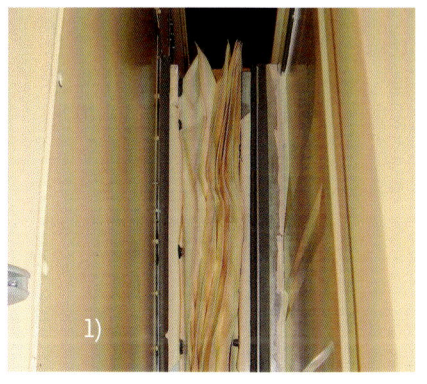

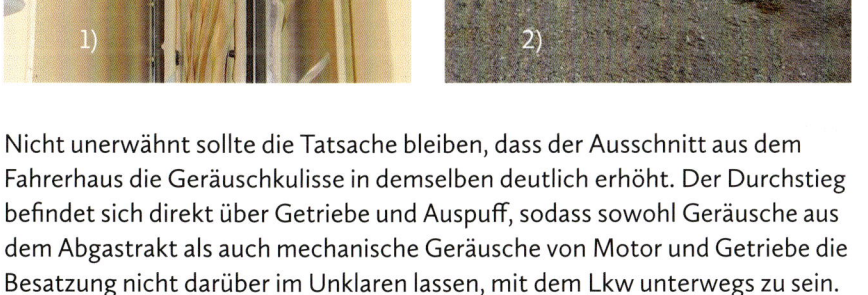

Nicht unerwähnt sollte die Tatsache bleiben, dass der Ausschnitt aus dem Fahrerhaus die Geräuschkulisse in demselben deutlich erhöht. Der Durchstieg befindet sich direkt über Getriebe und Auspuff, sodass sowohl Geräusche aus dem Abgastrakt als auch mechanische Geräusche von Motor und Getriebe die Besatzung nicht darüber im Unklaren lassen, mit dem Lkw unterwegs zu sein. Deshalb ist für uns von Anfang an klar, dass wir den Ausschnitt im Fahrerhaus

1) Endlich fertig!
2) Wenn es außen so aussieht …
3) … dann sieht das innen so aus: Dramatisch, aber er hält!

24 Durchstieg

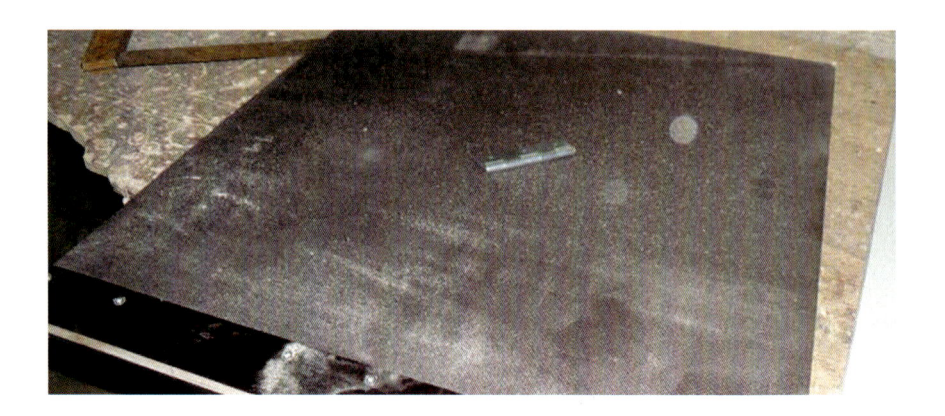

noch mit einer Klapptür versehen, deren Rückwand mit einem schalldämmenden Material beklebt wird. Damit wird im Fahrerhaus wieder nahezu der gleiche Geräuschpegel erreicht, wie er vor dem Ausschnitt geherrscht hat. Die Klappe besteht aus einer 12 mm starken Siebdruckplatte, die genau passend in den Stahlrahmen des Durchstiegs auf der Fahrerhausseite zugeschnitten wird. Damit ich mehr Auflagefläche für die Scharniere bekomme, habe ich an der Oberseite der Tür das Material aufgedoppelt und die Scharniere bündig mit der Oberkante der Tür im Holz versenkt. Für die Scharniere bohre ich Löcher in den Stahlrahmen des Durchstiegs und schneide ein Gewinde in die Bohrungen. So schwingt die Klappe nun ins Fahrerhaus und wird mit demselben Holzstab am Armaturenbrett abgestützt, der während der Fahrt die Schiebetür im Shelter offen hält.

24.10 Alternative Lösung für den Faltenbalg

Die Heavy-Metal-Spezialisten von Kern Metallbau im niederbayerischen Tillbach verwenden für den Durchstieg keinen Faltenbalg aus Lkw-Plane, sondern ein Moosgummi-Ziehharmonikaprofil. An dessen Enden ist jeweils eine Metallklemm-Nut, wie man sie von Pkw-Türdichtungen kennt. Die Nut wird auf den Rahmen aufgeschlagen und damit festgeklemmt. Auf der Kofferseite wird der Stahlrahmen fix auf den Koffer geschraubt, genietet oder mit PU-Kleber geklebt. Auf der Fahrerhausseite wird der gegenüberliegende Rahmen mit seinem Ziehharmonikaprofil mit vier Schnellverschlussklammern fixiert. An seinen Stoßenden wird das Moosgummi-Material verklebt und bildet so einen dichten Schlauch. Das Material hat den Vorteil, dass die Herstellung einfacher ist als ein aufwendig aus einer Vielzahl von Einzellagen vernähter und verschweißter Faltenbalg aus Lkw-Plane.

Ein weiterer Vorteil liegt in der Elastizität des Materials, das im Extremfall auch mal etwas überdehnt werden kann, ohne zu reißen. Und schließlich hat es mit einer Stärke von rund 3 mm nicht nur eine temperaturisolierende Wirkung, sondern auch eine schallisolierende, sodass auch durch das Faltenbalgmaterial ein Teil der Geräusche von Motor, Getriebe und Auspuff vom Fahrerhaus abgeschirmt wird.

BEZUGSQUELLE

Faltenbalg und Rahmen
ALOIS KERN METALLBAU
www.kern-metallbau.de

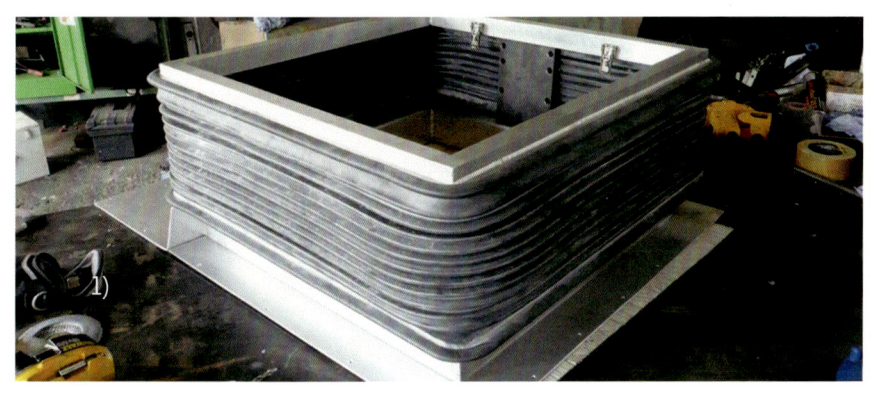

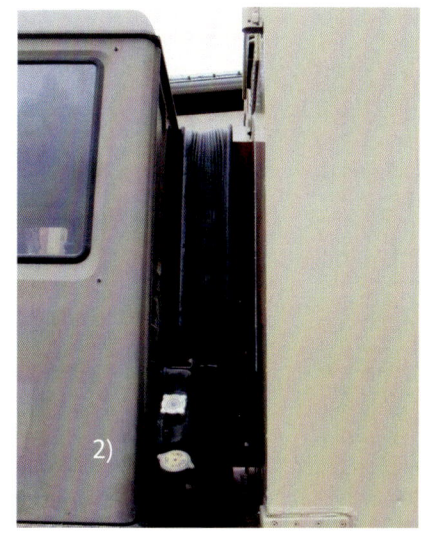

Der Preis für das reine Faltenbalg-Material liegt bei durchschnittlicher Größe des Durchstiegs bei rund € 500,–. Das Komplettpaket aus Moosgummi-Ziehharmonika und alle drei Rahmen schlägt für Selbsteinbauer mit ca. € 1.500,– zu Buche. Wenn die Kern-Mannen den Durchstieg komplett mit den Ausschnitten in Koffer und Fahrerhaus realisieren, dann kostet das Gesamtwerk erfahrungsgemäß ab ca. € 2.500,–.

1) Das Moosgummi-Ziehharmonika-Paket mit den Rahmen fürs Fahrerhaus (oben) und für die Kofferseite (unten)
2) Die Moosgummi-Durchstiegslösung an einem Steyr 12M18.

25 Vorbereitende Arbeiten für die Wasserinstallation

25.1 Grundsätzliche Überlegungen

Ursprünglich war als Duschwanne eine Plastikwanne aus dem Womo-Zubehör für ca. € 70,– geplant. Aufgrund ihrer exponierten Lage im Eingangsbereich unseres Rolling Home stellt sich allerdings die Frage, wie lange die wohl halten wird, wenn wir täglich mehrfach durch die Duschwanne ins Fahrzeug hinein- oder aus diesem wieder hinausgelangen.

Zur Erinnerung: Wir haben unser »Bad« im Eingangsbereich geplant, womit wir den normalerweise verschenkten Platz hinter der Eingangstür sinnvoll nutzen. Außerdem ergibt sich so eine Schmutzschleuse und in Verbindung mit der Schiebetür zum Bad zusätzlich ein Windfang, der im Winter die Wärme im Fahrzeug hält, selbst wenn die Tür geöffnet wird.

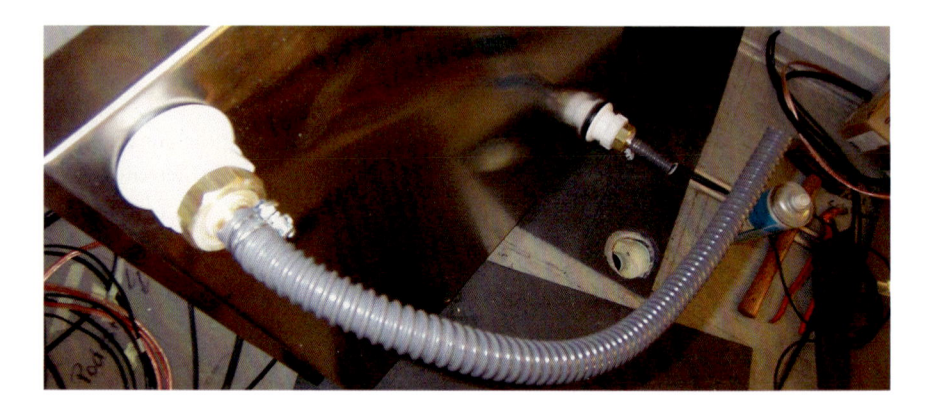

Intercampler Michel bringt mich auf die Idee, die Duschwanne aus Edelstahl bauen zu lassen. Noch während des Ausbaus zahlt sich das aus, als mir eine Schraubzwinge herunterfällt und den Rand der Duschwanne trifft. Dort hinterlässt sie lediglich eine kleine Delle – eine Plastikwanne hätte das nicht überlebt. Mit dem Topfbohrer bohre ich an den Stellen Löcher in den Boden, wo später die Abwasserschläuche zum Abwassertank geführt werden. Unter der Wanne verlege ich eine 10 mm starke PE-Matte, die die leichten Unebenheiten der Bodenschienen ausgleicht und die Duschwanne nach unten gegen Kälte isoliert.

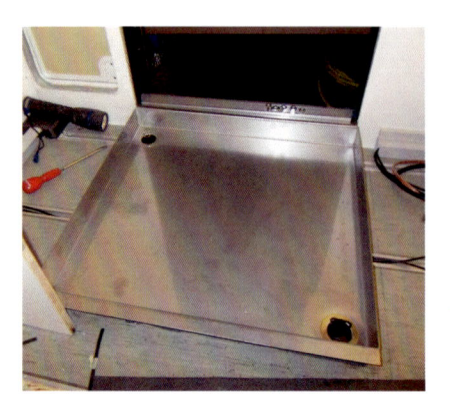

Die Duschwanne hat die Innenmaße 60 × 65 × 8 cm, das Außenmaß beträgt 65 × 65 cm. Sie ist an der Eingangstür um 2 cm abgekantet und liegt auf dem Rahmen des Shelters auf. So entsteht hier ein fester Tritt, auf den man auch bedenkenlos mit Schuhen – ggf. auch mit Skischuhen – treten kann. Zum Wohnraum hin beträgt der Falz 3 cm, den ich mit einer Holzleiste unterfüttere, sodass auch hier eine trittfeste Stufe entsteht.

TIPP Wer sich eine Edelstahlduschwanne bauen lässt, sollte mindestens zwei Abflüsse diagonal versetzt vorsehen, sodass das Wasser auch dann noch gut abfließen kann, wenn man mal schief steht. Ideal wären diesbezüglich vier Abflüsse oder ein mittiger in einer konisch zulaufenden Wanne. Letzterer würde aber wieder eine größere Herausforderung an den Unterbau der Duschwanne darstellen. Aber man muss es auch nicht übertreiben, denn die Abläufe kosten mit je € 28,– ja auch noch Geld. Mit einem Gummirakel lässt sich eventuell in einer Ecke stehendes Wasser leicht in den Abfluss abziehen.

TIPP Man sollte dem Stahlbauer aber unbedingt eine Abflussgarnitur mitgeben und darauf bestehen, dass er die Abflüsse um die Materialstärke des Einsatzes versenkt, weil ansonsten das Wasser nicht richtig ablaufen kann und man es auch schwerlich mit einem Rakel aus der Wanne bekommt.

BEZUGSQUELLE

Duschwanne
Stahlbauer über Intercamp

PREIS ca. € 260,–

25.2 Abwassertank für Dusche und Bad

Noch bevor die Duschwanne fest installiert ist, werden darunter Löcher in den Boden gebohrt und darin vier Gewindestangen mit gekonterten Muttern und großen Unterlegscheiben im Boden versenkt. An diesen wird an der Shelter-Unterseite der Abwassertank montiert. Dazu schneide ich die aus dem Innenraum des Shelters demontierten Alu-Schienen so zurecht, dass auf ihnen der Tank später aufliegen wird. Den Tank schütze ich nach oben mit einer PE-Matte gegen Scheuern genauso, wie ich auch auf die Alu-Schienen PE klebe, um langfristig Beschädigungen am Tank zu vermeiden.

Es handelt sich hier um einen handelsüblichen Kunststofftank mit den Maßen B 48 × H 28 × T 38 cm und einem Fassungsvermögen von 45 Litern. In diesen bohre ich an der Oberseite mit dem Topfbohrer ein Loch für den direkt darüberliegenden Abfluss der Duschwanne. Der Schlauch vom zweiten Abfluss sowie vom Bad-Waschbecken wird seitlich oben in den Tank eingeführt. Am hinteren unteren Eck bohre ich ein weiteres Loch, in das der Ablasshahn eingeschraubt wird. Auf der Rückseite ist darüber hinaus eine Entlüftung montiert. Durch die große Reinigungsöffnung im Tank dichte ich die Bohrlöcher der Abwasserschläuche mit Dekaseal 8936 ab.

Die Halterungen für die Abwassertanks bestehen aus Gewindestangen und Alu-Schienen.

25.3 Abwassertank für die Küche

Genauso wie im Bad funktioniert die Halterung des Abwassertanks für die Küche. Auch hier habe ich mit dem passenden Topfbohrer an der entsprechenden Stelle ein Loch für den Abwasserschlauch gebohrt sowie vier Bohrungen für die Gewindestangen gesetzt, die über zwei Alu-Schienen den Abwassertank aufnehmen.

TIPP Heute würde ich die Gewindestangen nicht mehr durch den Shelterboden bohren, sondern die Alu-Schienen aus dem Innenraum mit PU-Kleber unter den Shelter kleben und daran die Gewindestangen befestigen.

25 Vorbereitende Arbeiten für die Wasserinstallation

Auch hier schützt PE den Tank vor dem Durchscheuern.

BEZUGSQUELLE

Abwassertanks
WWW.REIMO.COM

PREIS
- Tank Küche: € 78,–
- Tank Bad: € 65,90

Der Abwassertank für die Küche hat die Maße 100 × 14 × 50 cm und dementsprechend ein Fassungsvermögen von 65 Litern. Mit einem großen Ablasshahn kann der binnen weniger Minuten entleert werden.

LESERTIPP Beim Thema »Isolierung und Beheizung der Abwassertanks« im Rahmen einer meiner Wohnmobil-Selbstausbau-Webinare (das sind Live-Seminare im Internet, bei denen mir meine Leser Fragen stellen können) hat mir Leser Alex den Tipp gegeben, dass man fürs Wintercamping eine Art »Bypass« am Abwassertank vorbei nach draußen bauen sollte. Denn nach seiner Erfahrung hat sich gezeigt, dass auch die beste Isolierung die Tanks bei Kälte nicht vor dem Einfrieren schützt und dass man gerade im Winter den Strom für wichtigere Dinge braucht, als sein Abwasser zu erwärmen. So empfiehlt Alex eine alternative Wasserführung am Abwassertank vorbei direkt ins Freie, denn auch die Schläuche zum Tank und deren Öffnungen frieren sehr schnell zu.

Allerdings – und das ist seine Anekdote an der Geschichte – sollte man das Wasser wirklich in einem Eimer sammeln und schnell entsorgen. Denn ihm hatte Starkwind das Abwasser »verblasen« und seine Stollenreifen formschlüssig mit dem Boden vereist, so dass er nicht mehr wegfahren konnte und schon dachte, sein Getriebe sei defekt.

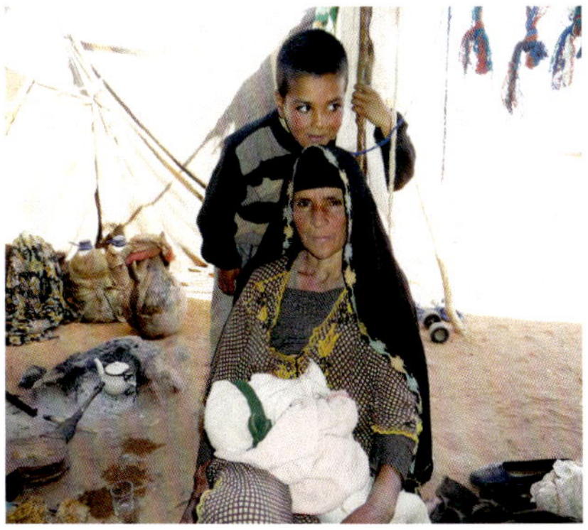
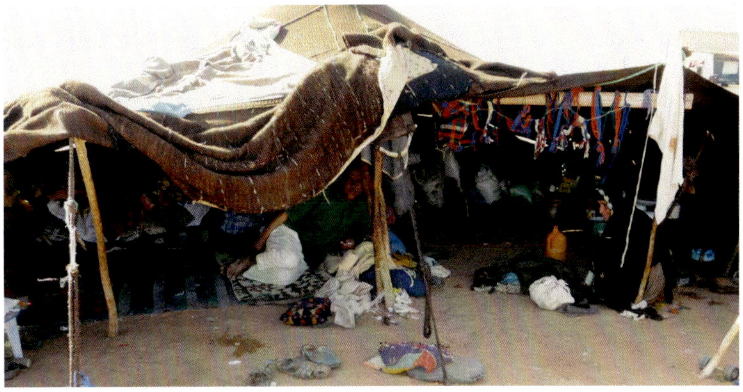
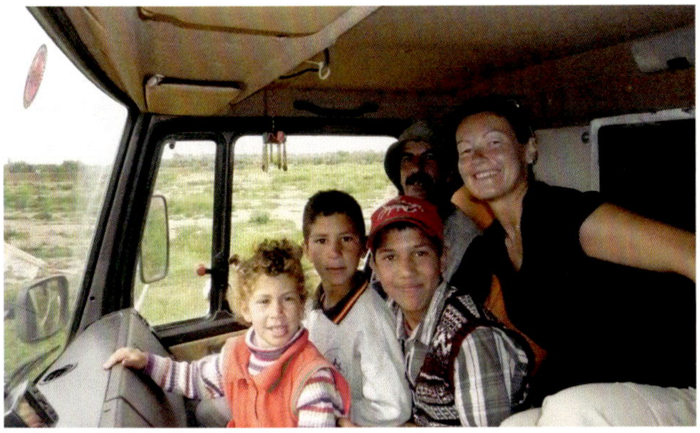
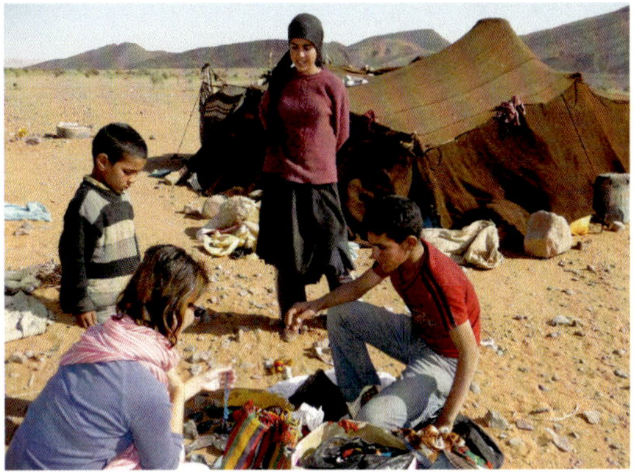
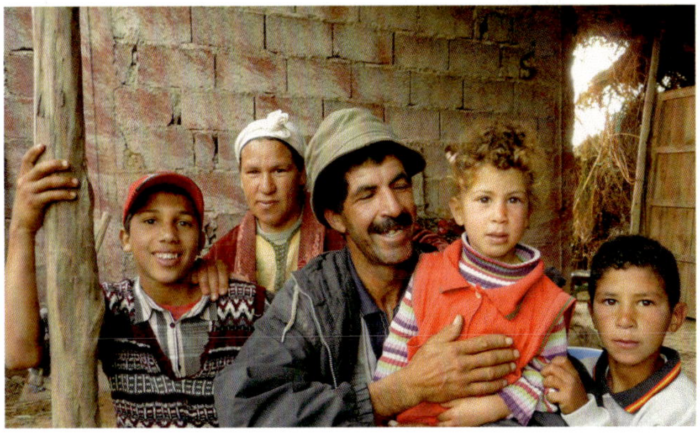

26 Heizung, Warmwasserbereitung und Kühlung

Die Heizung eines Reisemobils ist neben der elektrischen Anlage eine der komplexesten Komponenten im Rahmen eines Ausbaus, weshalb man sich gut überlegen sollte, welche Leistung, welche Funktionen und welchen Komfort eine Heizung bieten sollte. Wer ausschließlich im Sommer für einige Wochen in den warmen Süden fährt, der kann und will vielleicht gänzlich auf eine Heizung verzichten und damit sein Mobil auf das Wesentliche reduzieren. Andererseits zeigen die Lebens- und Reiseerfahrung, dass am allerwenigsten auf das Wetter Verlass ist und dass sich auch Reisewege und Reisewünsche und damit die Anforderungen an sein Fahrzeug ändern können. Deshalb wird wohl kaum ein wirklich Reiseambitionierter auf eine Heizung verzichten.

Dass Heizung nicht gleich Heizung ist, wissen wir bereits von unserer immobilen Umgebung. Ähnlich wie dort gibt es auch auf dem mobilen Sektor eine Reihe von unterschiedlichen Systemansätzen, die je nach Fahrzeugumgebung und den Anforderungen an Leistung, Funktion und Komfort unterschiedliche konzeptionelle Wege beschreiten. Viele der am Markt angebotenen Heizungssysteme erfüllen über das Heizen hinaus eine Reihe von weiteren Funktionen, wie zum Beispiel die Bereitung von Warmwasser oder das Beheizen des Motor-Kühlkreislaufes bzw. die Nutzung der Abwärme des Kühlkreislaufs zur Beheizung der Kabine.

Deshalb sollte man sich vor der Anschaffung einer Heizung im Klaren darüber werden, welche Funktionen und welchen Komfort man haben möchte, aber auch darüber, welche Konsequenzen die einzelnen Systeme auf die Maße der Wohnkabine, auf deren Ein- und Anbauten, auf den Möbelbau und auf die grundsätzliche Elektro-Konzeption haben. Deshalb möchte ich hier zunächst einen tabellarischen Überblick über die wichtigsten derzeit am Markt angebotenen, stromnetzunabhängigen Heizsysteme geben. Dabei können Stromspannung, Gewicht und Preis eine wesentliche Rolle spielen.

Aus der Übersichtstabelle auf der nachfolgenden Seite wird ersichtlich, dass die freie Wahl des Heizsystems gar nicht so einfach ist, wenn man bestimmte Punkte in seinem Pflichtenheft erfüllt sehen will oder muss. So können eine ganze Reihe von Systemen ausschließlich mit einer Betriebsspannung von 12 V betrieben werden, womit sie für all jene Ausbauer oder Optimierer nicht infrage kommen, deren Elektroinstallation auch im Wohnaufbau auf 24 Volt ausgelegt ist – es sei denn sie installieren einen Spannungswandler vor der Heizung, was allerdings die Komplexität des Systems und den Stromverbrauch weiter erhöht.

Aber auch das Gewicht und der Preis spielen für viele Wohnmobilisten eine Rolle. Ferner hat die Heizung einen Einfluss auf die Kabinenmaße. Denn soll eine Wasserheizung mit Fußbodenheizung verbaut werden, muss die hierfür erforderliche Bauhöhe bei der Konzeption einer Wohnkabine berücksichtigt

Hersteller / Typ	Betriebs-mittel	Luft- / Wasserheizung	Betriebs-spannung	Leistung in kW	Boiler / Volumen	Elektro-Option in Watt	Einbaulage	Gewicht o. Zubehör	Preis	Bemerkung
Alde Compact 3010 / 3000 W	Gas	Wasser	12 V	3,3 / 5,5 kW	8 Liter	ja / 3000 W	innen / außen	14 kg	€ 2.599,00	*1
Eberspächer Airtronic D2	Diesel	Luft	12 / 24 V	0,85-2,2 kW	nein	nein	innen / außen	2,7 kg	€ 944,40	*2
Eberspächer Airtronic D3	Diesel	Luft	12 V	0,9-3,0 kW	nein	nein	innen / außen	4,5 kg	€ 1.178,43	*2
Eberspächer Airtronic D4	Diesel	Luft	12 / 24 V	0,9-3,8 kW	nein	nein	innen / außen	4,5 kg	€ 1.178,43	*2
Eberspächer Airtronic D4 plus	Diesel	Luft	12 / 24 V	0,9-3,8 kW	nein	nein	innen / außen	4,5 kg	€ 1.178,43	*2
Eberspächer Airtronic D5	Diesel	Luft	12 / 24 V	1,6-5,5 kW	nein	nein	innen / außen	9,3 kg	€ 1.383,00	*2
Eberspächer Hydronic 2 Commercial	Diesel	Wasser	12/24 V	1,2-4,8 kW	nein	nein	innen / außen	2,4 kg	€ 974,66	*2
Eberspächer Hydronic 2 Economy D4S	Diesel	Wasser	12 V	2,1-4,3 kW	nein	nein	innen / außen	2,4 kg	€ 556,94	*3
Eberspächer Hydronic 2 Economy D5S	Diesel	Wasser	12 V	2,1-5,2 kW	nein	nein	innen / außen	2,4 kg	€ 814,61	*3
Eberspächer Hydronic M 8	Diesel	Wasser	12/24 V	1,5-8,0 kW	nein	nein	innen/außen	6,2 kg	€ 1.559,00	*2
Eberspächer Hydronic M 10	Diesel	Wasser	12/24 V	1,5-9,5 kW	nein	nein	innen / außen	6,2 kg	€ 1.472,00	*2
Eberspächer Hydronic M 12	Diesel	Wasser	12/24 V	1,2-12 kW	nein	nein	innen / außen	6,2 kg	€ 1.559,00	*2
Truma Combi 4	Gas	Luft	12 V	1,5 - 4 kW	10 Liter	nein	innen	14 kg	€ 1.719,00	*4
Truma Combi 4 E	Gas	Luft	12 V	1,5 - 4 KW	10 Liter	ja / 1800 W	innen	15,1 kg	€ 2.139,00	*4
Truma Combi 6	Gas	Luft	12 V	1,5 - 6 kW	10 Liter	nein	innen	14 kg	€ 1.975,00	*4
Truma Combi 6 E	Gas	Luft	12 V	1,5 - 6 kW	10 Liter	ja / 1800 W	innen	15,1 kg	€ 2.429,00	*4
Truma Combi D 6	Diesel	Luft	12 V	1,5-6 kW	10 Liter	nein	innen	15,8 kg	€ 1.049,00	*5
Truma Combi D 6 E	Diesel	Luft	12 V	1,5-6 kW	10 Liter	ja / 1800 W	innen	15,8 kg	€ 1.379,00	*5
Trumatic E 2400	Gas	Luft	12 V	2,4 kW	nein	nein	innen	4,8 kg	€ 2.489,00	*6
Trumatic E 4000	Gas	Luft	12 V	2,4 kW	nein	nein	innen	8,6 kg	€ 3.039,00	*6
Webasto Air Top 2000 ST	Diesel	Luft	12 / 24 V	0,9-2,0 kW	nein	nein	innen / außen	2,6 kg	€ 1.440,00	*5
Webasto Air Top Evo 3900	Diesel	Luft	12 / 24 V	1,5 - 3,9 kW	nein	nein	innen / außen	5,9 kg	€ 1.809,00	*5
Webasto Air Top Evo 5500	Diesel	Luft	12/ 24 V	1,5 - 5,5 kW	nein	nein	innen / außen	5,9 kg	€ 2.082,00	*5
Webasto Dual Top Evo 6	Diesel	Luft	12 V	1,5-6 kW	11 Liter	nein	innen / außen	20 kg	€ 2.425,00	*6
Webasto Dual Top Evo 7	Diesel	Luft	12 V / 230 V	1,5-6 kW	11 Liter	ja / 1200 W	innen / außen	21 kg	€ 2.785,00	*6
Webasto Dual Top Evo 8	Diesel	Luft	12 V / 230 V	1,5-6 kW	11 Liter	ja / 2000 W	innen / außen	21 kg	€ 2.800,00	*6
Webasto Thermo Top C Motorcaravan	Diesel	Wasser	12 V	2,5 - 5,2 kW	nein	nein	innen/außen	2,9 kg	€ 1.167,00	*7
Webasto Thermo 90 ST	Diesel	Wasser	12 V	1,8 - 9,1 kW	nein	nein	innen/außen	4,8 kg	€ 1.830,00	*2

werden. Und wer vorzugsweise mit Wasser-Luft-Konvektoren arbeitet, sollte sich bewusst sein, dass dies einige Zentimeter von der verfügbaren Raumbreite in Anspruch nimmt.

Hat man diese ersten grundlegenden Eigenheiten der verschiedenen Systeme verstanden, kann man sich der Fragestellung zuwenden, welches Heizungssystem die persönlichen Anforderungen am besten erfüllt. Neben der eigentlichen Leistung der Heizung, die an der Größe des Fahrzeugs bemessen werden sollte, spielen auch Komfortfaktoren eine nicht zu unterschätzende Rolle. Dazu gehört einerseits die Zeitdauer, die eine Heizung benötigt, um das Fahrzeug auf wohlige Temperaturen zu bringen, aber auch die Möglichkeit, die Heizung zu programmieren, fixe Start-Stopp-Zeiten einzustellen oder sie via Fernbedienung oder Handy-App aus der Ferne anzusteuern. Bevor man sich aber diesen Detailfragen zuwendet, sollte man sich über die beiden grundsätzlichen Systemfragen im Klaren werden, die da lauten: Diesel- oder Gasheizung? Luft- oder Wasserheizung?

*1) inkl. Zubehör/ohne Konvektoren
*2) nur Heizgerät
*3) inkl. Dosierpumpe
*4) inkl. Bedienteil, Raumtemperaturfühler, Sicherheitsablassventil, 3m Kabel, Befestigungsteile, ohne Abgasführung
*5) inkl. Befestigungswinkel, Bedienteil, 4 m Kabel, ohne Abgasführungssystem
*6) inkl. Bedienteil, Dosierpumpe, Tankentnahme, Kraftstoffleitungen, Raumtemperaturfühler, Sicherheitsablassventil, 3 m Kabel, Befestigungsteile, ohne Abgasführung
*7) inkl. Einbaukit
Alle Angaben ohne Gewähr

26.1 Diesel- oder Gasheizung?

Welche Heizung für ein Fahrzeug die richtige ist, kann sicherlich lang und breit diskutiert werden. Generell ist die Entscheidung zu treffen, ob es eine Gas- oder eine Dieselheizung sein soll. Bewegt man sich vorzugsweise in Europa, bereitet die Beschaffung von Gas in der Regel kaum Probleme. Allerdings sollte man sich dessen bewusst sein, dass die Heizung rund 250 g Gas pro Stunde verbraucht und damit eine 11-kg-Gasflasche bei regem Heizungsbetrieb in wenigen Tagen im wahrsten Sinne des Wortes verheizt ist. Will man

26 Heizung, Warmwasserbereitung und Kühlung

auch im Winter das Womo nutzen, ist der Einbau eines großen Gastanks also wirklich sinnvoll. Denn wer hat schon Lust, bei Eiseskälte mitten in der Nacht eine leergesaugte Flasche zu wechseln. Dagegen hat man Diesel in der Regel immer dabei, und die nächste Tankstelle ist selten weiter als ein paar Kilometer entfernt.

Außerhalb Europas ist die Verfügbarkeit von Propangas häufig nicht gewährleistet – von den passenden Anschlüssen mal ganz zu schweigen. Hier bietet Flaschengas den Vorteil, dass man mit verschiedenen Adapterstücken die Befüllung von Flasche zu Flasche regeln kann, auch wenn das unter Sicherheitsgesichtspunkten nicht ganz unkritisch ist und man damit lediglich eine 50%ige Befüllung seiner Flaschen realisiert.

Butangas funktioniert nur bei Temperaturen über null Grad. Das bedeutet, dass es zu einem Ausfall des Systems kommen kann, wenn der Gastank außen montiert ist. Bei Montage im Fahrzeug ist dieses Problem weitgehend ausgeschaltet. Hinzu kommt der Raumbedarf von zwei 11-kg-Gasflaschen und das damit einhergehende Gewicht. Eine 11-kg-Stahlflasche wiegt immerhin rund 22 kg. So drängt sich nicht nur im Expeditionsmobil, sondern vor allem in kleineren Fahrzeugen eine Dieselheizung immer mehr auf, auch wenn Gasheizungen hier noch klarer Marktführer sind.

Da wir im Lkw in der Regel immer reichlich Diesel im Fahrzeugtank gebunkert haben und uns (hoffentlich) häufig außerhalb Europas aufhalten, liegt es nahe, sich für eine Dieselheizung zu entscheiden. Allerdings sollte man sich darüber im Klaren sein, dass die Geruchsbelästigung einer Dieselheizung auf Campingplätzen zu Stress mit den Nachbarn führen kann.

Probleme bei großen Höhen: Wer in größeren Höhen über 2500 m ü. n. N. unterwegs ist, sollte berücksichtigen, dass es sowohl bei Gas- als auch bei Dieselheizungen zu Problemen kommen kann weil das Brennstoff-Luft-Gemisch aufgrund des geringeren Außendrucks nicht mehr stimmt. Gasheizungen scheinen hier jedoch weniger anfällig zu sein als Dieselheizungen. Manche Hersteller bieten zur Lösung dieses Problems einen sogenannten »Höhenkit« an.

Bei der von uns eingesetzten Webasto-Dieselheizung kann für € 250,– ein Diagnosegerät zugekauft werden, das man in Verbindung mit der passenden Software an einen Laptop anschließen kann. So lässt sich die Steuerung der Heizung diesem verminderten Luftdruck anpassen. Allerdings benötigt man zur korrekten Einstellung auch noch ein Abgasmessgerät, das preislich schon in der Region von € 1.000,– liegt. Durch »Herumprobieren« kann man vielleicht die richtige Mischung ohne Abgasmessgerät ermitteln, allerdings läuft man dabei Gefahr, dass der Brenner auf Dauer Schaden nimmt und die Heizung damit ebenfalls nicht mehr funktionsfähig ist.

Der Vollständigkeit halber sei noch erwähnt, dass für Gasanlagen eine Gasprüfung im Zweijahres-Rhythmus erforderlich ist. Außerdem birgt Gas immer eine gewisse Gefahr, weshalb manche Menschen generell versuchen, ein »gasloses« Wohnmobil zu bauen/zu kaufen. Dieses Ziel hatten auch wir mit unserem ursprünglichen Ausbau verfolgt, was sich mittlerweile jedoch aufgrund anderer Faktoren zugunsten einer Gasanlage verschoben hat. Trotzdem sind wir froh, die Heizungsfrage über Diesel gelöst zu haben, da die ansonsten mitzuführenden Gasmengen andere Probleme aufgeworfen hätten.

Eine Eigenart von Dieselheizungen stellt der höhere Stromverbrauch dar, den man bei der Dimensionierung der Batteriekapazität berücksichtigen muss. In der Anlaufphase der Heizung benötigt das System für das Vorglühen des Glühstiftes und für den Antrieb des Gebläses relativ viel Strom (bis zu 20 Ah–wenngleich nur kurzzeitig). Schaltet die Heizung ab und nach Absinken der Temperatur über den Thermostat wieder an, wiederholt sich dieser Startvorgang mit entsprechendem Stromverbrauch. Für Dieselheizungen gilt die gesetzliche Regelung, dass der Wärmetauscher und damit auch der Brenner nach spätestens zehn Jahren ausgewechselt werden müssen.

26.2   Luft- oder Wasserheizung?

Die Frage »Luft- oder Wasserheizung?« ist bei uns relativ schnell geklärt. Aufgrund der doch eingeschränkten Raummaße, was Höhe (191 cm) und Breite des Shelters anbelangt, wollen wir keine Stehhöhe für einen doppelten Boden für die Heizung opfern. Außerdem ist eine Wasser-Bodenheizung nur dann sinnvoll, wenn eine ausreichend große Bodenfläche vorhanden ist, die die Heizungswärme an die Luft abgibt. Das ist bei uns nicht der Fall, denn aufgrund des Elektro- und Sitzbank-Podests beschränkt sich unsere Bodenfläche auf gerade mal einen Quadratmeter. Auch der Verbau von Heizkonvektoren würde die sowie so schon knapp bemessene Raumbreite von 206 cm weiter einschränken. So liegt es auf der Hand, dass wir uns für eine Luftheizung entscheiden.

Wasserheizungen haben den Vorteil, dass sie eine angenehmere Wärme erzeugen und eine weniger trockene Luft. Der Raum muss nicht ganz so stark geheizt werden wie bei einer Luftheizung, weil ein warmer Fußboden und damit warme Füße oft schon ausreichen, dass man sich wohlfühlt. Allerdings reicht die Fußbodenheizung häufig nicht aus, so dass Konvektoren die Haupt-Heizaufgabe übernehmen müssen, die zwischen den Möbeln und der Wand verbaut werden. Das hat weitreichende Konsequenzen auf den Möbelbau, die in der Beschreibung der Alde-Wasserheizung erläutert werden.

26 Heizung, Warmwasserbereitung und Kühlung

Ein weiterer Pluspunkt von Wasserheizungen liegt in der Möglichkeit, sie an den Kühlkreislauf des Motors anzuschließen und so die Motorabwärme für die Heizung des Aufbaus zu nutzen. Umgekehrt kann das Motorkühlwasser mit der laufenden Heizung vorgewärmt werden, sodass sich die Kaltstartphase verkürzt und der Motor im Winter geschont wird.

Aber auch Luftheizungen haben ihre Vorzüge. Einer liegt beispielsweise in der Tatsache, dass sich ein kaltes Fahrzeug mit Warmluft wesentlich schneller erwärmt, als wenn dies indirekt über den erst zu erwärmenden Boden und über die Konvektoren erfolgt. Darüber hinaus spart man sich einerseits den Aufwand eines Zwischenbodens für die Heizung und für die Heizspiralen (Schläuche), andererseits auch deren Gewicht. Und was nicht existiert kann auch nicht kaputt gehen. Wir sind jedenfalls sehr zufrieden, wenn wir in unser kaltes Wohnmobil kommen und dieses bereits nach zehn Minuten auf wohlige 25 Grad aufgeheizt ist.

Alternative Heizungs- und Warmwasserbereitungssysteme
Wie in der Einleitung zum Heizungsthema bereits ausgeführt, gibt es gute Gründe, andere Heizsysteme als die von mir verbaute Webasto Dual Top Diesel-Luftheizung einzusetzen. Einer der Gründe könnte die Größe des Fahrzeugs bzw. des Wohnaufbaus darstellen. Für kleinere Fahrzeuge reicht eine Heizung mit 2–4 kW Leistung allemal aus, so dass man zu einem kleineren, leichteren und damit auch preislich günstigeren System greifen kann. Zum anderen können abweichende Anforderungen und Einsatzschwerpunkte des Fahrzeugs eine Alternative sinnvoll machen.

Wer vorzugsweise in Europa reist und damit seine Gasflaschen relativ einfach tauschen kann, der kann auf Gas als Betriebsmittel für die Heizung setzen. Den Wunsch nach Autarkie erfüllt zwar eine Diesel-Heizung tendenziell eher als eine Gasheizung, wenn man den Fokus nur auf das Betriebsmittel richtet, zieht man aber auch den Stromverbrauch mit ins Kalkül, kann bei einer unterdimensionierten Batterie- und Solarlade-Kapazität schnell der Strom zum »Bottleneck« werden. Denn unsere Heizung verbraucht pro Nacht in etwa genauso viel Strom, wie der Kühlschrank, circa 20 Ah.

Deshalb möchte ich hier auch auf alternative Heizungs- und Warmwasserbereitungssysteme eingehen und deren Vor- und Nachteile aufzeigen, damit meine Leserinnen und Leser gegebenenfalls andere Entscheidungen treffen können, als ich das tat. Dabei gehe ich alphabetisch vor und beginne mit Alde, um mit Webasto zu enden und im Anschluss daran den Einbau meiner Webasto Heizung detailliert zu schildern. Man möge es mir bitte nachsehen, dass ich nicht für jedes Heizsystem den kompletten Einbau beschreibe, sondern nur auf die wichtigsten Besonderheiten eingehen kann.

26.3 Gas-Wasserheizung von Alde: Compact 3010

Ähnlich wie die klassische Heizung in einer Immobilie funktioniert die Gas-Wasserheizung »Compact 3010« von Alde. Der Gasbrenner erhitzt ein Wasser-Glykol-Gemisch, das von einer Wasserpumpe durch ein Rohrleitungssystem gepumpt wird. Die Wärmeübertragung erfolgt vorzugsweise über Konvektoren, die zwischen den Möbeln und der Wand verbaut werden.

Das setzt allerdings voraus, dass die Luft im Fahrzeug zirkulieren kann, was bauliche Konsequenzen für den Möbelbau nach sich zieht. So müssen die Möbel der Sitzgruppe auf einem Zwischenboden stehen, damit die Luft unter den Möbeln zu den Konvektoren strömen kann. Auch die Sitzlehnen der Sitzgruppe sind mit Rückwänden zu versehen, die einen ca. 2,5 bis 3,5 cm breiten Spalt zur Fahrzeugwand lassen, damit die vom Konvektor erwärmte Luft nach oben ausströmen kann. Besonders angenehm ist bei dieser Art der Luftführung die Tatsache, dass die aufströmende Warmluft vor den Fenstern einen thermischen Vorhang erzeugt, der verhindert, dass es von den Fenstern kalt an den Nacken zieht.

Ebenso sollten das Bett und die Deckenkästen beheizt bzw. hinterlüftet gebaut werden, so dass die Heizungsluft auch dort zirkulieren kann. Dazu werde ich im Kapitel Möbelbau noch einmal etwas detaillierter eingehen. Überhaupt ist das System von Alde besonders auf Komfort ausgelegt, denn das Wassersystem ist natürlich dafür prädestiniert, über Heizschlangen oder Wärmeübertragungsplatten auch den Fußboden zu beheizen und für warme Füße zu sorgen. Nebenbei werden in einem Vorratsbehälter acht Liter Heißwasser gespeichert, so dass in Küche und Bad immer Warmwasser zur Verfügung steht. Für die Womo-Besatzung angenehm ist auch die Tatsache, dass im Alde System keine starken Luftströme entstehen weil es kein Gebläse gibt. Das schont sowohl die Ohren als auch die Batterien. Und Letzteres gleich in zweifacher Hinsicht, denn im Gas-System entfällt auch das Vorglühen

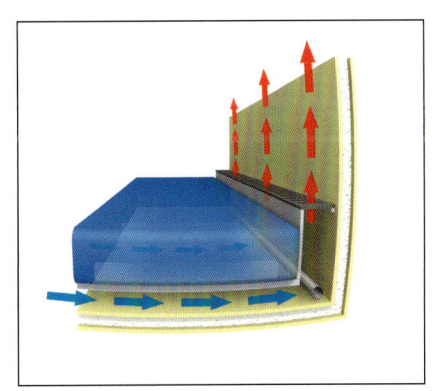

BEZUGSQUELLEN

Standheizung von Alde
FACHHANDEL

PREIS Alde Compact 3010 mit 3 kW Heizpatrone € 2.599,– (Stand 2013)

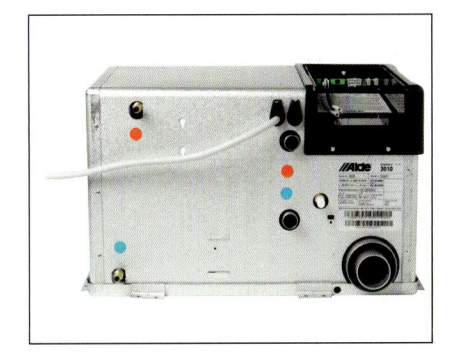

Alde Gas-Wasserheizung Compact 3010

Die Heizungsluft muss unter und hinter den Möbeln zirkulieren können

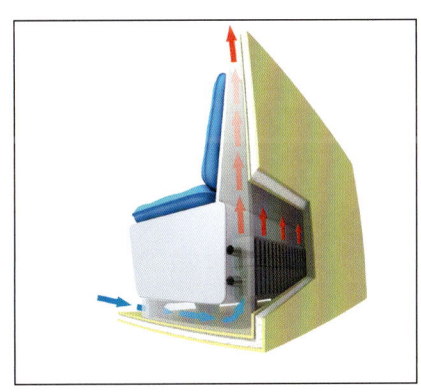

26 Heizung, Warmwasserbereitung und Kühlung

des Diesel-Brenners, weshalb die Alde Heizung im Regelbetrieb nur 0,87 Ah verbraucht. Alde Heizungen dürfen von Selbstausbauern verbaut werden ohne dass die Gewährleistung beeinträchtigt wird!

Charmant ist auch die Option, den Kühlkreislauf des Fahrzeugmotors über Wärmetauscher in das System mit einzubinden und während der Fahrt die Abwärme des Motors zur Heizung der Kabine und zur Bereitung von Warmwasser zu nutzen. Das System funktioniert aber auch umgekehrt, indem mittels der Heizung das Kühlwasser des Fahrzeugs erwärmt werden kann. Darüber hinaus können mit Heizschlangen oder Konvektoren auch außenliegende Wassertanks oder Stauräume erwärmt werden. Alde bietet in seinem umfangreichen Zubehörprogramm eine Vielzahl von Konvektoren, Wärmetauschern, Handtuchwärmer, Tankheizung usw. an, so dass man sich die Komponenten je nach den individuellen Gegebenheiten am und im Fahrzeug zusammenstellen kann.

Dass das Aufheizen eines kalten Fahrzeugs über Wasser und Konvektoren etwas länger dauert als mit einer auf Hochtouren laufenden Luftheizung dürfte jedem einleuchten. Allerdings kann auch diese Zeit verkürzt werden, indem man spezielle Konvektoren mit Gebläsefunktion verbaut oder am digitalen Bedienteil den Start der Heizung programmiert. So sind Alde Heizungen vor allem für ein auf Komfort bedachtes Klientel prädestiniert und für große Reisemobile, wo das etwas höhere Gesamtgewicht des Systems und der etwas aufwändigere Möbelbau eher eine untergeordnete Rolle spielen. Der Preis der Alde 3010 liegt laut Hersteller bei € 2.599,–. Darin sind Heizkessel, Entlüftungssatz, Umwälzpumpe, Abgas- und Zuluftschlauch, Kamin, Ausdehnungsgefäß, Touch-Screen Colour-Panel, 5 m Verbindungskabel, Winkel, Winkel mit Entlüftung, 2 Nippel ¼", Sicherheitsventil 3,5 bar und Anschlusskabel für die Batterie enthalten. Nicht enthalten sind die Wärmeübertragungs-Komponenten wie Konvektoren, Bodenplatten, Handtuchhalter etc. sowie die Schläuche und Rohre, die je nach Fahrzeugart und -größe und Komfortbedarf individuell dimensioniert werden müssen.

26.4 Diesel-Luftheizungen von Eberspächer: Airtronic-D2 bis D5

Unter dem Namen Airtronic bietet Eberspächer eine ganze Produktfamilie von Diesel-Luftheizungen an, deren Leistungen von 2,2 bis 5 kW reichen. Die Heizungen wurden besonders für den Wohnmobilbereich in Punkto Geräuschemission und Stromverbrauch weiterentwickelt. Dazu hat Eberspächer die Minimal-Leistung auf 850 W reduziert, womit die Heizung nachts durchlaufen kann, anstatt – wie für Dieselheizungen üblich – abzuschalten und nach Abfallen der Temperatur unter den voreingestellten Minimalwert immer wieder

Eberspächer Airtronic Diesel-Luftheizungen

neu anzuspringen. Damit entfällt dann auch der intensivere Lüftereinsatz der Heizung, der für die Startphase üblich ist, so dass sowohl der Stromverbrauch als auch die Geräuschentwicklung erheblich reduziert werden.

Die Bedienung kann mittels festinstallierter Bedienelemente mit Zeitschaltuhr bei dem EasyStart Timer, Funkfernsteuerungen oder per Smartphone-App erfolgen. Die Airtronic kann sowohl innen wie außen verbaut werden, wobei der Einsatz draußen die Geräuschentwicklung im Innenraum weiter reduziert. Die gezielte Verteilung der Warmluft erfolgt bei den Airtronic-Heizungen über Y-Verteiler auf mehrere Heizleitungs-Stränge, die in die verschiedenen Räume oder Bereiche des Reisemobils verlegt werden. Dort kann Luftmenge über die neuen, patentierten Luftregulierelemente individuell geregelt werden.

Oxikat gegen Diesel-Verbrennungsgerüche
Um störende Diesel-Verbrennungsgerüche weiter zu reduzieren, hat Eberspächer einen sogenannten Oxidationskatalysator entwickelt, der optional bei den Airtronic Heizungen verbaut werden kann. Der Oxikat reduziert die Geruchsentwicklung auf ein nahezu nicht wahrnehmbares Niveau, so dass die Dieselheizungen damit auch campingplatzkompatibel sind.

Für Fernreisende besonders erfreulich ist die Tatsache, dass Eberspächer für seine Heizungen optional einen Höhenkit anbietet, der die Funktionsfähigkeit der Airtronic bis zu einer Höhe von 3500 m garantiert. Auf die Frage, auf welche Art und Weise dies geschieht, erklärt man mir bei Eberspächer, dass beim Höhenkit ein zusätzliches Steuergerät zum Einsatz kommt, das die Taktfrequenz der Dosierpumpe in Abhängigkeit zum Luftdruck ab 1400 m ü.N.N. bis auf eine Höhe von ca. 3500 m ü.N.N. regelt. Darüber hinaus kann die Funktionsfähigkeit der Heizung nicht mehr gewährleistet werden. Der Preis für dieses zusätzliche Steuergerät liegt bei € 214,–.

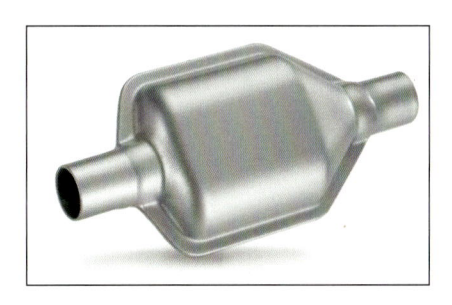

Eberspächer Oxikat

26.5 Diesel Wasserheizungen von Eberspächer: Die Hydronic-Familie von Hydronic 2 bis Hydronic M12

Eberspächer ist einer der großen Hersteller von Standheizungen für Pkw und Nutzfahrzeuge, mit denen das Fahrzeug und das Kühlwasser vorgewärmt werden können. Aus diesen Heizsystemen hat Eberspächer Diesel-Wasserheizungen für Wohnmobile entwickelt, die den speziellen Anforderungen im Reiseeinsatz gerecht werden: die Hydronic-Familie mit Spitzenleistungen von 4,3 bis 12 kW.

Eberspächer Hydronic
Diesel-Wasserheizungen

26 Heizung, Warmwasserbereitung und Kühlung

> **BEZUGSQUELLEN**
>
> **Standheizungen und Zubehör von Eberspächer**
> FACHHANDEL,
> WWW.EBERSPAECHER-REISEMOBILE.DE
>
> **PREIS** Stand 2013
> - Eberspächer Airtronic D2 ohne Einbaukit: € 944,-
> - Eberspächer Airtronic D3 ohne Einbaukit: € 1.178,-
> - Eberspächer Airtronic D4 ohne Einbaukit: € 1.178,-
> - Eberspächer Airtronic D4plus ohne Einbaukit: € 1.178,-
> - Eberspächer Airtronic D5 ohne Einbaukit: € 1.383,-
> - Eberspächer Oxikat: € 199,-
> - Eberspächer Höhenkit für Airtronic: € 214,-
> - Eberspächer Hydronic 2 Commercial ohne Einbautkit: € 975,-
> - Eberspächer Hydronic 2 Economy D4S mit Pumpe: € 557,-
> - Eberspächer Hydronic 2 Economy D5S mit Pumpe: € 815,-
> - Eberspächer Hydronic M8 Biodiesel ohne Einbaukit: € 1.559,-
> - Eberspächer Hydronic M10 ohne Einbaukit: € 1.472,-
> - Eberspächer Hydronic M12 ohne Einbaukit: € 1.559,-
>
> Eberspächer weist darauf hin, dass die Heizungen von einem Fachbetrieb eingebaut werden müssen, um die Gewährleistung zu erhalten!

Hydronic 2 Commercial
Die kleinste und langlebigste Heizung aus der Hydronic-Baureihe wurde speziell für den Einsatz in Wohnmobilen optimiert, so dass man nicht die für Standheizungen üblichen 3000 Stunden Betriebsdauer garantiert, sondern 5000 Betriebsstunden. Durch ihre kompakten Baumaße, das geringe Gewicht von nur 2,4 kg und ihr Leistungsspektrum von 1,2 kW bis zu 4,8 kW ist die Heizung prädestiniert für kleine bis mittlere Wohnmobile. Gerade in der kleinsten Regelstufe mit 1200 Watt kann man – ähnlich wie bei der Airtonic – die Heizung nachts durchlaufen lassen, was stromfressende Starts vermeidet.

Hydronic 2 Comfort
Die Wasserheizung zur Erwärmung des Fahrerhauses und des Frontbereichs eines Reisemobils sorgt mit integriertem Thermostatventil bei Anwendung im Komfortkreislauf dafür, dass zunächst ausschließlich der Fahrzeuginnenraum erwärmt wird, bevor auch der Motorkühlkreislauf mit einbezogen wird. Das hat zur Folge, dass sich das Fahrzeug schneller erwärmt und die Heizzeit um ca. 60% verkürzt wird, womit sich auch Diesel- und Stromverbrauch entsprechend reduzieren. Für die Hydronic 2-Baureihe sind jeweils optional Höhenkits bis 3500 m erhältlich.

Hydronic M-Modelle
Die leistungsstärkeren Hydronic-Modelle M8, M10 und M12 sind für mittelgroße bis große Wohnmobile geeignet und auf eine Betriebsdauer von 6000 Stunden ausgelegt. Dabei ist das 8-kW-Modell biodieseltauglich, die 10- und 12-kW-Varianten haben eine automatische Höhenerkennung, die einen Heizbetrieb bis 3500 m zulässt. Kennzeichnend für die Heizungen sind die kompakten Baumaße und das für die Leistung niedrige Gewicht von 6,2 kg. Zu allen Heizungen gibt es verschiedene Einbaukits, je nach Einbausituation.

26.6 Gas-Luftheizung mit Wasserboiler von Truma: Truma Combi 4 (E) und Combi 6 (E)

Wer aus den eingangs genannten Gründen lieber auf die Vorzüge einer Gas-Luftheizung setzt und dabei gleichzeitig Warmwasser bereiten möchte, der findet in den 4 kW bzw. 6 kW Combi-Gasheizungen von Truma das richtige Heizgerät. Zu den genannten Gasvarianten bietet Truma auch zwei Versionen mit zusätzlichem Elektro-Betrieb (2 × 900-W-Heizstäbe bei Ausführung E) an. Der Nutzer hat die Wahl, sein Heizgerät oder die Wassererwärmung mit Gas, Elektro oder im Gas-Elektro-Mischbetrieb zu betreiben. In die Heizung integriert ist ein 10 Liter Edelstahlboiler sowie ein Frostschutz-Überwachungssystem, das bei Temperaturen nahe dem Gefrierpunkt automatisch das Boilerwasser ablässt. Die Heizungen zeichnen sich durch einen extrem niedrigen Stromverbrauch im Gasbetrieb aus, weil hier das dieselheizungsübliche Vorglühen des Glühstiftes entfällt. Die Heizungen sind ausschließlich für den Verbau im Fahrzeuginneren geeignet. Mit vier Luftauslässen kann die warme Luft gezielt im Fahrzeug verteilt werden. Gerade bei kleineren Fahrzeugen ist die 4kW-Gasheizung völlig ausreichend. Im Einbaukit enthalten ist das analoge Bedienteil mit 3 m Kabel, ein Raumtemperaturfühler, das Sicherheitsablassventil, Befestigungsteile, jedoch keine Abgasführung (Wand- oder Dachkamin). Ein digitales, programmierbares Bedienteil ist optional erhältlich.

Truma Combi 4 und Combi 6

Für Fernreisende, die sich unabhängig von der Gas-Verfügbarkeit machen möchten oder Leute, die ein gasloses Auto bauen, bietet Truma seit 2009 das Gegenstück zur Combi 6 auch als Diesel-Luftheizung unter der Bezeichnung Combi D6 an. Diese gibt es im übrigen auch als Combi D6E-Version. Somit kann auch dort der Betrieb zwischen Diesel und Strom oder Diesel/Strom gewählt werden. Alle übrigen Leistungsmerkmale sind nahezu identisch mit den Combi-Gasheizungen. Im Einbaukit enthalten ist ein Bedienteil mit 3 m Kabel, Dosierpumpe, Tankentnahme, Kraftstoffleitungen, Raumtemperaturfühler, Sicherheitsablassventil, Befestigungsteile, ohne Abgasführung.

Eberspächer Hydronic Diesel-Wasserheizungen

26.7 Diesel-Luftheizung mit Wasserboiler von Truma: Truma Combi D 6

Für Fernreisende, die sich unabhängig von der Gas-Verfügbarkeit machen möchten oder Leute, die ein gasloses Auto bauen, bietet Truma seit 2009 das Gegenstück zur Combi 6 auch als Diesel-Luftheizung unter der Bezeichnung Combi D6 an. Diese gibt es im übrigen auch als Combi D6E-Version. Somit kann auch dort der Betrieb zwischen Diesel und Strom oder Diesel/Strom gewählt werden. Alle übrigen Leistungsmerkmale sind nahezu identisch mit den Combi-Gasheizungen. Im Einbaukit enthalten ist ein Bedienteil mit 3 m Kabel, Dosierpumpe, Tankentnahme, Kraftstoffleitungen, Raumtemperaturfühler, Sicherheitsablassventil, Befestigungsteile, ohne Abgasführung.

Truma Kombi D6 Diesel-Luftheizung

26.8 Gas-Luftheizungen von Truma: Trumatic E 2400/E4000

Für kleine bis mittlere Fahrzeuge oder als Zusatzheizung/Fahrerhausheizung bietet Truma die Trumatic Gas-Luftheizungen E 2400 und E 4000 an. Sie können sowohl mit 12 als auch mit 24 Volt betrieben werden und zeichnen sich durch extrem niedrigen Strom- und Gasverbrauch aus. Außerdem sind sie äußerst leise und mit ihren kompakten Abmessungen an einer Vielzahl von Einsatzorten einbaubar. Je nach Typ können die Heizungen sowohl innen als auch außen verbaut werden. Durch die kombinierte Verbrennungsluft- und Abgasführung durch die Wand ist dort nur eine Bohrung notwendig. Das gilt übrigens auch für die anderen Systeme. Der Betrieb ist über ein analoges Bedienteil möglich, das mit vier Metern Kabel im Lieferumfang enthalten ist. Optional nachrüstbar ist eine Zeitschaltuhr zur Programmierbarkeit der

Truma Gas-Luftheizung Trumatic E 2400

26 Heizung, Warmwasserbereitung und Kühlung

Truma Gas-Luftheizung Trumatic E 4000

BEZUGSQUELLEN

Standheizungen von Truma
FACHHANDEL,

PREIS Stand 2013
- Truma Combi 4: € 1.719,–
- Truma Combi 4 E: € 2.139,–
- Truma Combi 6: € 1.975,–
- Truma Combi 6 E: € 2.429,–
- Truma Trumatic 2400 E: € 1.049,–
- Truma Trumatic 4000 E: € 1.379,–
- Truma Combi D6: € 2.489,–
- Truma Combi D6 E: € 3.039,–/€ 3.049,– (John-Guest-Anschluss)
- Truma Höhenkit für D6 für Höhen bis 2750 m: € 460,–

Heizung für € 229,–. Im Set sind Halterungen für den Innenverbau enthalten, nicht aber das Abgasführungssystem, weil es darauf ankommt, ob die Heizung einen Wand- oder Dachkamin benötigt.

Wichtig! Gewährleistung:
Die meisten Hersteller schreiben vor, dass ihre Heizungssysteme von einem Fachbetrieb eingebaut werden müssen, um die Gewährleistung zu erhalten. Dies ist aus Herstellersicht verständlich, für uns Selbstausbauer aber wenig befriedigend. Ich habe alle Hersteller auf diese Problematik angesprochen und deren Standpunkte dazu hier festgehalten. So sieht Alde – wie im Text bereits beschrieben – keine Notwendigkeit, die Heizung von einem Ausbaubetrieb einbauen zu lassen. Der Selbstausbauer hat also keinerlei Einschränkungen der Garantieleistungen zu befürchten, vorausgesetzt, er hält sich an die Einbauvorschriften des Herstellers. Bei Eberspächer besteht man auf den Einbau durch einen Händler/Vertriebspartner, ansonsten erlischt der Garantieanspruch.

Bei Truma und Webasto ist man kompromissbereiter, wenn der Selbsteinbauer den Einbau der Heizung im Vorfeld mit einem vom Hersteller zertifizierten Einbaubetrieb bespricht und die Installation vor der erstmaligen Inbetriebnahme von diesem Betrieb abnehmen lässt. Dass diese Abnahme kostenpflichtig ist versteht sich von selbst, und der Preis sollte im Vorfeld mit dem Betrieb vereinbart werden. Der Betrieb bestätigt dem Selbstbauer den fachgerechten Einbau schriftlich, so dass die Hersteller-Gewährleistung bestehen bleiben kann.

26.9 Diesel-Luftheizung von Webasto: Air Top 2000 ST, Evo 3900, Evo 5500

Die Air Top Diesel Luftheizungen von Webasto gibt es in drei unterschiedlichen Leistungskategorien: Die Air Top 2000 ST mit 2,0 kW, die Air Top Evo 3900 mit 3,9 kW und die Air Top Evo 5500 mit 5,5 kW Leistung. Gerade für kompakte Fahrzeuge reichen die kleineren Modelle allemal aus. Besonders praktisch: mit dem MultiComfort Bedienelement können die Air Top Evo Geräte im Eco-Modus mit 70% der Leistung betrieben werden, im Power-Modus mit 110% der Leistung für besonders schnelles Aufheizen und im Sommer im Ventilationsmodus, der die Luft im Fahrzeug zirkulieren lässt. Wer hoch hinaus will, freut sich über den automatischen Höhensensor bei den beiden leistungsstärkeren Modellen und über einen manuellen Höhenschalter bei der Air Top 2000 ST, denn die Air Top Luftheizgeräte sind alle bis zu einer Höhe von 2200 m ü.N.N freigeprüft.

Die Webasto Air Top Heizungen verfügen über einen Warmluftauslass, der über Verteilerstücke verzweigt zu den verschiedenen Positionen im Fahrzeug geführt werden muss. In der Regel werden die Air Top Heizungen außen verbaut, womit wertvoller Stauraum im Fahrzeuginneren für Reisegepäck frei bleibt. Webasto bietet komplette Einbaukits an, die die Installation vereinfachen und nur die Luftführung und Tankanbindung zusätzlich notwendig machen. Im Zubehörregal gibt es neben programmierbaren Timern auch die Telestart T91 Holiday Fernbedienung, die auf eine Entfernung von bis zu 1000 Metern mit der Heizung kommuniziert. App-Junkies werden aber lieber zum Thermo Call TC3 greifen, um die Heizung via Handy zu aktivieren, so dass es im Womo kuschelig warm ist, beispielsweise wenn man von der Skipiste kommt.

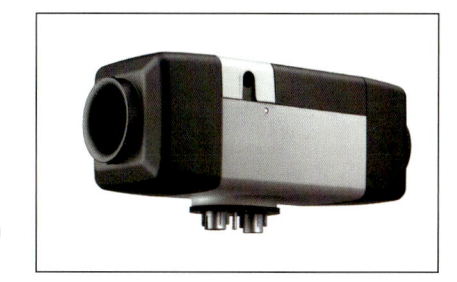

26.10 Diesel Wasserheizung von Webasto: Thermo Top C Motorcaravan

Als größter Hersteller von Standheizungen für Pkw und Nutzfahrzeuge hat Webasto die Thermo Top C Motorcaravan-Heizung speziell für Reisemobile weiterentwickelt, wo sie in der Regel als Zusatzheizung für das Fahrerhaus/ den Fahrerbereich zum Einsatz kommt. Die 5,2 kW-Heizung wird im Motorraum verbaut, wo die Anbindung an den Kühlkreislauf problemlos funktioniert. Über die Luftauslässe im Armaturenbrett wird der Fahrerbereich erwärmt und damit die Heizung im Wohnaufbau unterstützt. Optional kann der Motorkreislauf dazu geschaltet werden und ermöglicht dadurch einen vorgewärmten Motorstart. Die Steuerung erfolgt entweder über eine programmierbare Vorwahluhr oder mit dem Thermo Call via Handy.

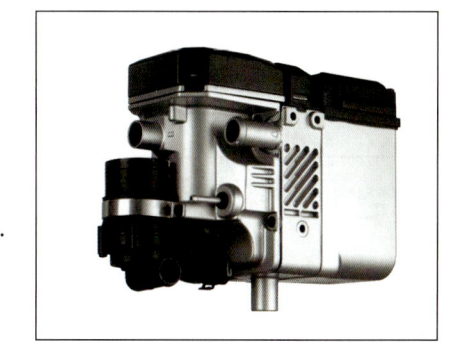

Webasto bietet für die gängigen Fahrzeugtypen wie Fiat Ducato, Ford Transit, Iveco Daily, Mercedes Sprinter und Renault Master Einbaukits an, mit denen die Installation problemlos und schnell zu bewerkstelligen ist. Aus dem umfangreichen Zubehörprogramm kann sich der Kunde die Komponenten zusammenstellen, wenn er für die Verteilung der Wärme in seinem Fahrzeug weiteres Zubehör benötigen sollte. Die Thermo Top C ist nicht als ausschließliche Heizung für den Wohnaufbau konzipiert, weshalb Webasto die Funktion der Heizung nur bis zu einer Höhe von 1500 m ü.N.N. gewährleistet.

Webasto Thermo 90 ST Diesel Wasserheizung
Die leistungsstärkste Camping-Heizung von Webasto ist die Thermo 90 ST, die sich aufgrund ihres Leistungsspektrums von 1,8 bis 9,1 kW sehr gut für mittlere bis große Reisemobile eignet. Die Wärmeverteilung erfolgt über Konvektoren, Wärmetauscher oder Fußbodenheizung sowie über die Heizungsauslässe im Fahrerhaus. Dabei ist sie für eine 9,1-kW-Heizung mit 4,8 kg erstaunlich leicht und kompakt. Allerdings muss, wie bei allen Wasserheizungen, zum reinen Gerätegewicht das Gewicht für den Einbaukit, die Wasserleitungen sowie die Heizschlangen im Boden, für Konvektoren, Wärmetauscher und für das Wasser-Glykol-Gemisch im System hinzugerechnet werden. Dieses Zubehör bietet Webasto selbst nicht an. Die Heizung ist

26 Heizung, Warmwasserbereitung und Kühlung

> **BEZUGSQUELLEN**
>
> **Standheizungen von Webasto**
> FACHHANDEL, WWW.MOVERA.DE
>
> **PREIS** Stand 2013
> - Webasto Air Top 2000 ST: € 1.440,–
> - Webasto Air Top Evo 3900: € 1.809,–
> - Webasto Air Top Evo 5500: € 2.082,–
> - Webasto Dual Top Evo 6: € 2.425,–
> - Webasto Dual Top Evo 7: € 2.785,–
> - Webasto Dual Top Evo 8: € 2.800,–
> - Webasto Thermo Top C Motorcaravan: € 1.167,–
> - Webasto Thermo 90 ST: € 1.830,–

allerdings eher für das Aufheizen großer Fahrerhäuser im Nutzfahrzeugbereich konzipiert, weshalb Webasto den problemlosen Betrieb nur bis zu einer Höhe von 1500 m ü.N.N. gewährleistet.

26.11 Diesel-Luftheizung mit Warmwasserboiler von Webasto: Dual Top Evo 6-8

Webasto hat die von mir im Jahr 2008 verbaute Dual Top RHA 100 weiterentwickelt und daraus eine Reihe von Produktvarianten abgeleitet und neue Features verbaut, die den Betrieb der Heizung weiter optimieren. Unter dem Namen Dual Top Evo 6 wird die von mir verbaute Heizung heute als reine Dieselheizung mit 1,5 bis 6 kW Leistung und manuellem Bedienteil angeboten.

Eine Weiterentwicklung stellt die Dual Top Evo 7 dar, die neben dem Dieselbrenner mit bis zu 6 kW Leistung auch zwei elektrische Heizstäbe mit einer Leistung von 0,6 bis 1,2 kW enthält. Bei Zugang zum Stromnetz kann die Heizung also entweder gänzlich mit Strom betrieben oder die Diesel-Heizleistung mit Strom unterstützt werden. Wird im Sommerbetrieb nur Warmwasser benötigt, kann dieses auf dem Campingplatz elektrisch erwärmt werden, so dass die eingangs erwähnte Geruchsbelästigung durch Diesel entfällt.

Unter dem Namen Dual Top Evo 8 wird eine noch leistungsstärkere Variante mit 2 kW-Elektro-Heizmodulen angeboten. So ist es möglich, dass die Heizung bis zu bestimmten Außentemperaturen nur mit Strom betrieben wird. Dual Top Evo 7 und Evo 8 werden von einem digitalen Bedienteil gesteuert, das zusätzlich zu den Funktionen des manuellen Bedienelementes mit den Funktionen des elektrischen Heizens, einer Zeitschaltuhr sowie der Aktivierung über die Fernbedienung versehen ist. Das digitale Bedienteil kann auch auf die Dual Top Evo 6 nachgerüstet werden, um dadurch Features wie die Vorprogrammierung oder den Anschluss einer Fernbedienung ebenfalls nutzen zu können.

26.12 Einbau der Heizung

Mitte 2008, also just in time für meinen Ausbau, bringt Webasto die Diesel-Luftheizung Dual Top RHA 100 mit integriertem 11-Liter-Wasserboiler auf den Markt. Als einer der ersten Endkunden (Erstausstatter hatten die Heizung bereits früher im Programm) bekomme ich eine solche zum Preis von ca. € 2.300,– ausgeliefert. Der Einbau der Heizung erweist sich dabei als äußerst aufwendig, weil Webasto zum damaligen Zeitpunkt noch keinerlei Einbaumaterialien anbietet. So bin ich gezwungen, mir die unten abgebildete Halterung der Heizung in mühevoller Arbeit selbst zusammenzubasteln. Das liegt unter anderem daran, dass Webasto die Dual Top ursprünglich für den

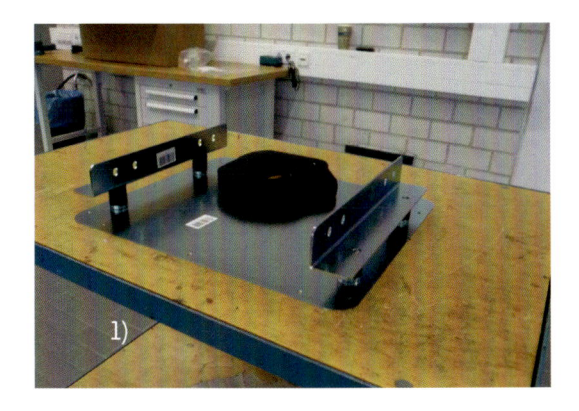

Außeneinsatz konzipiert hatte und nicht für die Installation im Inneren eines Wohnmobils. Mittlerweile hat man nachgerüstet und bietet einen Kit für den Einbau der Heizung im Inneren des Womos an.

Den sollte man auch tunlichst einsetzen, wenn man die Heizung innen verbaut, denn Bestandteil des Kits ist eine dicke Moosgummidichtung, mit der verhindert werden soll, dass bei Undichtigkeiten im Abgassystem Kohlenmonoxid in den Innenraum gelangt, was im Extremfall zur Vergiftung der Insassen führen könnte. So rüste auch ich im Frühjahr 2012 den original Einbaukit nach, was mir zwar einen Tag Arbeit beschert, aber auch das gute Gefühl, dass im Falle eines Falles die Abgase nicht unseren Schlaf unfreiwillig verlängern. Mit dem Einbaukit entfällt natürlich die Bastlerei für die Halterung, deren Beschreibung ich mir damit ebenfalls sparen kann.

Allerdings gibt es immer noch einige konstruktive Feinheiten der Heizung, die man kennen sollte, falls man die Heizung nicht wie ursprünglich von Webasto vorgesehen außen, sondern im Innenraum des Fahrzeugs verbaut. So hat sich seit 2008 nichts an der Abführung des Boilerwassers aus dem Heizgerät geändert.

1) Der Einbaukit für die Dual Top vereinfacht den Einbau der Heizung enorm.
2) Meine selbstgebaute Halterung für die Heizung

Der Ablaufschlauch ist nur auf die messingfarbene Ablaufdüse aufgesteckt.

Die Verlängerung des Schlauches ist notwendig, damit sich das Wasser nicht ins Fahrzeug ergießt.

26 Heizung, Warmwasserbereitung und Kühlung

Da ich vermeiden möchte, dass sich das Wasser des Boilerüberlaufs und des Auslassventils unkontrolliert in das Fahrzeug ergießt, bastle ich mir 2008 eine Winkelkonstruktion, um an den Auslassschlauch eine Verlängerung zu montieren und das Wasser durch den Fahrzeugboden zu führen. Dieser Versuch verursacht bei meinem ersten Einbau der Heizung ein weiteres Problem, vor dem ich all diejenigen meiner Leser warnen möchte, die ebenfalls eine Dual Top verbauen möchten: Um das Winkelstück auf das kurze Schlauchende zu schieben, lässt es sich kaum vermeiden, dass man am Ablaufschlauch zieht. Da dieser aber nur auf die Überlaufdüse aufgesteckt ist, passiert es leicht, dass man den Schlauch bei der Montage von der Überlaufdüse zieht, was bedeutet, dass sich das Wasser ins Innere des Gehäuses und damit ins Fahrzeug ergießt.

Da kommt Freude auf: Die Brühe läuft ins Auto, und keiner weiß, woher sie kommt.

Um zu kontrollieren, ob dem so ist, ist man beinahe gezwungen, den Deckel der Heizung abzunehmen und den Sitz des Schlauches zu prüfen. Das führt allerdings zum Erlöschen der Garantie. Dabei sollte man jedoch darauf achten, dass eventuell lose herumliegende Kabel beim Aufschrauben des Deckels nicht eingeklemmt werden. Dies ist mir zu allem Überfluss ebenfalls passiert, was zur Folge hatte, dass ich die Heizung zwecks Prüfung noch einmal ausbauen musste.

Ein weiteres Problem, das Webasto mittlerweile gelöst hat, stellen die kurzen Rohranschlüsse dar, auf denen herkömmliche Schlauchschellen nicht halten. Die Rohre sind für den Verbau von John-Guest-Anschlussstücken gedacht, die allerdings nicht im Lieferumfang enthalten waren. So behelfe ich mir mit einer speziellen Schellenkonstruktion und einem etwas verlängerten Schlauch, der sich zur Heizung hin staucht, sodass er nicht mehr von den Rohren rutschen kann. Beim Einbau des original Kits von Webasto setze ich dann auch die John-Guest Anschlüsse ein.

Bei der Neuinstallation der Heizung mit dem original Einbaukit muss ich neue Löcher durch den Boden bohren, weil die Heizung niedriger sitzt als meine ursprüngliche Halterung. Nur dadurch wird sichergestellt, dass die im Bild 1 sichtbare Moosgummidichtung rund um den Auspuffauslass dicht am

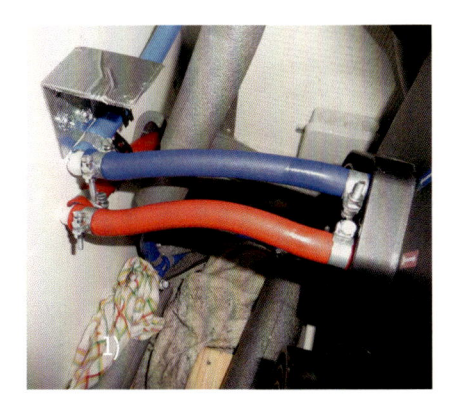

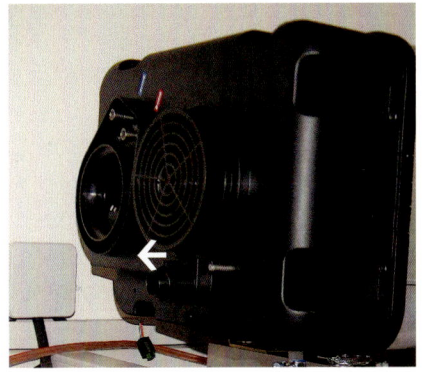

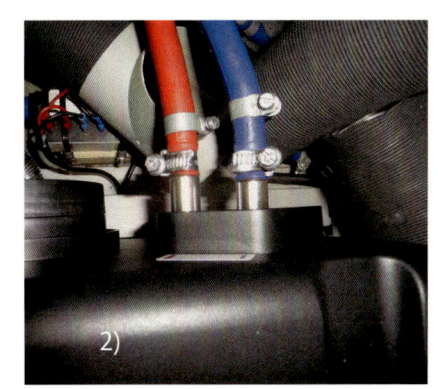

Gehäuse anliegt und somit das Gehäuse gegen eventuell austretende Abgase abdichtet. Den Schlauch für die Brennluftzufuhr belasse ich dabei, denn ich hatte beim ersten Einbau dazu einen festeren Edelstahl-Abgasschlauch verwendet als den von Webasto vorgesehenen dünnen Brennluftschlauch. Dazu muss ich allerdings die Grundplatte etwas aussägen.

Auf Bild vier ist die Leitungsführung für die Heizung zu erkennen. Links wird das Kaltwasser, vom Wasserfilter kommend, in die Heizung eingeleitet (blauer Schlauch) und das Warmwasser (roter Schlauch) aus der Heizung ins Leitungssystem eingespeist. Die an der Außenwand verlegten Wasserschläuche habe ich mit PE-Rohren isoliert, um sie besser gegen Frost zu sichern und ein schnelles Auskühlen des Warmwassers bzw. ein Aufheizen des Kaltwasserstranges zu verhindern. Auf der rechten Seite der Heizung werden die beiden Warmluftschläuche angeschlossen, die die Heizungsluft in das Rohrsystem leiten.

Weitere Einbautipps:
Wer die Einbaulage seiner Heizung für Wartungs- und Reparaturarbeiten optimieren möchte, sollte die Heizung so verbauen, dass man gut an den Deckel auf der Luftansaugseite (dort, wo auch die Wasseranschlüsse sind) herankommt. Falls der Ablaufschlauch mal von der Düse rutscht, der Brenner der Heizung defekt oder verrußt ist oder der Glühstift den Geist aufgibt, setzt das bei einer Einbaulage, wie ich sie gewählt habe, immer den Ausbau der Heizung voraus. Dem kann man entgegenwirken, indem man die Heizung so verbaut, dass man die Luftansaugseite zum Innenraum hin ausrichtet oder zu einer Außenklappe, sodass man von draußen die Wartung oder Reparatur der Heizung im eingebauten Zustand vornehmen kann.

Zum Tragen der Heizung beim Einbau sollte man es tunlichst vermeiden, in eine der Lüfteröffnungen auf der Luftansaugseite zu greifen und die Heizung daran hochzuheben. Zu groß ist die Gefahr, dass man durch das Gewicht der Heizung die Lüfterwelle verbiegt. Zur Fixierung der Schläuche für die

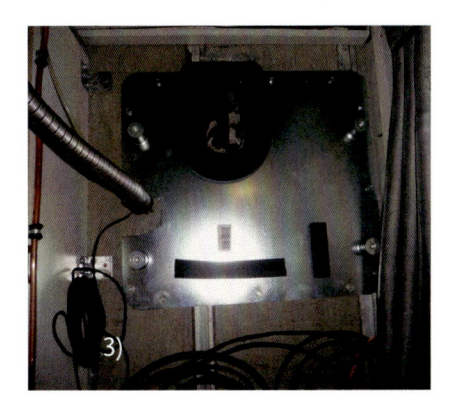

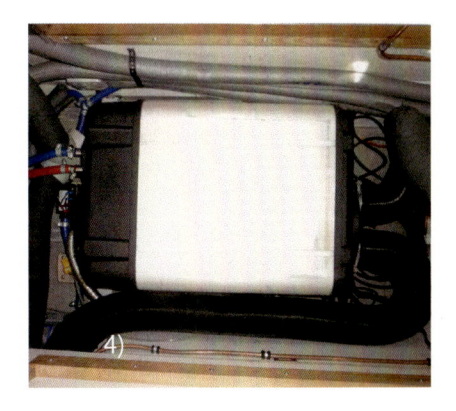

1) Einbau alt: Mit gestauchten Schläuchen verhindere ich das Abrutschen der Schläuche.
2) Einbau neu: Mit den John-Guest-Anschlüssen gibt es keine Probleme mehr.
3) Mit dem Webasto-Einbaukit wird die Heizung gegen Auspuffgase abgedichtet.
4) Es gibt cleverere Einbaulagen als die hier gezeigte – siehe Einbautipps.

26 Heizung, Warmwasserbereitung und Kühlung

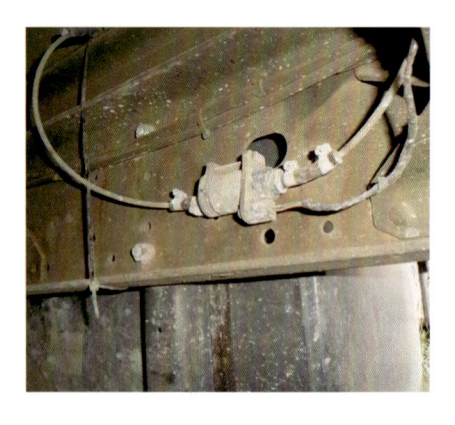

Frischluftzufuhr sowie für die Warmluftableitung bohrt man am besten ein 2-mm-Loch durch die Schellen und das Gehäuse und dreht eine kleine Blechschraube hinein (siehe Bild).

Installation der Dieselpumpe
Die Dieselpumpe der Heizung montiere ich außen auf der Rückseite des Dieseltanks an den Lkw-Rahmen. Dazu muss ich eine längere Dieselleitung zur Heizung verbauen, die stetig ansteigen sollte, damit sich keine Luftblasen im Schlauch bilden können.

Einbau des Auspuffs
Den Auspuff der Heizung montiere ich an der Unterseite des Shelters und führe das Abgasrohr nach hinten zum linken Radkasten, wo die Abgase ins Freie entweichen können. Daneben verläuft das Ansaugrohr für die Kühlluft mit dem Ansaug-Schalldämpfer. Alle Auslass-Bohrungen im Shelterboden versiegle ich mit Dekaseal 8936 dauerelastischer Dichtmasse. Beim Auspuff schütze ich den Boden und den PU-Schaum darin mit einem zusätzlichen Alu-Rohr, durch das die Abgasleitung nach außen geführt wird.

Die Dieselpumpe sitzt hinter dem Tank am Fahrzeugrahmen.

1) Der Ansaug-Schalldämpfer für die Kühlluft
2) Von links nach rechts: Dieselleitung, Stromkabel von der Dieselpumpe zur Heizung, Kühlluft-Ansaugrohr, Auspuff-Schalldämpfer und rechts oben der von mir verlängerte Entwässerungsschlauch

FAZIT Der erste Einbau unserer Heizung hat mich in Ermangelung eines durchdachten Einbaukits sehr viel Zeit und Nerven gekostet; so viel, dass ich gleich ein erstes warmes Fußbad in unserer Küche nehme, als die Heizung erstmals im September 2008 für Warmluft und -wasser sorgt. Mit dem neuen Einbaukit geht das alles viel schneller, und vor allem aufgrund der Abdichtung der

Heizung zum Innenraum hin ist das Ganze jetzt auch viel sicherer. Es zeigt mal wieder, dass es durchaus sinnvoll sein kann, ein Produkt erst dann zu kaufen, wenn es sich eine Zeitlang auf dem Markt bewährt hat.

26.13 Verlegung der Heizungsrohre

Die Verlegung der Heizungsrohre wird aus untenstehendem Schema ersichtlich. Die Dual-Top-Heizung hat zwei Auslässe. Vom einen verlege ich einen Schlauch unter der Küche mit Auslass am Fußboden in den Stehbereich vor der Spüle. Dieser Schlauch verzweigt sich zweimal und führt sowohl auf der linken als auch auf der rechten Seite in den Stauraum. Dort sitzen jeweils Deckel auf den Endstücken, die ich je nach Außentemperatur mal mehr und mal weniger öffne, um den Stauraum unter dem Bett ein wenig mitzubeheizen.

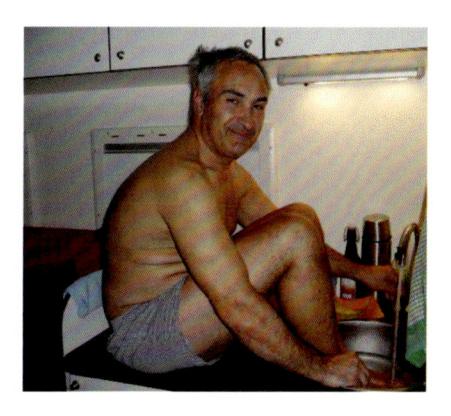

27. September 2008, 00:05 Uhr: erstes heißes Fußbad!

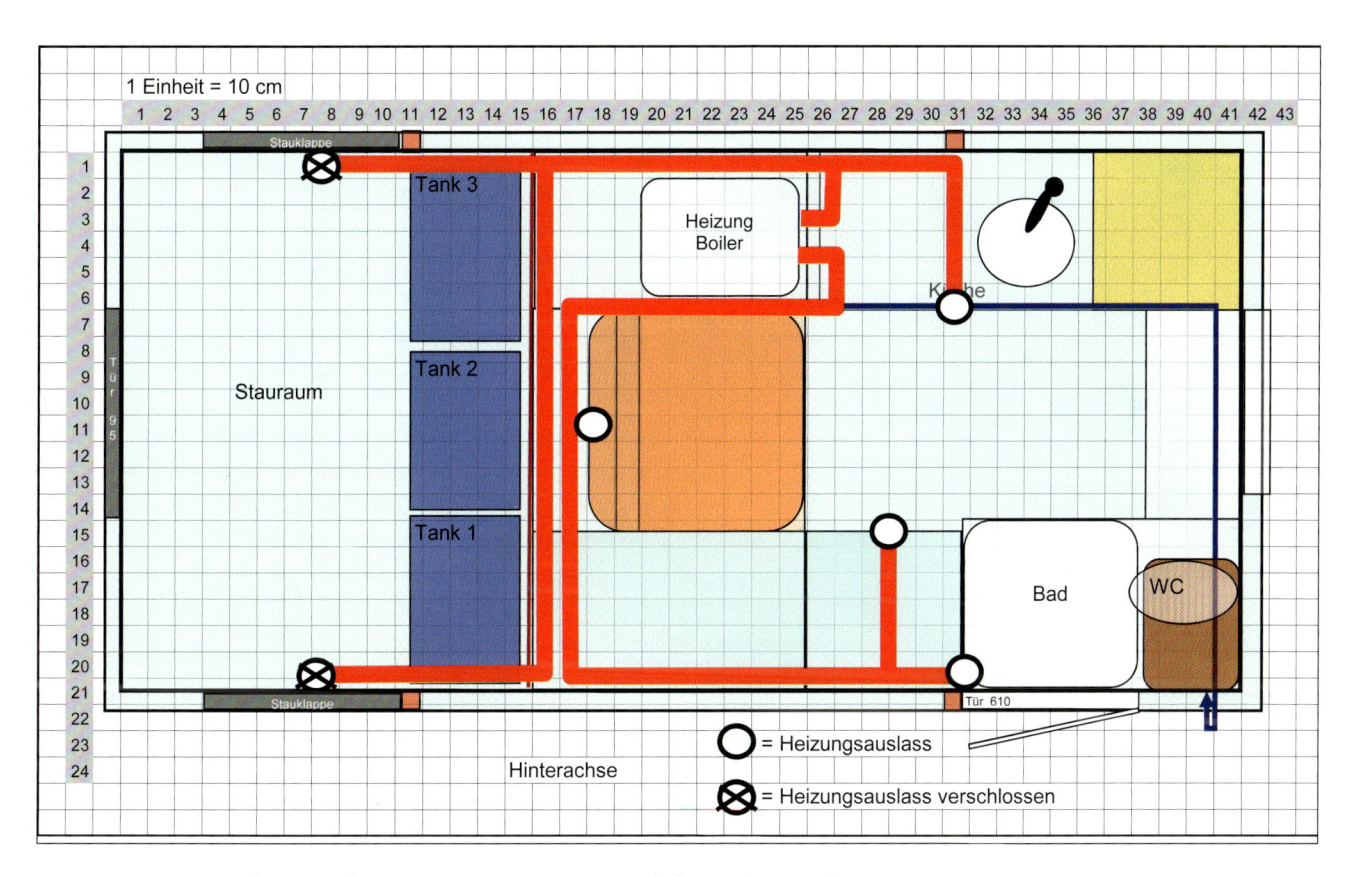

ANMERKUNG Die Beheizung des Stauraums mit Heizungsluft aus dem Wohnraum hat sich nicht bewährt, weil die Luft zu feucht ist und an den kalten Wänden im Stauraum kondensiert. Eine Beheizung des Stauraums war bislang nicht notwendig. Hier würde ein Wasserheizung Vorteile bieten.

26 Heizung, Warmwasserbereitung und Kühlung

Heizungsauslässe im Küchensockel und im Bad.

Gaskocheraufsatz als Notheizung

BEZUGSQUELLEN

Heizaufsatz für Gaskocher
WOMO-, GAS- UND CAMPING-FACHHANDEL

PREIS ca. € 18,– bis € 40,–

TIPP Die Ausströmer sollten so platziert werden, dass sie nicht genau auf die Füße zielen. Das zweite Heizungsrohr führt unter der Fußbank zur Mitte des Fußraumes unter dem Tisch. Ein Abzweig reicht weiter bis zum Bad und verzweigt sich unter dem Schrank noch einmal, von wo die Warmluft in den »Flur« geführt wird. Damit ist die überschaubare Fläche gut abgedeckt, und es herrscht, wie erwähnt, innerhalb weniger Minuten eine wohlige Wärme im Wohnmobil.

26.14 Not-Heizung mit Heizaufsatz für den Gaskocher

Für alle Wohnmobilisten, die Gas an Bord haben, gibt es eine sehr preisgünstige »Not-Heizung« für den Fall, dass die Gas- oder Dieselheizung mal ausfallen sollte. Die englische Firma »Bright Spark« vertreibt über den Womo-, Camping- und Gasfachhandel einen Heizaufsatz aus Edelstahl, den man auf den Gaskocher stellt und der aufgrund seiner relativ großen Oberfläche in der Lage ist, ein Wohnmobil mit bis zu 2 kW zu beheizen. Allerdings ist hierbei für eine gute Belüftung des Mobils zu sorgen.

26.15 Verschiedene Wege der Warmwasserbereitung

Für Ausbauer und Optimierer, die keine Heizung mit integriertem Wasserboiler einsetzen, stellt sich die Frage, wo warmes Wasser herkommt, wenn es denn überhaupt gewünscht ist. Gehen wir mal davon aus, dass früher oder später jeder mal warm duschen oder das Geschirr abspülen möchte, dann bieten sich dem Womo-Traveller eine ganze Reihe von Möglichkeiten.

Die einfachste und kostengünstigste, die auch von uns immer dann gerne genutzt wird, wenn es warm ist und wir mutterseelenalleine irgendwo in der Pampa stehen, stellt der Wassersack von der Schweizer Armee dar–vorausgesetzt die Sonne scheint. Schwarz und damit Sonnenlicht absorbierend bietet er für überschaubare 10 bis 20 Euro Investitionsvolumen eine veritable Lösung, komfortabel und ausschweifend warm zu duschen. Denn mit seinen 20 Litern Volumen stellt er die meisten Heizungen und Boiler in den Schatten. Blöd nur, wenn ebensolcher herrscht und der Wassersack kalt bleibt. Ebenso unkommod ist manchmal auch die Temperierung des Wassers, denn bleibt der Sack zu lange in der Sonne, kann der Inhalt schon mal ziemlich heiß werden. Aber das lässt sich ja mit etwas Erfahrung oder dem Zumischen von kaltem Wasser regeln.

Die nächst naheliegende Option zu warmem Wasser zu kommen stellt die kücheneigene Kochstelle dar. Mit ihr kann fehlende Sonnenenergie ausgeglichen und der Schweizer Wassersack mit warmem Wasser aufgefüllt werden. Allerdings ist der Dusch-Genuss bei kalten Außentemperaturen dann doch eher eingeschränkt und diese Art der Warmwasserbereitung eher etwas für hartgesottene Improvisierer, die einfach nicht hart genug sind, um gleich kalt zu duschen. Deshalb gehen wir mal davon aus, dass kaum ein ambitioniert Reisender auf Warmwasser im Fahrzeug verzichten möchte. Dazu gibt es verschiedene technische Möglichkeiten mit unterschiedlichen konzeptionellen Ansätzen.

Eine Möglichkeit Warmwasser zu bereiten ist der Einsatz eines Heizgerätes, in dem ein Boiler integriert ist, wie sie von Truma und Webasto angeboten werden und für die auch wir uns entschieden haben. Wer sich aber für keine dieser Heizungen erwärmen kann oder wer noch andere Funktionen und mehr Flexibilität bei der Warmwasserbereitung benötigt, der kann auf diverse »Stand-Alone-Lösungen« zurückgreifen, die durchaus ihre Berechtigung haben und andere Vorteile bieten. Ich habe versucht, in der hier abgebildeten Tabelle die wichtigsten Warmwasserbereiter, die im Wohnmobilsektor angeboten werden, aufzulisten und einander gegenüberzustellen, um meinen Lesern einen Überblick über die zur Verfügung stehenden Systeme zu verschaffen:

Warmwasserbereiter	Wärmequelle	Betriebs- spannung	Leistung	Boiler- volumen	Elektro- Option	Gewicht	Preis
Schweizer Wassersack	Sonne	keine	je nach Sonneneinstrahlung	20 l	keine	0,8 kg	ca. € 20,00
Kochherd in der Küche	Gas / Diesel / Spiritus	keine	je nach dem	was in den Topf passt	keine	0,0 kg	€ 0,00
Elgena Nautic Compact	Strom / Warmwasserheizung	12 / 24 / 230 V	200 - 660 W	6 / 10 Liter	12/24/230 V	2,8 / 3,5 kg	ab € 359,00
Elgena Nautic Therm ME	Strom / Solar- / Motorwärme / Warmwasserheizung	12 / 24 / 230 V		10 / 15 /20	12/24/230 V	4,5 - 7,5 kg	ab € 449,00
Truma Therme	Heizluft / Strom	230 V		5 Liter	300 W	2 kg	€ 199,00
Truma Elektroboiler	Strom	230 V	0,85 kW	14 Liter	850 W	3 kg	€ 459,00
Truma Gasboiler B 10	Gas	12 V	1,5 kW	10 Liter	850 W	ca. 7 kg	€ 670,00
Truma Gasboiler B 14 (EL)	Gas / Strom	12 V	1,5 kW	14 Liter	850 W	ca. 7 kg	€ 889,00
Whale Gasboiler	Gas / Strom	12 V / 230 V	1,25 / 1,5 kW	8 Liter	750-1500 W	8 kg	€ 738,00

26 Heizung, Warmwasserbereitung und Kühlung

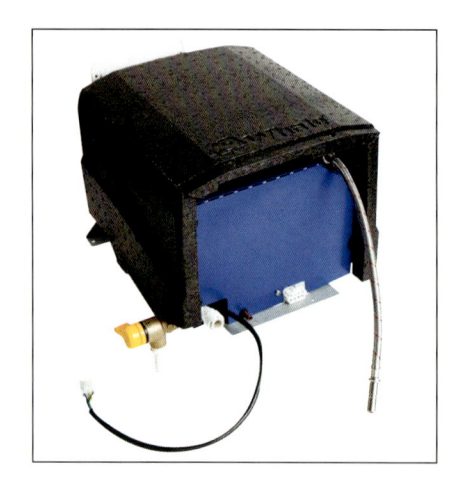

Whale Gasboiler von Webasto

Truma Gasboiler

Truma Therme

Die Klassiker unter den Warmwasserbereitern sind Gasboiler, wie sie Truma und der nordirische Webasto Partner Whale anbieten. Eine Gasflamme erhitzt Wasser in einem Boiler, der mit Isolationsmaterial ummantelt dafür sorgt, dass das kostbare Nass nicht gleich wieder kalt wird. Der Vorteil an den Gasboilern liegt–wie auch bei einer integrierten Heizungs-Boiler-Lösung–in der Tatsache, dass das geschlossene Boiler-System nicht zu einer Erwärmung des Womo-Innenraumes führt. Webasto führt mit dem Whale Boiler die Hybrid-Lösung ein, bei der die Heizung mit Diesel funktioniert, die Bereitstellung von Warmwasser aber über einen Whale Gasboiler erfolgt. Der hat serienmäßig einen 750 bis 1500 Watt Heizstab verbaut, so dass bei Zugang zum Stromnetz Warmwasser auch elektrisch erzeugt werden kann. Der Truma Boiler kann optional mit einem 850-Watt-Elektroheizstab geordert werden, um die gleiche Funktionalität zu erreichen. Beide Wärmequellen können bei beiden Geräten parallel genutzt werden, wenn eine Verkürzung der Aufheizzeit gewünscht wird.

Der Nachteil einer heizungsunabhängigen Boilerlösung gegenüber einer integrierten Lösung ist einerseits der zusätzliche Raumbedarf für den Boiler, andererseits die Tatsache, dass die sowieso laufende Heizung nicht auch gleichzeitig das Wasser erwärmen kann, sondern dass ein zweites System mit eigener Brennertechnik für dessen Erwärmung zu sorgen hat. Die Truma-Therme kann diese Aufgabe übernehmen, wenn man sie an den Heißluftstrom einer Luftheizung anschließt und somit die Heizluft zur Erwärmung der fünf Liter Brauchwasser nutzt. Konstruktiv zu lösen ist bei einer solchen Komponenten-Konstellation ein Abzweig, der bei warmen Außentemperaturen die Heizluft nach draußen leitet, um die Erwärmung des Fahrzeuginnenraumes zu vermeiden. Ein 300 Watt Heizstab ermöglicht darüber hinaus das Erwärmen des Wassers mit 230 V, wenn ein Stromnetz zur Verfügung steht.

Einen ganz anderen Weg beschreitet die Münchner Firma Elgena, die mit ihren Boiler-Lösungen aus dem Schiffsbereich kommt und dort erfolgreich eine weitere, bereits vorhandene Wärmequelle nutzt: die Motorabwärme. So bieten Elgena-Boiler die Option, den Boiler mittels Wärmetauscher mit dem Heizkreislauf des Motors zu verbinden und damit automatisch Heißwasser mit bis zu knapp 100 Grad zu erzeugen. Dank der guten Isolierung der Boiler bleibt das Wasser über mehrere Tage heiß. Darüber hinaus kann der Boiler je nach Ausführung auch von thermischen Solarkollektoren oder einer Wasserheizung gespeist werden. Optional ist ein Heizstab erhältlich, der das Aufheizen des Wassers mit 12/24 oder 230 Volt ermöglicht. Außerdem ist Elgena äußerst flexibel, was die Dimensionierung des Wassertanks anbelangt. So sind individuelle Sondergrößen möglich, mit denen man den Boiler an die Gegebenheiten des Fahrzeugs anpassen kann.

Damit stehen zahlreiche Möglichkeiten im Raum, im Reisemobil warmes Wasser zu bereiten. Mit und ohne Heizungsunterstützung, mit und ohne Elektro-Option, und bei Elgena sogar mit der Option, die Motorabwärme oder thermische Solarkollektoren zu nutzen. So sollte für jeden Geschmack etwas dabei sein, dem Wassersack der Schweizer Armee unter die Arme zu greifen, wenn dessen Solarquelle mal wieder nicht mitspielen sollte.

26.16 12-V-Aufdach-Standklimaanlage von Eberspächer: Ebercool Holiday III

Während die Heizung eines Reisemobils zur Standardausstattung zählt und es zahlreiche Systeme und Varianten am Markt gibt, die das Thema zur vollsten Zufriedenheit der Besatzung lösen, gehört die Klimatisierung des Rolling Home zur Luxusausstattung. Bislang war die Stromversorgung von ausreichend großen Klimageräten das »Bottleneck«, das es verhinderte, dass sich Womo-Reisende nachts gut gekühlt betten können. Ohne festen Stromanschluss bzw. ohne durchlaufendem Stromaggregat war der Strombedarf für ein klassisches Kompressor-Klimagerät bislang kaum zu bewältigen.

Dies könnte sich mit der Verdunstungsklimaanlage Ebercool Holiday III von Eberspächer grundlegend ändern. Die speziell für den Reisemobilmarkt entwickelte Anlage arbeitet nach dem Verdunstungsprinzip, mit dem es gelingt, die Raumtemperatur des Aufbaus deutlich unter die der Außentemperatur zu senken. Da kein Kompressor an der Kälte werkelt, sondern einzig und allein die Physik, wird hier der Hauptanteil des für die Klimatisierung erforderlichen Stromverbrauches eingespart. Lediglich das Ventilatorsystem der Anlage benötigt Strom, so dass sich der Stromverbrauch im Arbeitszustand zwischen 0,5 bis maximal 6,6 Ampere pro Stunde einpendelt. Ein Wert, den man am Folgetag mittels einer leistungsfähigen Solaranlage oder durch die Lichtmaschine beim Fahren durchaus wieder auszugleichen vermag.

Der Einbau der Klimaanlage funktioniert ähnlich dem einer Dachluke oder man setzt sie direkt in den Ausschnitt einer vorhandenen Dachluke mit einem mitgelieferten Einbausatz ein. Die Steuerung der Anlage erfolgt entweder direkt an den Luftauslässen über die digitale Anzeige oder über eine Infrarot-Fernbedienung. Die Klimaanlage wird an das Wassersystem des Wohnaufbaus angeschlossen, von wo sie das für die Verdunstung erforderliche Wasser entnimmt. Dazu ist ein Abzweig an beliebiger Stelle des Leitungssystems zu legen und die Leitung zur Anlage auf dem Dach zu führen. Die Klimaanlage verfügt über ein internes Wasserreservoir von 1,5 Litern und eine im Gerät integrierte Pumpe garantiert kontinuierlich den erforderlichen Füllstand.

Die Ebercool Holiday III ist eine wirkungsvolle und stromsparende Lösung für all jene Traveller, die in heiße Länder reisen oder deren nächtliche Transpiration der der (Reise-)Inspiration in nichts nachsteht. Bei einem Gewicht von 19 kg und Einbaumaßen, die vergleichbar mit denen einer Dachluke sind, eignet sich die Anlage also durchaus auch für die Nachrüstung in ein bestehendes Reisemobil.

BEZUGSQUELLEN

Boiler und Thermen
ÜBER FACHHANDEL
WWW.TRUMA.DE,
WWW.WEBASTO.DE
WWW.ELGENA.DE

PREIS

- Truma Gasboiler B10/B14 (EL): ab € 670,-
- Whale Gasboiler WH0802: € 715,-
- Elgena Warmwasserbereiter Typ Nautic Therm ME, ab € 449,-

Verdunstungs-Klimaanlage Ebercool III von Eberspächer

BEZUGSQUELLEN

Verdunstungsklimaanlage von Eberspächer
FACHHANDEL
WWW.EBERSPAECHER-REISEMOBILE.DE

PREIS € 1.688,-

27 Möbelbau Teil 1: Küche, Bad, Schrank, Deckenkästen

27.1 Grundsätzliche Informationen zum Möbelholz

Das dumpfe Gefühl, beim Möbelbau nicht alles restlos richtig gemacht zu haben, beschleicht mich ja schon relativ früh; um genau zu sein: noch bevor ich damit angefangen hatte, nämlich bei der Lieferung meiner 36 m² Möbelholz an einem kalten Morgen im März anno 2008.

Da realisiere ich erst das massive Gewicht der 16 mm starken Tischlerplatten mit Melaminbeschichtung, dass mir beinahe schlecht wird. Aber zu diesem Zeitpunkt ist es eigentlich schon zu spät, und so verbaue ich das Holz mit dem etwas mulmigen Gefühl, dass es ein etwas leichteres wohl auch getan hätte. Einige Jahre und viele Gespräche später bin ich nun ein bisschen schlauer geworden und möchte meine Leser auf den Stand meiner neuesten Erkenntnisse in Sachen Möbelholz bringen – in der Hoffnung, Euch vor dem einen oder anderen Fehler bewahren zu können.

Meine Lebenserfahrung hat mir mittlerweile gezeigt, dass es auch bei vermeintlich so profanen Dingen wie ein paar Holzplatten sinnvoll sein kann, mit Leuten zu sprechen, die Ahnung haben – insbesondere dann, wenn man selbst keine hat. So bin ich durch einen meiner Leser auf die Firma Vöhringer im schwäbischen Trochtelfingen aufmerksam geworden, die seit 1921 in Holz macht und seit Anfang der 1970er-Jahre den Caravanbau miterlebt und mitgeprägt hat. Vöhringer ist heute einer der führenden Hersteller von Plattenwerkstoffen im Caravan- und Wohnmobilbereich und beliefert renommierte Unternehmen in der Freizeitmobilbranche, teilweise auch mit komplett gefertigten Möbelzeilen.

Für uns Selbstausbauer ist dabei dreierlei interessant:
1. Das Know-how der Firma in Sachen Möbelholz, Leichtbau, Verarbeitung und Oberflächenbeschichtung, das Vöhringer freundlicherweise auch in Form von technischer Beratung weitergibt.
2. Die große Bandbreite von Möbelbaumaterialien und Oberflächendekors.
3. Der Sonderverkauf von B-Ware ab Werk in Trochtelfingen.

In Telefonaten mit Geschäftsführer Jürgen Vöhringer und dem technischen Berater, Herrn Schäfer, versuche ich zu ergründen, welche Hölzer denn die Profis einsetzen, wenn es um minimales Gewicht und maximale Stabilität geht. Dabei ist erst mal zwischen zwei grundsätzlichen Anwendungen zu unterscheiden:
- Verkleidungsplatten
- Möbelholz

Verkleidungsplatten:
Bei den Verkleidungsplatten baut man bei Vöhringer auf asiatisches Sperrholz mit einer Dicke von 2,7–3 mm, das ein sehr gutes Preis/Leistungsverhältnis aufweist. Das ist verzugsstabiler als Pappel-Sperrholz, das keine so gute

Planlage hat. Jedoch ist in Bereichen, in denen Biegungen an der Seitenwand erforderlich sind, auch Pappel-Sperrholz in 3-mm-Stärke beschichtet oder naturbelassen erhältlich.

Möbelholz

Die landläufige Wohnmobilselbstausbauer-Meinung geht ja immer noch davon aus, dass Pappelsperrholz das Nonplusultra im Leichtbau sei. Dem ist aber gar nicht so, denn Pappelsperrholz wiegt ungefähr 400–450 kg/m^3, und auch aus Gründen der Oberflächenbeschaffenheit gibt es geeignetere Materialien. Denn bei einer dünnen Papier- oder Folienbeschichtung kann die relativ raue Oberflächenstruktur des Pappelholzes durchscheinen, was nicht gewünscht ist. Der Fachmann spricht dann von Blume, Fladerung oder Kathedrale, wie ich lernen darf.

Besser geeignet ist da schon ein Trägermaterial, das aus Pappelkern und Ilomba-Furnier besteht. Das ist zwar etwas teurer und um Nuancen schwerer, verfügt aber über eine glattere und strapazierfähigere Oberfläche.

Für den Möbelbau werden auch immer wieder gerne MDF-Platten verwendet. MDF steht für mitteldichte Faserplatten, die sich tatsächlich gut für den Möbelbau eignen, allerdings mit einem Raumgewicht von ca. 500 kg/m^3 noch etwas schwerer ausfallen als Pappelsperrholzplatten.

Eine weitere Möbelholzoption bilden Multiplexplatten, die aufgrund ihrer Schichtung zwar eine schöne Kante bilden, allerdings je nach Platten- und Schichtstärke auch deutlich schwerer sind. Neben der schönen Optik liegt der Vorteil von Multiplex-Platten vor allem in der Verarbeitung, weil man sich die Umleimerkante sparen kann und trotzdem eine schöne Kantenoptik bekommt.

Von Herrn Vöhringer erfahre ich, dass eine asiatische Tischlerplatte (Blockboard) aus Plantagenholz (Lightweight Blockboard) verzugsstabiler ist als herkömmliches Sperrholz, das eher dazu neigt, sich zu verziehen. Deshalb sollte man eine Tür, die über die gesamte Fahrzeughöhe von ca. 2 m verläuft – beispielsweise fürs Bad oder für einen Schrank – nicht aus Sperrholz herstellen.

27.2 Gewichts- und festigkeitsoptimiertes Möbelbau-Material

Vöhringer setzt für den gewichts- und festigkeitsoptimierten Möbelbau Stäbchen-Tischlerplatten ein, im Firmenjargon V-Block genannt. Mit einem Raumgewicht von rund 350 kg/m^3 ist es deutlich leichter als Pappelsperrholz und dabei auch noch stabiler – ab einer Plattenstärke von 12 mm aufwärts. Der Preis für V-Block-Tischerplatten liegt bei ca. € 20,– bis € 30,– je Quadratmeter,

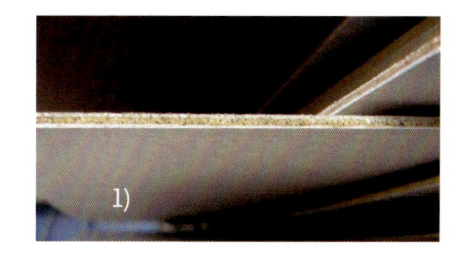

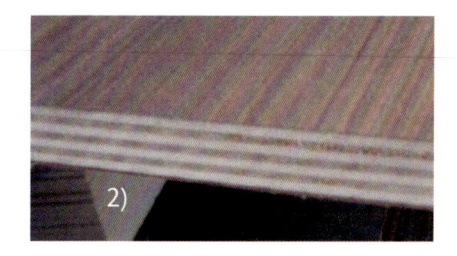

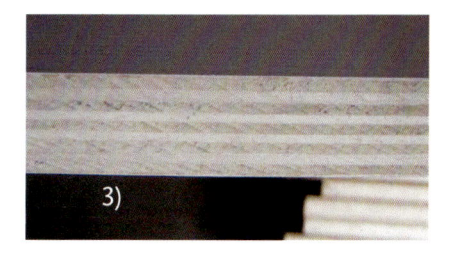

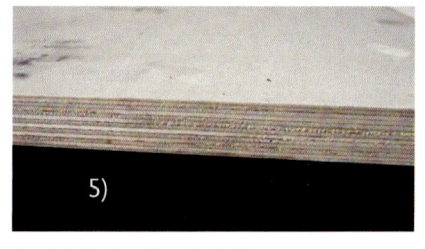

1) Asiatisches Sperrholz für Verkleidungsplatten
2) Pappelsperrholz-Platte mit Beschichtung
3) Pappel-Ilomba-Holz mit Beschichtung
4) MDF-Platten mit Beschichtung
5) Multiplex-Platte mit Beschichtung

27 Möbelbau Teil 1: Küche, Bad, Schrank, Deckenkästen

V-Block im Querschnitt

abhängig von der Plattenstärke und der Beschichtung. Generell werden beim Möbelbau Plattenstärken von 9, 10, 12, 15 und 16 mm eingesetzt. Abgesehen von der gewichtsoptimierten Auswahl des Materials sehe ich auch ein großes Gewichtseinsparungspotenzial im differenzierten Einsatz unterschiedlicher Plattenstärken.

Leider war ich beim Holzkauf gezwungen, durchgängig eine Materialstärke von 16 mm einzusetzen, was natürlich an vielen Stellen im Fahrzeug nicht erforderlich gewesen wäre und so das Gewicht in die Höhe treibt. So hätte ich durchaus für die Schubladenfronten, die Deckel der Deckenkästen, selbst für die Steher und den Boden der Deckenkästen 9 oder 12 mm starke Platten verwenden können. Das hätte dazu beigetragen, besonders das Gewicht in den hochgelegenen Bereichen der Kabine zu reduzieren. Leider gab es seinerzeit das Holz mit einer weißen Beschichtung bei meinem Lieferanten nur in der Plattenstärke von 16 mm. Damit kommen wir zum zweiten Teil der Möbelbau-Thematik:

Die Oberflächendekore

Hier gibt es drei grundsätzlich verschiedene Beschichtungsmaterialien:
1. Papierbeschichtungen, sogenannte Finishpapiere
2. Kunststoffbeschichtungen
3. Schichtstoffbeschichtungen

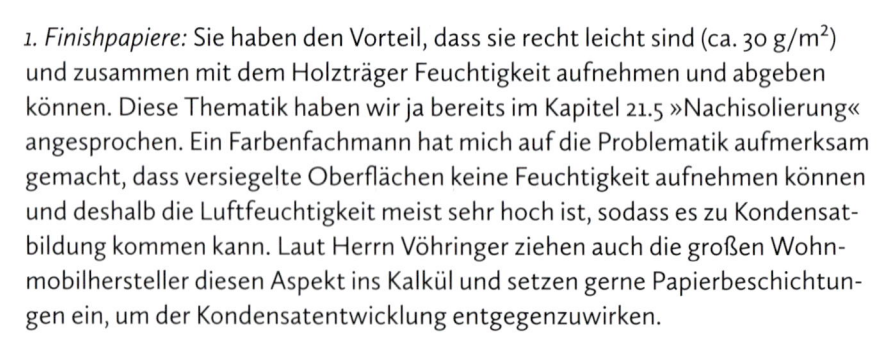

1. Finishpapiere: Sie haben den Vorteil, dass sie recht leicht sind (ca. 30 g/m²) und zusammen mit dem Holzträger Feuchtigkeit aufnehmen und abgeben können. Diese Thematik haben wir ja bereits im Kapitel 21.5 »Nachisolierung« angesprochen. Ein Farbenfachmann hat mich auf die Problematik aufmerksam gemacht, dass versiegelte Oberflächen keine Feuchtigkeit aufnehmen können und deshalb die Luftfeuchtigkeit meist sehr hoch ist, sodass es zu Kondensatbildung kommen kann. Laut Herrn Vöhringer ziehen auch die großen Wohnmobilhersteller diesen Aspekt ins Kalkül und setzen gerne Papierbeschichtungen ein, um der Kondensatentwicklung entgegenzuwirken.

Oberflächenbeschichtungen

2. Folien: Polypropylen(PP)-Folien sind schwerer (ca. 80–150 g/m²). Ein »Atmen« des Materials wird durch die relativ dichte Oberfläche verhindert.

3. Schichtstoffe: CPL (Continuous Pressure Laminate) wird in einer Schichtstärke von 0,2 bis 0,6 mm als Möbeloberfläche eingesetzt. In der HPL-Ausführung (High Pressure Laminate) mit einer Schichtstärke von 0,4 bis 1,0 mm ist es auch für Tischplatten geeignet. Sein Nachteil liegt, wie erwähnt, in der Tatsache, dass es sehr schwer und teurer ist. Möbeldekore auf Papierbasis liegen bei einem Gewicht von ca. 30–80 g/m². Das von Kunststofffolien fällt mit 80–150 g gut doppelt so schwer aus. Rechnet man allerdings das Gewicht der Beschichtung für 40 m² Möbelholz hoch (beidseitig beschichtet), so erkennt man schnell, dass dies selbst bei der 80-g-Kunststoffbeschichtung für das gesamte Fahrzeug gerade mal mit 6 bis 12 kg zu Buche oder Pappel schlägt. Insgesamt kann der Kunde aus rund 300 verschiedenen Dekoren auswählen, allerdings werden natürlich nicht alle Dekore ständig produziert – siehe die weiter unten beschriebene Fertigungssystematik bei Völringer.

27.3 Gewichteinsparungspotenzial bei meinem Möbelbau

Laut Angabe meines Holzlieferanten liegt das Gewicht meiner 16 mm starken Tischlerplatten mit Melaminbeschichtung bei 9,8 kg/m². Daraus errechnet sich ein Raumgewicht von 612 kg/m³! Die von mir verbauten ca. 35 m² Möbelholz wiegen also rund 340 kg. Hätte ich V-Block-Leichtbauplatten eingesetzt, hätten sie rund 210 kg gewogen (inkl. einer beidseitigen 80-g/m²-Folienbeschichtung). Ich hätte mir also rund 130 kg Masse an Möbelholz alleine durch die Verwendung eines anderen Materials sparen können.

Dabei ist es nicht das Trägermaterial Tischlerplatte, das mein Gewicht so in die Höhe treibt, sondern die schwere Melaminbeschichtung. Das wusste ich zum Zeitpunkt des Holzorderns leider noch nicht. Melamin wiegt rund 1,3 Tonnen/m³. Da kann je nach Schichtstärke ganz schön was zusammenkommen.

27.4 Gewichtseinsparung durch unterschiedliche Plattenstärken bzw. unterschiedliche Materialien

Hinzu kommt, dass ich durch den Einsatz von dünneren Platten an weniger beanspruchten Stellen sicherlich auch noch mal 20 kg hätte sparen können. Allerdings sollte man auch bedenken, dass beim Einsatz von 9-mm-Platten für die Staufachklappen an der Decke das Material schon so dünn ist, dass die Schrauben für Scharniere und Beschläge kaum mehr halten. In einem solchen Fall müsste man an den Schraubstellen das Material aufdoppeln, was zwar den Arbeitsaufwand erhöht, aber sicherlich unter Gewichts- und Festigkeitsgesichtspunkten ein optimales Ergebnis liefert.

ACHTUNG Sollte jemand mit einem solchen Gedanken spielen und parallel an Profiumleimer aus der Umleimmaschine denken, sollten die Aufdoppelungen erst nach dem Umleimen aufgebracht werden, weil die Umleimermaschine eine glatte Auflagefläche benötigt.

Gewichteinsparungspotenziale

Weiteres Gewicht könnte eingespart werden, indem man an Stellen, die hinter den Möbelfronten im Verborgenen liegen, großflächig Material aus dem Holz herausschneidet. Dies könnte beispielsweise in der Schrankseitenwand unterhalb der Sitzbank, an den Küchenstehern zwischen den Schubladenreihen oder in der Trennwand zwischen den Wassertanks und der Sitzbank

27 Möbelbau Teil 1: Küche, Bad, Schrank, Deckenkästen

geschehen. Damit könnten sicher weitere 10 kg eingespart werden, womit wir schon bei rund 160 kg Einsparungspotenzial lägen. Und schließlich könnte Gewicht dadurch gespart werden, dass Fachböden oder die Trennwände in den Deckenfächern aus leichten Sandwichplatten hergestellt werden.

Unterschiedliche Plattenstärken pro Bestellung

Auf die Frage, ob ein Kunde denn bei Vöhringer für ein und dasselbe Dekor unterschiedliche Plattenstärken bestellen könne, kommt Herr Vöhringer dann auf die Prozessabläufe in der Produktion zu sprechen: Bei Vöhringer wird – aus Einzelkundensicht – in größeren Dimensionen produziert. 120 m² sind es mindestens, in denen ein bestimmtes Dekor verarbeitet wird. Innerhalb einer solchen Charge kann jedoch die Plattenstärke variiert werden.

Sonderpostenlager

Vöhringer betreibt allerdings ein Sonderpostenlager, in dem B-Ware oder Reste einer größeren Produktionscharge zu sehr günstigen Preisen angeboten werden. Im Internet ist der Bestand dieses Lagers einsehbar, und bei passendem Holz kann man hier echte Schnäppchen machen.

Für den Einzel- oder Privatkunden ergeben sich daraus 4 Möglichkeiten:
1. Man schaut, was Vöhringer in seiner Sonderpostenliste zur Verfügung hat, und holt sich die Platten ab Lager Trochtelfingen ab. Auf Wunsch liefert Vöhringer die Ware auch mit der Spedition an (Preise auf Anfrage). Die Sonderpostenliste ist im Internet einsehbar unter: www.v-group.com/produkte/handel-von-holzwerkstoffen/sonderposten/.
2. Ist im Sonderpostenlager nichts Passendes zu finden, erkundigt sich der Selbstausbauer, ob das von ihm gewünschte Dekor in nächster Zeit gefertigt wird.
3. Falls das Wunschdekor auf absehbare Zeit nicht produziert wird, kann man sich ja mal die Dekore anschauen, die gefertigt werden, und gegebenenfalls seine Auswahl ändern.
4. Oder der Selbstausbauer sucht sich noch zwei Kollegen, die gemeinsam eine 120-m²-Sammelbestellung aufgeben.

Vöhringer Sonderpostenlager in Trochtelfingen

BEZUGSQUELLE

Möbelholz
VÖHRINGER GMBH
Technische Beratung: Herr Schäfer
Tel. + 49 7124 9298-221
www.v-group.com

27.5 Generelle Überlegungen zum Dekor

Da die Fensterflächen in einem Wohnmobil relativ klein sind, ist es bei trüber Witterung oder in der Dämmerung in einem Womo in der Regel nicht so furchtbar hell. Es wird aber umso dunkler, je dunkler das verwendete Möbelholz gewählt wird. Dies ist schon mal der erste Grund, warum wir unbedingt ein weiß beschichtetes Möbelholz haben wollten.

Es gibt aber auch noch einen zweiten praktischen Grund: Auf einer hellen, ungemusterten Fläche sind Moskitos relativ leicht auszumachen und dementsprechend gut zu erlegen. Praktisch, wenn die Oberfläche dann noch abwaschbar ist. Dies hat sich auf unseren Reisen auch schon sehr bewährt, weshalb wir jedem empfehlen können, eine möglichst helle Möbelfarbe zu wählen.

Zum Zeitpunkt unseres Ausbaus stellt es sich jedoch als äußerst problematisch dar, weiß beschichtetes Möbelholz in leichter Ausführung zu einem akzeptablen Preis zu bekommen – zumindest in der gegebenen kurzen Zeit. Die einschlägigen Womo-Ausbauer bieten mir zwar ein solches Holz an – die Preise liegen aber mit bis zu 56 Euro/m² jenseits von Gut und Böse.

27.6 Unser Möbelholz: 16-mm-Tischlerplatten mit weißer Melaminbeschichtung

So finde ich beim Intercamp-Holzlieferanten weiß beschichtete Tischlerplatten zu einem Preis von 36 Euro/m². Die Kröte des höheren Gewichtes, das, wie sich herausstellt, aus der schweren Melaminbeschichtung resultiert, muss ich wohl oder übel schlucken. Zum damaligen Zeitpunkt gehe ich ja (fälschlicherweise) noch davon aus, dass man bei einem 7,5-Tonnen-Lkw da schon ein bisschen großzügiger sein kann.

Trotzdem muss ich gestehen, dass ich die Entscheidung heute auf der einen Seite bereue, weil es gerade bei Fahrten im Sand wirklich auf jedes Kilo ankommt. Wie eingangs bereits erwähnt, hätte ich mir gut und gerne 130 kg ersparen können. Andererseits hat sich die Festigkeit des Holzes auch auf übelsten Rüttelpisten sehr gut bewährt. Für uns liegt die Priorität sowieso nicht so sehr darauf, ein möglichst wüstentaugliches Fahrzeug zu bauen, sondern vielmehr auf Belastbarkeit, Wohnkomfort und Wohlfühl-Atmosphäre. Denn bei aller Relevanz des Gewichtes im Sand ist der Anteil der Sandstrecken verschwindend gering, während der von üblen Holperpisten im Ausland doch recht hoch sein kann. Alles in allem sind wir mit unserer Entscheidung dann doch zufrieden und freuen uns, dass auf unserer 25 000 km langen Testtour durch Marokko und die Westsahara kein einziges Möbelteil den Geist aufgab und keine Möbelverbindung nachgearbeitet oder repariert werden musste.

Das war das Ziel der Übung: ein heller, freundlicher und gemütlicher Innenraum.

27.7 Vorüberlegung über einzubauende Komponenten

Bevor man mit dem Möbelbau beginnt, sollte man die Entscheidung über die einzubauenden Komponenten getroffen haben, die einen Einfluss auf den Möbelbau, aber auch auf die Anschluss-Infrastruktur haben. Dazu gehört zum einen der Kühlschrank und damit die Entscheidung, ob der nach dem Kompressor- oder Absorber-Prinzip funktionieren soll. Denn danach entscheidet sich, ob neben der Elektro- auch eine Gasleitung zum Kühlschrank gelegt werden muss oder nicht. Ähnliches gilt auch für die Kochstelle, die mit Spiritus, Gas oder Diesel funktionieren kann und für die die entsprechende

27 Möbelbau Teil 1: Küche, Bad, Schrank, Deckenkästen

Infrastruktur geschaffen werden sollte, bevor man mit dem Möbelbau beginnt. Und schließlich gehört dazu auch die Toilette, die je nach Ausführung unterschiedliche möbelbauliche Konsequenzen nach sich zieht. Gegen Ende dieses Kapitels gehe ich auf den Einbau unseres Gas-Kochfeldes in der Küche ein und werde auch die Diesel-Variante des Kochens vorstellen. Und zum Thema Toilette werde ich die Gründe für die von uns eingesetzte Cassetten-Toilette erläutern und auch hier einen Ausblick auf weitere Varianten geben.

27.8 Möbelplanung und Vermaßung

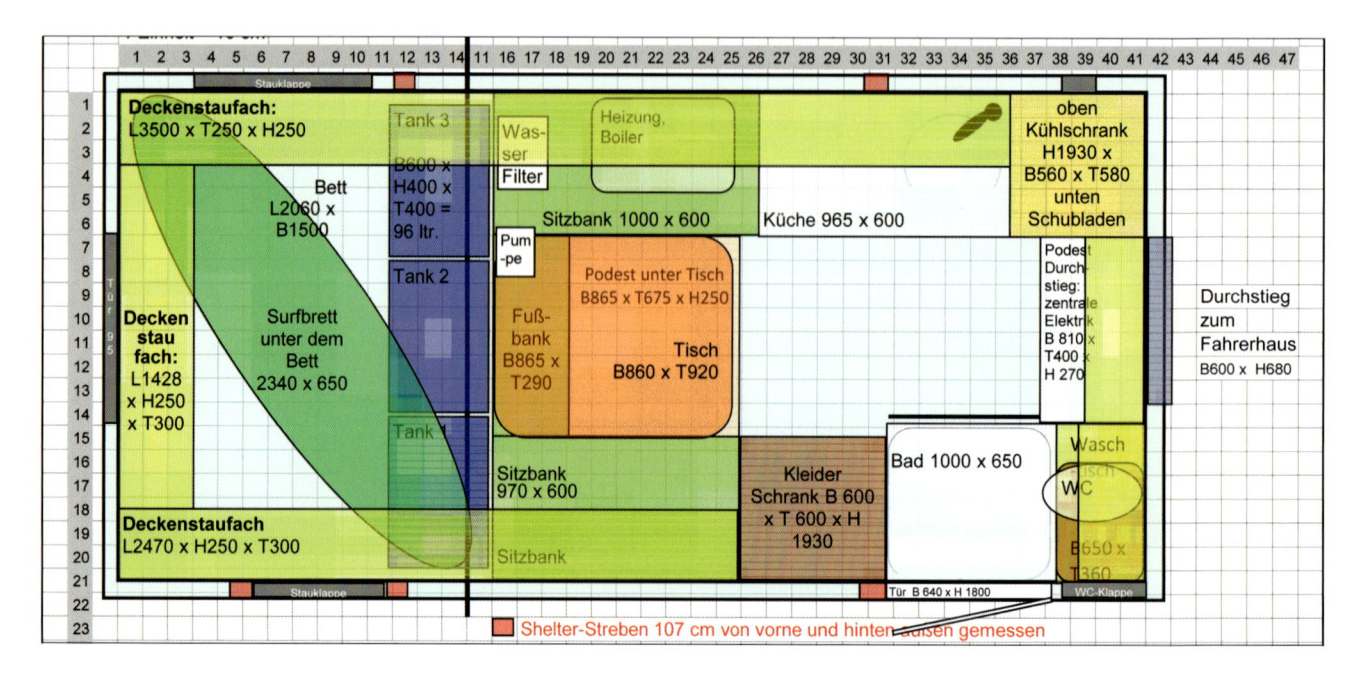

Die im Kapitel 7 »Grundriss-Planung« beschriebene Variante 9 ist es, die wir in unserem Sternchen umgesetzt haben. Ursprünglich hatte ich mit Ralph Ametsbichler vereinbart, dass ich eine Schnittliste erstelle und er dann den Holzzuschnitt auf der Intercamp'schen Kreissäge vornimmt. Nach den ersten drei Brettern kommen wir aber schnell zur Einsicht, dass das in der Praxis wohl kaum durchführbar ist. Ralph ist viel zu sehr eingespannt, als dass er immer dann zur Stelle wäre, wenn ich gerade mal wieder einen halben Millimeter abzuschneiden habe oder ein weiteres Brettchen benötige. Und ich wäre viel zu ungeduldig gewesen, immer zu warten, bis er Zeit hat.

So erhalte ich eine ausführliche Einweisung an der Kreissäge mit eindringlichen Sicherheitsratschlägen. Da ich gedenke, alle meine Finger mit auf die Reise zu nehmen, mache ich mir vor jedem Einsatz an der Säge die Gefahr

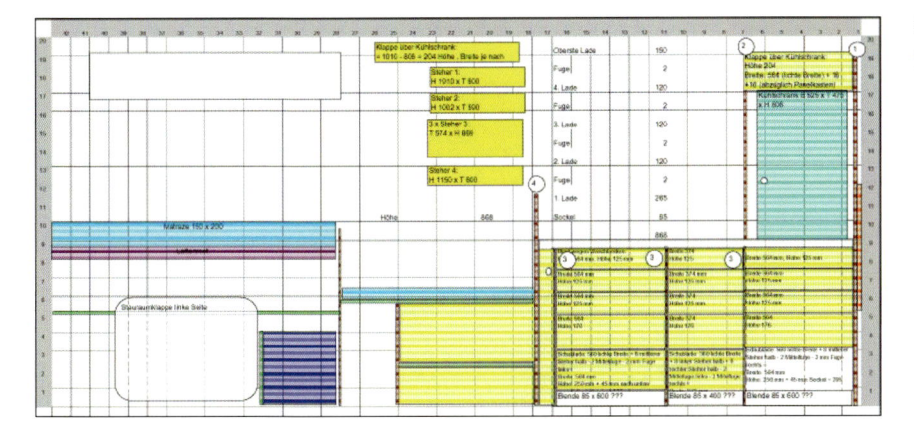

Seitenansicht der linken Fahrzeugseite mit Möbelvermaßung

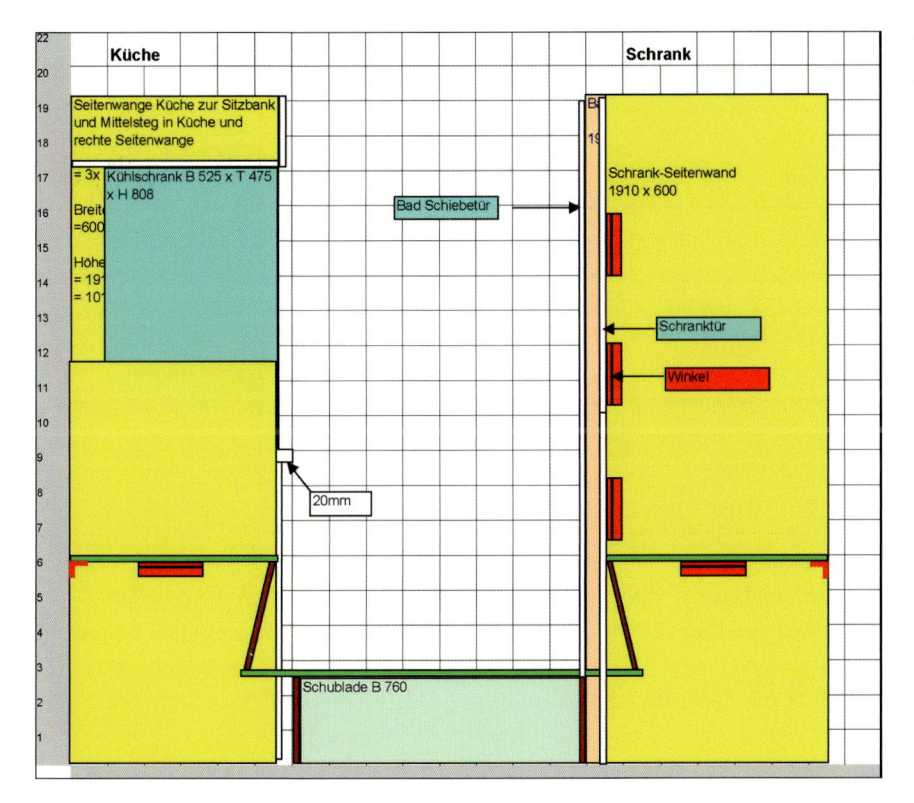

Querschnitt durch den Möbelbau mit Ansicht von Küche links und Kleiderschrank rechts

27 Möbelbau Teil 1: Küche, Bad, Schrank, Deckenkästen

BEZUGSQUELLE

Möbelholz
WWW.IC-INTERCAMP.DE

PREIS ca. € 36,–/m²

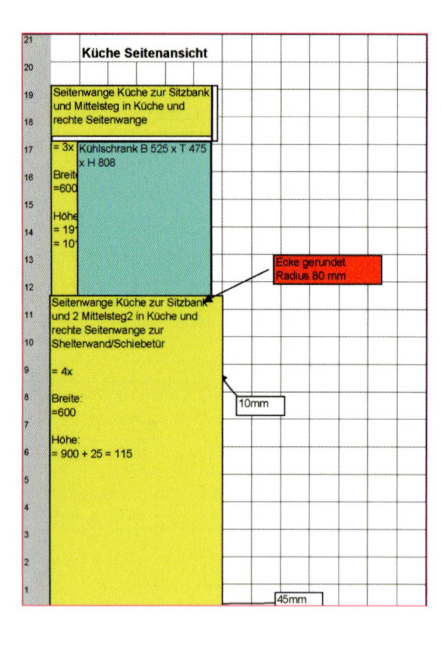

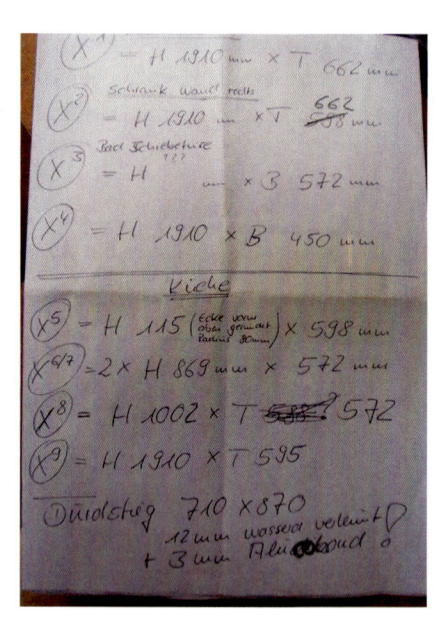

Aufstellung über sämtliche Möbelteile zur Bestellung des Möbelholzes

1	250	35	8750	Unterseite Oberschrank Bett und Sitzgruppe Fahrerseite
1	105	35	3675	Unterseite Oberschrank Küche
1	105	35	3675	Vorderfront Oberschrank Küche
2	193	60	23160	Seitenwangen Küchenschrank (evtl. kann rechte Wange aus preiswerterem Material bestehen)
1	193	55	10615	Schranktür küchenschrank
1	105	90	9450	Küchenfront
1	85	25	2125	Frontwange Podest
1	85	40	3400	Vorderseite Sitzbank Querverbindung
1	90	60	5400	Seitenwange Küche
2	100	40	8000	Unterwange Sitzbank
1	205	120	24600	Vorderseite Bettkasten
3	193	60	34740	Seitenwangen Kleiderschrank plus Frontseite
1	150	200	30000	Vorderseite Oberschrank Bett Kopfseite
1	150	300	45000	Unterseite Oberschrank Bett Kopfseite
1	100	250	25000	Vorderseite Oberschrank Sitzecke Beifahrerseite
1	100	350	35000	Unterseite Oberschrank Sitzecke Beifahrerseite
1	140	20	2800	Vorderseite Oberschrank Rückwand
1	140	30	4200	Unterseite Oberschrank Rückwand
1	25	35	875	Seitenwange Oberschrank zw. Sitz- und Schlafbereich
1	193	65	12545	Schiebetür Bad
1	193	35	6755	feste Wand Bad
1	65	35	2275	Vorderfront Bad-Oberschrank
1	65	25	1625	Unterseite Bad-Oberschrank
1	30	85	2550	Vorderseite Staukasten Durchstieg unten
1	80	25	2000	Vorderseite Staukasten Durchstieg Decke
1	80	35	2800	Unterseite Staukasten Durchstieg Decke
			311015	
			31,1015	qm
2	60	100	12000	Sitzbankfläche links/rechts
1	30	85	2550	Sitzbankfläche mitte
1	70	85	5950	Boden Podest Sitzgruppe
			20500	
			2,05	qm

bewusst und arbeite höchst respektvoll und konzentriert an der Säge, sodass ich Gott sei Dank noch alle Finger mein Eigen nenne. Da ich mich bisher noch nie in meinem Leben schreinerisch betätigt hatte, dauert es zu Beginn entsprechend lange, bis ich mit der Materie vertraut bin. Umso mehr Spaß macht es mir dann aber, aus den riesigen Platten im Format 5 × 2,5 m Brett um

Brett herauszuschneiden und den Innenausbau meines Fahrzeugs Schritt für Schritt entstehen zu sehen. Auf Basis dieser ersten Möbelkalkulation bestelle ich 36 m² Holz. Es bleiben am Ende nur einige kleine Stücke übrig!

TIPP Schnittkanten des Möbelholzes vorbehandeln: Edith hat die gute Idee, dass es vielleicht nicht verkehrt sein könnte, die am Boden stehenden Holzschnittkanten mit Klarlack zu versiegeln. Auch wenn ich nicht vorhabe, mein Wohnmobil zu fluten, könnte es bei einer Undichtigkeit im Wassersystem passieren, dass sich das Holz mit Wasser vollsaugt und aufquillt.

Wie göttlich diese Eingebung tatsächlich ist, sollte sich etwas später herausstellen, als unser Fahrzeug aufgrund von abrutschenden Schläuchen an der Heizung und ähnlichen Undichtigkeiten, auf die ich im Kapitel 26 »Heizung« bereits eingegangen bin, mehr als einmal »geflutet« wird. Aufgrund der Vorbehandlung der am Boden stehenden Holzkanten bleibt dies – glücklicherweise(!) – ohne Folgen für das Möbelholz.

Eine wohl noch professionellere Lösung der Kantenversiegelung ist es, diese mit den gleichen Umleimern zu versehen, wie sie später an den Sichtkanten verbaut werden. Das ist allerdings nur dann sinnvoll, wenn Profi-Umleimer auf einer Umleimmaschine zum Einsatz kommen. Denn bei den womotypischen Umleimern, die in eine Nut eingeschlagen werden, ist eine wasserdichte Versiegelung des Holzes nicht zu erwarten. Wer nicht mit Umleimern arbeiten möchte, kann das Möbelholz auch in Alu-U-Profilschienen stellen und diese mit PU-Kleber dauerhaft mit dem Holz verkleben. Damit dürfte eine Wasserdichtheit ebenfalls gegeben sein.

TIPP Shelter-Alu-Schienen im Boden belassen! Als gute Entscheidung erweist es sich in diesem Zusammenhang, dass ich die im Shelter verbauten Alu-Schienen im Boden nicht herausgenommen habe. Dies habe ich kurzzeitig in Erwägung gezogen, um noch etwas mehr Raumhöhe zu gewinnen, habe es dann aber wieder verworfen, weil die Schienen und das Bodenholz hervorragend dazu geeignet sind, Möbel und Einbauteile daran zu befestigen. Bei den zahlreichen Flutungen (es sind immer nur wenige Liter ausgelaufen) zeigt sich aber ein weiterer Vorteil: Da die Alu-Schienen den tiefsten Punkt im Fahrzeug bilden, sammelt sich ausgetretenes Wasser darin, wo es relativ einfach mit einem Lappen aufgesaugt werden kann.

27.9 Möbelbefestigung mit Blindnietmuttern

Sämtliche Verbindungen in die Außenwände des Shelters werden mittels Blindniet- oder Einnietmuttern realisiert. Die Gründe dafür und der Umgang mit Blindnietmuttern sind im Kapitel 20 »Befestigungstechnik« detailliert erläutert.

27 Möbelbau Teil 1: Küche, Bad, Schrank, Deckenkästen

Edith schleift zu Hause kurz vor dem Einbau noch alle Ecken manuell nach.

BEZUGSQUELLE

Umleimer
FIRMA OSTERMANN
www.ostermann.eu

PREIS ca. € 1,– pro laufendem Meter. Das Umleimen beim Schreiner kostet ca. € 315,–

Sämtliche beweglichen Teile werden mit Edelstahl-Klavierband versehen.

27.10 Umleimer

Bei den Umleimern verwende ich nicht die typischen Wohnmobil-Klopfumleimer, die mit ihrem Mittelsteg in eine vorgefräste Nut geschlagen werden. Klopfumleimer haben den Nachteil, dass sie sich bei Kälte zusammenziehen und nach kurzer Zeit an jedem Türchen ein halber Zentimeter Umleimer fehlt – je nach Länge des Umleimers manchmal auch mehr. Außerdem will ich die typische Womo-Optik mit den runden Türen vermeiden. So entscheide ich mich für Profi-Umleimer, wie man sie aus dem Küchenbau kennt. Diese Umleimer werden maschinell aufgebracht und verziehen sich nicht bei Temperaturschwankungen. Allerdings – und das ist der Haken dabei – muss ich die gesamte Küche einmal komplett ohne Umleimer aufbauen, sie dann noch einmal demontieren, damit die Umleimer aufgebracht werden können – ein Mehraufwand, der nicht wirklich Spaß macht, sich aber mit einer schönen Optik mehr als bezahlt macht.

Allerdings ist es mit dem maschinellen Aufbringen der Umleimer noch nicht getan. Die Maschine macht zwar tolle Kanten, an den Enden muss das Ergebnis aber noch nachgefeilt werden, bevor die nächste Seite umgeleimt werden kann. Auch sind überflüssige Kleberreste noch mit einem scharfen Stemmeisen abzuziehen. Während der Schreiner die Maschine bedient, verrichte ich emsig die Hiwi-Arbeiten, damit es zügig weitergehen kann.

27.11 Scharniere

Sämtliche Möbel-Scharniere sind aus Edelstahl-Klavierband gefertigt – einerseits aus optischen Gründen, andererseits wegen ihrer Stabilität und der Rostfreiheit.

27.12 Schubladen

Bei den Staukästen wäre die einfachste Lösung, ein Türchen und dahinter ein Regal zu verbauen. Das ist kostengünstig, schnell zu bauen und spart Gewicht. Nur praktisch ist das nicht! Die Lösung hat nämlich den Nachteil, dass man sich später täglich darüber ärgert, wenn man auf den Knien vor dem Schrank herumrobbt, um an die im hinteren Teil des Schranks verstauten Dinge heranzukommen, was sowieso nur dann gelingt, wenn man die davorstehenden ausräumt.

Nun mag es sein, dass derjenige, der die Küche baut, nicht auch diejenige ist, die danach darin werkelt. So gesehen könnte man sich Bauaufwand ja sparen. Allerdings wird auf Dauer die Nörgelei über diese Sparlösung auch nerven, weshalb man vielleicht in den sauren Apfel beißen sollte, es gleich richtig zu machen. Gesegnet sind die, die sich den Aufwand sparen und sich auf den Gewichtsvorteil herausreden können. Die elegantere und unter allen Gesichtspunkten aufwendigere Variante sind Schubfächer, mit denen man ganz bequem an den gesamten Inhalt seiner Stauräume gelangt. Intercampler Öhm gibt mir den Tipp, die Auszüge samt Mechanik bei Ikea zu kaufen und nur die Frontplatten selbst zu fertigen. Gesagt–getan. So erfreuen wir uns seitdem an zwölf Schubladen in der Küche, vier im Kleiderschrank und einer weiteren im Podest unter dem Tisch.

Die Ikea-Schubladenmechaniken mit Boden gibt es in den Breiten 40, 50, 60 und 80 cm. Darin enthalten sind die Mechaniken mit Einzugsfeder und der Verstellmechanismus, um die Möbelfrontplatte einige Millimeter sowohl nach oben und unten als auch nach links und rechts ausrichten zu können. Damit werden am Ende der Arbeiten die Spaltmaße zwischen den Schubladen einheitlich ausgerichtet.

So stehen mit der Entscheidung für die Ikea-Laden auch die Maße für unsere Küche und den Kleiderschrank fest. In der Küche verbauen wir zwei Reihen mit 60er-Schubfächern und eine Reihe mit 40ern. Im Schrank kommen 60er-Laden zum Einsatz, im Podest unter dem Tisch eine 80er-Lade.

TIPP FÜR DIE SCHUBLADENHÖHE Für die Definition der Schubladenhöhen helfen folgende Überlegungen: In einer der unteren Schubladen wollen wir Flaschen stehend transportieren, angefangen von Essig und Öl über Ketchup bis zu Wein, Campari oder sonstigen »spirituellen« Vorlieben. Von dieser Flaschenhöhe sollte man ausgehen und die untersten Schubladen dementsprechend hoch dimensionieren. Soll ein Abfalleimer ebenfalls in einer der Laden seinen Platz finden, so ist das Maß ggf. auch an dessen Höhe auszurichten. Es kann also durchaus sinnvoll sein, sich das Equipment, das in die Laden soll, vorher zuzulegen. Auch den Abfalleimer finden wir bei Ikea. So sind unsere beiden untersten Schubladen 30 cm hoch, was für die oben beschriebenen Flaschen ausreichend ist, nicht aber für 1,5 Liter fassende Wasserflaschen. Die benötigen wir nicht, weil wir mit unserer Filteranlage unser Trinkwasser wirklich trinken können. Unser (mittlerweile ausrangierter)

1) Viel Aufwand für den Bau der Schubladen–aber der lohnt sich!
2) Die Schubladenhöhe ergibt sich aus dem, was darin seinen Platz finden soll.

Im Podest vor dem Durchstieg ist die zentrale Elektrik verbaut. Unter der ersten Schublade daneben befinden sich die Aufbaubatterien.

27 Möbelbau Teil 1: Küche, Bad, Schrank, Deckenkästen

Origo-Spirituskocher soll in der linken oberen Schublade beheimatet werden. Dessen Höhe bestimmt mit 14 cm die der oberen Schubladenreihe. Die beiden anderen Reihen teilen sich den verbleibenden Platz.

TIPP FÜR DIE SOCKELLEISTE Wer wie wir eine Luftheizung verbaut, sollte bedenken, dass die Luftschläuche mit einem Durchmesser von ca. 7 cm unter den Möbeln und hinter den Schubladen entlanggelegt werden müssen. Deshalb verbauen wir eine Sockelleiste von 8 cm Höhe, sodass die Luftschläuche genügend Platz haben. Den vermeintlich verschenkten Raum kann man durchaus für Dinge nutzen, die man nur selten braucht. Allerdings sollte man dafür sorgen, dass diese Dinge die Luftschläuche nicht beschädigen können.

Die rechte untere Schublade ist aufgrund des Podests im Durchstieg flacher als die beiden daneben. Es wird jedoch kein Raum verschenkt, weil unter dieser Schublade die Kofferbatterien sitzen.

TIPP FÜR DIE EINBAUTIEFE DER MÖBEL Bei der Möbeltiefe wählen wir 60 cm wie in herkömmlichen Küchen oder Schränken. Auf der rechten Fahrzeugseite ergibt sich eine Tiefe von 65 cm aufgrund der Tiefe des Bads. Da das Bad mit einer Schiebtür verschlossen wird, bringt es auch nichts, den Schrank weniger tief anzulegen. Die Tiefe der Ikea-Schubladen beträgt 54 cm, so bleibt dahinter ein ausreichend großer Spalt für die Wasser- und Elektroinstallation.

Generelle Überlegung zur Reihenfolge des Möbelbaus

Beim Möbelbau ergibt sich die Breite der Küche aus der Summe der Breiten aller drei Schubladenreihen zuzüglich der vier je 16 mm starken Möbelsteher. Auf der gegenüberliegenden Seite ergibt sich die Breite des Bads aus der Planung, die des Kleiderschranks aus den 60er-Schubladen zuzüglich der beiden Schrankwände links und rechts. Im Heck des Aufbaus bestimmen die Breiten der Lattenroste die des Bettes – wobei ich die so plane, dass mein neues Surfbrett mit einer Länge von 236 cm in der Diagonalen unter das

Bett passt. 140 cm Breite des Bettes ist Komfort-Minimum, 150 cm werden es letztendlich aus oben genannte Gründen. Das Problem lösen wir, indem ein Lattenrost 70 cm und der andere 80 cm breit ist. Die Matratzen haben die identischen Maße.

Das einzige Bauteil, bei dem ich völlig flexibel bin, ist die Sitzgruppe. Deshalb entschließe ich mich, beim Möbelbau vorne mit Küche und Bad zu beginnen und diese Bereiche fertigzustellen, alsdann von hinten mit dem Bett weiterzubauen. Der verbleibende Platz wird dann mit der Sitzbank mehr oder weniger »aufgefüllt«. Das ist auch der Grund, warum die Sitzbank auf der Fahrerseite ca. 4 cm länger ist als auf der Beifahrerseite.

27.13 Der Möbelbau in chronologischer Reihenfolge

Als erste Wand nach Fertigstellung des Durchstiegs montiere ich die Wand des Bads auf der Durchstiegsseite. Sie ist die Begrenzung der Schiebetür am Durchstieg und schließt direkt an die Duschwanne an. Als nächstes folgt der erste Möbelsteher der Küche, die rechte Begrenzungswand des Hochschranks, in dem oberhalb der Arbeitsplatte der Kühlschrank eingebaut wird. Diese Platte wird direkt auf die Möbelplatten geschraubt, auf denen die Durchstiegsschiebetür läuft. So bildet sich der Spalt, in dem die Schiebetür im geöffneten Zustand verschwindet.

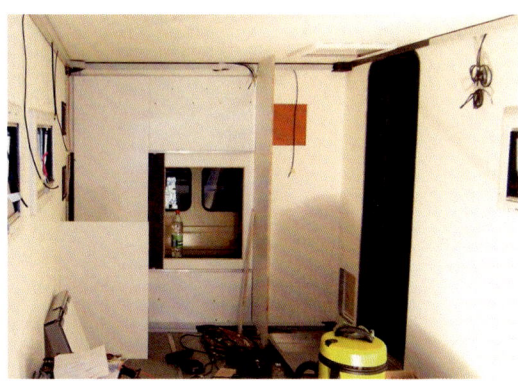

Danach folgt der Küchensteher Nr. 2, dessen Abstand sich aus der Breite der Schubladen ergibt. An dieser Stelle gilt es bereits die ersten Schubladen einzubauen, um den Abstand für den nächsten Küchensteher aus der Schubladenbreite zu ermitteln.

27 Möbelbau Teil 1: Küche, Bad, Schrank, Deckenkästen

27.14 Einbau der Schubladen

Beim Einbau der Schubladen helfen mir wieder die Profi-Tricks der Intercampler. Auf meine Frage, wie ich es denn bewerkstelligen könne, dass die Schubladenauszüge exakt auf der gleichen Höhe für jede Schubladenreihe liegen, empfiehlt mir Hubert, auf der Kreissäge vier Holzsteher mit gleicher Länge zuzuschneiden und diese als Schablonen zu verwenden.

Wenn man bei der obersten Schubladenreihe beginnt, kann man für die darunter liegende Reihe die gleichen Schablonen verwenden und sie einfach auf das entsprechende Maß kürzen. Wegen des Kabelkanals muss ich die Schablonen unten noch ausschneiden. Auf diese Art und Weise hangle ich mich durch alle Schubladenebenen durch, montiere jeweils die oberste, definiere so den Abstand zum nächsten Steher und montiere diese, bis die obersten drei Schubladenreihen fertiggestellt sind.

Bei der exakten Ausrichtung der Schubladen helfen die eingebauten Verstellmechaniken – aber nur dann, wenn man im Vorfeld auch schon mit höchster Präzision gearbeitet hat. So kann jede Schubladenfront ca. 3 bis 4 mm nach oben und unten sowie nach links und rechts verschoben werden, um ein einheitliches Spaltmaß zu erzielen. Ich definiere das Spaltmaß in der Einbauphase vor Aufbringen der Umleimer mit 6 mm. Je 2 mm bringen die Umleimer auf jeder Lade mit, sodass zum Schluss noch ein Abstand von 2 mm zwischen den Laden verbleibt. Das muss ausreichen und sieht ganz propper aus.

Schubladen-Schablone für die exakt gleiche Höhe aller Laden

Nicht nur im Automobilbau steht ein exaktes Spaltmaß für Qualität. Hier sind die Umleimer noch nicht aufgebracht. Nach dem Aufpressen der Umleimer reduziert sich das Spaltmaß zwischen den Schubladen auf 2 mm. Tipp: Vergrößere den Spalt auf 4 mm, und Du kannst Dir auch einen kleinen Fehler erlauben.

Um die Möbelfrontplatten der Schubladen genau an der richtigen Stelle zu positionieren, habe ich abgesägte Schrauben in die dafür vorgesehenen Löcher geschraubt und die Enden der Schrauben auf der Schleifmaschine angespitzt (siehe Bild auf der nächsten Seite). Auch das ist ein Tipp von Hubert. Es ist einfach hilfreich, wenn man die Erfahrungen von Profis nutzen kann und das Rad nicht immer wieder neu erfinden muss.

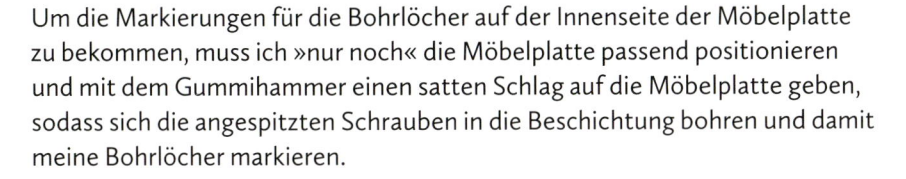

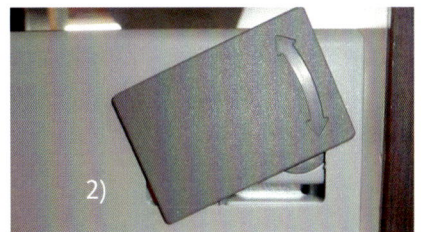

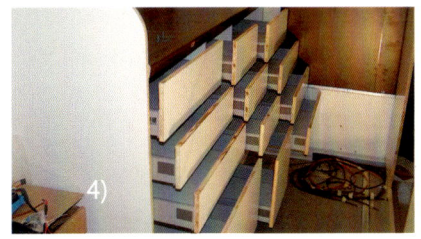

Um die Markierungen für die Bohrlöcher auf der Innenseite der Möbelplatte zu bekommen, muss ich »nur noch« die Möbelplatte passend positionieren und mit dem Gummihammer einen satten Schlag auf die Möbelplatte geben, sodass sich die angespitzten Schrauben in die Beschichtung bohren und damit meine Bohrlöcher markieren.

1) Von oben nach unten werden die Schubladen reihenweise montiert.
2) Die Verschluss-Lasche lässt alles dezent verschwinden.
3) »Bohrloch-Schablone« für die Schubladenfronten
4) Ein eindrucksvolles Ensemble
5) Anschrauben der Verstellmechanismen an die Möbelfrontplatten

27 Möbelbau Teil 1: Küche, Bad, Schrank, Deckenkästen

Die exakte Positionierung der Möbelplatten erreiche ich dadurch, dass ich mein Spaltmaß von 6 mm auf jeder Seite mit einem dreilagigen Umleimerpaket simuliere. Diese sind genau 6 mm stark, sodass sich die Positionierung der Frontplatte immer aus der jeweils vorhergehenden und den Abstandshaltern ergibt. Kleine Korrekturen sind dann ja noch durch die Einstellexzenter in der Schubladenmechanik möglich.

27.15 Schubladen- und Hängeschrankverschlüsse

Bei den Verschlüssen für die Schubladen, Hängeschränke usw. haben wir ebenfalls lange gesucht und viel Edles gefunden – was teilweise aber kaum bezahlbar ist oder zumindest in keinem gesunden Verhältnis zum Rest der Aufwendungen gestanden hätte. So gibt es beispielsweise toll designte Verschlüsse mit Eingriffmulden namens »Beetle«, die allerdings mit ca. 36 Euro pro Stück zu Buche und damit auch auf den Magen schlagen. Zu beziehen bei: www.kvt-koenig.de/southco/ und www.ib-z.de.

Die Push-Lock-Dichte im Sternchen dürfte kaum zu übertreffen sein: 67 an der Zahl!

Unter diesen Links gibt es zahlreiche weitere Verschlüsse, Riegel und Beschläge. Ein Klick lohnt sich. Hier Tipps zu geben ist schwer, weil Geschmack, Funktion und Preis zueinander und zum Gesamtfahrzeug passen müssen. Letztendlich haben wir uns für die guten alten Push-Locks entschieden – und zwar für die Variante »Mini-Push-Lock«. Die liegen mit 6–7 Euro pro Stück im bezahlbaren Bereich und sehen darüber hinaus noch gut aus.

Allerdings stellen mich die Verschlüsse für die Schubladen vor eine neue Herausforderung: In der Regel montiert man pro Schublade einen Verschluss, und zwar in der Mitte am oberen Rand der Lade. Der Verriegelungsschuber des Push-Locks hätte dort aber nichts gefunden, an dem er sich »festhalten« könnte – es sei denn, an der darüberliegenden Schublade. Das hätte aber bedeutet, dass das Gewicht aller Schubladen letztendlich an der obersten und an deren Verschluss hinge, was diesen sicherlich überfordert hätte.

Innenansicht einer Schublade. Die Push-Locks schließen seitlich.

Eine andere Variante, dieses Problem zu lösen, hätte darin bestehen können, am oberen Rand einer jeden Schublade einen Metallsteg einzuschrauben, an dem sich dann der Verschlussmechanismus der Lade hätte festkrallen können. Nun kommt zu meinen Überlegungen noch eine Information von Freunden dazu, die berichteten, dass ihre von Push-Locks gesicherten Schubladen hin und wieder während der Fahrt aufsprängen. Dies kann je nach Fahrsituation und Gewicht des Schubladeninhaltes dazu führen, dass die gesamte Schublade herausgerissen wird und auf der gegenüberliegenden Seite die Möbelfronten demoliert.

Dies alles lässt mich am Ende zur Entscheidung gelangen, pro Schublade nicht ein Push-Lock in der Mitte, sondern zwei an den Seiten zu montieren. Dort kann sich der Schließmechanismus des Schlosses an kleinen Metalllaschen verriegeln, die senkrecht an die Möbelsteher geschraubt sind (siehe Bild unten). Da ich diese Doppel-Push-Lock-Optik nun aber nicht nur für die Schubladen, sondern auch für die Decken-Staufächer konsequent durchhalten will–das Auge »reist ja bekanntlich mit«–und auch dort die doppelte Sicherung sicherlich kein Schaden sein kann, summieren sich die Push-Locks bei insgesamt 17 Schubladen und 19 Deckenkästen auf die stolze Zahl von 67! (bei den kleinen Deckenfächern habe ich dann doch nur 1 Push-Lock verbaut, deshalb die ungerade Zahl). Als ich mir dessen bewusst werde, wird mir erst mal schlecht. Denn selbst beim relativ günstigen Preis von rund 7 Euro je Mini-Push-Lock summieren sich die Kosten für die Verschlüsse auf knappe € 500,–!

Noch schlimmer trifft es mich aber, als ich beginne, das erste Push-Lock einzubauen. Man muss wissen, dass die Möbelfrontplatten mittlerweile nicht nur zugeschnitten, sondern auch mit Umleimern versehen sind. Jeder Fehler, der zu einer verbohrten Frontplatte geführt hätte, hätte unweigerlich bedeutet, den gesamten Prozess für diese Platte wieder von vorne zu beginnen, sprich zuzuschneiden, zum 20 km entfernten Schreiner zu düsen, um dort die Umleimer auftragen zu lassen.

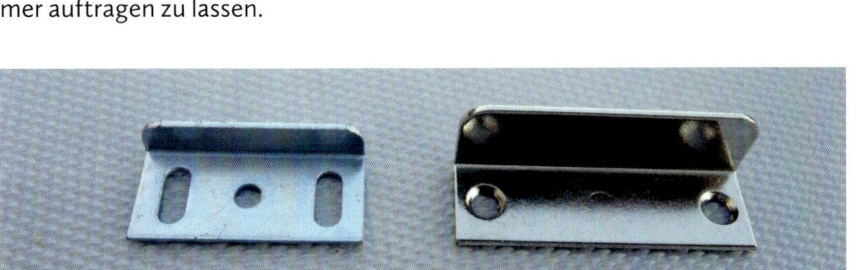

So habe ich für den Einbau des ersten Push-Locks mit 17-maligem Messen und Probieren und mit dem Bau einer Schablone für das Anzeichnen des Bohrloches, für das manuelle Nacharbeiten des Bohrloches, bis die Mechanik wirklich reibungslos funktioniert, zwei geschlagene Stunden benötigt. Logischerweise multipliziere ich diese Zeit gleich mal mit 66 und komme dabei auf

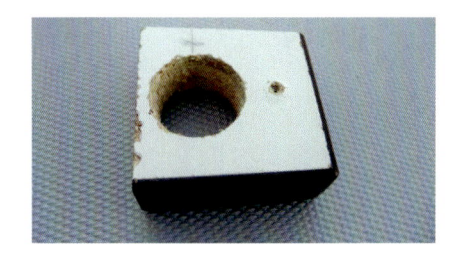

Meine Push-Lock-Einbau-Schablone zum Anzeichnen der Bohrlöcher

Bohren der Löcher mit dem 19er-Topfbohrer; Nacharbeiten mit dem Raspelaufsatz, damit die Schlösser reibungslos funktionieren.

Einbau der Verschlusslaschen: rechts original Push-Lock-Lasche, links die über Langlöcher verstellbare Lasche von Intercamp

27 Möbelbau Teil 1: Küche, Bad, Schrank, Deckenkästen

die atemberaubende Zeit von rund 130 Stunden, was einer Gesamtdauer von rund 15 Arbeitstagen nur für das Montieren der Verschlüsse bedeutet hätte. Sogleich packt mich die Push-Lock-Panik und wahre Krisenstimmung macht sich breit, sehe ich mich doch schon vor meinem geistigen Auge in den nächsten drei Wochen Push-Locks verbauen. Aber ganz so schlimm wird es dann doch nicht. Nach den ersten Einbauten kehrt Routine ein, und der Einbau eines Verschlusses reduziert sich auf sportliche 15 Minuten.

TIPP Die 19er-Löcher für die Push-Locks bohrt man am besten auf einer Ständerbohrmaschine, weil es die Schlösser überhaupt nicht mögen, wenn die Bohrung nicht exakt senkrecht gesetzt ist. Sie hakeln dann oder gehen schwergängig, was dann mit zusätzlicher Nacharbeit mit dem Raspelaufsatz im Akkubohrer bestraft wird. Auch wenn der Abschlussring im Bohrloch zu eng sitzt, läuft das Schloss nicht rund. Fräst man das Loch andererseits zu groß, hält eben dieser Ring nicht richtig, und man muss ihn mit Pattex einkleben.

Bei den Verschlusslaschen sind die Original-Push-Lock-Laschen »suboptimal«. Da sie nicht über Langlöcher verfügen, besteht an ihnen nur die Einstellmöglichkeit über das Verbiegen, falls ein Schloss nicht oder nur widerwillig funktioniert. Besser, weil funktionaler, sind die Laschen, die mir die Intercampler auf mein Wehklagen hin anbieten.

Zwar ist hier die Lasche kleiner, aber die Winkel können über Langlöcher verstellt und dann über die mittige Bohrung mit einer dritten Schraube fixiert werden. So verbaue ich zusehends lieber diese Variante, was sich bei der Einstellung von 67 Schlössern durchaus als Vorteil erweist. Natürlich prüfe ich an jedem Schloss, ob die Länge der Verschlusslasche ausreichend ist. Wo dies nicht der Fall ist, setze ich die Original-Lasche ein.

Bau des Waschtisches

So gestaltet sich der Bau von Küche und Schrank zu einer sehr aufwendigen Angelegenheit – insbesondere auch deshalb, weil das Ganze ja nach dem ersten Einbau wieder zwecks Aufbringen der Umleimer zerlegt werden muss. Hinzu kommen die manuelle Nacharbeit der Umleimer, das Verbauen und Einstellen der 67 Push-Locks und das Zusammenbauen und Einstellen von insgesamt 17 Schubladen. Trotzdem macht die Arbeit sehr viel Spaß, und das Ergebnis sieht offensichtlich nicht halb so laienhaft aus, wie ich mich fühle.

27.16 Einbauten im Bad

In meinen bisherigen Auflagen von CD-ROM und Buch hatte ich bislang nur beschrieben, dass wir uns für eine Thetford C 200 CS Cassettentoilette entschieden haben, nicht aber warum. Weil immer wieder Fragen von Lesern auftauchen und weil das Thema Toilette, wie so viele andere Themen auch, mitunter mit einem gewissen philosophischen Anspruch diskutiert wird, möchte ich diesem Thema hier etwas mehr Raum widmen. Zumal es gegebenenfalls auch nicht zu unterschätzende Auswirkungen auf den Ausbau eines Wohnmobils haben kann.

Generell gibt es drei verschiedene Systeme mit unterschiedlichem Komfort- und Leistungsparametern.

1. Mobile Toiletten wie das Porta Potti, das wahrscheinlich jeder aus der Anfangszeit des Campings/Womo-Reisens kennt, wenn er damals schon »dabei« war. Diese Systeme können im Schrank oder Staufach verstaut auf ihren Einsatz warten und nach erledigtem Geschäft wieder dort verschwinden. Sie haben ein abtrennbares Cassettenfach von rund 8–12 Litern Volumen, das zur Entleerung entnommen werden kann. Damit müssen sie im Zweipersonenbetrieb jeden zweiten Tag entleert werden.
2. Festeingebaute Cassettentoiletten, deren Cassette zur Entleerung entnommen wird. Manche Systeme bieten eine Trolley-Funktion und bestimmt kommen bald schon schwarze Designercassetten, die aussehen wie ein Business-Köfferchen, so dass der eifrige Entsorger zumindest dem Anschein nach anderen Geschäften nachgeht ;-). Die früher üblicherweise aus Kunststoff gefertigten Systeme sind immer häufiger auch in der Keramik-Ausführung erhältlich. Das Mehrgewicht für eine Keramik-Schüssel hält sich im vertretbaren Rahmen. Die Anfälligkeit gegen Kratzer und damit die Hygiene ist bei Keramik sicherlich als höher einzustufen, als bei Kunststofftoiletten. Das Volumen der Cassetten liegt zwischen 16 und 20 Litern, so dass man im Zweipersonenbetrieb alle drei bis vier Tage entleeren muss.
3. Festeingebaute Toiletten mit und ohne Zerhackersystem und festeingebautem Fäkalientank. Um hier gegenüber Cassettentoiletten eine deutlich längere Nutzungsdauer bis zur Entleerung zu erreichen, sollte der Fäkalientank ein Volumen von mindestens 100 Litern aufweisen. Nicht selten sind Fäkalientanks mit 200 und mehr Litern Volumen verbaut. Zerhackertoiletten zerkleinern alles, was da durch die Schüssel rauscht und vermischen es mit Wasser, so dass bei der Entsorgung eine braune Brühe ohne Feststoffe entsteht. Der Nachteil von Zerhackertoiletten liegt im relativ hohen Wasserverbrauch. Deshalb sollte man beim Kauf darauf achten, dass man die Wassermenge manuell regeln kann. Ist dies nicht der Fall, werden pro Spülung rund 2,5 Liter Wasser verbraucht, was sich bei zwei Toilettengängen pro Person und Tag auf zehn Liter Wasserverbrauch und mehr im Zweipersonenbetrieb summiert. Das muss man nicht nur bei der Dimensionierung des Fäkalientanks berücksichtigen, sondern auch bei der Frischwasserkapazität. Ferner sollte man mit ins Kalkül ziehen, dass Zerhackertoiletten, zumindest derzeit noch, relativ laut sind und dazu auch noch reichlich Strom verbrauchen.

27 Möbelbau Teil 1: Küche, Bad, Schrank, Deckenkästen

Hinter der Philosophie-Diskussion stecken drei grundsätzliche Fragen:
1. Wie häufig möchte sich der Wohnmobilist mit seinen Stoffwechselendprodukten konfrontiert sehen?
2. Mit welchem baulichen Aufwand kann er diese Intervalle möglichst lange hinauszögern?
3. Wie groß können Probleme werden, sich auf legale, umwelt- und sozialverträgliche Art und Weise dieser Endprodukte zu entledigen?

Die drei Fragen sind sehr eng miteinander verwoben, denn je größer der Fäkalientank, desto länger braucht man sich um das Thema nicht zu kümmern. Desto größer wird allerdings das Problem der Entsorgung, wenn keine Station verfügbar ist. Und je größer ein Tank ist, desto größer ist auch der bauliche Aufwand. Denn während sich bei Cassettentoiletten der Fäkalientank automatisch im Innenraum befindet, kann ein festeingebauter Fäkalientank entweder innen oder außen liegen. Ist Letzteres der Fall, dann muss der Tank beheizt werden, wenn man vermeiden will, die Fäkalien bei winterlichen Temperaturen erneut zerhacken zu müssen.

Liegt der Tank im Inneren, verbraucht er wertvollen Stauraum, den man mit Wichtigerem als mit Abwasser befüllen könnte. Außerdem gilt es, das Abwasser mittels Pumpe in den Tank zu befördern. Dass es sich dabei nicht um die Wasserpumpe des Trinkwassersystems handelt, versteht sich von selbst. Und schließlich muss das Fahrzeug die Gewichts- und Platzreserven mitbringen, die ein Fäkalientank erfordert.

Deshalb sollte sich der geneigte Womo-Ausbauer und -Optimierer zunächst einmal fragen, ob diese Kapazitätsressourcen überhaupt gegeben sind. Falls ja, wäre die nächste sinnvolle Frage, wie häufig und wie lange man sich fern einer Entsorgungsstation aufzuhalten gedenkt. Steht man mindestens einmal pro Woche auf einem gut ausgestatteten, mitteleuropäischen Camping- oder Womo-Stellplatz, dann dürfte die Entsorgung eines Fäkalientanks keine Probleme bereiten. Wenngleich man nicht grundsätzlich davon ausgehen sollte, dass alle Campingplätze und noch viel weniger alle Stellplätze über eine gut zu erreichende Entsorgungs-Infrastruktur verfügen.

Wo ein oder mehrere der oben gestellten Fragen mit einem klaren *Nein* beantwortet werden, liegt die Verwendung einer Cassettentoilette nahe. So auch bei uns, weshalb die Entscheidung für die Thetford C 200 CS Toilette relativ schnell und unkompliziert fiel. Wir lieben es, sowohl in Europa als auch darüber hinaus autark und fern von Campingplätzen in der Natur zu stehen, wo es selten eine Entsorgungsstation gibt. Deshalb ist die Cassettenlösung die flexibelste, wenngleich nicht gerade die, mit der man sich nur alle 14 Tage mit dem Thema beschäftigen muss. Im Zweipersonenhaushalt dauert es üblicherweise 2–3 Tage, bis die Füllstandskontrolle mit roter Leuchte zur Entleerung mahnt.

Da dies schon mal unverhofft geschehen kann, ist es ratsam, eine zweite Wechselcassette mitzuführen, die einem eine nächtliche Entsorgungstour bei Starkregen ersparen kann. Allerdings, und das ist eben der Vorteil von Cassetten, ist die Entsorgung eben in jeder beliebigen Toilette möglich und ich muss dazu nicht das Fahrzeug bewegen, wenn der Stellplatz direkt am Strand gerade zu schön zum Wegfahren ist.

Um die mit einer Cassettentoilette verbundene Geruchsbelästigung in den Griff zu bekommen, haben wir diverse Mittel ausprobiert, die alle nicht wirklich zu gewünschten Erfolg führten. So ist die Verwendung von Chemie, wie sie zum Beispiel Thetford oder Dometic anbieten, zwar zumindest am Tag eins noch geruchsübertünchend, aber spätestens kurz vor finaler Befüllung stößt dann auch die Chemie an ihre Grenzen. Außerdem ist die Entsorgung in der Natur beim Einsatz von Chemie nicht gerade umweltverträglich, weshalb man auf Chemie verzichten sollte. Der Versuch mit »Biospiral«, einem Mittel, bei dem Bakterien den Tankinhalt zersetzen und geruchlos machen sollen, hat bei uns leider auch nicht zur vollsten Zufriedenheit funktioniert. So haben wir mittlerweile eine Sog-Entlüftung nachgerüstet, deren Einbau weiter unten noch erläutert wird.

Einbau der Toilette

Beim Modell Thetford C 200 CS kann die »Schüssel« um je 90 Grad nach links oder rechts gedreht werden, was mehr Raum im Bad bringt, wenn man das WC gerade nicht benötigt. Die mit dem WC mitgelieferten Papierschablonen für die Positionierung der Bohrlöcher funktionieren gut. Mit drei Schrauben wird die WC-Halterung an die Wand geschraubt, in die das WC später nur noch eingehängt wird.

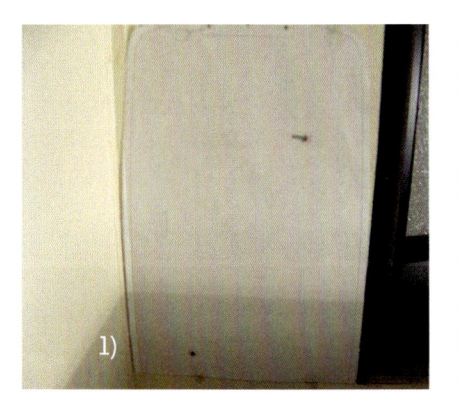

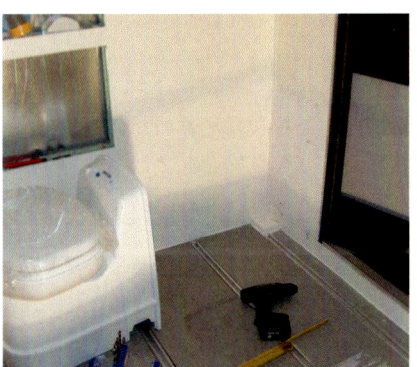

> **BEZUGSQUELLE**
>
> **Toilette Thetford C200CS**
> WWW.REIMO.COM
>
> **PREIS** ca. € 420,– (2008)

Nachrüstung einer SOG-Entlüftung

Da die Geruchsbelästigung mit chemischen und biologischen Produkten nicht zufriedenstellend in den Griff zu bekommen war, habe ich eine SOG-Entlüftung nachgerüstet, die während der Benutzung der Toilette Luft aus der Fäkaliencassette absaugt und ins Freie führt. Dadurch kann auf den Einsatz von

1) Papierschablone so positionieren, wie das WC später eingebaut wird, und an den vorgezeichneten Stellen Löcher bohren.
2) Das WC ist fertig montiert, erhält aber noch ein Holzpodest.

27 Möbelbau Teil 1: Küche, Bad, Schrank, Deckenkästen

BEZUGSQUELLE

SOG - Entlüftungssysteme
WWW.SOG-DAHMANN.DE

PREIS SOG Tür: € 138,–

Chemie verzichtet werden, was insbesondere die Umwelt und langfristig auch den Geldbeutel schont. Durch den Unterdruck entweicht keine Luft aus der Cassette in den Fahrzeugraum, weshalb somit wirkungsvoll Toilettengerüche ferngehalten werden. Die SOG-Entlüftung ist mit einem elektrischen Schalter mit dem Schieber der Toilettenklappe verbunden, so dass der Lüfter immer dann anspringt, wenn der Schieber zur Benutzung der Toilette geöffnet wird. Dabei wird der Absaugstutzen an der Stelle in die Cassette eingesetzt, wo sich das Überdruckventil befindet, das damit ausgedient hat. In der Version »SOG-Tür« wird die Luft über einen in der Serviceklappe verbauten Kohlefilter abgeleitet. Diesen gilt es jährlich zu wechseln. Alternativ kann auch die Variante »SOG Boden« eingesetzt werden, bei der die Luft über den Fahrzeugboden entsorgt und über einen runden, grünen Kohlefilter neutralisiert wird. Auch dieser ist jährlich zu ersetzen. Und schließlich gibt es noch die Möglichkeit, sich der abgesaugten Luft über einen kleinen Dachkamin zu entledigen. Bei dieser Variante ist kein Kohlefilter erforderlich. Da es sich bei mir um eine Nachrüstung handelt, kommen die beiden letzteren Systeme aus baulichen Gründen nicht infrage, weshalb ich mich für die klassische SOG-Tür Lösung entschließe.

Das SOG-Equipment auf einen Blick

Der Einbau ist unspektakulär, benötigt aber trotzdem eine gewisse Zeit. So gilt es zunächst, die Schieberknaufführung, ein kleines Plastikteil, auszubauen und entsprechend der SOG-Installationsanleitung um ein Stück zu kürzen und dann wieder einzubauen. Dazu löst man am besten die auf dem unteren Bild erkennbare Kreuzschlitzschraube zuerst und spart sich damit das Aushängen des Schieber-Gestänges. Dann baut man die Schieberknaufführung aus und sägt sie entsprechend der Anweisung in der Installationsanleitung ab.

Als nächstes wird ein kleiner Aluwinkel an der Wand im Cassettenfach so positioniert, dass der darauf vormontierte elektrische Schalter den Stromkreis schließt, wenn die Cassettenklappe geöffnet wird. Der Winkel wird mit einer Niete mit dem Toilettengehäuse vernietet und zusätzlich verklebt, um ein Verdrehen zu verhindern. Danach wird das Überdruckventil aus der SOG-Cassette ausgebaut und gegen einen 90-Grad Winkel ersetzt, auf den der SOG-Entlüftungsschlauch aufgesteckt wird.

In Anbetracht der Tatsache, dass wir unser Expeditionsmobil auch durch ruppiges Gelände scheuchen, rät mir SOG-Chef Werner Dahmann, den Schlauch von der Cassette weg nach oben in den »Tunnel« unter den Bedieninstrumenten der Toilette zu führen und in einer Schleife wieder nach unten zur Tür. Damit soll vermieden werden, dass sich bei einer extremen Schrägfahrt der Inhalt einer vollen Cassette in den Schlauch und damit in den Lüfter und Filter der Anlage ergießen kann. Kein schlechter Tipp, den ich so bisher noch bei keinem Expeditionsmobil verbaut gesehen habe und den ich natürlich gerne an meine Leser weitergeben möchte. Noch cleverer ist es aber, vor einem exzessiven Geländeausritt die Toilettencassette zu leeren. Zum Schluss gilt es noch, mit einem 35 mm Topfbohrer ein Loch in die WC-Serviceklappe zu bohren, den Lüfter dort einzusetzen und das Winkelstück mit der Tür zu verschrauben.

Wand mit PVC-Boden »tapezieren«
Nachdem der linke Bad-Möbelsteher provisorisch montiert ist, beklebe ich die Außenwände des Bades mit PVC-Belag in Bambus-Optik. Dies hat sich als kluge Entscheidung erwiesen, weil der PVC-Belag eine gewisse Isolationswirkung hat und deshalb während des Duschens nicht gar so viel Wasser an den Wänden kondensiert.

Der Schlauch ist in einer Schleife nach oben verlegt und sollte dann stets fallend zum Türauslass führen, damit Kondenswasser nicht im Schlauch stehen bleibt.

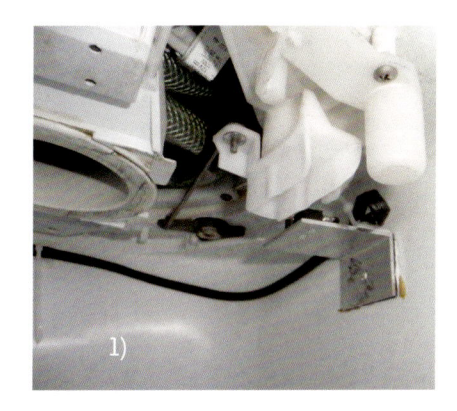

1) Gekürzte Schieberknaufführung und Aluwinkel mit Lüfterschalter sind eingebaut.
2) Die Schieberknaufführung muss abgesägt werden.

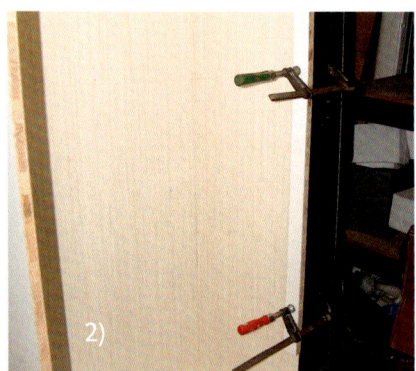

27 Möbelbau Teil 1: Küche, Bad, Schrank, Deckenkästen

1) Die Wand mit PVC-Kleber einspachteln
2) PVC-Bodenbelag in Bambus-Optik für die Badwand
3) Das Toilettenpodest entsteht. Es fixiert die Duschwanne nach vorne.

BEZUGSQUELLE

ZACHER RAUMAUSSTATTER
www.zacher-raumausstatter.de

Duschvorhangstoff »Kleine Wolke Caravelle weiß«
PREIS € 62,38 (2008)

Vorhangschiene Alu-cs-Schiene Böld Venus weiß
PREIS € 72,– (2008)

Bau des Toilettenpodests

Danach entferne ich den linken Möbelsteher wieder und baue das Toilettenpodest. Auf diese Unterkonstruktion kommt dann eine Möbelplatte und darauf der Holzdekor-PVC-Belag, den wir auch für den Fußboden ausgesucht haben. Die Platte hat bereits Ausschnitte für die Wasserleitungen zum Waschtisch. Das Podest hat die gleiche Höhe wie die Duschwanne und schließt mit dieser bündig ab.

Bau des Waschtisches

Nun wartet eine der größten möbelbautechnischen Herausforderungen des gesamten Ausbaus auf mich: der Bad-Waschtisch. Das Waschbecken muss nämlich klappbar konzipiert werden, damit man das WC benutzen kann. Edith kommt auf die geniale Idee, das Waschbecken nicht nach hinten, sondern zur Seite zu klappen, wo aufgrund der größeren Breite der Waschtischnische mehr Platz für den Abwasserschlauch des Waschbeckens vorhanden ist. Wie man auf den Bildern unten und auf der nachfolgenden Seite erkennen kann, ist der Rahmen für die Wandmontage nur ca. 3 cm stark. Dann folgt schon der Ausschnitt für den klappbaren Waschtisch, der auch nicht viel kleiner hätte sein dürfen, weil rund um den Waschbecken-Ausschnitt auch nur ca. 2 cm Holzrand stehen bleiben. Klar, dass auf ein solches Holzteil auch die Umleimer nicht maschinell aufgebracht werden können. So müssen die zu allem

Überfluss mit Pattex angeklebt und mit Schraubzwingen verpresst werden. Im Anschluss gilt es die überstehenden Ecken und Kanten zu verschleifen und dabei so behutsam vorzugehen, dass das Ganze nicht bricht.

Die drei Wasserleitungen (warm und kalt gefiltert fürs Bad und kalt ungefiltert für die Toilette) verlaufen an der Wand des Elektropodest in PE-Isolierschläuchen und führen unter dem Toilettenpodest zum Waschbecken bzw. zur Toilette. Mit der separaten Versorgung des WC mit ungefiltertem Wasser schone ich die Wasserfilter.

TIPP Zumindest die Warmwasserleitung sollte isoliert werden, auch dann, wenn man nicht in die kalten Regionen fährt. Damit wird einerseits vermieden, dass das Warmwasser zu schnell auskühlt, anderseits, dass das Kaltwasser vom Warmwasser aufgeheizt wird.

Bau des Deckenkastens

Danach montiere ich im Bad den Deckenkasten, in den ich noch zwei 230-V-Steckdosen für Rasierer, elektrische Zahnbürste und Föhn einbaue. Dies ist laut den gesetzlichen Richtlinien nicht zulässig – aber wo sonst soll man sich föhnen und rasieren, wenn nicht im Bad vor dem Spiegel …? Die Toilette wird noch an das 12-V-Stromnetz angeschlossen, weil wir uns für die elektrisch betätigte WC-Pumpe entschieden haben. Zuletzt werden die Wasserschläuche verlegt und die Klappe des Deckenkastens montiert.

Eines der filigransten Möbelbauteile: der Waschtisch

Die Wasserschläuche werden in den 90-Grad-Ecken in Metallführungen verlegt, damit sie auch langfristig nicht knicken können. Das werde ich später bei den Steigleitungen aus den Wassertanks ebenfalls so machen. Rund um den Waschtisch und die Duschwanne wird mit Silikon verfugt.

Montage der Vorhangschiene für den Duschvorhang

Im Münchner Vorort Germering finden wir durch den Tipp unserer Allrad-Lkw-Freunde Wolfgang und Brigitte ein cleveres Duschvorhang-Schienensystem sowie einen extrem dünnen und schnell trocknenden Vorhangstoff.

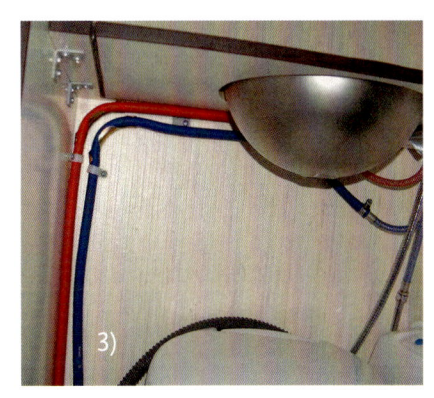

1) Der äußere Rahmen des Waschtisches; die Umleimer müssen manuell aufgebracht werden.
2) Zum Klappen des Waschbeckens wird der Wasserhahn zur Seite gedreht.
3) Die Wasserleitungen für Warm- und Kaltwasser sind unter dem Waschtisch hinten an der Wand entlang verlegt.

27 Möbelbau Teil 1: Küche, Bad, Schrank, Deckenkästen

BEZUGSQUELLE

Badausstattung
WWW.REIMO.COM

Einhebel-Mischbatterie »Pelikan« mit Duschschlauch
PREIS ca. € 65,– (2008)

Alu-Waschbecken
PREIS ca. € 28,– (2008)

1) Um die Schiene an der Decke zu befestigen, werden im Abstand von ca. 30 cm verdrehbare Clips an die Decke geschraubt ...
2) ... die in eine Nut in der Scheine greifen und nach dem Verdrehen der Clips die Schiene fest an der Decke fixieren.

Letzterer hört auf den lyrischen Namen »Kleine Wolke Caravelle weiß«, schlägt aber völlig unlyrisch mit € 62,38 auf den Magen. Die unten abgebildete Vorhangschiene wird vom Händler in den gewünschten Maßen vorgebogen und belastet das Budget mit weiteren 72 Euronen – allerdings einschließlich dreier Biegungen! Obwohl das System recht teuer ist, überzeugt uns seine Funktionalität. Nach Montage des Spiegels, des Toilettenpapierhalters, der Handtuchhalter und der Badleuchte ist unser »Hammam« auf 0,715 m² fertiggestellt. Bedenkt man, dass es sich gleichzeitig auch noch um unsere Diele mit Windfang handelt, dann ist das schon eine kaum zu überbietende Flächeneffizienz.

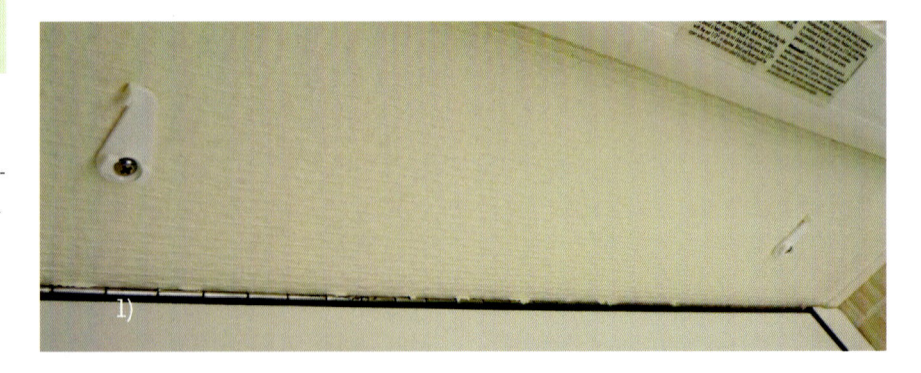

27.17 Möbelbau Teil 1–Chronologie in Bildern

Wie bereits erwähnt, muss ich die Möbel nach dem ersten Einbau zum Aufbringen der Maschinenumleimer wieder ausbauen. Die hier folgende Bilderserie zeigt den zweiten Möbeleinbau, nachdem die Umleimer aufgebracht worden sind.

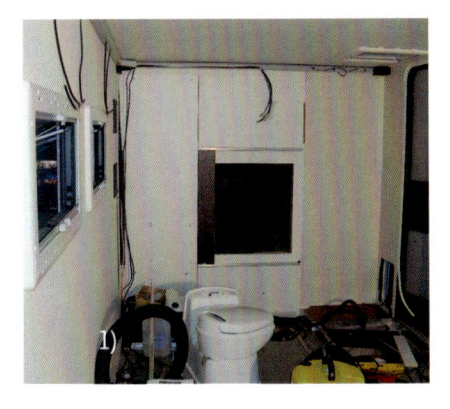

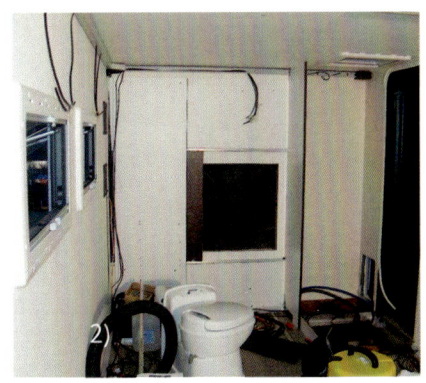

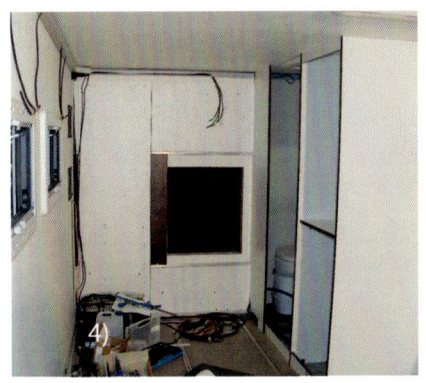

1) Die Wand im Bad ist mit PVC ausgekleidet, die Duschwanne ist montiert, das Holzpodest für das WC ist fertig, und der erste Möbelsteher für die Küche ist bereits vor die Durchstiegsschiebetür geschraubt.
2) Der Bad-Steher ist montiert.
3) Die zweite Bad-Wand steht und mit ihr auch die linke Seitenwand des Schranks.
4) Die rechte Schrankwand und der Fachboden gesellen sich schon dazu. Außerdem sind die Abschlussleisten an Boden und Decke fertig mit den Ausschnitten für das Heizungsrohr bzw. für die Kabel- und Wasserleitungsführung.

Allerdings unterläuft mir bei den Lautsprechern mal wieder ein kleiner Fehler: Ich habe nicht bedacht, dass die Lautsprecher-Abdeckgitter bis zu drei Zentimeter auftragen. Bei den um 90 Grad versetzt liegenden Deckenklappen der seitlichen Staukästen hätte ich einen Steg von mindestens 3 cm stehen lassen müssen, damit sich die Klappe noch öffnen lässt, wenn die Lautsprecherabdeckung montiert ist. So muss ich die Lautsprecherausschnitte mit Lochblech verschließen, um den etwas ungleichmäßig ausgefallenen ovalen Ausschnitt zu kaschieren.

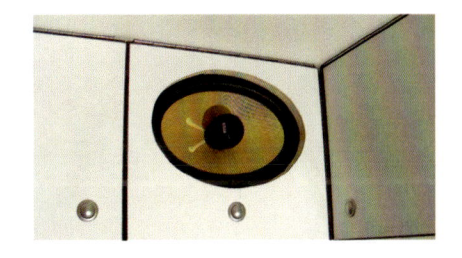

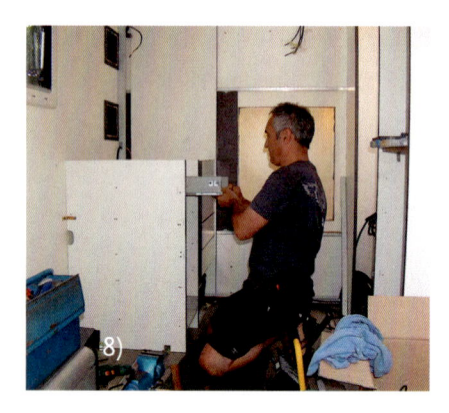

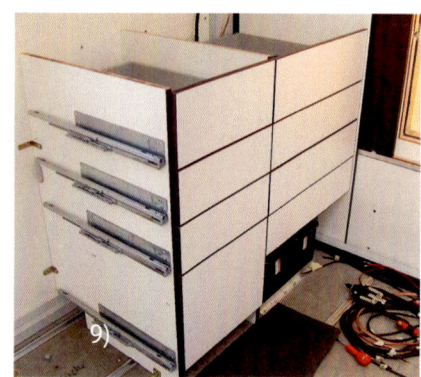

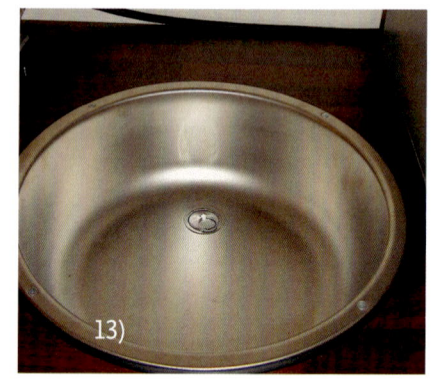

27 Möbelbau Teil 1: Küche, Bad, Schrank, Deckenkästen

5) Die Toilette ist montiert.
6) Küchensteher Nr. 2
7) Küchensteher Nr. 3
8) Schubladen kommen hinzu.
9) Zwei Schubladenreihen sind schon eingebaut
10) Küchensteher Nr. 4, geschmackvoll gerundet – die Rede ist nach wie vor von den Möbeln!
11) Die Küchen-Arbeitsplatte wird verschraubt.
12) So langsam nimmt die Sache Gestalt an. Die Push-Locks fehlen noch.
13) Die Arbeitsplatte (vom Baumarkt) ist ausgesägt und die Spüle eingebaut.

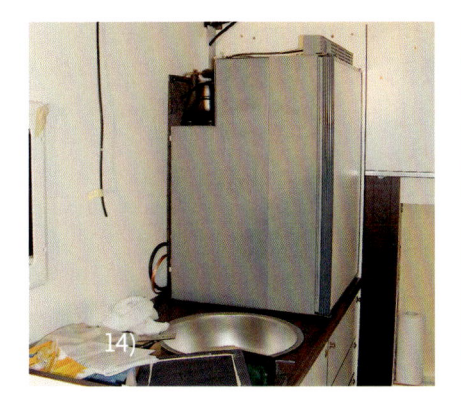

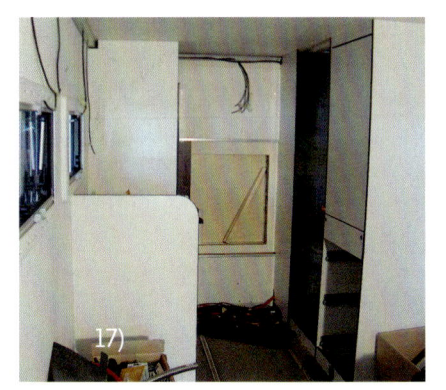

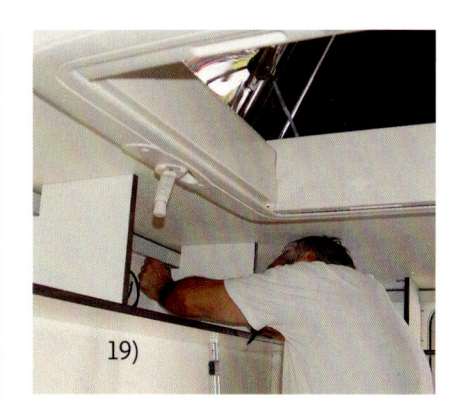

14) Der Kühlschrank wird eingebaut.
15) Und damit folgt die letzte Wand in der Küche.
16) Im Schrank sind alle Schubladen montiert.
17) Die Schranktür ist eingebaut.
18) Die Winkel für die Deckenkästen werden angeschraubt.
19) Danach folgen die Trennwände für die Deckenfächer und dann der Boden.
20) Jetzt fehlen nur noch die Deckel.
21) Hier sind sie schon.
22) In die beiden noch offenen Fächer werden Lautsprecher eingebaut.

27 Möbelbau Teil 1: Küche, Bad, Schrank, Deckenkästen

E-Technik-Podest vor dem Durchstieg als Trittstufe

Als Nächstes montiere ich das Podest vor dem Durchstieg, in dem die zentrale Elektrik ihren Platz finden soll. Den Platz habe ich deshalb hier gewählt, weil das Podest sehr gut zugänglich ist und Arbeiten an der Elektrik, beispielsweise für das Auswechseln von Sicherungen usw., hier leicht durchgeführt werden können. Außerdem ist hier die speziell vom Wechselrichter geforderte räumliche Nähe zu den Batterien gegeben.

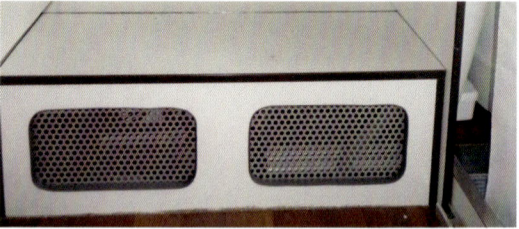

1) Das Podest für die zentrale Elektroinstallation entsteht vor dem Durchstieg.
2) Lochbleche sorgen für eine ausreichende Belüftung der Geräte.

Dazu montiere ich je einen zusätzlichen Möbelsteher an Küche und Bad, auf denen der Deckel des Podests aufliegen soll. Den Deckel teile ich und mache den vorderen Teil mit Edelstahlklavierband klappbar. Damit ist sichergestellt, dass mir der im aufgeklappten Zustand nicht von alleine auf die Finger oder den Hinterkopf fällt – je nachdem, wie tief ich da meine Nase reinstecken muss.

Schon fertig. War doch gar nicht so schlimm!

27.18 Kochgelegenheiten

Wie an verschiedenen Stellen in diesem Buch bereits erwähnt, haben wir uns mit der Entscheidung für eine Dieselheizung in den Kopf gesetzt, ein gasloses Auto zu bauen. Der Origo-Spirituskocher mit einer Brennleistung von jeweils 1,5 kW für jede der beiden Flammen sollte ausreichen, um unsere Reisen auch kulinarisch zu untermalen.

Origo-Kocher mit 2 × 1,5 kW Brennleistung im Einsatz

Der Kocher findet in der oberen linken Schublade unserer Küche seinen Platz und soll bei schönem Wetter vorzugsweise im Freien zum Einsatz kommen. Doch grau ist alle Theorie, denn beim leisesten Luftzug kommt von der nominellen Brennleistung von 1,5 kW im darüber stehenden Topf nicht mehr viel an

Aber auch im Innenraum kann er nicht wirklich überzeugen, weil die Hitzeentwicklung einfach nicht ausreicht, um Fleisch oder Fisch anzubraten. Dementsprechend wartet man auch auf kochendes Kaffeewasser länger, als das mit einem Gas- oder Dieselkocher der Fall ist. Für das gelegentliche Kochen ist der Origo durchaus o.k., aber bei einem Dauereinsatz wie auf unserer achtmonatigen Reise durch Südeuropa, Marokko und die Westsahara setzt der Origo unserer Koch- und Essleidenschaft doch deutliche Grenzen.

Als dann im Jahr 2012 die Möglichkeit besteht, eine gasbetriebene Brennstoffzelle von der Firma Enymotion zu Dauertestzwecken zu erhalten, fällt endgültig die Entscheidung, eine Gasanlage nachzurüsten und in diesem Zuge gleich das zu installieren, was wir am meisten auf Reisen vermissen: eine Außenkochstelle. So baue ich nachträglich einen Gastank und eine Gasanlage ein (siehe Kapitel Gasinstallation) und möchte hier nachfolgend die Installation des Kochfeldes in der Küche beschreiben.

27 Möbelbau Teil 1: Küche, Bad, Schrank, Deckenkästen

27.19 Einbau des Gas-Kochfeldes

Der Einbau des Kochfeldes ist dann eher wieder was für Grobmotoriker:

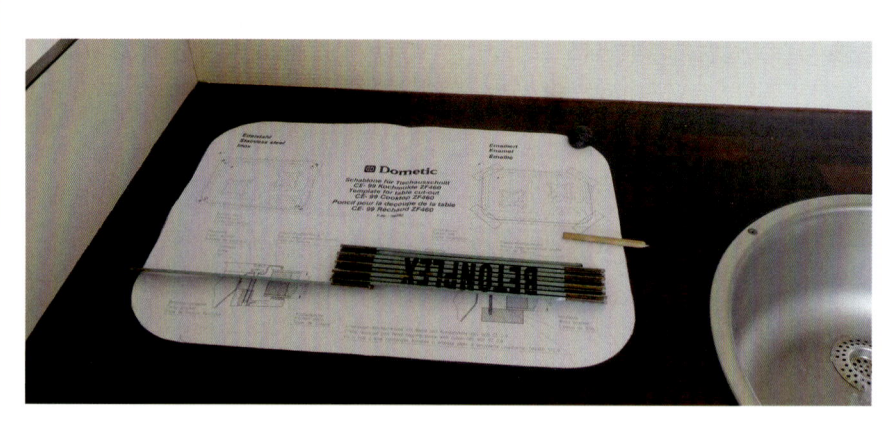

BEZUGSQUELLE

Gaskochfeld
WWW.REIMO.COM

PREIS Zweiflammen-Gaskochfeld mit Glasplatte von Dometic: ca. € 185,– (2012)

Anzeichnen, abkleben, Loch bohren

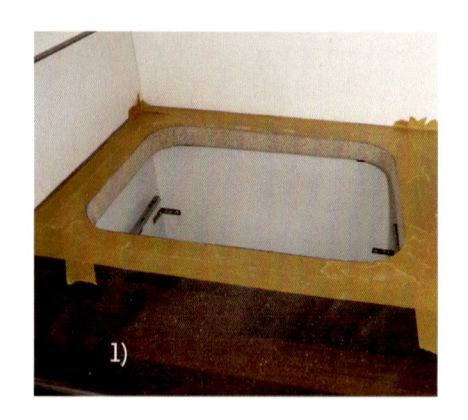

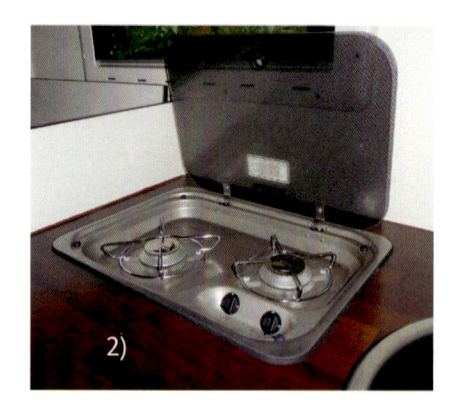

1) Stichsäge ansetzen, Loch ausschneiden, Kochfeld einsetzen, anschrauben …
2) Gasleitung anschließen, fertig.

ACHTUNG Die Tücke lauert im Detail! In den Rundungen hat das Sägeblatt der Stichsäge die unangenehme Tendenz, nach außen auszuweichen. Das bedeutet, dass der Ausschnitt an der Unterseite der Küchenarbeitsplatte tendenziell größer ausfällt als an der Oberseite. Dort unten benötigt man aber das Holz, um die Halteklammern des Kochfeldes zu befestigen. Deshalb kann es unter Umständen sinnvoll sein, die Stichsäge leicht schräg anzusetzen, indem man die Führungsplatte um ein bis zwei Grad neigt oder – falls die Führungsplatte nicht schwenkbar ist – auf der Innenseite des Kurvenradius eine 1–2 mm starke Holzleiste klebt, sodass die Stichsäge leicht schräg nach außen und das Sägeblatt dementsprechend nach innen geneigt wird.

Es bedarf wohl kaum einer Erwähnung, dass das Kochen mit Gas ein völlig anderes ist, als das mit Spiritus. Da wir auch zuhause am liebsten mit Gas kochen würden können wir die neue Kochstelle im Sternchen jetzt wirklich genießen.

Ich verbaue einen Zweiflammenherd von Dometic mit Glasabdeckung, so dass die Kocherfläche bei Nichtgebrauch auch als Ablage oder Arbeitsplatte genutzt werden kann. Zweiflammenherd deshalb, weil wir selbst zuhause selten auf drei Flammen kochen, dies im Womo also eher noch seltener der Fall sein wird. Allerdings vermisse ich einen Piezo-Zünder, so dass wir immer mit einem separaten Zünder die Flamme entfachen müssen. Auf ein Cerankochfeld haben wir bewusst verzichtet, weil dort die Gefahr relativ hoch ist, dass nach einer ordentlichen Rüttelpistentour beim Öffnen der Deckenkästen etwas auf das Cerankochfeld fällt und dieses dabei zerstört. Außerdem liegen die guten Stücke preislich bei 700–800 Euro.

27.20 Dieselkocher als Alternative zu Gas und Spiritus

Wer an der Idee vom gasfreien Auto festhalten oder ganz einfach die Vorteile eines Diesel Cerankochfelds nutzen möchte, dem bietet Webasto mit dem Dieselkocher X 100 eine leistungsfähige Alternative. Hatten Dieselkocher zum Zeitpunkt meines Ausbaus im Jahr 2008 noch rund € 2.000,– gekostet und waren schon alleine deshalb bei mir »durch den Rost« gefallen, sind die Preise mittlerweile auf halbwegs erträgliche € 1.299,– gesunken und die Leistungsfähigkeit der Geräte noch gestiegen. Denn ein Gas-Cerankochfeld kostet mittlerweile auch schon zwischen € 700,– und € 800,–. Dieselkocher reagieren beispielsweise bei weitem nicht mehr so empfindlich, wenn das Fahrzeug schräg steht, was man ihnen damals noch nachsagte, und auch die Höhenempfindlichkeit konnte durch einen Höhenschalter gemildert werden. Webasto garantiert die Funktionsfähigkeit des Gerätes bis zu einer Höhe von 2200 m ü.N.N.

Die Leistung des Dieselkochers kann stufenlos von 900 bis 1900 Watt geregelt werden. Dabei erwärmt der Dieselbrenner den linken Teil des Kochfeldes, während die Restwärme über den rechten Teil des Feldes strömt und dann über einen Wandkamin das Fahrzeug verlässt. So eignet sich der rechte Teil des Kochfeldes eher zum Warmhalten von Speisen, während auf dem linken Teil gekocht oder gebraten wird. Wird der rechte Bereich nicht zum Kochen genutzt, sollte man im Sommer dort einen Topf mit Wasser darauf stellen, um die Wärme der Platte im Wasser zu binden und nicht das Fahrzeug aufzuheizen. Im Winter kann die »Zusatzheizung« allerdings ganz angenehm sein. Der Stromverbrauch des X100 liegt natürlich über dem eines Gaskochers, benötigt in der Startphase 8 Ah für 6 Minuten und reduziert sich dann auf 0,43 A im laufenden Betrieb. Der Dieselverbrauch während des Kochens liegt bei 0,09 und 0,19 Liter pro Stunde.

Beim Einbau des Dieselkochers sollte man berücksichtigen, dass das Gehäuse ca. 15 cm hoch ist und dabei ca. 1,5 cm über die Arbeitsplatte steht. Es ragt also bei einer 4 cm starken Arbeitsplatte rund 9,5 cm nach unten in den Küchenschubladenbereich hinein. Des Weiteren sollte berücksichtigt werden, dass der Wandkamin zur Ableitung der Warmluft und der Verbrennungsabgase nicht direkt unter einem Fenster liegt, um zu vermeiden, dass die Abgase durchs Fenster ins Fahrzeug gelangen. Aufgrund des Cerankochfeldes ist der Dieselkocher sicherer als ein Gaskocher, da es hier keine offene Flamme im Fahrzeug gibt und damit die Brandgefahr deutlich gesenkt wird. Gerade Familien mit kleinen Kindern werden diesen Vorteil zu schätzen wissen und dafür die höhere Bruchgefahr des Ceranfeldes in Kauf nehmen.

Die Vorteile von Dieselkochern liegen einerseits in der Tatsache, dass man sich eine Gasanlage sparen kann, was den Mehrpreis eines Dieselkochers in etwa wieder amortisiert. Zum anderen hat man Diesel sowieso immer dabei, womit man freier und unabhängiger ist.

BEZUGSQUELLE

Webasto Dieselkocher X 100
WWW.REIMO.COM

PREIS € 1.299,–

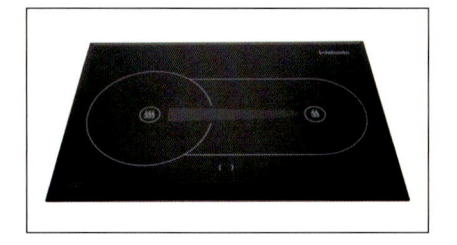

28 Wasserinstallation

28.1 Grundsätzliche Überlegungen

Um rund 14 Tage autark von einer Wasserversorgung zu sein, bedarf es nach unseren Berechnungen und den Erfahrungsberichten anderer Reisender, die ähnliche Fahrzeuge bewegen, eines Frischwasservorrates von ca. 300 Litern. Die verteilen wir aus folgenden Gründen auf drei separate Tanks:

- Das Wasser schwappt nicht von einer Fahrzeugseite zur anderen, sondern jeweils nur im 60 cm breiten und 40 cm tiefen Tank.
- Ein einzelner Tank benötigt unbedingt Schwallbleche, was diesen dann wieder relativ teuer macht.
- Falls mal etwas undicht werden sollte, ist nicht die gesamte Frischwasseranlage betroffen, sondern nur ein Tank und max. 100 Liter gehen verloren, die, falls sie sich ins Auto ergießen, weit mehr zu verschmerzen wären als der Schaden, den sie anrichten.
- Mit drei Tanks ist man flexibler, falls mal nur Wasser von zweifelhafter Qualität verfügbar sein sollte. Dann kann man einen Tank befüllen und verschmutzt damit nicht das Wasser in den anderen Tanks.
- Die Befüllung erfolgt über drei separate Einfüllschläuche, deren Einfüllstutzen an der Innenseite der rechten Stauraumklappe verbaut sind. Somit muss ich die Einfüllstutzen nicht einzeln abschließen, sondern nur die Stauraumklappe. Die Gefahr, dass mir mal jemand Wasser abzapft oder etwas in den Tank schüttet, ist damit ebenfalls gebannt.

NACHTEILE DIESER LÖSUNG Man benötigt sämtliche Bauteile für die Befüllung und Wassserentnahme in dreifacher Ausfertigung, was sowohl den baulichen als auch den Kostenaufwand erhöht.

ANMERKUNG Im Kapitel 25 »Vorbereitende Arbeiten für die Wasserinstallation« habe ich bereits den Einbau der Abwassertanks und der Duschwanne beschrieben. Da dieses Buch den chronologischen Ausbau meines Fahrzeugs widerspiegelt, sind verschiedene Arbeiten bereits in einer frühen Phase des Ausbaus erfolgt, weil auf ihnen andere Ausbauschritte wie beispielsweise der Möbelbau im Bad aufbauen.

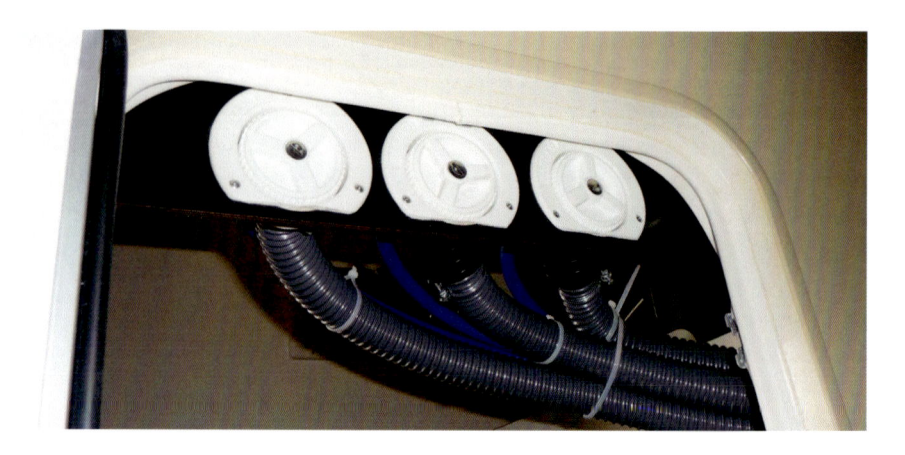

28.2 Erläuterung des Wasser-Planes

Die drei Frischwasser-Tanks sind über drei separate Leitungen einzeln befüllbar. Über Steigleitungen wird das Wasser entnommen und auf einen Dreifach-Sammler geführt. Dazwischen sitzt auf jeder Leitung ein Kugelhahn, sodass darüber jeder Tank einzeln geöffnet oder geschlossen werden kann. So kann auch die Entnahme gezielt aus einem bestimmten Tank erfolgen. Vom Dreifach-Sammler führt eine Leitung direkt zur SHURflo-Wasserpumpe, die unter der Sitzgruppe am Boden verschraubt ist.

Hinter der Wasserpumpe ist ein sogenannter Flüsterregler verbaut (mittlerweile geändert, dazu später mehr), der die Pumpe leiser macht und die Funktion eines Ausgleichsbehälters übernimmt. Diesen kann ich mir dadurch sparen und schone damit gleichzeitig nicht nur unsere Ohren, sondern auch die Pumpe, weil sie nicht so häufig anspringt. Vor dem Flüsterregler ist noch ein Ablassventil verbaut, mit dem ich die Tanks leeren und das Wasser noch vor den Filtern ins Freie ablassen kann.

Nach dem Ablassventil teilt sich der Wasserschlauch. Ein Strang führt zur Wasserfilteranlage, bestehend aus Vor- und Hauptfilter. Der andere Strang geht direkt zur Toilette, weil dort kein gefiltertes Wasser erforderlich ist. Nach der Wasserfilteranlage teilt sich die Wasserleitung gleich zweimal. Ein Strang führt in die Heizung zur Warmwasserbereitung, der zweite Strang teilt sich erneut, eine Leitung verläuft nach hinten in den Stauraum zum Außenwasseranschluss, die andere nach vorne zur Küche und weiter zum Bad.

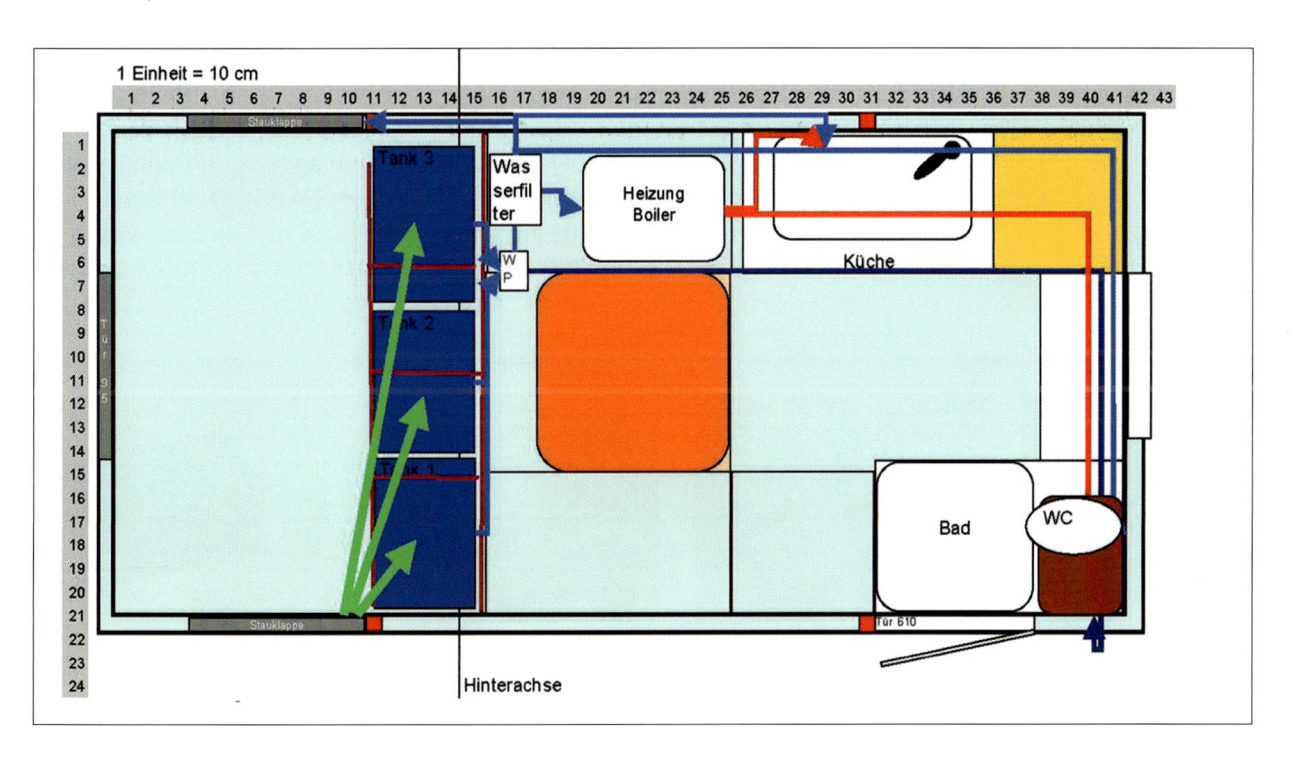

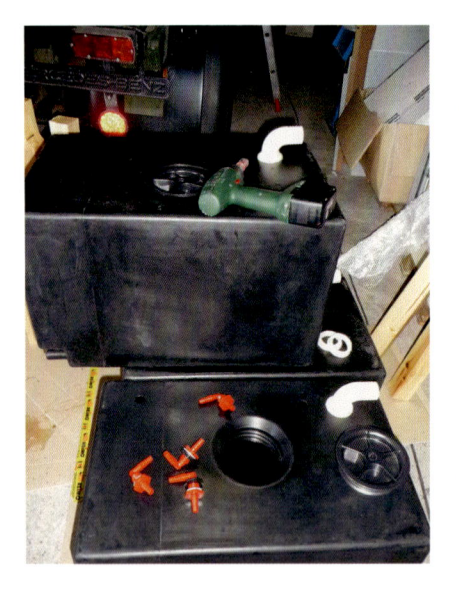

28 Wasserinstallation

28.3 Vorbereitung der Tanks

Bei der Suche nach Tanks lege ich Wert darauf, dass diese keine vorgebohrten Ablauföffnungen haben. Denn ich möchte das Wasser nicht unten entnehmen, sondern über die Pumpe und eine Steigleitung von oben. Grund: Der Tank kann nicht undicht werden. Bei einer Tanköffnung unten kann man nie wissen, ob die nicht mal auf einer heftigen Rüttelpiste leckschlägt. Immerhin sind es bei einem vollen Tank mit rund 100 Litern Wasser 100 Kilogramm, die da hin- und herbewegt werden: eine kinetische Energie, die nicht zu unterschätzen ist.

Nachteil dieser Lösung: Zum Trockenlegen der Tanks für die Überwinterung des Fahrzeugs müssen die Tanks mit der Pumpe leer gepumpt werden, was ungleich mühsamer ist, als einfach nur unten den Hahn zu öffnen und das Wasser ablaufen zu lassen. Auch sollte man bedenken, dass selbst eine gute SHURflo-Wasserpumpe nicht länger als 15 Minuten am Stück laufen sollte und man ihr dann eine Abkühlpause gönnen muss. Zur Vorbereitung der Tanks bohre ich Löcher für die Einfüllstutzen, für die Tankanzeige, für die Entlüftung und für die Steigleitung zur Wasserentnahme. Für letztere verwende ich herkömmlichen Womo-Wasserschlauch.

Vorbereitung der Tanks mit Zulauf, Entnahme, Entlüftung und Tankanzeige

BEZUGSQUELLE

Wassertanks
INTERCAMP/LILIE GMBH & CO.KG
www.lilie.com

Maße der Tanks: 60 × 40 × 40 cm,
Volumen: je ca. 100 l

PREIS ca. € 100,– (2008)

28.4 Maßgefertigte Tanks zur optimalen Raumausnutzung

Aufgrund unseres ca. 90 cm hochgelegten Bettes in den Maßen 150 × 205 cm haben wir einen üppigen, 2,76 m^3 fassenden Stauraum unter dem Bett, in dem wir jede Menge Equipment, aber eben auch die Wassertanks unterbringen. Wer hierfür weniger Stauraum zur Verfügung hat bzw. andere Räume optimal mit Wassertanks ausnutzen möchte, der kann sich bei der Firma Amalric Plastic individuell konzipierte Polyethylentanks bauen lassen, die optimal den zur Verfügung stehenden Raum im oder unter dem Fahrzeug ausnutzen. Das Material ist physiologisch unbedenklich für die Aufnahme von Lebensmitteln oder Trinkwasser. Daneben werden aus dem gleichen Material auch Abwasser- und Fäkalientanks hergestellt, genauso wie Treibstofftanks und Stauraumboxen (siehe dazu auch das Kapitel 33 »Anbauten«).

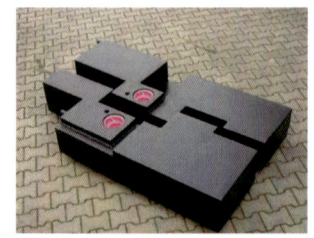

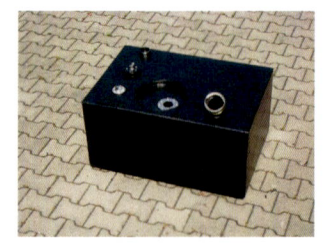

Die Tanks werden in einem aufwendigen Verfahren aus Polyethylenplatten mit Stärken zwischen 5 bis 12 mm hergestellt, thermisch gekantet, geheftet, im Warmgas- oder Extrusionsschweißverfahren von außen und innen geschweißt und auf Dichtheit geprüft. Einfüllstutzen, Tüllen und Anschlüsse werden genauso in die Tanks eingebaut wie auch Schwallwände, sollte die Größe des Tanks dies erforderlich machen. Die nebenstehenden Tanks sind nur einige von unendlich vielen Varianten, den zur Verfügung stehenden Raum mit Tanks aller Art zu nutzen und dabei auch die Gewichtsverteilung am und im Fahrzeug positiv zu beeinflussen.

> **BEZUGSQUELLE**
>
> **Maßgefertigte Wassertanks**
> AMALRIC PLASTIC
> www.amalric.de
>
> **PREIS** Auf Anfrage nach einer vom Kunden gelieferten und vermaßten Skizze.

28.5 Tankgeber und Tankuhren

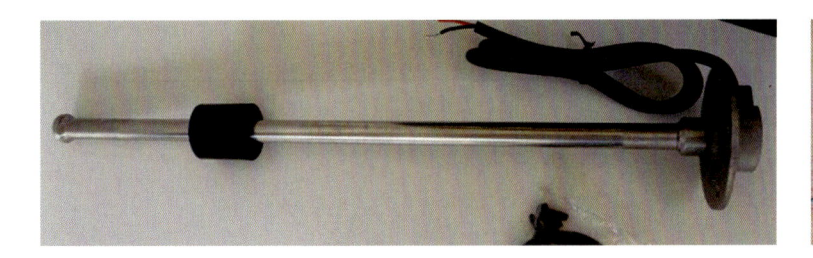

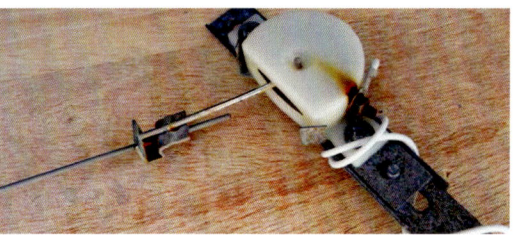

Wenig Freude bereiten mir die billigen italienischen Tankgeber für die Frischwassertanks. Nach zwei Monaten sind diese schon korrodiert und geben gar nichts mehr. Der Händler Boote- und Yachten Kantschuster in Geretsried südlich von München führt dies auf die Verwendung von verzinkten Schrauben zurück, die durch einen galvanischen Prozess das Metall der Geber angreifen. Bei einem letzten Abstecher in Geretsried bleibt mir nichts anderes übrig, als neue Tankgeber aus Edelstahl zu kaufen, die knapp das Vierfache der ursprünglichen Tankgeber kosten. Allerdings funktionieren die bis zum heutigen Tag.

TIPP ZUR PLATZIERUNG DER EINBAUTEN IN DEN TANKS: Die Entnahme-Steigleitung und die Füllstandsanzeige sollten so weit voneinander entfernt platziert werden, dass sie sich nicht gegenseitig berühren und in ihrer Funktion beeinträchtigen können. Ich habe diese beiden leider zu nah beisammen installiert, sodass in sehr seltenen Fällen der Entnahmeschlauch den Tankuhrgeber blockiert.

TIPP ZUR PLATZIERUNG DER TANKGEBER In der Praxis hat es sich gezeigt, dass sich die Oberseiten meiner Tanks absenken, als sei ein Unterdruck im Tank. Dadurch werden die Einbauten im Inneren der Tanks nach außen geneigt und können im ungünstigen Fall die Seitenwand des Tanks berühren und so blockiert werden. Deshalb sollten Tankgeber tendenziell in der Mitte des

Die billigen Tankgeber sind nach 3 Monaten bereits korrodiert und defekt.

> **BEZUGSQUELLE**
>
> **Tankgeber und Tankuhren**
> BOOTE & YACHTEN KANTSCHUSTER
> www.bootszubehoer.de
>
> **PREIS**
> - Tankuhren je Stück: € 53,-
> - Tankgeber Version 1: ca. € 25,-
> - Tankgeber Version 2: ca. € 98,-

28 Wasserinstallation

Tanks installiert werden. Senkt sich dann aber die Oberseite des Tanks, kann es passieren, dass der Tankgeber unten am Boden ansteht und je nach System ebenfalls blockiert wird.

TIPP ZUR VERLEGUNG DER WASSERLEITUNGEN Ich habe die Wasserleitung am Boden oder parallel zum Boden an der Wand entlanggeführt und Abzweige – beispielsweise zu den Wasch- bzw. Spülbecken in Bad und Küche – mittels T-Stücken realisiert. Das beschert einem zwar eine optisch saubere Leitungsführung, hat aber den Nachteil, dass die Leitungen bei der winterlichen Entleerung schwerlich völlig leer zu bekommen sind. Sinnvoller wäre es, die Leitungen von zwei bis drei tief gelegenen Ablaufventilen schräg nach oben zu den einzelnen Verbrauchern zu führen. Damit wäre die vollständige Entleerung des Leitungsnetzes wesentlich einfacher zu realisieren.

28.6 Bau der Bett-Unterkonstruktion zur Fixierung der Wassertanks

Da die Wassertanks unter dem Bett platziert werden, gilt es zunächst den Ausbau von hinten aufzuzäumen und die Unterkonstruktion des Bettes zu bauen. Dazu besorge ich mir im Baumarkt 7 × 7 cm starke Kanthölzer für das Bettgestell sowie 3 × 3 cm starke Kanthölzer als Auflage für den Zwischenboden. Die Kanthölzer verschraube ich mit 10 cm langen Blechschrauben direkt und ohne Einnietmuttern mit der Shelterwand.

Die Maße des Bettes ergeben sich, wie eingangs schon erwähnt, aus den Maßen der zur Verfügung stehenden Lattenroste und aus meinem Wunsch, mein Surfbrett im Stauraum darunter unterzubringen. Um das 234 cm lange Board in der Diagonalen zu verstauen, bedarf es eines 150 cm breiten Bettes.

Dies erreichen wir mit zwei Standard-Lattenrosten in den Maßen 70 und 80 × 200 cm Länge. Da die Gesamtinnenbreite des Koffers 206 cm beträgt, wird die lichte Breite durch die Unterkonstruktion des Bettes auf 191 cm reduziert, indem ich den Querbalken auf der Beifahrerseite nicht oben auf die Bettpfosten schraube, sondern vorne an die Bettpfosten. So hat jeder Lattenrost oben und unten eine Auflage von 4,5 cm.

Als Auflagen für den Zwischenboden verwende ich 3 × 3 cm starke Vierkanthölzer, die ich direkt an die Wand schraube. Die weitere Beschreibung der Bettkonstruktion und des Zwischenbodens erfolgt beim Möbelbau Teil 2 im nächsten Kapitel.

TIPP Weil man ja nie weiß, ob man mal einen Wassereinbruch im Fahrzeug hat, versiegle ich alle Kanthölzer an ihren unteren Enden mit Klarlack.

1) Bett-Unterkonstruktion auf der linken Seite
2) Die vorderen Steher werden ebenfalls mit der Wand verschraubt. Ich muss sie unten an den Kabelkanälen sowie seitlich zu den Wassertanks ausklinken.
3) Bett-Unterkonstruktion auf der rechten Seite.
4) Bett-Unterkonstruktion an der Rückwand. Hier ist die Bett-Rahmenkonstruktion einschließlich der Auflagen für den Zwischenboden schon fertig.

28 Wasserinstallation

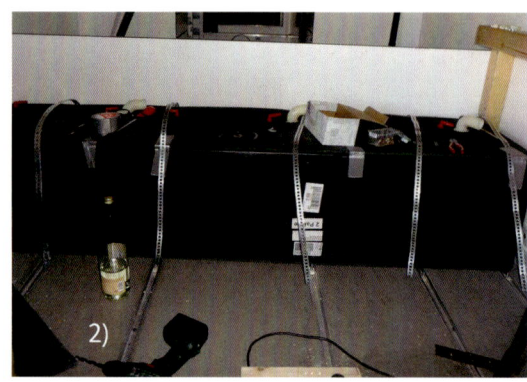

1) Eine 9 mm starke Siebdruckplatte fixiert die Tanks nach hinten und schützt sie vor herumrutschender Ladung.
2) Die Tanks werden mit 10 mm starken PE-Matten isoliert.

An die Bett-Unterkonstruktion schraube ich die Möbelplatte für die Rückseite der Sitzgruppe. Die bekommt noch einen Klappteil, sodass ich besser an mein Surf-Equipment herankomme. Die Tanks werden vorne an die Möbelplatte angelehnt und mit 10 mm starken Xtrem-Isolator-Matten von REIMO rundum (auch unten) verkleidet. Um die Tanks vor im Stauraum herumrutschendem Gepäck zu schützen, baue ich hinter den Tanks eine 9 mm starke Siebdruckplatte ein und verspanne das Ganze mit Metallbändern in den Bodenschienen des Shelters, die ich zu diesem Zweck im Shelter belassen habe.

Danach werden sämtliche Leitungen verlegt. Die im Bild erkennbaren dicken, grauen Leitungen sind die Zuleitungen von den Einfüllstutzen. Die blauen Leitungen, die entlang der grauen verlegt sind, sind die Entlüftungen der Tanks, die auf die jeweilige Öffnung im Einfüllstützen führen. Die blauen Leitungen, die nach vorne durch das Möbelholz geführt werden, sind die Steigleitungen zur Wasserentnahme, die sich über der Wasserpumpe in einem Sammelstück treffen.

28.7 Tankbefüllung mittels dreier separater Einfüllstutzen

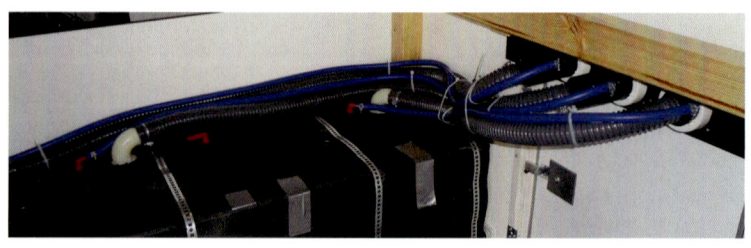

So sieht das Ganze von außen aus, bevor der Zwischenboden eingebaut wird.

Die drei getrennten Einfüllstutzen baue ich in eine 9 mm starke Siebdruckplatte ein und schraube die Platte von innen an die Wand, sodass die drei Einfüllstutzen an der Oberkante der Stauraumklappe sitzen. Hier erweist es sich als ein glücklicher Umstand, dass ich die Stauraumklappe nicht quer einsetzen konnte, sondern habe hochkant einsetzen müssen, weil ich ja vom rechten Spriegel der Aufstiegsleiter »überrascht wurde« (eine meiner »Shit-happens-Storys« im Kapitel 22,7 »Einbau der Strauraumklappen«).

28.8 Übersicht über die technischen Komponenten (ursprüngliches Konzept)

1. Steigleitungen aus den Frischwassertanks
2. Je ein Kugelhahn pro Tank
3. Dreifach-Sammler
4. Wasserleitung zur Wasserpumpe
5. SHURflo-Wasserpumpe
6. Ablasshahn
7. (hier nicht sichtbar) Flüsterregler–ersetzt den Ausgleichsbehälter
8. T-Abzweig. Eine Leitung geht ungefiltert zur Toilette, eine andere führt weiter Richtung Wasserfilter.
9. T-Abzweig für das Außenwasser
10. Außenwasserleitung führt in den Stauraum
11. Leitung zu den Filtern
12. Seagull-Vorfilter, 8000-Liter-Einheit
13. Seagull-Hauptfilter, 8000-Liter-Einheit
14. T-Abzweig (hier nicht sichtbar) für gefiltertes Wasser. Eine Leitung führt zur Heizung, die andere zu Küche und Bad (Kaltwasser).
15. Kaltwasserleitung gefiltert zu Küche und Bad (hier nicht sichtbar)
16. Kaltwasser-Eingang in die Heizung
17. Warmwasser-Ausgang aus der Heizung–führt zu Küche und Bad

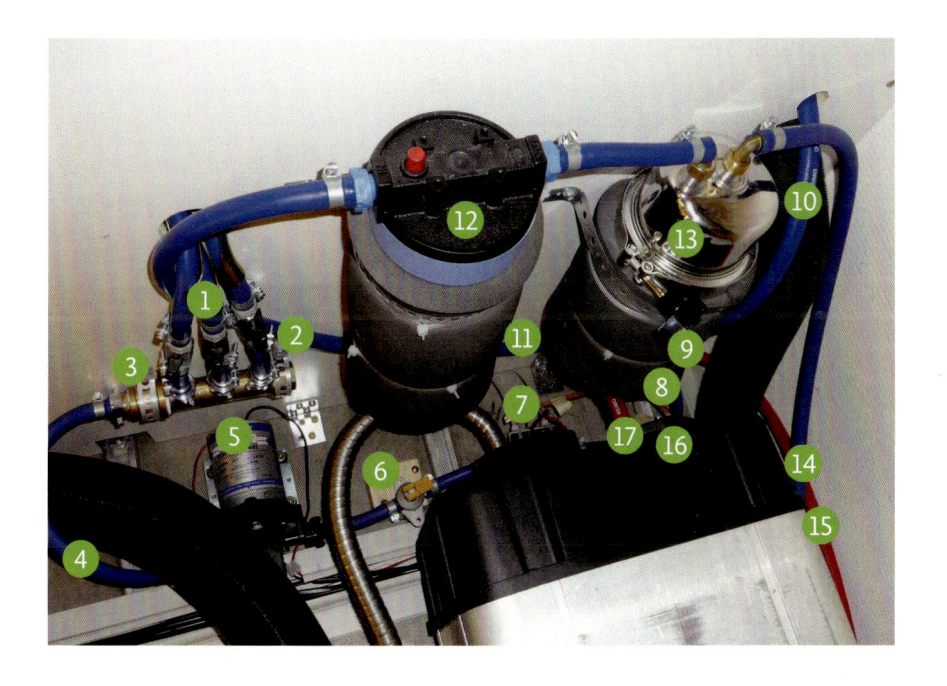

28 Wasserinstallation

> **BEZUGSQUELLE**
>
> **shurflo Pumpe Trailking**
> www.reimo.com
> PREIS € 107,– (2008)
>
> **Flüsterregler**
> TOURFACTORY EXPEDITIONSBEDARF
> www.tourfactory.de
> PREIS ca. € 115,– (2008)
>
> **Seagull-Filter**
> TOURFACTORY EXPEDITIONSBEDARF
> www.tourfactory.de
> PREIS
> - Vorfilter 8000 l: € 150,–
> - Ersatzkartusche: € 58,–
> - Hauptfilter: € 690,–
> - Ersatzkartusche: € 175,– (Stand: 2012)

28.9 Alternative Wasserleitungssysteme

Es gibt verschiedene Systeme, das Wasser innerhalb eines Wohnmobils von A nach B zu bringen. Das Gängigste dürften die bekannten 10 mm starken Schläuche darstellen, die mit (qualitativ hochwertigen!!!) Schlauchschellen und Y- bzw. T-Steckverbindern zusammengefügt werden.

Ein anderes System ist das sogenannte John-Guest-Stecksystem, mit dem alle möglichen Leitungsführungen durch Steckverbinder realisiert werden können. Das System hat sich insbesondere im Expeditionsmobil-Bau bewährt. Allerdings hat es auch seinen Preis, und aufgrund der bei Intercamp verfügbaren klassischen Lösung entscheide ich mich eben für die Schlauchlösung. Zu beziehen ist das John-Guest-System unter anderem bei tourfactory: www.tourfactory.de

Im Rahmen dieses Buches möchte ich diese Alternative nicht unerwähnt lassen, da sie der eine oder andere Leser sicherlich präferieren mag. Die absolute High-End-Lösung ist natürlich die Leitungsführung mittels Edelstahlrohren, die ich mir aus Gründen des Verlegeaufwandes erspare. Von den Kosten her ist Edelstahlrohr durchaus leistbar, denn der Meter 10-mm-Rohr kostet ca. € 6,–.

Die drei Steigleitungen aus den Frischwassertanks führen durch eine Bohrung in der Sitzgruppen-Rückwand nach vorne unter die Sitzgruppe. Bei der Durchführung stecke ich die Schläuche in 90-Grad- Schlauchaufnahmen, damit sie auch langfristig nicht knicken. Das mache ich überall da (z. B. auch im Bad), wo die Schläuche mit einem relativ engen Radius um Ecken geführt werden. Unter der Fußauflage der Sitzbank münden die drei Steigleitungen jeweils in einen Kugelhahn. Mit diesen Kugelhähnen können wir die Tanks einzeln ansteuern. Von da führen die Schläuche zum messingfarbenen Sammelstück und weiter zur Wasserpumpe.

28.10 Druckwasserpumpe

Als Wasserpumpe kommt eine shurflo-Druckpumpe »Trailking« mit 10 Liter Durchlaufvolumen pro Minute zum Einsatz, hinter der ich einen sogenannten »Flüsterregler« verbaut habe. Der übernimmt nicht nur die Funktion eines Ausgleichsbehälters, den ich mir hiermit spare, sondern er macht auch die Pumpe leiser und sorgt dafür, dass sie weniger häufig anspringt. Das Ganze gibt es auch in einem Stück von shurflo und hört dann auf den inhaltschwangeren Namen »Whisperking«. Zwischen Pumpe und Flüsterregler verbaue ich einen Ablasshahn, mit dem ich die Tanks ins Freie entleeren kann.

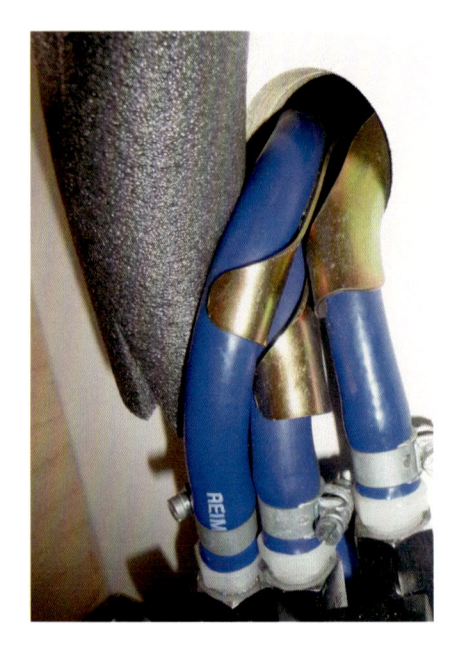

28.11 Flüsterregler oder Ausgleichsbehälter

Nachdem der zweite Flüsterregler nach gut vier Jahren ebenfalls den Geist aufgegeben hat, komme ich nun endlich auch zum bewährten System zurück und verbaue einen Ausgleichsbehälter. Der verfügt über eine aufblasbare Blase, die vom Wasserdruck komprimiert wird und sich bei Wasserentnahme ausdehnt und so den Druck länger aufrecht erhält, als dies ohne Ausgleichsbehälter der Fall ist. Bei der von mir gewählten Version von der Fa. Lilie kann der Druck der Blase mittels Fahrrad-Luftpumpe variiert werden, wodurch der Zeitpunkt bis zum Pumpeneinsatz weiter hinausgezögert werden kann.

1) Der Flüsterregler hat sich leider nicht bewährt.
2) Zurück zum Klassiker: Ein Ausgleichsbehälter ersetzt schießlich den Flüsterregler

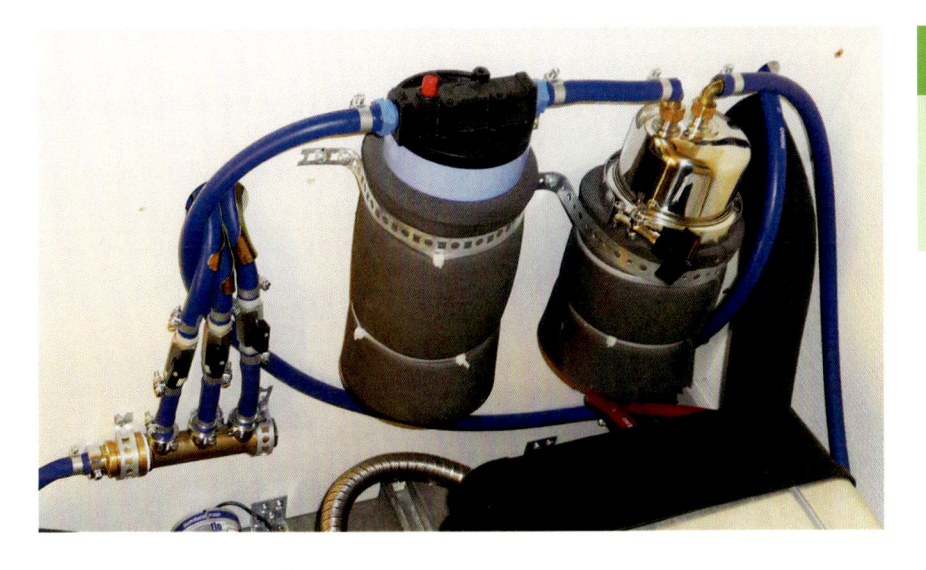

BEZUGSQUELLE

Dreifachsammler
INTERCAMP/LILIE GMBH & CO. KG
www.lilie.com

TIPP für den Dreifachsammler: Wer eine Heizung mit Boiler verbaut hat, der sollte einen Sammler installieren, der einen Anschluss mehr bietet, als man für die Wassertanks benötigt. An diesen freien Anschluss, den man z.B. mit einem Kugelhahn blind schaltet, kann man einen Schlauch montieren und über diesen Entkalkungsmittel zur Entkalkung des Heizungsboilers einspeisen (z.B. Essigwasser oder Zitronensäure). Alternativ kann man auch den Schlauch eines Tanks lösen und über diesen Anschluss Entkalker einspeisen. Zu diesem Zweck sollte man die Wasserfilteranlage aus dem System entfernen. Siehe dazu weiter hinten mein optimiertes Wasserkonzept mit Druckluft-Schnellkupplungen.

28 Wasserinstallation

28.12 Isolierung der Wasserleitungen

Sämtliche Wasserleitungen isoliere ich mit im Baumarkt erhältlichen Rohrisolatoren, sodass weder das warme Wasser zu schnell auskühlt, noch das Kaltwasser vom Warmwasserschlauch aufgeheizt wird. Und im Winter soll die Isolierung vor allzu schnellem Einfrieren schützen. Im Bild links sieht man die Leitungsführung zur Küche und die Abwasserleitung von der Spüle nach unten zum Abwassertank. Analog dazu ist die Leitungsführung im Bad. Hier fehlt noch die Isolierung. Auch hier sind die 90-Grad-Schlauchführungen verbaut, um Knicke zu vermeiden.

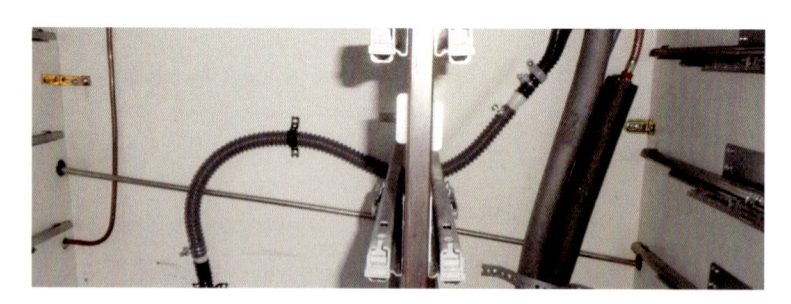

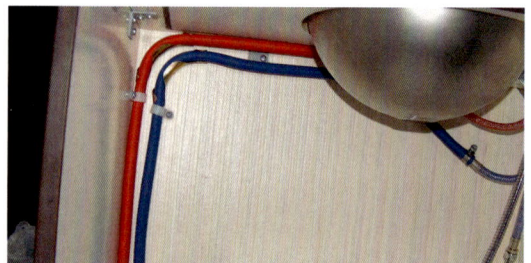

Abwasserschläuche sollten einen Siphon bilden, damit Gerüche aus dem Abwassertank nicht ins Fahrzeug dringen.

28.13 Wasserhähne

In Küche und Bad verwenden wir jeweils Wasserhähne mit Mischbatterien, sodass man das Wasser schnell und gezielt mit einer Hand auf die richtige Temperatur bringen kann. Wasserhähne mit zwei separaten Armaturen würde ich nicht empfehlen, weil zu viel Wasser verloren geht, bis man das richtige Mischungsverhältnis gefunden hat. Die Mischbatterie im Bad verfügt über einen ausziehbaren Duschkopf, sodass der Wasserhahn auch als Duschbrause verwendet werden kann.

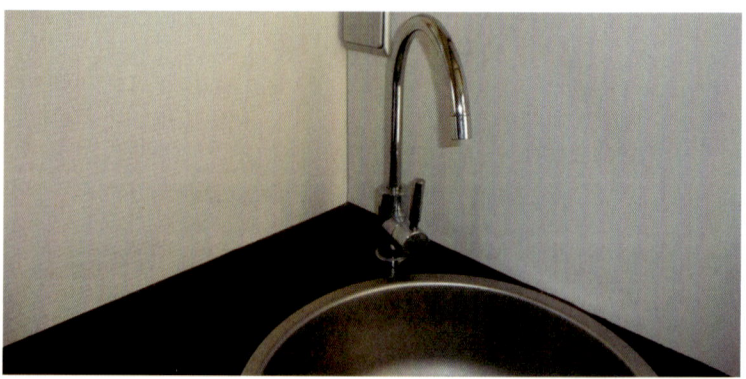

28.14 Wasser tanken, ohne das Fahrzeug zu fluten

Bei der Art und Weise, wie ich meine Einfüllstutzen verbaut habe, empfiehlt sich der Einbau eines Lätzchens, sodass überlaufendes Wasser nicht in den Stauraum fließt, sondern nach außen abrinnen kann. Bei der Firma Jännert, die den Faltenbalg für den Durchstieg aus Lkw-Plane gebaut hat, besorge ich mir ein Stück Lkw-Plane, aus der ich für unser Sternchen ein Lätzchen bastle. Dieses wird nach der »Mahlzeit« eingerollt und zwischen dem Brett, in dem die Einfüllstutzen montiert sind, und dem Zwischenboden eingeklemmt.

28.15 Wasserentkeimung, Wasserkonservierung, Wasserfilterung

Laut einer Studie der WHO (Weltgesundheitsorganisation) können 80 Prozent aller Reisekrankheiten auf unsauberes Trinkwasser zurückgeführt werden. Sauberes Wasser ist auf Reisen also das A und O, um die Trips auch wirklich genießen zu können. Wer schon einmal einen halben Urlaub auf der Toilette verbracht hat, weil die hygienischen Verhältnisse in der Hotel- oder Restaurantküche den Kompatibilitäts-Check mit der körpereigenen Darmflora nicht bestanden haben, der weiß wie wichtig es ist, im Reisemobil einwandfreies Wasser zur Verfügung zu haben. Selbst wenn man das getankte Wasser nicht trinkt, kann bereits die beim Duschen, Zähneputzen oder Gemüsewaschen aufgenommene Wassermenge ausreichen, den Verdauungstrakt in Aufruhr zu versetzen. Und das gilt nicht nur für die Länder im tiefsten Afrika, sondern beginnt bereits bei unseren Nachbarn auf dem europäischen Kontinent. So stellt uns der Wunsch nach trinkbarem Wasser im Wohnmobil vor eine ganze Reihe von Herausforderungen, auf die wir mit baulichen Maßnahmen, aber auch mit bestimmten Verhaltensregeln (re-)agieren können.

1. Sauberes Trinkwasser tanken
Der Wunsch ist Vater des Gedankens, doch wer weiß schon um die Qualität dessen, was er da bunkert, wenn das Wasser kühl und klar aus einem polierten Wasserhahn sprudelt? Deshalb müssen wir immer davon ausgehen, dass sich im Wasser Keime tummeln, die überdies nur an das Eine denken: Vermehrung!

2. Enthaltene Keime abtöten und das Wasser konservieren
Um dem Sodom und Gomorra im eigenen Wassertank Einhalt zu gebieten, hilft nur, die einmal hineingelangten Keime abzutöten. Für die Aufbereitung von Trinkwasser zugelassene Stoffe und Verfahren sind: Chlorgas, Chlor, Chlordioxid, Ozon, Silber oder Ultraviolett(UV)-Entkeimung. Alle Produkte sind nur in optisch klarem Wasser sinnvoll einsetzbar. Chlor und Silber sowie deren Kombinationen sind als reisetaugliche Produkte erhältlich. Chlor ist

---

BEZUGSQUELLE

Wasserarmaturen und Becken
WWW.REIMO.COM

Einhebel-Mischbatterie »Pelikan« mit Duschschlauch
PREIS ca. € 65,–

Alu-Waschbecken
PREIS ca. € 28,–

Mischbatterie »Trend« für Küche
PREIS ca. € 54,–

Spülbecken Küche Edelstahl 400 mm
PREIS ca. € 53,–

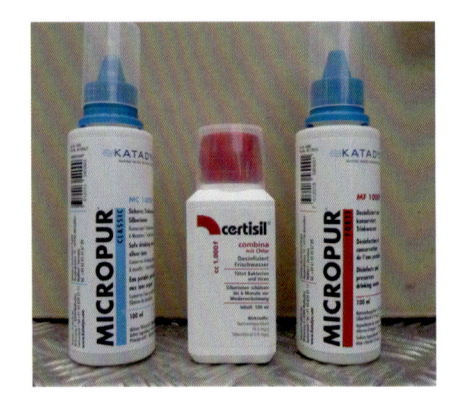

28 Wasserinstallation

dabei die weltweit am stärksten genutzte Substanz, sie eignet sich allerdings nicht zur Konservierung von Wasser. Deshalb fällt es für uns im Wohnmobil schon mal aus oder ist nur in Kombination mit Silberionen wirksam einsetzbar.

Im Reisemobilsektor haben sich Produkte auf Silberionenbasis bestens bewährt, und auch wir setzen sie zur Aufbereitung unseres Trinkwassers ein. Tanken wir Wasser in guter Qualität, wie dies in heimischen Gefilden der Fall ist, dann reicht die Konservierung des Wassers mit einem Silberionenprodukt, wie beispielsweise Micropur classic aus. Ist das Wasser von zweifelhafter Qualität, wie das auf unserer achtmonatigen Reise durch Marokko und die Westsahara häufig der Fall war, dann empfiehlt sich die desinfizierende Wirkung von Micropur forte oder des vergleichbaren Produkts certisil combina. Die enthaltenen Silberionen konservieren das Wasser für bis zu sechs Monate und der Chloranteil sorgt dafür, dass Bakterien und Viren abgetötet werden. Allerdings haben wir die Mittel auch in der Wirkungskombination mit Fernet Branca (Magenbitter) eingesetzt – insbesondere dann, wenn wir in einem Lokal oder an einer der weitverbreiteten Kamel-Kebab-Buden gegessen haben.

Silberionenprodukte zur Wasserkonservierung, Chlor-Zusätze zur Desinfektion

3. Feinfilterung des Wassers mittels einer Wasserfilteranlage

Aber nicht nur Kleinstorganismen und Mikroben können unsere Stimmung und Gesundheit trüben, sondern auch Schwebstoffe, Chemikalien und Schwermetalle, die relativ unbeeindruckt von einer Silberionenbehandlung den Weg in unsere Nahrungskette finden. Deshalb gilt es das vorbehandelte Wasser auf seinem weiteren Weg durch das Womo-Wassersystem zu filtern. Bei der Auswahl einer Wasserfilteranlage sollte man sich bewusst machen, mit welchen »Feinden« man da kämpft und was eine Filteranlage deshalb leisten sollte.

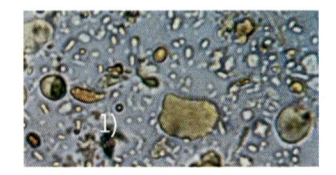

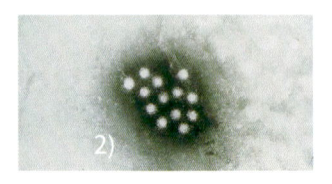

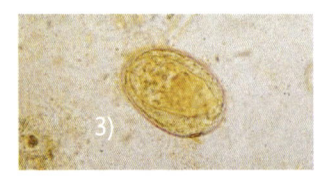

Im Trinkwasser kommen drei Gruppen von krankheitserregenden Mikroorganismen vor (siehe Bilder links):

1. *Bakterien (0,2–5 Mikron)*
   E-coli (Escherichia coli), Salmonellen (Salmonella typhimurium), Cholera (Vibrio cholerae)
2. *Viren (~0,02–0,2 Mikron)*
   Hepatitis A, Norwalk-Virus, Rota-Virus, Polio-Virus
3. *Protozoen (1–15 Mikron)*
   Amöbenruhr (Entamoeba histolytica), Giardia, Lamblien (Giardia intestinalis), Kryptosporidien (Cryptosporidium parvum)

Außer den oben genannten Keimen sind noch wesentlich mehr bekannt, die aber laut WHO nur geringfügig pathogen, das heißt krankheitserregend sind oder mehrheitlich über die Nahrung aufgenommen werden. Hinzu kommen

Quelle: Osmonics, Inc.

chemische Substanzen wie Schwermetalle, Herbizide, Pestizide sowie Schwebstoffe und Trübungen im Wasser, die wir gerne wenn irgend möglich aus demselben filtern würden.

Dem Wunsch nach maximaler Filterleistung steht allerdings die Notwendigkeit gegenüber, dass das Wassersystem eine ausreichende Durchflussmenge gewährleisten sollte. Und zwar soviel, dass man genüsslich Duschen und parallel in der Küche das Wasser laufen lassen kann. Je »engmaschiger« ein Filter ist, desto weniger Wasser kommt am anderen Ende des Leitungssystems bei gleichem Druck heraus. Den Druck können wir nicht beliebig erhöhen, weil das viele Pumpen gar nicht leisten, andererseits weil eingebaute Wasserkomponenten undicht werden oder Schaden nehmen könnten (z.B. Heizungsboiler). Deshalb kommt es darauf an, eine Wasserfilteranlage so auszutüfteln, dass sowohl die gewünschte Filterleistung als auch die Wasserdurchflussmenge bei definiertem Druck stimmen. In unserem Mobil habe ich den Druck der Wasserpumpe so eingestellt, dass am weitestentfernten Punkt des Wassersystems, unserer Dusche, noch ausreichend Druck zum Duschen vorhanden ist. Danach habe ich die Durchflussmenge gemessen und bin dabei auf 3 Liter pro Minute gekommen. Ein Wasserfiltersystem sollte also mindestens 3 Liter pro Minute bei einem Druck von ca. 2 bar ermöglichen.

Seagull Wasserfilteranlage

Zum Zeitpunkt der Anschaffung unserer Wasserfilteranlage im Jahr 2008 waren eigentlich nur die Seagull-Wasserfilter in der Lage, Mikroben bis zu einer Größe von 0,2 Mikron aus dem Wasser zu fischen und dabei eine ausreichend große Wasserdurchflussmenge bei einem maximalen Wasserdruck von 1,8 bis 2 bar bereitzustellen. 0,2 Mikron sind die kritische Größe, bei der auch die meisten pathogenen Bakterien aus dem Wasser gefiltert werden. Was die Viren anbelangt habe ich in diesem Zusammenhang gelernt, dass diese zwar häufig noch deutlich kleiner als 0,2 Mikron sind, aber andere, meist größere Schwebstoffe oder Mikroorganismen »besiedeln« und deshalb mit diesen aus dem Wasser gefiltert werden.

Die Leute von Seagull können also mit Fug und Recht behaupten, dass sie 99,99% aller Mikroorganismen und ca. 95–99% aller Schwermetalle und Chemikalien aus dem Wasser fischen und uns ziemlich reines Trinkwasser liefern. Und das bei einer ausreichend großen Durchflussmenge. So habe ich bei meinem Ausbau im Jahr 2008 in den € 800,– teuren Apfel gebissen und mir die 8000-Liter-Einheit der Seagull-Wasserfilteranlage gekauft und eingebaut. Sie besteht aus einem Aktivkohle-Vorfilter und einem Dreikomponenten-Hauptfilter, die beide für ein Filtervolumen von 8000 Litern ausgelegt sind. Danach sind beide Filterpatronen zu ersetzen, was im Falle des Aktivkohle-Vorfilters mit € 58,– zu Buche schlägt, im Falle des Keramik-Hauptfilters mit € 175,–. Das schmerzt natürlich, insbesondere dann, wenn man viel mit dem Fahrzeug unterwegs ist und jährlich einen Satz Filter benötigt.

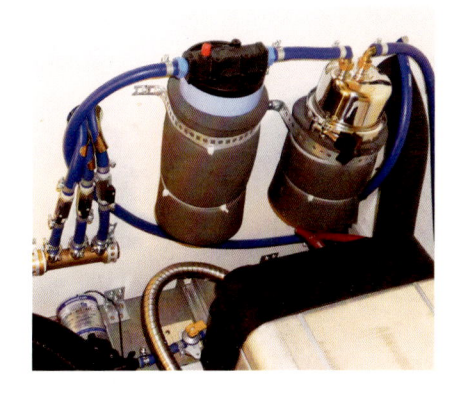

Meine ursprüngliche Wasserfilteranlage mit Seagull Vor- und Hauptfilter

28 Wasserinstallation

Was darüber hinaus nervt ist die Tatsache, dass beim Filtern von extrem verschmutztem Wasser–also genau dann, wann man die Filter am dringendsten braucht–der Aktivkohle-Vorfilter bereits nach 50 Litern zugesetzt sein kann und keine ausreichende Durchflussmenge mehr zulässt. Da der Vorfilter nicht gereinigt werden kann, muss er getauscht werden, wohlwissentlich, dass bei gleichbleibend schlechter Wasserqualität der neue Filter nach weiteren 50 Litern ebenfalls zugesetzt sein kann und damit weitere € 58,– »ertränkt« werden. Außerdem ist mir der Vorfilter nach einer äußerst heftigen Rüttelpiste in Marokko gebrochen, was mein Vertrauen in Seagull auch nicht gerade gestärkt hat.

Vermeintliche Alternativen, die überraschend günstig erscheinen, scheitern bei genauerer Betrachtung daran, dass sie lediglich Mikroorganismen mit einer Mindestgröße von 0,5 Mikron und größer aus dem Wasser holen. Damit werden die weiter oben beschriebenen leidigen Gesellen zwischen den Poren hindurchgelassen und es findet keine zufriedenstellende Wasserfilterung statt.

water-jack fresh Wasserfilteranlagen
Joachim Proksch, den ich auf unserer Marokko-Reise 2008 beim Kitesurfen in Dakhla, Westsahara, kennengelernt habe, und der damals gerade an der Entwicklung einer kleinen, mobilen und autarken Wasserentsalzungsanlage herumtüftelte, hilft mir bei der Lösung meines Problems. Joachim arbeitet mit seiner Firma famous-water eng mit Katadyn zusammen und daraus sind mittlerweile eine Reihe von Wasserfilteranlagen unter dem Namen »water-jack fresh assembly« entstanden, die nicht nur die Filterleistung einer Seagull-Anlage erreichen und eine ausreichende Wasserdurchflussmenge bei wohnmobiltypischem Wasserdruck von 2 bar zur Verfügung stellen, sondern darüber hinaus noch eine Reihe von Vorteilen bieten.

Die Keramikfilter haben beispielsweise eine Kapazität von 100 000 Litern bis sie ersetzt werden müssen, was sich bei der Parallelschaltung zweier Filter auf bis zu 200 000 Litern Filtervolumen kumulieren lässt. Das entspricht der 25-fachen Leistung eines 8000er Seagull Filterelements. Außerdem können die Keramikfilter im Falle eines Zusetzens gereinigt werden, so dass sie nicht für teures Geld ersetzt werden müssen, wie das bei Seagull der Fall ist. Die Keramikfilter enthalten unter anderem auch Silberquarzkies, der verhindert, dass die Filterelemente in ihrem Inneren verkeimen. Wasserentkeimungsmittel werden von den Filtern übrigens ebenfalls herausgefiltert, so dass nicht zu befürchten ist, dass man zu viel Entkeimungsmittel mit dem Wasser zu sich nimmt.

Verschlammter Seagull-Vorfilter, an der blauen Kunststoffnaht gebrochen

Vier verschiedene Filterelemente stehen dabei zur Auswahl:
1. *Ceradyn-Filter:* Keramikfilter, Filterleistung bis zu 0,2 Mikron, Durchflussmenge bei 2 bar: 3 Liter je Minute je Filterelement, Filtervolumen bis zu 50 000 Liter pro Filterelement (zeitlich unabhängig), Filtergewinde aus Kunststoff, evtl. nicht ganz so rüttelsicher wie Filter Nr. 4. Kosten für eine Ersatzfilterkerze Ceradyn: € 62,–
2. *Filter Nr. 4:* Keramikelement, Filterleistung bis zu 0,2 Mikron, geringere Durchflussmenge als Ceradyn-Filter, ca. 1,8 Liter je Minute bei 2 bar je Filterelement, Filtervolumen bis zu 100 000 Liter pro Filterelement (zeitlich unabhängig), Filtergewinde aus Metall, deshalb rüttelfester als Ceradyn. Kosten für eine Ersatzfilterkerze Nr. 4: € 94,–
3. *Carbodyn Filter:* Aktivkohleelement, filtert Schwermetalle, Chemikalien sowie Geruchs- und Geschmacksstoffe aus dem Wasser, Durchflussmenge bei 2 bar Druck 5 Liter pro Minute je Filterelement, Filtervolumen bis 16 000 Liter oder maximale Einsatzdauer 12 Monate (im Wasser), je nach dem, was zuerst erreicht wird. Wer das Filtervolumen von 16 000 Litern während einer Reise nicht ausnutzt, kann den Filter an der Luft trocknen (nicht in der Sonne oder auf der Heizung) und ihn bei der nächsten Reise erneut verwenden. Die exakte Standzeit eines Carbodyn-Filters kann mit dem TDS-Testgerät (Kosten ca. € 17,– bis € 50,–, z.B. bei Amazon) ermittelt werden. Kosten für eine Ersatzfilterkerze Carbodyn: € 58,–
4. *Superdyn Filter:* Kombination aus Keramik- und Aktivkohlefilter in einer Filterkerze. Filterleistung bis zu 0,2 Micron, hoher Durchfluss von 4 Litern bei 2 bar Druck je Filterelement, Filtervolumen 6000 Liter oder 6 Monate, je nachdem, was zuerst erreicht wird. Kosten für eine Ersatzfilterkerze Superdyn: € 58,–

Aus den vier Filterelementen lassen sich nun drei sinnvolle Anlagen zusammenstellen, je nachdem, welche Anforderungen es beim Reisen zu erfüllen gilt.

28 Wasserinstallation

Anlage 1: water-jack fresh assembly 2h mit Superdyn Filter
Die Anlage ist mit zwei Superdyn-Filtern bestückt, die sowohl Keramik- als auch Aktivkohlefilter in sich vereinigen. Es werden 2 Elemente benötigt, um die erforderliche Durchflussmenge zu erreichen. Die Filterleistung beträgt 0,2 Micron, das Filtervolumen 12 000 Liter oder maximal 6 Monate (im Wasser). Die Filterelemente können jedoch nach einer Reise getrocknet werden, so dass man sie für eine oder mehrere Reisen verwenden kann. Durchsatz bei 2 bar ca. 8 Liter je Minute.

PREIS
- Anlage inklusive der Filterelemente: € 517,–
- Ersatzfilter je Stück € 58,–.

ZIELGRUPPE: Die Anlage eignet sich für Reisende, die über einen definierten Zeitraum von max. 6 Monaten reisen oder mehrere kleinere Reisen unternehmen und dazwischen die Filter trocknen, damit sie länger als 6 Monate nutzbar sind. Die genaue Standzeit kann mit dem TDS-Tester ermittelt werden.

Anlage 2: water-jack fresh assembly 3h mit Ceradyn Filter
Die Anlage ist mit insgesamt drei Filtergehäusen bestückt, wobei zunächst zwei parallel geschaltete Ceradyn-Keramikfilter dafür sorgen, dass Bakterien und Viren bis zu einer Größe von 0,2 Mikron aus dem Wasser gefiltert werden. Das Filtervolumen beträgt 2 × 50 000 Liter, also 100 000 Liter bezogen auf die beiden Keramikfilter. Die Durchflussmenge liegt bei 5 Litern pro Minute bei 2 bar aufgrund des Aktivkohlefilters. Ein nachgeschalteter Carbodyn-Aktivkohlefilter filtert Schwermetalle und Chemikalien, aber auch Geruchs- und Geschmacksstoffe aus dem Wasser. Filtervolumen 16 000 Liter oder max. 12 Monate (Filterelement kann getrocknet werden).

PREIS inkl. Einbaurahmen für drei Filtergehäuse einschließlich der erforderlichen Schlauchverbindungen: € 737,–

ZIELGRUPPE Langzeitreisende, die Wert auf eine höhere Durchflussmenge legen (Filtergewinde aus Kunststoff).

Anlage 3: water-jack fresh assembly 3h mit Filter Nr. 4
Die Anlage ist mit insgesamt drei Filtergehäusen bestückt, wobei zunächst zwei parallel geschaltete Nr. 4-Keramikfilter dafür sorgen, dass Bakterien und Viren bis zu einer Größe von 0,2 Mikron aus dem Wasser gefiltert werden. Das Filtervolumen beträgt jeweils 100 000 Liter pro Filterelement, also 200 000 Liter Gesamtleistung bezogen auf die beiden Keramikfilter. Die Durchflussmenge liegt bei 3,6 Litern pro Minute bei 2 bar. Ein nachgeschalteter

Carbodyn-Aktivkohlefilter filtert Schwermetalle und Chemikalien, aber auch Geruchs- und Geschmacksstoffe aus dem Wasser. Filtervolumen 16 000 Liter oder max. 12 Monate (Filterelement kann getrocknet werden).

PREIS inkl. Einbaurahmen für drei Filtergehäuse einschließlich der erforderlichen Schlauchverbindungen: € 791,–

ZIELGRUPPE Langzeitreisende, die Wert auf eine hohe Rüttelfestigkeit der Anlage legen (Filtergewinde aus Metall) und dabei eine etwas geringere Durchflussmenge in Kauf nehmen oder den Druck in ihrer Wasseranlage erhöhen können (Achtung: Wenn eine Heizung oder andere Komponenten an das Wassersystem angeschlossen ist, muss geprüft werden, welchem Druck die standhalten. Gegebenenfalls kann ein Druckminderer eingesetzt werden).

water-jack inline Filter mit Filterpatrone Nr. 6
Keramikfilter, Filterleistung bis zu 1 Mikron, hohe Durchflussmenge (16 l/Minute bei Anschluss an das Trinkwassersystem), Filtervolumen 100 000 Liter, zeitlich unbegrenzt. Der Filter kann als Grobfilter vor der Betankung eingesetzt werden, damit keine Schwebstoffe und Trübungen in den Wassertank gelangen – was ja die Voraussetzung für die Wirksamkeit von Wasserentkeimungsmitteln wie Micropur und Co. ist. Er filtert jedoch keine Bakterien die kleiner als 1 Mikron sind, Schwermetalle oder Chemikalien aus dem Wasser. Das erfolgt dann durch die eingebaute Anlage.

PREIS Kosten für den water-jack inline Filter mit Filterpatrone Nr. 6: € 325,–

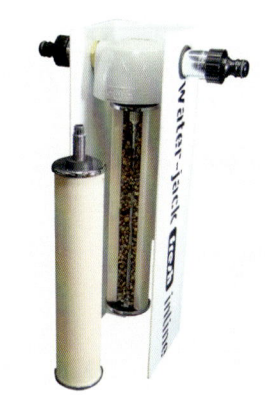

Filter Nr. 6 als Grobfilter für die Betankung der Wassertanks verhindert, dass Schwebstoffe in den Tank gelangen

28.16 Meine neue Wasserfilteranlage

Im Herbst 2013 entschließe ich mich, den Ratschlägen von Joachim Proksch Folge zu leisten und in eine water-jack fresh assembly 3h mit Ceradyn-Filter zu investieren. Denn es steht eine weitere Reise nach Marokko und in die Westsahara an und die will ich nicht wieder mit Seagull-Filtern bestreiten. Ich entscheide mich aber für die Ceradyn-Filter, weil ich Bedenken habe, dass die Durchflussmenge mit Nr. 4 nicht ausreichend sein könnte.

Die Anschaffungskosten eines water-jack assembly 3 h mit Ceradyn-Filter 4 liegen immer noch unter denen einer 8000er-Einheit von Seagull bei deutlich längeren Standzeiten der Filterelemente und damit auch wesentlich niedrigeren Folgekosten. Darüber hinaus hat mich die Tatsache überzeugt, dass durch Dreckwasser zugesetzte Keramikfilter einfach gereinigt werden können, während ich den Vorfilter bei Seagull für € 58,– ersetzen müsste. Joachim Proksch konzipiert und fertigt die water-jack-Filteranlagen nach Kundenwunsch, auch was die Durchflussmenge und die Dimensionierung des Gehäuseträgers anbelangt.

Der water-jack fresh assembly 3 h eingebaut

28 Wasserinstallation

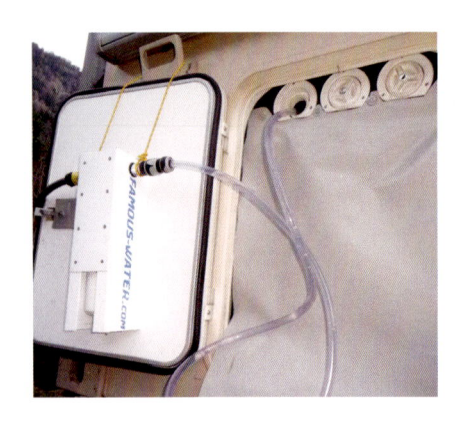

Betankungsfilter Nr. 6

Darüber hinaus investiere ich noch in einen water-jack fresh inline Vorfilter mit einem Nr. 6 Filterelement, für den Fall, dass ich mal im Trüben fischen muss und nur eine braune Brühe zur Betankung zur Verfügung steht. Dann siebt mir der Filter Nr. 6 alle Schwebstoffe und Trübungen aus dem Wasser, so dass ich zumindest mal optisch reines Wasser in den Wassertank bekomme. Die darin noch enthaltenen Bakterien und Mikroorganismen können dann mit Micropur abgetötet und mit der water-jack fresh assembly-Anlage herausgefiltert werden. Kostenpunkt für den water-jack fresh inline Vorfilter: € 325,–

Eigentlich könnte man sich ja die Behandlung mit Micropur bei einer so aufwändigen Filteranlage sparen. Aber irgendwie ist es mir unwohl, wenn ich daran denke, wie sich Bakterien und Keime im unbehandelten Wasser vermehren. Also lieber doppelt getötet, als dass dann doch einer durchkommt und uns die Gesundheit oder das Wohlbefinden raubt. Die Erfahrung wird zeigen, ob die Entscheidung die richtige war.

Eine weitere kleine Neuerung habe ich einem meiner Leser, Charles aus Hamburg, zu verdanken. Er hat mich auf die Idee gebracht, die Wasserfilteranlage mit Schnellkupplungen anzuschließen. Damit kann man die Anlage mit zwei Klicks vom Wassersystem trennen, aus dem Fahrzeug nehmen, um draußen in aller Ruhe die Filterpatronen zu wechseln oder das System winterfest zu machen, ohne dass man im Fahrzeug herumplätschern muss. Danke, Charles! Um die Durchflussmenge nicht noch weiter zu beeinträchtigen habe ich 13 mm Druckluftkupplungen gewählt und die Schläuche mit dem Heißluftföhn »gefügig« gemacht. Mit einem zweiten Schlauch kann ich die ausgebaute Filteranlage überbrücken und habe so auch ein funktionierendes Wassersystem ohne Filter.

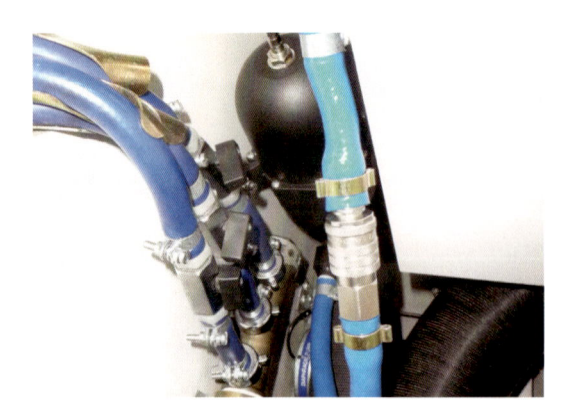

Filter Nr. 6 im Einsatz als Betankungsfilter, damit die Tanks sauber bleiben

BEZUGSQUELLE

Wasserfilteranlagen
www.famous-water.com

Mit den Druckluft-Schnellkupplungen lässt sich die Wasserfilteranlage ganz leicht aus dem Fahrzeug entnehmen.

28.17 Reinigung der Wassertanks und des Wassersystems

Wer ein gebrauchtes Wohnmobil kauft weiß nicht wirklich, wie es in den Wassertanks aussieht. Das Gleiche gilt aber auch für das eigene Mobil, wenn man vielleicht über einen längeren Zeitraum keine Tankreinigung durchgeführt hat. Da hilft es zunächst einmal, die Serviceöffnungen der Frischwassertanks zu öffnen, um sich über die inneren Werte seiner Wassertanks einen Eindruck zu verschaffen. Sind die Wände der Tanks schleimig und glitschig oder sind sogar grünliche oder braune Ablagerungen festzustellen, dann sollte man sein gesamtes Wassersystem einer Generalreinigung unterziehen. Katadyn bietet für solche Fälle das Dreistufensystem »certibox«, mit dem sich auch hartnäckiger »Tank-Plaque« entfernen lässt.

Certibox Stufe 1: Beläge ablösen

Um die Beläge an den Tankwänden zu lösen, wird je 25 Liter Tankvolumen eine Schraubkappe certinox TankRein in lauwarmem Wasser aufgelöst und dann in den Tank gegeben. Danach den Tank auffüllen und mit der Pumpe bei geöffneten Wasserhähnen das Gemisch in das gesamte System pumpen. Nach einer Einwirkzeit von 8 bis 10 Stunden sollten alle Beläge gelöst sein. Falls das nicht der Fall ist, muss der Vorgang wiederholt werden. Den Frischwassertank mithilfe der Pumpe über Dusche, Spüle und Waschbecken entleeren. Bei alten und dicken Belägen den Vorgang wiederholen. Zum Schluss das gesamte System entleeren und mit Frischwasser durchspülen.

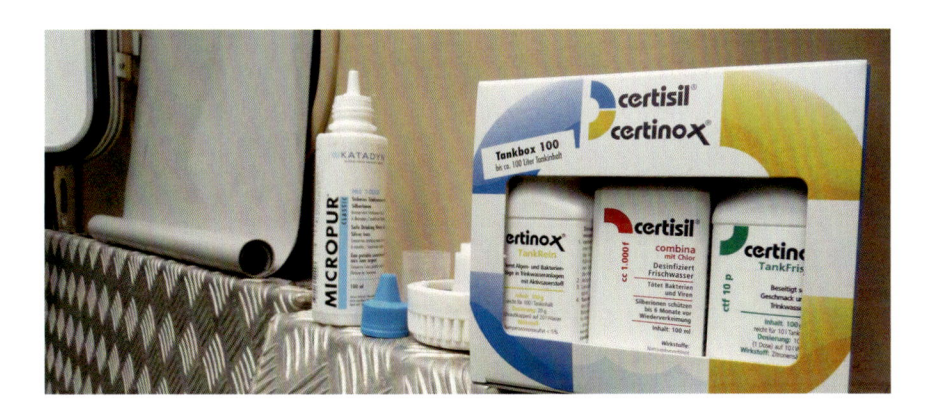

Certibox Stufe 2: Desinfizieren

Danach werden die Tanks zu einem Viertel gefüllt und die dreifache Dosis certisil combina zugegeben und dann die Tanks vollständig aufgefüllt. Nach einer Einwirkzeit von 3 bis 4 Stunden die Tanks leeren und mit Frischwasser durchspülen. Mit dieser Behandlung werden die Tanks desinfiziert und alle Krankheitserreger abgetötet.

> **BEZUGSQUELLE**
>
> **Wasserentkeimungs- und Tankreinigungsprodukte**
> KATADYN
> Erhältlich im Wohnmobil-Fachhandel
> www.katadyn.com

Certibox Stufe 3: Schlechten Geruch und Kalk beseitigen
Nun folgt sozusagen die chemische »Zahnsteinbehandlung«, bei der mit certinox TankFrisch Kalk sowie schlechter Geruch/Geschmack beseitigt werden. Certinox TankFrisch basiert auf natürlicher Zitronensäure und wirkt in Verbindung mit Silberionen einer schnellen Wiederverkeimung entgegen. In lauwarmem Wasser gelöst, wird certinox TankFrisch mehrfach durch das System gepumpt. Zum Schluss mit Frischwasser nachspülen.

28.18 Überwinterung des Wassersystems

Bei Stilllegung des Fahrzeugs im Winter muss das Wasser aus dem Fahrzeug und aus der Heizung abgelassen werden, und es ist sinnvoll, die Wasserhähne offen zu lassen. Außerdem müssen der Vor- und der Hauptfilter ausgebaut werden, weil in den Filterpatronen Wasser steht, das im Winter gefriert und die Filterpatronen zerstört. Wer ganz sichergehen will, baut noch die Mischpatronen aus den Wasserhähnen aus, da die gerne einfrieren. Ersatzpatronen sollte man auf jeden Fall auf einer Reise dabeihaben.

Leider hat sich gezeigt, dass die Entleerung des Wassersystems nicht immer vollständig gelingt. Seit es mir eine Wassermischpatrone im Wasserhahn bei winterlichen Temperaturen aufgesprengt hat, setze ich auf certinox FrostSchutz. Die Tanks entleere ich und lege sie trocken. Den Rest des Wassersystems reinige ich mit certinox TankRein und fülle dann die Leitungen mit certinox FrostSchutz auf, sodass es keine Wasserreste mehr im System gibt, die gefrieren können. Im Frühjahr wird das gesamte Wassersystem gut mit Frischwasser durchgespült und mit certinox TankFrisch gereinigt. Danach werden die Tanks komplett aufgefüllt und das Wasser mit Micropur classic (reines Silberionenprodukt) konserviert. Unterwegs auf Reisen kommt dann Micropur forte zum Einsatz. Erhältlich im Womo-Fachhandel.

28.19 Wasserversorgung total autark – mit einer Entsalzungsanlage

Auf unserer Marokko-Reise haben wir die Entwickler neuartiger, kleiner Entsalzungsanlagen kennengelernt. Wenn auf einer Reise vollkommene Unabhängigkeit das Ziel ist, dann bietet eine mobile, energieautarke Entsalzungsanlage die Möglichkeit, sich selbst hervorragendes Trinkwasser herzustellen – Zugang zu Meer- oder Brackwasser vorausgesetzt. Damit kann selbst das Wasser versalzter Brunnen wieder trinkbar gemacht werden.

Die Firma famous-water.com entwickelt und produziert und vertreibt mit dem »water-jack« ein Gerät, mit dem dies möglich ist. water-jack ist eine mobile Trinkwasserentsalzungsanlage, mit der aus gewöhnlichem Meerwasser Trinkwasser in Frischwasserqualität gewonnen wird. Das verwendete Verfahren ist die Umkehrosmose. Diese Methode garantiert die Produktion von Trinkwasser, das frei von Schadstoffen wie z. B. Bakterien oder Viren ist. Der Entsalzer wird nach Kundenwünschen gefertigt und steht in verschiedenen Konfigurationen zur Verfügung, je nach Anwendungsgebiet. Er liefert in der kleinsten Ausbaustufe ca. 5 Liter Trinkwasser je Stunde, in der größten Ausbaustufe ca. 25 Liter. In der Variante water-jack plus, bestehend aus einer Kombination aus Keramik- und Aktivkohlefiltern, kann water-jack auch sehr stark verschmutztes Süßwasser mit einer Leistung von bis zu 120 Litern je Stunde zuverlässig reinigen.

Betrieben wird water-jack mit 12-Volt-Gleichstrom, der je nach Ausstattungsvariante von einer externen Stromquelle kommen kann, oder aber als komplett eigenständige Einheit, die mittels regenerativer Energien mit Strom versorgt wird. Derzeit stehen Solarmodule, Windgeneratoren oder Brennstoffzellen zur Verfügung. Natürlich können die Batterien ebenfalls über einen Zigarettenanzünder-Anschluss oder eine 230/110 Volt-Stromquelle geladen werden. Die Unterhaltungsarbeiten sind schnell von jedermann durchzuführen, die Wartungskosten sehr niedrig. Das produzierte Wasser hat Frischwasserqualität!

Die Geräte werden in verschieden Größen gefertigt, eine für Allradler praktikable Version hat die Abmessungen (L × B × H) 600 × 600 × 410 mm, Gewicht: ca. 27 kg. Die komplette Anlage ist in einer stabilen Zarges Box verbaut, sodass bei der Reise alles stapelbar und robust verpackt transportiert werden kann. Die Preise der verschiedenen Anlagen beginnen bei € 4.350,–.

> **BEZUGSQUELLE**
>
> **Wasserentsalzungsanlage**
> FAMOUS-WATER
> www.famous-water.com
>
> PREIS ab € 4.350,–

29 Möbelbau Teil 2: Bett, Sitzgruppe, Kontrollkonsole

Wie bereits im Teil 1 des Möbelbaus erwähnt, baue ich zunächst von vorne nach hinten, also Küche, Bad und Schrank. In Teil 2 wird von hinten nach vorne gebaut, beginnend mit dem Bett und Stauraum-Zwischenboden. Ganz zum Schluss wird dann die Sitzbank zwischen die beiden »Möbelblöcke« eingepasst, weil deren Maß im Gegensatz zu allen anderen Möbelelementen frei definiert werden kann. Das heißt: Der verbleibende Raum wird mit der Sitzbank »aufgefüllt«.

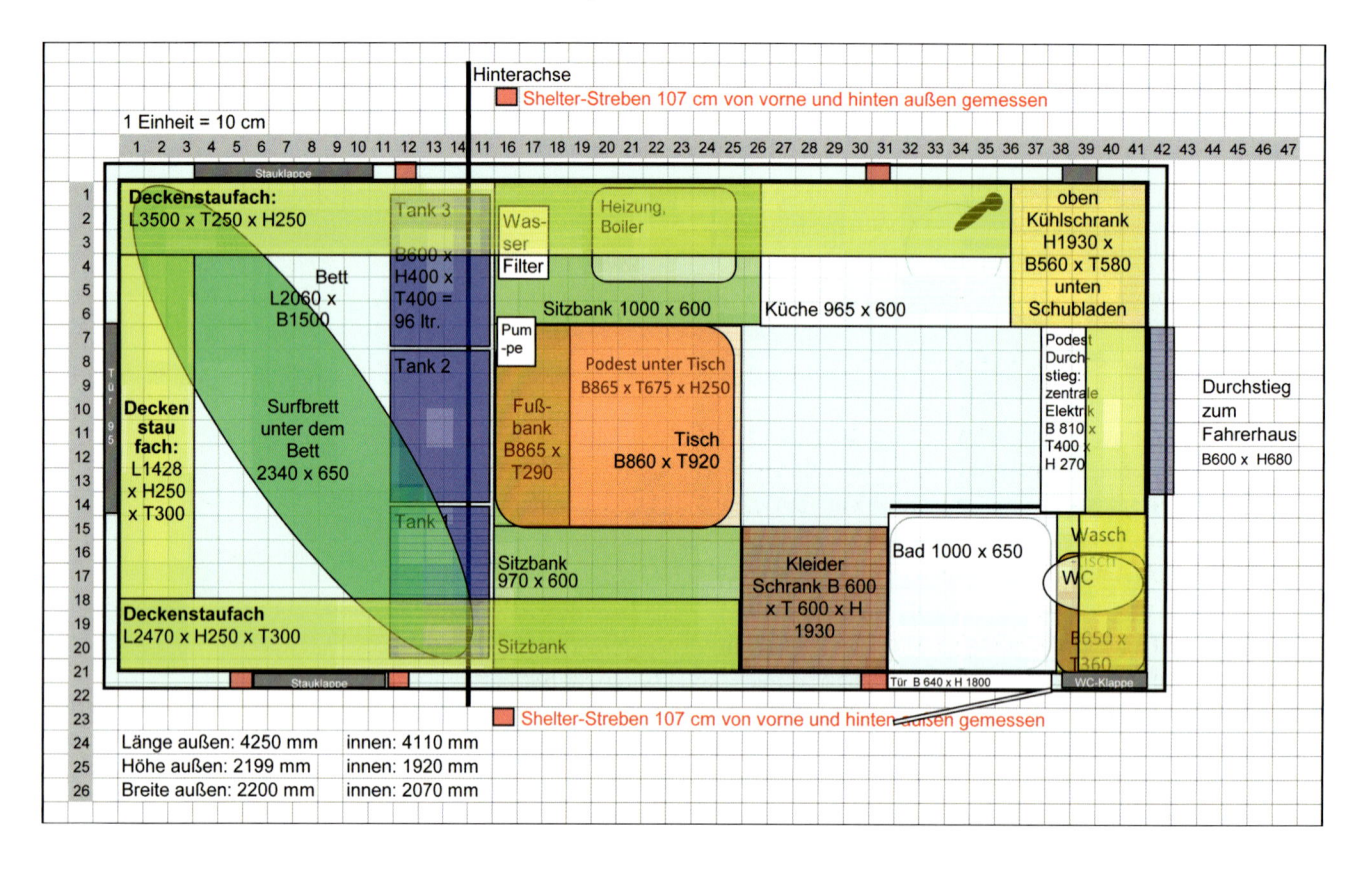

Realisierter Grundriss

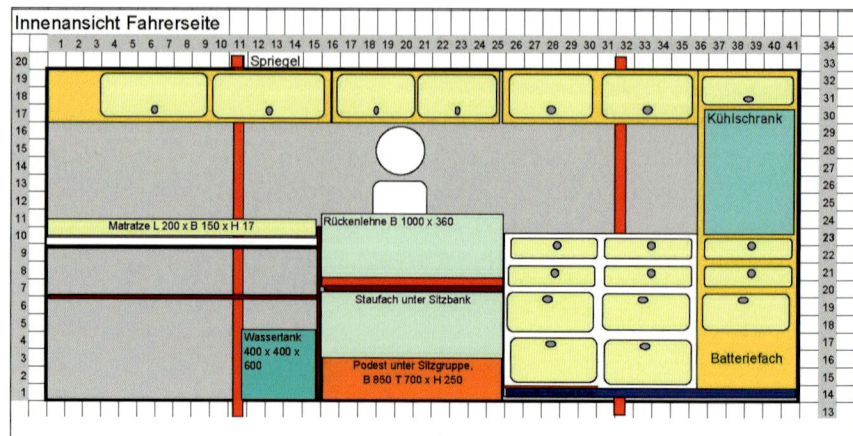

Seitenansicht der Fahrerseite mit Küche

29.1 Bau der Bett-Unterkonstruktion

Bei der Konstruktion des Bettes ist uns wichtig, dass wir genügend Kopffreiheit haben, um bequem im Bett sitzen zu können. Wir wollen auf jeden Fall ein »Alkoven-Feeling« vermeiden, bei dem die Kopffreiheit mit 70 cm und weniger den Namen nicht verdient. Bei einer Gesamt-Raumhöhe von 191 cm rechnen wir von oben nach unten und definieren 90 cm Kopffreiheit als ausreichend und angenehm.

Deckenhöhe:	191 cm
• Kopffreiheit	90 cm
• Höhe der Matratzen	16 cm
• Höhe Lattenrost	5 cm
• Höhe Verstärkung	3 cm
• Höhe Zwischenboden (bis zur Verstärkung der Lattenroste)	22,0 cm
• Dicke des Zwischenboden-Holzes	1,6 cm
• Höhe Stauraum	53,4 cm

Als Matratzen wählen wir Kaltschaum-Matratzen in den Maßen 70 × 200 und 80 × 200 cm. Kaltschaum deshalb, weil uns die Beraterin beim Matratzen-Outlet diese als kühlend empfiehlt. Im Gegensatz dazu wärmen Latex-Matratzen eher, was uns bei den anvisierten warmen Gefilden eher kontraproduktiv für einen erholsamen Schlaf erscheint. Außerdem können wir in kalten Nächten heizen, in heißen aber nicht kühlen, da wir keine Klimaanlage in unserem Aufbau haben. Wer viel Wintercamping betreiben möchte oder in kalte Regionen reist, sollte deshalb Latex-Matratzen wählen. Wir denken kurzzeitig auch mal über eine durchgängige Matratze im Maß 150 × 200 cm nach, verwerfen diese Option aber wieder, weil wir den Stauraum unter dem Bett zugänglich halten wollen, indem wir die vordere Matratze und den Lattenrost hochklappen.

TIPP Wer für Matratzen und Lattenroste weniger Raumhöhe opfern will oder kann, findet bei REIMO sowohl flach bauende Lattenrost-Systeme, die modular zusammengesteckt werden können, als auch flachere Matratzen.

TIPP Ich empfehle jedem, der eine ähnliche Decken- oder Stauraumhöhe hat, einen Zwischenboden im Stauraum einzuziehen – es sei denn, er dächte über ein ausgeklügeltes Boxen- oder Schubladen-System nach, in dem der Inhalt des Stauraums gut organisiert ist. Ansonsten ist ein Stauraum mit einer Höhe von 80 cm oder mehr kaum sinnvoll, weil man so hoch den Inhalt gar nicht stapeln kann, ohne dass der beim Fahren durcheinandergewirbelt wird.

Der Zwischenboden ist aber auch aus anderem Grund sinnvoll, auch wenn man keine so platzraubenden Hobbys wie ich – das Wind- und Kitesurfen – betreibt. Der gewonnene Raum ist ideal, um Dinge zu verstauen, die man nicht auf den ersten Blick sehen soll. Da der Stauraum über dem

29 Möbelbau Teil 2: Bett, Sitzgruppe, Kontrollkonsole

Zwischenboden bei der Anordnung unserer Stauklappen von außen nicht einsehbar ist, eignet er sich hervorragend, um Dinge zu transportieren, die man bei einem flüchtigen Blick an der Grenze nicht unbedingt sehen sollte, wie zum Beispiel das eine oder andere Kistchen Wein oder Bier.

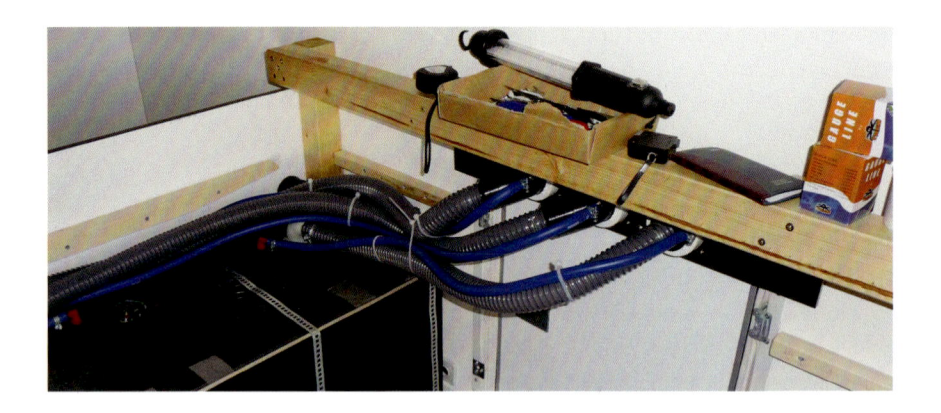

Um die Auflagefläche für die Lattenroste zu vergrößern, setze ich an der Kopfseite, wo die Wasserschläuche verlaufen, das Vierkantholz nicht oben auf die Bettpfosten, sondern schraube es frontal an. Dadurch sind auch die Wasserschläuche zur Befüllung der Wassertanks besser geschützt.

29.2 Bau des Zwischenbodens im Stauraum

Nachdem die Unterkonstruktion des Bettes mit 7 × 7 cm-Kanthölzern gebaut ist, schraube ich im Abstand von 24 cm darunter die 3 × 3 cm-Kanthölzer als Auflagen für den Zwischenboden an die Wand.

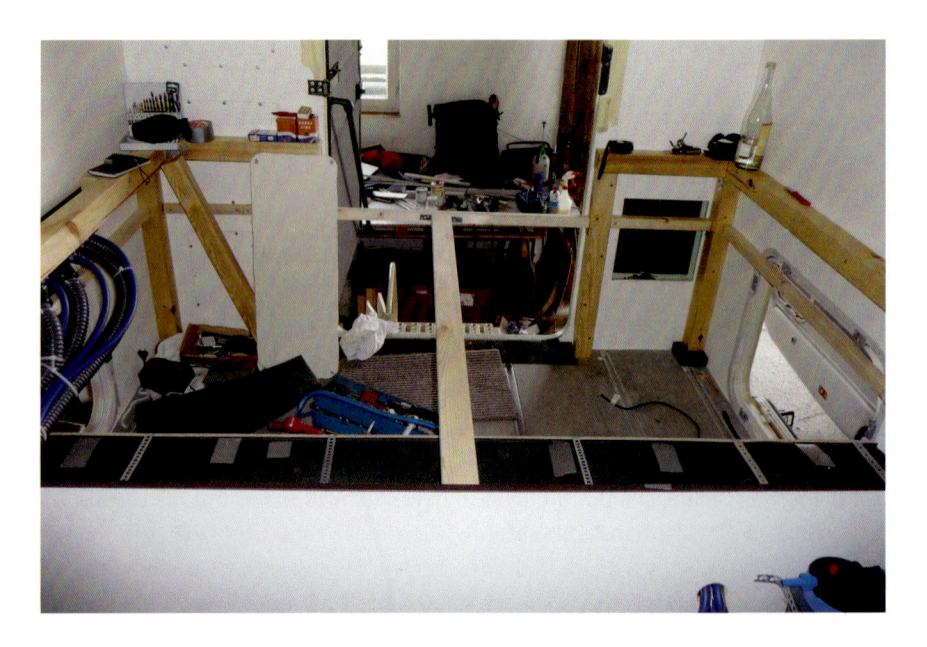

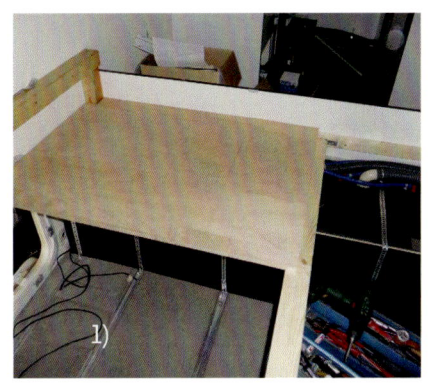

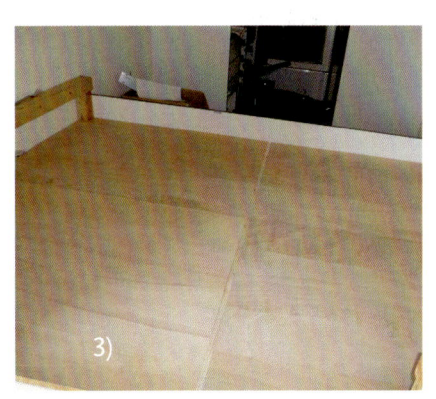

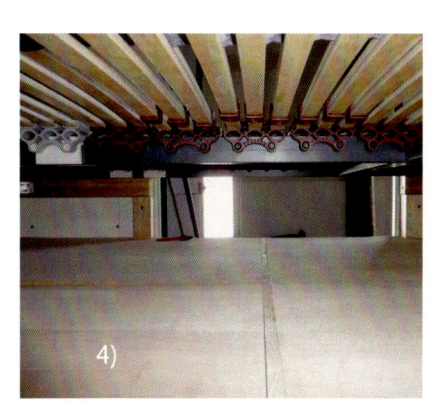

Damit der Zwischenboden wieder herausnehmbar ist, ohne den halben Ausbau zu zerlegen, wird dieser in vier Teile angelegt. Das bedeutet aber auch, dass er einer Zwischenauflage bedarf, die hier mittig von der Rückwand der Sitzgruppe bis zur Hecktür verläuft.

Beim Zwischenboden sehe ich jeweils einen Spalt von 1 cm zwischen den Segmenten vor, damit diese bequem entnommen werden können. In diesen Spalt werden 1 cm starke Holzleisten eingelegt, sodass der Zwischenboden ohne Spiel auf seinen Auflagen ruht.

1) Der Zwischenboden ist viergeteilt, damit man ihn leichter herausnehmen kann.
2) Auf der rechten Seite muss er für die Wasserschläuche ausgeschnitten werden.
3) Fertig!
4) Stauraum mit einem Volumen von knapp 800 Litern oder 0,8 m³ über dem Zwischenboden

29.3 Quick Fist-Befestigungen für Ordnung im Stauraum

Die Unterseite des Zwischenbodens kann übrigens ebenfalls als »Stauraum« genutzt werden, wenn man so intelligente Haltesystem wie die Quickfist-Halterungen einsetzt. Die gibt es in unterschiedlichen Größen für alle möglichen Durchmesser und mit diesen kleinen Gummiteilen lässt sich hervorragend Ordnung im Stauraum schaffen. Mit ihnen habe ich nicht nur Radkreuz, Axt, Säge, Astschere, Drehmomentschlüssel und Schaufel an der Decke meines Stauraums befestigt, sondern auch meine zwei Kiteboards.

BEZUGSQUELLE

Quickfist-Befestigungen
NAKATANENGA 4 × 4 EQUIPMENT
www.nakatanenga.de

PREIS je nach Größe zwischen € 11,– bis € 26,– pro Paar.

29 Möbelbau Teil 2: Bett, Sitzgruppe, Kontrollkonsole

1) Ich flexe die Alu-Schienen auf die richtige Länge und schraube sie unter die Lattenroste.
2) Solchermaßen verstärkt, sollten die Lattenroste nun auch heftigen »Offroad-Einsätzen« im Bett standhalten.
3) Die Klappe wird jeweils links und rechts mit einem Riegel fixiert bzw. geöffnet.

29.4 Verstärkung der Lattenroste

Beim Liegen auf dem Lattenrost muss ich leider feststellen, dass diese sich zu stark durchbiegen – und das, obwohl ich nicht gerade übergewichtig bin. Das Problem liegt in der Tatsache begründet, dass Lattenroste in einem festen Bett nicht nur oben und unten aufliegen, sondern auch rundherum auf dem Bettrahmen ruhen. Das hätte ich ja an der Stirnseite der Sitzgruppe und hinten an der Heckwand noch organisieren können, nicht aber in der Mitte zwischen den beiden Lattenrosten, weil ich dann mein Surfbrett nicht mehr in den Stauraum bringe.

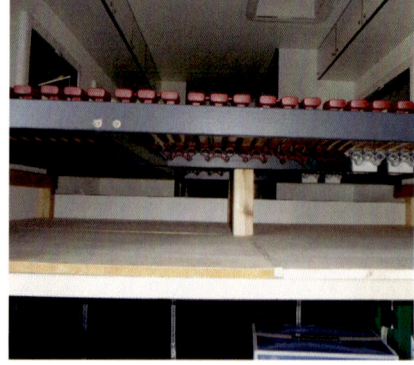

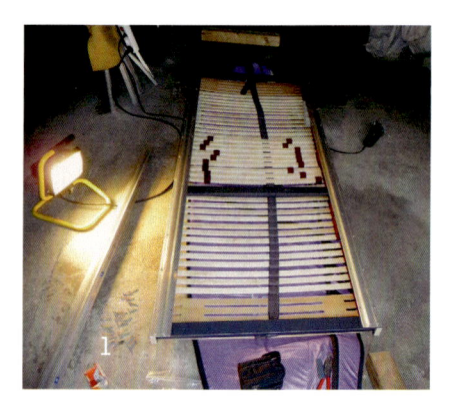

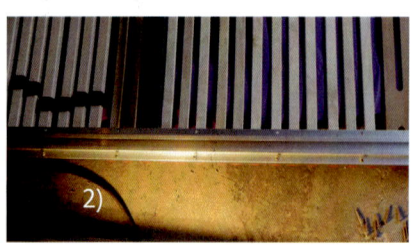

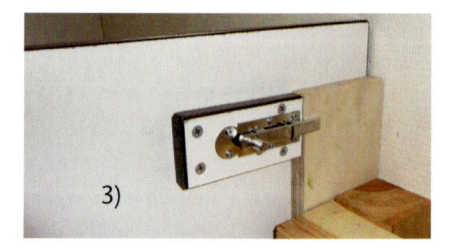

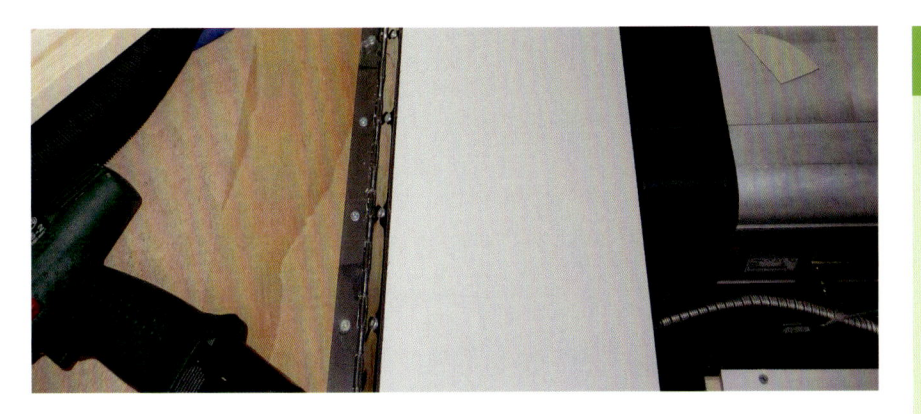

> **BEZUGSQUELLE**
>
> **Lattenroste, Matratzen und Zubehör**
> MATRATZEN OUTLET, MÜNCHEN
>
> **PREIS**
> - Pro Bett (Lattenrost + Matratze Maxima H2): € 169,–
> - Matratzenschoner: € 35,–
> - Molton-Auflage Sky Line: € 34,–

Eine Abstützung der Lattenroste nach unten würde auf dem Zwischenboden ruhen, wo in der Realität aber mein Surfbrett einziehen wird. Außerdem bringt der Zwischenboden nicht die Stabilität mit, dass er zusätzlich noch einen Teil unseres Gewichts tragen könnte. Auf Abhilfe sinnend, kommen wir auf die glorreiche Idee, einmal mehr die vielen Alu-Schienen aus dem Shelter zur Verstärkung der Lattenroste auf den Plan zu rufen.

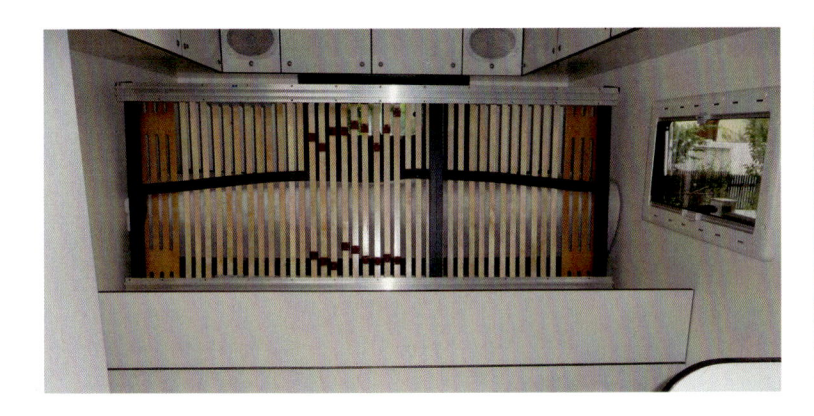

Der Möbelsteher, der die Sitzbank und das Bett trennt, ist, wie bereits erwähnt, geteilt und mit einem durchgehenden Edelstahl-Klavierband klappbar konstruiert. So komme ich leichter an mein Surfequipment. Hier ist bis auf die Masten mein gesamtes Windsurfmaterial verstaut: Ein Board, 234 cm lang, fünf Segel, zwei Gabelbäume, Surfanzüge und Trapeze. Ein Kite hat auch noch Platz, zwei Boards und ein weiterer Kite wohnen im Stauraum darunter.

Hier ist bis auf die Masten mein gesamtes Windsurfequipment verstaut: Ein Board, 234 cm lang, fünf Segel, zwei Gabelbäume, Surfanzüge und Trapeze. Ein Kite hat auch noch Platz, zwei Boards und ein weiterer Kite wohnen im Stauraum darunter.

29.5 Bau der Sitzgruppe

Generelle Überlegungen: Bei der Sitzbank ist es uns wichtig, dass man nicht nur anständig sitzen, sondern vor allem »lümmeln« kann. Deshalb bauen wir vor dem Bett eine 30 cm tiefe Verbindungsbank als Fußauflage. Zum Sitzen ist

29 Möbelbau Teil 2: Bett, Sitzgruppe, Kontrollkonsole

Wenn man hungrig genug ist, reicht der Platz auf der Sitzbank auch für vier. So wie hier in Tafraoute/Marokko mit Veronika und Horst in freudiger Erwartung einer leckeren Tajine. Die Anspannung ist allen deutlich ins Gesicht gezeichnet.

sie nicht tief genug, aber eben zum Füße hochlegen hervorragend geeignet. Allerdings ergeben sich noch zahlreiche andere Liegemöglichkeiten, nämlich auch die, die Füße auf das Bett zu legen.

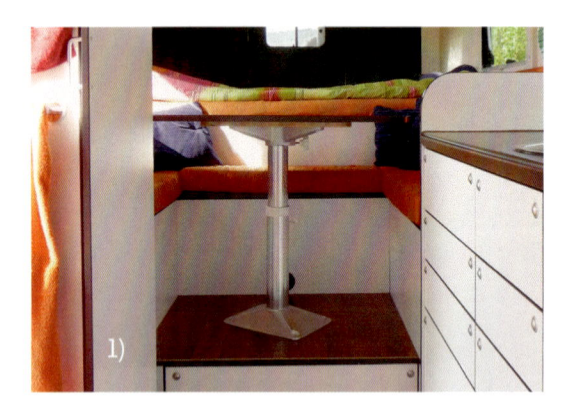

1) Um den Raum unter der Sitzbank optimal zu nutzen, baue ich diese auf ein 24 cm hohes Podest, in das eine 80 cm breite Schublade von Ikea integriert ist.
2) Die Sitzbank-Deckel liegen nur zur Hälfte auf den Möbelstehern auf. Damit spare ich mir eine Auflageleiste für den Tisch, sollte der als weitere Liegefläche dienen.

Die Sitzbank stellt beim Möbelbau so etwas wie das letzte Bindeglied dar, dessen finale Maße sich aus dem Ausbau vorne mit Küche, Bad und Schrank und dem hinten mit dem Bett ergeben. Deshalb ist die Sitzbank auf der Fahrerseite um 4 cm länger als auf der Beifahrerseite, weil sich die Breite der Küche letztendlich aus der Breite der Schubladen und der Stärke des Möbelholzes ergibt. Auf der Beifahrerseite ist die Sitzbank 97 cm breit, auf der Fahrerseite 100,5 cm. So finden vier Personen nur bedingt auf der Sitzbank Platz. Aber wie man auf dem Bild oben sieht, ist dies als Notlösung durchaus machbar. Es müssen nur alle hungrig genug sein. Der Tisch ist dreh- und versenkbar und liegt im versenkten Zustand auf den Rändern der Sitzbank auf. Deshalb habe ich die Ränder der Sitzbank-Deckel nicht bis zur Außenkante der Möbelsteher gezogen, sondern sie liegen nur zur Hälfte auf den Stehern auf. Die andere Hälfte ist für den Tisch reserviert, der dann im abgesenkten Zustand zur Liegefläche für eine weitere Person wird. So kann bei Bedarf ein weiteres Bett mit den Maßen 1 × 2 m entstehen. Dessen »Matratze« wird aus den Sitzauflagen und den Rückenlehnen der Sitzbänke komplettiert.

Während des Baus der Sitzgruppe stelle ich mir die Frage, was der Tisch denn angesichts des langen Hebels, auf dem die relativ schwere Platte ruht, da hinten alles machen würde, wenn wir über Stock und Stein auf holprigen Pisten oder sogar abseits dieser unterwegs wären. Den Tisch lediglich mit der 16 mm starken Bodenplatte zu verschrauben, hätte ich als unterdimensioniert empfunden, und sicherlich wäre uns angesichts der zahnplombenlösenden Holperpisten in Marokko die Bodenplatte binnen kürzester Zeit weich geworden und zerbröselt.

Deshalb verstärke ich die Bodenplatte mit einer Unterkonstruktion, bestehend aus einem Stahlkreuz, das ich durch das Holz mit dem Tischfuß verschraube. Natürlich habe ich das Kreuz vor dem Einbau mit Rostschutzfarbe gestrichen. Diese Unterkonstruktion bewährt sich auf unserer Reise bestens. Trotz übelster Pisten ist der Tisch bombenfest. Alsdann werden die Möbelsteher für die Sitzbank montiert. Diese habe ich wie alle anderen Möbel mit Winkeln an den Möbelinnenseiten verschraubt, sodass weder Winkel noch Schrauben von außen sichtbar sind. Um die Kondensationsflächen möglichst gering zu halten und Gewicht zu sparen, verwende ich möglichst kleine Winkel.

Auch bei der Schublade unter dem Podest verbaue ich zwei Push-Locks, um die in der Küche geschaffene Optik zu bewahren. Hier hätte auch eines ausgereicht, weil dieses ja oben mittig am Holz hätte greifen können. Mir war aber einerseits eine durchgängige Optik wichtig, andererseits wollte ich keinem Push-Lock alleine die Verantwortung für Schublade nebst Inhalt übertragen – insbesondere weil hier in Fahrtrichtung beim scharfen Bremsen je nach Beladung des Schubfaches hohe Fliehkräfte auftreten können.

Danach schraube ich den Auflagerahmen für die Sitzbankdeckel an die umliegenden Wände. An der Rückseite der Sitzbank zur Außenwand hin kommen wieder Einnietmuttern für die Alu-Wand zum Einsatz. In allen drei Staufächern habe ich mit 4 mm starken Pappelsperrholzplatten Zwischenböden

Kleines Beispiel gefällig, was ein Tag marokkanischer Rüttelpiste im Kühlschrank veranstaltet? Die Sahne ist fast steif geschlagen!

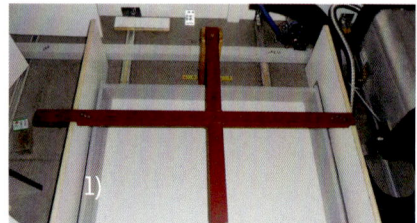

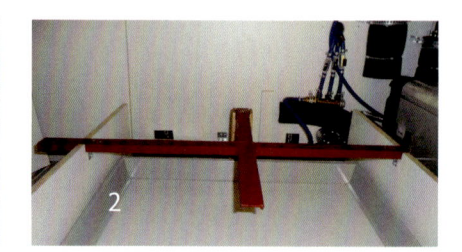

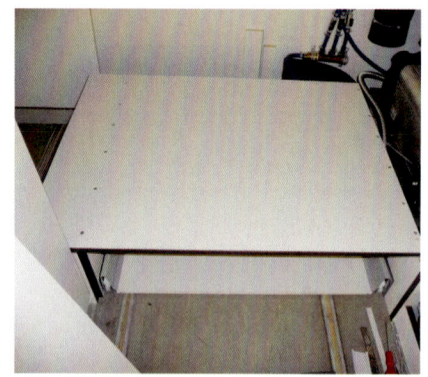

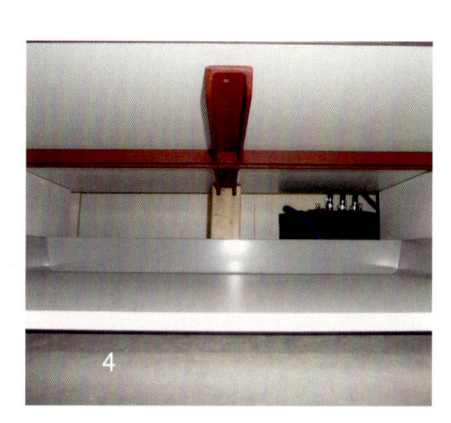

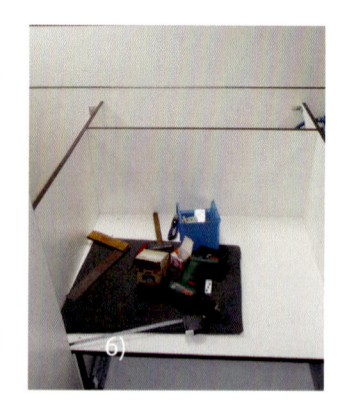

29 Möbelbau Teil 2: Bett, Sitzgruppe, Kontrollkonsole

1) Tisch-Unterkonstruktion zur Verstärkung der Bodenplatte
2) Das Stahlkreuz wird bündig mit der Oberkante in die Holzkonstruktion eingelassen.
3) An der Rückseite der Schublade wird das Stahlkreuz auf einem Vierkantholz abgestützt, das mit Winkeln am Boden verschraubt ist.
4) So sieht die Verstärkung von unten aus.
5) Die Möbelsteher für die Sitzbank.
6) Die Sitzbanksteher sind montiert.
7) Blick in den Stauraum unterhalb der Fuß-Auflagebank.

auf der Höhe des Podests (24 cm) eingezogen – auf der Fahrerseite über der Heizung sowieso, aber auch unter der Fußauflage und auf der Beifahrerseite, um mehr nutzbaren Stauraum zu schaffen.

Die Deckel für die Sitzfläche habe ich nicht hinten an der Wand angeschlagen, sondern um das Maß des Sitzpolsters (8 cm) plus 2 cm ein zusätzliches Brett eingefügt. Das bietet den Vorteil, dass der Stauraumdeckel auch dann offen bleibt, wenn das Sitzpolster auf der Sitzfläche verbleibt. Zum Öffnen muss also nur das Kissen der Rückenlehne entfernt werden.

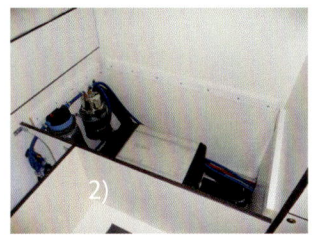

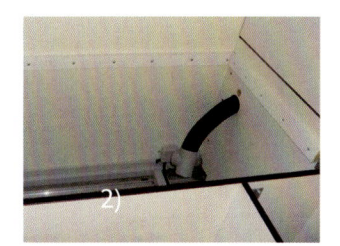

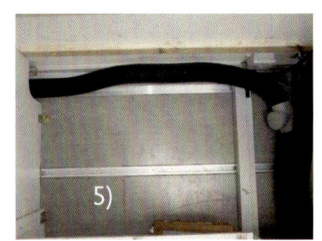

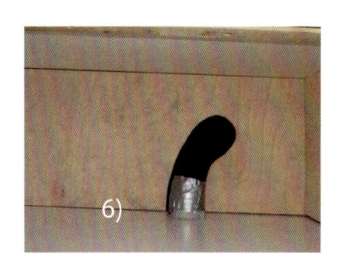

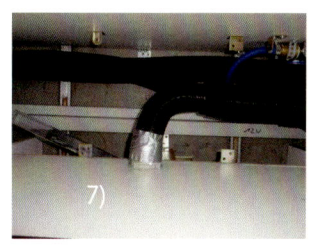

1) Auch die Schublade unter dem Podest erhält zwei Push-Locks
2) Der Auflagerahmen für den Deckel ist montiert ...
3) ... und der Zwischenboden für mehr Stauflache.
4) Zwischenboden im Sitzbank-Stauraum auf der Beifahrerseite
5) Stauraum Beifahrerseite ohne Zwischenboden
6) Stauraum unter Fußablage mit Zwischenboden
7) Stauraum unter der Fußablage ohne Zwischenboden mit Blick auf den Kabelkanal und die Wasserpumpe

29 Möbelbau Teil 2: Bett, Sitzgruppe, Kontrollkonsole

Chaos! Je mehr eingebaut ist, desto weniger Platz bleibt zum Arbeiten. Dieses Bild entstand 10 Tage vor unserem Auszug aus der Wohnung und vor dem Einzug ins Wohnmobil!

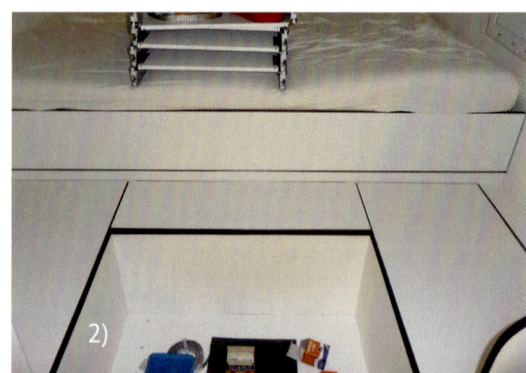

1) Stauraumklappe zum Zwischenboden geöffnet
2) Die Sitzbank-Deckel sind wie alle übrigen Klappen mit Edelstahl-Klavierband befestigt.

29.6 Nähen der Sitzbankbezüge

Bei aller Liebe zum Selbstausbau wäre ich sicherlich nicht auf die Idee gekommen, die Sitzbezüge selbst zu nähen. Gut, dass Edith mich auch in dieser Hinsicht ergänzt. Denn sie hat sich freudig auf den Stoff gestürzt und in nullkommanix die fünf Kissenbezüge genäht und mit einem Reißverschluss versehen, so dass man sie abziehen und waschen kann. Als angehende Modedesignerin (damals wusste sie noch gar nichts davon) war das eine ihrer leichtesten Übungen.

Beim Stoff für die Polster sollte man nicht sparen. Nachdem wir zig Muster aus dem klassischen Womo-Bau wegen optischer Umweltverschmutzung verschmäht haben, erhalten wir den Tipp, dass die Firma mah in Baierbrunn südlich von München Tausende von Auto-Bezugsstoffen hortet. Dort finden wir schließlich unseren einfarbig orangen Stoff. Der hört auf den relativ fantasielosen Namen »Trendline Comfort«, hat es aber faustdick hinter den Ohren. Optik und Haptik kommen nahe an Veloursleder heran, allerdings bei einer wesentlich besseren Unempfindlichkeit gegenüber Schmutz und Flecken. Er ist bei 60 Grad waschbar, läuft dabei maximal um 2% ein und soll auch noch extrem abrieb- und rotweinfest sein. Von beidem konnten wir uns mittlerweile überzeugen. So gönnen wir uns den edlen Stoff, der–wie alle edlen Stoffe–seinen Preis hat: € 376,–.

TIPP FÜR DIE BEMASSUNG DER SITZPOLSTER Die Polster sollten in der Breite jeweils 2 cm größer bemaßt werden, als die Sitzfläche breit ist, damit die Polster in der Sitzfläche klemmen und sich nicht beim Kurvenfahren oder Bremsen selbstständig machen. Bei uns funktioniert das sehr gut, und die Polster kugeln selbst bei wüstesten Pistenfahrten nicht auf dem Boden herum.

PROFITIPP Empfehlenswert ist es auch, zusätzlich zum Schaumstoff auf jeder Seite der Polster eine Lage Polsterwatte einzulegen. Die hat den Effekt, dass der Bezug immer schön straff über dem Kissen bleibt und kaum Falten schlägt.

1) Die fertigen Polster sehen klasse aus und fühlen sich auch so an.
2) Polsterwatte für faltenfreie Sitzbezüge

BEZUGSQUELLE

Sitzbezugsstoffe

MAH MÜNCHNER AUTOSTOFF GMBH
www.mah.de

PREIS Für Zwei Sitzbänke und die Fußauflage: € 376,–

Mein tapferes Schneiderlein heißt Edith und näht zu Hause die Bezüge, arbeitet Reißverschlüsse ein und bezieht die Polster fix und fertig mit Polsterwatte-Einlage (siehe Tipps)

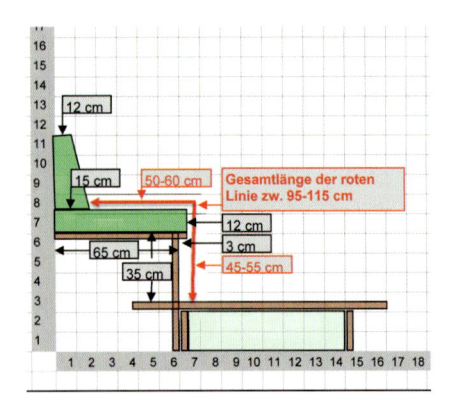

29 Möbelbau Teil 2: Bett, Sitzgruppe, Kontrollkonsole

Die Schaumstoff-Einlagen haben wir beim Hoflieferanten von Intercamp in einer Stärke von 8 cm bezogen. Preis Schaumstoff für Sitzkissen und Lehnen: € 110,–. Preis Polsterwatte: € 11,–.

Dass man auch in Sachen Polster nie auslernt, erfahre ich auf dem Caravan--Salon in Düsseldorf 2013. Ich komme mit Herrn Cleves, Inhaber der Cleves GmbH in Duisburg, ins Gespräch, der seit 40 Jahren in Polstern und Matratzen für Caravans und Wohnmobile macht. Herr Cleves klärt mich über die unterschiedlichen Schäume für Sitzgruppen und Matratzen auf, sowie über die Dimensionierung von Sitzbänken, Sitzbezügen und Matratzen.

Er erläutert mir, dass für die Qualität und Haltbarkeit eines Schaumstoffes das Raumgewicht verantwortlich ist, für die Härte des Schaumstoffes die Stauchhärte. Ich erfahre, dass für Sitzgruppen wahlweise Kaltschaum oder Polyätherschaum eingesetzt wird. Kaltschäume können auch bei hohem Raumgewicht flexibler geschäumt werden. Hierbei spielt auch der Wunsch des Kunden eine Rolle, ob er eine feste oder elastische Sitzfläche wünscht. Für Sitzgruppen im Wohnmobil empfiehlt er Schäume mit einem Mindest-Raumgewicht von 40 oder 50 kg/m³. Je geringer das Raumgewicht, desto höher die Wahrscheinlichkeit, dass sich der Schaum mit der Zeit durchsitzt, was natürlich umso eher der Fall ist, je mehr Gewicht auf den Kissen lastet. Bei der Dicke der Sitzkissen verwendet er bei Wohnmobilen standardmäßig 12 cm dicke Schaumstoffteile für die Sitzgruppe, was um 50% höher ist, als die acht Zentimeter dicken Schaumstoffeinlagen, die ich in unserem Sternchen verbaut habe.

Außerdem gestaltet Cleves den Rücken der Sitzgruppe keilförmig, auf Wunsch auch Formpolster, was sich positiv auf den Sitzkomfort auswirkt, aber eben auch bei der Bemaßung der Sitzgruppenmöbel berücksichtigt werden muss. Deshalb habe ich hier eine grundsätzliche Skizze einer Sitzgruppenbemaßung nach den Cleves'schen Empfehlungen dargestellt, damit sich meine Leserinnen und Leser bei der Planung der Sitzgruppe an den Empfehlungen des Profis orientieren können. Die hier dargestellten Maße sind Durchschnittsmaße, die bei sehr großen oder sehr kleinen Menschen nach oben oder unten angepasst werden müssen. Daumenwert: Das Maß für die Nettositzfläche und die Höhe der Sitzbank einschließlich Sitzpolster sollte zwischen 95 bis 115 cm liegen. Bei kleinen Menschen eher am unteren Wert orientiert, bei großen tendenziell am oberen Wert. Die Höhe der Rückenlehne ist meistens abhängig von der Innenbreite des Fahrzeuges und der Sitztiefe der Polster, wenn beim Zusammenlegen eine Liegefläche entstehen soll. Beispiel: Innenbreite 220 cm, 2 × Sitzpolster á 65 cm = 130 cm, bleibt für Rückenhöhe 2 × 45 cm.

Um das Rutschen der Sitzpolster zu vermeiden, näht Herr Cleves Antirutschmaterial auf die Unterseite der Sitzkissen. Damit müssen die Sitzpolster nicht klemmen, so wie ich das nach den Tipps von Intercamp realisiert habe. Cleves fertigt den Sitzbezug auf das Ist-Maß an, macht allerdings den

Leder-Muster in allen erdenklichen Farben und Prägungen

Schaumkern einen Zentimeter breiter, so dass der den Bezug immer schön straff gespannt hält. Auf meine Frage, welche Sitzbezüge er denn empfiehlt, zeigt mir Herr Cleves eine ganze Batterie von Stoff- und Leder-Mustern in allen erdenklichen Mustern, Prägungen und Farben. Dabei gefallen mir die Lederbezüge seiner beiden Messe-Couchs am besten. Die eine in einem roten Used-Look sieht wirklich cool aus, die andere, mit echtem Kuhfell bezogen, würde sich ebenfalls gut in unserem Sternchen machen. Da kommt man doch gleich wieder auf Optimierungs-Ideen ...

Auf meine Frage, was denn eine Sitzgruppe in hochwertigem Schaumstoff mit Stoffbezug aus der Cleves'schen Manufaktur kostet, meint Herr Cleves, dass man von ca. € 900,– an aufwärts rechnen müsse, die Ausführung in Leder sei

Polster in Fellverarbeitung

BEZUGSQUELLE

Sitzpolster
POLSTER CLEVES
www.clevespolster.de

PREIS
- Sitzgruppe in Stoff: ab ca. € 900,–
- Sitzgruppe in Leder: ab ca. € 1.500,–
- Matratze ab ca. € 150,– bis € 250,–

So sah die Sitzgruppe aus, bevor ich den Tisch neu baute.

29 Möbelbau Teil 2: Bett, Sitzgruppe, Kontrollkonsole

BEZUGSQUELLE

Tischfuß
www.segelladen.de

PREIS ca. € 200,–

ab ca. € 1.500,– erhältlich, wobei er Wert auf die Tatsache legt, dass nur hochwertigste Objektleder, alternativ Dickleder, zum Einsatz kommen, so wie sie auch in der Möbelindustrie verwendet werden. Grundsätzlich ist hierbei die Größe der Sitzgruppe, sowie Stoff- und Schaumqualität und Verarbeitungsart ausschlaggebend. Cleves bezieht übrigens auch Fahrersitze mit Stoff und Leder, was insbesondere für die Leser interessant sein dürfte, die über ein integriertes Fahrzeug verfügen und die ihre Sitzbezüge gerne mit dem gleichen Material versehen würden, mit dem auch die Sitzgruppe bezogen ist.

Und natürlich sind bei Cleves auch Matratzen erhältlich, wofür überwiegend Kaltschaum verarbeitet wird. Wahlweise RG 50/50 oder 50/33. Auch hier kann je nach Kundenwunsch die Liegefläche fester oder elastischer »eingestellt« werden. Die Dicke der Matratze ist variabel, sollte jedoch 10 cm nicht unterschreiten. Die Bezüge sind hier gesteppt mit Reißverschluss und waschbar bis 60°. Die Kosten pro Matratze im Format 70 × 200 oder 80 × 200 liegen bei ca. € 150,– bis € 250,–.

29.7 Bau des Tisches

Ich suche lange nach einem Tisch, finde aber nichts wirklich Befriedigendes. So entschließe ich mich, den Tisch selbst zu bauen und nur den Tischfuß zuzukaufen. Dazu finde ich im Yachtbereich bei der Firma www.segelladen.de einen mit € 200,– halbwegs bezahlbaren Tischfuß, der drehbar und höhenverstellbar ist.

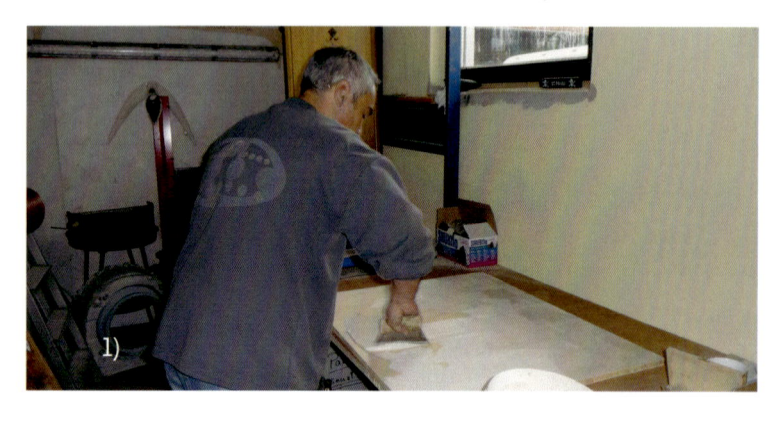

1) Vorbereitung der Platte mit PVC-Kleber
2) PVC-Boden als Tischplatten-Belag

Als Platte schneide ich mir eine Tischlerplatte auf das Maß 68,5 × 88,5 cm zurecht, die exakt in den Innenraum der Sitzgruppe passt und bei abgesenktem Tisch die Basis für ein drittes Bett ergibt. Zu diesem Zeitpunkt hoffe ich noch, das zur Küchenarbeitsplatte passende Furnier zu finden, sodass Tisch und Arbeitsplatte aus einem Guss wirken. Leider bleibt es bei der Hoffnung, und so entschließe ich mich, den Rest des relativ harten PVC-Fußbodens auch auf die Tischplatte zu kleben.

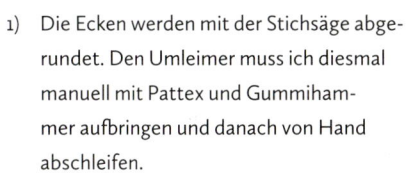

1) Die Ecken werden mit der Stichsäge abgerundet. Den Umleimer muss ich diesmal manuell mit Pattex und Gummihammer aufbringen und danach von Hand abschleifen.
2) Vier ausgediente Batterien machen ordentlich Druck.
3) Die Bohrungen für den Tischfuß im Sitzgruppenpodest
4) Mit Einschlagmuttern wird das Kopfteil des Tischfußes mit seinem »Drehmechanismus« mit der Tischplatte verschraubt.

Und so sah die Sitzgruppe fertig aus, bevor ich den Tisch neu baute

29 Möbelbau Teil 2: Bett, Sitzgruppe, Kontrollkonsole

Bedauerlicherweise muss ich feststellen, dass der nachträglich georderte Tischfuß keine quadratische oder runde Fußplatte aufweist, sondern eine rechteckige. So passt das Stahlkreuz zur Verstärkung der Bodenplatte nur an drei der vier Bohrungen – aber immer noch besser als gar keine Verstärkung. Weniger bewährt hat sich der obere Teil des Tisches, der den Dreh-»Mechanismus« mit Feststellschraube beinhaltet. Mechanismus ist in diesem Fall zu viel gesagt, denn hier dreht sich der Alu-Tisch in einer Muffe auf dem Alu-Fuß. Da Alu auf Alu weniger gut läuft, rieselt hier immer wieder der Abrieb unter den Tisch, und die Tischplatte wackelt selbst im fixierten Zustand wie ein Kuhschwanz.

Das nervt natürlich beim Essen und ist ein ständiges Ärgernis. Es gibt im Yachtbereich und auch bei REIMO im Womo-Bereich höhenverstellbare Tischfüße, die mit rund € 500,- zu Buche schlagen. Vielleicht habe ich hier mal wieder am falschen Ende gespart und hätte gleich die teurere Variante wählen sollen. Aber € 500,- für einen Tischfuß ist halt auch schon ein Wort! Und die Erfahrung, die ein Bekannter mit der Nobel-Variante gemacht hat, ist auch nicht zu 100 Prozent zufriedenstellend.

Neubau des Tisches
Nachdem die Nerverei mit dem wackelnden Tisch immer schlimmer wird, muss ich wohl oder übel noch mal zur Tat schreiten. Die Fa. Vöhringer bezieht mir freundlicherweise eine Tischplatte mit einem Furnier, das zu dem unseres Bodens und dem der Küchenarbeitsplatte einigermaßen passt. Den leidigen Tischfuß eliminiere ich und kaufe mir im Womo-Handel für knappe € 30 einen ganz einfachen, klappbaren, höhenverstellbaren Tischfuß. Damit wird die neue Tischplatte vorn abgestützt, während ich sie hinten auf dem Bett-Begrenzungssteher auflege. Damit ist der Tisch nicht mehr drehbar, sondern auf dem Steher verschiebbar, so dass man bequem zur Sitzbank gelangt.

Damit der Tisch harmonischer wirkt, wird er vorne und an den hinteren Ecken mit der Stichsäge abgerundet.

Das Abrunden wirft natürlich wieder Herausforderungen beim Aufbringen des Umleimers auf. Hätte ich gerade Kanten bequem und sauber auf der Umleimermaschine finishen können, muss aufgrund der Rundungen alles von Hand

309

29 Möbelbau Teil 2: Bett, Sitzgruppe, Kontrollkonsole

Die Umleimerkante wird manuell abgehobelt, geschliffen, mit dem Stemmeisen abgeschält und zum Schluss mit Schleifpapier abgerundet

gemacht werden. Dabei hilft ein Ratschengurt, ordentlich Druck auf die Kante auszuüben. Leider reicht der aber an den geraden Kanten nicht aus, so dass ich mit Keilen den Druck erhöhen muss.

Es zeigt sich auch, dass der Umleimer nicht an allen Stellen gleichmäßig anliegt, weshalb mit speziellen Kantenschraubzwingen die letzten Zentimeter noch mal separat nachgearbeitet werden müssen. Gut, dass ich das alles in der Tischlerei von Freunden erledigen kann, denn wer hat schon all das erforderliche Equipment zuhause herumliegen? Allerdings hat sich die beim ersten Tisch praktizierte Intercamp-Methode des Umleimeraufbringens mittels Gummihammer und Pattex besser bewährt. Wieder was gelernt!

Manuelle Nacharbeit gibt es dann auch beim Finishen der Kanten. Die Umleimerkante steht gehörig über die Tischkante, so dass ich sie zunächst mit dem Hobel bis ganz knapp über die Tischkante herunterhoble. Danach wird sie nach außen rund geschliffen und der letzte dünne Rest mit einem scharfen Stemmeisen abgeschält. Zuguterletzt ist dann noch mal manuelles Schleifen mit dreierlei Schleifpapier angesagt, bis die Kante wirklich so aussieht, als wäre sie der Umleimermaschine »entsprungen«.

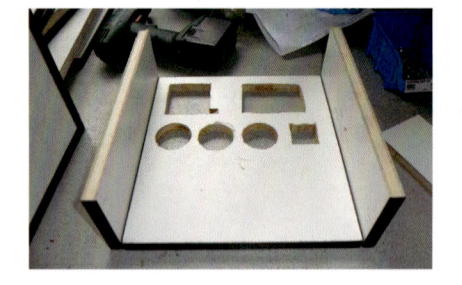

Zum Schluss wird der Tischfuß angeschraubt und die hintere Auflage für den Bettsteher. Denn der Bettsteher ist etwas zu niedrig, als dass man darauf die Tischplatte auflegen könnte. Außerdem braucht die Platte nach hinten eine Führung, die zwischen dem Bettsteher und der Matratze eingeklemmt wird und so den Tisch fixiert. Ziemlich viel Arbeit für eine Tischplatte, doch das ist schnell vergessen, wenn man das Ergebnis sieht.

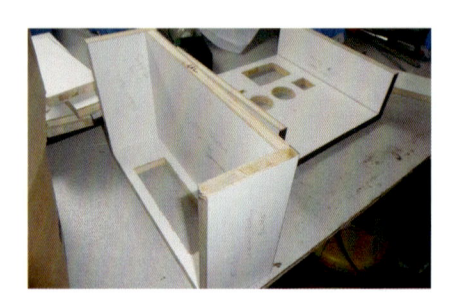

29.8 Bau der Radio-, Kontroll- und Steuerungskonsole

Eine der letzten möbelbaulichen Maßnahmen ist der Bau einer Konsole für alle Kontroll- und Steuerungselemente:
- Radio mit CD-Player
- Heizungssteuerung
- Batteriecomputer
- Drei Tankanzeigen für die Frischwassertanks
- Fernsteuerung für das Ladegerät
- Tankanzeige für den Gastank (nachträglich 2012 verbaut)

29.9 Bau der Radio- und Ablagekonsole im Fahrerhaus

Im Fahrerhaus fehlt nicht nur ein Radio, sondern auch eine geeignete Konsole für den Einbau desselben sowie eine Ablage für den üblichen Kleinkram, den man auf der Fahrt so braucht. Deshalb identifiziere ich im freien Fußraum zwischen Fahrer- und Beifahrersitz den idealen Ort für eine solche Konsole.

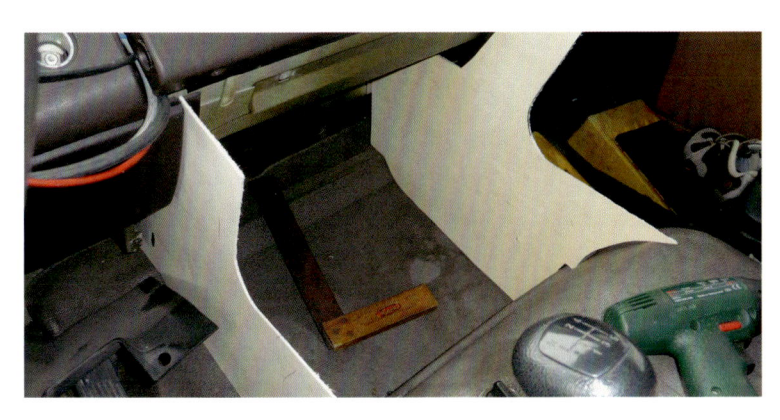

Dazu demontiere ich zunächst einmal die Verkleidungen im Fußraum und fertige höchst professionell aus Pappe eine erste Schablone für den Querschnitt an.

Die Pappschablone übertrage ich auf zwei dünne Verkleidungsplatten und passe diese links und rechts im Fußraum an. Mithilfe der Schablonen säge ich die beiden Seitenteile aus einer 9 mm starken Siebdruckplatte, deren dunkelbraune Färbung sich harmonisch in das adrette 1980er-Jahre-Design des Mercedes-Benz-Cockpit-Interieurs einfügt. Die beiden Seitenteile werden

1) Schablone für die Fahrerhauskonsole, zunächst aus Pappe, dann aus Verkleidungsplattenholz …
2) … und schließlich aus 9 mm starker, wasserfest verleimter Siebdruckplatte

311

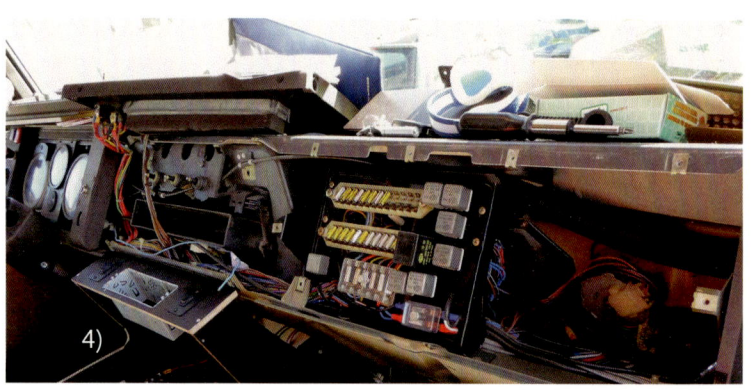

29 Möbelbau Teil 2: Bett, Sitzgruppe, Kontrollkonsole

3) Ein klappbarer Deckel folgt, sodass der freie Raum darunter als Stauraum genutzt werden kann.
4) Dann wird die obere Abdeckplatte mit der Radiokonsole sowie einem Schalter für die Rückfahrkamera montiert.
5) In die vordere Konsolenplatte baue ich je eine 12-V- und eine 230-V-Steckdose ein. Damit werden Laptop und Garmin-GPS-Gerät betrieben.
6) Radiogerät ohne CD-Player, aber mit USB-Anschluss

BEZUGSQUELLE

Radio/MP3-Player Alpine Media Receiver IDA X200
WWW.AUDIO-TEAM.DE
Ismaning
PREIS ca. € 200 (2008)

mittels dreier Holzstreben miteinander verschraubt. Die Konsole selbst findet durch Winkel einen sicheren Halt im vorderen Blech und Boden des Fahrerhauses.

Als Radio kommt ein Alpine Media Receiver IDA X200 ohne CD-Player zum Einsatz, denn normalerweise benötigen CD-Laufwerke eine waagerechte oder nur leicht geneigte Einbaulage. Da mein Radio fast senkrecht steht, wäre ein defektes CD-Laufwerk eine schnelle Folge davon. Da wir außerdem planen, in staubige Länder zu fahren, ist ein CD-Laufwerk nach Aussagen meines Beraters, Herrn Weiß, vom Audio-Team in Ismaning, wenig sinnvoll, weil die Laseroptik des Systems zu schnell verschmutzen und das CD-Laufwerk damit unbrauchbar würde. Das Radio-Gerät hat einen USB-Anschluss und eine sehr bedienerfreundliche Menüführung, sodass man sich relativ schnell in der Ordnerstruktur eines USB-Sticks zurechtfindet.

Als Lautsprecher verbaue ich im Fahrerhaus das Audio-System X-ION 165, ein 2 × 140/100-W-2-Wege-System in den Türen, die mit separaten Hochtönern hinter dem Kopf einen besseren Raumklang erzeugen. Da die Lautsprecher auf Fußhöhe in den Türen sitzen, hätten hohe Töne kaum die Chance, jemals ans Ohr zu gelangen, insbesondere auch deshalb, weil das 6-Liter-Dieselaggregat unter uns ein gehöriges Wörtchen mitzureden hat.

So legen wir auf weitere Hi-Fi-Qualitäten keinen besonderen Wert, weil diese sowieso nur dann wirksam würden, wenn das System dauerhaft auf Gehörschaden-Niveau liefe. Auf unseren langen Fahrten durch Marokko und die Westsahara verzichteten wir häufig auf jegliche Beschallung, was hin und wieder auch mal den Vorteil hatte, dass sich anbahnende Reifenplatten akustisch bemerkbar machen konnten.

29.10 Bau einer Fußbox auf der Beifahrerseite

Auf unseren Reisen beklagt sich Edith immer darüber, dass sie mit ihrem Fliegengewicht von den luftgefederten ISRI-Sitzen in luftige Höhen gepumpt wird und ihre Füße deshalb nicht auf den Boden reichen. Daraus schließe ich messerscharf, dass sich hier ein weiterer Stauraum ergeben könnte, in dem ich meine Schneeketten aufzubewahren gedenke. Denn die nehmen derzeit noch in zwei BW-Boxen ziemlich viel Platz im Stauraum unter dem Bett weg und belasten das Gewichtsbudget auf der Hinterachse mit 52 kg.

So nutze ich eine weitere Session in der befreundeten Tischlerei, um dort aus 9 mm Siebdruckplatten eine Fußablagebox für Edith und meine Schneeketten zu bauen. Zunächst schneide ich mir – wie bei der Mittelkonsole auch – eine Schablone aus Pappe zu, die die Wölbungen des Fahrerhausbodens abbildet. Die Form wird dann auf die Siebdruckplatte übertragen und auf der Kreissäge zurechtgeschnitten

Im Fußraum auf der Beifahrerseite lokalisiere ich weiteren Stauraum

Danach werden die Seitenteile der Fußbox auf das Schablonenmaß zurechtgeschliffen und mit den Frontteilen verschraubt. 3 × 3 cm Vierkantleisten versteifen die Box in den Ecken. Dabei werden die Vierkanthölzer um die Dicke des Deckels versenkt verschraubt, so dass der Deckel der Fußbox bündig mit den Außenrändern abschließt.

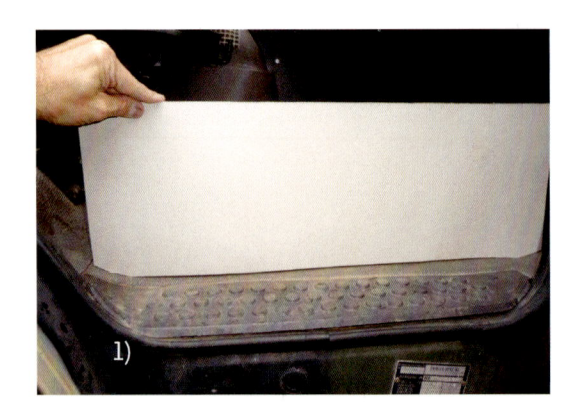

29 Möbelbau Teil 2: Bett, Sitzgruppe, Kontrollkonsole

1) Zunächst wird eine Pappschablone zugeschnitten ...
2) Holzzuschnitt auf der Kreissäge

Eine Bohrung im Deckel erlaubt es, ihn mit dem Finger herauszunehmen. Die Box wird mit Metallwinkeln und Blechschrauben mit dem Fahrzeugboden verschraubt und ist jetzt nicht nur eine stabile Fußauflage, sondern beherbergt neben den Schneeketten nun auch die Spann- und Ratschengurte, die ich zur Befestigung meiner Enduro auf dem Heckträger benötige.

29.11 Bau einer Ablage-Konsole für das Navigationsgerät und den Bildschirm für die Rückfahrkamera

Leider ist die Ablagekonsole im Armaturenbrett bei der LN 2-Klasse von Mercedes schräg nach vorne geneigt, so dass man darauf kaum etwas ablegen oder abstellen kann. Aus diesem Grund baue ich mir ebenfalls aus 9 mm Siebdruckplatte eine Konsole für Navi und Rückfahr-Bildschirm. Dabei kommen mir zwei Nuten im Fahrerhaus gut zu passe, die exakt 9 mm breit sind und in denen ich die Trägerplatten für meine Konsole hineinschiebe. Auch hier fertige ich mir wieder aus Pappe eine Schablone an, übertrage diese dann auf die Siebdruckplatte und schneide die beiden Trägerelemente mit der Stichsäge aus. Auf diese kommt dann die Deckplatte, auf der das Navi und der Bildschirm von der Rückfahrkamera befestigt werden.

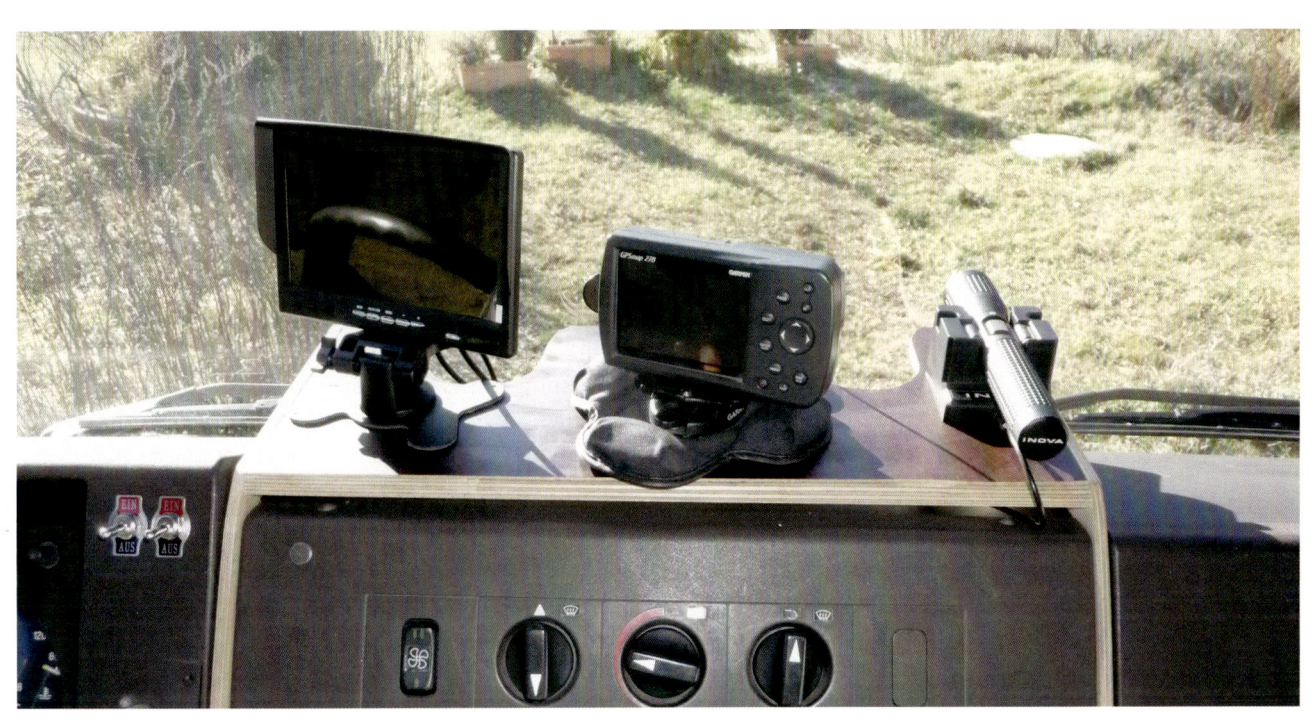

Weil die Abdeckplatte auf den beiden Stützen die Gebläseauslässe verdecken würde, säge ich die Platte über den Auslässen kreisförmig aus, damit die Gebläseluft weiterhin an die Frontscheibe gelangt.

30 Elektroinstallation ursprüngliches Konzept

30.1 Vorbemerkungen zu meiner ursprünglichen Elektroinstallation

Die von mir konzipierte Elektroinstallation und deren eingesetzte Komponenten haben sich im harten Reiseeinsatz teilweise gut bewährt, andere haben sich als unterdimensioniert oder suboptimal erwiesen. Das liegt einerseits daran, dass ich von falschen Annahmen ausgegangen bin, beispielsweise, was die nutzbare Batteriekapazität anbelangt, andererseits sammelt man im Verlauf einer Langzeitreise viel Erfahrung, auch in Bezug auf den Strombedarf unterwegs.

So habe ich im Frühjahr 2012 meine Elektrik grundlegend überarbeitet und optimiert und dabei auch den einen oder anderen konzeptionellen Fehler ausgemerzt und geeignetere Komponenten verbaut, die unseren spezifischen Anforderungen gerechter werden. Wie bereits in der Intro vermerkt, möchte ich meine Leser von dieser Lernerfahrung profitieren lassen und beschreibe deshalb jeweils die ursprüngliche Installation und danach–deutlich als solche gekennzeichnet–die Optimierungsmaßnahmen einschließlich der Gründe dafür.

Einen weitere Optimierung hat unsere »Sternchen Elektrik« Ende 2013 erfahren, weil sich mir die Möglichkeit bot, zu »günstigen Konditionen« zwei Lithium-Ionen Batterien von der Firma Mastervolt zu verbauen und die entsprechende Ladetechnik dazu zu installieren.
Die Wohnmobil-Elektroanlage sollte auf der Basis von *vier generellen Faktoren* konzipiert werden:
1. Summe des täglichen Stromverbrauches durch interne Verbraucher.
2. Dauer der anzustrebenden Autarkie von externen Stromquellen. (Wer nur mal ein bis drei Tage lang autark sein will und dann wieder Aufenthalte auf einem Campingplatz plant, kann sein Elektrokonzept einfacher gestalten, als wenn lange Perioden ohne externe Stromquelle angestrebt werden).
3. Reisezeit und Reiseziel im ungünstigsten Fall (also Wintercamping im Norden = weniger Input durch Solarzellen, hoher Stromverbrauch durch die Heizung, Licht usw.).
4. Stehen mobile Stromquellen wie Solaranlage, Generator oder Brennstoffzelle zur Verfügung, mit denen Strom-Engpässe ausgeglichen werden können, oder verfügt das Fahrzeug über eine so hohe Batteriekapazität, dass diese auch für längere Standzeiten ausreicht?

Beispiel
Bei unserer Reise nach Marokko im Winter (ca. 20 Grad) brauchen wir für unseren 110 Liter großen Kompressorkühlschrank pro Nacht ca. 20 Ah Strom. Läuft in kalten Nächten zusätzlich noch die Heizung, wobei wir immer mindestens ein Fenster gekippt und die Dachluke leicht geöffnet haben, so kommen für die Heizung weitere 20 Ah hinzu (bei einer Raumtemperatur von 16 bis 18 Grad). Das bedeutet, dass pro Nacht rund 40 Ah verbraucht werden.

An sonnigen Tagen lädt unsere fest montierte Solaranlage von 2 × 100 Wp zwischen 8 bis 12 Ah pro Stunde. Das bedeutet, dass alleine der Verbrauch durch Heizung und Kühlschrank in der Nacht fünf bis sechs Sonnenstunden erfordert, bis die Batterien wieder auf Vorabendniveau geladen sind. Ist das Wetter trüb oder verbraucht man mehr Strom, kann die Bilanz am Ende des Tages negativ ausfallen.

Bei der Konzeption unserer Elektrik strebe ich eine Autarkie von 10 bis 14 Tagen bei günstigen Bedingungen (Sonnenschein, steiler Einfallswinkel in südlichen Gefilden) an. Es ist mir klar, dass sich die Dauer bei ungünstigen Bedingungen–insbesondere bei Einsatz der Heizung–deutlich reduzieren kann. Doch bei ungünstigen Bedingungen–sprich Schlechtwetter–sind wir in der Regel auch geneigt, weiterzufahren.

FEHLER NR. 1 Die Stromaufnahme diverser Verbraucher habe ich unterschätzt. Insbesondere der Stromverbrauch des häufig verwendeten Laptops hat mich mit 7 bis 9 Ah doch sehr verblüfft. Aber auch andere Verbraucher wie Leuchtmittel wurden nicht konsequent im Hinblick auf geringen Stromverbrauch ausgewählt.

FEHLER NR. 2 Einen weiteren Fehler begehe ich bei der fälschlichen Annahme, dass zwei Drittel der nominellen Batteriekapazität zur Verfügung stünden. Bei einer verbauten Batteriekapazität von 300 Ah wären das nach meinen Annahmen 200 Ah. Faktisch ist es allerdings so, dass man die Batterien nicht weiter als bis auf 50% entladen sollte, um deren Lebensdauer und Leistungsfähigkeit nicht nachhaltig zu beeinträchtigen. Ideal wäre also die Entnahme von lediglich einem Drittel der Batteriekapazität. Dementsprechend stünden uns nur 100 Ah zur Verfügung, was einer Reduktion von 50 Prozent der ursprünglich veranschlagten Ladekapazität entspricht.

FEHLER NR. 3 Falsche Konzeption der Batterieladung während der Fahrt durch die Lichtmaschine.

FEHLER NR. 4 Die Solaranlage ist mit 200 Wp tendenziell zu knapp bemessen.

Bei einer nominellen Batteriekapazität von 300 Ah–wie in unserem Fall–sind faktisch nur rund ein Drittel bis 50 Prozent nutzbar, weil nach Verbrauch von rund zwei Dritteln der Kapazität die Spannung unter 12 V fällt und eine weitere Stromentnahme zu einer Tiefentladung der Batterien führen würde. Es stehen somit also nur ca. 100 bis 150 Ah zur Verfügung, die bei einer Negativbilanz von 20 Ah pro Tag nur für fünf bis sieben Tage ausreichen würden. Danach müssten wir entweder über Landstrom oder mit einem Stromerzeuger nachladen oder das Fahrzeug bewegen, sodass die Lichtmaschine zusätzlich die Kofferbatterien lädt.

30 Elektroinstallation ursprüngliches Konzept

Je nach eingesetzten Komponenten bzw. Ladekonzept ist allerdings auch hier nicht mit Geschwindigkeitswundern zu rechnen. In unserem Fall lädt die Fahrzeug-Lichtmaschine bei relativ leeren Batterien mit ca. 14 bis 18 Ampere, geht dann aber relativ schnell auf rund 10 bis 12 A runter. Das bedeutet, dass man 6 bis 8 Stunden fahren muss, um 100 Ah in die Batterien zu schaufeln. Die Ursache dafür liegt im weiter vorne beschriebenen Fehler Nr. 3 begründet, den ich noch detailliert erläutern werde.

In der Praxis hat sich gezeigt, dass unser nachfolgend beschriebenes Stromkonzept unterdimensioniert ist und sich auch einige der eingesetzten Komponenten als suboptimal erwiesen haben. Das heißt nun nicht, dass unser Elektrokonzept nicht funktioniert hätte, sondern dass wir nicht ganz die Leistungsdaten erreichten, die wir in unserem Fahrzeug angestrebt hatten. So zwangen uns auf unserer achtmonatigen Reise leere Batterien mehr als einmal, einen Fahrtag einzulegen, um die Batterien wieder aufzuladen. Das ist kein Drama, aber es drängt sich doch die Überlegung auf, mit welchen Mitteln wir die Strom-Autarkie unseres Fahrzeugs weiter verbessern können. Die Ergebnisse dieser Überlegungen sind in das nachfolgende Kapitel 31 eingeflossen und sollen meinen Lesern helfen, gleich von Anfang an die richtigen Entscheidungen für ihre Fahrzeuge zu treffen.

Man sollte sich all der vorgenannten Faktoren bewusst sein, wenn man sein Stromkonzept plant und Entscheidungen für die Batteriekapazität, die Ladekapazität durch Solarpanels und die Art und Anzahl der Verbraucher im Fahrzeug konzipiert. Alles sollte genau aufeinander abgestimmt sein. Auf den folgenden Seiten wird zunächst meine ursprüngliche Elektroplanung vorgestellt, um dann im darauffolgenden Kapitel 31 die Optimierungsmaßnahmen zu beschreiben, die ich im Frühjahr 2012 und im Winter 2013/2014 an der Elektrik unseres Sternchens vorgenommen habe.

Die Elektroplanung und -installation im Wohnmobil ist kein Hexenwerk, aber ein komplexes Werk, insbesondere dann, wenn man einen 12- oder 24-Volt-Stromkreis mit einem 230-Volt-Stromkreis kombiniert. Dabei gibt es eine Reihe von Sicherheitsvorschriften zu beachten, deren Einhaltung ich jedem Ausbauer wärmstens ans Herz lege. Diese alle hier in meinem Buch niederzuschreiben, würde den Rahmen sprengen und mit jeder Änderung das Verfallsdatum meines Buches beschleunigen. So möchte ich hier mit einigen Internet-Links zumindest auf die gängigen Vorschriften hinweisen und die wichtigsten Inhalte im Verlaufe der Beschreibung meiner Elektroinstallation benennen und erläutern.

Das soll aber niemanden von der eigenen Verantwortung entbinden, sich um die geltenden Richtlinien zu kümmern, zumal die auch von Land zu Land verschieden sein können und gerade im Zuge der europäischen Vereinheitlichung einem stetigen Wandel unterworfen sind.

So muss ich hiermit jegliche Haftung für Schäden ausschließen, die durch die Umsetzung meiner Tipps und durch den unsachgemäßen Nachbau an Mensch und Material entstehen können. Ich empfehle auch erfahrenen Selbstausbauern, die Elektroinstallation möglichst schon in der Planungsphase von einem Fachmann prüfen zu lassen und dies vor der Inbetriebnahme der fertigen Installation zu wiederholen.

Unter dem nachfolgenden Link hat der TÜV die wichtigsten technischen und rechtlichen Richtlinien und Regelungen für Wohnmobile zusammengefasst. www.wohnmobiltips.de/pdf/TUEVinfoblatt.pdf. Allerdings verweist auch der TÜV in Sachen Elektroinstallation auf die gängigen VDE-Richtlinien, die aber nicht näher genannt werden, weil der VDE diese wohl nicht so gerne unentgeltlich preisgibt.

30.2 Sicherheitsrichtlinien für das 230-V-Stromnetz im Wohnmobil

Für Wohnmobile gelten folgende VDE-Bestimmungen: VDE 0100-721, VDE 0100-708 und VDE 0100-754. Die wichtigsten darin enthaltenen Punkte sind:

- Das 230-V-Stromnetz muss durch einen FI-Schutzschalter mit 30 mA Nennfehlerstrom abgesichert sein.
- 230-V-Verbindungen und Verteiler müssen in Feuchtraum-Verteilerdosen installiert werden.
- 230-V-Kabel dürfen nicht zusammen mit 12- bzw. 24-V-Kabeln im gleichen Kabelkanal verlegt werden.
- Die 230-V-Kabelenden müssen mit Aderendhülsen versehen werden, wenn Litzekabel eingesetzt werden.
- Als Einspeiseleitung zur CEE-Steckdose darf nur flexible Gummischlauchleitung H07RN-F 3G 2,5 (3 × 2,5 qmm Cu) oder besser, maximal 25 m lang, verwendet werden. Kürzere Leitungen sind zulässig, nicht aber weitere Verlängerungen.
- Als Eingangsstecker ist ein CEE-Gerätestecker nach DIN 49 462 T2 (Cekon-Stecker) vorgeschrieben. Ein Potenzialausgleich muss mit mindestens 4 mm² flexibel grün/gelb zwischen dem Schutzleiter und metallischen Teilen des Fahrzeugchassis hergestellt werden.
- Die interne Verkabelung muss mit mindestens H07V-K1,5 oder H07RN-F 3G 1,5 (3 × 1,5 qmm Cu) erfolgen.
- Lampenfassungen für 12 V und 230 V müssen unverwechselbar sein.
- Sind nach dem Wechselrichter 230 V-Steckdosen fest installiert, muss zwischen Wechselrichter und diesen Steckdosen ein weiterer FI-Schutzschalter verbaut werden.

30 Elektroinstallation ursprüngliches Konzept

30.3 Mein ursprüngliches Elektrokonzept

Als ersten Schritt bei der Elektroplanung sollte man auf Basis der Grundrissplanung die einzelnen Verbraucher in den Grundriss einzeichnen, um damit auch die Art und Anzahl der zu verlegenden Kabel zu definieren.

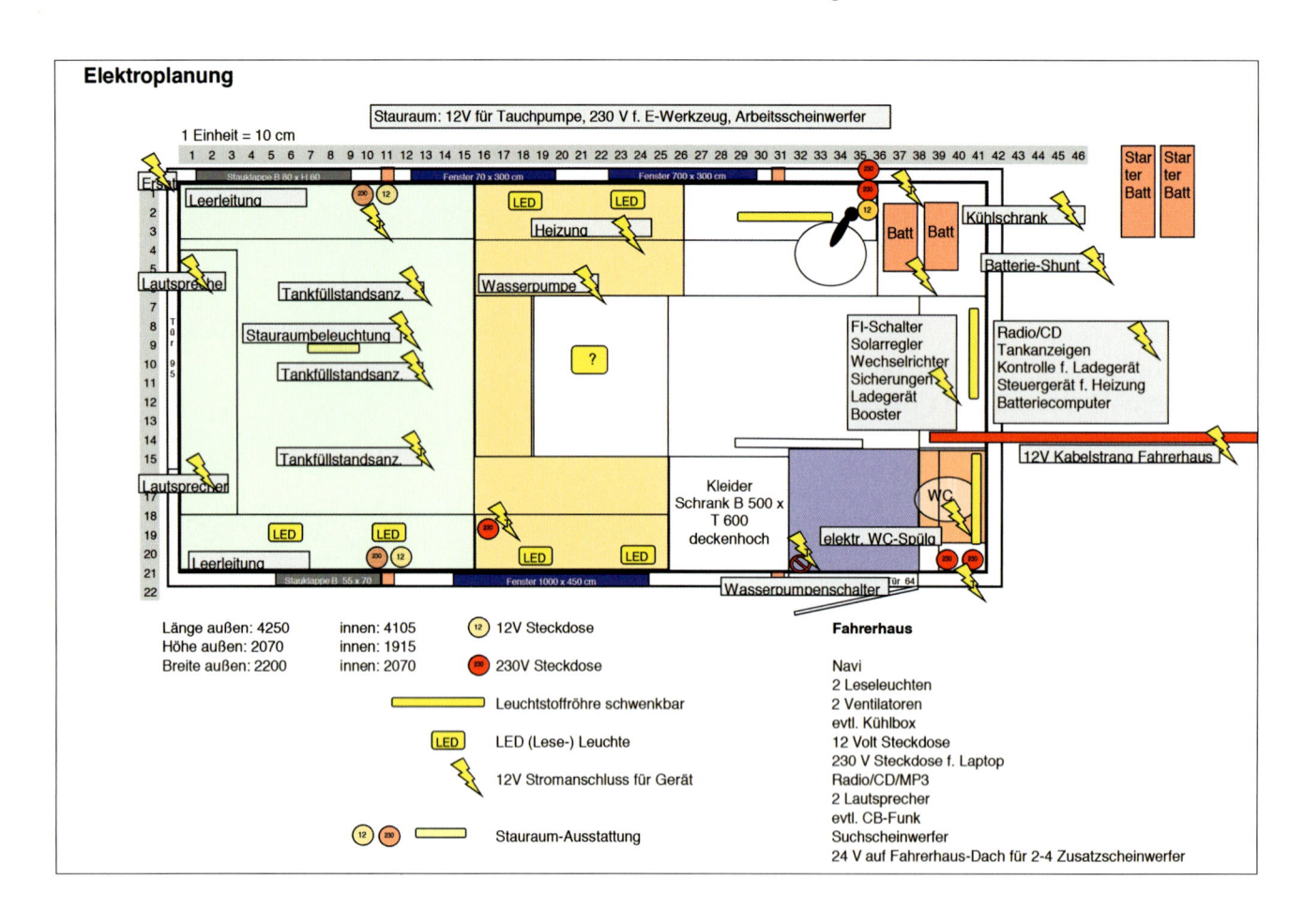

Elektroplanung

Stauraum: 12V für Tauchpumpe, 230 V f. E-Werkzeug, Arbeitsscheinwerfer

1 Einheit = 10 cm

Länge außen: 4250 innen: 4105
Höhe außen: 2070 innen: 1915
Breite außen: 2200 innen: 2070

- (12) 12V Steckdose
- (230) 230V Steckdose
- ▬ Leuchtstoffröhre schwenkbar
- LED (Lese-) Leuchte
- ⚡ 12V Stromanschluss für Gerät
- (12)(230) ▬ Stauraum-Ausstattung

Fahrerhaus

Navi
2 Leseleuchten
2 Ventilatoren
evtl. Kühlbox
12 Volt Steckdose
230 V Steckdose f. Laptop
Radio/CD/MP3
2 Lautsprecher
evtl. CB-Funk
Suchscheinwerfer
24 V auf Fahrerhaus-Dach für 2-4 Zusatzscheinwerfer

30.4 Erste konzeptionelle Überlegungen

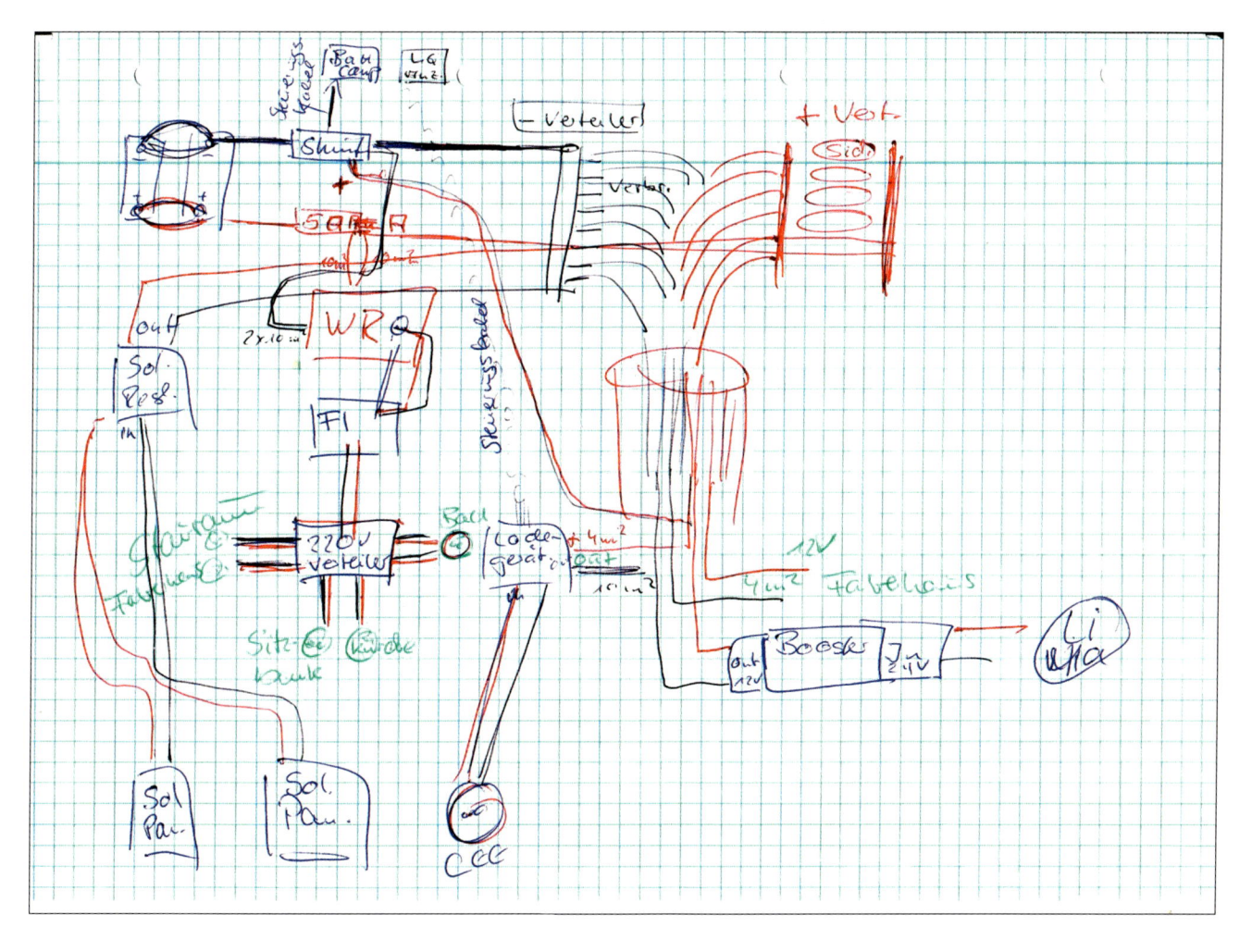

Alles klar?

Diese Skizze war eine der ersten zur Darstellung der benötigten Komponenten und deren Zusammenspiel. Auf den nachfolgenden Seiten versuche ich etwas Licht ins Dunkel oder Ordnung in die Wirren der Skizze zu bringen. Dabei habe ich den Stromlaufplan zur besseren Orientierung in zwei unterschiedliche Ebenen aufgeteilt, da alles in einer Ansicht doch sehr unübersichtlich erscheint:

1. Strom-Input
2. Strom-Output

30 Elektroinstallation ursprüngliches Konzept

30.5 Stromlaufplan Strom-Inputseite

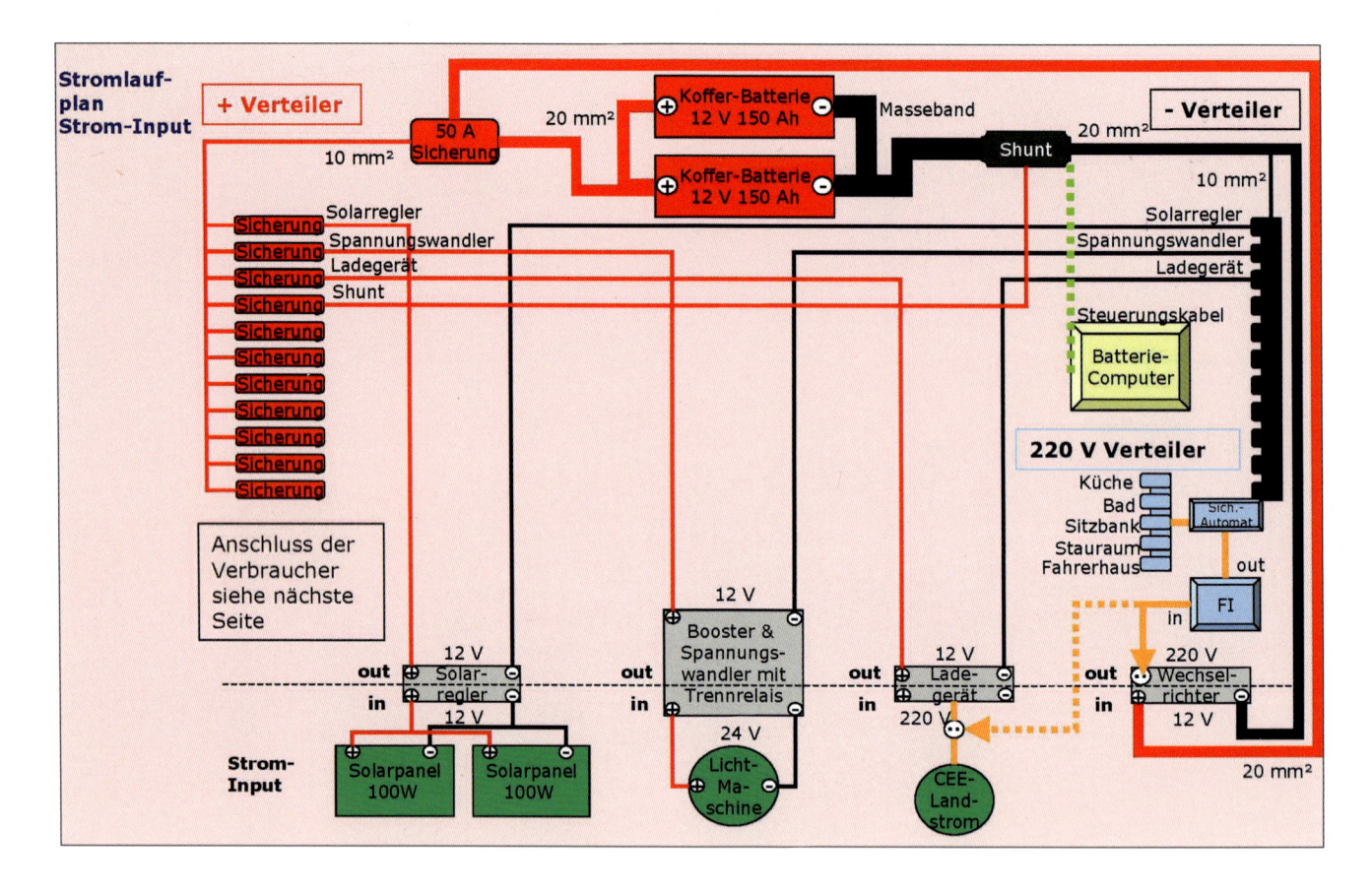

30.6 Stromlaufplan Strom-Outputseite

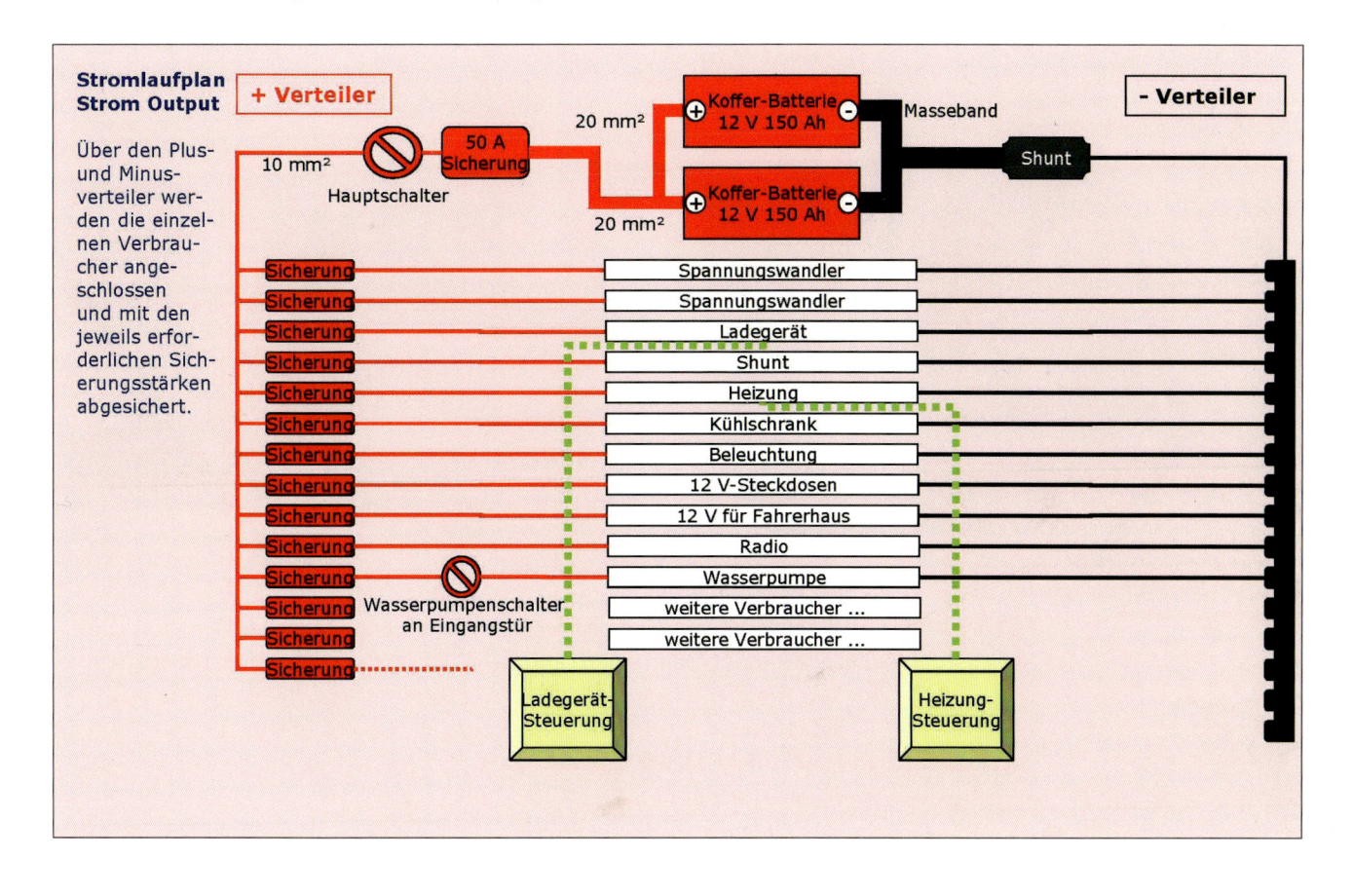

Stromlaufplan Strom Output

Über den Plus- und Minusverteiler werden die einzelnen Verbraucher angeschlossen und mit den jeweils erforderlichen Sicherungsstärken abgesichert.

+ Verteiler

- 10 mm²
- Hauptschalter — 50 A Sicherung
- 20 mm² → Koffer-Batterie 12 V 150 Ah
- 20 mm² → Koffer-Batterie 12 V 150 Ah
- Masseband
- Shunt
- **− Verteiler**

Sicherungen zu:
- Spannungswandler
- Spannungswandler
- Ladegerät
- Shunt
- Heizung
- Kühlschrank
- Beleuchtung
- 12 V-Steckdosen
- 12 V für Fahrerhaus
- Radio
- Wasserpumpe (Wasserpumpenschalter an Eingangstür)
- weitere Verbraucher ...
- weitere Verbraucher ...

Ladegerät-Steuerung

Heizung-Steuerung

30 Elektroinstallation ursprüngliches Konzept

30.7 Elektrikzentrale im Podest vor dem Durchstieg

Leicht zugänglich über eine nach oben zu öffnende Klappe finden sämtliche Elektrikkomponenten einen zentralen Platz im Podest vor dem Durchstieg:

1. Solarregler
2. FI-Schalter
3. Landstrom-Steckdose
4. Wechselrichter 1,5 kW
5. Verteilerleiste mit Sicherungen
6. 12 V-Ladegerät für die Aufbaubatterien
7. Booster = Spannungswandler von 24 V auf 12 V
8. Drei isolierte Wasserleitungen, die zum Bad (warm und kalt gefiltert) bzw. WC führen (kalt, ungefiltert), die allerdings nicht zur Elektrik gehören.

CEE-Steckdose mit Sahara-Sand-Füllung

30.8 Erläuterung der Strom-Inputseite

Auf der Strom-Input-Seite des Stromlaufplanes werden zunächst sämtliche Komponenten erfasst, die Strom ins Fahrzeug bringen und verteilen. Natürlich sind auch diese Stromquellen (teilweise) Stromverbraucher, weshalb sie sich auch auf Seite zwei der Stromverbraucher wiederfinden.

Strom kommt über drei verschiedene Wege ins Fahrzeug:

1. CEE-Landstrom-Steckdose: An dieser Steckdose wird über einen CEE-Stecker Landstrom zugeführt – beispielsweise am Campingplatz.
2. Lichtmaschine: Die Fahrzeug-Lichtmaschine lädt nicht nur die Starterbatterien, sondern auch die Kofferbatterien. Da sie mit 24 V lädt, muss ein Spannungswandler – ein sogenannter Booster – den Strom auf 12 V heruntertransformieren.

3. Solarpanels: Zwei Solarmodule mit einer Leistung von jeweils 100 Wp versorgen über den Solarregler die Koffer-Batterien. Eine Ladung der Starterbatterien ist nicht vorgesehen, weil dafür der Solarregler zusätzlich über einen 24-V-Ausgang verfügen müsste und die Module in Reihe geschaltet sein müssten, damit sie Strom mit einer Spannung von 24 Volt erzeugen. Wohl wissentlich, dass die Solaranlage mit 200 Wp nicht gerade überdimensioniert ist, verzichte ich auf die Montage eines dritten Solarpanels, weil ich mir die Dachfläche hinten für die Betätigung meines Krans als Ersatzrad- und Motorrad-Lift freihalten will. Außerdem steht für mich immer noch der Wunsch im Raum, eine ausreichend große Dachfläche für den Transport von Reifen o.ä. frei zu halten. So bleibt der Raum auf dem Dach lange Zeit ungenutzt. Die schrittweise Optimierung der Solaranlage wird im Kapitel 31.3 erläutert.

BEZUGSQUELLE

Solar-Komplettanlage
WWW.REIMO.COM

PREIS
Ca. € 1.200,– (2008); die Preise für Solarpanels sind in den vergangenen Jahren drastisch gesunken, sodass eine Solaranlage heute deutlich weniger kostet.

30.9 Montage der Solaranlage

Beginnen wir mal von oben nach unten und steigen mit dem Thema »Solarpanels« ein. Ich habe auf dem Dach 2-×-100-Watt-Solarpanels von Carbest verbaut. Das Gesamt-Ensemble gab es 2008 zum Aktionspreis.

Typ: Carbest-Solarsystem CB 200, 2 × 100 Wp, inklusive Laderegler, Kabel, Kabeldurchführung, Halter und Dachspoiler. Die Verklebung der Solarpanels auf dem Dach wird detailliert im Kapitel 20 »Befestigungstechnik« im Rahmen der Verarbeitungshinweise für den Umgang mit PU-Kleber erläutert.

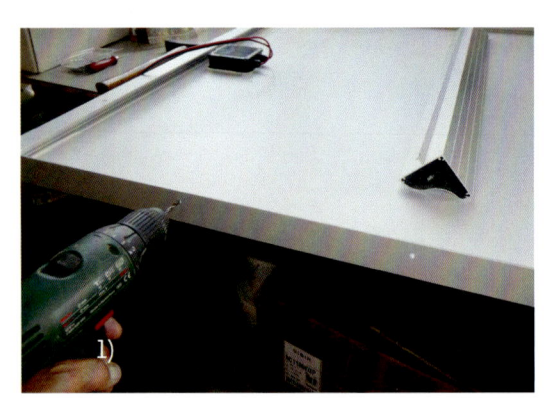

30 Elektroinstallation ursprüngliches Konzept

1) Vorbereitung der Solarpanels: Löcher bohren
2) Mit dem Druckluft-Nieter werden die Panels auf die Halter genietet. So schraubt sie mir schon keiner vom Dach

Die Anschlüsse der Solarpanels im Solarregler; daneben der FI-Schutzschalter und die Landstrom-Steckdose

Solarregler
Die Kabel der Solarzellen führen direkt zum Solarregler und werden dort, wie auf dem Bild erkennbar, angeschlossen. Der Solarregler selbst wird wie jeder andere Verbraucher auch an der Plus- und Minusseite der Verteilerleiste angeschlossen und mit 16 bis 20 A abgesichert.

ACHTUNG Der Solarregler wurde im Zuge der Optimierung meines Elektrokonzeptes getauscht (siehe Kapitel 31.3)

30.10 Booster–Spannungswandler 24/12 V
Um die Ladekapazität der Lichtmaschine für die Ladung der Aufbaubatterien nutzen zu können, muss diese von 24 auf 12 V transformiert werden. Diese Funktion übernimmt ein Booster (im Bild rechts das blaue Gerät oben)

ACHTUNG Dieses Bauteil und seine Installation wurden im Zuge des optimierten Elektrokonzeptes verändert, siehe Kapitel 31.4

BEZUGSQUELLE

Booster
WWW.REIMO.COM

PREIS
Motormate DC-DC Power Converter Input 20–30 V, Output 13,8 V: € 75,– (2008)

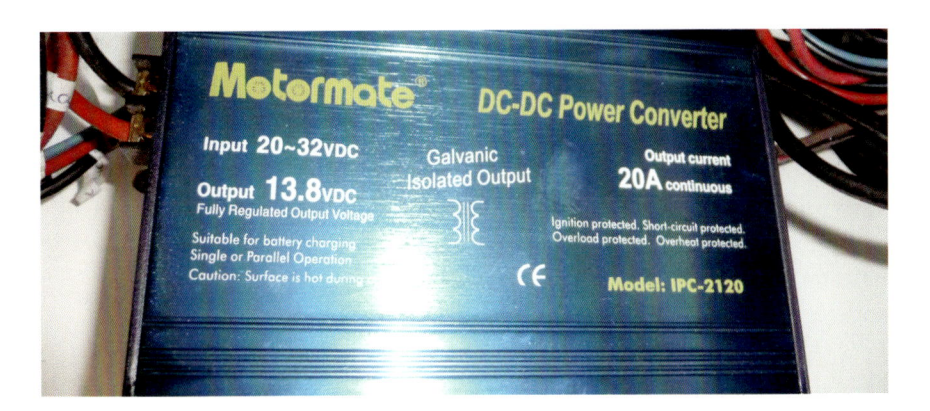

30.11 Zuführung des Landstroms

Damit endlich mal wieder ein Loch in die Außenwand kommt, führe ich den Landstrom auf der Fahrerseite ins Batteriefach. Auch wenn es mittlerweile das zigste Loch in der Wand, der Decke oder dem Boden ist, tut es doch immer noch weh, den Topfbohrer auf dem Lack aufzusetzen und »abzudrücken«. Nur Barbaren kann so etwas Genuss bereiten.

CEE-Steckdose mit Sahara-Sand-Füllung

30.12 12-V-Batterieladegerät

Als Ladegerät kommt ein Computer-Lader von Mobile Technology mit der Bezeichnung MT 1225 (12 V, 25 A) zum Einsatz. Er verfügt über ein kabelgebundenes Ferndisplay. Kontrollleuchten zeigen den Aktionsstatus an. Optimierungspotenzial dazu findest Du im Kapitel 31.6.

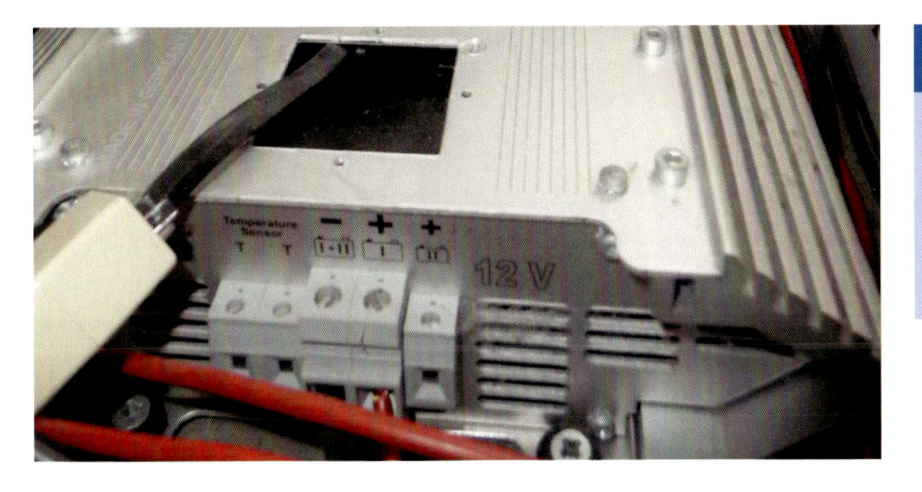

BEZUGSQUELLE

12-Volt-Batterieladegerät
WWW.REIMO.COM

PREIS
Mobile Technology MT 1225: € 429,– (2008)

30.13 Batterien und Stromspeicher-Komponenten

Die beiden 150-Ah-AGM-Batterien werden auf der Plus-Seite mit je zwei 50-mm²-Kabeln parallel geschaltet, also Pluspol mit Pluspol verbunden und Minuspol mit Minuspol, sodass am Ende immer noch 12 V ankommen. Die Kabel münden an der 50-A-Hauptsicherung. Von da führt eine 50 mm² Leitung

30 Elektroinstallation ursprüngliches Konzept

> **BEZUGSQUELLE**
>
> **Batteriecomputer**
> WWW.REIMO.COM
>
> **PREIS** Votronic LCD Batteriecomputer 200 A: € 245,– (2008)

zur Plusseite des Sicherungsblocks, wo die Verbraucher mit den jeweils erforderlichen Sicherungen abgesichert werden. Ich hatte ursprünglich dünnere Kabel verwendet, habe aber gelernt: Idealer Kabelquerschnitt in mm² = Amperezahl geteilt durch drei.

ACHTUNG Damit die Batterien gleichmäßig geladen bzw. belastet werden, sollte man die Verbraucher nicht am Plus- und Minuspol ein und derselben Batterie anschließen, sondern am Pluspol der einen und am Minuspol der anderen Batterie. Siehe dazu auch das Kapitel 31.14 »Batterien«.

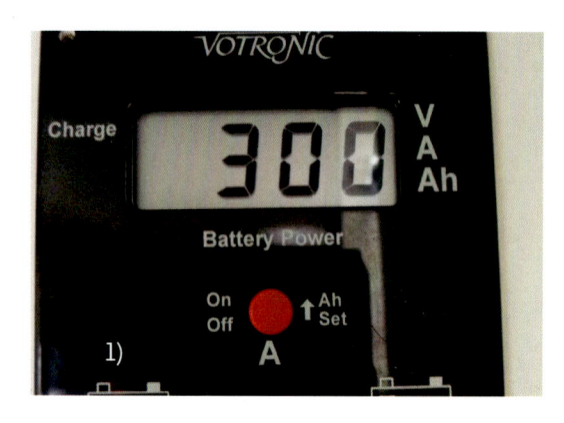

1) Batteriecomputer
2) Das Masseband verbindet die Minuspole mit dem Shunt.

Die Minuspole werden mittels eines breiten Massebandes zum Shunt geführt, wo sämtliche ein- und ausgehenden Ströme gemessen werden. Der Shunt ist über ein Steuerungskabel mit dem Batterie-computer verbunden, der über den aktuellen Ladezustand der Batterien, den aktuellen Stromverbrauch bzw. Ladestrom sowie über die Spannung der Batterien informiert. Auch wenn der Batteriecomputer nicht ganz billig ist, so hat er sich doch als eine äußerst sinnvolle Einrichtung erwiesen, weil nur so der Ladezustand der Batterien erkannt und entsprechende Maßnahmen zur Ladung von leeren Batterien getroffen werden können. Außerdem ist es höchst interessant zu sehen, wie viel Strom die einzelnen Geräte verbrauchen und was auf der Habenseite durch Solarpanels, Booster oder externe Stromquellen an Strom generiert wird. So trägt der Batteriecomputer auch zu einem bewussteren Umgang mit dem knappen Gut »Batteriekapazität« bei.

> **BEZUGSQUELLE**
>
> **Wechselrichter**
> WWW.REIMO.COM
>
> **PREIS** Carbest Power Inverter PSI 1500: € 349,– (2008)

30.14 Wechselrichter

Beim Wechselrichter kann man viel Geld ausgeben oder auch sparen – manchmal aber auch am falschen Ende. Ich entschied mich nach vielen Überlegungen mit dem Carbest Power Inverter PSI 1500 für die Sparlösung. Von seinen Leistungsdaten sollte er unseren Anforderungen genügen, bringt er doch eine Dauerleistung von 1500 W bei kurzzeitigen Spitzen von bis zu 4500 W. Mit einem Preis von € 349,– kostet er rund € 500,– bis € 1.000,– weniger als High-End-Geräte mit vermeintlich vergleichbarer Leistung.

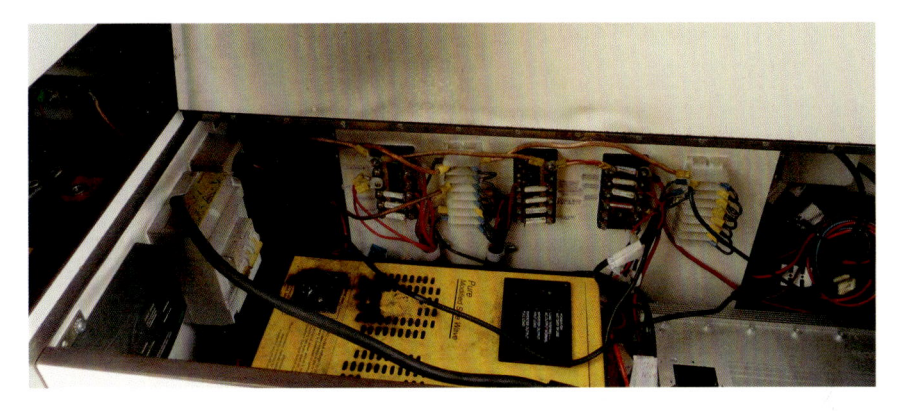

Der abgefackelte Wechselrichter hätte uns beinahe das gesamte Auto gekostet.

230-V-Strom muss immer durch einen FI-Schalter abgesichert werden.

Leider hätte diese Entscheidung beinahe den Totalverlust unseres Fahrzeugs bedeutet. Nachdem der Wechselrichter bereits einige Wochen lang zuverlässig seinen Dienst getan hatte, ist er während unserer Testreise nach Marokko in Nordspanien beim Fahren in Brand geraten, obwohl er ausgeschaltet war. Der Brandgeruch drang durch den Durchstieg ins Fahrerhaus (so hat sich unser Durchstieg bereits voll und ganz bezahlt gemacht!). Bis ich angehalten hatte und in die Kabine geklettert war, hatten sich schon dichte Rauchschwaden gebildet, und aus dem Wechselrichter im Podest züngelten die Flammen. Der Schaden sah zunächst schlimmer aus, als er letztendlich war.

Der Wechselrichter war zwar zusammengeschmolzen, aber weitere Elektrik-Komponenten wurden nicht in Mitleidenschaft gezogen. Lediglich das Möbelholz im E-Podest war angerußt, und im ganzen Fahrzeug roch es noch tagelang nach verbranntem Kunststoff. Noch von Spanien aus sandte ich den Wechselrichter zurück zu Intercamp, die ihn beim Hersteller reklamierten. Alles in allem hatten wir Glück im Unglück und behalfen uns für den Rest der Reise mit einem mobilen 200 Watt Wechselrichter aus dem Auto-Zubehör-Bereich. Ich empfehle jedem Langzeitreisenden, ein solches Kleingerät als Notfall-Inverter im Gepäck zu haben. Welches Ersatzgerät mittlerweile zum Einsatz gekommen ist, beschreibe ich weiter hinten in Kapitel 31.5.

TIPP Falls man einen Inverter (Wechselrichter) ohne Netzvorrangschaltung einsetzt, wie ich das in meinem ursprünglichen Konzept tat, empfiehlt es sich, dass es im Fahrzeuginneren für den Landstrom nur eine einzige Steckdose gibt. In die wird der Stecker des FI-Schutz-schalters gesteckt, wenn die Versorgung mit Landstrom gegeben ist. Werden 230 V über den Wechselrichter erzeugt, wird der FI-Stecker mit dem Wechselrichter verbunden. Damit wird sichergestellt, dass der 230-V-Strom immer vom FI-Schutzschalter abgesichert ist. Um unabhängig von Landstrom eine 230-V-Spannung im Fahrzeug bereitzu-halten (beispielsweise, um einen Föhn oder leistungsfähiges Werkzeug zu betreiben).

30 Elektroinstallation ursprüngliches Konzept

30.15 FI-Schutzschalter

Der 230-V-Strom muss über einen FI-Schalter abgesichert werden. Wie im Tipp weiter vorne bereits erläutert, sollte entweder ein Inverter mit Netzvorrangschaltung verbaut oder – wie ich es gemacht habe – nur eine einzige 230-V-Steckdose für den Landstrom eingebaut werden, damit sichergestellt ist, dass der 230-V-Strom immer vom FI-Schalter abgesichert ist.

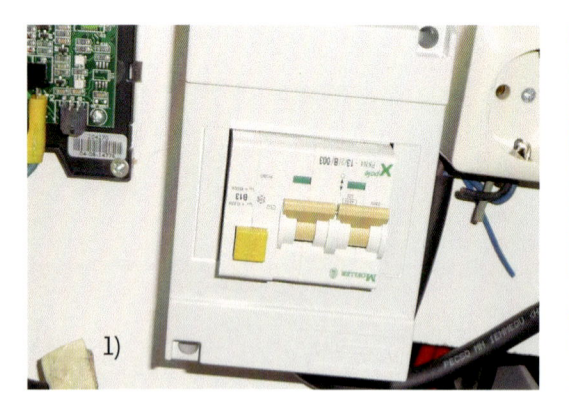

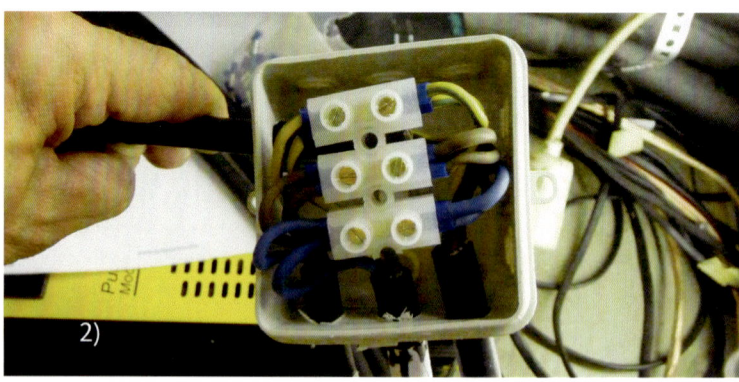

1) Die 230 V Installation muss mit einem FI-Schutzschalter abgesichert werden.
2) 230-V-Verteiler müssen in Feuchtraum-Verteilerdosen verschwinden.

30.16 Steckdosen für 12-V- und 230-V-Installation

Wie bereits erläutert, dürfen 230-V-Kabel nicht in den selben Kabelkanälen verlegt werden wie 12-V-Kabel. Deshalb verbaue ich zwei separate Kabelkanäle für das 12-V- und das 230-V-Stromnetz.

Ebenso sollen in der Küche sowohl zwei 230-V-Steckdosen als auch eine 12-V-Steckdose installiert werden. Da ich alle aus einer Optik haben möchte und besonders die 12-V-Womo-Steckdosen unter Design-Gesichtspunkten eher eine Beleidigung für ein ästhetisch halbwegs anspruchsvolles Auge darstellen, kaufe ich im Baumarkt eine Dreifachdose und baue die unterste zu einer 12-V-Steckdose um (siehe Bild auf der rechten Seite).

Auch im Bad installiere ich zwei 230-V-Steckdosen. Allerdings sei hier angemerkt, dass dies angeblich nicht VDE-richtlinienkonform ist, weil im Bad wohl kein 230-V-Strom verlegt sein darf. Aber wo, bitteschön, soll ich mich elektrisch rasieren, wenn nicht im Bad?

30.17 Plus- und Minus-Verteilerleiste

Den Bau der Verteilerleiste mit herkömmlichen Sicherungen im Podest habe ich bereits bereut. Durch den Verzicht auf ein Sicherungspanel mit Kontrollleuchten habe ich die Sicherungen leider nicht im Blick und erkenne manchmal erst zu spät, wenn mal eine Sicherung durchgebrannt ist – so geschehen beim Solar-Laderegler, was einem erst dann auffällt, wenn die Ladung der

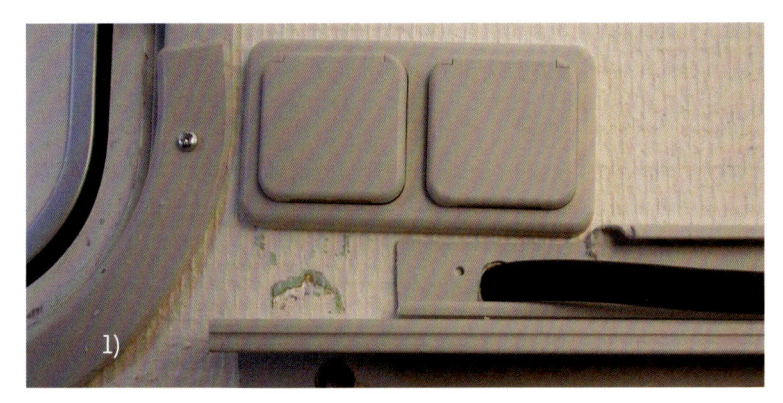

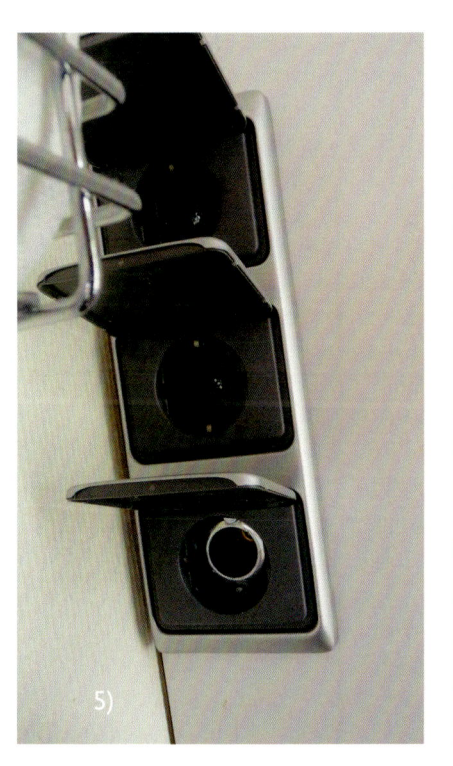

1) Auf beiden Seiten des Stauraums habe ich sowohl 12-V- als auch 230-V-Dosen installiert.
2) Unter der Sitzbank auf der Beifahrerseite sind ebenfalls zwei 230-V-Steckdosen installiert
3) 230 V auch in der Küche
4) Im Bad befinden sich zwei 230-V-Steckdosen.
5) Überraschung: In die unterste Dose ist eine 12-V-Dose eingebaut.

30 Elektroinstallation ursprüngliches Konzept

Kofferbatterien erstaunlich stark abnimmt. Dann hat man aber vielleicht schon ein bis zwei Tage Sonnenschein verpasst, was den gesamten Stromhaushalt durcheinanderbringen kann.

Außerdem muss ich gestehen, dass die Umsetzung der Stromverteilung in der hier gezeigten Art und Weise sowohl unter ästhetischen als auch funktionalen Gesichtspunkten nicht gerade den letzten Stand der Technik repräsentiert und den Erbauer aus Sicht eines Profis eher zum Dilettanten abstempelt. Meine Stümperhaftigkeit lässt sich in diesem Fall nur dadurch rechtfertigen, dass die Verkabelung einer der letzten Akte vor unserer Abreise war und wir endlich los kommen wollten. Wäre mir zum damaligen Zeitpunkt schon klar gewesen, dass ich einmal ein Buch über den Ausbau schreiben würde, dann hätte ich mir sicherlich etwas mehr Mühe gegeben. Umso mehr gilt es im Rahmen der Elektro-Optimierung diesen Schandfleck auszumerzen und dabei auch gleich die Leitungsführung für kritische Augen etwas gefälliger zu gestalten (siehe optimierte Elektroinstallation im nachfolgenden Kapitel 31).

30.18 Anschließen sämtlicher Verbraucher

Alle anderen Verbraucher werden – wie die Lampen – gemäß ihrer Einbauanleitung über die beiden Plus- und Minus-Verteilerblöcke angeschlossen und abgesichert. Die Absicherung muss nicht pro Gerät vorgenommen werden, sondern es können z. B. die Leuchten in einem Stromkreis zusammengefasst werden. Allerdings sollte man sich darüber im Klaren sein, dass damit die Fehlersuche umso mehr erschwert wird, je mehr Verbraucher an einem Stromkreis hängen. Bei den größeren Geräten wie Heizung, Kühlschrank usw. ist jedoch eine einzelne Absicherung erforderlich, schon alleine deshalb, weil die Geräte mit unterschiedlichen Sicherungsstärken abgesichert werden.

Wichtig: Wasserpumpenschalter an der Eingangstür!

Lediglich die Wasserpumpe erfährt noch eine Sonderbehandlung, weil sie einen separaten Schalter im Eingangsbereich erhält. Denn es empfiehlt sich, die Wasserpumpe *immer* beim Verlassen des Fahrzeugs und auch während der

Fahrt und über Nacht auszuschalten. Denn sollte sich mal ein Schlauch oder eine Verbindung lösen oder ein Bauteil undicht werden, würde die Wasserpumpe munter vor sich hin pumpen, bis der Tank leer wäre – und danach dann selbst trocken laufen und früher oder später den Geist aufgeben.

30.19 Stromversorgung der Zusatzgeräte im Fahrerhaus durch die Kofferbatterien

Um zu vermeiden, dass ein eingeschaltetes Gerät im Fahrerhaus die Starterbatterien leert, beschließe ich, sämtliche Zusatzgeräte im Fahrerhaus (wie Garmin-GPS-Gerät, Laptop, Leuchten, Lüfter, eventuell mobile Kühlbox usw.) aus den Aufbaubatterien zu versorgen. Damit gibt es auch keinen Grund, die Starterbatterien via Solarzellen zu laden, da sie im Ruhezustand nicht benötigt werden. Bei längeren Standzeiten trenne ich sie komplett via »Nato-Knochen« vom Stromnetz.

Ein weiterer Grund für diesen Schritt ist die Tatsache, dass der Lkw-Stromkreis 24 Volt führt, der Koffer aber nur 12 V. (Eine Erläuterung der Gründe für 12 V findet sich in Kapitel 23 »vorbereitende Elektroinstallation«.) Dazu habe ich im Podest, wo die elektrischen Versorgergeräte im Koffer untergebracht

1) Endlich mal wieder ein Loch im Boden: diesmal für die Kabeldurchführung zum Fahrerhaus
2) Im Waschmaschinenschlauch geht es für alle Kabel am Fahrzeugrahmen entlang in Richtung Fahrerhaus.

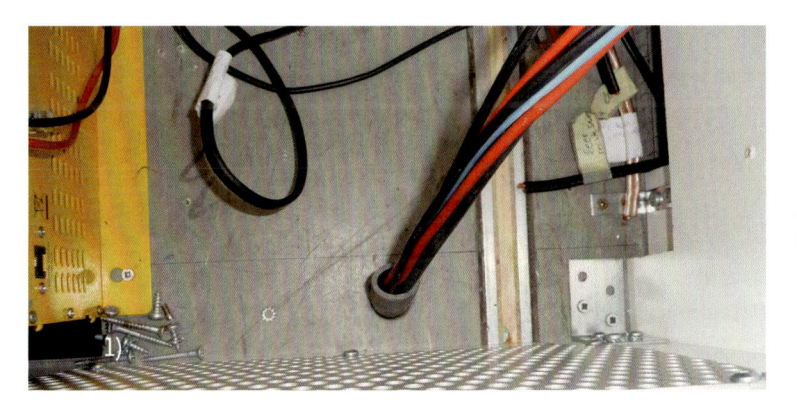

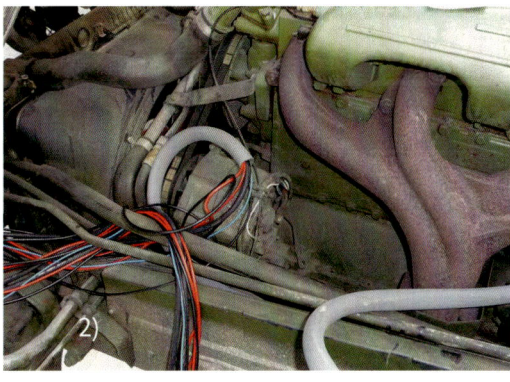

30 Elektroinstallation ursprüngliches Konzept

Aufgrund des Kippfahrerhauses ist der direkte Weg vom Koffer ins Fahrerhaus nicht möglich.

BEZUGSQUELLE

Radiogerät für das Fahrerhaus
WWW.AUDIO-TEAM.DE

PREIS Radio/MP3-Player Alpine Media Receiver iDA X200: ca. € 200,–(2008)

sind, ein Loch in den Boden gebohrt, sämtliche Kabel für das Fahrerhaus in einem Waschmaschinenschlauch gebündelt und durch das Loch entlang dem Fahrzeugrahmen nach vorne zum Fahrerhaus geführt.

Erfreulicherweise gibt es da noch viele unbelegte Kabeldurchführungskanäle, mit denen ich mir einen Weg ins Fahrerhaus bahne, um sie dort dann dahin zu verlegen, wo sich später die Verbraucher befinden werden.

30.20 Musikanlagen für Fahrerhaus und Wohnaufbau

Als Radio kommt ein Alpine Media Receiver iDA X200 ohne CD-Player zum Einsatz, denn normalerweise benötigen CD-Laufwerke eine waagerechte oder nur leicht geneigte Einbaulage. Da mein Radio fast senkrecht steht, wäre ein defektes CD-Laufwerk eine schnelle Folge davon. Da wir außerdem planen, in staubige Länder zu fahren, ist ein CD-Laufwerk nach Aussagen meines Beraters, Herrn Weiß, vom Audio-Team in Ismaning, wenig sinnvoll, weil die Laseroptik des Systems zu schnell verschmutzen und das CD-Laufwerk damit unbrauchbar würde. Das Radio-Gerät hat einen USB-Anschluss und eine sehr bedienerfreundliche Menüführung, sodass man sich relativ schnell in der Ordnerstruktur eines USB-Sticks zurechtfindet.

Als Lautsprecher verbaue ich im Fahrerhaus das Audio-System X-ION 165, ein 2 × 140/100-W-2-Wege-System in den Türen, die mit separaten Hochtönern hinter dem Kopf einen besseren Raumklang erzeugen. Da die Lautsprecher auf Fußhöhe in den Türen sitzen, hätten hohe Töne kaum die Chance, jemals ans Ohr zu gelangen, insbesondere auch deshalb, weil das 6-Liter-Dieselaggregat unter uns ein gehöriges Wörtchen mitzureden hat.

So legen wir auf weitere Hi-Fi-Qualitäten keinen besonderen Wert, weil diese sowieso nur dann wirksam würden, wenn das System dauerhaft auf Gehörschaden-Niveau liefe. Auf unseren langen Fahrten durch Marokko und die

Westsahara verzichteten wir häufig auf jegliche Beschallung, was hin und wieder auch mal den Vorteil hatte, dass sich anbahnende Reifenplatten akustisch bemerkbar machen konnten.

Autoradio mit CD-Player für den Wohnaufbau

Im Aufbau verbaue ich ein Pioneer-Autoradio DEH-P 6000 UB mit CD-Player. Hier ist die Einbaulage waagrecht und die Staubbelastung weit weniger ausgeprägt, sodass ein CD-Laufwerk hier wohl keinen Schaden nimmt.

Shit happens: Beim Einbau der Lautsprecher ist mir ein kleiner Fauxpas unterlaufen, denn ich habe nicht bedacht, dass die Abdeckgitter für die Lautsprecher circa 3 cm stark auftragen. Ich hätte diese 3 cm also beim Möbelbau berücksichtigen und die seitlich danebenliegende Klappe entsprechend schmaler ausführen müssen, damit sie trotz der Lautsprecherblenden noch geöffnet werden kann. Der Möbelbau ist aber viel früher erfolgt, und so muss ich wohl oder übel auf die Originalgitter verzichten und kann die Lautsprecher lediglich mit dünnen Lochblechplatten verkleiden.

1) In die vordere Konsolenplatte baue ich je eine 12-V- und eine 230-V-Steckdose ein. Damit werden Laptop und Garmin-GPS-Gerät betrieben.
2) Radiogerät ohne CD-Player, aber mit USB-Anschluss
3) Hochtöner auf Ohrhöhe im Fahrerhaus
4) Tür-Einbaulautsprecher mit erotischen Feinstrumpfhosen als Staubschutz überzogen; erste Laufmaschen zeugen von heftigem Gebrauch.
5) Lautsprecher im Deckenkasten – beim Möbelbau habe ich leider vergessen, für die Originallautsprechergitter Platz zu lassen.
6) Radio mit CD-Player und USB-Anschluss im Koffer

30 Elektroinstallation ursprüngliches Konzept

BEZUGSQUELLE

Drahtlose Rückfahrkamera
CONRAD ELECTRONIC

PREIS € 249,– (2008)

30.21 Installation der Rückfahrkamera

Um eine lange Leitung vom Fahrzeugheck ins Fahrerhaus zu vermeiden, wähle ich die funkgesteuerte »Farb-TFT-Rückfahr-Kamera« von Conrad Electronic. Leider überzeugt mich die Technik nicht wirklich, weil die Qualität des übertragenen Bildes häufig sehr schlecht ist oder die Verbindung ganz ausfällt. Oft lässt einen die Kamera im Unklaren, was sich hinter dem Fahrzeug abspielt, während sie Bilder von in der Nähe gelegenen Hotelhallen zeigt oder die Sendung eines subalternen TV-Programmes auf den Bildschirm spielt. Das ist bedauerlich, und so werde ich mich über kurz oder lang nach einer kabelbetriebenen Lösung umsehen und kann jedem Leser nur empfehlen, die Finger von wireless-Kameras zu lassen.

Deshalb wurde die Conrad Anlage mittlerweile durch eine kabelgebundene Rückfahrkamera von Kemax ersetzt. Die versieht ihren Job deutlich besser, was einmal mehr beweist, dass nicht alles, was wireless angeboten wird, auch tatsächlich etwas taugt.

30.22 Grundsätzliche Überlegungen zum Thema Kühlbox, Kühlschrank, Kompressor- oder Absorbergerät

Die Entscheidung über einen Absorber- oder Kompressorkühlschrank sollte man vorzugsweise davon abhängig machen, wie man reisen möchte. Steht man weitgehend auf dem Campingplatz mit Landstrom-Zugang, so ist die Kühlleistung eines Absorberkühlschranks im 230-V-Betrieb hervorragend. Der gelegentliche Betrieb mit Gas macht flexibel. Dauerbetrieb mit Gas wird aber recht teuer und die Kühlleistung wird einen nicht wirklich zufriedenstellen. Wer häufig frei steht, kein öffentliches Stromnetz zur Verfügung hat und wer von Gas unabhängiger sein möchte als von einem kalten Bier, der kommt an einem Kompressorkühlschrank kaum vorbei. Unserer lief über 16 Monate im Dauerbetrieb völlig problemlos, kühlt bei Außentemperaturen von 25 Grad auf Stufe 2 (von 8) auf 6–8 Grad herunter und bietet ein kleines Gefrierfach.

Absorberkühlschrank
- Kann sowohl mit 12 V, 230 V als auch mit Gas betrieben werden
- Im 230-V-Betrieb ist die Kühlleistung sehr gut.
- Im 12-V-Betrieb ist die Kühlleistung dürftig.
- Im Gasbetrieb ist die Kühlleistung gut, aber der Gasverbrauch recht hoch. Das Fahrzeug sollte möglichst gerade stehen.
- Der Gasverbrauch des Kühlschranks muss bevorratet werden.

Kompressorkühlschrank
- Wird ausschließlich mit 12 V oder 24 V betrieben
- Hervorragende Kühlleistung bei 12 V/24 V
- Voll funktionsfähiges Eisfach
- Stromverbrauch (bei uns) ca. 20 Ah pro Nacht
- Erheblich höherer Anschaffungspreis
- Kein Gasbetrieb möglich
- Kühlaggregat ist lauter als beim Absorberkühlschrank
- Die elektrische Anlage muss durch Solarzellen und entsprechende Batteriekapazität auf den Stromverbrauch des Kühlschranks) ausgelegt sein.

Kühlschrank oder Kühlbox?
Unter Stromverbrauchsgesichtspunkten ist die Kühlbox dem Kühlschrank vorzuziehen. Beim Kühlschrank »fällt« die Kälte quasi aus demselben, sobald man die Tür öffnet. Klar, dass das Kühlaggregat da wieder nachlegen muss. In einer Kühlbox mit dem Deckel oben bleibt die Kälte in der Box.

Vorteil des Kühlschranks ist es, dass alles aufgeräumter und übersichtlicher verstaut ist – insbesondere, wenn man ihn wie wir auf Augenhöhe platziert. In unserem Fall ist es so, dass wir außer in einer der Sitzbank-Staufächer keinen Platz für eine Kühlbox zur Verfügung gehabt hätten. Deshalb haben wir uns für einen großen Kühlschrank entschieden – wohl wissend, dass wir dabei die zuvor genannten Nachteile in Kauf nehmen müssen.

Die Schubladen-Kühlschränke von Webasto/Isotherm
Auf dem Caravan-Salon 2012 in Düsseldorf zeigte Webasto erstmals eine Kühllösung, die die Vorteile einer Kühlbox mit denen eines Kühlschranks verbindet, was besonders mir als bekennender Schubladen Fan gefällt. Nachdem ich derer 17 in unserem Sternchen verbaut habe, wäre

---

BEZUGSQUELLE

Kühlschrank
WWW.REIMO.COM

PREIS Dometic WAECO MDC 110:
€ 899,– (2008)

Schubladen-Kühlschrank
WWW.REIMO.COM

PREIS
- 49 Litern: € 1.430,–
- 65 Litern: € 1.530,–

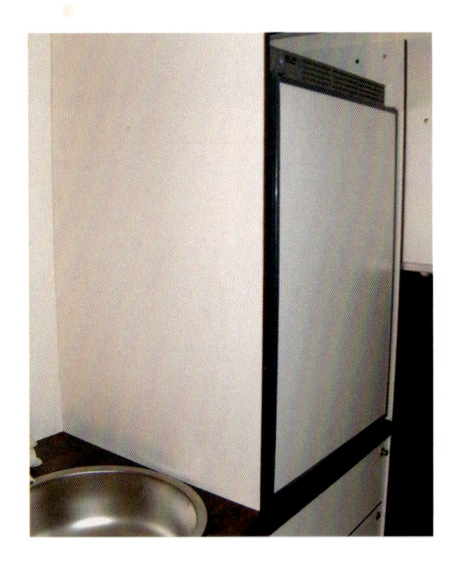

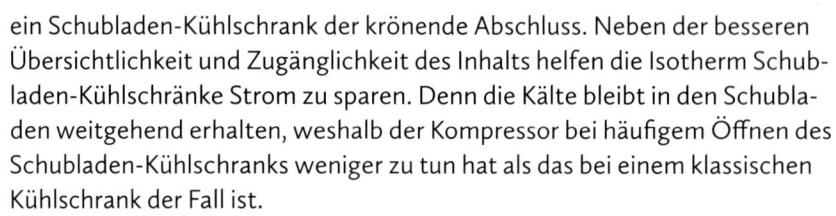

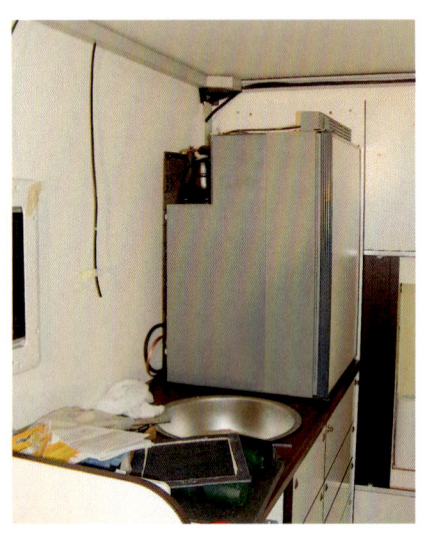

30 Elektroinstallation ursprüngliches Konzept

ein Schubladen-Kühlschrank der krönende Abschluss. Neben der besseren Übersichtlichkeit und Zugänglichkeit des Inhalts helfen die Isotherm Schubladen-Kühlschränke Strom zu sparen. Denn die Kälte bleibt in den Schubladen weitgehend erhalten, weshalb der Kompressor bei häufigem Öffnen des Schubladen-Kühlschranks weniger zu tun hat als das bei einem klassischen Kühlschrank der Fall ist.

Den Schubladen-Kühlschrank gibt es mit 49 Liter Volumen inklusive Gefrierfach von 5,7 Liter zum Preis von € 1.430,– oder mit 65 Liter Volumen inkl. Gefrierfach von 8,5 Liter zum Preis von € 1.530,–. Die Kühlschränke können optional mit dem Isotherm Smart Energy Control Kit ausgestattet werden. Mit Hilfe des Energiesparkits kann im Batteriebetrieb eine weitere Energieersparnis von 35 Prozent bis maximal 50 Prozent erzielt werden. Das Kit führt bevorzugt dann Energie zu, wenn durch einen laufenden Motor oder eine Verbindung zum Stromnetz ein Energieüberschuss besteht. Ist dies nicht mehr der Fall, wird zunächst die im Kühlschrank gespeicherte Energie aufgebraucht bevor der Kompressor wieder anspringt. Damit bieten die Kühlschränke eine ganze Reihe von relevanten Vorteilen und darüber hinaus lassen sich mit den Schubladen-Kühlschränken interessante Küchenlayouts verwirklichen.

30.23 Einbau eines Kompressorkühlschranks

Der Einbau des Kühlschranks ist nicht ganz ohne Herausforderungen, weil er mit einem Gewicht von rund 20 kg doch eine erhebliche Masse darstellt, die auf unserer Küchenarbeitsplatte thront und dort auch bei holprigsten Pisten bleiben soll. Da ich den Kühlschrank in der linken vorderen Ecke des Shelters montiere, kann ich nicht von außen in das Gehäuse hineinschrauben. Allerdings stelle ich fest, dass die Gummifüße, auf denen er steht, in eine stabile Unterplatte geschraubt sind. Diese Bohrungen mache ich mir zunutze und verschraube den Kühlschrank von unten durch die Küchenarbeitsplatte und durch die Gummifüße mit derselben. Das Ergebnis ist so vielversprechend – soll heißen fest – dass ich mir weitere Verschraubungen sparen kann. Zusätzliche Stabilität erhält der Kühlschrank durch den letzten Küchensteher zu seiner Linken, der mit Winkeln an Decke, Wand und Küchenarbeitsplatte verschraubt ist. Zuvor habe ich die Lüftungsklappen für den Kühleschrank verbaut (siehe Kapitel 13.9), mit denen ich die warme Abluft des Kühlschranks aus dem Fahrzeug leite.

30.24 TV- und Internet-Anlage

Bislang verfügen wir in unserem Fahrzeug über keinen Fernseher, weil wir ja in die Ferne REISEN, um diese zu sehen. Allerdings haben mich schon mehrere Leser darauf aufmerksam gemacht, dass dieses Thema doch auch in ein Wohnmobil-Selbstausbau-Buch gehört, weil ein Fernseher für viele Reisende wichtig ist. Deshalb – und weil mit vielen TV-Sat-Anlagen auch der mobile

Zugang zum Internet offen steht – möchte ich zumindest die Möglichkeiten, die die Anlagen bieten, hier beleuchten. Deren Installationsanleitungen sind von Hersteller zu Hersteller unterschiedlich und können in der Regel von den jeweiligen Websites als PDF-Dokument heruntergeladen werden. Auf der Suche nach einem Hersteller von Anlagen, die auch unsere Offroad-Eskapaden überstehen, bin ich in meiner badischen Heimat Karlsruhe fündig geworden.

Die Firma Crystop ist seit mehr als 20 Jahren darauf spezialisiert, bunte Bilder ins Womo zu liefern, und seit etlichen Jahren bietet Crystop auch Internet-Komplettlösungen mit verschiedenen Providern an. Deren Zugang ins World Wide Web ist zwar noch nicht worldwide möglich, aber doch zumindest in Europa und je nach Anbieter bis in die Türkei und nach Nordafrika. Wer jemals in einem marokkanischen Internet-Café versucht hat, auf einer arabisch belegten Tastatur eine E-Mail zu verfassen, der wird sich über seinen eigenen Zugang ins Netz umso mehr freuen.

Crystop bietet eine ganze Palette unterschiedlicher Systeme an, die entweder fix auf dem Fahrzeug montiert werden oder mobil zum Einsatz kommen. Sie zeichnen sich vor allem durch ihre Robustheit aus, weshalb sie hier besonders Offroadern empfohlen seien, die ihren Fahrzeugen und damit auch den An- und Aufbauten einiges abverlangen. So verbaut Crystop keinerlei Plastikzahnräder für die Mechanik der Antriebe, sondern es kommen ausschließlich Qualitätslager und -zahnräder sowie Motoren von Bosch zum Einsatz.

Für Internet-Junkies wie mich kommt nur das Topmodell Autosat 2S infrage, weil nur mit ihm der Zugang zum Internet möglich ist. Der funktioniert allerdings parallel zum TV-Kanal, sodass Internet und TV gleichzeitig betrieben werden können. Mit Parabolantennen von 85 bis 100 cm können TV und Internet teilweise bis nach Marokko und in die Türkei empfangen werden. Wer auf Internetzugang verzichten kann oder weniger Platz am Fahrzeug hat, findet in den AutoSat-Light-Systemen platzsparende Lösungen mit einem Antennendurchmesser von nur 65 cm bzw. Flachantennen im Format 45 × 20 cm.

Schattenparker und Offroader könnten im Modell SoloSat ihren Favoriten finden. Diese Antenne ist nicht fix am Fahrzeug verbaut, sondern kann im handlichen Maß von 46 × 47 × 23,5 cm (B × H × T) zusammengeklappt im Stauraum die Welt bereisen. Sie wird am Einsatzort empfangsoptimiert aufgestellt, während das Mobil im Schatten parkt, der in der Regel einen guten Empfang verhindert. Mit eingebautem Akku versorgt sich das Gerät selbst mit Strom, und die integrierte Alarmanlage stellt sicher, dass es bleibt, wo es ist. Offroader, die durchs Buschwerk bolzen, werden zu schätzen wissen, dass die Anlage im Stauraum sicher vor Ästen aufbewahrt ist. Allen Anlagen gemein ist die

---

BEZUGSQUELLE

Womo-Sat-Anlagen
Crystop GmbH
www.crystop.de

30 Elektroinstallation ursprüngliches Konzept

Tatsache, dass sie sich automatisch zum angepeilten Satelliten ausrichten und receiverunabhängig sind. Das bedeutet, dass sie mit jedem beliebigen Receiver betrieben werden können.

Internet-Provider

Die Kosten für den Internetzugang sind von Provider zu Provider verschieden und ändern sich häufiger. Aktuelle Informationen dazu sind bitte bei den jeweiligen Providern im Internet zu ermitteln:

- www.ipcopter.de
- www.filiago.org

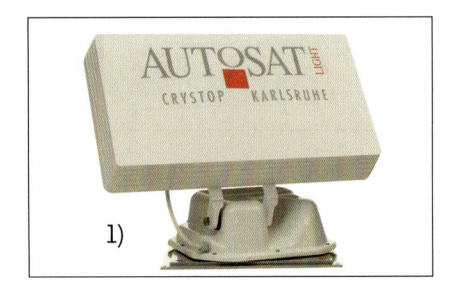

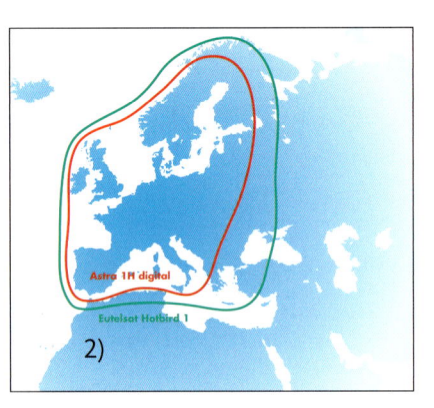

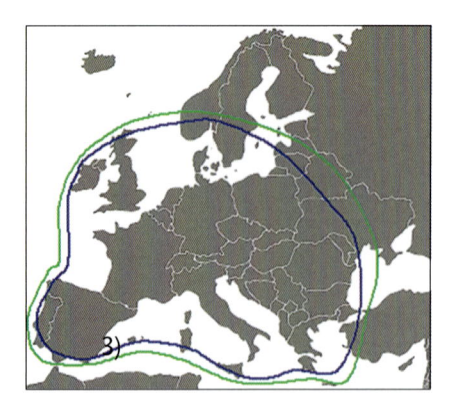

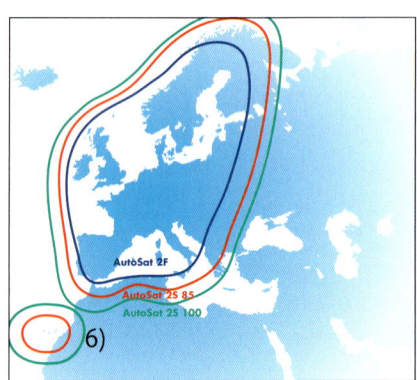

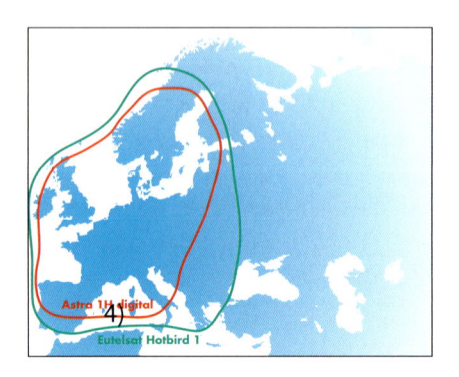

1) Modell AutoSat light, € 1.649.– bis € 1.699,–
2) Reichweite von Antenne Autosat Light 65 mit Astra1H digital (rot) und Eutelsat Hotbird 1 (grün)
3) Reichweite der Antenne Autosat Light F für Astra 1 digital (rot) und Eutelsat (grün)
4) TV- und Internet-Reichweite der Autosat 2S 85 (grün) mit Eutelsat
5) Modell AutoSat 2S, € 1.999.– bis € 3.599,–
6) Reichweite der Antennen AutoSat 2F (blau), AutoSat 2 S 85 (rot)

340

341

31 Elektroinstallation optimiertes Konzept

31.1 Optimierung der Elektroinstallation und der Komponeten

Wie an verschiedenen Stellen im Text bereits angedeutet, habe ich unsere Elektrokomponenten im Frühjahr 2012 generell überarbeitet. Auf die verschiedenen Maßnahmen und Gründe für die Änderungen möchte ich im Folgenden detailliert eingehen. Um einen Überblick über die Maßnahmen zu geben, sollen hier im Stil einer Vorher-Nachher-Show zunächst einmal die alte und die neue Elektroinstallation nebeneinander vorgestellt werden. Um es vorwegzunehmen: Außer dem dem FI-Schalter wurden alle Komponenten getauscht.

1) Ursprüngliche Elektroinstallation
2) Neue Elektroinstallation

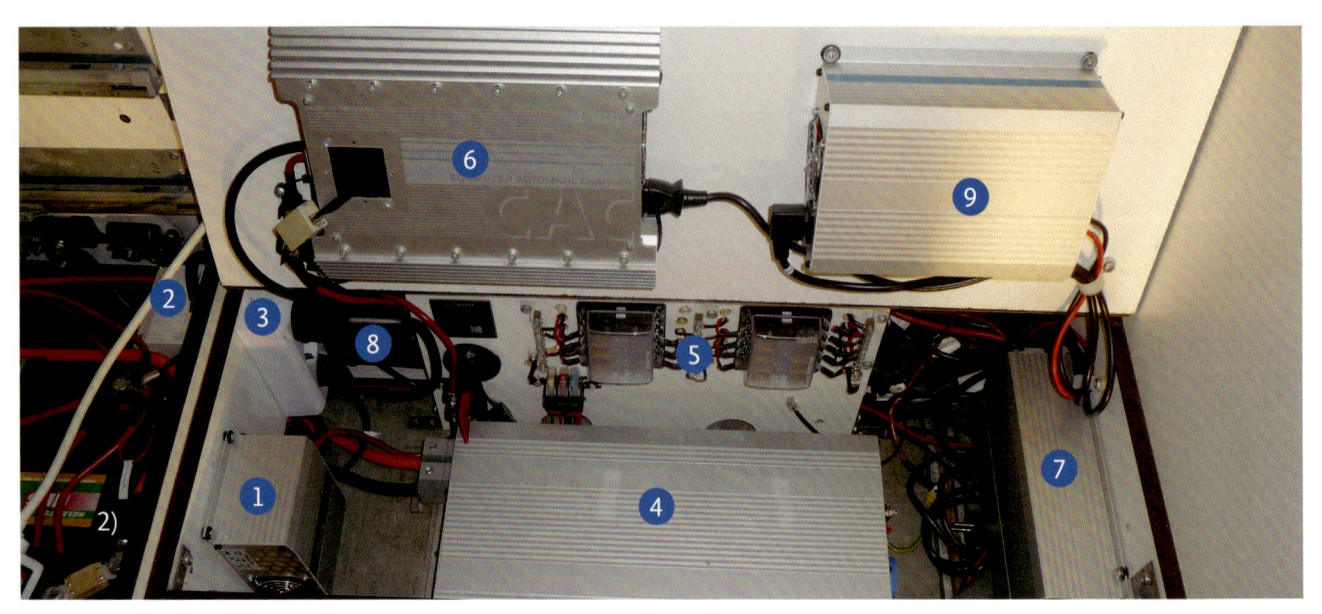

Aus Platzgründen habe ich bereits über einen Zwischenboden im Elektropodest nachgesonnen, bis ich erkannt habe, dass im Klappdeckel des Podests ein solcher bereits vorhanden ist. Dort sind nun das 12-V- und das 24-V-Ladegerät hängend verbaut.

1. Solarregler
2. FI-Schalter
3. Landstrom-Steckdose
4. Wechselrichter 1,5 kW
5. Verteilerleiste
6. 12-V-Batterieladegerät
7. Alt: Booster, neu: Ladewandler von 24 V auf 12 V
8. Drei isolierte Wasserleitungen, die zum Bad und WC führen
9. Neu: 24-V-Ladegerät für die Starterbatterien

Erweiterte Überarbeitung der Elektroinstallation mit Umstellung auf Lithium-Ionen-Batterien Anfang 2014
Nachdem sich der Einbau einer Brennstoffzelle zur Stromgewinnung zerschlagen hatte, aber andererseits kein verfügbarer Raum zur Erweiterung der Batteriekapazität zur Verfügung steht, hat sich als einzig mögliche Lösung zur Anpassung der Stromkapazität an unseren Verbrauch die Umstellung auf Lithium-Ionen Batterien aufgedrängt.

Eine Erläuterung der Lithium-Ionen-Batterietechnologie mit ihren Vor- und Nachteilen findest Du in Kapitel 31.14. Der Einbau der Batterien und die hierfür erforderliche Peripherie wird in Kapitel 31.15 geschildert.

1) Zwei Mastervolt Ultra 2500 Lithium-Ionen Batterien befeuern seit Anfang 2014 unsere Elektrik
2) Ein der Batteriekapazität angepasstes 50 A-Ladegerät von Mastervolt komplettiert das Ensemble

31.2 Optimierung der Sicherungsblöcke

Ein wesentlich aufgeräumteres Bild zeigt sich nun auch im Sicherungsblock. Die alten Sicherungshalter wurden durch neue 10er-Sicherungshalter für Flachsicherungen ersetzt, die durch rote LED-Statusleuchten eine Fehlfunktion anzeigen. Der Vorteil gegenüber fertig konfigurierten Sicherungspanels liegt darin, dass die Flachsicherungen individuell auf den jeweiligen Stromkreis angepasst werden können. Jeder Stromkreis darf dabei mit max. 30 A

31 Elektroinstallation optimiertes Konzept

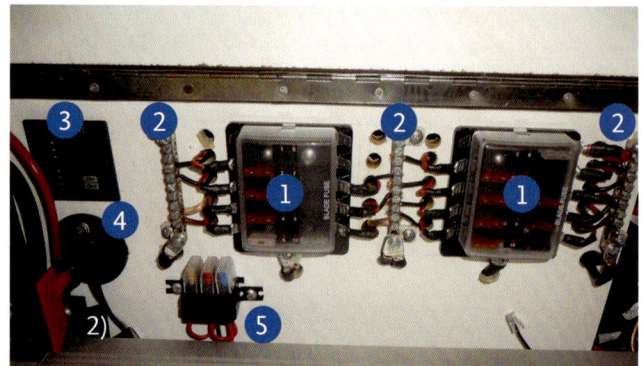

1) Alte Plus-Minus-Verteilerleiste mit Sicherungen
2) Neue Plus-Minus-Verteilerleiste mit Flachsicherungen

BEZUGSQUELLE

Sicherungshalter
CONRAD ELECTRONIC
www.conrad.de/ce/de/product/530787/sicherungshalter-w-10p-mit-leds/shop_area_17392&promotionareasearchdetail=005

PREIS € 17,38 pro Zehner-Sicherungsblock (2012)

belastet werden. Die Leitungsführung ist nun nach hinten verlegt, was auch ästhetisch anspruchsvollen Augen schmeichelt und mich nun hoffentlich vom Makel eines Elektro-Dilettanten befreit.

1. Plus-Verteiler mit Sicherungen und Kontroll-LEDs für je 10 Stromkreise
2. Minus-Verteiler
3. Fernbedienungs- und Kontrollpanel für Wechselrichter
4. Hauptschalter im Minus-Stromkreis
5. Externer Sicherungshalter für Heizung

Leider habe ich die Sicherungen immer noch nicht im Blickfeld, weil ich mir einerseits die Arbeit ersparen wollte, sämtliche Kabel zu verlängern, um sie an die gewünschte Stelle zu bringen. Andererseits hätte ich mir damit potenzielle Fehlerquellen eingebaut, die ich vermeiden möchte. Die roten LEDs sind jedoch so hell, dass sie durch das Lüftungsgitter im Elektropodest gut zu erkennen sind. Wer seine Elektrik neu plant, sollte die Sicherungen gut sichtbar installieren.

31.3 Optimierung der Solaranlage

Aufstellbare Solarpanelhalter

Bevor man mit der Bastlerei beginnt, sollte man sich überlegen, die Solarpanels aufstellbar zu montieren. Im Zuge der Optimierung unseres gesamten Elektrikkonzeptes ist auch das eine Option, gerade bei längeren Standzeiten den Strom-Input durch die Solarzellen zu erhöhen. Die Firma SolarMaxiPower hat einen innovativen Solarmodul-Halter entwickelt, mit dem rechteckige Solarzellen in zwei Richtungen bis zu 60 Grad geneigt werden können–quadratische Module sogar zu allen vier Seiten hin. Durch den verbesserten Einfallswinkel auf die Solarzellen wird der Strom-Input um bis zu 60% erhöht–und das, ohne mehrfach am Tag aufs Dach zu krabbeln und die Solarpanels dem Sonnenstand anzupassen. Das spart unter Umständen ein weiteres Solarpanel und/oder eine weitere Batterie und damit viel Geld und zusätzliches Gewicht. Die Aufsteller sind leicht zu montieren und eignen sich auch zur Nachrüstung in bestehenden Solaranlagen. Weiteres Optimierungspotenzial stellt ein MPP-Solarregler dar.

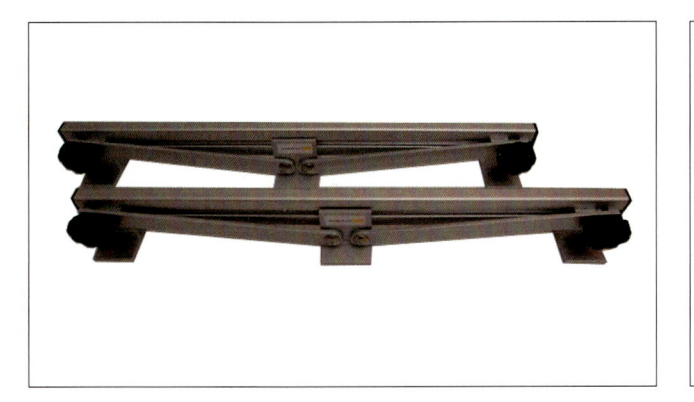

Insbesondere beim Wintercamping oder bei Reisen in nordische Gefilde ist das Aufstellen der Solarpanels eine interessante Lösung, weil die Sonne generell in einem flachen Winkel auf die Solarzellen trifft. Beachten sollte man jedoch, dass man die Solarpanels so anordnet, dass sie sich nicht gegenseitig Schatten spenden.

Eine weitere clevere Entwicklung von SolarMaxiPower ist das sogenannte ExpiModul, das speziell für kleinere Expeditionsmobile entwickelt wurde, die eine geringe Dachfläche aufweisen. Zwei Solarpanels sind übereinander angeordnet und können bei stehendem Fahrzeug auseinandergeschoben werden, wobei sich ein Teil aufklappen lässt. Damit bietet das ExpiModul eine überdurchschnittliche Leistung bei minimalem Dachflächenbedarf.

Optimierung der Solaranlage durch einen MPP-Regler

Der herkömmliche Solarregler wird im Zuge der Optimierung der Elektroinstallation gegen einen Votronic MPP 320 Duodigital (12 V/24 A/320 Wp) ausgetauscht. MPP steht dabei für Maximum Power Point. Der Vorteil von MPP-Reglern liegt darin, dass sie bei diffusem Licht, indirekter Sonneneinstrahlung, Hochnebellagen oder besonders in der kühleren Jahreszeit den Ladestrom um 10 bis 30% erhöhen können. Also genau dann, wenn die Temperatur der Solarmodule relativ niedrig ist. So stellt der MPP-Solarregler einen der Bausteine dar, mit dem ich unser Elektrokonzept zu optimieren gedenke. Obwohl wir nur über 200 Wp Solarkapazität verfügen, setze ich gleich einen Regler ein, der bis zu 320 Wp Solarkapazität verträgt, um eventuell noch Spielraum nach oben für ein drittes Solarmodul zu haben, was sich ja im Nachhinein als notwendig erwiesen hat.

SolarMaxiPower Solarmodul-Halter, für rechteckige Module nach 2 Seiten aufstellbar, für quadratische Module nach 4 Seiten aufstellbar. Leistungsgewinn: bis zu 60%

BEZUGSQUELLE

Solarmodul-Aufsteller und Expi-Modul
WWW.SOLARMAXIPOWER.DE

PREIS
- Solarmodul-Aufsteller: pro Paar € 93,-
- ExpiModul: ab € 300,-

31 Elektroinstallation optimiertes Konzept

MPP-Solarregler von Votronic, aufgrund des Lüfterausgangs kopfüber verbaut (Bild Nr. 1320781)

BEZUGSQUELLE

MPP Solarregler
REIMO ODER (WOHNMOBILTEILE-)
FACHHANDEL
WWW.VOTRONIC.DE

PREIS Votronic MPP 320 Duo Digital
(12 V/24 A/320 Wp): € 237,– (2012)

Es gibt mehrere Gründe, warum ich mich sowohl beim Solarregler als auch bei den anderen neuen Komponenten für Votronic entscheide: Zum einen ist Votronic eine deutsche Firma, die auch in Deutschland produziert. Nachdem mich der Wechselrichter aus asiatischer Produktion im wahrsten Sinne des Wortes zu einem gebrannten Kind gemacht hat, sehe ich den Mehrpreis für deutsche Wertarbeit wieder in einem ganz neuen Licht. Zum anderen entwickelt und produziert Votronic für eine ganze Reihe namhafter Hersteller, sodass ich mich deren kompetenterem Urteil bezüglich der Qualität einfach anschließe. Die Geräte liegen in einem mittleren Preissegment und passen damit zum Gesamtkonzept unseres Fahrzeugs. Außerdem hat mir die kompetente Beratung von Votronic geholfen, weitere Fehler bei der Elektroinstallation und bei der Auswahl der Komponenten zu vermeiden.

Der Solarregler MPP 320 Duo Digital bietet verschiedene Einstellmöglichkeiten für die spezifischen Kennlinien der unterschiedlichen Batterie-Typen (Gel-/dryfit-, AGM-/Vlies- oder Säure-Batterien). Ferner verfügt das Gerät über zwei Ladeausgänge, über die sowohl die Bord- als auch die Starterbatterien geladen werden können – vorausgesetzt, dass beide die gleiche Spannung vertragen. Das ist bei uns nicht der Fall, weil wir im Aufbau eine 12-V-Anlage verbaut haben (aus in Kapitel 23.1 erläuterten Gründen), das Lkw-Fahrgestell aber eine 24-V-Anlage aufweist. Darüber hinaus verfügt das Gerät über einen serienmäßigen Schutz vor Überladung, Überhitzung, Verpolung und Batterie-Rückentladung bei zu geringer Solarleistung (Dämmerung und nachts). Wichtig ist auch, dass der Solarladeregler für die Parallelladung aus verschiedenen Quellen wie Lichtmaschine, externem Generator, Brennstoffzelle, Landstrom usw. konzipiert ist und nicht gestört wird.

Ein separater Eingang für einen Batterie-Temperatursensor regelt den Ladestrom auch in Abhängigkeit zur Batterietemperatur, wodurch Batteriegasung vermieden wird, was der Lebensdauer der Akkus zuträglich ist. Der Batterie-Temperatursensor ist als optionales Zubehör gesondert zu bestellen. Eine Produktbeschreibung für das Gerät liegt mit auf der CD-ROM.

ANMERKUNG Die nachfolgend gezeigten Anschluss-Schemata beziehen sich auf die von mir eingesetzten Geräte in dem von mir definierten Umfeld. Die Installation anderer Geräte in davon abweichenden Rahmenbedingungen kann unter Umständen eine völlig andere Anschlussschematik erfordern. Ich möchte meinen Lesern lediglich einen Eindruck davon vermitteln, wie einfach oder komplex die Installation der einzelnen Geräte ist und was dabei generell beachtet werden sollte.

12V:
Solar-Module mit 36 bis 40 Zellen
(Leerlaufspannung Voc: 20V-23V),
Gesamt-Modulleistung:
MPP 225 Duo Digital   max. 225 Wp
MPP 320 Duo Digital   max. 320 Wp
MPP 420 Duo Digital   max. 420 Wp

24V:
Solar-Module mit 72 bis 80 Zellen
(Leerlaufspannung Voc: 40V-46V)
oder:
Solar-Module mit 36 bis 40 Zellen
(Leerlaufspannung Voc: 20V-23V)
jeweils 2 Stück in Reihe geschaltet.
Gesamt-Modulleistung:
MPP 320/24 Duo Digital   max. 320 Wp
MPP 480/24 Duo Digital   max. 480 Wp

Rot min. 6mm²
Schwarz min. 6mm²

Hinweis:
Sicherungen möglichst direkt
an der Batterien anschliessen
(Leitungsschutz) !

ACHTUNG:
Gummitülle zur
Vibrationsminderung !
Bitte nicht entfernen !

Miniaturschiebeschalter
für Ladekennlinie

Rot 1.5 - 2.5mm²
Schwarz 6 - 10mm² max. 2m lang
Rot 6 - 10mm² max. 2m
Steuerleitung 5m lang
Sicherung 3 A
Sicherung 25 A
Schwarz 0.5 - 1.5mm²
Karosserie

+ II -
START
Startbatterie
(Option)

- I +
BORD
Hauptbatterie

Temperatur-Fühler
(Option)

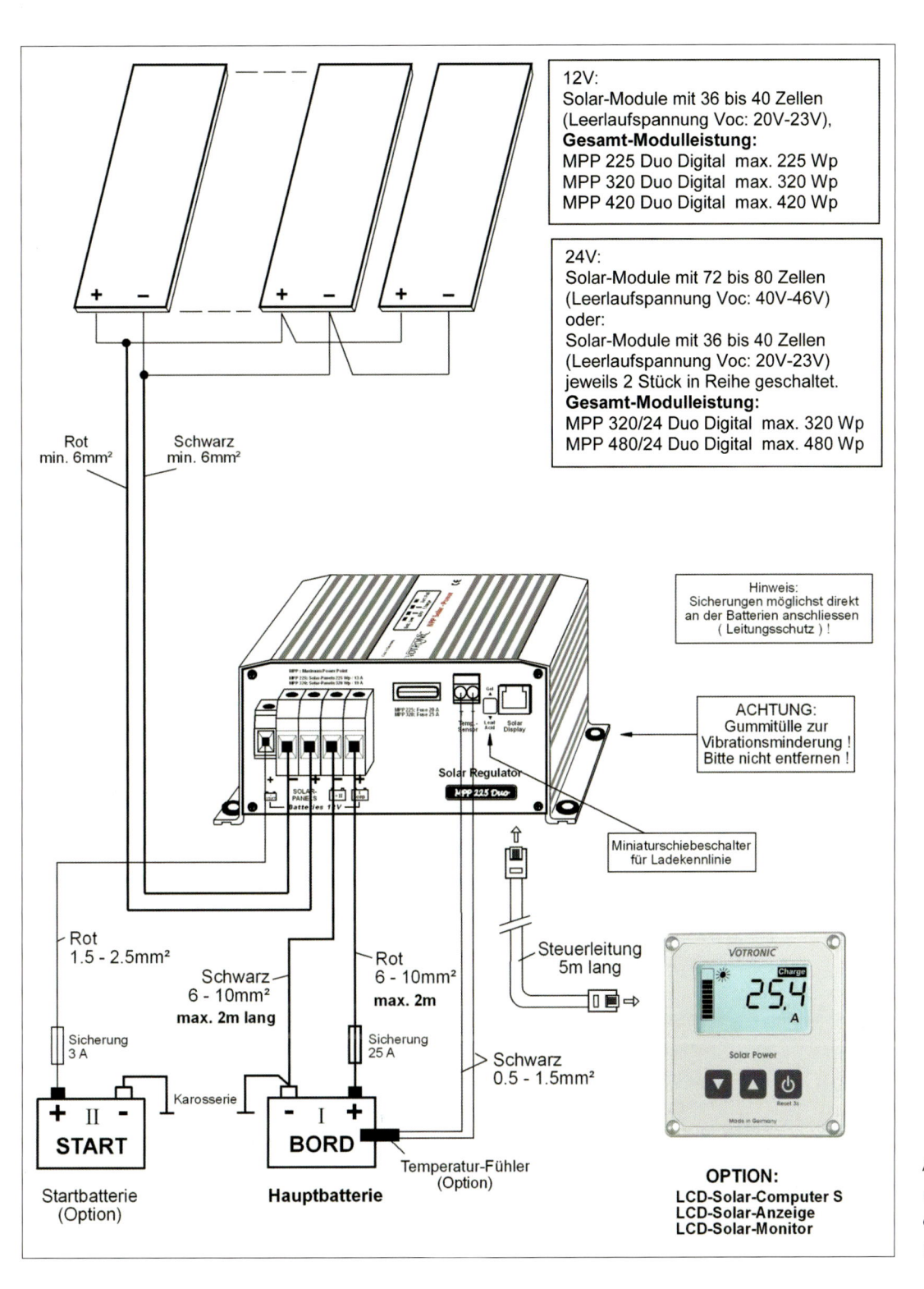

OPTION:
LCD-Solar-Computer S
LCD-Solar-Anzeige
LCD-Solar-Monitor

Anschlussschema
mit freundlicher
Genehmigung der
Firma Votronic

31 Elektroinstallation optimiertes Konzept

Der Einbau des Solarreglers ist relativ simpel. Bei einer 12-V-Bordelektrik werden die Solarzellen parallel geschaltet, also die Plus- und die Minuspole miteinander verbunden. Bei einer 24-V-Bordelektrik müssen jeweils 2 Solarzellen in Reihe geschaltet werden, damit am Solarregler 24 V anliegen (siehe Kapitel 31.13 »Batterien, die eigentlich Akkus sind«).

Die Einbaulage des Solarreglers sollte so gewählt werden, dass die Kabel zum Gerät hin ansteigend verlegt werden. So wird vermieden, dass im Falle einer undichten Dachdurchführung Wassertropfen entlang des Kabels bis zum Solarregler rinnen und diesen zerstören können. Zur Aufbaubatterie verlege ich ein 10 mm² Kabel, das mit einem separaten Sicherungshalter kurz vor der Batterie mit einer 25-A-Sicherung abgesichert ist. Die LCD-Solaranzeige konnte ich mir sparen, weil ich ja bereits einen Batteriecomputer verbaut habe, der mir nicht nur die Solarströme, sondern auch alle anderen Ströme und Spannungen anzeigt. Allerdings habe ich den optionalen Temperaturfühler verbaut, damit der Solarregler die Batterieladung nicht nur entsprechend der Batteriekennlinie steuert, sondern auch in Abhängigkeit zur Batterietemperatur. Dadurch wird ein Gasen der Batterien vermieden und damit ihre Lebensdauer erhöht. Ergebnis der Maßnahme: Bereits kurz nach Fertigstellung der Installation darf ich feststellen, dass die Ladeströme bei diffusem Licht ohne direkte Sonneneinstrahlung deutlich über denen meines herkömmlichen Solarreglers liegen.

Montage eines dritten Solarpanels
Bei der Optimierung des Solarinputs gehe ich die Strategie der kleinen Schritte und verbessere sukzessive die Komponenten und Installationen und freue mich, dass jede der Maßnahmen eine Verbesserung des Solarladeinputs bringt. Trotzdem zeigt sich, dass der Mehrertrag nicht um soviel steigt, dass ich um die Installation eines dritten Solarpanels herumkommen werde. Dazu durchringen kann ich mich aber nur deshalb, weil es mittlerweile begehbare Solarpanels gibt, mit denen ich beide Wünsche, den nach mehr Ladekapazität und den, meinen Kran zu bedienen und mein Dach zu beladen, unter einen Hut bekomme.

Bislang schreckten mich einerseits die Preise für diese Solarzellen ab, andererseits traute ich ihnen nicht allzu viel zu, weil sie auf das Dach geklebt und damit nicht hinterlüftet werden und deshalb die Solarausbeute an heißen Tagen wohl eher dürftig ausfallen könnte. Bei der Recherche nach geeigneten Systemen finde ich zwei grundsätzlich verschiedene Systemansätze, die beide ihre Berechtigung und ihre Vor- und Nachteile bieten:

1. Foliensysteme: Sie sind dünner und haben keine Trägerplatte, sind dafür aber biegsamer und leichter als Systeme mit Trägerplatte, was vor allem dann von Vorteil ist, wenn die Solarpanels auf extrem gewölbten Fahrzeugdächern oder Motorhauben verbaut werden sollen. Nachteil der

Foliensysteme ist die Tatsache, dass sie nicht so schlagfest und robust sind und dass die Gefahr größer ist, dass sie mal überdehnt werden und dabei die Zellverbinder–zumindest bei kristalliner Technik–reißen können. Darüber hinaus gibt es noch Dünnschichtmodule, die man sogar zusammenrollen kann, die allerdings die doppelte Fläche benötigen oder nur den halben Ertrag bei gleicher Fläche bringen, und nur als mobile Zusatz-Ertragsbringer eingesetzt werden. Diese Module sollen bei meiner Betrachtung hier keine Rolle spielen, weil sie in der Regel nicht fest verbaut werden.

2. Semiflexible Systeme auf Trägerplatten: Die zweite Kategorie sind Systeme, bei denen die Solarzellen auf einer Trägerplatte aus Edelstahl oder Alu-Dibond-Material angeordnet sind, und deshalb auch nur eingeschränkt gebogen werden können. Diese Solarpanels sind etwas schwerer, aber eben auch robuster und schlagfester. Im Allgemeinen werden sie mit kristallinen Zellen belegt. Dabei ist zu beachten, dass man zur Schonung der Zellverbinder diese Module nur ca. 3%–also 3 cm auf einen Meter biegen sollte. Hersteller solcher Systeme ist beispielsweise die Firma Solara in Hamburg, die sich im Yacht- und Wohnmobilsektor seit Jahren einen guten Namen gemacht hat.

Da mir die Robustheit des Systems sehr wichtig ist, wenn ich darauf gehe, knie und herumturne, um meinen Kran zu betätigen, die Biegsamkeit auf meinem absolut flachen Dach aber völlig irrelevant ist, entscheide ich mich für ein brandneues Solarpanel aus der Solara Power-M-Serie aus dem Marine-Bereich, das S460M35 Marine mit 115 Wp Leistung. Die Robustheit des Solarmoduls erzielt Solara einerseits dadurch, dass die Zellen auf eine Alu-Dibond-Platte aufgebracht sind, was die Festigkeit des Moduls erhöht, bei trotzdem nur 5 mm Gesamthöhe. Andererseits ist das Modul mit einer extrem widerstandsfähigen Nowoflon-Folie rundumversiegelt.

Damit ist die mögliche Biegekurve zwar eingeschränkt, aber für gängige Fahrzeugoberflächen in der Regel immer noch ausreichend. Andererseits wird dadurch vermieden, dass die Zellen überdehnt werden und die Zellverbinder reißen. Allerdings liegt das Gewicht des Panels auch bei ca 5,5 kg. Um die Leistungsfähigkeit des Solarpanels zu erhöhen und die nicht vorhandene Hinterlüftung auszugleichen, verbaut Solara nicht 32 monokristalline Zellen, die zum Aufbau der Spannung erforderlich wären, sondern derer 35. So liegt permanent eine höhere Spannung an, die den thermischen Nachteil ausgleicht. Den bewerte ich aber gar nicht so hoch, denn wenn die Sonne so stark vom Himmel brennt, dass die Solarzellen überhitzen und keine Leistung mehr bringen, dann ist sowieso schon genug Solarenergie vorhanden. Viel wichtiger ist es, dass die Solarzellen auch dann noch arbeiten, wenn wenig Sonnenenergie vorhanden ist. Deshalb setzt Solara die hochwirksamen Sunpower-Zellen ein, die mit einem Wirkungsgrad von über 22 Prozent ungefähr 5% über dem herkömmlicher Solarzellen liegen. Mit ihrem hervorragenden Schwachlichtverhalten sorgen die Zellen für zusätzlichen Ertrag, gerade dann, wenn

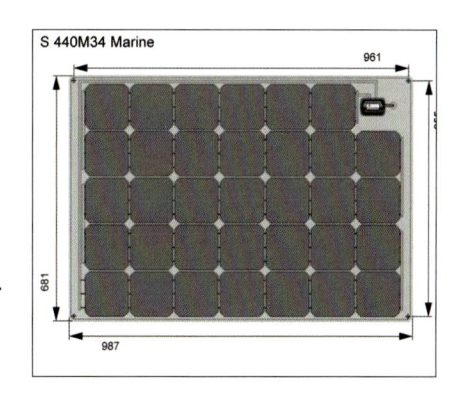

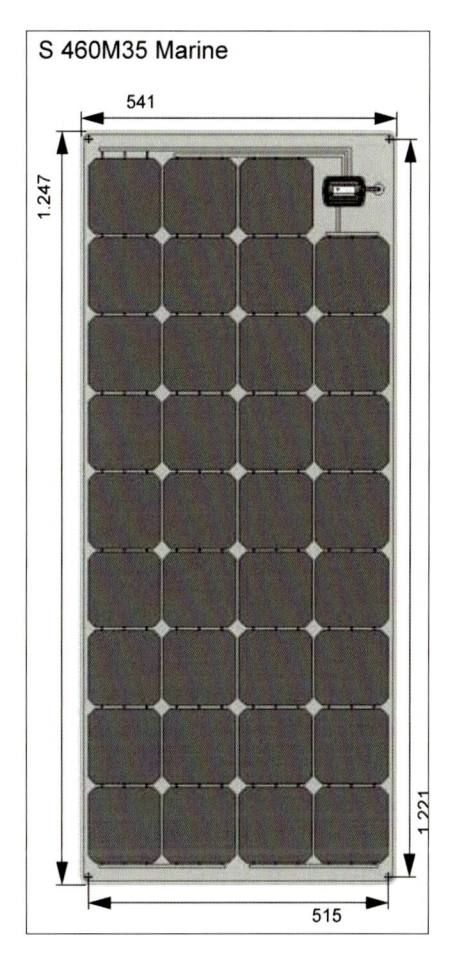

Die Solara Power-M-Serie gibt es im Format 1247 × 541 mm mit 35 monokristallinen Zellen und 115 Wp oder im Format 987 × 681 mm mit 34 monokristallinen Zellen und 110 Wp.

31 Elektroinstallation optimiertes Konzept

BEZUGSQUELLE

Begehbares Solarmodul
WOHNMOBIL FACHHANDEL, Z.B.
WWW.REIMO.COM
WWW.SOLARA.COM

PREIS
- Solara S460M35 mit 115 Wp: € 948,–
- Solara S440M34 mit 110 Wp: € 948,–

herkömmliche Solarzellen schwächeln. Somit habe ich nun mit meinem Mix von 2 × 100 Wp glasbasierter Solarzellen und ausreichender Hinterlüftung genügend Solarkapazität bei prallem Sonnenschein, und mit dem 115 Wp Solara-Modul in Verbindung mit dem Votronic MPP-Regler auch noch eine gute Ausbeute bei schwachen Lichtverhältnissen. Solara gibt für die beiden Solarpanels einen Tagesertrag im Hochsommer von 440 bzw. 460 Wh/Tag an, was bedeutet, dass an einem solchen Tag die Batterien mit durchschnittlich 36 bzw. 38 Ah bei einem 12 Volt System geladen werden.

Die Montage ist denkbar einfach. Solara hat die Rückseite des Panels bereits mit Primer vorbehandelt, um die Haftung des Klebers zu verbessern. Ich verklebe das Solarpanel mit Dekasyl MS2, das primerlos verarbeitet werden kann (siehe Kapitel 20 »Befestigungstechnik«). Solara empfiehlt Sikaflex 221. Dazu schleife ich den Untergrund mit Sandpapier kurz an und entfette ihn mit Bremsenreinigerspray. Die Rückseite des Panels wird ebenfalls entfettet. Danach spritze ich eine etwa 1 cm dicke Raupe Dekasyl MS2 im Abstand von ca. 3 cm vom Außenrand des Solarpanels umlaufend ohne Unterbrechung auf das Modul. In der Mitte des Moduls kommt ein 2 cm Tupfer Klebestoff auf den Rücken, um zu vermeiden, dass das Modul auf dem Dach vibriert und klappert. Dann wird das Modul auf die vorher mit Bleistift markierte Fläche aufgesetzt und flächig mit Gewichten verpresst. Das Ganze sollte 24 Stunden ruhen. Zum Schluss bekommt das Panel noch eine umlaufende Dichtnaht, um die Fuge zum Untergrund hin abzudichten. Dazu sollte man sowohl das Solarpanel rundherum abkleben, genauso wie den Untergrund rund um das Panel im Abstand von 5 mm.

Eine durchgängige Kleberaupe ist wichtig, damit kein Wasser unter das Modul fließen kann. Der Punkt in der Mitte verhindert, dass es auf dem Dach vibriert.

Die Kabeldurchführung wird analog zur Beschreibung der Durchführung im Kapitel Befestigungstechnik installiert und das beigefügte Kabel durch eine Bohrung im Dach »eingefädelt«. Als Besonderheit des Moduls sei noch erwähnt, dass es über einen externen Zellprotektor verfügt, dessen Bypass-Dioden verhindern, dass das Modul bei teilweiser Abschattung an der Schattenkante (wirkt wie eine Mauer für den Stromfluss) überhitzt (Hotspot). Bei handelsüblichen Glasmodulen sitzen die Bypass-Dioden in der Anschlussdose.

Falls sie durch Überspannung oder Gewitter beschädigt werden, können sie dort nicht so einfach getauscht werden. Beim Solara Power-M-Modul wird der Zellprotektor mit seiner Platine am Ende des Anschlusskabels im Inneren des Fahrzeugs installiert. Dort ist der Zellprotektor vor Witterungseinflüssen geschützt und kann ganz einfach getauscht werden, sollte dies mal erforderlich sein.

1) Der Zellprotektor kann ggf. gewechselt werden, weil er im Fahrzeuginneren sitzt
2) So sieht das Dach mit den drei Solarpanels aus

31.4 Optimierung der Lichtmaschinenladung durch einen Ladewandler

Den größten Gewinn in meinem neuen Stromkonzept erwarte ich mir durch den Ladewandler, der den alten Booster ersetzt (siehe Nr. 7 in der Komponentenübersicht). Der konzeptionelle Fehler in meiner ursprünglichen Installation hatte darin gelegen, dass der Booster parallel zu den Starterbatterien von der Lichtmaschine mit Ladestrom versorgt wurde. Sobald der Laderegler der Starterbatterien der Lichtmaschine signalisierte, dass diese voll seien, ging der Ladestrom auch an den Aufbaubatterien deutlich zurück, was deren Ladung während der Fahrt deutlich verzögerte. Mit der Art, wie ich den neuen Votronic Ladewandler verbaut habe, ist dies nun anders, weil dieser nicht mehr direkt an die Lichtmaschine angeschlossen ist, sondern an den

1) Optimierte Installation mit Ladewandler
2) Ursprüngliche Installation mit Booster

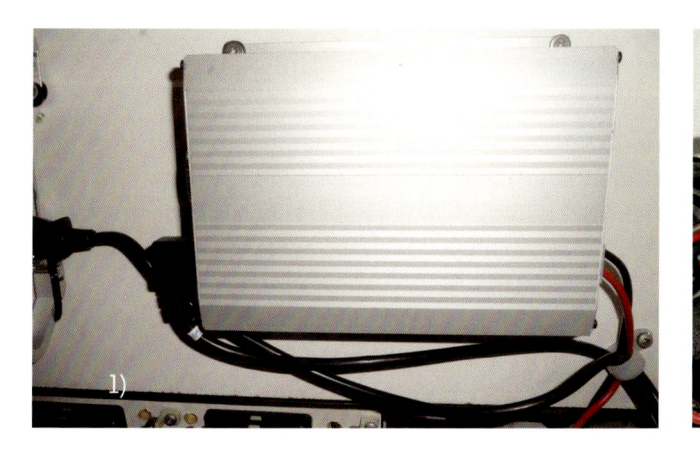

31 Elektroinstallation optimiertes Konzept

Starterbatterien, quasi als B-to-B-Lader (Batterie-zu-Batterie). Erst wenn sowohl die Aufbaubatterien als auch die Starterbatterien voll geladen sind, wird dem Lichtmaschinenregler die Reduktion des Strombedarfs signalisiert.

Anschlussschema mit freundlicher Genehmigung der Firma Votronic

BEZUGSQUELLE

Ladewandler
Wohnmobil-Fachhandel,
z.B. www.reimo.com
Infos unter www.votronic.de

PREIS Votronic VVCC 2412-45:
€ 375,40 (2012)

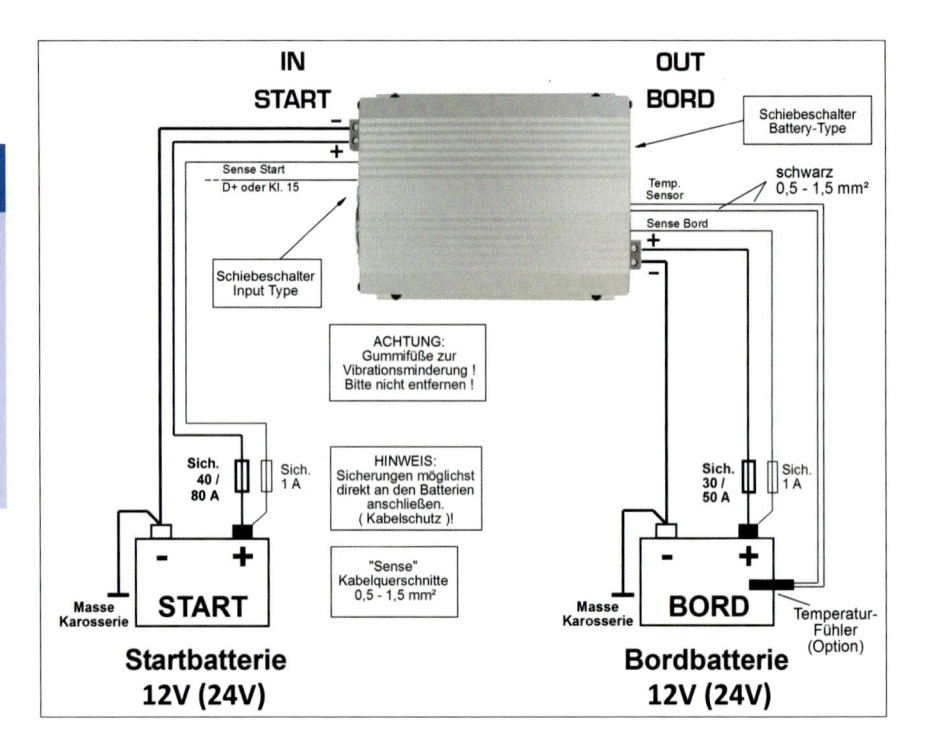

Dabei lädt der Ladewandler je nach Ladungszustand der Batterien mit bis zu 45 A, was eine schnelle Wiederherstellung der Batterieladung im Aufbau verspricht. Natürlich verfügt auch der Laderegler über eine »intelligente« Elektronik, die je nach eingestelltem Batterietyp das erforderliche Ladeprogramm erkennt und so die optimale Ladung der Batterien gewährleistet. Das Gerät selbst verbraucht im Stand-by-Betrieb keinerlei Strom, erkennt aber auch leere Starterbatterien, die dann vorrangig vor den Aufbaubatterien geladen werden. Und sollten die Batterien mal tiefentladen sein, erkennt der Wandler auch dies und lädt die Batterien schonend mit einem zunächst geringeren Strom.

Zum Anschlussschema: Die 10-mm²-Verbindungsleitung (abhängig von der Länge) zwischen Starterbatterien und Ladewandler wird mit einer 80-A-Sicherung direkt nach der Batterie abgesichert, um bei hohen Strömen einen Kabelbrand zu verhindern. Die dünne Sensorleitung zwischen Starterbatterie und Gerät wird mit 1 A abgesichert Zwischen Laderegler und Aufbaubatterien habe ich ebenfalls 10-mm²-Kabel verlegt. Hier sorgt eine 50-A-Sicherung kurz vor der Bordbatterie für Leitungssicherheit. Der optional erhältliche Temperatursensor sollte hier auf jeden Fall verbaut werden, damit auch die Temperatur der Batterien mit in das Ladeprogramm einbezogen werden kann.

31.5 Neuer Wechselrichter

Nach langer Abstinenz von einem leistungsfähigen Wechselrichter entscheide ich mich im Zuge der Optimierung und Komplettierung unserer Elektrik für einen 1500-Watt-Sinus-Wechselrichter mit Netzvorrangschaltung von Votronic. Auch wenn ich in meinem ursprünglichen Konzept eine Vorrangschaltung durch nur eine Steckermöglichkeit erzwungen hatte, nehme ich die geringen Mehrkosten von € 50,– für diesen kleinen Komfort in Kauf. Damit erübrigt sich das Umstecken, weil das Gerät automatisch erkennt, wenn Landstrom anliegt, und dann automatisch abschaltet.

Ein echter Sinuswechselrichter muss es schon deshalb sein, weil damit auch empfindliche Geräte wie Laptops und Ähnliches betrieben werden sollen. Ein leistungsfähiges Gerät mit 1500 Watt Dauerleistung sowie einer kurzzeitigen Leistung von 2100 W und einer Spitzenleistung von 3000 W soll es sein, damit im Bedarfsfall auch mal leistungsfähiges Werkzeug wie eine Flex oder ein kleines Schweißgerät daran angeschlossen werden kann.

Beim Anschluss des Gerätes gibt es verschiedene Konstellationen, die unterschiedliche Anschlussschemata erzwingen. So ist in der Skizze auf der Stromeingangsseite links ein FI-Personenschutzschalter vorgeschrieben. Auf der Stromausgangsseite ist ein weiterer FI-Schalter vorgeschrieben, wenn die vom Wechselrichter gespeisten 230-V-Steckdosen fest im Fahrzeug verbaut sind. Befindet sich auf der Ausgangsseite des Wechselrichters lediglich ein Mehrfachstecker, bedarf es dieses zweiten FI-Schalters nicht mehr. Gerade bei der 230-V-Installation sollten die Vorgaben des Herstellers unbedingt beachtet werden. Außerdem sei noch einmal empfohlen, die 230-V-Elektroplanung und die spätere Installation von einem Fachmann prüfen zu lassen! Es sollten nur für den Kfz-Bereich vorgesehene FI-Schutzschalter verwendet werden, die mit 30-mA-Nennfehlerstrom abgesichert sind.

Besonders wichtig bei leistungsstarken Geräten wie diesem ist es, die Kabelverbindung von den 12-V-Batterien zum Wechselrichter ausreichend stark zu dimensionieren. Für das hier eingesetzte Gerät ist ein Leitungsquerschnitt von 35 mm^2 bis zu einer Kabellänge von einem Meter vorgeschrieben. Ist das Kabel länger – was möglichst vermieden werden sollte –, müssen noch größere Kabelquerschnitte verbaut werden. Die Absicherung dieser Zuleitung erfolgt in unmittelbarer Nähe der Batterien mit einer 225-A-Sicherung.

31.6 12-V-Ladegerät

Nichts geändert hat sich am 12-V-Ladegerät von Mobile Technology, das sich seit 2008 bewährt hat.

31 Elektroinstallation optimiertes Konzept

Anschlussschema mit freundlicher Genehmigung der Firma Votronic

BEZUGSQUELLE

Wechselrichter
Wohnmobil-Fachhandel,
z. B. www.reimo.com
Infos unter www.votronic.de

PREIS Votronic MobilPower Inverter SMI 1500 Sinus-ST-NVS: € 957,30 (2012)

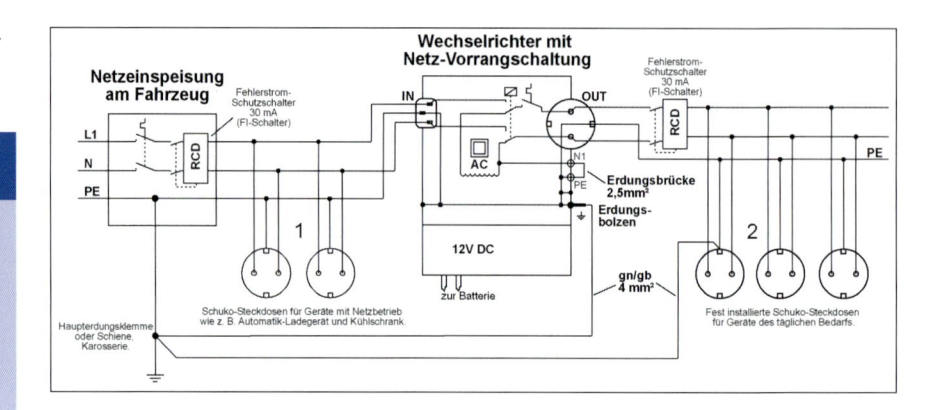

Optimierungspotenzial

Mittlerweile hat sich bei mir die Erkenntnis durchgesetzt, dass das Ladegerät einer oder mehrerer AGM-Batterien mindestens 10% der Nennkapazität der Batterien in Ah leisten sollte. Wenn während des Ladens Verbraucher mit den Batterien versorgt werden (Licht, Kühlschrank, Heizung usw.), wie dies beim Landstrom-Zugang auf dem Campingplatz meist der Fall ist, dann sollte das Ladegerät so dimensioniert sein, dass der Stromverbrauch dieser Geräte einkalkuliert ist. In meinem Fall müsste das Ladegerät also mindestens 30 A liefern plus ca. 10 A für angeschlossene Verbraucher. Wer alles richtig machen will, sollte also auch hier auf die notwendige Leistungsfähigkeit seines Ladegerätes achten. Der Vollständigkeit halber möchte ich auch das Anschlussschema des 12-V-Ladegerätes hier abbilden und kurz erläutern:

- Der im Anschlussschema als Hauptbatterie bezeichnete Akku ist der des Aufbaus. Er kann mit einer 2,5-mm²-Leitung an die Batterie angeschlossen und mit 30 A in der Nähe der Batterie abgesichert werden. Ich habe ein 6,0 mm² starkes Kabel verwendet.
- Ein zweiter Ladeausgang kann mit einer dünneren Leitung und einer 10-A-Sicherung die Starterbatterie laden, sofern diese unter der gleichen Spannung läuft (12 V) wie die Bordbatterie(n).
- Auch hier empfiehlt sich die Verwendung eines Temperatursensors, damit die Batterien schonender geladen werden.

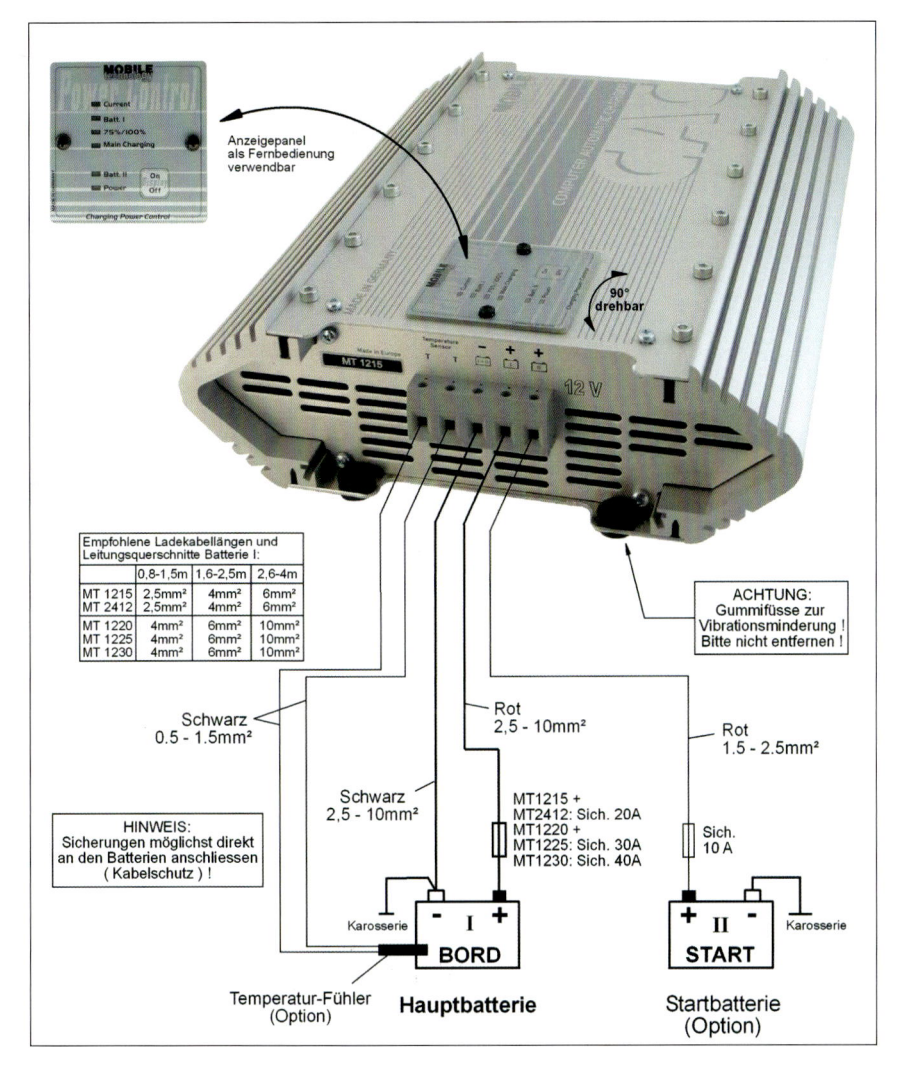

BEZUGSQUELLE

12-V-Ladegerät
Wohnmobil-Fachhandel,
z.B. www.reimo.com
Infos unter www.mobiletechnology.de

PREIS Mobile-Technology
MT 1225 (12 V, 25 A): ca. € 420,– (2008)

Anschlussschema mit freundlicher Genehmigung der Firma Mobile-Technology

31.7 24-V-Ladegerät

Um im Notfall auch meine Starterbatterien laden zu können – gegebenenfalls auch über den Wechselrichter ohne Landstromzugang –, habe ich mir noch ein kleines 24-V-Ladegerät zugelegt. Damit kann ich im seltenen Fall, in dem dies notwendig sein wird, meine Starterbatterien laden. Das Ladegerät lädt mit Mikroprozessor-Steuerung mit IU1OU2-Kennlinie und dynamischer Ladezeitberechnung und sorgt damit für eine schnelle und schonende Batterieladung. Natürlich müsste auch dieses Gerät idealerweise 10% der Nennkapazität meiner Starterbatterie-Kapazität aufweisen, was 27 A bei den alten Batterien entspräche und den 10 Ah der neuen Batterien entspricht (siehe Unterkapitel »Batterien«). Die Möglichkeit, das Ladegerät über den Wechselrichter aus den Aufbaubatterien zu speisen, hat mich jedoch dazu bewogen, nur die 12-A-Ausführung zu wählen.

31 Elektroinstallation optimiertes Konzept

BEZUGSQUELLE

24-V-Ladegerät
Wohnmobil-Fachhandel,
z.B. www.reimo.com
Infos unter www.votronic.de
PREIS Votronic Automatic Charger Pd 2412
SMT 2P: € 318,– (2012)

Anschlussschema mit freundlicher Genehmigung der Firma Votronic

Zum Anschlussschema
Die Hauptbatterie ist in diesem Schema nicht die Aufbaubatterie, sondern die Starterbatterie. Der zweite Ausgang zur »Starterbatterie« im Schema bleibt frei. Die Ladeausgänge des Ladegerätes werden mit den Plus- und Minuspolen der Starterbatterien mit 6-mm²-Kabeln verbunden.

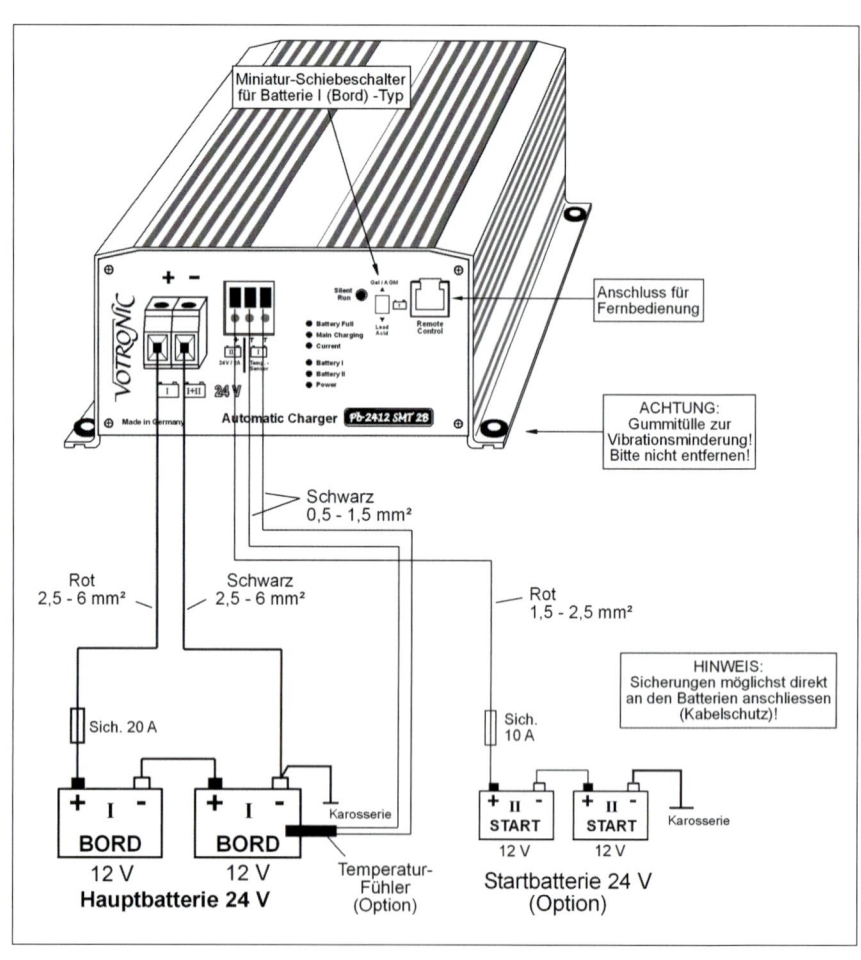

WICHTIG Den Minuspol mit der Batterie verbinden, die über ein Massekabel mit dem Fahrgestell verbunden ist. Den Pluspol an der zweiten Batterie anschließen und in Batterienähe mit 20 A absichern. Ein Temperaturfühler empfiehlt sich, wenn die Batterien häufig mit dem Ladegerät geladen werden, ansonsten kann darauf verzichtet werden.

31.8 Lampen, Leuchten und Leuchtmittel

Ursprünglich habe ich je eine 10-W-Halogen-Stableuchte in Küche und Bad verbaut, bei denen zwei verschiedene Helligkeitsstufen schaltbar sind. Deren Leuchtmittel sind allerdings mittlerweile dank der kompetenten Beratung von

Detlef Stendel vom LED-Power-Shop ebensolchen Leuchtmitteln gewichen, die gerade mal 10% des ursprünglichen Stromes aufnehmen bei vergleichbarer Leuchtkraft. Kostenpunkt: € 11,40 je LED-Leuchtmittel. Damit sinkt der Stromverbrauch der Leuchten von jeweils 1,8 Ah auf ca. 0,16 Ah, was somit ebenfalls ein klein wenig zur Optimierung meines Stromkonzeptes beiträgt.

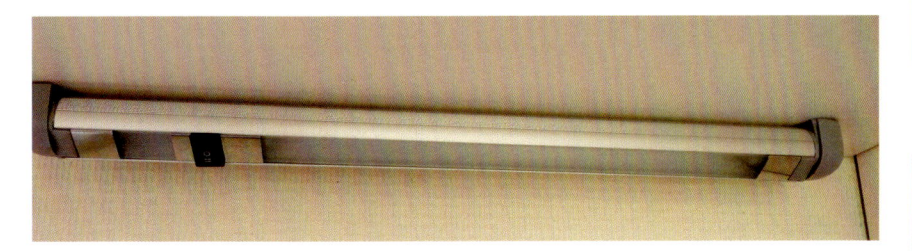

Detlef, der in einschlägigen Womo-Kreisen als LED-Didi bekannt ist, war einer der Ersten, der sein Wohnmobil komplett auf LED-Technik umrüstete und hat so den Einzug von LED-Leuchten im Wohnmobil mitbegründet. Er ist heute einer der erfahrensten Ansprechpartner, wenn es darum geht, die bestehende Beleuchtung im Womo auf LED umzurüsten oder einen Selbstausbau von Anfang an konsequent mit LEDs auszustatten. Dank seiner Beratung habe ich die beschriebene Halogen-Leuchte mit LEDs umgerüstet und sie über dem Durchstieg montiert. In der Küche verbaue ich stattdessen die wesentlich hellere »LED Lichtleiste 123 LED SMD warmweiß mit Tippschalter«. Detlef rät mir, einen Funkdimmer einzusetzen, mit dem ich die Helligkeit und den Stromverbrauch beliebig regulieren kann.

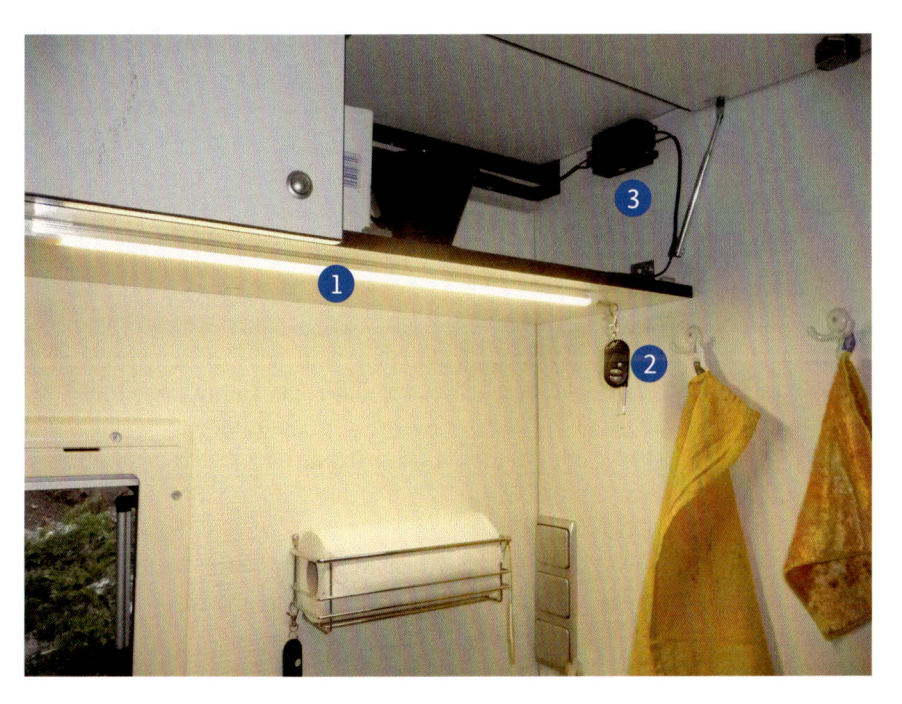

BEZUGSQUELLE

Halogen Stableuchte
www.reimo.com

PREIS ca. € 40 (2008)

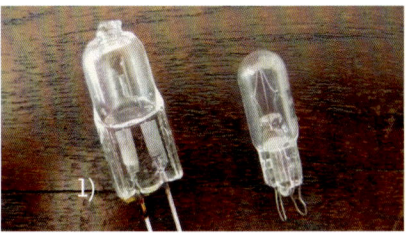

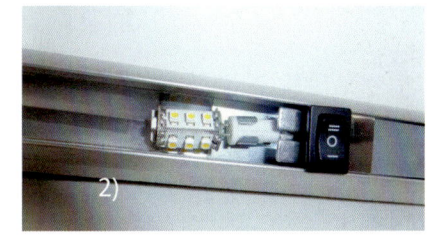

1) Ursprüngliche Halogenleuchtmittel
2) Neues LED-Leuchtmittel

1) LED Lichtleiste
2) Fernbedienung
3) Dimmer

31 Elektroinstallation optimiertes Konzept

BEZUGSQUELLE

LED-Lichtleiste
www.led-powershop.de
PREIS 123 LED SMD Tippschalter
warmweiß: € 33,70

LED-Leseleuchte
www.reimo.de
PREIS (2008)
- Sitzgruppenleuchten: ca. € 45,–/Stück
- Leseleuchten: ca. € 50,–/Stück

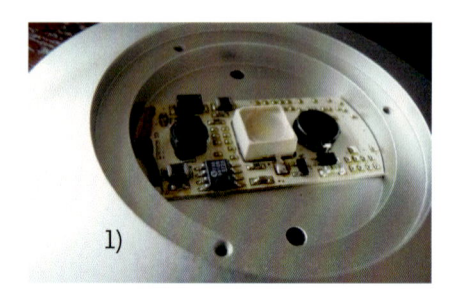

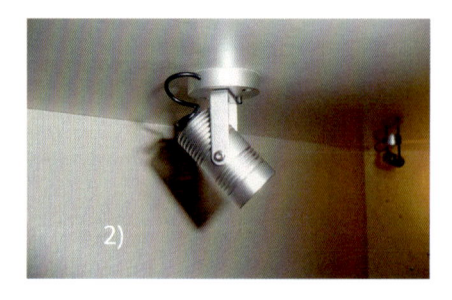

Im Bereich der Sitzgruppe haben wir bereits 2008 vier formschöne 3-W-Warmlicht-LED-Einbauleuchten verbaut, die ein normalen Glühbirnen nahekommendes, warmes Licht erzeugen. Von herkömmlichen Kaltlicht-LED-Leuchten würde ich abraten, weil deren kaltes Licht eher eine Werkstatt- bis Krankenhaus-Atmosphäre versprüht, als dass es ein Womo in einen Hort der Behaglichkeit verwandelte. Im Kopfbereich des Bettes sind zwei Warmlicht-LED-Spots als Leseleuchten unter den Deckenkästen verbaut.

Allerdings haben diese Leuchten einen entscheidenden Nachteil, auf den mich LED-Didi aufmerksam macht: Die Leuchtmittel sind fest mit der Leuchte verklebt. Gehen sie aufgrund eines Spannungsfehlers kaputt, muss die gesamte Leuchte ausgetauscht werden. Deshalb hat LED-Didi ein paar Profitipps parat, die ich hier gerne an meine Leser weitergeben möchte:

1. Er empfiehlt, keine kompletten LED-Leuchten zu kaufen, sondern preiswertere Halogen-Leuchten und nachträglich die Leuchtmittel gegen LEDs zu tauschen. Wichtig: darauf achten, dass die Halogen-Leuchtmittel folgender DIN-Norm entsprechen: MR 11, MR 16 oder G4 Halogen (Stiftsockel). Denn LED-Komplett-Leuchten sind in der Regel teuer, und die Qualität der LED-Leuchtmittel ist häufig nicht auf die im Womo herrschenden Spannungsschwankungen ausgerichtet, was deren Lebensdauer drastisch verkürzen kann. Mein neugieriger Blick in eine der Sitzgruppen-Leuchten offenbart genau diesen Umstand: Das Leuchtmittel ist mit der Leuchte fest verbaut und kann deshalb nicht ausgewechselt werden. Das Gleiche gilt auch für die schmucken Leseleuchten. Sie sehen toll aus und funktionieren gut, aber wenn das Leuchtmittel defekt ist, muss die gesamte Leuchte ausgetauscht werden.
2. Preisunterschiede bei LEDs rühren häufig daher, dass Standard-LEDs, die bei Discountern und in Baumärkten angeboten werden, in der Regel nur die angegebene Spannung–also z. B. 12 V–vertragen. Somit sind sie für die im Wohnmobil herrschenden Spannungsschwankungen von 11,5 bis zu 14,6 V weniger geeignet, weil diese Schwankungen den LEDs schon nach kurzer Zeit das Licht aushauchen können.
3. Unterschiedliche Farbtemperaturen: LEDs aus dem Handel stammen üblicherweise aus unterschiedlichen Produktionschargen und differieren häufig in der Farbe des abgestrahlten Lichts. Deshalb verkauft Didi pro Bestellung immer nur Leuchtmittel aus ein und derselben Charge, sodass sichergestellt ist, dass alle das gleiche Licht abgeben. Das bedeutet aber auch, dass man für sein Womo-Projekt immer alle LEDs auf einmal kaufen sollte. Später nachgeordnete Leuchten/Leuchtmittel haben mit ziemlicher Sicherheit eine andere Lichtfarbe und Helligkeit.
4. Vario-Spannung: Didi bevorzugt LED-Leuchtmittel mit einer Spannungsbreite von 10 bis 30 V. Damit lassen sich nicht nur die Spannungsschwankungen gut ausgleichen, sondern auch Fahrzeuge illuminieren, deren Aufbau-Elektrik auf 24 V ausgelegt ist.

1) In der Sitzgruppenleuchte ist das Leuchtmittel fest mit der Leuchte verklebt.
2) Für die LED-Leseleuchte gilt das gleiche.

Diese und viele andere Informationen rund um das Thema LED-Technik vermittelt Detlef seinen Kunden sehr gerne in einem persönlichen Beratungsgespräch am Telefon. Auf seiner kostenlosen Beratungshotline (er ruft zurück) bringt er Licht ins Dunkel Eures LED-Wissens und hilft, Fehler und Fehlinvestitionen zu vermeiden. Und wer Didi in seinem Shop im mecklenburgischen Eldena besucht, dem rüstet er auf Wunsch das gesamte Womo auf LED um und lässt sich lediglich die Leuchtmittel bezahlen.

LED-Didi verdanke ich auch meine neue, schmucke Außenbeleuchtung. Die Idee, die Sandbleche mit einem LED-Lichtband zu hinterleuchten, stammt zwar von mir, aber die raffinierte Technik, diese mit Funk-Dimmer zu versehen, kommt von Didi. Das LED-Lichtband verklebe ich entlang der Sandblechhalter und von einem Halter zum anderen auf den Koffer unter den Sandblechen. Dann bohre ich ein dünnes Loch für das Kabel durch die Shelterwand. Innen sitzt dann, wie in der Küche, ein Dimmer, mit dem die Helligkeit geregelt werden kann. Die Radien an den Kanten sollten jedoch größer gewählt werden, damit das Band nicht bricht.

Ein zweites LED-Band findet den Weg an die Markise, wo es die dezent indirekte Sandblechbeleuchtung im Bedarfsfall verstärkt, sodass man genug Licht zum Lesen, Essen oder Kochen an der Außenkochstelle hat. Natürlich ist auch dieses Lichtband mit ein und demselben Dimmer regelbar. Mit zusätzlich verbauten Schaltern können die Lichtbänder einzeln geschaltet werden. Dazu habe ich im Eingangsbereich beim Wasserpumpenschalter einen Vierfachschalter von Votronic verbaut, sodass das Licht auch von außen an- und ausgeschaltet werden kann.

BEZUGSQUELLE

WWW.LED-POWERSHOP.DE

Lichtband warmweiß, 5 m
PREIS € 59,90 (2013)

LED Funkdimmer mit Fernbedienung
PREIS € 16,90 (2012)

Eine wahrlich gelungene Außenbeleuchtung: Sandblechbeleuchtung alleine ...

31 Elektroinstallation optimiertes Konzept

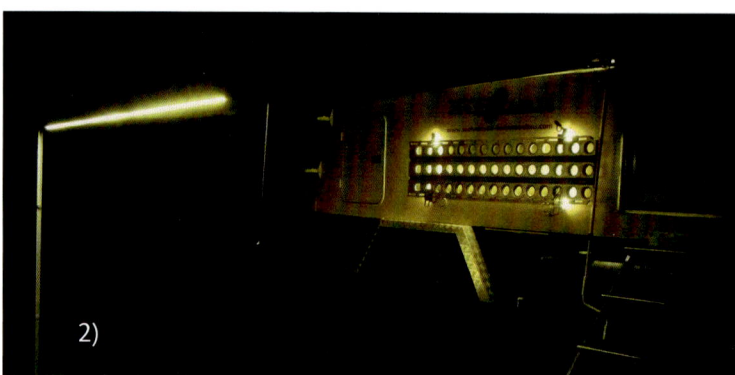

1) LED-Lichtband unter dem Sandblech als Außenbeleuchtung. Besonderer Gag: Es kann mit einer Funkfernbedienung gedimmt und ein- und ausgeschaltet werden.
2) Sandblechbeleuchtung in Kombination mit dem LED-Lichtband an der Markise.

31.9 Weitere Optimierungspotenziale auf der Strom-Inputseite

Im Rahmen der Optimierung unseres Elektrokonzeptes sollen die bisher beschriebenen Maßnahmen einerseits den Strom-Input erhöhen, andererseits den Stromverbrauch reduzieren. Vier weitere Möglichkeiten zur Verbesserung unserer Stromsituation gibt es noch, die wir ebenfalls in Betracht gezogen haben:

Erhöhung der Solarkapazität, um den Strom-Input bei Sonnenschein noch weiter zu steigern

Nachteile: Nachts und bei Schlechtwetterperioden bringt diese Investition nichts, im Winter und in nördlichen Regionen ist die Solarstromausbeute relativ dürftig. Der Raum auf dem Dach ist begrenzt – ich möchte dort auch noch ein weiteres Surfbrett und ggf. auch mal Reifen oder sonstige Güter auf kürzeren Strecken transportieren können.

Erhöhung der Batteriekapazität, um längere Standzeiten oder Schlechtwetterperioden abzupuffern

Nachteile: Batterien sind teuer, sehr schwer und benötigen Platz in der Nähe der anderen Batterien, wo aber kein Raum mehr zur Verfügung steht. So bleibt nur die Möglichkeit, die beiden 150-Ah-Batterien gegen größere beziehungsweise leistungsfähigere zu ersetzen (siehe dazu Unterkapitel »Batterien«.

Die Anschaffung eines externen Stromgenerators

Er erzeugt unabhängig von der Wettersituation Strom. Es handelt sich um Generatoren wie beispielsweise ein Honda EU 10i oder Honda EU 20i, die zwischen € 1.000,– bis € 1.500,– zu haben sind. Nachteile: Auch wenn die Geräte schon sehr leise geworden sind, ist das Dauerbrummen eines Generators recht nervig. Insbesondere dann, wenn man es geschafft hat, einen abgelegenen Stellplatz in freier Natur zu finden, konterkariert ein solcher Generator die Ruhe und das Naturerlebnis. Sind andere Camper in der Gegend, nervt man die auch noch, was letztendlich durchaus zu Spannungen führen kann.

In Australien begegnet man diesem Problem beispielsweise dadurch, dass auf Camping- und Stellplätzen die generatorbestromten Camper von den Leisetretern räumlich getrennt werden.

Schließlich kommt noch hinzu, dass man Öle und Treibstoff für den Generator mitschleppen und vor Ort dafür sorgen muss, dass das gute Stück, das etwas abseits vor sich hin brummt, nicht irgendwann durch Diebstahl verstummt.

Stromerzeugung mittels Brennstoffzelle
Aufgrund all dieser Gedanken beschäftige ich mich seit geraumer Zeit auch mit dem Thema Brennstoffzelle und recherchiere die verfügbaren Systeme, wobei sich das Angebot hier noch recht übersichtlich gestaltet:
1. Die Firma SFC mit Sitz in Brunnthal bei München bietet bereits seit einigen Jahren unter dem Markennamen »EFOY« drei verschiedene Brennstoffzellen mit unterschiedlichen Leistungsniveaus an. Kennzeichnend für die EFOY-Brennstoffzellen ist das Betriebsmittel Methanol.
2. Die Firma Truma mit Sitz in Putzbrunn bei München hat Anfang 2013 die gasbetriebene Brennstoffzelle VeGA auf den Markt gebracht.
3. Die Firma Enymotion mit Sitz in Heilbronn wollte ebenfalls zu Beginn 2013 eine gasbetriebene Brennstoffzelle auf den Markt bringen, kam jedoch in finanzielle Schwierigkeiten und musste Insolvenz anmelden. Damit ist die in meiner Erstausgabe des Buches beschriebene Enymotion-Brennstoffzelle, die ich testen sollte, leider nicht in funktionsfähiger Form in meinem Fahrzeug verbaut worden.

31.10 Funktionsprinzip einer Brennstoffzelle

Die Brennstoffzelle wird im Sprachgebrauch meist auch als Wasserstoff-Brennstoffzelle bezeichnet, bei der aus zugeführtem Wasserstoff und dem Sauerstoff der Umgebungsluft Strom, Wärme und Wasserdampf sowie geringe Mengen Kohlenstoffdioxid entstehen. Die Funktionsweise der Brennstoffzelle bildet die Umkehrung der Elektrolyse. Wie in nachfolgenden Schaubildern dargestellt, bestehen Brennstoffzellen, besteht die Brennstoffzelle aus zwei Elektroden, der Anode und Kathode, die durch eine Elektrolytmembran, die für die Protonleitung zuständig ist, getrennt werden. Dabei sind Anode und Kathode über einen äußeren Stromkreis miteinander verbunden.

Auf der Anodenseite wird der für die Stromerzeugung benötigte Wasserstoff herbeigeführt, der aus konventionellen Energieträgern oder Bioethanol gewonnen wird und auf der Kathodenseite der Sauerstoff aus der Umgebungsluft. Die Umsetzung von Sauerstoff und Wasserstoff zu Wasser verläuft in zwei Teilreaktionen. Auf der Anodenseite werden die Wasserstoffmoleküle mithilfe des Platins in Elektronen und Protonen aufgeteilt. Dabei gibt der Wasserstoff seine Elektronen an den äußeren Stromkreis ab, die an die Kathode weitergeleitet werden. Die positiv geladenen Protonen (H+)

31 Elektroinstallation optimiertes Konzept

Funktionsschema einer gasbetriebenen Brennstoffzelle. Mit freundlicher Genehmigung der Firma Enymotion

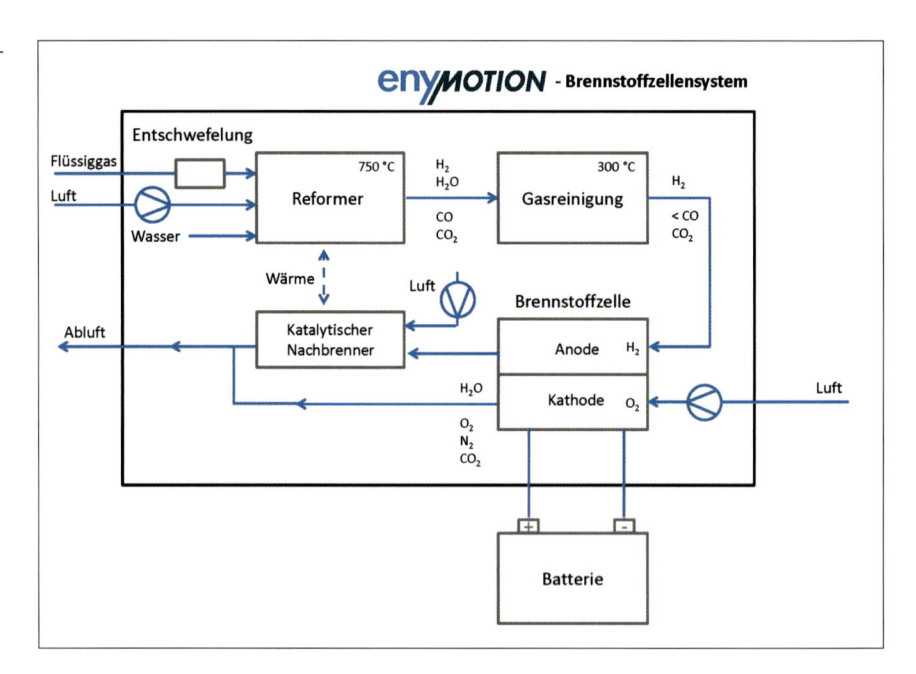

Funktionsschema einer methanolbetriebenen Brennstoffzelle. Mit freundlicher Genehmigung der Firma SFC

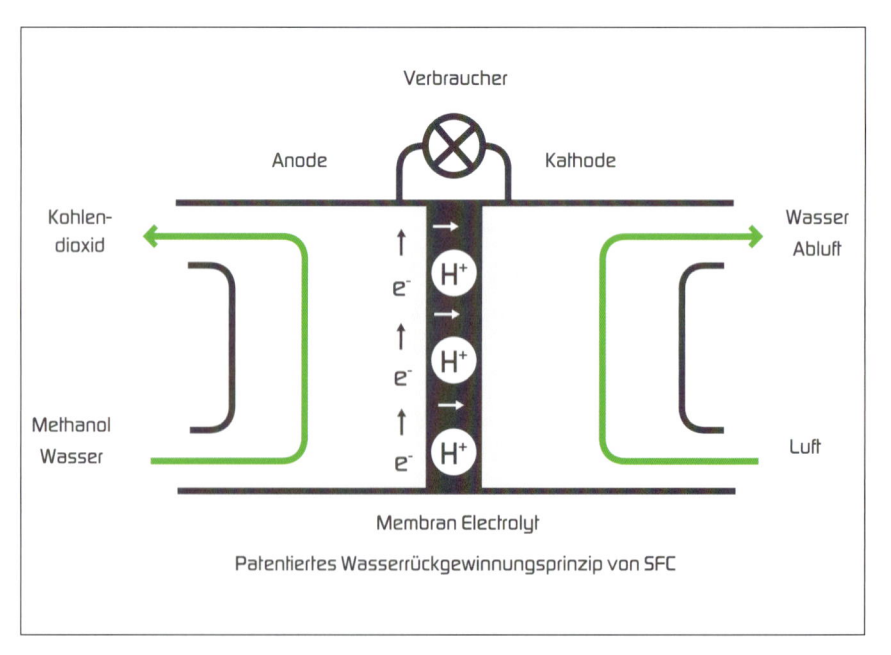

wandern (»diffundieren«) durch die Elektrolytmembran zur Kathode. An der Kathode reagieren die Protonen (H+) mit dem vorhandenen Sauerstoff und den Elektronen, die aus dem elektrischen Leiter zugeführt werden, zu Wasser. Wo es bei der Elektrolyse notwendig war, Energie in die Trennung der Wassermoleküle zu stecken, erhalten wir hier beim Zusammensetzen der Ionen zu Wasser wieder Energie zurück.

Auf diese Weise kommt es zur elektrischen Spannung, die an der Brennstoffzelle anliegt. Wird nun an der Anode und Kathode ein elektrischer Verbraucher angeschlossen, dann fließen die Elektronen von der Anode zur Kathode, es fließt also elektrischer Strom, und die Batterie wird geladen. Man spricht hier bei der Stromerzeugung auch von einer »kalten Verbrennung«, denn es entsteht keine Flamme. Es werden lediglich Wärme, feuchte Luft und elektrische Energie bei der Reaktion freigesetzt.

31.11 Vorstellung der beiden Brennstoffzellen-Typen

Methanol-Brennstoffzellen »EFOY COMFORT« von SFC

SFC hat bereits seit 2003 Brennstoffzellen-Systeme für den Privatgebrauch auf dem Markt. Seit 2011 bietet SFC drei unterschiedlich leistungsstarke Brennstoffzellen unter dem Markennamen »EFOY COMFORT« an, die 80, 140 bzw. 210 Ah pro Tag leisten. Darüber hinaus ist SFC mit seinen Brennstoffzellen in zahlreichen anderen Märkten und industriellen Anwendungen zuhause, überall da, wo es auf eine autarke Stromversorgung ankommt. So darf man davon ausgehen, dass sich die Brennstoffzellen mittlerweile bewährt haben. SFC verwendet als Betriebsmittel für seine EFOY-COMFORT Brennstoffzellen Methanol. Das zieht systembedingt eine Reihe von Konsequenzen nach sich, bietet auf der anderen Seite aber auch einige Vorteile.

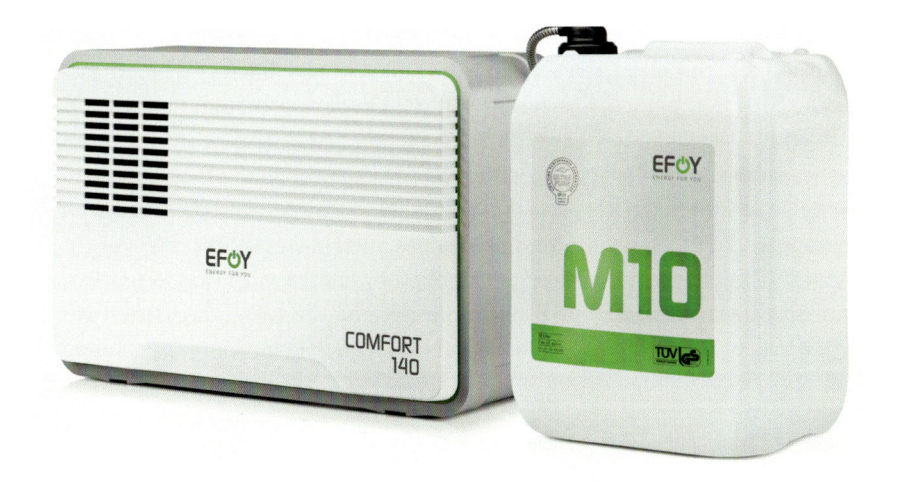

EFOY COMFORT Brennstoffzelle mit Methanol-Kartusche

Eine der Konsequenzen bedeutet, dass man das Betriebsmittel Methanol mitführen muss, um die Brennstoffzelle zu betreiben. Und zwar nicht irgendein Methanol, sondern ausschließlich die von SFC angebotenen Methanol-Kartuschen. Es ist also nicht möglich, irgendwo auf der Welt Methanol »zu tanken« und munter die Brennstoffzelle damit zu betreiben. Das ist auch gar nicht erwünscht, denn Methanol ist giftig. Einatmen und Hautberührungen sind zu vermeiden, was die Verwendung der SFC-Kartuschen aber von

31 Elektroinstallation optimiertes Konzept

vorneherein ausschließt. Das macht natürlich etwas unflexibel, was allerdings angesichts des europaweit flächendeckenden Vertriebsnetzes kaum eine Rolle spielt. Erst wenn sich der EFOY-Kunde über die Grenzen Europas hinauswagt, kann es in Afrika (Agadir), Asien (Singapur) und Südamerika (derzeit noch kein Vertrieb) zu Engpässen kommen. In Nordamerika und Australien ist das Vertriebsnetz bereits relativ dicht geknüpft.

Dass EFOY quasi nur den »eigenen Sprit« zulässt, hat aber zwei gute Gründe. Erstens wird damit vermieden, dass der Kunde mit der brennbaren und giftigen Substanz »Methanol« herumhantieren muss. Zweitens wird sichergestellt, dass nur hochreines Methanol in den Brennstoffzellen zum Einsatz kommt, womit man sich eine aufwändige Reinigungsanlage, wie sie bei gasbetriebenen Brennstoffzellen erforderlich ist, sparen kann. Dadurch können die EFOY-Brennstoffzellen kompakter, leichter und kostengünstiger gebaut werden, wovon vor allem die Kunden profitieren. Mit Abmessungen von (L × B × H) 44,3 × 20,2 × 28,8 cm und Gewichten von 7,0 bis 8,2 kg sind sie nur unwesentlich größer und schwerer als eine gut gefüllte Damenhandtasche. Natürlich muss hier noch das Gewicht und das Raummaß für die Methanolkartusche hinzugefügt werden. Aber auch bei einer Gasanlage muss der Verbrauch der Brennstoffzelle bei der Dimensionierung von Gasflaschen oder Tank berücksichtigt werden.

Somit wird klar, welche Zielgruppe SFC mit seinen EFOY-Brennstoffzellen anvisiert. Es sind die Campingplatz-Flüchter und Autark-Steher unter den Europa-Reisenden, mit kleineren bis mittelgroßen Wohnmobilen und einem ebensolchen Stromverbrauch. Die EFOY-Brennstoffzellen verbrauchen wenig Stauraum und belasten nur unwesentlich das Zuladungskonto. Die 10-Liter-Kartusche reicht für 925 Ah Strom, was bedeutet, dass man auf einer vierwöchigen Reise an einem Drittel der Tage auch ohne Sonnenunterstützung Strom produzieren kann. Das sollte ausreichen, um auch in weniger sonnenverwöhnten Gegenden mit dem Strom nicht mehr knausern zu müssen. Und da in Europa, USA und Australien das Händlernetz für die EFOY-Kartuschen gut ausgebaut ist, braucht man in diesen Regionen auch keine Unmengen von Methanol im Fahrzeug horten.

Die 10-Liter-Methanol-Kartusche kostet € 44,90 (5 Liter € 29,90) und speichert Energie für 11,1 kWh bzw. 925 Ah (bei 12 V). Daraus ergibt sich ein Kilowattpreis von € 4,05 oder von 48,5 Cent pro Ah. SFC gewährt 2 Jahre Garantie ohne Einschränkung der Betriebsstunden. Eine Fünfjahresgarantie kann für € 299,– optional abgeschlossen werden.

Einbaubeschreibung
Der Einbau der EFOY Brennstoffzellen darf auch von einem fachkundigen Laien durchgeführt werden, wenn dieser sich an die Installationsanleitung hält. Es sind Fachkenntnisse der mechanischen Bearbeitung, sowie der

Elektrik notwendig. SFC stellt auf der EFOY COMFORT Webseite eine Installationsanleitung zum Download zur Verfügung. Der Gewährleistungsanspruch erlischt bei einer fachgerechten Installation nicht. Mit dem Gerät wird eine Halteplatte mitgeliefert, die man mit dem Boden verschraubt und auf der die Brennstoffzelle montiert wird. Die Tankkartusche wird in der mitgelieferten Montagehalterung mit einem Spanngurt befestigt.

Daneben gibt es einen geräteeigenen Kabelbaum mit Bedienteil, das an zentraler, gut sichtbarer Stelle im Fahrzeug montiert werden sollte. Es ist also nur noch ein 12V-Anschluss vom Kabelbaum zur Aufbau-Elektrik herzustellen und die Brennstoffzelle mit dem mitgelieferten Kabelbaum anzuschließen.

Vom Gerät führt ein Abwärmerohr nach draußen ins Freie. Hierfür ist eine Bohrung von 10 cm Durchmesser in den Fahrzeugboden oder in die Fahrzeugwand vorzunehmen. Daneben gibt es eine dünne Abgasleitung, die ebenfalls mittels Bohrung ins Freie zu verlegen ist. Im Wesentlichen war es das schon. Dazu sollten natürlich die in der Einbauanleitung gemachten Hinweise beachtet werden.

BEZUGSQUELLE

Efoy Brennstoffzellen
WOHNMOBIL FACHHANDEL,
z.B. www.reimo.com

PREIS
- EFOY COMFORT 80: € 2.599,–
- EFOY COMFORT 140: € 3.999,–
- EFOY COMFORT 210: € 5.499,–

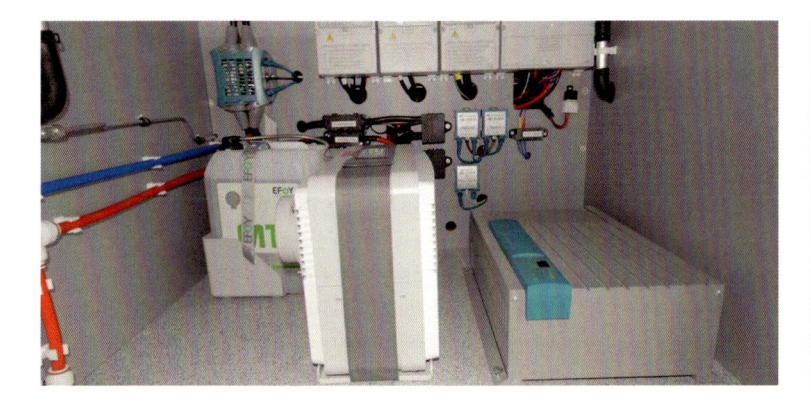

EFOY COMFORT Brennstoffzelle in einer vorbildlichen Einbausituation

Gas-Brennstoffzelle »VeGa« von Truma

Einen anderen Weg beschreitet Truma mit der VeGa-Brennstoffzelle und adressiert damit auch eine völlig andere Zielgruppe. Große Luxus-Wohnmobile und Liner auf der einen Seite, deren Stromverbrauch ein eigenes Kraftwerk durchaus nahelegt; Langzeitreisende, auch mit mittleren Fernreisemobilen auf der anderen Seite, die sich, mit ausreichender Gasflaschen- oder Gastankkapazität ausgestattet, von den Grenzen Europas nicht aufhalten lassen. Denn die VEGA schaufelt mit ca. 250 Watt Leistung pro Stunde bis zu 20 Ah in die Stromsilos, was einer theoretischen Tageskapazität (24 h) von 480 Ah entspricht.

Dabei verträgt die VEGA sowohl Propan- als auch Butangas, womit sie die solchermaßen energetisierten Reisenden weltweit autark vom Stromnetz und der Sonneneinstrahlung macht. Den Inhalt einer 11 kg LPG-Flasche wandelt

31 Elektroinstallation optimiertes Konzept

Gasbrennstofffzelle »VeGA« von Truma

die Brennstoffzelle in bis zu 28 kWh-Strom mit 2300 Ah (bei 12 V) um. Damit kann man schon eine ganze Weile fernsehen, auf dem Laptop klimpern und die Heizung brüten lassen. Bei knappen 20 Euro Kosten für eine 11 kg-Gasflaschenfüllung kostet das Kilowatt Strom 71 Eurocent, die Amperestunde also ungefähr 8,7 Eurocent. Und wenn die Brennstoffzelle aus dem Gastank inhaliert, dann wird es noch günstiger, weil Autogas deutlich weniger kostet als Flaschengas (Autogas ca. € 1,10 pro Kilogramm bei einem zugrunde gelegten Gaspreis von € 0,75 pro Liter und einer Wichte von 0,58 kg/Liter–ausgehend von reinem Propangas). Dann kostet eine Kilowattstunde Brennstoffzellenstrom nur noch 40 Eurocent bzw. die Amperestunde 5,3 Eurocent. Hier macht sich also im Vergleich zu den Methanol-Brennstoffzellen der deutlich niedrigere Preis von Gas bemerkbar.

Aber Leistung braucht Platz und die in der Brennstoffzelle integrierte Gasreinigungsanlage, die das Gas entschwefelt und Odorierungsmittel entfernt, benötigt zusätzlichen Raum. So bringt es die VeGA auf ansehnliche Maße von 717 × 462 × 290 mm und wirft dabei ganze 40 kg in die Waagschale. Das fällt allerdings bei der anvisierten Zielgruppe der weniger gewichtssensiblen Fahrzeuge im wahrsten Sinne des Wortes nicht so sehr ins Gewicht.

Die Brennstoffzelle ist mit einem intelligenten Steuerungssystem ausgestattet, das sie bei einem voreingestellten Batterieladungs-Schwellwert automatisch anspringen und die Batterien laden lässt. Das Ganze kann natürlich auch manuell gesteuert und damit außer Kraft gesetzt werden, beispielsweise dann, wenn man weiß, dass man in Kürze wieder fährt und die Batterien dann von der Lichtmaschine geladen werden. Der Einbau der VeGA ist im Stauraum oder Zwischenboden des Fahrzeugs möglich. Das mitgelieferte Bedienteil wird mit dem geräteeigenen Kabelbaum mit der Brennstoffzelle verbunden und an das 12 V-Aufbaustromnetz angeschlossen.

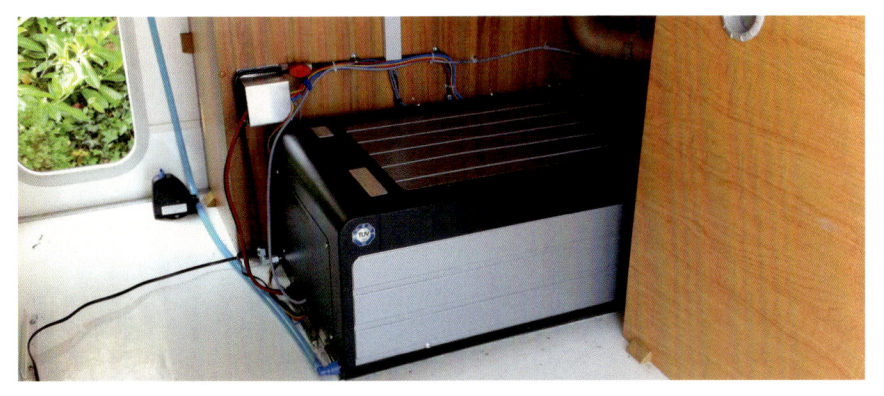

Mittlerweile gibt es auch die VeGA Plus, die mit einer Kommunikationsschnittstelle ausgerüstet ist, die die optimale Kommunikation zwischen der Brennstoffzelle und dem Batteriemanagementsystem (BMS) von Lithium-Ionen-Batterien gewährleistet. Truma schreibt vor, dass der Einbau der VeGA zwingend beim Fachhändler erfolgen muss, damit die Gewährleistungsansprüche erhalten bleiben.

BEZUGSQUELLE

VeGa Brennstoffzelle
WOHNMOBIL FACHHANDEL,
z.B. www.reimo.com

PREIS
- VeGA: € 6.990,–
- VeGA Plus: € 7.290,–

31.12 Überarbeitete Elektropläne

Nachfolgend finden sich die beiden überarbeiteten Elektropläne, in denen sämtliche Änderungen in der Elektroinstallation verzeichnet sind, wie ich sie im Jahr 2012 bei meiner ersten Optimierung vorgenommen habe. Nur sind hier noch zwei Batterien im Plan eingezeichnet, während es in Wirklichkeit vier Optimas á 75 Ah waren. Auf einen Optimierungspunkt, der im nächsten Kapitel »Batterien« angesprochen wird, möchte ich hier noch einmal kurz eingehen: Werden zwei Batterien parallel verschaltet, um die Spannung von 12 V beizubehalten, aber die Kapazität zu verdoppeln, dann empfiehlt es sich, den Pluspol von der einen Batterie zu den Verbrauchern zu führen, beim Minuspol aber nicht den derselben Batterie zu nutzen, sondern den der anderen Batterie. Damit wird ein ungleiches Laden und Entladen der Batterien vermieden, was zur Folge hat, dass die Batterie, an der die Verbraucher angeschlossen sind, schneller altert als die dahinterliegende Batterie. (Siehe(!) in den Schaltschemata auf der nachfolgenden Seite.) Über den Plus- und Minusverteiler werden die einzelnen Verbraucher angeschlossen und mit den jeweils erforderlichen Sicherungen abgesichert.

31 Elektroinstallation optimiertes Konzept

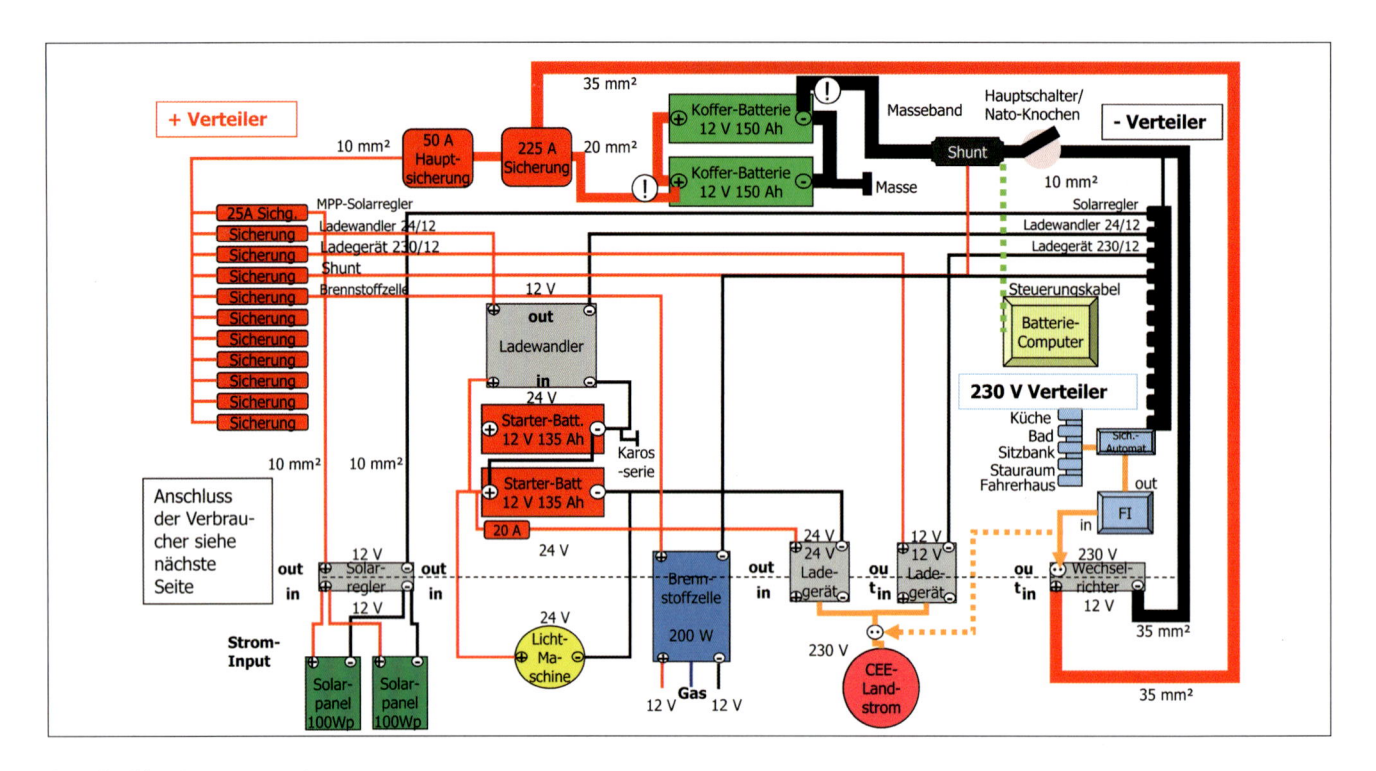

Stromlaufplan Strom-Inputseite

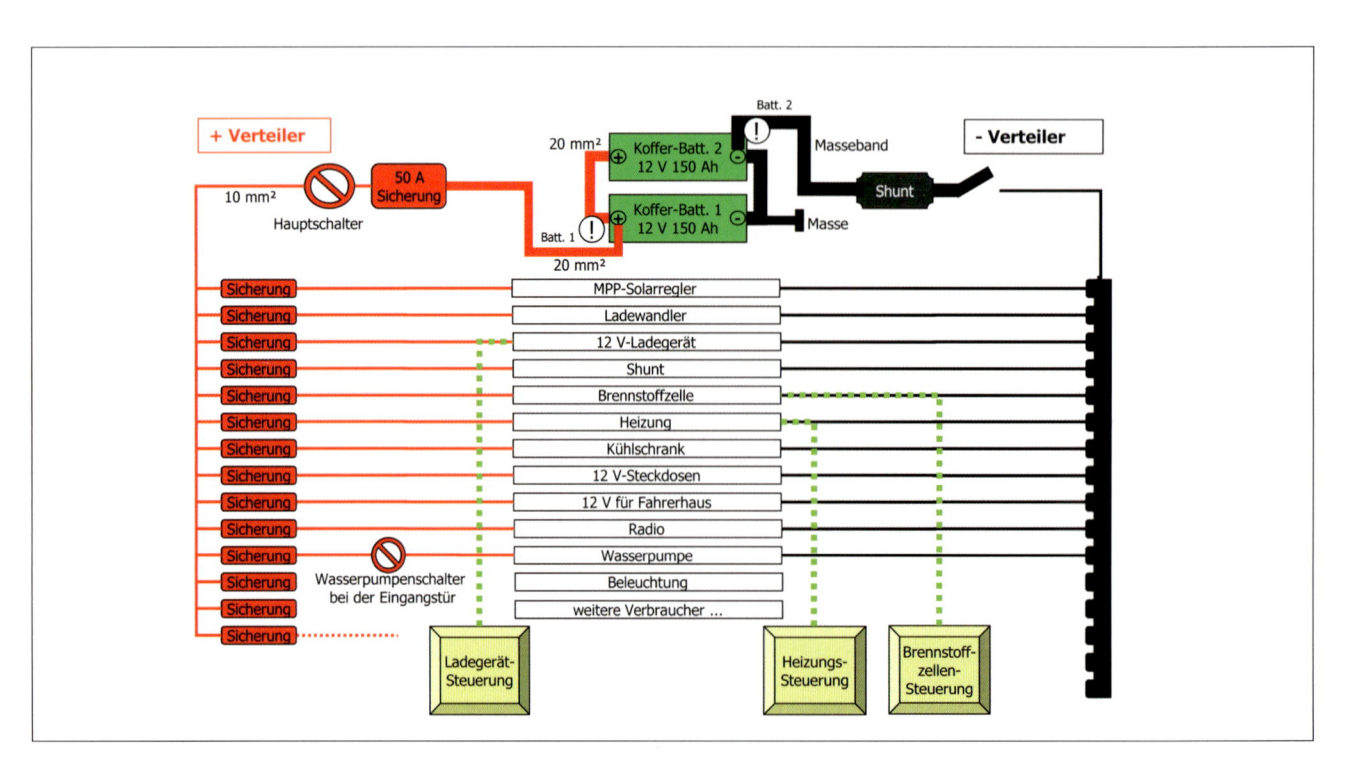

Stromlaufplan Strom-Outputseite

31.13 Batterien, die eigentlich Akkus sind

Wenn man sich an das Thema Wohnmobilausbau wagt, dann wird man von einer solchen Vielzahl von Komponenten und den damit verbundenen Themen überwältigt, dass man leicht versucht ist, die eine oder andere Entscheidung relativ schnell und ohne lange Überlegungen zu treffen, um sich anderen, vermeintlich wichtigeren Themen zuzuwenden. Bei mir war das im Fall der Batterien so: Was soll an Batterien schon so furchtbar wichtig sein, als dass man sich damit unnötig lange aufhalten sollte?

Einige Jahre, viele Gespräche und noch mehr Erfahrungen einschließlich einiger Fehler später sehe ich die Sache mit den Strom-Silos ein bisschen differenzierter. Dementsprechend möchte ich den Batterien hier einen angemessenen Raum einräumen, ohne zu sehr in die Tiefe zu gehen, denn über Batterien könnte man alleine ein Buch schreiben. Der Grund liegt in der Tatsache, dass man beim Einsatz von Batterien und im Umgang mit denselben sehr viel richtig oder falsch machen kann, was deren Leistungsfähigkeit und Lebensdauer drastisch in die eine wie die andere Richtung beeinflussen kann. Je nach Einsatz, Nutzungsgrad, Nutzungsart, verfügbarem Budget sowie vor- und nachgelagerten Komponenten können verschiedenartige Batterietypen zum Einsatz kommen, die sich deutlich in Preis, Gewicht, Leistungsfähigkeit und Wartungsbedarf unterscheiden.

Wohlklingende Namen wie Luigi Galvani und Alessandro Volta haben die Prinzipien der galvanischen Zelle und die einer Batterie im 18. Jahrhundert entdeckt. Am Ende war es aber der auf den zackigen Namen Wilhelm Ritter hörende Deutsche, der 1802 den ersten wiederaufladbaren Akku entwickelte. Dabei ist der Begriff »Batterie« in diesem Zusammenhang eigentlich verkehrt, denn sachlich richtig bezeichnet man lediglich Primärzellen, die nicht wieder aufladbar sind, als Batterien, während wiederaufladbare Sekundärzellen als Akkumulatoren bezeichnet werden. Umgangssprachlich hat sich aber der Begriff »Batterie« auch für Akkumulatoren eingebürgert, sodass auch ich diesen verwenden werde.

Allen Batterien und Akkus gemein ist das elektrochemische Funktionsprinzip einer galvanischen Zelle, in der zwischen zwei Elektroden durch einen Elektrolyten eine elektrochemische Reaktion stattfindet, bei der elektrische Spannung freigesetzt wird. Je nach eingesetztem Elektrodenmaterial fließen zwischen den Elektroden unterschiedlich große Ströme, die für die Versorgung von Stromverbrauchern genutzt oder in Akkumulatoren gespeichert werden können.

Beim Einsatz von zwei Bleiplatten als Elektroden beträgt die Spannungsdifferenz zwischen den Platten 2 Volt je Zelle. Schaltet man sechs solcher Zellen innerhalb eines Akkumulators in Reihe, erhält man eine Gesamtspannung von 12 Volt – und fertig ist ein Akku oder umgangssprachlich eine Batterie. Schaltet

31 Elektroinstallation optimiertes Konzept

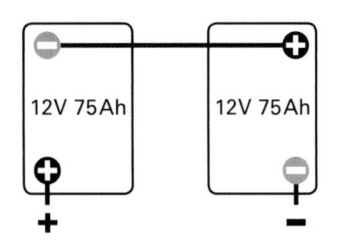

man zwei dieser 12-V-Akkus in Reihe, indem man den Pluspol der einen Batterie mit dem Minuspol der anderen verbindet, erhält man die für Lkws übliche Spannung von 24 Volt.

Reihenschaltung für 24 V, 75 Ah
Gesamtspannung = die Summe der Einzelspannungen
Gesamtkapazität = Einzelkapazität

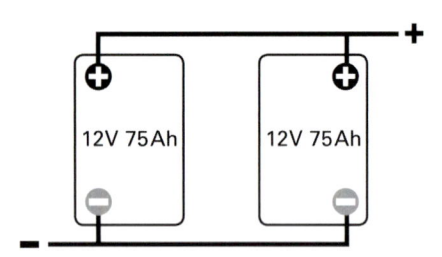

Will man die Kapazität der Batterie erhöhen, nicht aber die Spannung, schaltet man 2 Akkus parallel, indem man jeweils die Pluspole und die Minuspole miteinander verbindet und so die Kapazität der Akkus (ak-)kumuliert.

Parallelschaltung für 12 V, 150 Ah
Gesamtspannung = Einzelspannung
Gesamtkapazität = Summe der Einzelkapazitäten

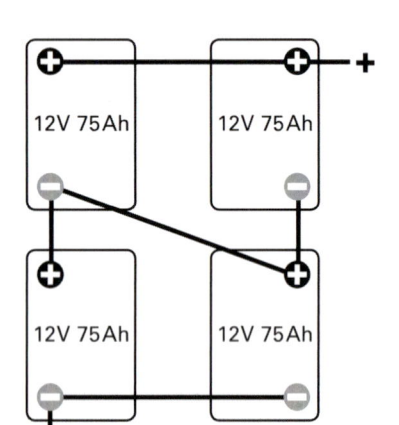

Will man die Kapazität der Batterie und die Spannung erhöhen, muss man die Batterien entsprechend der nachfolgenden Abbildung anschließen.

Reihenparallelschaltung für 24 V, 150 Ah
Gesamtspannung = Summe der zwei Einzelspannungen
Gesamtkapazität = Summe der zwei Einzelkapazitäten

ACHTUNG Damit die Batterien gleichmäßig belastet und geladen werden, ist es wichtig, dass Plus- und Minusleitung nicht von derselben Batterie abgenommen werden, sondern, wie hier dargestellt, von beiden Batterien. Die Aufladung eines Akkus erfolgt durch Umkehrung des elektrochemischen Prozesses in seinem Inneren, was bis zu einem bestimmten Grad (Anzahl der Zyklen) erfolgen kann, bevor der Akku diese Eigenschaft der Stromspeicherung und Abgabe verliert.

Bei der Bewertung einer Batterie sollte deshalb nicht nur die nominelle Batteriekapazität (angegeben in Amperestunden, Ah) in Betracht gezogen werden, sondern genauso wichtig ist der C- oder K-Wert der Batterie, der die Kapazität der Batterie bei 20-stündiger (C_{20} oder K_{20}) bzw. bei 100-stündiger (C_{100} oder K_{100}) Entladung angibt. Der fürs Wohnmobil relevantere Wert ist der K_{10}- oder gar der K_5-Wert.

Welche Batterie für welchen Zweck?

Generell stehen fünf verschiedene Typen von »Batterien« für den Einsatz in Fahrzeugen bereit:
1. Nassbatterien
2. Gelbatterien
3. AGM-Batterien
4. Spiralzellen AGM-Batterien
5. Lithium-Ionen-Batterien

Welche davon idealerweise zum Einsatz kommt, hängt vom Verwendungszweck des Energiespeichers und der daran angeschlossenen Verbraucher ab. Dabei gilt es für Batterien im Wohnmobilumfeld zwei grundsätzlich verschiedene Aufgaben zu verrichten, für die es auch zwei grundsätzlich verschiedene Batterie-Typen gibt:
1. Das Starten des Motors: Starterbatterien
2. Das Bereitstellen von Energie für die Versorgung von Verbrauchern im Wohnaufbau: Versorgerbatterien

Starterbatterien

Beim Starten des Motors wird für einen kurzen Zeitraum (wenige Sekunden) ein sehr hoher Strom benötigt, um die beweglichen Teile des Motors in Gang zu setzen. Liegen die Temperaturen im Minusbereich, wird dieser Startvorgang auf zweierlei Weisen erschwert. Zum einen ist das Motorenöl zäher, was dem Anlasser deutlich mehr Kraft abverlangt, zum anderen sinkt die Leistungsfähigkeit von Batterien bei niedrigen Temperaturen in der Regel deutlich ab, was auf den größeren Innenwiderstand der Batterie zurückzuführen ist. Deshalb wird die Leistungsfähigkeit einer Starterbatterie nicht nur in Amperestunden angegeben, sondern für die Kaltstarteigenschaften ist vor allem der CCA-Wert (Kaltstartstrom bei – 18 Grad) relevant. Bei einem normalen Startvorgang wird dabei die Batterie um maximal 3% entleert und in der Regel sofort von der Lichtmaschine wieder geladen.

Versorgerbatterien

Das Anforderungsprofil von Versorgerbatterien sieht dagegen gänzlich anders aus. Die Stromabgabe erfolgt je nach eingesetzten Verbrauchern sehr unterschiedlich und reicht von homöopathischen Dosen für ein LED-Lämpchen bis hin zu hohen Dauerströmen, beispielsweise beim Dauerbetrieb von leistungsfähigen Elektrogeräten über den Wechselrichter.

Werden die Versorgerbatterien über Solarzellen geladen, kommen weitere Anforderungen auf die Batterien zu, um den Solarstrom optimal nutzen zu können. Das können nicht alle Batterietypen gleich gut, weshalb es hier abzuwägen gilt, welche Anforderungen man an seine künftigen Stromspeicher stellt und was man in deren Pflege zu investieren bereit ist (Stichwort

31 Elektroinstallation optimiertes Konzept

Ladetechnik). Deshalb möchte ich im Folgenden die fünf grundsätzlich verschiedenen Batterietypen vorstellen und deren Stärken und Schwächen beleuchten.

1. **Nassbatterien**

   Aufgrund der »Weichheit« von Blei müssen dem Blei der Elektrodenplatten andere Metalle zugesetzt werden (Legierung), damit sie die notwendige Festigkeit zum Verbau in einem Akku erhalten. Der Zusatz weiterer Metalle erhöht jedoch den Innenwiderstand der Batterie, sodass geringe Ströme, wie sie beispielsweise bei bedecktem Wetter von den Solarzellen kommen können, gar nicht zur Ladung der Batterie beitragen. Alle Batterien »gasen«, jedoch wird bei modernen Batterien das Gas innerhalb des Gehäuses wieder einer Kondensierung zugeführt, während manche Nassbatterien die Gase abgeben. Falls solche Batterien verwendet und im Inneren des Fahrzeugs verbaut werden, sind die Gase mittels eines Schlauches nach außen zu führen, um zu verhindern, dass aggressive Schwefeldämpfe die umliegenden Metalloberflächen angreifen oder dass sich gar Knallgas bildet. Bei solchen Batterien muss dann auch regelmäßig destilliertes Wasser nachgefüllt werden. Moderne Nassbatterien sind wie Gel- und AGM-Batterien wartungsfrei, weil die Gase innerhalb der Batterie zum Kondensieren gebracht werden und das Kondensat zurück ins System fließt. Nassbatterien können nur stehend verbaut werden, da ansonsten der Elektrolyt ausläuft.

   Die Zellenplatten von Nassbatterien sind lediglich oben und unten in der Batterie fixiert, während das Blei bei AGM-Batterien mit einem Glasvlies verpresst ist und dadurch wesentlich besser stabilisiert wird. Deshalb sind AGM-Batterien und speziell Spiralzellen-AGMs wesentlich unempfindlicher gegenüber Erschütterungen, als dies bei Nassbatterien der Fall ist. Letztere sind auch temperaturempfindlicher als andere Batterien, sowohl gegenüber hohen als auch niedrigen Temperaturen. Bei hohen Temperaturen verlieren sie zu viel Wasser, was eine regelmäßige Kontrolle des Säurepegels und der Säuredichte erfordert. Bei niedrigen Temperaturen verlangsamt sich die elektrochemische Reaktion, was die Leistungsfähigkeit der Batterien stark einschränkt.

   Die Bleiplatten von Nassbatterien dürfen keinesfalls trocken fallen, weil dies die Batterie zerstören würde. Nassbatterien sind relativ preisgünstig und gut geeignet für die kurzzeitige Bereitstellung hoher Ströme, weshalb sie noch immer häufig als Starterbatterien in Fahrzeugen zum Einsatz kommen. Allerdings verfügen sie nur über eine sehr eingeschränkte Zyklenfestigkeit (ca. 100 bis max. 200 Zyklen). Sie sind nur dann als Versorgerbatterien sinnvoll, wenn es die kurze Fahrt zum Campingplatz zu überbrücken gilt und dort sogleich wieder Landstrom genutzt wird. Für den Einsatz im Offroad-Wohnmobil sollte allerdings auch bei den Starterbatterien die

Rüttelfestigkeit ins Kalkül gezogen werden. Denn was für die Aufbaubatterien gilt, gilt in gleichem Maße für die Starterakkus.

2. **Gelbatterien**
Ähnlich wie bei den Nassbatterien hat der die Bleiplatten umfließende, gelartige Elektrolyt nur bedingt eine stabilisierende Wirkung auf die Platten. Dementsprechend sind sie etwas rüttelfester als die nassen Kollegen, aber noch lange nicht in dem Maße, wie das für AGM-Batterien oder sogar Spiralzellen-AGMS gilt. Gelbatterien sind auslaufsicher und wartungsfrei, was jedoch nicht bedeutet, dass ihre Ladung völlig unproblematisch ist. Aufgrund des höheren Innenwiderstandes von Gelbatterien dauert die Ladung länger als bei AGM-Batterien. Sowohl an der Fahrzeug-Lichtmaschine als auch am Ladegerät nehmen Gelbatterien weniger Strom auf als AGMS. Das ist für Dauercamper, die permanent mit Landstrom laden können, kaum ein Problem, wohl aber für Reisende, die auf eine schnelle Neuladung der Batterien durch die Lichtmaschine oder Solarpanels angewiesen sind.

Gelbatterien sollten immer einen kompletten Zyklus durchlaufen, also bis zu 70% entladen und dann wieder vollgeladen werden. Auch deshalb sind sie als Starterbatterien ungeeignet, vor allem aber wegen ihrer eingeschränkten Hochstromfähigkeit. Werden starke Verbraucher angeschlossen – wie das beim Startvorgang ja der Fall ist, aber eben auch beim Betrieb eines leistungsfähigen Wechselrichters mit starken Verbrauchern wie Föhn oder Flex, dann fällt die Spannung stark ab. Kühlschrank oder TV können in den Störungsmodus gehen, wenn die Bordspannung unter 12 V sinkt.

Als Aufbaubatterien eignen sich Gelbatterien deshalb nur bedingt, denn die Zyklen in einem Freizeitmobil sind sehr unterschiedlich, insbesondere wenn die Ladung der Batterien auch durch Solarzellen erfolgt. Außerdem haben Gelbatterien aufgrund des Gels einen höheren Innenwiderstand, weshalb sie für die Ladung mit Solarzellen weniger geeignet sind. Geringe Solarströme übersteigen häufig den Innenwiderstand der Batterie nicht, weshalb dann keine Ladung erfolgt.

Bei niedrigen Temperaturen sinkt die Viskosität des Gels, wodurch sich der Innenwiderstand weiter erhöht, während bei hohen Temperaturen aufgrund der Bleilegierung die Temperatur in den Zellen steigt und damit auch die Korrosionsanfälligkeit der Gitter – was die Lebensdauer der Batterie beeinträchtigt. Außerdem benötigen Gelbatterien unbedingt ein auf den Batterietyp abgestimmtes Ladeprogramm, das höchstens mit 10% der Nominalkapazität der Batterie lädt und die Ladeschlussspannung auf 14,4 V begrenzt. Bewegt man sich allerdings innerhalb dieses Gelbatterien-Leistungsprofils, kann man mit einer sehr hohen Zyklenfestigkeit von ca. 700 Lade-/Entladezyklen rechnen.

31 Elektroinstallation optimiertes Konzept

3. AGM-Batterien

Bei AGM-Batterien (absorbent glass matt) sind die Bleiplatten von einem Glasvlies umgeben, in dem der Elektrolyt gebunden ist. Damit wird sichergestellt, dass die Bleiplatten niemals trocken fallen können. Die Batterien benötigen weniger Raum bzw. bieten bei gleichem Volumen mehr Raum für Bleiplatten, was die Kapazität erhöht. Die Bleiplatten werden mit dem umgebenden Glasvlies verpresst im Batteriegehäuse verbaut. Damit sind sie wesentlich unempfindlicher gegenüber Schwingungen und Gerüttel als Nass- oder Gelbatterien. Sie benötigen dadurch aber auch weniger andere Metalle, weshalb sie einen geringeren Innenwiderstand haben und dadurch auch eine sehr gute Hochstromfähigkeit aufweisen. AGM-Batterien akzeptieren höhere Ladespannungen, weshalb sie schneller geladen werden. und sie sind absolut wartungsfrei, selbst bei beschädigtem Gehäuse auslaufsicher und beinahe in jeder Lage einbaubar. Aufgrund ihrer Gasungsfreiheit können sie problemlos im Innenraum eines Womos verbaut werden.

ACHTUNG AGM-Batterien aus dem Kfz-Fachhandel sind in der Regel »Starter-AGM-Batterien«, die die typischen Eigenschaften einer Starterbatterie mitbringen. Sie eignen sich nur bedingt als Versorgerbatterie – hierfür sind sogenannte »Zyklen-AGM-Batterien« erforderlich.

4. Spiralzellen-AGM-Batterien

Eine Sonderform der AGM-Batterien sind sogenannte »Spiralzellen-AGM-Batterien« wie die OPTIMA von der Firma Johnson Controls. Sie unterscheidet sich von herkömmlichen AGM-Batterien durch eine Reihe von Eigenschaften, die sie sowohl für den Einsatz als Starterbatterie als auch als Versorgerbatterie im Wohnmobil prädestiniert.

Der vielleicht wichtigste Unterschied liegt in der Tatsache, dass aufgrund der mechanischen Festigkeit der Spiralzellen 99,99%iges, hochreines Blei anstatt Legierungen verwendet werden kann. Dieses ist umgeben von einem mikroporösen Glasvlies. Damit hat die Batterie nur einen minimalen Innenwiderstand und kann so mehr Energie in kürzerer Zeit aufnehmen und abgeben. Das spürt man einerseits beim Laden, wo die OPTIMA sehr hohe Ströme verträgt – beispielsweise an einer leistungsstarken Lichtmaschine –, andererseits verarbeitet sie auch geringe Ströme besser, wie sie in der Dämmerung oder bei diffusem Licht von einem MPP-Solarregler erzeugt und in die Batterie eingespeist werden. Die Batterie wird also effektiver und schneller geladen. Aus dem geringen Innenwiderstand resultiert ein weiterer Vorteil, weil dadurch die Batterie sowohl gegenüber hohen als auch niedrigen Temperaturen unempfindlicher ist. Vorteilhaft ist auch, dass die Spiralzellentechnik relativ unempfindlich gegenüber Ladefehlern ist, sie also auch mal mit einem alten, ungeregelten Ladegerät geladen werden kann, was Gelbatterien beispielsweise nicht verzeihen. Trotzdem sollten alle modernen Batterien mit einem geregelten Ladegerät mit IUOU-Ladekennlinie geladen werden. Während Standard-AGM-Batterien nur einen maximalen Ladestrom von 14,8 V vertragen und dieser nur maximal 25–35% der Nennkapazität der Batterie betragen sollte, kann ein Spiralzellen-Akku aufgrund des geringen Innenwiderstands mit bis zu 15,6 V und mit einer unbegrenzten Stromstärke geladen werden. Damit kann sich die Ladezeit der Batterie deutlich verkürzen. Allerdings sollte–wie bei allen Gel- und AGM-Batterien–ein Temperaturmessfühler zur Batterie verbaut werden. Aufgrund der hohen Festigkeit der Spiralzellen ist die OPTIMA-Batterie deutlich rüttelfester als alle anderen Batterietypen, was sie insbesondere für den Einsatz in Expeditionsmobilen prädestiniert, die häufig auf Pisten oder gar abseits davon bewegt werden.

Der für mich relevanteste Aspekt einer Optima liegt jedoch in der Tatsache begründet, dass sie quasi zu 100% entladen werden kann, ohne dass die Batterie geschädigt wird, und dass sie dabei eine Tiefstentladung auf bis zu 10,5 V verkraftet. Während eine Nassbatterie bereits nach zehn Totalentladungen zerstört wäre, verkraftet eine OPTIMA auch multiple Tiefstentladungen, ohne wirklich Schaden zu nehmen. Da unser Kühlschrank auf einen Abschaltstrom von 12,0 V eingestellt ist, wird sich eine solche Tiefstentladung faktisch nie ergeben, aber es ist gut zu wissen, dass man an die Grenzen der Batterien gehen kann, ohne befürchten zu müssen, dass man sie damit nachhaltig schädigt. Der gedankliche Fehler bei der Konzeption meiner Batteriekapazität im Aufbau lag ja darin, dass ich bei einer nominellen Kapazität von 300 Ah davon ausging, zwei Drittel dieser Kapazität, also 200 Ah, nutzen zu können. Faktisch sollte man jedoch maximal 50% der Batteriekapazität entnehmen, besser noch nur 33%. Bei einer 33%igen Entladung der Batterien haben meine Green-Power-AGMS 1200 Ladezyklen. Entnehme ich ständig 50% der Energie, reduzieren sich die Ladezyklen bereits beträchtlich auf 500. Damit stünden mir nur noch 100 bis 150 Ah zu Verfügung, was eindeutig zu wenig ist.

Die neuen Batterien habe ich wieder mit Metallbändern am Boden verschraubt. Spanngurte sind aber besser geeignet, um einen Kurzschluss auszuschließen.

31 Elektroinstallation optimiertes Konzept

Beim Einsatz von vier 75-Ah-OPTIMA-Yellow-Top-Batterien komme ich ebenfalls auf eine Nominalkapazität von 300 Ah bei etwas erhöhtem Batteriegewicht (108 kg gegenüber 86 kg). Allerdings kann ich von diesen 300 Ah mindestens 200 Ah nutzen, komme so also auf ein Ampere-Gewicht von 540 Gramm, während ich bei meinen Greenpower-Batterien auf ein Ampere-Gewicht von 860 Gramm komme, wenn ich davon ausgehe, dass mir nur 100 Ah zur Verfügung stehen. Noch besser sieht es auf der Kostenseite aus. Eine 75-Ah-Optima-Yellow-Top-Batterie kosten mit ca. € 220,– ziemlich exakt die Hälfte meiner 150-Ah-Greenpower-Batterien. Aufgrund der größeren Stromentnahmemöglichkeit und ihrer wesentlich höheren Zyklenfestigkeit von mehr als 1000 Zyklen ist der Preis je Ladezyklus wesentlich besser – bei längerer Lebensdauer der Batterie!

Einziger Nachteil, den ich in den Optima-Batterien sehe, ist die Tatsache, dass sie lediglich mit einer Maximalkapazität von 75 Ah erhältlich sind. Wer wie ich eine hohe Batteriekapazität im Fahrzeug mitführen will, muss also schon vier bis acht OPTIMAS verbauen, was nach Angaben des Herstellers noch ohne Batteriemanagement-Hardware möglich ist. Allerdings können diese in beliebiger Position sowohl stehend, liegend als auch über Kopf hängend oder übereinandergestapelt verbaut werden. Einzig der Aufwand für die Befestigung und die Parallelverschaltung (im 12-V-Betrieb oder für die Reihenschaltung im 24-V-Betrieb) erhöhen den Installationsaufwand. Vorteil der »Kleinteile« ist jedoch, dass sie wesentlich einfacher im Fahrzeug zu handeln sind als beispielsweise ein 250-Ah-Klotz, der alleine rund 80 kg wiegt. So ist es kein Wunder, dass ich mit den kleinen gelben von OPTIMA mein optimiertes Elektrokonzept abrunde und mich darüber freue, dass das komplexe Thema der Batterien nun endlich doch so einfach geworden ist, wie ich mir das von Anfang an gewünscht hatte. Es geht doch!

TIPP Nicht die Optima Yellow-Top Batterien einsetzen, sondern die für den Bootsbereich positionierten Blue-Top-Batterien. Sie verfügen neben klassischen Batteriepolen auch über Schraubpole, an denen sich Kabelösen ohne Polklemmen ganz bequem befestigen lassen.

5. AGM-Spiralzellen-Starterbatterien

Was die gelbe OPTIMA-Yellow-Top als Versorgerbatterie auf dem Kasten hat, das bringt ihr kleiner roter Bruder als Starterbatterie mit. Hier zahlt sich die um 15% vergrößerte Zellen-Oberfläche aus, die besonders für den Kaltstart relevant ist. Obwohl das »Batteriechen« nominell nur 50 Ah leistet, liegt der CCA-Wert (Kaltstartstrom) für die OPTIMA RTS 4.2 bei satten 815 A. Bei einem Gewicht von nur 18 kg lassen sich so schnell mal 34 kg Gesamtgewicht sparen, wenn ich meine beiden 135-Ah-Banner-Brocken gegen OPTIMAS rote Zwerge tausche.

Rechts meine bisherigen Starterbatterien, links die neuen OPTIMAS

BEZUGSQUELLE

Spiralzellen-AGM-Batterien
WOHNMOBIL- ODER BATTERIEFACHHANDEL

PREIS
1) OPTIMA Yellow Top YT S 5,5 75 AH, 12 V, ab ca. € 220,–
2) OPTIMA Red Top RT R 4,2 50 AH, 12 V, ab ca. € 160,–

Sind sie nicht süß, die Kleinen?

Lithium Ionen Batterien

Wer sich halbwegs ambitioniert mit Batterien beschäftigt, dem wird auffallen, dass Lithium Ionen Batterien mittlerweile in aller Munde und in allen Medien sind. Und das sowohl positiv als auch negativ. Die Batteriebrände in zwei Boeing Dreamlinern haben für viel Aufregung und auch Verunsicherung bei möglichen Kunden gesorgt. Deshalb möchte ich gleich vorausschicken, dass die Batterien, die bei Elektroautos und in Wohnmobilen zum Einsatz kommen, sich grundlegend von denen in den Flugzeugen unterscheiden. Lithium-Ionen-Batterie ist also nicht gleich Lithium-Ionen Batterie, wie man an den nachfolgenden Leistungsprofilen der unterschiedlichen Batterietypen erkennen kann.

31 Elektroinstallation optimiertes Konzept

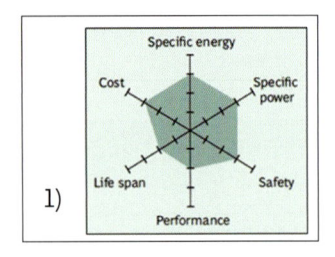

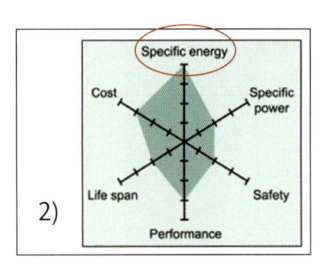

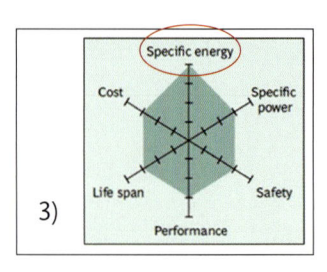

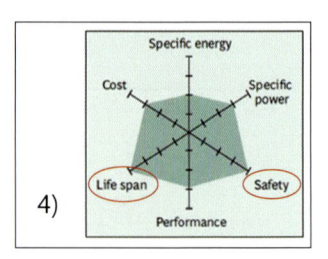

1) 2) 3) 4)

Die Profile der verschiedenen Lithium-Ionen Batterietypen zeigen deutliche Unterschiede sowohl bei der Leistung als auch bei der Sicherheit. Im Wohnmobil-Bereich kommen ausschließlich Lithium-Eisen-Phosphat-Batterien (LiFePo4) zum Einsatz.
1) Lithium Manganese Oxide (LiMn$_2$O$_4$)
2) Lithium Cobalt Oxide (LiCoO$_2$)
3) Lithium Nickel Manganese (Cobalt Oxide (LiNiMnCoO$_2$)
4) Lithium Iron Phosphate (LiFePO$_4$)

Die im Fahrzeugbau eingesetzten Lithium-Eisen-Phosphat (LiFePo$_4$ oder LFP)-Batterien sind die mit Abstand sichersten. Bei den in den Dreamlinern verwendeten Batterien handelt es sich um Lithium-Cobalt-Dioxid-Batterien, die eine deutlich höhere Energiedichte aufweisen, aber eben auch deutliche Schwächen bei der Sicherheit haben.

Die positiven Schlagzeilen, die Lithium-Batterien generieren, basieren auf dem atemberaubenden Gewichts-Raum-Leistungs-Verhältnis, mit dem die »Li-Ions« herkömmliche Blei-Säure-Batterien–und dazu zählen auch Gel- und AGM-Batterien–in den Schatten stellen. Warum ist das so? Lithium-Ionen Batterien haben eine mehr als dreimal so hohe Energiedichte als Bleibatterien bezogen auf das Gewicht und auf das Volumen. Das bedeutet, dass sie auf gleichem Raum und bei gleichem Gewicht etwa die dreifache Leistung bringen–oder umgekehrt, bei vergleichbarer Leistung nur noch ein Drittel bis die Hälfte von herkömmlichen Batterien wiegen. Sie können mit sehr hohen Strömen (Ampere) geladen werden und auch enorm große Ströme abgeben (bis zu 1800 A/10sec.), ohne dass die Spannung in den Keller fällt, wie das besonders bei Gel-Batterien der Fall ist (siehe dazu meine Beschreibung von Gel-Batterien weiter vorne). Das bedeutet auch, dass sie in kürzerer Zeit wieder voll geladen werden können, vorausgesetzt man verfügt über ein entsprechend leistungsfähiges Ladegerät.

Ein weiteres Highlight der Akkus ist ihre hohe Zyklenzahl. Man spricht von mindestens 2000 Zyklen bei einer 80%igen Entladung, von ca. 3000 Zyklen bei einer 70%igen Entladung und von ca. 5000 Zyklen bei einer 50%igen Entladung. Es verhält sich also mit den Li-Ions ähnlich wie mit Blei-Säure-Batterien, dass die Zyklenzahl ansteigt, je weniger tief die Akkus entladen werden. Wirtschaftlichkeit ergibt sich aber auch durch die lang anhaltende, gleichbleibende Leistung. Während Blei-Säure-Batterien aufgrund des Memory-Effektes im Laufe ihres Lebens immer mehr an Leistung abbauen und schließlich ersetzt werden müssen, bleibt die Leistung von Lithium-Ionen-Batterien über einen sehr langen Zeitraum auf nahezu gleichbleibend hohem Niveau.

Das für Wohnmobilisten vielleicht entscheidendste Argument für »LiFePo4s« liegt allerdings in der Tatsache, dass die Batterien bis zu 80% entladen werden können und trotzdem eine zwei- bis sechsfache Zyklenzahl schaffen, als Blei-Säure-Batterien. Im durchschnittlichen Reiseeinsatz wird die Entladung jedoch selten bis an die Kapazitätsgrenze gehen, weshalb die LiFePos deutlich länger als 2000 Zyklen halten sollten. Um sie unter finanziellen Gesichtspunkten mit herkömmlichen Batterien vergleichen zu können, sollte man hier ebenfalls von durchschnittlich 50% Entnahme ausgehen–wohl wissentlich, dass man 80% nutzen kann und deshalb weniger Batteriekapazität mit sich führen muss. Wer sich die Mühe macht, die Bedienungs- oder Gebrauchsanleitung von Blei-Säure-Batterien durchzulesen, der wird wie ich feststellen, dass von nominell 1200 Zyklen, die für meine ursprünglich verbauten Green Power AGM-Batterien angegeben werden, gerade mal ca. 500 Zyklen übrig bleiben, wenn man die Batterie ständig zu 50% entlädt. Geht die Entladung noch tiefer als 50%, dann sinkt die Zyklenzahl weiter drastisch ab. Das bedeutet, dass maximal die Hälfte der nominellen Batteriekapazität, die man da spazieren fährt, wirklich nutzbar ist und dass selbst dies schon zu einer deutlichen Reduktion der Lebensdauer führt.

Aber so atemberaubend die Leistung von Lithium-Ionen-Batterien auch ist, der Blick auf den Preis lässt den Atem ebenso stocken. Wer sich davon erholt hat und die reinen Leistungsdaten vergleicht, könnte jedoch zur Erkenntnis gelangen, dass »Li-Ions« unterm Strich wirtschaftlicher sind, als alle anderen Batterien am Markt. Zusätzlich bietet sie aber eine ganze Batterie von Leistungsvorteilen, so dass man mit Li-Ions tatsächlich gut fährt.

Typ	Kosten pro Batterie	Nutzbare Ah	Gewicht in kg	Kosten pro nutzbarer Ah	Gewicht pro nutzbarer Ah	Zyklenzahl × Entladestrom	Preis pro kW
Green Power AGM	ca. € 400,- für 150 Ah	50% von 150 Ah = 75 Ah	47 kg	€ 5,33/Ah	0,62 kg/Ah	500 × 75 Ah × 12V = 450 kW	€ 0,88
Optima Yellow Top	ca. € 220,- für 75 Ah	50% von 75 Ah =38 Ah	26 kg	€ 5,79/Ah	0,68 kg/Ah	1000 × 38 Ah × 12V = 456 kW	€ 0,48
Super B Li-Ion	€ 2.850,- für 160 Ah	80% von 160 Ah = 128 Ah 70% von 160 Ah = 112 Ah 50% von 160 Ah = 80 Ah	28,3 kg	€ 22,26/Ah	0,22 kg/Ah	2000 × 128 Ah × 12V = 3072 kW 3000 × 112 Ah × 12V = 3360 kW 5000 × 80 Ah × 12V = 4800 kW	€ 0,92 € 0,85 € 0,59
Mastervolt Li-Ion	€ 2.973,- für 180 Ah	80% von 180 Ah = 144 Ah 70% von 180 Ah = 126 Ah 50% von 180 Ah = 90 Ah	30 kg	€ 20,64/Ah	0,20 kg/Ah	2000 × 144 Ah × 12V = 3456 kW 3000 × 126 Ah × 12V = 4536 kW 5000 × 90 Ah × 12 V = 5850 kW	€ 0,86 € 0,66 € 0,50
Mastervolt Li-Ion	€ 5.234,- für 360 Ah	80% von 360 Ah = 288 Ah 70% von 360 Ah = 252 Ah 50% von 360 Ah = 180 Ah	58 kg	€ 18,17/Ah	0,20 kg/Ah	2000 × 288 Ah × 12V = 6912 kW 3000 × 252 Ah × 12V = 9072 kW 5000 × 180 Ah × 12 V = 10 800 kW	€ 0,76 € 0,57 € 0,48

Nach der obigen Rechnung sind Optima-Batterien ganz vorne mit dabei, was die Wirtschaftlichkeit anbelangt. Geht man aber von wohnmobil-typischen, zyklischen Anwendungen aus, dass die Batterien nicht ständig bis zu ihrer Kapazitätsgrenze entladen werden, dann steigt die Zyklenfestigkeit von Li-Ions noch deutlich an, so dass sie letztendlich doch günstiger kommen, und das zusätzlich zu all den oben genannten Vorzügen der Batterien.

Vergleicht man Lithium-Ionen-Batterien untereinander, was ich auf den drei Messen CMT in Stuttgart, Abenteuer Allrad in Bad Kissingen und Caravan-Salon in Düsseldorf getan habe, dann differieren die Preise zwischen den Herstellern in einer Spanne von ca. 25%. Die Preise pro Amperestunde

31 Elektroinstallation optimiertes Konzept

Nominalkapazität liegen zwischen € 17,80 (Super B bei der 160 Ah Batterie), € 16,90 (Victron bei 200 Ah) und € 16,50 (Mastervolt bei der 180 Ah-Batterie) und € 14,50 (Mastervolt bei der 360 Ah-Batterie). Und wo liegt der Unterschied zwischen den Herstellern und wem sollte man das viele Geld für die Li-Ions anvertrauen?

Bei meinen Messebesuchen fiel auf, dass Hersteller, die keine eigene Ladetechnik im Programm haben, Lithium-Ionen-Batterien darstellen wie Plug & Play-Lösungen. Einbauen, anschließen und sich keine Sorgen mehr machen, denn das Batterie-Management-System wird es schon regeln. Hersteller wie Victron und Mastervolt, die die Peripherie rund um die Batterien selbst abbilden können, haben dazu eine ganz eigene Philosophie entwickelt, die ich hinterfragt habe. Dabei lerne ich, dass Lithium-Zellen–also die einzelnen Bauteile in den Akkus–durchaus menschliche Züge an den Tag legen, denn sie können ganz schön zickig sein. Heute laden sie mit 100 Prozent, morgen nur mit 80, aus welchen Gründen auch immer. So kann man sich eine Lithium-Ionen Batterie und die auf sie abgestimmte Umgebung vorstellen wie eine Firma. Die einzelnen Zellen sind die Mitarbeiter, die in Viererppen zu einer Abteilung (Batterie) zusammengeschlossen werden. Schwächelt einer der Mitarbeiter (Zelle), dann sorgt der Abteilungsleiter (Batteriemanagement-System, BMS) dafür, dass die Mitarbeiter, die gut drauf sind (voll geladene Zellen) dem »Underperformer« helfen. Das könnte fast schon die Überleitung zu meinem Buch »Wirtschaft und Liebe« sein–aber das ist ein anderes Thema. In einer Lithium-Ionen-Batterie sieht das so aus, dass die voll geladenen Zellen jeweils Ladung an die weniger vollen Zellen abgeben. So werden die Ladungen intern angeglichen, was man »kapazitatives Ausgleichsladen« nennt. Dadurch wird sichergestellt, dass die Batterie immer voll geladen wird, auch wenn einzelne Zellen zunächst einmal bei 70 oder 80 Prozent Ladestatus verharren.

Bei Mastervolt geht das System aber noch darüber hinaus. Dort hat der Abteilungsleiter (BMS) noch einen Chef: das ist der Shunt, der einen Überblick über die angeschlossenen Systeme hat. Der misst nicht nur die fließenden Ströme, sondern erhält vom BMS auch das Signal, wann alle Zellen voll sind. Dann steuert der Shunt über das MasterBus-System die angeschlossenen Ladegeräte (Ladewandler, B-to-B-Lader, Solarregler, Stromgenerator, Brennstoffzelle usw.), so dass keine weitere Ladung mehr erfolgt. Denn eines vertragen Lithium-Zellen genauso wenig wie Mitarbeiter: Überladung.

Umgekehrt funktioniert es aber genauso. In dem Moment, in dem Strom von den Batterien abgegeben wird, öffnet der Shunt-Chef das Relais für die angeschlossenen Ladesysteme–z.B. das für den Solarregler, so dass wieder Solarstrom zur Ladung der Batterien fließen kann. Liegt Netzstrom an, schaltet er das Batterieladegerät an oder startet die Brennstoffzelle oder den Generator, falls solche verbaut sind, damit die wieder für Ladung sorgen. Ist nichts davon verfügbar und nähert sich die Entladung einer

Mastervolt-Ultra-Lithium-Ionen-Batterie dem kritischen Wert von 20%, dann kann das Mastervolt-System so eingestellt werden, dass zunächst ein Warnsignal an den CEO (Fahrer) abgegeben wird, dass er seinem Team zu viel abverlangt hat und dass er erst wieder für Futter in Form von Ladung sorgen muss, bevor er weitere Leistung fordern kann. Ignoriert der Chef dieses Signal, geht das gesamte System in Streik – wie im richtigen Leben. Denn eines mögen Lithium-Ionen-Batterien genauso wenig wie Mitarbeiter: Tiefentladung! Sowohl Über- als auch Tiefentladung geht massiv auf die Lebensdauer der Batterien, weshalb im Mastervolt-System die Batterien abgeschaltet werden, bevor eine Tiefentladung eintritt.

Hier liegt der gut nachvollziehbare Unterschied in der Philosophie von Mastervolt gegenüber all den Anbietern, die keine eigene Lade- und Kommunikationstechnik anbieten. Angesichts des hohen Investitionsvolumens für die Batterien und deren mimosenhaftem Verhalten, legt man das gesamte System so aus, dass die Batterien behandelt werden wie rohe Eier. Die danken es dann mit langer Lebensdauer und gleichbleibend hoher Performance, was die Investition schützt. Und davon könnte sich so mancher Chef im Umgang mit seinen Mitarbeitern eine Scheibe abschneiden ... (womit wir wieder beim Thema »Wirtschaft und Liebe« wären).

Auf dem Caravan-Salon kann mich Martin Friedrich, Vertriebsleiter von Mastervolt, von all den Vorzügen »seiner Babys« und des sie umgebenden MasterBus-Systems überzeugen. Mit ausschlaggebend dafür ist dabei nicht nur die Tatsache, dass Mastervolt einen hervorragenden Namen als Hersteller von Premium-Komponenten im Wohnmobil- und Yachtbereich hat, sondern darüber hinaus über ein weltweites Servicenetzwerk verfügt. Das kann gerade auf Reisen von großem Vorteil sein, wenn an den Geräten oder der Installation doch mal etwas nicht stimmen sollte. Erfreulicherweise gelingt es mir im Gegenzug, ihn und seine Marketing-Kollegin Laura Willems davon zu überzeugen, dass unser Sternchen eine ideale Testumgebung für die neuen Mastervolt-Ultra-Batterien und Komponenten sein könnte. So kommen wir schließlich zu einem Deal, bei dem ich nicht ganz so tief in die Tasche greifen muss, um unser Sternchen mit munteren Mastervolt-Lithium-Ionen-Amperechen zu energetisieren und Mastervolt erhält im Gegenzug von mir Informationen und Daten über die Batterien und Komponenten aus dem gut durchgerüttelten Reiseeinsatz.

So finden Anfang 2014 zwei Mastervolt MLi Ultra 12/2500-Lithium-Ionen-Batterien mit jeweils 180 Ah Kapazität und ein 50-A-Ladegerät vom Typ ChargeMaster 12/50 den Weg in unser Sternchen. Leider konnte ich aus Platzgründen die MLi Ultra 12/5000 nicht verbauen, denn da hätte ich mir noch mal ein paar hundert Euro sparen können. In Verbindung mit einem dritten, begehbaren 115-Wp-Solarpanel von Solara sollte damit nun endlich ein Energie-Setup gefunden sein, das auf unseren Stromverbrauch auf Reisen abgestimmt

31 Elektroinstallation optimiertes Konzept

ist und dabei weitgehend auf externe Stromquellen bzw. eine Brennstoffzelle verzichten kann. Die Erfahrungen einer anstehenden Marokko-Reise Anfang 2014 wird zeigen, ob dem wirklich so ist.

Zumindest rein rechnerisch sieht die Sache jetzt bedeutend besser aus: Standen uns mit den ursprünglich verbauten 300 Ah-Batterien von Green Power bzw. Johnson Controls Optima bei 50% Entladung 150 Ah zur Verfügung, so sind es nun 80% von den verbauten 360 Ah, also 290 Ah. Das ist fast das doppelte Ladevolumen bei rund 50 kg eingespartem Gewicht. Zusammen mit einem Plus von 57% bei der Ladekapazität durch die Solarzellen sollte uns das neue Setup deutlich länger unabhängig von externen Stromquellen oder der Lichtmaschinenladung beim Fahren machen.

31.14 Installation der Lithium-Ionen-Batterien und der sie umgebenden Peripherie

Auf die Mastervolt-Techniker lauert aber gleich eine Herausforderung. Denn ich will aus Kostengründen natürlich nicht alle meine Komponenten gegen solche von Mastervolt tauschen. Es sollen so viele wie möglich der bestehenden Votronic-Geräte genutzt und in die MasterBus-Architektur eingebunden werden. Deshalb wird einerseits das 12-Volt Batterieladegerät von Mobile Technology ersetzt, weil das mit seinen 25 Ah bereits für die bestehenden Batterien unterdimensioniert war. Lithium-Ionen-Batterien vertragen nämlich Ladeströme, die bis zum dreifachen der nominellen Batteriekapazität betragen können. Allerdings sollte man die Batterien auch bei der Ladung schonen und sie maximal mit der Stromstärke laden, die der Batteriekapazität entspricht; in diesem Fall also max. 180 Ah. Das ist für relativ große Batterien irrelevant, weil die Ladegeräte in der Regel eine solche Leistung nicht bieten. Beim Laden von kleinen Lithium-Ionen-Batterien sollte dies aber berücksichtigt werden. Außerdem wird der Votronic-Batteriecomputer durch ein MasterView Easy MKII Überwachungs- und Kontrollpanel mit Touchscreen ersetzt. Es dient zur Konfiguration, Überwachung und Steuerung sämtlicher Komponenten und bildet die Schnittstelle zwischen Mensch und MasterBus-Netzwerk. Eine DC 500 Distribution übernimmt dabei als dritter »Sicherungsblock« die Verteilung und Absicherung der Ströme im Netz. An den vier Ports sind das Ladegerät, der Wechselrichter, Solarregler und Ladewandler sowie am vierten alle übrigen 12-Volt-Verbraucher angeschlossen. Die DC 500 informiert den Fahrer über das MasterviewEasy Kontrollpanel über alle fließenden Ströme, gibt Auskunft über den Zustand der Sicherungen, über den Ladestatus der Batterien. Untenstehendes Installationsschema zeigt, wie meine bestehenden Komponenten in das MasterBus-Netzwerk integriert sind.

Für die Techniker stellt sich nun die Hauptfrage, wie die Ladung der Batterien während der Fahrt durch den 45-A-Votronic-Ladewandler und den 320 Wp-MPP-Solarregler aus gleichem Hause unterbrochen werden kann, wenn die Batterien voll sind und um eine Überladung auszuschließen. Dies löst Mastervolt mit sogenannten Latching-Relais in Verbindung mit Multi-Purpose-Contacts, die den Stromfluss von den Ladeeinheiten unterbrechen, sobald die Batterien keine Energie mehr benötigen.

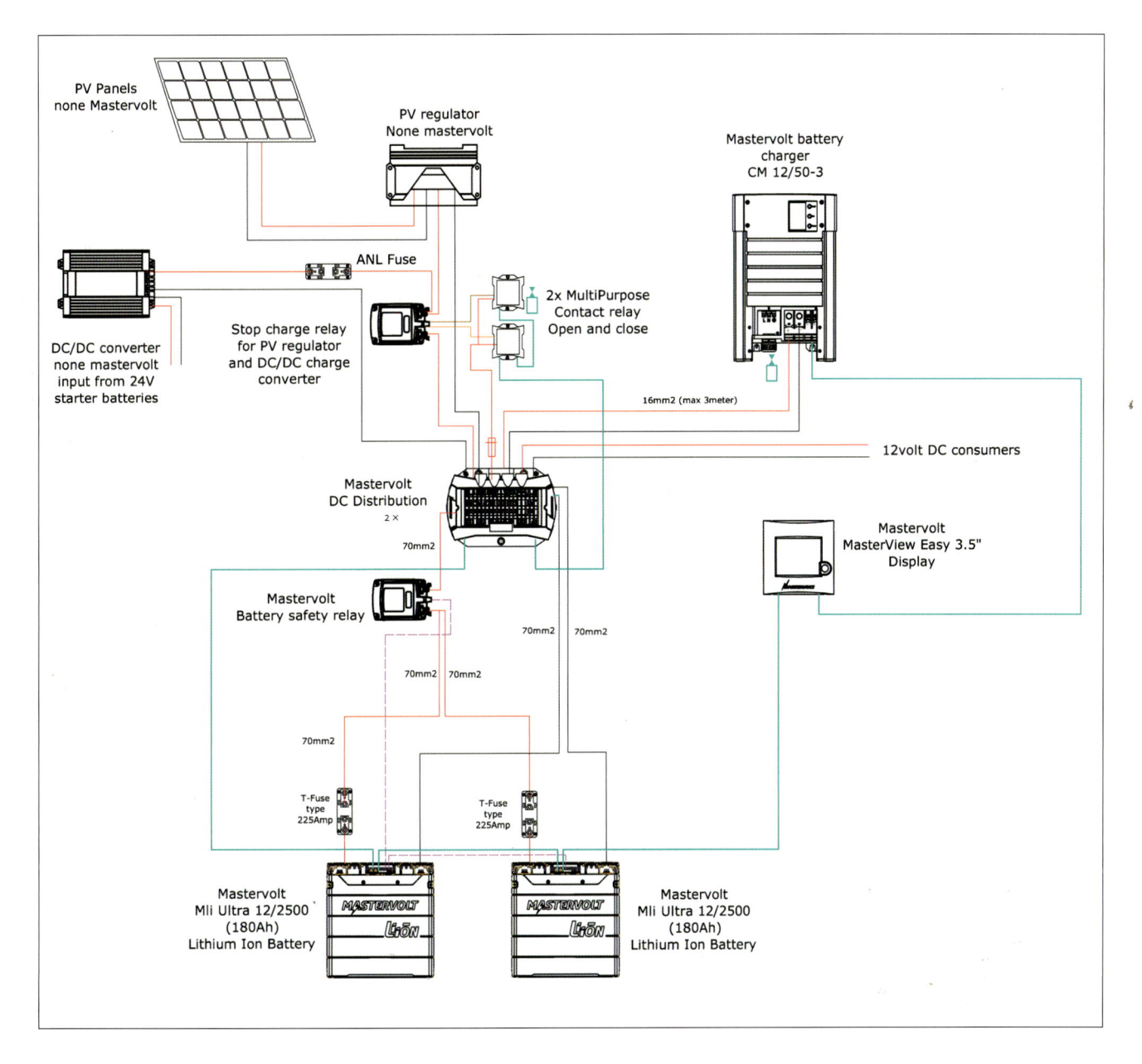

Normalerweise übernimmt die Installation ja der Händler, bei dem die Komponenten gekauft wurden. In meinem Fall erhalte ich Unterstützung vom technischen Händlersupport in Köln und Amsterdam und bekomme damit auch ein bisschen Einblick in den weltweiten Service von Mastervolt. So entsteht

Installationsschema mit freundlicher Genehmigung der Firma Mastervolt

31 Elektroinstallation optimiertes Konzept

in Zusammenarbeit mit Mastervolt der nachfolgende Installationsplan, nach dem ich die Komponenten in unser Fahrzeug verbaue und meine bestehenden Komponenten in die MasterBus-Architektur integriere. Bei der Installation fällt positiv auf, dass die Kommunikation zwischen den einzelnen Geräten über UPC-Computer-Netzwerkkabel erfolgt, so dass hier lästiges »Strippenziehen« entfällt. Lediglich die Stromverbindungen zwischen den Komponenten sind noch herzustellen und dabei fällt auf, dass Mastervolt bei der Dimensionierung der Kabelquerschnitte ganz andere Maßstäbe anlegt, als ich das von anderen Komponenten und Herstellern gewohnt bin. Die Mastervolt'sche Faustregel ist recht einfach: Amperezahl geteilt durch drei ergibt den Kabelquerschnitt bis zu einer Kabellänge von drei Metern. Je zusätzlichem Meter sollten ca. 2 mm² addiert werden. Auf meine Frage, warum das so ist, erklärt man mir, dass die Lithium-Ionen-Batterien kurzzeitig sehr hohe Ströme (bis 1800 A/10 sec) abgeben können, wenn diese gefordert werden, und dass die Leitungsquerschnitte dem Rechnung tragen müssen.

Wer einen kompletten Neuaufbau plant und dabei auf keine bestehenden Komponenten zurückgreifen kann/will/muss, für den macht es natürlich Sinn, die Komponenten von nur einem Hersteller einzusetzen, damit die Kommunikation zwischen den Komponenten gewährleistet ist. Mastervolt hat dazu das MasterBus-Kommunikations-System entwickelt und auf der Produktseite das »Comfort-System«, in dem eine 2,5 kW Wechselrichter-Batterielader-Kombination mit integriertem Batterie-Monitoring-System und Sicherungs-Überwachung sowie dem Landstrom-Anschluss in einer »Box« vereint sind. Das erleichtert natürlich die Installation erheblich und gewährleistet, dass innerhalb des elektrischen Systems die Kommunikation zwischen den Komponenten noch reibungsloser funktioniert.

Der Einbau der Komponenten auf meinem in der Küchenzeile dafür vorgesehenen Raum war allerdings nicht ganz so einfach, wie ich mir das erhofft hatte, da die Mastervolt-Komponenten teilweise deutlich größer sind als meine bestehenden. So sind die Lithium-Ionen Batterien mit zusammen 60 kg zwar erheblich leichter, als die Optima-Batterien, die zusammen 108 kg wiegen. Aber die LiFePos sind um einiges höher, so dass ich die unterste Küchenschublade für die Mastervolt-Stromsilos opfern muss.

Ähnliches gilt für das Chargemaster-Ladegerät, das mit 50 A die doppelte Leistung bringt, wie mein Mobile-Technology-Gerät und dementsprechend auch mehr Raum benötigt. Hinzu kommen die beiden Latching-Relais. Eines zur Steuerung der Batterien, das andere zur Steuerung der daran angeschlossenen Ladewandler und Solarladeregler. Und schließlich gehören zur Installation noch eine Mastervolt DC Distribution 500 Stromverteilungsstation mit Sicherungshaltern und zwei Multi-Purpose-Contacts.

Um die neuen Komponenten unterzubringen gilt es erst mal, die bestehenden Batterien und das verbaute Ladegerät ausbauen. Schon nach wenigen Stunden sieht es in unserem Sternchen aus, als hätte eine Bombe eingeschlagen und es ist schwer vorstellbar, dass das alles in vier Wochen wieder heil ist für die nächste große Reise.

Die Latching-Relais benötigen keinen Dauerstrom, sondern werden von einem einzelnen Impuls gesteuert, der im Fall der Batterien vom eingebauten Shunt kommt, beim Ladewandler und Solarregler von zwei sogenannten Multi-Purpose-Contacts erzeugt wird (eines schließt, das andere öffnet das Relais). Das hat zur Folge, dass die Ladung durch Ladewandler und/oder Solarregler unterbrochen werden kann, wenn die Batterien geladen sind.

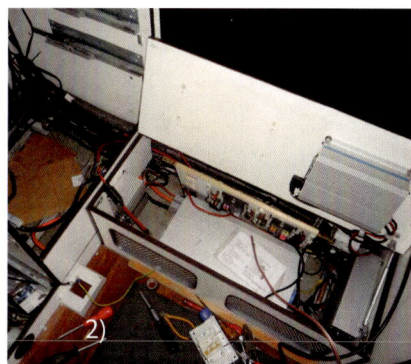

1) Ausbau der bestehenden Batterien und des Ladegerätes
2) Hier entsteht Raum für Neues
3) Die neue »Peripherie« rund um die Li-Ions: Zwei Sicherungshalter (1+2), zwei Latching-Relais (3+5) und Strom-Distributor DC 500 (4)

31 Elektroinstallation optimiertes Konzept

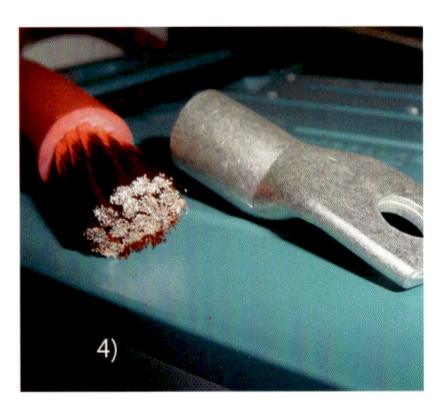

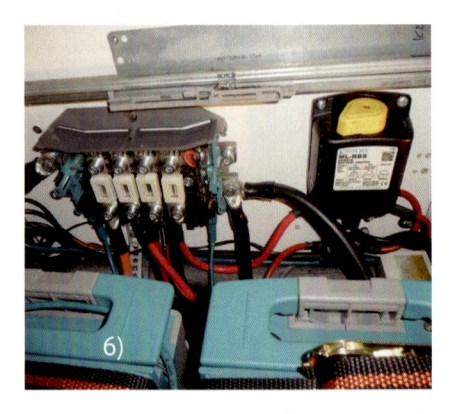

1) Die Batterien werden mit Bodenankern und Ratschengurten fixiert
2) Auf die Knie! Womo-Ausbau hat immer auch etwas mit Demutshaltung zu tun.
3) Habe eigentlich schon fertig, bin's aber noch lange nicht!
4) Um die 70 mm² Kabel ordentlich zu verpressen ...
5) ... bedarf es schweren Geräts. Die 16t-Hydraulik-Crimpzange wird auch mit der störrischsten Kabelendhülse fertig
6) Die DC Distribution 500 übernimmt die +/- Verteilung. Das Latching-Relais steuert den Solarregler und Ladewandler.
7) So langsam füllt sich die Bude wieder

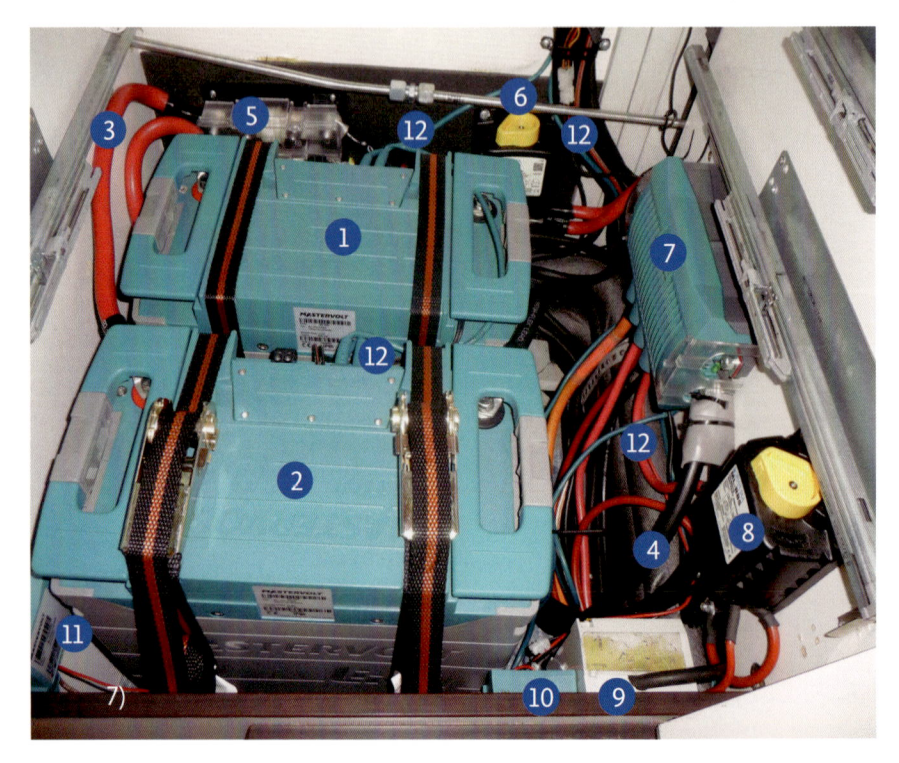

1. + 2. Mastervolt MLI 2500 Lithium-Ionen Batterie mit je 180 Ah
3. 70 mm²-Plus Leitungen von und zu den Batterien
4. 70 mm² Minus-Leitung von und zu den Batterien
5. Je Batterie eine 225 A Sicherung
6. Latching-Relais für die Batterien
7. DC 500 Verteiler mit Sicherungshalter für Inverter, Ladegerät, 12 V Verbraucher und Ladewandler/Solarregler
8. Latching-Relais zur Schaltung von Ladwandler und Solarregler
9. FI-Schutzschalter für CEE-Steckdose
10. + 11. Zwei Multi-Purpose-Contacts zur Steuerung des zweiten Latching-Relais (an/aus)
12. UPC-Kabel zur Verbindung der Geräte zu einem MasterBus-Netzwerk

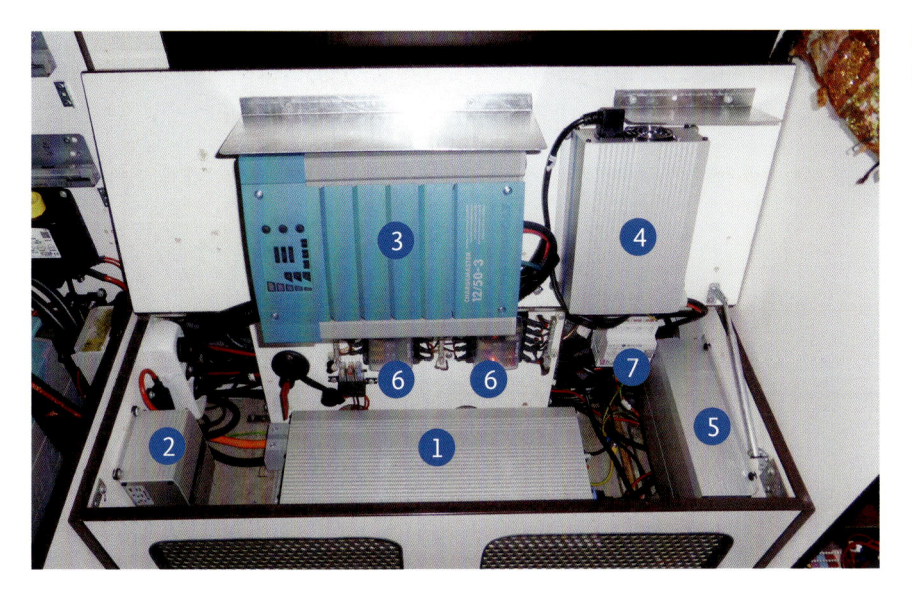

Das neue Ladegerät in der bisherigen Umgebung

1. 1500 W Inverter 2
2. 320 Wp Solarregler MPP
3. 12 V/50 A Batterieladegerät für die Aufbaubatterien
4. 24 V Ladegerät für die Starterbatterien
5. 45 A Ladewandler
6. Sicherungsverteiler für die 12 V Verbraucher
7. FI für den 230 V Ausgang des Wechselrichters

Das MasterBus-System bietet eine Reihe von weiteren interessanten Optionen, die ich (noch) nicht ausgeschöpft habe. So können beispielsweise die Füllstände von Frisch- und Abwassertanks mit in das System eingebunden und über das Display abgerufen werden. Genauso ist das Schalten und Dimmen von Leuchten über die zentrale Steuereinheit möglich oder das An- und Abschalten anderer Elektro-Komponenten. Hier merkt man deutlich, dass Mastervolt aus dem Yachtbereich kommt, wo die Installationen in der

31 Elektroinstallation optimiertes Konzept

Regel noch deutlich weitläufiger und komplexer ausfallen können, als dies bei Landfahrzeugen der Fall ist. Im Prinzip kann über das MasterBus-System alles gesteuert werden, was elektrisch steuer- und regelbar ist. Bei einer Erstinstallation ergeben sich da natürlich ganz neue Möglichkeiten–auch die zur Einsparung von Anzeigeinstrumenten, wie ich sie beispielsweise in Form von drei getrennten Frischwassertank-Anzeigen verbaut habe. Hier kann es also wirklich sinnvoll sein, die Elektrik eines Fahrzeugs von Grund auf in Form eines solchen Bus-Systems auszulegen.

Ein bisschen Kopfschmerz hat den Mastervolt-Technikern die horizontale Verbauung des Ladegerätes verursacht. Ich lerne, dass Geräte für den Verbau in Fahrzeugen der »E4-Marking« entsprechen müssen und damit der Schutzklasse IP 23 unterliegen. Das bedeutet sinngemäß, dass von oben nichts in die Geräte hineinfallen können darf. Der IP 23-Test wird mit kleinen Metallkugeln gemacht, von denen keines in ein Gerät gelangen darf. Bei den seitlichen Luftansaugkiemen, die der ChargeMaster aufweist, könnte dies aber der Fall

Endlich fertig. Die gesamte elektrische Steuerungsanlage auf einen Blick mit den Lithium-Ionen Batterien als neuem Herzstück

sein. Deshalb installiere ich über dem Gerät ein dünnes Alublech, das noch genügend Raum für die Luftzufuhr lässt, aber das Hineinfallen von Gegenständen verhindert. Gleiches mache ich auch beim rechts davon angeordneten 24-Volt-Ladegerät von Votronic.

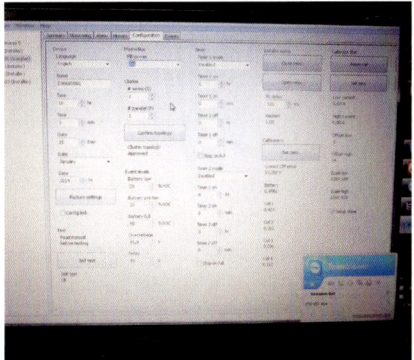

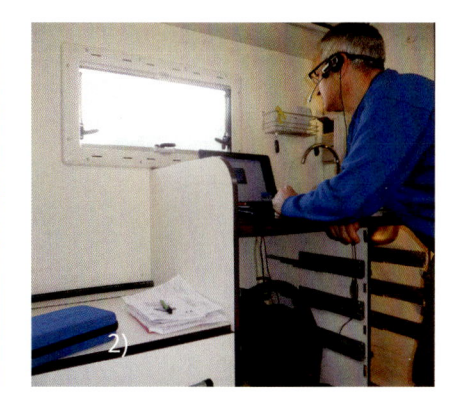

Fazit: Die Lithium-Ionen-Batterien sind wohl zu Recht derzeit in aller Munde. Wer es sich heute schon leisten kann und will, sollte sich bei einer Ersatz- oder Neuanschaffung gut überlegen, ob er nicht gleich alle Vorzüge auf einmal nutzen möchte. Vor allem aber werden die Wohnmobilisten (zwangs-)überzeugt werden, die aufgrund von Gewichtsbeschränkungen um jedes Kilogramm kämpfen oder die jeden zur Verfügung stehenden Kubikzentimeter Raum ausnutzen wollen oder müssen. Hätte ich keine Steigerung meiner Batterieladekapazität angestrebt, hätte eine einzelne MLI 2500 Batterie mit 180 Ah Leistung meine bisherigen Batterien ersetzen können. Damit hätte ich deutlich weniger Platz benötigt als vorher und sage und schreibe 80 kg eingespart. Preislich stehen € 2.973,– Investitionsvolumen für eine Lithium-Ionen-Batterie den ursprünglich rund € 1.000,– für die Optimas bzw. Green-Power Batterien gegenüber. Ein Mehraufwand, der durch die deutlich längere Lebensdauer der Batterien und die vielen Vorteile durchaus kompensiert wird.

Mit der Aufstockung meiner Batteriekapazität auf 290 nutzbare Amperestunden sollte nun auch unserem vor allem durch die Laptops gesteigerten Stromverbrauch Rechnung getragen werden. Sollte diese aufgehen und ich mir damit eine externe Stromquelle wie z.B. eine Brennstoffzelle sparen können, so hat sich die Investition heute schon amortisiert und ich habe mir zusätzlich weitere 20 bis 40 kg für diesen Stromlieferanten gespart. So ist es nur eine Frage der Zeit, bis die Li-Ions nicht nur in aller Munde, sondern auch in aller Fahrzeuge sind. Und dann wird man wohl bald auf eines der »i«s verzichten können und sie als die »Lions«, die Könige der Batterien, bezeichnen können.

1) Touchscreen, auf dem alle relevanten Daten auf einen Blick zu sehen sind.
2) Die Konfiguration und Programmierung der Anlage wird am PC erstellt, der über ein USB-Interface mit dem MasterBus verbunden ist

BEZUGSQUELLE

Lithium-Ionen-Batterien mit Peripherie
WWW.MASTERVOLT.COM
WOHNMOBIL- ODER YACHT-FACHHANDEL

PREIS
- Mastervolt MLI 12/2500 Lithium-Ionen-Batterie mit 180 Ah: € 2.973,–
- Mastervolt MLI 12/5000 Lithium-Ionen-Batterie mit 360 Ah: € 5.234,–
- ChargeMaster 12/50-3: € 772,–
- MasterView Easy Kontrollinstrument: € 305,–
- MasterBus USB Interface: € 139,–
- Masterconnect DC 500: € 336,–
- Multi-Purpose Contact (2 Stück): € 130,– pro Stück
- Latching-Relay (2 Stück): € 195,– pro Stück

31 Elektroinstallation optimiertes Konzept

31.15 Fazit zu meinem optimierten Elektrokonzept

Mit all den hier beschriebenen Maßnahmen scheint es mir nun gelungen zu sein, meine Elektrik konsequent und aufeinander abgestimmt zu optimieren und unser Sternchen damit ein ganzes Stück autarker vom nächsten Kernkraftwerk gemacht zu haben. Ganz oben auf dem Dach fangen die aufstellbaren Solarpanels mehr Sonne ein und ein drittes, begehbares Modul wird den beiden ursprünglichen unter die Arme greifen. Der MPP-Solarregler saugt bei diffusem Licht noch mehr Strom aus dem Himmel, den die die neuen Lithium-Ionen-Batterien aufgrund des quasi nicht vorhandenen Innenwiderstandes restlos aufnehmen. Mit nunmehr 290 Ah Batteriekapazität und 315 Wp Solarpower auf dem Dach dürften wir wesentlich länger autark vom Stromnetz stehen können, bevor wir unser Sternchen wieder anwerfen müssen. Dann sorgt der 45-A-Ladewandler dafür, dass die möglichst schnell wieder voll sind.

Auf der Stromverbraucherseite bringen die neuen, stromsparenden LED-Leuchtmittel nicht nur mehr Licht in unser Reiseleben, sondern sie helfen auch, dass dabei deutlich weniger Strom verbraucht wird. Damit habe ich an nahezu allen denkbaren Stellschrauben gedreht, um den Stromhaushalt in unserem Sternchen konsequent zu optimieren und ohne ein externes Stromaggregat oder Brennstoffzelle auszukommen. Die Reiseerfahrung wird zeigen, inwieweit das neue Stromkonzept mit unserem Stromverbrauchskonzept kompatibel ist.

Dass diese Optimierungen notwendig waren ist der Tatsache zuzuschreiben, dass ich nach ca. 20 Jahren Campingabstinenz quasi von Null in das Thema eingestiegen bin und keinerlei Erfahrung mitbrachte, wie sich der Stromverbrauch in der »modernen Reisewelt« mit Laptop, Heizung, Kompressorkühlschrank & Co. heute darstellt. Das verblüffendste war für uns der hohe Stromverbrauch der Computer einhergehend mit der Tatsache, dass die wesentlich häufiger im Einsatz sind als geplant. Das wird sich auf künftigen Reisen kaum ändern, wenn ich diese dazu nutzen möchte, auch von unterwegs zu arbeiten und eventuell weitere Bücher zu schreiben.

Die Optimierungen waren aber auch deshalb notwendig, weil ich unsere Elektrik finanziell bedingt etwas zu schmalspurig ausgelegt habe. Die Idee, hier und da ein paar Euros zu sparen, hat sich gerade bei der Elektrik nicht bewährt. Wie das Beispiel des ersten Wechselrichters zeigt, ist zweimal gekauft immer teurer gekauft. Meinen Lesern möchte ich ähnliche Erfahrungen ersparen und Euch anregen, besonders über den Stromverbrauch zu reflektieren und möglichst gleich die richtigen Entscheidungen zu treffen. Hinzu kommt aber auch, dass sich die Anforderungen an das Reisen ändern und dass unser Sternchen vom reinen Wohn- und Expeditionsmobil immer mehr auch zum

Büromobil mutiert. Die sich immer weiter verbessernde Kommunikations-Infrastruktur auch in entlegenen Ländern ermöglicht es heute schon und in Zukunft noch viel mehr, beides miteinander zu verbinden.

Und schließlich geht die Entwicklung von Komponenten und Technologien immer weiter und bietet heute Möglichkeiten, die vor sechs Jahren noch undenkbar waren. Lithium-Ionen-Batterien gab es damals noch gar nicht für Womos oder die Preise waren astronomisch hoch. Mit der Marktdurchdringung von neuen Technologien steigen die Stückzahlen und die Preise sinken, was die Komponenten für eine größere Masse von Menschen erschwinglich macht. Hier wird sich auch in Zukunft Vieles tun und so wird unser Sternchen wohl auch bei der nächsten Auflage dieses Buches wieder einige Neuerungen und Optimierungen erfahren haben. In meinen Newsletters und Update-E-Mails werde ich über die Ergebnisse dieser Maßnahmen und über meine Erfahrungen mit den neuen Komponenten berichten.

31.16   Notstart mit den Aufbaubatterien

Sollte man irgendwo in der Pampa mit leeren oder defekten Starterbatterien liegen bleiben und über volle Aufbaubatterien verfügen, liegt es nahe, diese für einen Notstart zu nutzen–wohlwissentlich, dass insbesondere Gel- und AGM-Aufbaubatterien nicht für die Abgabe solch hoher Ströme ausgelegt sind. Wer die gleiche Spannung im Aufbau verwendet, die auch im Fahrgestell verbaut ist, kann im Prinzip wie bei der nachfolgend beschriebenen Starthilfe verfahren.

Wer wie wir im Aufbau ein 12-V-Stromnetz hat, das Fahrgestell aber 24 V verlangt, sollte nach dem nachfolgend beschriebenen Schema vorgehen: Zu diesem Zweck müssen zwei parallel geschaltete 12-V-Batterien aus dem Aufbau analog zu den Starterbatterien in Reihe geschaltet werden. Bevor man dies tut, müssen *unbedingt* alle 12-V-Verbraucher von den Batterien getrennt werden, was man am besten dergestalt löst, dass man die Batterien von der restlichen Elektroinstallation trennt. Versäumt man dies oder vergisst einen direkt angeschlossenen Verbraucher, wird dieser durch die 24-V-Spannung zerstört!

Nachdem man die Aufbaubatterien vom Stromnetz getrennt hat, verbindet man diese mit maximal dicken Kabeln in einer Reihenschaltung. Es empfiehlt sich, zu Hause in einer ruhigen Minute einen solchen Kabelsatz für den Notfall vorzubereiten und an geeigneter Stelle im Fahrzeug aufzubewahren. Verwendet man zu dünne Kabel, riskiert man einen Kabelbrand. Als Nächstes löst man die Kabel von den Starterbatterien, denn würde man die Aufbaubatterien jetzt mit den Starterbatterien verbinden, würde ein sehr starker Strom von den vollen Aufbaubatterien zu den leeren oder defekten Starterbatterien fließen, was die Aufbaubatterien leeren und im ungünstigen Fall bei zu dünnen

31 Elektroinstallation optimiertes Konzept

Kabelquerschnitten zu einem Kabelbrand führen könnte. Wenn die Starterbatterien vom Fahrzeug getrennt sind, kann man mit einem Starthilfekabel die Aufbaubatterien mit den freien Batteriekabeln des Fahrgestells verbinden. Die Reihenfolge der Verbindung und Lösung der Kabel sollte, wie unten beschrieben, für die Starthilfe erfolgen. Alsdann sollte mit einem möglichst kurzen Stromstoß das Fahrzeug gestartet werden. Sind dünne Kabel im Einsatz, sollte ein Helfer diese überwachen und den Starter vor dem Durchschmoren warnen.

31.17 Starthilfe geben oder Starthilfe erhalten

1. Das rote Kabel an den Pluspol der leeren Batterie anklemmen.
2. Das rote Kabel an den Pluspol des Starthilfe gebenden Fahrzeugs anklemmen.
3. Das schwarze Kabel an den Minuspol des Starthilfe gebenden Fahrzeugs anklemmen.
4. Das schwarze Kabel an den Motorblock, die Karosserie oder das Fahrgestell des Pannenfahrzeugs in einigem Abstand zur Batterie anklemmen.
5. Den Motor des Starthilfe-Kfzs starten und laufen lassen. Wenn man einige Minuten wartet, lädt sich die Batterie des liegen gebliebenen Fahrzeugs in geringem Maße wieder auf. Den Motor des liegen gebliebenen Fahrzeugs starten.
6. Die Kabel werden nun in der umgekehrten Reihenfolge wieder abgenommen.

31.18 Not-Ladung der 24-V-Starterbatterien mit 12-V-Ladegerät

Die Not-Ladung von 24-V-Batterien kann auch mit einem 12-V-Ladegerät erfolgen, wenn man die Batterien voneinander und am besten auch noch von der Lichtmaschine trennt. Dann kann jede der beiden Batterien einzeln und nacheinander mit dem 12-V-Ladegerät geladen werden. Danach Batterien wieder zusammenschließen, mit Lichtmaschine verbinden und Fahrzeug starten.

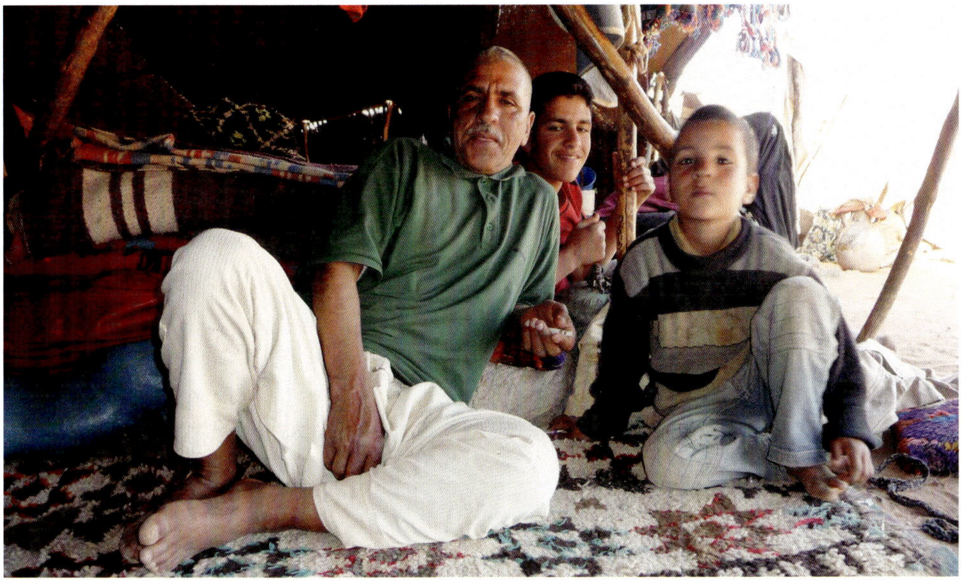

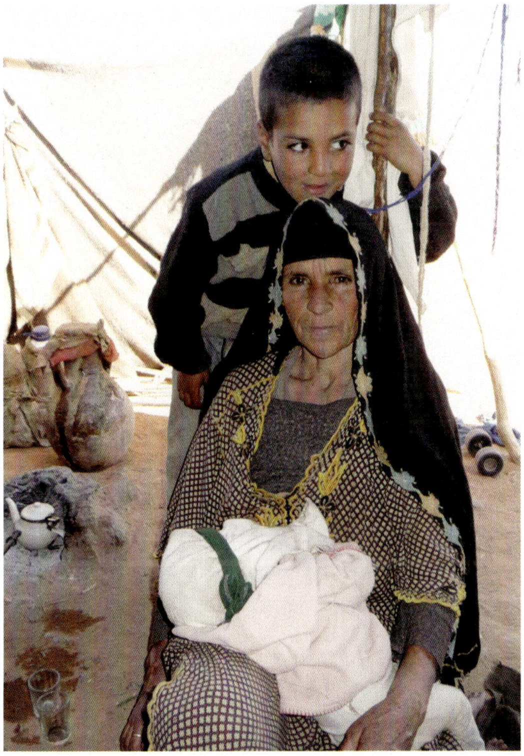

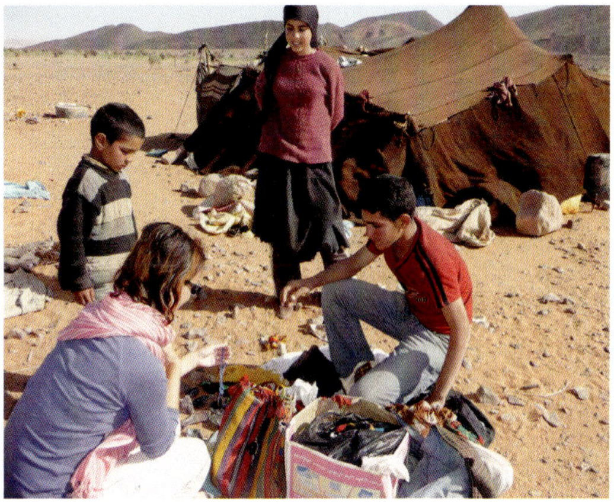

32 Gasanlage

32.1 Konzeption der Gasanlage

Mit dem Wunsch nach mehr Brennleistung beim Kochen und der Option, eine gasbetriebene Brennstoffzelle zu installieren, ist meine ursprüngliche Idee vom gasfreien Auto nun endgültig zu den Akten gelegt. Das ist einerseits schade, wollte ich doch mein Fahrzeug so einfach und störungsunanfällig wie möglich bauen. Es zeigt sich aber, dass die Anforderungen des Reisens die eine oder andere Herausforderung mit sich bringen, die zur Nachrüstung und Optimierung des Fahrzeugs führen.

Die Entscheidung für den Origo-Kocher fiel in der Entstehungsphase des Fahrzeugs vor allem deshalb, weil wir uns für eine Dieselheizung entschieden hatten und wir uns damit eine Gasinstallation sparen wollten. Denn je weniger in ein Womo eingebaut ist, desto weniger kann kaputtgehen. Der Origo-Kocher sollte – so der Plan – variabel im Innen- und Außenbereich zum Einsatz kommen.

Aber grau ist alle Theorie, denn letztendlich hat sich die Brennleistung des Kochers doch als etwas dürftig erwiesen. Auf jeden Fall ist sie zu schwach, als dass man mit ihm hätte im Freien kochen können. Schon der kleinste Lufthauch verbläst die Flamme derart, dass man ewig auf kochendes Kaffeewasser wartet. Im Innenbereich ist die Brennleistung gerade noch ausreichend. Außerdem mussten wir die Erfahrung machen, dass Spiritus in islamischen Ländern äußerst schwierig zu finden ist, weshalb wir immer einen großen Vorrat mit uns herumschleppen mussten.

Es soll nun nicht der Eindruck entstehen, dass ein solcher Spirituskocher überhaupt nichts taugt. Für gelegentliches Nudelkochen oder um etwas aufzuwärmen ist er allemal o.k. Allerdings ist ambitioniertes Kochen auf Langzeitreisen mit ihm nur schwerlich möglich, weil die Hitzeentwicklung nicht ausreichend ist, um auch mal etwas scharf anzubraten. Außerdem verschafft uns die Gasanlage die Option, zu einem späteren Zeitpunkt evtl. auch noch einen Gasbackofen einzubauen und evtl. doch mal irgendwann eine Gas-Brennstoffzelle, falls die erforderlich sein sollte. Viel wichtiger ist uns aber eine leistungsfähige Außenkochstelle im rechten Heckstaukasten. Alleine fürs Kochen hätte allerdings eine 3- oder 5-kg-Gaskartusche bzw. -flasche genügt. Doch mit all den Optionen und dem Wunsch, auf Langzeitreisen einen größeren Gasvorrat mitzuführen, drängt sich ein Gastank geradezu auf.

So erhöht sich die technische Komplexität unseres Fahrzeugs mit der Gasanlage einmal mehr. Andererseits kann ich als Buchautor zu diesem Thema Erfahrungen sammeln und diese an meine Leser weitergeben. Das ist zumindest für mich eine plausible Ausrede, das eine oder andere technische Feature zu verbauen, das dem Wunsch nach Einfachheit des Fahrzeugs entgegensteht. Hätte ich die Einfachheit eines Ausbaus zum Thema machen wollen, hätte ich ja nur den meines 1972er Hanomag-Kastenwagens beschreiben müssen, mit dem ich Anfang der 1980er Jahre durch die Lande getingelt bin. Auf sechs bis acht Seiten wäre der sicherlich ausführlich abgehandelt gewesen.

Idealerweise installiert man eine Gasanlage vor dem Möbelbau, z.B. im Zuge der Heizungsinstallation, wenn diese mit Gas betrieben wird. Darüber hinaus sollte man darauf achten, dass man Gasleitungen nicht unbedingt durch das Batteriefach und durch die Räumlichkeiten der zentralen Elektroinstallation führt, was bei mir allerdings nicht möglich war, weil ich die Gasanlage wie gesagt nachträglich installiert habe.

32.2 Sicherheitsrichtlinien

Bevor ich die Installation meiner Gasanlage beschreibe, sehe ich mich genötigt, im Vorfeld die vielfältigen Vorschriften und Sicherheitsrichtlinien anzureißen und jedem Ausbauer deren Einhaltung ausdrücklich ans Herz zu legen! Die Installation einer Gasanlage sollte eigentlich einem Fachbetrieb vorbehalten bleiben, der sich mit den Richtlinien auskennt und um die besonderen Gefahren im Umgang mit Gas Bescheid weiß. Andererseits muss eine Gasanlage sowieso von einem Fachmann nach der Installation geprüft werden, und eine Gasprüfung ist im Zwei-Jahres-Rhythmus gesetzlich vorgeschrieben. So empfiehlt es sich, die Gasanlage entweder von einem Fachbetrieb installieren zu lassen oder dies in Zusammenarbeit mit einem solchen zu tun – sofern sich ein Betrieb dazu bereit erklärt. Denn letztendlich sind auch für die Installation einige Werkzeuge erforderlich, deren Anschaffung sich für den einmaligen Einbau kaum lohnt. Und schließlich – das musste auch ich als ambitionierter Ausbauer erkennen – hat der versierte Profi so manche Tricks auf Lager, ohne die ich wohl ordentlich Lehrgeld bezahlt hätte.

Die Richtlinien für den Einbau einer Gasanlage habe ich aus verschiedenen Quellen zusammengetragen, die sich ausnahmslos auf die in Deutschland geltenden Regelungen beziehen. Ob es in Österreich, der Schweiz, in Holland oder in einem der anderen Länder, aus denen meine Leser mittlerweile kommen, andere Regelungen gibt, ist vom jeweiligen Ausbauer *bitte selbst zu prüfen*! Das Gleiche gilt aber auch für in Deutschland zugelassene Fahrzeuge, denn am Regelwerk gibt es häufig Änderungen, sodass ich keine Gewährleistung für die Richtigkeit, Vollständigkeit und Aktualität der nachfolgenden Bestimmungen übernehmen kann. Sie sollen lediglich einen Überblick geben, an was alles bei der Installation einer Gasanlage zu denken ist.

Sicherheitsrichtlinien für Deutschland

Für Flüssiggasanlagen sind neben den »Technischen Regeln Flüssiggas« (TRF) und den »Technischen Regeln Druckgase« (TRG) auch die Festlegungen des DVGW bzw. des DVFG gültig. Im Regelwerk des DVGW ist das sogenannte DVGW-Arbeitsblatt G 607 »Flüssiggasanlagen in Fahrzeugen« zu finden, in

32 Gasanlage

dem detaillierte Vorschriften festgelegt sind. Darüber hinaus gibt es auch einen Normblatt-Entwurf (DIN 33811) des Normenausschusses Gastechnik (NAGas) im DIN. Die sicherheitstechnischen Festlegungen in den Abschnitten 3 und 4 dieses Normblatt-Entwurfes stimmen weitgehend mit denen des DVGW-Arbeitsblatts G 607 überein. Im Folgenden wird wegen der besonderen sicherheitstechnischen Bedeutung Wichtiges aus dem Inhalt des Arbeitsblattes G 607 bzw. des Normentwurfes DIN 33811 wiedergegeben.

GELTUNGSBEREICH Die technischen Regeln des Arbeitsblattes gelten für Flüssiggasanlagen in Straßenfahrzeugen, die Wohn- und Aufenthaltszwecken dienen. Für gewerblich genutzte Fahrzeuge sind die »Richtlinien für Verwendung von Flüssiggas« zu beachten.

Flüssiggas-Behälter
- Gasflaschen müssen der Druckbehälterverordnung entsprechen.
- Gasflaschen sind in Deichselkästen oder Flaschenschränken dicht gegenüber dem Fahrzeuginnenraum und nur von außen zugänglich aufzubewahren.
- Sie dürfen auch in vom Innenraum zugänglichen Flaschenschränken aufgestellt werden. Allerdings sind nachstehende Voraussetzungen zu beachten:
- Es dürfen innerhalb von Fahrzeugen nur je eine Gebrauchs- und eine Vorratsflasche bis zu je 14 kg Füllgewicht vorhanden sein.
- Alle Flaschen müssen durch Halterungen unverrückbar und fest mit dem Fahrzeug verbunden und gegen Verdrehen gesichert sein.
- Die Flaschenkästen oder -schränke müssen unverschließbare Öffnungen von mindestens 100 cm² freiem Querschnitt haben, die in oder unmittelbar über dem Boden zur Außenluft führen.
- Die Flaschen müssen aufrecht stehen und gegen Strahlungs- und Heizungswärme geschützt sein.
- In Flaschenkästen oder -schränken dürfen sich keine elektrischen oder andere Zündquellen befinden. Eine Beleuchtung des Gaskastens ist erlaubt, wenn diese explosionsgeschützt ausgeführt ist.
- Werden Geräte mit Abgasführung unter Boden eingebaut, dürfen im Fahrzeugboden keine Öffnungen vorhanden sein, durch die Abgase in das Fahrzeuginnere gelangen können. In diesem Fall müssen die unverschließbaren Öffnungen für den Flaschenkasten unmittelbar über dessen Boden in der Außenwand münden.
- Flaschen mit einem Füllgewicht über 14 kg müssen außerhalb des Fahrzeugs so aufgestellt werden, dass sie sich innerhalb eines Schutzbereiches befinden, der einen kegelförmigen Raum darstellt, dessen Grundfläche ein Abstandsmaß von 1 m als Radius haben muss. Die Kegelspitze liegt 0,5 m über dem Ventil der Flasche. Innerhalb des Schutzbereiches dürfen sich keine gegen Gaseintritt ungeschützten Kanaleinläufe, Luft- und Licht- oder Kellerschächte sowie keine Zündquelle befinden. Das Flaschenventil bzw. das Entnahmeventil ist gegen Witterungseinflüsse zu schützen. Flaschen

mit einem Füllgewicht über 14 kg dürfen in Vorzelten nicht aufgestellt werden.
- Gastanks müssen der Druckbehälterverordnung und der TRG 380 »Treibgastanks« entsprechen.
- Gastanks dürfen zur Versorgung der Flüssiggasanlage verwendet werden, wenn das Flüssiggas aus der Gasphase des Treibgastanks entnommen wird.
- Das Gasentnahmeventil kann als Hauptabsperrarmatur verwendet werden, wenn diese Armatur von außen leicht zugänglich ist. Andernfalls ist eine leicht zugängliche Hauptabsperrarmatur zu installieren und zu kennzeichnen.
- Die technischen Anforderungen der Richtlinie »Fahrzeuge mit Autogasantrieb« sind sinngemäß anzuwenden.
- Gastanks sind so zu installieren, dass alle Armaturen des Tanks von außen zugänglich und gegenüber dem Fahrzeuginnenraum dicht sind. Im Umkreis von 50 cm um den Füllanschluss dürfen keine Lüftungsöffnungen vorhanden sein.

Druckregler

Druckregelgeräte müssen DIN 4811, Teil 7, entsprechen, fest eingestellt sein und den Druck auf den Betriebsdruck der Geräte von 30 mbar herabsetzen. Das Druckregelgerät ist unmittelbar am Entnahmeventil der Flasche oder des Gastanks anzuschließen. Ist bei Gastanks der unmittelbare Anschluss am Entnahmeventil aus räumlichen Gründen nicht möglich, so kann das Druckregelgerät in der Rohrleitung installiert werden. Die Rohrleitung zwischen Entnahmeventil und Druckregelgerät muss so kurz wie möglich und steigend verlegt sein.

Sicherheitsventil, Prüfanschluss

- Um einen unzulässigen Druckanstieg in der Verbrauchsanlage zu vermeiden, muss in der Zuleitung ein Sicherheitsventil vorhanden sein, das sich bei Ansteigen des Druckes zwischen 100 und 120 mbar öffnet und diesen abbläst. Dieses Sicherheitsventil kann im Druckregelgerät integriert sein.
- Sicherheitsventile sind so unterzubringen, dass eventuell ausströmendes Gas ins Freie abgeleitet wird. Bei Versorgung aus Gastanks ist hinter dem Druckregelgerät ein Schnellschlussventil zu installieren, das verhindert, dass das Druckregelgerät mit dem Prüfdruck beaufschlagt wird. Daran anschließend ist in die Leitung ein Prüfanschluss mit Schnellschluss-Ventil und DVGW-anerkannter Verschlusskupplung zu installieren.

Schlauchleitungen

- Die Verbindung zwischen dem Druckregelgerät, der Gasflasche und der festen Rohrinstallation ist mit einer Schlauchleitung nach DIN 4815 herzustellen. Die Schlauchlänge darf bei Aufstellung der Flaschen in Schränken und Kästen 30 oder 40 cm betragen.
- Die Verlegung von Schlauchleitungen durch Wände und dergleichen ist

32 Gasanlage

nicht zulässig. Bei außen liegenden oder nur von außen zugänglichen Flaschenschränken darf eine Schlauchleitung nach DIN 4815, Teil »t«, von max. 150 cm Länge zum Anschluss einer außen stehenden Flasche verwendet werden. Wird eine Flasche an den Prüfanschluss angeschlossen, ist ebenfalls eine Schlauchleitung von 150 cm Länge mit einem zu der Sicherheitsanschlusskupplung passenden Stecknippel zulässig. In diesem Falle ist hinter oder in dem Druckregelgerät eine Schlauchbruchsicherung nach DIN 30 693 vorzusehen.

Folgende Bauteile unterliegen einer Austauschpflicht nach 10 Jahren
- Gasregler, Gasschläuche und Absperrhähne.
- Fahrzeuge, die nach § 29 geprüft werden und deren Halter keine gültige Gasprüfung vorlegen, bekommen bei Reisemobilen keine AU-Plakette und bei Wohnwagen keine TÜV-Plakette.

Eine gasbetriebene Heizungsanlage darf nur dann während der Fahrt benutzt werden, wenn eine Schlauchbruchsicherung/ein Strömungswächter nach dem Druckregelgerät montiert ist. (z. B. Truma-Druckregler SecuMotion). Im Übrigen gelten für Fahrzeuge, die vor dem 1. 1. 2007 erstmalig zugelassen wurden, Teile der oben genannten Regelungen nicht. Es ist im Individualfall zu prüfen, welche dies sind oder ob es mittlerweile neue Richtlinien gibt, die bereits bestehende außer Kraft setzen.

Ich möchte noch einmal betonen, dass jeder selbst dafür verantwortlich ist, das geltende Regelwerk einzuhalten und sich über Neuerungen oder anders lautende Regeln – insbesondere in anderen Ländern als Deutschland – zu informieren. Der Autor übernimmt keinerlei Haftung für Schäden an Mensch und Material.

32.3 Auswahl und Dimensionierung der Gasanlage

Meine Freunde von Intercamp empfehlen mir, die Gasanlage von Wynen-Gas in Viersen zu beziehen. Damit machen die Intercampler seit Jahren gute Erfahrungen und so wende auch ich mich an die Gasspezialisten aus dem Rheinland. Dort ist man seit Jahrzehnten im Gasbusiness, und ich fühle mich in guten Händen, zumal die Wynen-Tanks mit einer optionalen Steinschlag-Beschichtung bestens für üble Schotterpisten vorbereitet sind. Denn zu diesem Zeitpunkt bin ich ja noch fest im Glauben, ein kuscheliges Plätzchen unter dem Auto für den Tank zu finden.

Nach eingehender telefonischer Beratung durch Herrn Meskes im Hause Wynen glaube ich zu wissen, was ich benötige, und wenige Tage später liefert eine Spedition zwei große Kisten mit meinem Gasequipment. Ich habe mich für einen 50 l fassenden Gastank entschieden. Bei der Berechnung der richtigen Tankgröße sollte man ins Kalkül ziehen, dass die Tanks nur zu 80% befüllt werden können, weil sich oben im Tank eine Gasphase bilden muss, in der das Gas nicht flüssig, sondern gasförmig ist und über das Labyrinthrohr in den Regler strömt. Deshalb muss der Tank auch waagerecht installiert werden, und die auf dem Tank gekennzeichnete Stelle muss nach oben weisen.

50 l Tankvolumen bedeuten bei 80% Befüllung 40 l oder 20 kg Gasvorrat. Bei meinen Berechnungen gehe ich davon aus, dass wir 5 kg zum Kochen benötigen und die restlichen 15 kg für die Stromproduktion mittels Brennstoffzelle zur Verfügung stehen, falls die kommen sollte. Eine Gas-Brennstoffzelle mit 200 W Leistung verbraucht knapp 100 g Gas pro Stunde und liefert damit ca. 16 Ah Strom. Für die Erzeugung von einem Kilowatt Strom benötigt die Anlage also rund fünf Stunden, verbraucht dabei ca. 450 g Gas und belädt die Batterien mit 84 Ah. Mit den 15 kg Gas können also immerhin rund 2800 Ah Strom produziert werden.

32.4   Positionierung des Gastanks

Die Suche nach einem geeigneten Platz für den Gastank stellt eine größere Herausforderung dar, denn unter dem Koffer, wo es vermeintlich noch jede Menge Raum gibt, reicht der aufgrund von zahlreichen Quertraversen im Leiterrahmen des Fahrzeugs nicht aus, um den 90 cm langen und 28 cm im Durchmesser messenden Gastank aufzunehmen. Außerdem will ich das zusätzliche Gewicht nicht ganz am Heck des Fahrzeugs unterbringen, weil das die Geländeeigenschaften aufgrund der ungünstigen Gewichtsverteilung negativ beeinträchtigen würde. Letztendlich finde ich am ganz anderen Ende unseres Aufbaus einen geeigneten Platz–nämlich vorne über dem Durchstieg. Dieser Platz steht uns aber nur deshalb zur Verfügung, weil es sich um einen Bundeswehrshelter handelt, an den man auch in der Waagrechten 50 kg anbringen kann, ohne befürchten zu müssen, dass das Gewicht und dessen Hebelwirkung langfristig Schäden an der Kabine verursachen. Dort oben kann der Steinschlagschutz des Tanks sicher auch nicht schaden, weil an dieser Stelle ja häufig mit Ästen zu rechnen ist. Allerdings bekommt der Tank noch eine Riffelblech-Abdeckung, so dass er auch davor weitgehend geschützt ist.

32.5   Komponenten der Gasanlage

Den eher grobmotorisch angehauchten Einbau meines Gastanks und des Kochfeldes nehme ich in Eigenregie vor, beim Biegen und Verlegen der Gasleitungen nehme ich aber die professionelle Hilfe der Firma HELGRU-mobil im kärntnerischen Paternion in Anspruch, weil ich ansonsten wohl etliche Meter Edelstahlleitung »in die Tonne« gebogen hätte. Die nachstehende Abbildung zeigt sämtliche Bauteile für die Montage der Gasanlage.

32 Gasanlage

1) Gastank
2) Gastankventil
3) Druckregler mit Aufprallschutz
4) Gastank-Halterung
5) Betankungsschlauch
6) Betankungsstutzen
7) Metall-Haltebänder
8) Schlitzschrauben für Metallbänder
9) 8 mm starke Kupfer-Gasleitung
10) Hülsen für Kupferleitung
11) Halteklammern für Gasleitung
12) Befestigungsschrauben
13) Füllstands-Fernanzeige
14) Gummiunterlagen für Metallband
15) 3-fach-Verteilerblock
16) Winkelstücke für die Gasleitung
17) Schlauch für Außenkocher
18) Nicht im Bild: 6 Meter lange Edelstahlgasleitung, Kochfeld, Außenkocher

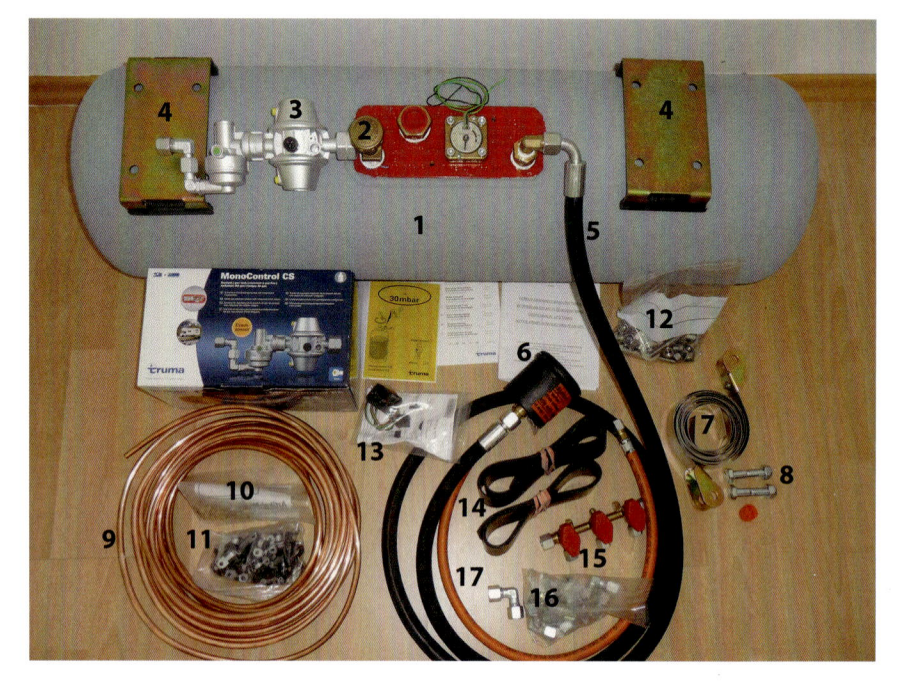

32.6 Gasfilter und Betankungsfilter

Gerade mal sechs Monate nach der Installation der Gasanlage wurde ich als Gas-Rookie mit einem relativ neuen Gas-Problem konfrontiert, das zu einer kleinen Erweiterung meiner Gasanlage geführt hat. Ich war im Januar 2013 auf der CMT-Messe in Stuttgart, um dort mein Buch und die CD-ROM vorzustellen. Nach einem langen Messetag wollte ich mir mein Abendessen erwärmen, aber die Küche blieb kalt, denn es kam kein Gas mehr aus der Leitung. Glücklicherweise hatte auch Truma einen Stand auf der Messe und einen Servicetechniker, der mir sogleich zu Hilfe eilte. Als der die Gasleitung vom Tank löste und das Absperrventil aufdrehte, blies es eine gut zwei Meter lange Nebelfontäne aus dem Tank. Da Gas normalerweise unsichtbar ist, konstatierte der Techniker, dass es sich wohl um Verunreinigungen im Gas handle, die sich offensichtlich auf der Membran des Gasreglers niedergeschlagen und diesen damit zerstört hatten.

Erfreulicherweise stellte mir Truma auf Kulanz einen neuen Regler zur Verfügung, so dass am darauffolgenden Abend die Küche wieder einsatzfähig war. Aber was wäre gewesen, wenn ich gerade irgendwo in Afrika oder Südamerika auf großer Reise gewesen wäre? Und was wäre gewesen, wenn ich auch mit Gas heizen würde? Dann wäre es eine lausig kalte Nacht geworden.

Auf meine Frage, was man gegen solche Verunreinigungen im Gas tun könne, zeigte man mir bei Truma das neue Gasfiltergehäuse, das man gerade mit zur Messe gebracht hatte. Darin verborgen sitzt eine kleine, weiße Filterpatrone, mit der die im Gas mal mehr mal weniger vorhandenen Aerosole und Paraffine herausgefiltert werden. Deren Anteil im Gas kann von Land zu Land deutlich schwanken, weshalb es nicht ganz unkritisch ist, in welchem Land man seinen Gastank oder seine Tankflaschen befüllt.

Aber es sind nicht nur Fremdstoffe und Verschmutzungen, die dem Gasregler den Garaus machen können, sondern auch flüssiges Gas, das – wie auch immer – in die Gasleitung und danach in den Gasregler gelangen kann. Auch das zerstört den Regler und macht die Gasanlage unbrauchbar. Natürlich will ich gleich einen Gasfilter installieren, was aber daran scheitert, dass im Januar 2013 noch kein Adapter für Gastanks von Truma erhältlich ist. Zurück von der Messe bespreche ich die Problematik gleich mit Wynen-Gas, die ebenfalls schon mit dem Problem konfrontiert wurden und bereits dabei sind, ein Filtergehäuse für Gastanks zu entwickeln.

Dieses ist mittlerweile bei mir eingetroffen und in meiner Gasanlage verbaut, genauso wie ein Betankungsfilter, der bereits beim Befüllen der Gasanlage mit LPG-Gas dafür sorgen soll, dass die Öle und Paraffine gar nicht erst in den Tank gelangen. Damit müsste man sich ja eigentlich den Gasfilter zwischen Tank und Regler sparen können – so meine Überlegung. Aber leider ist dem nicht so, denn erstens weiß man nicht, wieviel »Dreck« bereits im Gastank vorhanden ist und zweitens kann der Betankungsfilter nicht verhindern, dass flüssiges Gas durch das Labyrinthrohr in die Gasleitung und damit in den Gasregler gelangt.

Um das verhindern ist es sinnvoll, während der Fahrt alle gasbetriebenen Verbraucher abzuschalten, denn herumschwappendes Gas kann dann in die Leitung und den Regler gelangen. Und das umso mehr, je holpriger diese Fahrt ist. Das gilt insbesondere für Expeditionsmobile im Geländeeinsatz. Da ich auf dem Messeparkplatz in Stuttgart aber ganz friedlich geparkt habe, kann ich mir keinen Reim darauf machen, warum gerade dort die Gasanlage gestreikt

BEZUGSQUELLE

WWW.WYNENGAS.DE

PREIS

- Gastank 50 l/20 kg für Fernbetankung: € 415,–
- Aufpreis für Steinschlagschutz: € 75,–
- Betankungsschlauch 3 m: € 45,–
- Gewindeadapter für Tankpistole mit Innengewinde: € 18,–
- Euroadapter für Tankpistolen mit 4-Haken Klemmkopf: € 11,–
- Außenbetankung mit Gehäuse: € 69,–
- Halter für Außenbetankungsgehäuse: € 17,–
- Fernanzeige: € 40,–
- Geber für Fernanzeige: € 30,–
- Truma Druckregler Monocontrol CS mit Aufprallschutz: € 105,–
- Gastank-Halterung: € 77,–
- Schnellschlussventil 3-fach: € 65,–
- 10 m Kupfer-Gasleitung 8 mm für innen: ca. € 50,–
- 6 m Edelstahl-Gasleitung 10 mm für außen: € 36,–
- Diverse Kleinteile, Halteklammern für Gasleitung, Schneidringverbinder,
- Winkelstücke, T-Stücke, Stützhülsen für Kupferrohr, Dichtpaste: ca. € 100,–
- Montage der Gasanlage bei Wynen-Gas: ca. € 400,–
- Gasfiltergehäuse mit Filterpatrone für Gasflaschen: € 99,–
- Gasfiltergehäuse mit Filterpatrone für Gastanks und Tankflaschen: € 99,–
- Ersatzpatrone für Gasfilter: € 45,–
- Betankungsfilter für Gastanks und Tankflaschen: € 79,–

32 Gasanlage

hat. Noch auf der Messe konfrontiere ich eine ganze Reihe von Reisemobilisten mit dem Thema und stelle fest, dass das Problem noch so gut wie gar nicht bekannt ist.

So scheint der kleine Gasfilter derzeit die einzig wirksame Methode zu sein, den Gasregler vor flüssigem Gas und Verunreinigungen zu schützen. Schade nur, dass die winzig kleine Filterpatrone mit € 45,– ein unverhältnismäßig großes Loch in den Geldbeutel reißt und dass man nie so wirklich weiß, wie viele dieser Patronen man auf Reisen mit sich herumschleppen sollte. Ein guter Tipp könnte auch die Idee sein, auf längeren Reisen außerhalb Europas einen Ersatz-Gasregler dabei zu haben; insbesondere dann, wenn man einen Gastank verbaut hat, denn Regler für Gastanks sind im fernen Ausland relativ schwer zu bekommen.

Erhältlich sind die Filtergehäuse für Gas- und Betankungsfilter sowie die erforderlichen Filterpatronen bei Wynen-Gas in Viersen.

1) Betankungsfiltergehäuse mit Sinterfilter
2) Gasfiltergehäuse mit Filterpatrone

32.7 Planung der Gasanlage im Fahrzeuggrundriss

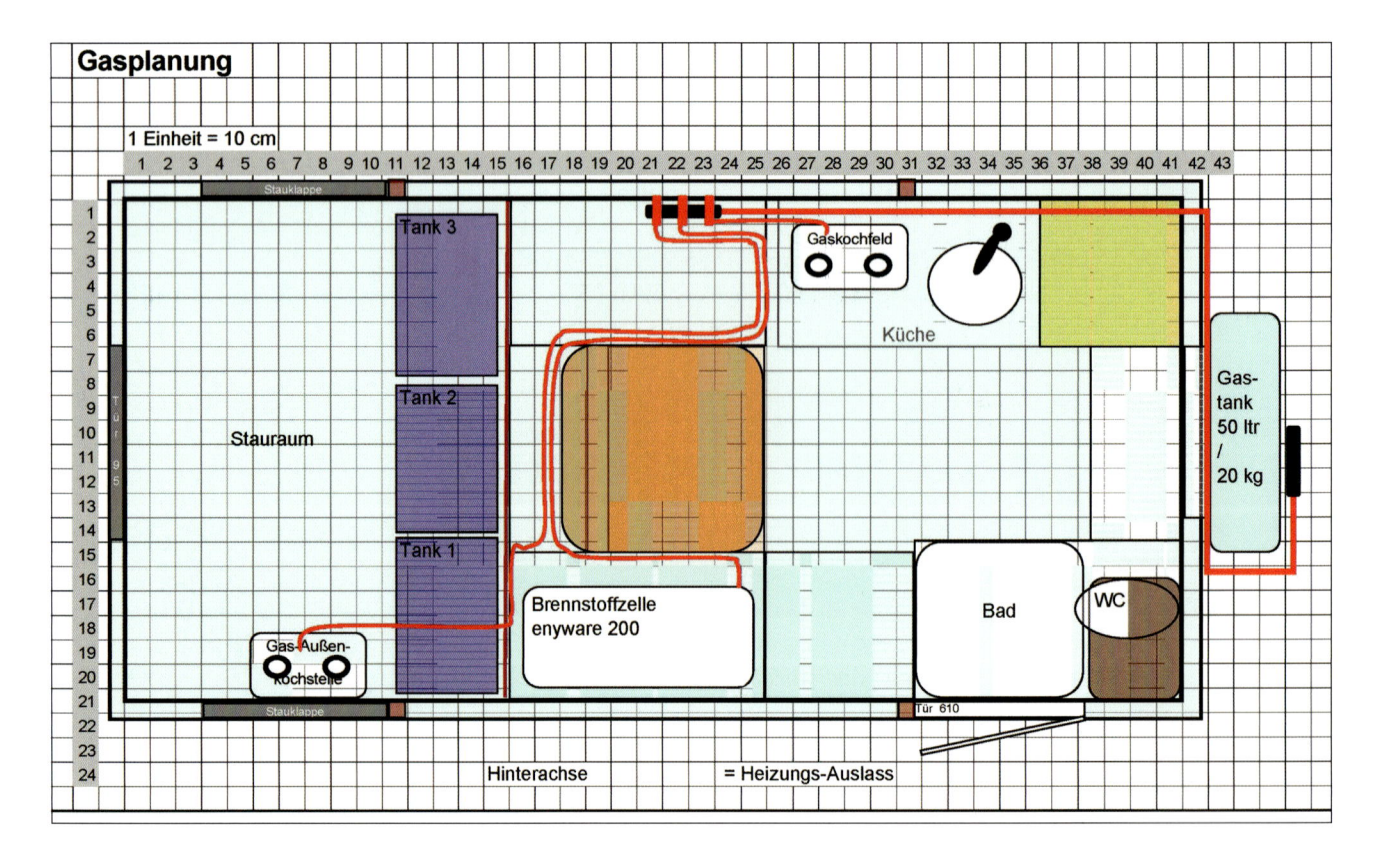

32.8 Installation des Gastanks

Mit dem Kran hebe ich den 20 kg schweren Tank aufs Dach. Oben wird er mit Spanngurten befestigt, sodass ich ihn alleine in die Endposition in den Halterungen heben kann. Die Halterungen für den Tank habe ich mit je 4 Schrauben durchgeschraubt. Die am Tank anliegenden Metallbänder flexe ich ca. 5 cm hinter der geschlitzten Schraube ab. Danach werden die Spannschrauben kräftig angezogen, bis der Tank absolut fest am Shelter hängt. Zum Schluss kommt noch eine Riffelblech-Abdeckung drüber und fertig ist die Gastank-Installation.

32.9 Installation von Edelstahl- und Kupfer-Gasleitungen

Bei den Gasleitungen gibt es einiges zu beachten. Während im Innenbereich von Hand biegbare Kupferleitungen verwendet werden dürfen, sind für den Außenbereich doppelt korrosionsgeschützte Stahlleitungen vorgeschrieben, im Bootsbereich wegen des Salzwassers sogar Edelstahlleitungen. Da wir im Winter auch häufig Salzwasser auf unseren Straßen haben, entscheide ich mich gleich für die Edelstahlleitung, zumal das sechs Meter lange und 10 mm starke Rohr mit € 36,– kein großes Loch in die Kasse reißt.

32 Gasanlage

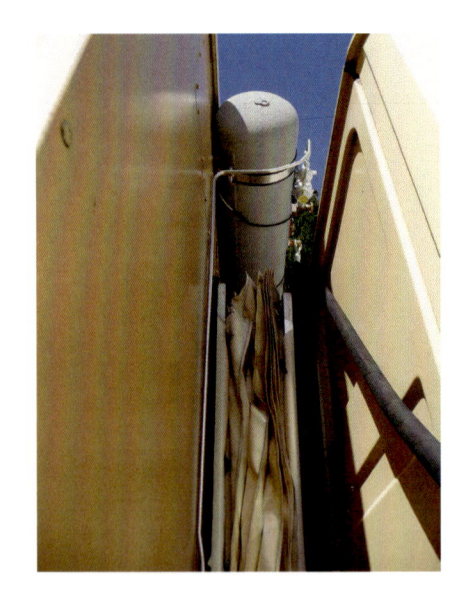

Im Außenbereich sind die Leitungen im Abstand von einem Meter mit geeigneten Halterungen zu sichern, das heißt zu verschrauben.

Im Innenbereich sind die Befestigungen alle 30 cm zu setzen. Die Herstellung von Winkeln kann dabei entweder mit 90-Grad-Winkel-Stücken bewerkstelligt werden oder durch Biegen der Leitungen. Ich entscheide mich für Letzteres, denn jede Winkelverschraubung birgt zwei potenzielle Leckage-Stellen, was die Fehlersuche im Falle einer Undichtheit zu einer Sisyphusarbeit ausarten lässt. Deshalb entschließe ich mich, das Edelstahlrohr möglichst aus einem Stück zu biegen, sodass ich im Außenbereich auf jegliche Verschraubungen, abgesehen von der am Gasregler, verzichten kann. Meine Ambitionen, das (einzig verfügbare) Edelstahlrohr selbst zu biegen, schwinden aber recht schnell, als ich feststellen muss, dass es dazu einer gewissen Erfahrung bedarf, die mich sicherlich zwei Übungsrohre à 6 m gekostet hätte, bevor ich ein halbwegs zufriedenstellendes Ergebnis zuwege gebracht hätte. So überlasse ich die Biegearbeit Stefan bei der Firma HELGRU-mobile in Paternion, der ruck zuck aus dem geraden Rohr ein kunstvoll gekrümmtes zaubert. An Werkzeug bedarf es des abgebildeten Biegewerkzeugs, dessen Umgang geübt sein will, damit die Biegungen später an der richtigen Stelle sitzen.

Ferner sollten sämtliche Gasrohre mit Rohrschneidern getrennt werden und nicht mit einer Flex oder Säge, um zu vermeiden, dass Späne in die Leitung gelangen, die dann später die Absperrhähne undicht machen können. Löcher in der Kofferwand sind so groß zu bohren, dass das 10er-Gasrohr ohne Berührung mit der Wand durch dieselbe geführt werden kann. Das Loch wird danach mit Dekasyl MS 5–abgedichtet und das Rohr damit fixiert.

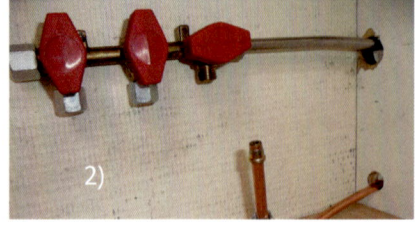

Edelstahlgasleitung aus einem Stück gebogen

1) Biegewerkzeug, Rohrschneider und Erfahrung erforderlich
2) 3er-Verteilerblock unter der Sitzbank auf der Fahrerseite
3) Dichtungspaste, Schneidring und Hülse

So habe ich bis zum 3er-Verteilungsblock unterhalb der Sitzbank das 10 mm Edelstahlgasrohr nur einmal anstückeln müssen. Nach dem Verteilerblock verwende ich 8 mm starkes Kupfergasrohr für den Innenbereich zu den drei Verbrauchern »Gaskocher«, »Brennstoffzelle und zur »Außenkochstelle«. Der letzte Meter durch den Shelterboden hindurch bis in die Stauraumbox ist ebenfalls in Edelstahl ausgeführt.

Die Verlegung von Kupferrohren unterscheidet sich dahingehend von derjenigen von Stahlrohren, dass in die Kupferleitungen Versteifungshülsen eingeschlagen werden müssen. Dazu schiebt man zunächst die Mutter und den

Schneidring wie oben abgebildet über die Leitung, senkt dann die Kupferleitung mit einem 8er-Bohrer leicht an, damit die Hülse besser hineinrutscht, und schlägt die Hülse mit einem Hammer vorsichtig in die Kupferleitung, bis sie bündig mit dem Ende abschließt. Idealerweise bläst man jede Leitung vor dem finalen Einbau mit Druckluft aus, um eventuell angefallene Späne zu entfernen.

ACHTUNG Jede Verschraubung sollte mit Dichtungspaste abgedichtet werden!

Zur Außenkochstelle führt die Kupfergasleitung bis unter die Sitzbank auf der Beifahrerseite, geht dort in eine Edelstahlleitung über, die durch den Shelterboden nach außen und unter dem Koffer in die rechte Stauraumbox führt.

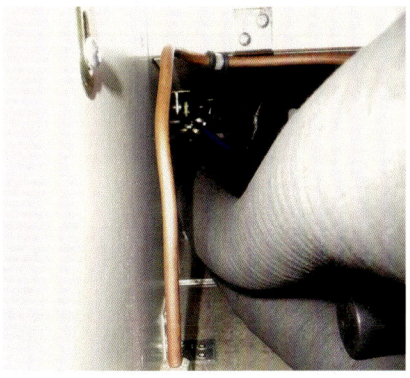

32.10 Außenkochstelle

In der Stauraumbox habe ich an die 10-mm-Edelstahlleitung eine Reduktion auf 8-mm-Gummischlauch-Anschluss mit einem Abzweig verbaut, um daran je eine CAGO-JV-02-Gaskocher-Einheit zu betreiben. Der Cago JV 02 ist einer der leistungsstärksten Gaskocher, den ich finden konnte. Durch den sogenannten Turboeffekt – eine spezielle Verwirbelung des Gas-Luft-Gemisches – erzeugt der Kocher je Kochfeld bis zu 5 kW Leistung. Zum Vergleich: Unser Origo-Spirituskocher entwickelte eine Leistung von 1,5 kW pro Flamme.

Mit dem CAGO JV 02 sollte so auch bei windigen Bedingungen das Kochen an unserer neu geschaffenen Außenkochstelle möglich sein. Sicherlich ist ein zusätzlicher Windschutz hilfreich, die Hitze unter Topf, Pfanne oder Wok zu halten. Für Freunde der asiatischen Küche bietet der Topfaufsatz aufklappbare Nasen, auf denen ein unten gerundeter Wok aufgesetzt werden kann.

Was zusätzlich für den CAGO-Kocher spricht, ist seine Ausführung in Edelstahl. Denn bei unseren nicht hundertprozentig wasserdichten Stauboxen lässt es sich nicht vermeiden, dass der Kocher feucht wird und zu rosten begänne, wäre er aus herkömmlichem Blech oder Stahl gefertigt. Die Außenkochstelle ist ein lange gehegter Plan, den ich erst 2012, also vier Jahre nach dem Bau

Die Kupferleitung geht vor der Durchführung durch den Shelterboden in eine Edelstahlleitung über.

32 Gasanlage

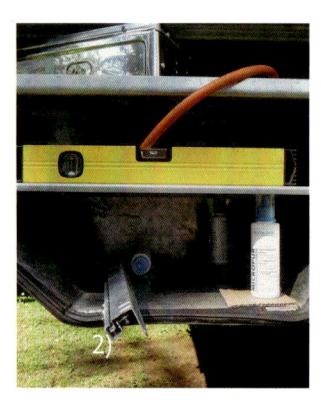

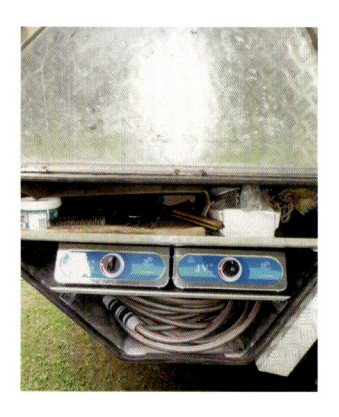

1) Schubladenauszüge mit KlavierbandLaschen
2) Die beiden Gaskocher auf ihrer Schubladen-Platte, eingebettet zwischen Grill (oben) und Wasserschlauch.
3) Die beiden Gaskocher in Einsatzposition

So sieht das Ganze von unten aus. Die schräg eingeschraubten Auszüge halten über das Klavierband die Platte, auf der die Kocher verschraubt sind.

unseres Sternchens, umsetzen kann, weil ich erst jetzt das erforderliche Gas in den Truck installiert habe. Aber auch die Ausführung der Kochstelle hat mir reichlich Grübelei bereitet.

Weil die Seitenwangen meiner Stauraumboxen in unterschiedlichen Winkeln abgeschrägt sind, ist mir anfangs nicht ganz klar, wie die Ausführung im Detail aussehen könnte. Mit der Zeit reift allerdings der Gedanke, das Ganze mittels Schubladenauszügen zu realisieren und die unterschiedlichen Winkel mit Edelstahl-Klavierband auszugleichen. So kaufe ich über eBay Schubladenauszüge in einer für die Stauraumbox passenden Länge von 50 cm. Auf die Auszugsschienen schraube ich Reststücke von meinem Edelstahlklavierband, auf die eine 2 mm starke Blechplatte geschraubt wird.

ACHTUNG 2 mm starkes Blech hat sich als etwas zu labil erwiesen, also entweder 3 mm starkes Blech verwenden oder das Blech vorne und hinten um jeweils einen Zentimeter umkanten lassen, sodass damit eine höhere Stabilität erzeugt wird.

Der linke Schubladenauszug wird mit zwei Schrauben in die Stauraumbox geschraubt, der rechte Auszug mit zwei Einnietmuttern verschraubt, weil die Staubox beinahe am Kotflügel aufliegt und deshalb kein Platz zum Gegenhalten einer Mutter vorhanden ist. Die Grundplatte für die Kocher wird an den Klavierbandlaschen mit den Auszügen verschraubt. Die Kocher ihrerseits werden mit je vier Schrauben auf die Grundplatte geschraubt.

Nun mag sich der aufmerksame Leser fragen, warum ich zwei Einzelkocher verbaue und nicht einen Zweiflammenkocher. Der Grund liegt darin, dass die Zweiflammen-Version des CAGO genauso breit baut wie die dreiflammige Variante – was zu breit für unsere Staubox gewesen wäre. Deshalb kommen zwei einzelne Kocher zum Einsatz.

32.11 Gasprüfung

Am Ende der Arbeiten steht die obligatorische Gasprüfung an, bei der die gesamte für 30 mbar vorgesehene Anlage mit einem Prüfdruck von 150 mbar belegt wird. Zeigt sich innerhalb von fünf Minuten kein Druckabfall, ist die Anlage dicht, und das Prüfsiegel wird erteilt – vorausgesetzt, dass die Installation der Anlage den gesetzlichen Richtlinien entspricht. Schon alleine deshalb sollte eine Selbstmontage der Gasanlage in enger Zusammenarbeit mit der prüfenden Werkstatt erfolgen.

32.12 Gaswarner

Wem eine Gasanlage ob der potenziellen Gefahr Sorge bereitet, der kann und sollte sich einen Gasmelder einbauen. Der warnt vor austretenden Gasen wie Methan-, Propan-, Butan-, Erd- und Stadtgas. So kann man rechtzeitig reagieren, den Gashahn abdrehen und das Fahrzeug lüften. Weil Gas schwerer ist als Luft, kann es sich im Fahrzeug anreichern und im Extremfall zum Tod durch Vergiftung oder zu einer Explosion führen. Mit einem Gasmelder wird dieses geringe Risiko weiter reduziert. Ich verbaue einen Cordes-CC-3000-Gaswarner unterhalb des Gas-Verteilerblocks im »Heizungskeller« unseres Sternchens.

BEZUGSQUELLE

Gaskocher Cago JV 02
BONNGAS BZW. GASPROFI24.DE

PREIS Pro Einzelkocher: € 79,– (2012)

Gasmelder Cordes CC 3000
GASPROFI24.DE
www.gasprofi24.de

PREIS € 34,– (2012)

33 Anbauten am Fahrzeug

Auflistung der Maßnahmen im Außenbereich

Um aus unserem Sternchen ein richtiges Fernreisemobil zu machen, bedarf es noch zahlreicher Maßnahmen im Außenbereich. Dazu zählen:

- Schwenkbarer Heckträger mit Ersatzradhalter und Fahrrad-/Motorrad-Plattform, Rückfahrstrahler, Rückfahrkamera
- Größeren 300-Liter-Tank montieren und Tankunterfahrschutz bauen
- Alu-Kotflügel
- Alu-Stauraumboxen
- Halterung für die Einstiegsleiter
- Markise
- Montage der Sandbleche
- Sicherheitsfeatures: Abdeckklappen für Dachluken und Fenster, Türverriegelung im Fahrerhaus
- Verzurrmöglichkeiten auf dem Dach schaffen
- Dachgepäckträgerlösungen für das Fahrerhaus
- LED-Fahrlichter und Zusatzscheinwerfer
- Kanisterhalter und Wegrollkeile montieren

33.1 Schwenkbarer Heckträger

Eine der größten Notwendigkeiten und gleichzeitig Herausforderungen bei den Außenanlagen ist die Konzeption eines Heckträgers, der folgende Anforderungen erfüllen muss:

- Aufnahme des Ersatzrades (ca. 140 kg)
- Aufnahme eines Motorrades (ca. 120 bis 140 kg)/Fahrräder
- Aufnahme eines handbetriebenen Krans, um das Ersatzrad oder Motorrad auf- und abzuladen
- Schwenkbar, um die Hecktür als Zugang zum Stauraum nutzen zu können
- Einfach zu bedienender Schwenkmechanismus
- Aufnahme des Ersatzrades ohne Motorrad, aber mit zusätzlichem Reifen
- Alternative Aufnahme des Ersatzrades, wenn Fahrräder oder ein Motorrad transportiert werden sollen
- Klapp- und abnehmbare Motorrad-Plattform
- Aufnahme der Rücklichter, Rückfahrstrahler, Rückfahrkamera und Nummernschildbeleuchtung

Bei Alois und Andreas Kern Maschinenbau im niederbayerischen Tillbach bin ich mit dieser Aufgabenstellung bestens aufgehoben. Alois ist nicht nur bekannt als Tüftler und Perfektionist in allen Bereichen rund um den Stahlbau, er und seine Mannen sind auch fit in den Themen Hydraulik, Mechanik und Elektronik.

Zu allem Überfluss ist Alois selbst ein Offroader und konzipiert und baut für diverse renommierte Expeditionsmobil-Firmen die Metallarbeiten. So fertigt er auch Zwischenrahmen, Durchstiege, Dach-, Front- und Heckträgersysteme, hydraulische Hebesysteme für Ersatzräder, Motorräder, Quads usw. Auch das Zusammenarbeits-Setup von Kern ist einzigartig, denn ihm ist es am liebsten, wenn der Kunde mitarbeitet, alle Arbeiten, die er selbst erledigen kann, selbst ausführt und damit zu einer Begrenzung von Kern-Arbeitszeiten und damit Kosten beiträgt. Mir ist das sehr recht, denn es gibt im Zusammenhang mit den Außenarbeiten eine ganze Reihe von Dingen zu tun, die ich übernehmen kann.

So beziehen wir Mitte September 2008 unser Quartier vor der Kern'schen Halle im niederbayerischen Tillbach, und ich nutze die Zeit gleich, um den mitgebrachten neuen 300-Liter-Dieseltank zu installieren. Alois stellt mir mit Martin seinen besten Mann und Meister an die Seite und im Team mit Alois, seinem Sohn Andreas und einigen seiner Heavy-Metal-Männer entstehen innerhalb von drei Tagen die Konstruktion für den Heckträger sowie die Alu-Kotflügel, die Stauboxen und der Tank-Unterfahrschutz. Alois bringt dabei seine unschätzbare Erfahrung aus einer Vielzahl von Expeditionsmobilen ein, aber auch seinen Tüftlergeist.

Ein äußerst positiver Umstand für den Bau des Heckträgers stellt die Tatsache dar, dass der Bundeswehr-Shelter mit seiner Alu-Konstruktion eine hohe Stabilität mitbringt, sodass wir den Heckträger an den 4 Container-Schlössern aufhängen können. Im aufgeklappten Zustand wird er sogar nur von den beiden linken Container-Locks getragen. Irgendwie müssen sich ja die Kosten von damals rund DM 60.000 (€ 30.000) für einen neuen Shelter rechtfertigen lassen–so viel hat zumindest die Bundeswehr und damit der Steuerzahler vor 20 Jahren für einen ZEPPELIN-Shelter angeblich bezahlt.

In Anbetracht der Tatsache, dass wir mit Ersatzrad und Motorrad rund 280 bis 300 kg Gewicht auf den Heckträger packen–ohne dessen Eigengewicht–, plädiert Alois für Stahlrohre mit einem Profil von 80 × 80 mm.

33 Anbauten am Fahrzeug

Das mag so manchem als überdimensioniert erscheinen. Da allerdings kein Mensch weiß, welche Kräfte beim Fahren im Gelände auftreten können, wenn man beispielsweise mit (zu) hoher Geschwindigkeit in ein (zu) tiefes Schlagloch fährt, erscheint es sinnvoll, dem Träger lieber etwas zu viel als zu wenig Stabilität einzuhauchen. Ein abgebrochener Träger mit verlorenem Ersatzrad kann auf einer langen Reise das AUS bedeuten!

Also lieber auf Nummer sicher gehen. Die Grundkonstruktion des Trägers ist also ein 80 × 80 mm großer Stahlrahmen im Format der Shelter-Heckfläche. Um ein Verziehen des Rahmens beim Schweißen zu verhindern, hat Martin eine diagonale Verstrebung eingeschweißt, die vor dem Verzinken wieder entfernt wird. Eine besondere Herausforderung ist es, die vier Halterungen auf die ovalen Löcher in den Container-Locks so passgenau anzufertigen, dass sie ohne jegliches Spiel in den Löchern sitzen und den Träger fixieren.

Hier kommt schon der »Rohling« am Stapler für eine erste Anpassung angeschwebt.

Dem aufmerksamen Betrachter werden sich hier zwei Fragen aufdrängen:
1. Warum gibt es zwei Aufnahmen für das Ersatzrad, obwohl doch offensichtlich keine zwei Räder gleichzeitig transportiert werden können?
2. Warum sind die Ersatzrad-Halterungen außerhalb der Mitte positioniert?

Zu 1. Wenn ich ein Motorrad oder Fahrräder transportieren möchte, muss ich das Ersatzrad auf der oberen Halterung befestigen. Möchte ich zusätzlich zum Ersatzrad noch einen zweiten Reifen mitnehmen – so, wie dies bei unserer achtmonatigen Reise durch Marokko und die Westsahara der Fall war –, dann verzichte ich auf die Mitnahme eines Motorrads und transportiere das Ganze schwerpunktoptimiert auf der unteren Aufnahme (siehe das untenstehende Bild).

Zu 2. Die Halterungen sind außerhalb der Mitte positioniert, weil die tiefste Stelle eines Motorrads – die Sitzbankkuhle – ebenfalls außerhalb der Mitte liegt. Die obere Halterung ist so positioniert, dass ein oben transportiertes Ersatzrad genau in die Sitzbankkuhle einer in die Federn gezurrten Enduro passt. Das Gleiche funktioniert auch mit Fahrrädern.

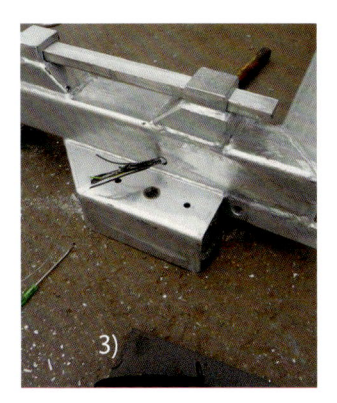

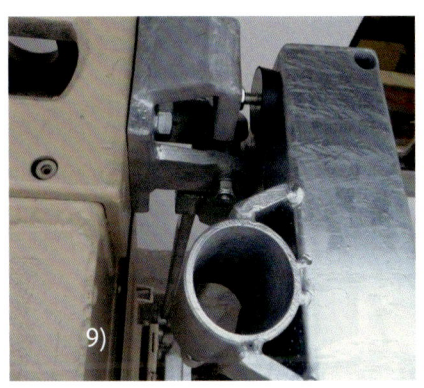

33.2 Montage von Nummernschildhalter, Beleuchtung und Rückfahrkamera sowie Verkabelung des gesamten Heckträgers

Nachdem die Kabel für alle elektrischen Anbauteile in den Heckträger eingezogen sind, kann ich mit deren Montage und dem Anschluss beginnen. Dazu bedarf es erst einmal der Analyse der bisherigen Verkabelung, um die Beleuchtung mit den entsprechenden Anschlüssen zu verbinden. Gar nicht so einfach, wenn man von Elektrik wenig Ahnung hat und außerdem noch anderweitig beschäftigt war, als der liebe Gott Geduld verteilt hat.

1) Der fertige Heckträger ist vom Verzinken zurück und wartet auf seine Montage.
2) Dazu gilt es zunächst die letzten Löcher für die Kabeldurchführungen zu bohren …
3) … und selbige einzuführen und durchzuziehen – was gar nicht so einfach ist.
4) Dann wird der verzinkte Träger final montiert.
5) Genial: Alois Kerns Idee mit dem Torverschluss
6) Untere Aufnahme rechts für den Torverschluss
7) Obere Aufnahme für den Torverschluss
8) Gut gedacht und sauber gemacht! Polyamid-Gleitschuh als Auflage für den Träger mit einstellbarem Gummi-Anschlag
9) Oberer Anschlagpunkt ebenfalls mit einstellbarem Gummipuffer, daneben die Hülse auf der rechten Fahrzeugseite für die Aufnahme des Krans als Motorrad-Lift

33 Anbauten am Fahrzeug

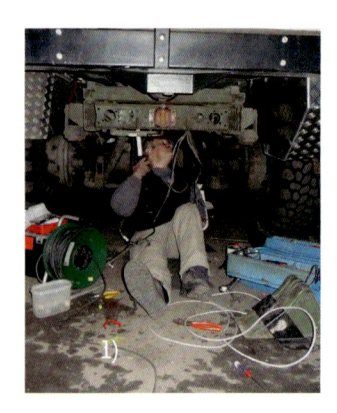

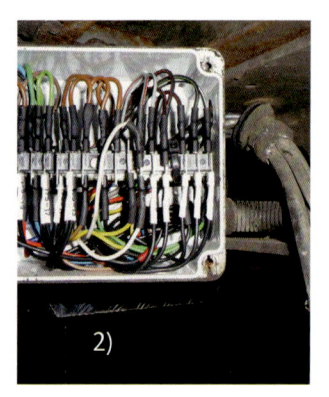

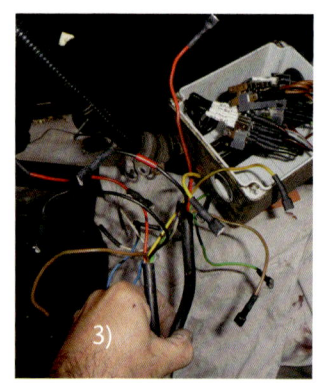

1) Während Alois' Mannen ruhen, kümmere ich mich um die Elektrik.
2) Sieht sauber aus, die MB-Verkabelung für die Bundeswehr. Mir fehlt nur noch der Durchblick!
3) Es sieht noch nicht besser aus.
4) Montage des Nummernschildhalters. Die Rückfahrleuchten sind bereits montiert. Hier ist auch schön die Transporthülse mit Kran und Seilwinde zu erkennen.
5) Durch den Torverschluss kann der Träger in null Komma nix aufgeklappt werden.
6) Den schweren Heckträger kann sogar Edith öffnen.
7) Linke Hülse für die Aufnahme des Krans als Ersatzrad-Lift
8) Hier hätte ich auch eine elektrisch betriebene Winde installieren können, was ich aber ablehne, um unabhängig von der Elektrik zu sein.

TIPP Mancher Betrachter wird sich fragen, warum der Kran so steil nach oben steht. Das hat zwei Vorteile: Erstens ist so die Winde leichter zu bedienen, zweitens kann ich das Rad im Falle eines Falles auch mal aufs Dach ziehen, was bei einem waagerechten Kran nicht möglich wäre.

1) Der erste »echte« Noteinsatz der Winde in Boujdour in der Westsahara …
2) … pikanterweise direkt vor der Polizeistation bei der Einreise–Fotografieren verboten! Die skurrile Situation habe ich in unserem auf der CD-ROM beigefügten Reisebericht detailliert beschrieben. Immerhin war es das erste Mal, dass ich von der Polizei zum Tee eingeladen wurde.

BEZUGSQUELLE

Heckträger
Kern Metallbau
www.kern-metallbau.de

PREIS für schwenkbaren Heckträger mit klappbarer Motorradplattform und Kran: ca. € 4.500,–

33 Anbauten am Fahrzeug

1) Seitenansicht mit abmontierter Motorrad-Plattform
2) Rückansicht mit abmontierter Motorrad-Plattform

Der ist definitiv zu klein!

Resümee nach acht Monaten Dauer-Praxistest
Der Heckträger hat bislang trotz übelster Pisten und Beladung mit einem Ersatzrad und zusätzlichem Reservereifen (insgesamt ca. 200 kg) noch keinerlei Anzeichen von Schwäche erkennen lassen. Als sehr komfortabel hat sich der einfach zu öffnende Torverschluss erwiesen, weil man damit keine Hemmungen hat, den Stauraum auch durch die Hecktür zu be- und entladen. Mit einer technisch einfacheren, aber weniger komfortablen Lösung würde ich mir die Öffnung der Hecktür sicherlich meistens verkneifen und über die Seitenklappen Chaos im Stauraum anrichten.

33.3 Größeren 300-Liter-Dieseltank montieren

Im Zuge der Arbeiten bei Kern Metallbau nutze ich die Zeit, um noch ein paar andere Dinge zu erledigen. Der serienmäßige 130 Liter Tank ist deutlich unterdimensioniert und muss durch einen größeren ersetzt werden. Sowohl bei Ebay als auch im Allrad-LKW-Forum (www.allrad-lkw-gemeinschaft.de) werden immer wieder nagelneue »mittelgroße Tanks« angeboten, die als Serienausstattung bei Trucks meist nur für die Überführungsfahrt herhalten müssen.

Fündig wird man in der Regel im Gebrauchtmarkt im Internet, weil serienmäßig verbaute 300- oder 400-Liter-Tanks häufig durch 800 oder 1000 Liter fassende Tanks ersetzt werden. Solche Tanks kann man dann relativ günstig erstehen, wobei man darauf achten sollte, dass auch gleich die Tankkonsolen mit dabei sind. Auch der Tankgeber sollte mit im Set angeboten werden, denn wenn man diese Teile extra kaufen muss, kann dafür leicht noch einmal die gleiche Summe wie für den Tank zusammen kommen. Allerdings habe ich den Kauf dieses fast neuen Tanks schon bereut. Denn ursprünglich hatte ich einen längeren Tank gesucht, der nicht ganz so hoch baut, so dass etwas mehr Bauchfreiheit bei gleichzeitig höherem Tankvolumen entstanden wäre. Leider habe ich einen solchen Tank nicht gefunden und mich dann eben für den hier verbauten 300 Liter Tank entschieden. Vom Raumangebot hätte ich sicher auch einen 400 Liter Tank untergebracht, doch hätte ich diesen hierfür extra anfertigen lassen müssen.

Zum damaligen Zeitpunkt wollte ich mir den Kostenaufwand und die Wartezeit für einen individuell gefertigten Tank sparen – was mich heute reut. Die bereits im Kapitel »Wasserinstallation erwähnte Firma Amalric Plastic in Sinzig baut nämlich nicht nur Frisch- und Abwassertanks, sondern auch Treibstofftanks nach Wunschmaß. Gerade bei einem so kurzen Radstand von 3,10 m wie bei unserem Fahrgestell gilt es, jeden verfügbaren Raum für Tanks zu nutzen. So hätte uns ein Amalric-Tank hier gut zu Gesicht gestanden und den verfügbaren Raum wesentlich besser genutzt.

Die Amalric-Dieseltanks werden genauso wie die Wassertanks in einem aufwändigen Verfahren aus Polyethylenplatten verschweißt. Bei einer Plattenstärke von 12 mm werden mindestens so hohe Festigkeitswerte erreicht, wie bei Alu- oder Stahltanks. Dies wird auch dadurch belegt, dass Inhaber Bernd Grieshaber seine Tanks mit einem höheren Druck prüfen lässt, als es für Stahltanks vorgeschrieben ist.

Bei großen Tanks verbaut Amalric Schwallwände. Genauso werden alle erforderlichen Einbauten wie Einfüllstutzen, Entlüftung, Tankgeber usw. in die Tanks installiert. Besonders clever finde ich die integrierten Trittstufen, die man auf Wunsch ordern kann, damit zum Erklimmen des Mobils nicht immer die Leiter bemüht werden muss.

Ausbau des alten Tanks. Er brachte auf Ebay mit Konsole und Geber noch 130 Euro.

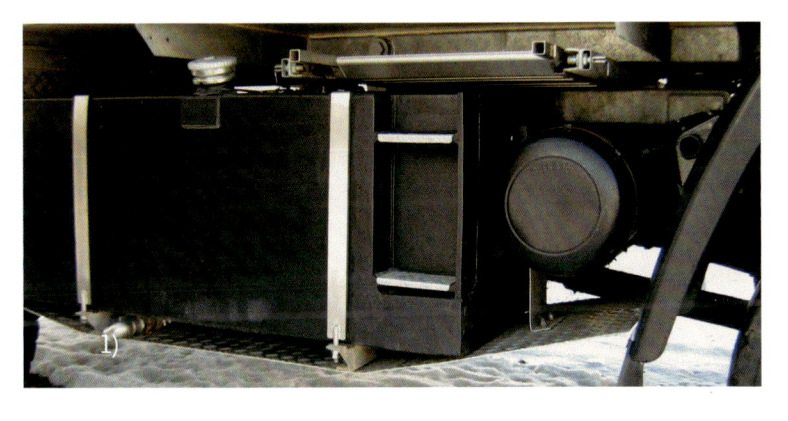

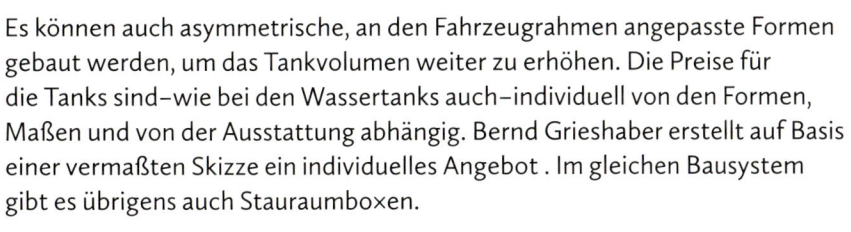

Es können auch asymmetrische, an den Fahrzeugrahmen angepasste Formen gebaut werden, um das Tankvolumen weiter zu erhöhen. Die Preise für die Tanks sind – wie bei den Wassertanks auch – individuell von den Formen, Maßen und von der Ausstattung abhängig. Bernd Grieshaber erstellt auf Basis einer vermaßten Skizze ein individuelles Angebot. Im gleichen Bausystem gibt es übrigens auch Stauraumboxen.

1) Clever gemacht: Im Tank integrierte Einstiegsstufen machen die Leiter bei kurzen Besuchen im Aufbau überflüssig.
2) Der neue Tank wartet schon ganz ungeduldig.

33 Anbauten am Fahrzeug

BEZUGSQUELLE

Maßgefertigte Dieseltanks
AMALRIC PLASTIC
www.amalric.de

PREIS Auf Anfrage nach einer vom Kunden gelieferten und vermaßten Skizze.

Es sollte noch erwähnt werden, dass aufgrund der kantigen Tankformen die Original-Tankkonsolen nicht verwendet werden können, sondern individuell angepasste Konsolen gebaut werden müssen. Allerdings wird dadurch der zur Verfügung stehende Raum umso besser ausgenutzt.

1) Sandbleche sind gefährlich für Tankablassschrauben.
2) Kaum hängt der Tank am Fahrzeugrahmen, ist Martin auch fast schon mit dem Unterfahrschutz fertig.

33.4 Tankunterfahrschutz

Der Tankunterfahrschutz ist deshalb nicht ganz unwichtig, weil beim Einsatz von Sandblechen diese gerne mal nach oben schnellen und die Tankablassschraube abscheren können (siehe Bild).
Nachdem der Schutz montiert worden ist, stellen wir gemeinsam fest, dass es nicht schlecht wäre, diesen nach vorne zu verlängern und den ungenutzten Raum unter dem Bad-Abwassertank für eine Kanisterhalterung zu nutzen.

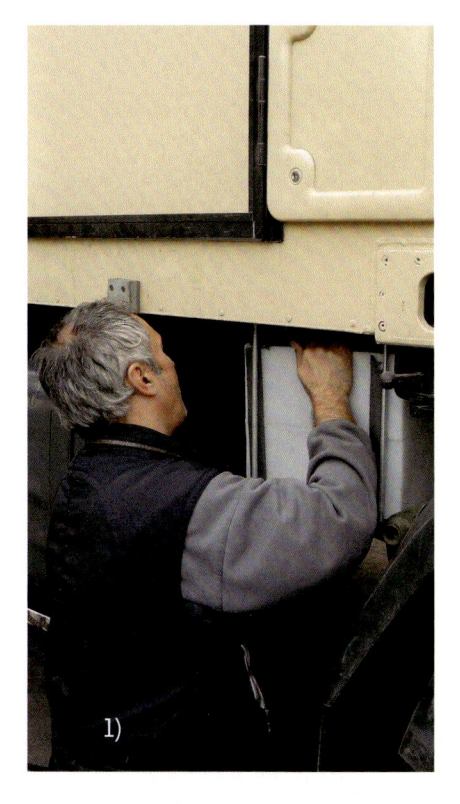

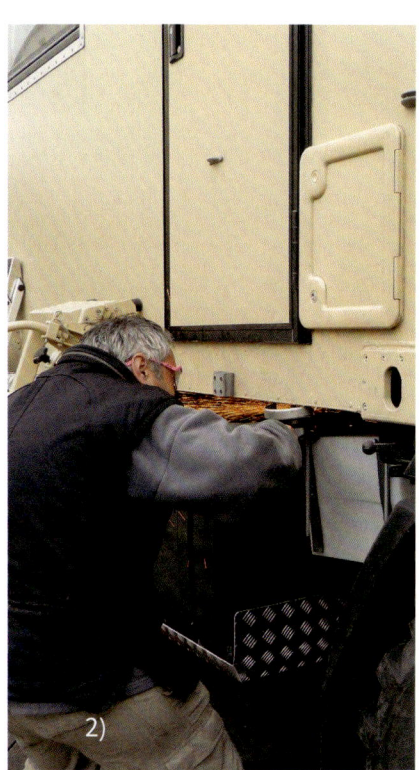

1) Leider ist für die Befestigung des neuen Bleches der Abwassertank im Weg …
2) … und dessen Stehbolzen müssen verlängert werden, weshalb ich sie zunächst abflexe, um sie dann mit Gewindehülsen zu verlängern.
3) Das zusätzliche Blech wird links mit dem Unterfahrschutz und rechts mit dem Kotflügel verschraubt.
4) Hier sieht man den Kanisterhalter unter dem Wassertank. Zugegebenermaßen habe ich zum Zeitpunkt der Entstehung dieses Bildes dafür kaum ein Auge übrig.

33.5 Anhebung des Fahrzeughecks mit Distanzklötzen

Beim ersten »Ausritt« ins Gelände zeigt sich schon früh, dass der Abstand zwischen Kotflügel und Reifen, aber auch der zwischen Reifen und Shelter-Unterkante zu gering ist und im eingefederten Zustand der Reifen am Kotflügel streift. Außerdem hängt das Fahrzeug hinten um 5 cm nach unten.

Kurz vor unserer Abreise lasse ich von Fabian Heidtmann noch 8 cm hohe Distanzklötze unter die Blattfedern setzen, was das Heck um den gleichen Wert anhebt.

33 Anbauten am Fahrzeug

1) Distanzklötze mit längeren Federbriden heben das Fahrzeugheck an und vergrößern den Federweg.
2) Der zu geringe Platz zwischen Reifen, Kotflügel und Shelter begrenzt den Federweg.
3) Junior-Chef Andreas Kern beim Ausmessen der Kotflügel-Maße.
4) Walter beim Schweißen der Kotflügel.
5) Martin montiert den Kotflügel.

33.6 Stauraumboxen

Auf unserer Testreise durch Marokko hat sich gezeigt, dass die Stauraumboxen absolut notwendig sind. Alles, was schwer, ölig, schmutzig oder staubig ist, kann darin gut transportiert werden. So sind auf der linken Seite das Radkreuz, die Verlängerungsrohre, Holzunterlegklötze für den Wagenheber, die Fettpresse, Drehmomentschlüssel, Stahlseile, Schläuche, Lappen und Trichter verstaut. Gerade Öle und schmutzige Lappen würden im Stauraum unter dem Bett mit ihrem Ölgeruch wahrscheinlich dafür sorgen, dass ich auch nachts noch vom Schrauben träume.

Mit dem Wagenheber bringe ich die Stauraumbox in die richtige Position und bohre mit der mobilen Standbohrmaschine die Löcher durch den 8 cm dicken Shelter-Boden und die darunter positionierte Box. Sehr wichtig ist es, die Bohrung mit der Standbohrmaschine durchzuführen, damit die Löcher exakt im 90-Grad-Winkel gesetzt werden. Dazu ist es hilfreich solche Arbeiten vor dem Innenausbau zu erledigen

Auf der rechten Seite habe ich 2012 endlich unsere Außenkochstelle installiert (siehe Kapitel 32 »Gasanlage«). Darunter wird der Wasserschlauch für die Befüllung der Wassertanks gelagert, darüber finden der Grill und allerhand Kleinkram wie Häringe und Spannband für die Markise ihren Platz.

33.7 Neue Kotflügel aus Alu-Riffelblech

Außerdem entferne ich die Original-Kotflügel und lasse von Alois' Manschaft neue Kotflügel aus Alu-Riffelblech kanten und schweißen. Die montiere ich direkt an den Shelterboden und erhöhe auch dadurch den Abstand zum Reifen auf 18 cm.

33.8 Halterung für die Einstiegsleiter

Die original-Bundeswehr Einstiegsleiter hatte ihren ursprünglichen Platz am Heck des Shelters. Dort kann sie aber nicht bleiben, weil mit dem Anbau des Heckträgers dort schlicht und ergreifend kein Platz mehr für die Leiter ist. Meine ursprüngliche Idee ist es, eine neue, schlanke Leiter an der Unterseite des Shelters zwischen Tank und Shelter zu verstauen. Eine solche finde ich bei der Firma Bochmann. Obwohl–oder vielleicht gerade weil–sie auf den schizophrenen Namen »Little Jumbo« (Hersteller: WAKÜ) hört, bringt sie alle Eigenschaften mit, die wir für unser Sternchen benötigen. Denn sie ist zusammengeklappt nur 5 cm flach, bietet große Trittstufen und erlaubt in ihrer 5-stufigen Ausführung auch den Aufstieg in luftige Höhen von 130 cm über dem Boden. Einzig der Stehteil stört für unseren abgewandelten Einsatzzweck, weshalb ich die Leiter mittels Flex von demselben befreie.

1) Montage der Stauraumboxen
2) Mit der mobilen Ständerbohrmaschine werden die Löcher gebohrt.
3) Die beiden Wagenheber, der Luftschlauch mit Druckmanometer und das Nato-Überbrückungskabel finden im Original-BW-Staukasten vor dem linken Hinterrad ihren Platz.
4) Die Deckel schließen mit Edelstahlscharnieren und Edelstahlschlössern.
5) In die Boxen ist je ein Zwischenboden eingeschraubt. Auf der rechten Fahrzeugseite ist eine Außenkochstelle mit zwei Gaskochstellen auf einem Schubladen-Auszug verbaut.

33 Anbauten am Fahrzeug

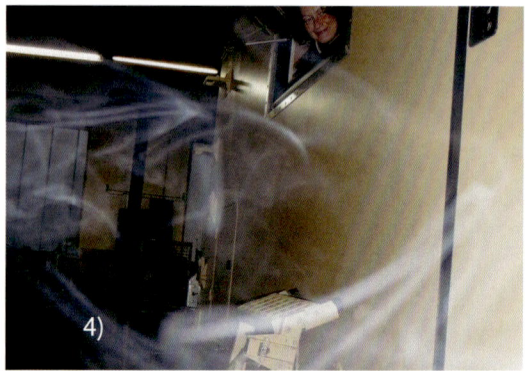

1) Die original Bundeswehr-Einstiegsleiter ...
2) ... war ursprünglich am Heck verbaut, wo sie wegen des Heckträgers nicht bleiben kann
3) Unser Sternchen in Kerns heiligen Hallen
4) Während unsere Köpfe rauchen – wie so oft –, kommt Ediths Stimme aus dem »Off« mit der zündenden Idee in Sachen Leitermontage.
5) Um Punkt 23.00 Uhr ist dieses finale Foto mit Martin, Alois und mir entstanden.

Mit Alois und Martin sinnen wir zu nächtlicher Stund' nach einem geeigneten Platz für die Leiter, bis die Köpfe rauchen. Die zündende Idee kommt aber von Edith!

ANMERKUNG Mehr zum Thema Einstieg und Vor- und Nachteile verschiedener Einstiegssysteme findest Du in Kapitel 11 »Kabinenbau«.

Und so sieht das Ergebnis bei Tageslicht aus: Ganz nach Ediths Eingebung findet die Leiter zwischen Fahrerhaus und Shelter unterhalb des Durchstieges einen idealen Platz. Während unsereins immer älter wird, verjüngt sich Little Jumbo nach oben – ein glücklicher Umstand, denn die Halterung kann konisch angelegt werden, sodass die Leiter beim Einschieben klemmt und damit nicht klappert. In das Loch an der oberen Führung wird ein Vorhängeschloss eingehängt, das verhindert, dass die Leiter aus der Halterung rutschten kann.

In Einstiegsposition gebracht wird die Leiter an einem gekanteten Blech unterhalb der Einstiegstür eingehängt. Einziger Fehler, den wir bei der Konzeption der Leiterhalterung machen, ist die Tatsache, dass die untere Aufnahme für die Leiter nicht am Shelter, sondern am Zwischenrahmen befestigt ist. In Marokko fahre ich einmal zu schnell durch ein Schlagloch mit dem Ergebnis, dass ich die Leiter nicht mehr aus der Halterung bekomme. Was ist passiert? Durch den Schlag ist der Shelter um wenige Millimeter in den Langlöchern der Container-Locks verrutscht und hat so die Leiter in ihrer Halterung verklemmt. So grüble ich eine ganze Weile, wie es mir wohl gelingen könnte, den Shelter um eben diese paar Millimeter auf dem Fahrzeug zu verrücken.

BEZUGSQUELLE

Einstiegsleiter Little Jumbo
www.sicher-ist-sicher.de

PREIS ca. € 320,– (2013)

33 Anbauten am Fahrzeug

Schließlich ist es Horst, den wir ein paar Wochen zuvor in Südfrankreich mit seiner Veronika kennengelernt haben und in Tafraoute wiedertreffen, der mit dem Stichwort »Wagenheber« die Lösung liefert: Ich fahre dicht neben einen Beton-Strommast, öffne mit dem Hammer alle vier Container-Locks, platziere den Wagenheber waagrecht zwischen Strommast und Shelter und schiebe mit hydraulischer Unterstützung den Koffer so millimetergenau dahin, wo er ursprünglich war, und befreie so die Leiter aus ihrer Beklemmung.

Falls einer meiner Leser eine ähnliche Leiterhalterung nachbauen möchte, sollte er darauf achten, dass sich alle Teile am Koffer befinden. Aus der Situation lernend, lasse ich mir beim nächsten Schlosser kleine Metallkeile anfertigen, die ich in die Schlitze der vorderen Container-Locks einpasse, sodass der Koffer in den vorderen Schlössern kein Spiel mehr hat. Bei den hinteren Schlössern habe ich darauf verzichtet, weil ich davon ausgehe, dass sich die Shelter-Konstrukteure etwas dabei gedacht haben, die Passung zwischen Container und Unterbau nicht spielfrei zu gestalten. Denn beim Fahren im Gelände ist sicherlich auch der steife Container nicht völlig frei von Verformung, und deshalb scheint es sinnvoll, den Container-Locks ein wenig Spiel zu gönnen, bevor die Kraftspitzen zu hoch ansteigen und es zum Bruch kommt.

33.9 Markise

Sonnenschutz ist in den von uns angepeilten Ländern unerlässlich. Obwohl die Masse von knapp 20 kg gegen eine fix und fertige Markise spricht, ist der Komfort eines schnell ein- und auskurbelbaren Sonnenschutzes den Aufwand unserer Meinung nach wert. Die Montage ist denkbar einfach. Um auf Nummer sicher zu gehen, ersetze ich die Schrauben für die mitgelieferten Halteplatten durch längere und schraube diese durch die Wand hindurch. Zuvor habe ich die Bohrungen mit der dauerelastischen Dichtmasse Dekaseal 8936 abgedichtet, im Bild zu erkennen an der schwarzen Masse über der Halteplatte.

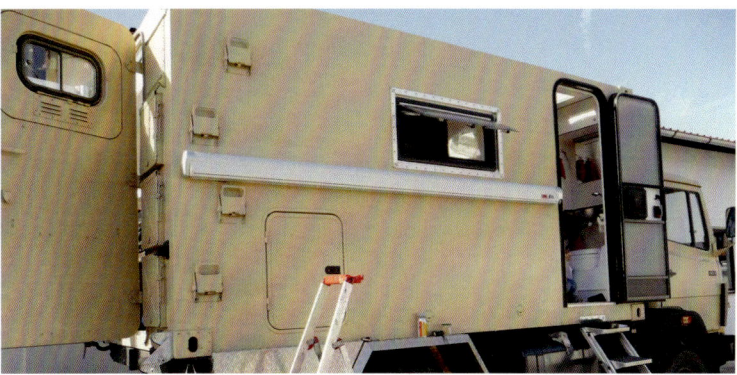

Ungewöhnlich mag zunächst die Positionierung der Markise unterhalb der Fenster erscheinen. Das hat natürlich den Nachteil, dass es an den Fenstern keinen Sonnenschutz gibt. Die Markise darüber zu positionieren, ergibt allerdings aufgrund der hohen Positionierung der Fenster keinen Sinn. Die Fensterrunterkante liegt 2,30 m über dem Boden. Bei tiefstehender Sonne würde die darüber platzierte Markise keinen Schatten mehr spenden. Um sicherzustellen, dass ich die Markise nicht aufgrund von losvibrierten Schrauben verliere, habe ich sie in den Halteplatten nicht verschraubt, sondern vernietet. Das ist gleichzeitig ein guter Diebstahlschutz.

Reparatur der Markise

TIPP Wenngleich dieser Tipp so überflüssig erscheint wie Schneeketten in der Sahara, sei er hier – aus gegebenem Anlass – noch einmal erwähnt: Die Markise sollte man *immer* einkurbeln, wenn man das Fahrzeug verlässt oder sich nächtens zur Ruhe legt. Und man sollte die Neigung der Markise *immer* so einstellen, dass Wasser abfließt, bevor sich eine Pfütze in der Markise bilden kann. Diese alte Camper-Weisheit habe ich einmal zu wenig befolgt. Während eines nächtlichen Starkregens hat sich Wasser in der Markise gesammelt, was schließlich dazu geführt hat, dass die Guss-Teile in den Führungsschienen sowie eine Alu-Aufnahme des rechten Shock-Absorbers gebrochen sind.

BEZUGSQUELLE

Markise Fiamma Titanium 300
www.reimo.com

PREIS Vorführmodell bei Intercamp € 300,–

Markisen-Ersatzteile
HELGRU-MOBIL
www.helgru-mobil.at

Markise im Einsatz in Portugal

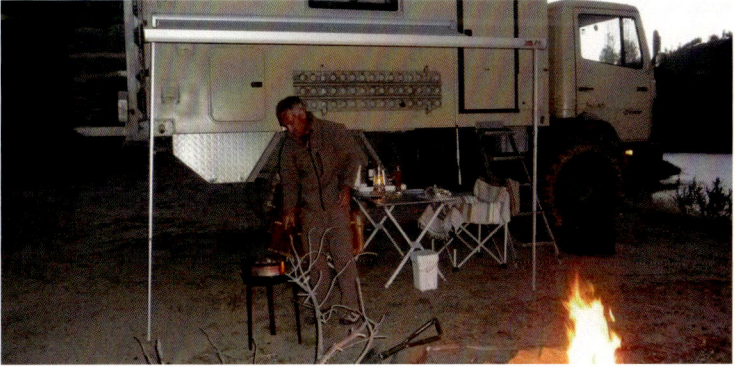

33 Anbauten am Fahrzeug

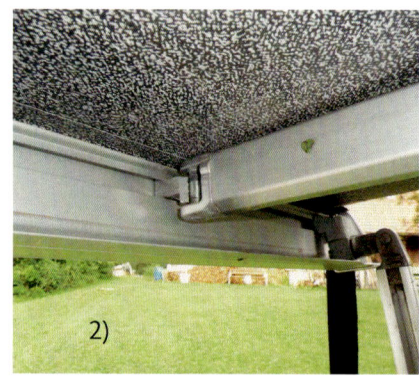

1) Alu-Gussteil am Shock-Absorber gebrochen …
2) … und beide Aufnahmen in der Führungsschiene
3) Der gebrauchte Teleskoparm ist identisch mit meinem defekten …
4) … und passt dementsprechend perfekt in meine Markise.
5) Der Bolzen ist mit dem Hammer leicht auszuschlagen.
6) Auch wenn das gebrauchte Austauschteil links etwas anders aussieht – es passt nach dem Abschleifen des Kopfes um ca. 4 mm wie angegossen.

Wer den Tipp befolgt, wird die folgenden Seiten nie lesen müssen. Wer ihn nicht befolgt, wird sich freuen, dass man eine Markise reparieren kann – vorausgesetzt, man findet die Teile dafür woanders als im Fiamma-Ersatzteilkatalog. Denn Laut Fiamma gibt es die Alu-Gussteile nicht einzeln zu kaufen, sondern nur in Verbindung mit dem gesamten Teleskoparm – zum Preis von € 186,– je Arm! Danke, Fiamma!

Auf Abhilfe sinnend entdecke ich bei der Kärntner Womo-Werkstatt helgru in Paternion gebrauchte Markisenteile, die »zufällig« auch noch passen. Der deutsche Inhaber Udo Hundhammer hortet Schrott-Markisen für solche Fälle wie dem meinen. So baue ich die Teile aus einer alten Markise aus, und Udo verlangt dafür nur 30 faire Euros.

TIPP Defekte Markise nicht wegwerfen, sondern entweder auf eBay komplett oder in Teilen anbieten oder dem Ausbauer Deines Vertrauens ins Lager legen.

Alternative Markisen

Wenn ich hier von alternativen Markisen spreche, dann meine ich nicht die mehr oder weniger vergleichbaren Systeme von Omnistor, Prostor und anderen Anbietern, sondern solche, die aus dem Offroad-Bereich kommen und optisch besser zu einem Expeditionsmobil passen. Kritiker spötteln manchmal über unsere Markise aus dem Womo-Bereich und kritisieren, dass die ein Stilbruch an einem Expeditionsmobil sei. Da mögen sie vielleicht Recht haben, aber bislang überzeugt mich die Funktionalität des Teils mehr, als mögliche optische Einbußen. Denn sie ist in einer Minute ausgekurbelt und steht ohne Abspannung frei, während der Aufbau vieler Systeme aus dem Offroad-Bereich doch meist deutlich länger dauert. Das hat dann zur Folge, dass einem bei einem kurzen Zwischenstopp der Aufwand zu groß ist, den Schattenspender aufzubauen.

Dieses Argument forderte Jan Liska von Nakatanenga 4 × 4 Equipment heraus, mir den Aufbau der Nakatanenga-Eigenentwicklung zu demonstrieren, was ihm immerhin in geschätzten 1,5 Minuten gelingt. Die Markise wird in einem PVC-Sack mit Reißverschluss am Fahrzeug oder Dachträger montiert. Bei Bedarf wird sie ausgerollt, die beiden Alu-Füße ausgefahren und schließlich noch die horizontalen Streben eingesetzt, die der Markise auch ohne Bodenverspannung Standkraft verleihen. Das funktioniert also wirklich ähnlich schnell wie bei unserer Markise, sieht dazu noch cool aus, wiegt mit 12 kg etwa zwei Drittel von der Fiamma und kostet gerade mal die Hälfte. Argumente, die mich durchaus dazu bewegen könnten, die Nakatanenga-Awning im Falle einer Folgeanschaffung in die engere Wahl zu ziehen. Außerdem ist die Markise mit Seitenteilen zu einem echten Vorzelt erweiterbar, das um ein weiteres, separates Vorzelt ergänzt werden kann.

BEZUGSQUELLE

Offroader Markise
NAKATANENGA 4 × 4 EQUIPMENT
www.nakatanenga.com

PREIS
- Preis Markise: ab € 259,–
- Preis Seitenwände: ab € 259,–

33 Anbauten am Fahrzeug

33.10 Sandblechhalter

Ähnlich wie die Markise habe ich auch die Halterungen für die Sandbleche durch die Kofferwand durchgeschraubt und mit großen Gegenplatten unterlegt, damit sich der Druck verteilt und nicht die Shelter-Wand eindrückt. Zwei meiner vier Sandbleche habe ich von Michel bei Intercamp erstanden, zwei andere von einem Kollegen der Allrad-Lkw-Gemeinschaft www.allrad-lkw-gemeinschaft.de. Dort werden immer wieder die original Bundeswehr-Luftlandebleche angeboten. Je Dreimeter-Blech kosten diese ca. € 100,–. Für Fahrzeuge jenseits der 5-Tonnen-Grenze sind die original Luftlandebleche auf jeden Fall zu empfehlen: Sie bestehen aus einer besonderen Legierung, die das Blech außerordentlich belastbar macht. Für leichtere Fahrzeuge sind die im Handel üblichen (z. B. Därr München, Lauche & Maas München, tourfactory, AMR-Service, Nakatanenga 4 × 4 Equipment, …) ausreichend.

> **BEZUGSQUELLE**
>
> **Sandblechhalter**
> DÄRR EXPEDITIONSSERVICE GMBH
> www.daerr.de
>
> **PREIS** ca. € 80,– pro Paar!

Sandblechhalter kann man sich prima aus runden Edelstahlrohrteilen selbst herstellen, die man auf das Fahrzeug schraubt und auf die man die Bleche steckt. Mir fehlen dazu kurz vor der Abreise Zeit und Muße, sodass ich mir einfach im Därr-Shop welche kaufe – zu einem Preis, bei dem einem aber auch das Blech wegfliegt: € 80,– pro Paar, zwei Paar sind erforderlich.

1) Shit happens!
2) Hier geht's nur noch rückwärts raus

Natürlich gibt es noch andere Anfahrhilfen für Schnee und im Sand wie beispielsweise relativ leichte Matten aus verschiedenen Materialien. Im Lkw-Bereich sind allerdings schon aus Gewichtsgründen die Original-BW-Sandbleche am weitesten verbreitet und sicherlich auch am wirkungsvollsten – zumindest im Sand. Der Vollständigkeit halber sollte allerdings noch erwähnt werden, dass man eigentlich 6 Sandbleche benötigt, um sich selbst aus einer misslichen Situation befreien zu können – vier unter jedem Rad und zwei in Fahrtrichtung, damit man sich zur Not eine Spur »blechen« kann.

Geschafft!

Im Matsch und Lehm kann man Sandbleche hingegen völlig vergessen – im schlimmsten Fall sogar im wahrsten Sinne des Wortes. Denn einmal darübergefahren, sind sie wie einbetoniert, und man hat seine liebe Not, sie wieder aus dem Dreck zu bekommen. Hier helfen – wenn überhaupt – nur Schneeketten.

Leider geht auch an mir der Kelch des Sandblech-Einsatzes nicht vorüber. In Dakhla (Westsahara) kurven wir am Strand herum und bleiben trotz stark reduzierten Reifendrucks im Weichsand stecken. Der Einsatz der Bleche ist alles andere als spaßig, weil man so viel Sand wegschaufeln muss, dass die Bleche halbwegs plan liegen – was aber im Weichsand auch nichts nützt, weil die Bleche vom Gewicht des Fahrzeugs sofort wieder in den Sand gedrückt werden und am anderen Ende in die Höhe schnellen. In solchen Fällen ist darauf zu achten, dass sich kein Blech unter dem Auto verkeilt und Tank, Druckluft-Anlage, Auspuff oder sonstige Teile beschädigt. Hier zahlt sich ein Tankunterfahrschutz aus. Näheres zum Thema Bergetechnik, Bergehilfen und Bergeequipment findest Du im nachfolgenden Kapitel 34.

33.11 Sicherheitsfeatures
Abdeckklappen für Dachluken und Fenster
Eines vorweg zum Thema Sicherheit: Die gibt es eigentlich nicht – zumindest keine absolute, außer man bleibt zu Hause! Trotzdem befinden sich an einem Wohnmobil ein paar neuralgische Stellen, die man mit relativ geringem Einsatz

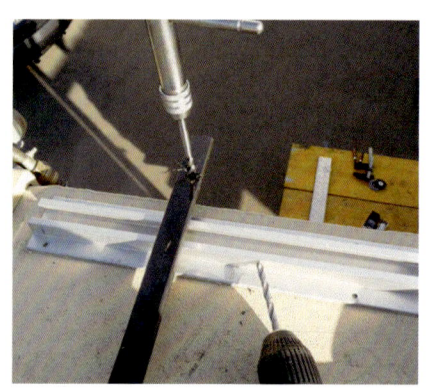

33 Anbauten am Fahrzeug

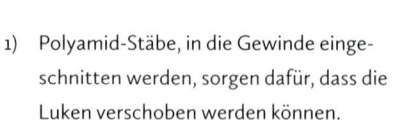

1) Polyamid-Stäbe, in die Gewinde eingeschnitten werden, sorgen dafür, dass die Luken verschoben werden können.
2) Die geschlossene Dachlukenhaube über dem Bad, mit Stahlseil und Vorhängeschloss an den Führungsschienen gesichert.

Die Dachlukenhauben im geöffneten Zustand – langsam, aber sicher wird es voll auf dem Dach.

verbessern und damit sicherer machen kann. Dazu gehören in erster Linie die Dachluken. Sie sind meist relativ leicht zu erreichen, weil bei den meisten Wohnmobilen eine Aufstiegsleiter aufs Dach führt. Einmal da oben angelangt, hat ein Einbrecher leichtes Spiel mit den Dometic-Heki-Kunststoffdachluken und damit freien Eintritt ins Fahrzeuginnere.

Kurz vor unserer Abreise lassen wir uns deshalb bei Kern Metallbau noch Alu-Deckel für die Dachluken und für die Seitenfenster kanten: einerseits um wenigstens Gelegenheitseinbrechern das Handwerk ein klein wenig zu erschweren, andererseits, um uns selbst ein ruhigeres Gefühl zu vermitteln, wenn wir das Fahrzeug mal irgendwo für einen oder sogar mehrere Tage unbeaufsichtigt stehen lassen. Gegen Profi-Autoknacker ist sowieso kein Kraut gewachsen – ich habe schon eine Story gehört, dass ein Expeditionsmobil mit der Stichsäge geknackt worden sei, indem einfach ein Stück aus der Seitenwand ausgesägt wurde!

Die Dachlukenhauben haben noch den schönen Nebeneffekt, dass man damit während der Fahrt durch dichtes Geäst die Dachluken schützen oder bei einem starken Hagelschauer die Kunststoffdeckel vor dem sicheren Zerbersten bewahren kann. Unsere Idee ist es, das Fahrzeug bestmöglich zu sichern, wenn es unbeaufsichtigt ist, wie dies zum Beispiel auch bei einer Verschiffung der Fall ist. Dazu überlege ich mir, die Schienen aus dem Innenraum als Führungsschienen mit PU- oder Polymerkleber aufs Dach zu kleben und darin die Dachlukenhauben zu befestigen.

Ursprünglich wollen wir mit den für die Alu-Schienen vorgesehenen Alu-Gleitsteinen die Dachlukenhauben befestigen. Da die Gleitsteine aber leicht verkanten und sich dann die Haube gar nicht mehr bewegen lässt, kommt Alois auf die Idee, Polyamid-Stäbe zu verwenden, in die Gewinde hineingeschnitten werden und in die dann die Schrauben für die Dachhauben eingedreht werden. Das ist zwar auch nicht der optimale Einbruchschutz – aber den gibt es ja wie gesagt sowieso nicht.

Ist die Abdeckluke geschlossen, kann sie mit vier Senkkopf-Inbusschrauben verschraubt und diagonal mit einem Stahlseil gesichert und an der Alu-Schiene abgeschlossen werden. Selbst wenn jemand die Schrauben herausdreht, kann er die Haube nicht von der Dachluke nehmen. Es sei denn, er risse die mit PU-Kleber verklebten Schienen vom Dach – was ihm kaum gelingen wird – oder er durchtrennt das Stahlseil.

Der nächste neuralgische Punkt sind die Fenster. Auch wenn deren Unterkanten auf einer Höhe von 2,30 Meter über dem Boden liegen, kann ein Einbruch über die Fenster relativ leicht bewerkstelligt werden. Aus diesem Grund haben wir uns auch für die Fenster Abdeckklappen bauen lassen, die auf Edelstahlscharniere gesteckt und von innen verriegelt werden. Die Riegel können von innen geöffnet werden, weil einerseits das Fenster in der Shelter-Wand versenkt eingebaut ist, andererseits, weil die Abdeckklappen 2 cm nach außen gekantet sind, was ihnen erst die nötige Stabilität verleiht. Aufgrund dieser 2 cm entsteht genügend Raum, sodass das Fenster auch unter dem geschlossenen Deckel so weit geöffnet werden kann, dass man von innen mit der Hand zum Riegel gelangt. Die Fenster-Abdeckklappen hatten wir bei unserer Marokko-Testreise aber gar nicht dabei und würden wir auch nur im Falle einer Verschiffung oder einer langen Reise mit auf Tour nehmen.

Alternative Lösung, um zu verhindern, dass jemand bei der Dachluke oder den Fenstern einsteigt: Eine oder mehrere Edelstahlstangen mittig quer über Fenster und Dachluke eingebaut, zeigt einem Eindringling schon von außen, dass er da nicht reinkommt. Mit Glück lässt er vom Fahrzeug ab und wendet sich einem leichteren Opfer zu. Als kleinste Lösung können die Stangen einfach nur auf der Innenseite an der Wand eingehängt werden und simulieren damit nur einen Einbruchschutz.

Türverriegelung im Fahrerhaus

Die 1988er-Türschlösser im Fahrerhaus stellen angeblich nicht wirklich eine Herausforderung für einen halbwegs geübten Autoknacker dar. Deshalb schraube ich innen in die Türrahmen zusätzlich noch jeweils eine Stahlöse, mit der ich die jeweilige Tür zusätzlich mit einem Vorhängeschloss von innen sichern kann.

Walter (l) und Klaus (r) von Alois Kern Metallbau in Tillbach/Niederbayern beim Dachhauben-Kanten und -Schweißen.

1) Loch bohren und Einnietmutter einsetzen ...
2) ... Einnietmutter vernieten ...
3) ... und Stahlöse einschrauben
4) Bei geschlossener Tür kann ich ein Vorhängeschloss durch die Stahlöse und den Metall-Einstiegsgriff führen und so die Tür nochmals absichern.

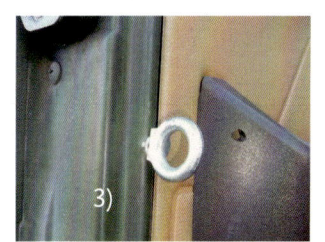

33 Anbauten am Fahrzeug

> **BEZUGSQUELLE**
>
> **Tropendach**
> KERN-METALLBAU
> www.kern-metallbau.de
>
> **PREIS** Tropendach inkl. Installation wie hier gezeigt: ca. € 1.600,–

33.12 Tropendach

Wer plant, in sehr heiße Länder zu reisen, in denen es auch nachts nicht abkühlt, für den könnte ein Tropendach eine wirksame Hilfe darstellen, die Innentemperatur seines Fahrzeugs auf einem halbwegs erträglichen Niveau zu halten. Die Konstruktion ist relativ simpel und die Idee dahinter auch. Das Tropendach ist eine zweite Dachfläche aus Alu-Riffelblech, die auf 25 × 25 mm Aluvierkantprofilen aufgebaut ist, die im Abstand von ca. 30 bis 40 cm aufs Dach geklebt werden. Das Riffelblech wird mit Senkkopfschrauben auf die Vierkantprofile geschraubt. Damit scheint die Sonne nicht mehr direkt auf den Koffer und heizt diesen weniger stark auf. Mit Airline-Zurrschienen oder mit Ösen versehen kann darauf auch allerlei transportiert werden.

Das Tropendach eignet sich auch für solche Fahrzeuge, deren Dach aufgrund einer zu dünnen Außenhaut nicht begehbar ist. Allerdings sollte man das Gewicht eines solchen Tropendaches mit ins Kalkül ziehen, denn bei 3 mm Riffelblech kommen da je nach Fläche leicht mal 30 bis 50 zusätzliche Kilogramm zusammen.

33.13 Dachgepäckträger

Wenn es darum geht, im Außenbereich des Fahrzeugs Platz zu schaffen oder den bestehenden Raum für sperrige Güter zu nutzen, dann fällt der Fokus schnell auf das Dach des Fahrerhauses, das in der Regel deutlich tiefer liegt als die Oberkante des Wohnaufbaus. Auch bei mir weckt der freie Raum da oben Begehrlichkeiten, dessen Auffüllung bislang daran scheiterte, dass mir eine schlanke Lösung fehlte. Denn die LN2-leichte Nutzfahrzeugklasse von Mercedes hat zwar ein Kippfahrerhaus, aber keine hydraulische Kippvorrichtung. Da die Benz-Konstrukteure das Fahrerhaus aber so ausbalanciert haben, dass es auch mit Muskelkraft zu öffnen ist, stellt dies solange kein Problem dar, solange man in diese Balance nicht massiv eingreift.

Mit einem Dachgepäckträger tut man dies aber in der Regel, was einen dazu zwingt, eine hydraulische Kippvorrichtung nachzurüsten oder mittels eines Wagenhebers zu improvisieren. Mit der Verlegung meiner Schneeketten mit 52 kg Gewicht in den Beifahrer-Fußraum des Fahrerhauses habe ich die Grenzen dieses Balanceaktes erreicht und jedes weitere Gewicht im oder auf dem Fahrerhaus führt zwangsläufig dazu, dass ich beim Kippen desselben massive Probleme bekomme.

Nichtsdestotrotz soll der Raum da oben mit einer schlanken Lösung gefüllt werden, denn es warten Zusatzscheinwerfer auf ihre Montage und auch zwei Zarges-Boxen sollen da oben sperriges, aber leichtes Equipment aufnehmen, so dass es wieder mehr Platz im Stauraum gibt. Ursprünglich hatte ich mich schon mit der Wagenheber-Kompromisslösung angefreundet und in Betracht gezogen, einen schlanken Dachträger zu verbauen, der auch noch auf den gleichen Namen hört: Der Frontrunner Slimline 2. Der wird üblicherweise auf Fahrzeugen wie Land Rover Defender oder Jeep Wrangler verbaut und hätte auf mein Dach mit einigen kleinen Anpassungen ideal quer draufgepasst. Durch seine modulare Bauweise mit sieben verschiedenen Trägerhöhen, einem relativ überschaubaren Gewicht von 30 kg dank pulverbeschichtetem Alu und einem akzeptablen Preis zwischen € 545,– und € 1.345,– hätte er wunderbar quer auf mein Dach und auch in meine Budgetplanung gepasst. Hätte, wäre, wenn …

> **BEZUGSQUELLE**
>
> **Dachgepäckträger Frontrunner Slimline II**
> NAKATANENGA 4 × 4 EQUIPMENT
> www.nakatanenga.de
>
> PREIS ab ca. € 1.300,–
>
> **Individuell gefertigte Dachträger**
> KERN-METALLBAU
> www.kern-metallbau.de
>
> PREIS ab ca. € 1.800,–

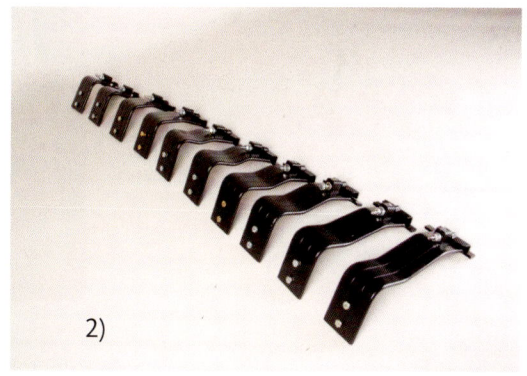

1)

2)

Bei der Anprobe bei Nakatanenga 4 × 4-Equipment im oberpfälzischen Berg, scheitert das Ganze an der etwas unorthodoxen Positionierung meines Gastanks über dem Durchstieg, der mit dem Dachgepäckträger spätestens beim ersten Geländeausritt auf Konfrontationskurs gegangen wäre. Schade eigentlich und jetzt ist guter Rat teuer. Doch genau das Gegenteil ist der Fall. Denn ich komme auf die Idee, Airline-Zurrschienen aufs Dach zu nieten und darauf die beiden Zarges-Boxen zu montieren. Gesagt, getan, aber nicht nur genietet, sondern auch geklebt.

1) Der Frontrunner Slimline II sollte eigentlich auf mein Dach kommen
2) Für den Frontrunner Slimline II sind Trägerfüße in sieben verschiedenen Höhen erhältlich

33 Anbauten am Fahrzeug

1) Airline-Zurrschienen, zugeschnitten, vorgebohrt, der Dachkrümmung angepasst …
2) Mit Dekasyl MS-5 Kleber versehen und aufs Dach genietet und geklebt
3) Der Belastungstest 24 Stunden später: Durch die beiden Schienen wird das Dach so steif, dass ich darauf stehen kann.

Damit ist die Sensation perfekt. Denn mein Dachgepäckträger kostet gerade mal € 70,– und wiegt geschätzte 2 Kilogramm. Eine dritte Zurrschiene verbaue ich in der vorderen Sicke des Daches, denn sie soll die vier Zusatzscheinwerfer aufnehmen, die zukünftig für Tag bei Nacht sorgen werden.

Alternative Dachträger-Lösungen

Ein solcher Dachträger funktioniert natürlich nur, wenn man nicht allzuviel darauf packt. Nun gibt es aber Leute, die genau das vorhaben. Und für derlei Ansinnen möchte ich hier noch eine Reihe von Dachträgern zeigen, die mehr oder weniger aufwändig und damit natürlich auch deutlich schwerer und teurer sind. Bleiben wir mal noch bei einer etwas leichteren Variante, die auf der Regenrinne des Fahrzeuges aufbaut.

HINWEIS Wer wirklich schwere Lasten auf seinem Fahrerhaus-Dach wie komplette Räder transportieren möchte, sollte sich einerseits bewusst sein, dass dort oben der ungünstigste Platz für schwere Lasten ist, andererseits aber auch, dass die wenigsten Fahrerhauslagerungen auf solche hohen

Gewichte gepaart mit den dabei auftretenden Hebelkräften ausgelegt sind. In solchen Fällen gilt es auf jeden Fall, die Fahrerhauslagerung und deren Stoßdämpfer zu verstärken, um größere Schäden an der Aufhängung zu vermeiden.

33.14 LED-Fahr- und Zusatzscheinwerfer

Wer unseren Reisebericht aus dem Jahr 2008/2009 liest, der wird über eine Begebenheit stolpern, die beinahe das Entstehen dieses Buches verhindert hätte und die ich hier kurz zum Besten geben möchte:

Eine nächtliche Begegnung der unglaublichen Art

»Eines Abends sind wir etwas länger in Dakhla (Westsahara) unterwegs als geplant und fahren erst bei Dunkelheit zu unserem Standplatz am Meer. Normalerweise raten erfahrene Marokko-Reisende von Fahrten bei Dunkelheit ab, weil Dir schnell mal ein Kamel vor die Karre springen kann. Aber die 25 km auf einer relativ schwach befahrenen, fast schnurgeraden Strecke sollten doch kein Problem sein. So kriechen wir gegen 21 Uhr mit ca. 60 km/h eine Weile hinter einem Lkw her. Da die Strecke vermeintlich frei ist, setze ich zum Überholen an und gebe Gas. In dem Moment als ich fast schon neben dem Lkw fahre, sehe ich im erfreulicherweise recht hellen Vollmondlicht gerade noch rechtzeitig, dass mir ein Lkw entgegenkommt. Angesichts des üppigen Mondlichtes oder aus völliger geistiger Umnachtung verzichtet der Fahrer auf jegliche Beleuchtung, was uns dreien um Haaresbreite das Leben gekostet hätte. Ich kann gerade noch in die Bremsen steigen und hinter dem Lkw wieder einscheren. Im selben Moment rauscht das unbeleuchtete ›Geisterschiff‹ mit geschätzten 80 km/h an uns vorbei und verschwindet in der Nacht. Der Schreck sitzt uns tief in den Knochen und bestätigt einmal mehr die Weisheit der alten Afrika-Fahrer, bei Sonnenuntergang sicheres Terrain anzusteuern. Dass Dir nachts ein Kamel vor die Karre laufen kann ist ja eines, dass es aber Kamele in Form von Lkw-Fahrern gibt, die noch nicht mal mit Standlicht fahren, damit rechnet man nun wirklich nicht.«

Angesichts dieses Erlebnisses ist es verwunderlich, dass ich bis zum Jahr 2013 gewartet habe, um die Original-Teelichter, die Mercedes vor 25 Jahren unserem Sternchen spendiert hat, gegen moderne Beleuchtung zu tauschen, die diesen Namen auch verdient. Peter Hochsieder von Nakatanenga 4 × 4 Equipment, dem ich meine Geschichte erzählt habe, hat die richtigen

1) Heavy-Duty Regenrinnen-Variante mit Ersatzreifen auf dem Dach, Preis ab ca. € 1.800,–, Gewicht ca. 70 kg

2) Detailansicht: Durch die relativ großen Auflageflächen werden die Kräfte großflächig in der Regenrinne verteilt

3) Relativ leichte Variante, die sich aber schon am Fahrerhaus abstützt, in Edelstahl, Preis ab ca. € 3.500,–, Gewicht ca. 60 kg

4) Robuste und schwere Ausführung mit Astabweiser und Reling, auch zum Transportieren von Kompletträdern geeignet, Preis ab ca. € 5.000,–, Gewicht ca. 120 Kg

33 Anbauten am Fahrzeug

»Lichtschwerter« im Programm, mit denen ich künftig zum Jedi-Ritter des Asphalts mutiere. Er empfiehlt mir LED-Fahrlichter vom Kölner Kfz-Beleuchtungsspezialist Nolden, die das derzeitige Nonplusultra in Sachen Lichttechnik darstellen. Und das kann ich voll und ganz unterschreiben. Denn der Unterschied ist im wahrsten Sinne des Wortes wie Tag und Nacht. Die nachfolgenden Bilder sprechen eine deutliche Sprache.

Mit der Umrüstung von den beiden eckigen Mercedes-Scheinwerfern auf vier 7 Zoll LED-Rundscheinwerfer bekommt unser Sternchen nicht nur neue »Augen«, sondern damit auch ein neues Gesicht. Das ganze sieht ein bisschen sportiver aus und macht wie gesagt einen deutlichen Ausleuchtungsunterschied zu den Originalscheinwerfern.

Damit abseits öffentlicher Straßen auch auf Pisten die Nacht wirklich zum Tag wird, bekommt unser Sternchen gleich noch eine Batterie LED-Zusatzscheinwerfer von der Firma Vision-X aufs Dach montiert. Je zwei Fernscheinwerfer vom Typ »Utility Market Xtreme« mit je 7 LEDs á 5 W leuchten in die

Ferne, während zwei weitere Arbeitsscheinwerfer gleichen Typs mit 60-Grad Abstrahlwinkel die Botanik schräg vor und neben uns ausleuchten, so dass man auch nachts beim Fahren die Sonnenbrille nicht abnehmen muss.

Und wo wir schon mal dabei sind, werden auch gleich die Rückfahrleuchten an meinem Heckträger gegen LED-Arbeitsscheinwerfer von Vision-X getauscht. Klar haben die Kölschen wie die Koreanischen Lichtschwerter ihren Preis. Aber letztendlich hätten wir den lumenschwachen Blindflug in der Westsahara beinahe mit dem Leben bezahlt. So ist die neue Beleuchtung ein essentieller Beitrag zur Sicherheit und vor allem bei den hoffentlich seltenen Nachtfahrten in exotischen Ländern mit ebensolchem Verhalten der Verkehrsteilnehmer ein absolutes Muss.

Es sprechen aber auch etliche technische Argumente für die LED-Technik: Die LED-Scheinwerfer verbrauchen gerade mal halb so viel Strom wie herkömmliche Halogenscheinwerfer. Deren Glühfäden sind vibrationsempfindlich, weshalb gerade beim Lkw allenthalben eine Glühbirne zu tauschen ist. LED-Leuchten sind gegen Vibrationen immun und halten nach Herstellerangaben zwischen 30 000 bis 50 000 Betriebsstunden–was in der Regel die Lebensdauer des Fahrzeugs übersteigt. LEDs produzieren weniger Wärme, sind also effektiver und auch unempfindlich gegen Spannungsschwankungen. Sie vertragen zwischen 9 und 32 V und schalten bei Unter- oder Überspannung einfach ab, während es herkömmlichen Glühbirnen ein für alle Mal das Licht ausbläst. Außerdem ist die Spektralverteilung des LED-Lichts deutlich näher am Sonnenlicht, was weniger zur Ermüdung der Augen bei Nachtfahrten führt.

Bei den Nolden-Scheinwerfern handelt es sich übrigens um solche mit der IP-Klasse 69 (IP = Ingress Protection). Das bedeutet Schutz gegen Staub und Wasser mit Hochdruck-Besprühung. Die Arbeitsscheinwerfer auf dem Dach

1) Die Original-Teelichter von Mercedes
2) Das neue Nolden Abblendlicht, vielleicht noch eine Idee zu hoch eingestellt

Ausleuchtung mit Abblend-, Fernlicht sowie vier Arbeitsscheinwerfern

33 Anbauten am Fahrzeug

entsprechen der Schutzklasse IP 68. Das bedeutet, dass sie staubdicht und wasserdicht bei Untertauchen sind, wobei ich nicht wirklich vorhabe, unser Sternchen bis zum Dach zu versenken.

Eigentlich wollte ich auf meinem Dach auch noch einen verdrehbaren Suchscheinwerfer montieren, der insbesondere bei der nächtlichen Suche nach einem Schlafplatz in der Pampa von großem Vorteil wäre. Doch überzeugt mich Jan Liska bei Nakatanenga, lieber in eine leistungsstarke LED-Taschenlampe mit Lithium-Ionen Akku zu investieren, die ich auch mal flexibel unter dem Auto einsetzen kann, wenn es dort etwas zu richten gibt. Er empfiehlt mir die Innova T4 mit fest eingebauter Ladestation, um das größte Problem, das Taschenlampen in der Regel haben, in den Griff zu bekommen: dass die Batterien oder der Akku immer leer sind, wenn man die Funzel mal braucht. So bin ich nun lichttechnisch bestens gerüstet, um es zukünftig mit Darth Vader und Konsorten aufzunehmen. Mit den Original-Teelichtern von Mercedes werden wir wohl einen Adventskranz basteln. Zu viel mehr taugen die nämlich nicht.

TIPP Scheinwerfer mit Polycarbonat-Scheiben (nahezu alle modernen Scheinwerfer) nicht mit dem Hochdruckreiniger reinigen, weil dabei das Glas blind wird. Verkratzte Scheiben können mit einer Display-Politur für Handys aufpoliert werden. Tipp von Offroad-Spezialist Peter Hochsieder: Bei einem Sandsturm Scheinwerfer und Windschutzscheibe abdecken. Falls das nicht hält kann man beide auch mit Fett einschmieren.

Scheinwerfer-Schutzgitter

TIPP Wer seine teuren Fahrlichter lieber hinter Gittern sehen möchte, aber nicht so recht weiß, wo die herkommen sollen, für den hat mein Leser Christian aus Weinheim–derzeit auf Weltreise–einen guten Tipp: Man schaue mal im Baumarkt nach Abstreifgittern aus dem Malerbedarf. Gute Idee, finde ich!

33.15 Verzurrmöglichkeiten auf dem Dach schaffen

Bei der ganzen Schienenkleberei auf dem Dach komme ich schließlich noch auf die Idee, die übrigen Schienen aus dem Innenraum rund um das Dach zu verkleben. Damit habe ich die Möglichkeit, verschiedene Dinge kurz- oder langfristig auf dem Dach zu transportieren.

BEZUGSQUELLE

NAKATANENGA 4 × 4 EQUIPMENT
www.nakatanenga.de

PREIS

- Nolden Abblendscheinwerfer 90 mm: Preis € 595,– pro Paar
- Nolden Fernscheinwerfer 90 mm: Preis € 595,– pro Paar
- Vision-X Utility Market Extreme Arbeitsscheinwerfer (10 Grad oder 60 Grad): € 205,– pro Stück
- Handlampe Inova T4R: Preis inkl. Ladestation zum Festeinbau: € 169,–

33.16 Kanisterhalter und Wegroll-Keile montieren

Im Shelter-Boden gibt es eine Reihe von Gewindebohrungen, die ich zur Verschraubung von weiteren Alu-Schienen nutze. Auf die montiere ich direkt einen Wegrollkeil sowie indirekt mit einem weiteren Schienenpaar einen Kanisterhalter.

So fahre ich meine Surfmasten über die ganze Zeit auf dem Dach spazieren und auch Ediths neues Surfbrett.

34 Bergeprävention, Bergetechnik und Bergeequipment

Wer mit dem Wohnmobil reist, sollte sich zu helfen wissen, wenn es mal nicht weiter geht. Das gilt für 2 × 2 angetriebene Wohnmobile genauso wie für 4 × 4, 6 × 6 oder noch mehr angetriebene Räder. Wie ich bereits bei meinen philosophischen Betrachtungen zum Thema Allradwohnmobil in Kapitel 8 zum Besten gegeben habe, unterliegen wir Allradler dem Paradoxon, dass wir öfter schaufeln müssen als einachsgetriebene Fahrzeuge. Das liegt daran, dass wir mit unseren Kisten auch dort noch reinfahren, wo ein Fahrer mit 2 × 2-Antrieb gar nicht auf die Idee kommt. Aber wie ich an ebendieser Stelle auch bemerkt habe, erleben wir dadurch halt mehr. Allrad kann eine Lebensphilosophie sein oder werden, nämlich dann, wenn das Verschieben von Grenzen nicht nur auf die Straße oder Piste beschränkt bleibt, sondern sich wie ein roter Faden durch das ganze Leben zieht. Trotzdem kann Allradantrieb die Gesetze der Physik nicht außer Kraft setzen, und so passiert es hin und wieder, dass wir auch mit Allrad stecken bleiben. Deshalb gehört ein Mindestmaß an Wissen über den Umgang mit den Reifen sowie das kleine Einmaleins des Fahrzeugbergens ins Bewusstsein eines jeden mobil Reisenden, genauso wie das hierfür erforderliche Equipment in den Stauraum seines Fahrzeugs. Als eine gute Quelle für Bergematerial hat sich für mich die Firma Nakatanenga 4 × 4 Equipment in Berg bei Neumarkt i.d.Opf. erwiesen, aus deren Fundus ich mein bisheriges Bergeequipment ergänzt habe. Darüber hinaus hat Nakatanenga auch zur Aufhübschung meiner Beleuchtung (siehe Kapitel 33.14) und beim Aufräumen meines Stauraumes mitgeholfen.

Luftablassen ist das A und O bei Weichsand, Matsch und Schnee

34.1 Steckenbleib-Prävention durch Luftablassen

Meine ersten Womo-Reisen trat ich Mitte der 1980er Jahre weder mit Berge-Bewusstsein geschweige denn mit dem erforderlich Equipment an. Außer Radkreuz, Wagenheber und Abschleppseil führte ich rein gar nichts mit mir, was mich hätte aus einer misslichen Situation befreien können. Mit dem Ergebnis, dass ich mehr als einmal mit meinem alten Hanomag Kastenwagen oder später dann mit meinem VW-Bus T2 am Strand stecken blieb und auf fremde Anschub-Hilfe angewiesen war. Mit dem Wissen von heute hätte ich mir damals wahrscheinlich selbst helfen können. Deshalb möchte ich dieses Wissen hier mit meinen Lesern teilen ohne einen Anspruch auf Vollständigkeit der Tipps zu erheben. Alleine das Wissen, dass man mit reduziertem Luftdruck am Sandstrand auch mit 2 × 2-Antrieb deutlich weiter kommt, hätte mir damals so manche peinliche Situation erspart.

Reduzierter Reifenluftdruck ist für ein- wie mehrachsgetriebene Fahrzeuge die wirkungsvollste Maßnahme, Steckenbleiben zu vermeiden oder sich danach wenigstens wieder aus eigener Kraft zu befreien. Das physikalische Prinzip dahinter ist relativ einfach. Durch Luftablassen vergrößert sich die Auflagefläche der Reifen auf dem Untergrund, der Reifen wird weicher, passt sich besser an und hat dadurch mehr Grip. Die Radlast verteilt sich auf eine größere Fläche, weshalb das Fahrzeug weniger tief einsinkt und die Räder auf losem Untergrund weniger zum Durchdrehen neigen. Dabei ist es nicht die vergrößerte Breite des Reifens, wie man vielleicht vermuten möchte, sondern die Länge der Aufstandsfläche, die den erhöhten »Auftrieb« produziert. Unter anderen auch deshalb sind Fahrer von Offroad- und Expeditionsmobilen bestrebt, möglichst große (im Durchmesser) Räder auf das Fahrzeug zu montieren, denn dadurch erhöht sich zwangsläufig die Aufstandsfläche auf dem Boden. Große Breiten sind eher kontraproduktiv, weil der Reifen im Sand eine »kleine Welle« vor sich herschiebt, die den Fahrwiderstand erhöht. Je breiter der Reifen, desto größer der Fahrwiderstand.

Fahrer von 2 × 2 Wohnmobilen sollten also bei der Querung von Weichsandpassagen im Vorfeld schon die Luft aus den Reifen lassen, und das auf bis zu 0,8 bar – im Extremfall sind auch 0,5 kurzzeitig möglich. Allerdings sollte man dann allzu heftige Lenkbewegungen und enge Kurven vermeiden, um nicht Gefahr zu laufen, dass sich der Reifen von der Felge walkt. Wieder zurück auf Asphalt oder einer harten Piste, muss der normale Reifenluftdruck natürlich so schnell wie möglich wieder hergestellt werden. Denn Straßenreifen sind in der Regel nicht für das Fahren mit geringem Luftdruck ausgelegt und können bei längeren Fahrten mit niedrigem Druck Schaden nehmen. Während bei Geländereifen die Reifenflanken verstärkt sind, ist dies bei Straßenreifen nicht der Fall. Deshalb ist dort die Gefahr noch größer, dass die Flanken durch spitze Steine oder Äste beschädigt werden.

34.2 Tragbare Kompressoren oder Einbauanlagen

Bevor man aber ratlos im Sand stehen bleibt, ist die Luftdruckreduzier-Option ein geeignetes Mittel, sich selbst zu befreien. Damit man nach dem Luftablassen nicht im Schneckentempo bis zur nächsten Tanke rollen muss, um dort wieder Luft zu holen, drängt sich die Mitnahme eines kleinen, tragbaren Kompressors auf, um für derlei Situationen gerüstet zu sein.

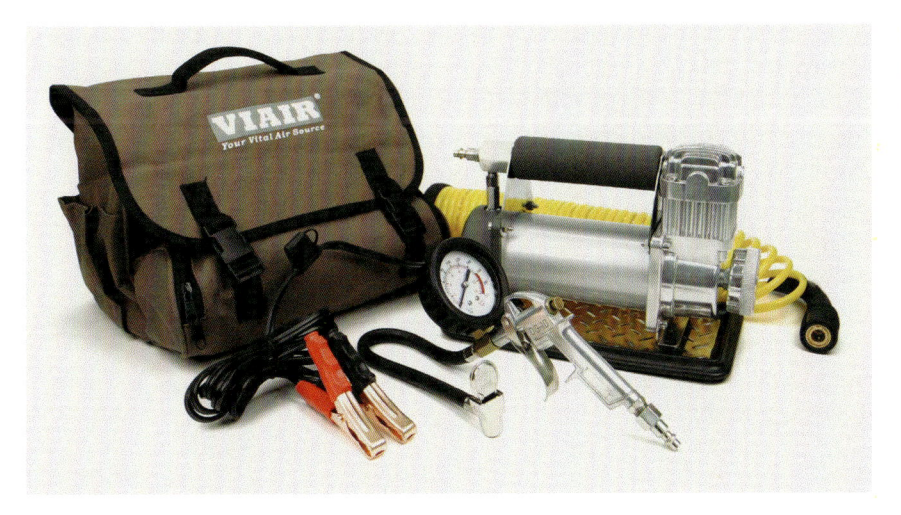

Mobiler Kompressor im Handtaschenformat – sollte in jedem Reisemobil mitgeführt werden

34 Bergeprävention, Bergetechnik und Bergeequipment

Einbausatz für einen festeingebauten Kompressor mit Drucklufttank

Solche Kompressoren, wie der hier gezeigte VIAIR 450P-A, sind nicht viel größer als eine Damenhandtasche, machen bis zu 10 Bar Druck, womit selbst Lkw-Reifen aufgepumpt werden können und kosten € 350,–. Sie werden direkt an die Batterie angeklemmt und machen den Fahrer ein gutes Stück sicherer, auch dort noch weiter zu kommen, wo andere schon längst stecken geblieben sind. Für Fahrzeuge mit kleineren Reifen bis 33"–also auch alle herkömmlichen Wohnmobile, SUVs und Pickups, reicht aber auch ein VIAR 300P, der preislich bei überschaubareren € 187,– liegt. Ganz nebenbei kann man mit einem solchen Gerät auch noch Druckluftwerkzeug betreiben sowie Luftmatratzen, Schlauchboote oder Surfkites aufblasen, womit das gute Stück noch mehr an Daseinsberechtigung gewinnt. Wer häufig Offroad unterwegs ist, wird sich früher oder später mit einem im Fahrzeug festeingebauten Kompressor auseinandersetzen, wie z.B. dem VIAIR 460C. Diese haben in der Regel eine höhere Leistung als die tragbaren Geräte und dementsprechend auch ein höheres Luftvolumen. Damit dauert das Wiederbefüllen der Reifen weniger lang.

Fahrer von Expeditions-Lkws mit Druckluftbremsen sind hier im Vorteil, weil im Lkw bereits ein Kompressor eingebaut ist, mit dem man u.a. auch die Reifen befüllen kann. Allerdings ist das Ablassen der Luft und das Wiederbefüllen ein nicht zu unterschätzender Aufwand, der einem umso mehr auf den Wecker geht, je größer die Reifen und das damit verbundene Luftvolumen ist und je häufiger das an einem Fahrtag notwendig ist. Da man Allrad hat, versucht man es in der Regel erst mal ohne Luftablassen, was dann zur Folge haben kann, dass man trotz Allrad stecken bleibt. Wer hier faul ist wird häufig mit Schaufeln bestraft oder zumindest damit, dass man letztendlich doch noch die Luft ablassen muss, um sich ohne Schauflerei und Sandblecheinsatz wieder zu befreien.

Schön zu beobachten sind derlei Maßnahmen bei den zahlreichen Globetrottertreffen, die allzu häufig verregnet sind und die Wiesen dementsprechend matschig. Da darf sich dann so mancher stolze Besitzer eines 200.000 Euro-Geschosses von einem alten Lanz-Traktor durch den Schlamm ziehen lassen, weil er zu bequem war, vor dem Befahren der nassen Wiese den Luftdruck zu senken.

Das Fahren mit reduziertem Luftdruck macht also nicht nur im Sand Sinn, sondern auch bei Schlamm, Matsch und Schnee. Und selbst auf steinigem Untergrund ist es für Insassen und Fahrzeug eine Wohltat, wenn man mit 3 bar und dementsprechend federnden Rädern über die Steine gleitet, als bei 5 bar Schrauben und Zahnplomben loszurütteln. Allerdings sei auf eine Gefahr bei steinigem Untergrund hingewiesen: Wenn scharfkantige Steine am Wegesrand liegen oder in die Fahrbahn ragen, besteht die Gefahr, dass die weniger stabilen Reifenflanken, die sich beim Fahren mit geringem Luftdruck nach außen wölben, diesen zum Opfer fallen. Wer häufig in Gebieten mit wechselnden Untergründen unterwegs ist, wird sich früher oder später über die ständige Luftanpasserei ärgern. Wem das zu viel wird, dem bieten sich unterschiedlich kostenaufwändige Systeme, die einem mehr oder weniger Arbeit abnehmen.

Reifendruck Ablassventile helfen beim Reduzieren des Luftdrucks

34.3 Reifendruck Ablassventile

Das günstigste sind einstellbare Reifendruck-Ablassventile, die man auf das Reifenventil aufschraubt und die die Luft bis zu einem voreingestellten Wert ablassen. Die Einstellung des Ventils basiert dabei auf Erfahrungswerten, wieviele Umdrehungen man das Ventil auf- oder zudreht, um den gewünschten Druck zu erzielen. Man sollte auf jeden Fall mit einem Druckmanometer nachmessen, ob der gewünschte Wert tatsächlich erreicht ist. Beim Wiederbefüllen der Reifen helfen die Druckablassventile aber leider auch nicht.

34.4 Bead-Lock-Felgen

Je weiter der Luftdruck gesenkt wird, desto größer ist die Gefahr, dass der Reifen von der Felge springt. Wer sehr viel im Sand oder Schlamm und deshalb mit minimalem Luftdruck unterwegs ist, für den bieten sich Bead Lock Felgen an. Diese Felgen haben einen speziellen Ring, der verhindert, dass der Reifen von der Felge rutscht – selbst beim Fahren gänzlich ohne Luft. Für Geländefahrzeuge wie Landrover Defender, Toyota Landcruiser, Mercedes G und Konsorten gibt es Bead Lock Felgen von der Firma Hutchinson. Vertrieb ebenfalls über Nakatanenga 4 × 4 Equipment.

34.5 Reifenluftdruck-Regelanlage

Wer den Luftdruck permanent dem Untergrund und der Fahrgeschwindigkeit anpassen will oder muss, der kann sich eine vollautomatische Reifenbefüllanlage installieren, mit der der Reifendruck ganz bequem vom Fahrerhaus der jeweiligen Situation angepasst werden kann. Solche Systeme bietet beispielsweise die Firma Füss Expeditionsmobile an. Dabei werden die Reifenventile mit flexiblen Schläuchen mit der Druckluftanlage des Fahrzeugs verbunden, so dass der Fahrer während der Fahrt von einem Display im Fahrerhaus den

Beadlock-Felgen verhindern, dass sich der Reifen von der Felge löst, selbst gänzlich ohne Luft

34 Bergeprävention, Bergetechnik und Bergeequipment

1) Der Luftdruck kann während der Fahrt per Knopfdruck verändert werden
2) Reifenluftdruck Regelanlage

BEZUGSQUELLE

Reifenluftdruck Regelanlage
WWW.FUESS-MOBILE.DE

PREIS
- Selbstbausatz € 2.130,–
- System inkl. Einbau: € 6.176,–

Reifendruck verändern kann. Ein Steuergerät sorgt für den entsprechenden Luftdruck in den Reifen. Das System ist entweder als Selbstbausatz oder als fix und fertig eingebaute Lösung bei Füss zu beziehen.

ANMERKUNG Im Weichsand muss der Luftdruck mindestens auf 1,2 bar oder darunter gesenkt werden, um die Aufstandsfläche des Reifens deutlich spürbar zu vergrößern und somit das Einsinken im Sand zu verhindern. Wer Schlauchreifen fährt sollte allerdings bedenken, dass bei ruckartiger Beschleunigung (Bremsen ist negative Beschleunigung) der Reifen auf der Felge wandern und dabei das Ventil abreißen kann. Mit Schlauchreifen sollte man also noch etwas behutsamer umgehen, als mit den meist üblichen Schlauchlosreifen. Allerdings kann man mit Schlauchreifen den Luftdruck noch weiter absenken. Vorsicht ist dann allerdings beim Überfahren von Steinen geboten. Denn wenn die Felge durchschlägt kann sie in den Schlauch ein Loch hineinquetschen. Mountainbiker kennen das als sogenannten »Snakebite«.

34.6 Sandschaufeln

Sollte trotz ambitioniertestem Luftablassen (oder wegen der eigenen Faulheit) der Fall eintreten, dass die Räder nicht mehr greifen und dabei sind, sich einzugraben, sollte man schleunigst die Kupplung treten und vom Gas gehen.

Denn jede weitere Reifenumdrehung befördert das Fahrzeug nur noch weiter vertikal in die Tiefe, von wo man es in mühevoller Arbeit wieder herausbuddeln darf. Wer dann nicht im Rudel mit ebenbürtigen Fahrzeugen unterwegs ist, erkennt einen Sinn darin, dass er tausende von Kilometern Schaufeln und anderes Bergeequipment mit sich herumschleppt. Bei mir sind es gleich drei Schaufeln, die im Stauraum auf ihren Einsatz warten, während ich hoffe, dass der nie eintritt. Die Erfahrung hat jedoch gezeigt, dass das Mitführen von Schaufeln nie umsonst ist. Der kleine grüne Bundeswehr-Klappspaten ist natürlich Ediths erste Wahl, wenn die Buddelei unter Damenbeteiligung stattfindet. Mein Lieblingsgerät ist – wenn man bei dieser Art von Arbeit überhaupt von emotionalem Involvement sprechen kann – die mittelgroße 70 cm Offroad-Schaufel mit D-Griff. Sie ist groß und stabil genug, damit man im Sand und Matsch richtig reinhauen kann, aber leicht und kompakt genug, dass man sich damit nicht umbringt. Außerdem rostet der Glasfaserstil nicht, was dazu beiträgt, dass meine Autorenhände weich und geschmeidig bleiben. Die dritte Schaufel im Bunde ist eine große Sandschaufel, die sich auch im Schnee schon gut bewährt hat. Damit kommt man schon ganz schön weit oder tief, wenn es sein muss.

34.7 Anfahrhilfen: Sandbleche, Waffleboards und Element Ramps

Für den Fall, dass Ausgraben alleine nicht reicht, weil die Räder keinen Grip bekommen, ist es sinnvoll Sandbleche, Waffleboards oder Konsorten einzusetzen. Für Fahrzeuge bis ca. vier Tonnen Gesamtgewicht bieten Alu-Sandbleche die leichtere, Gfk-Waffleboards die traktionsoptimierte Lösung, wobei beide preislich in der gleichen Liga spielen (€ 198,– bzw. € 185,–). Eine wirksame Alternative zu Sandblechen sind die »Element Ramps« aus verstärktem Kunststoff. Sie werden paarweise in der Tasche geliefert, wiegen zusammen nur ca. 5 kg pro Paar und kosten € 225,–.

GFK-Waffleboards für Fahrzeuge bis ca. 4 Tonnen Gesamtgewicht

34 Bergeprävention, Bergetechnik und Bergeequipment

1) Alu-Sandbleche bis ca. 4 t Gesamtgewicht
2) Element Ramps

Bei Fahrzeugen über vier Tonnen Gesamtgewicht haben sich vor allem die original Luftlandebleche von der Bundeswehr bewährt. Ursprünglich dafür konzipiert, in freier Prärie eine Landebahn für Flugzeuge zu schaffen, bieten sie optimale Festigkeit bei relativ niedrigem Gewicht. Sie sind allerdings nicht im Laden zu bekommen, sondern werden entweder bei den einschlägigen Händlern für ausgemustertes Bundeswehrequipment gehandelt oder von privat, beispielsweise im Forum der Allrad-Lkw-Gemeinschaft. Falls noch nicht geschehen, sollte man bei diesen Blechen die seitlichen Haken abflexen und die Schnittkanten entgraten, um das Verletzungsrisiko zu reduzieren. Beim Einsatz von Sandblechen ist darauf zu achten, dass der Tank durch einen speziellen Tankunterfahrschutz vor hochschnellenden Sandblechen geschützt ist. Siehe dazu auch Kapitel 33.4 »Tankunterfahrschutz«.

34.8 Seilwinden

Sparen kann man sich den Einsatz von Sandblechen dann, wenn man am Fahrzeug eine Seilwinde verbaut hat und in unmittelbarer Umgebung der Bergestelle ein Baum, Fels oder sonstiges Objekt zur Verfügung steht, an dem man das Windenseil befestigen kann. Nach Murphys Law (was schiefgehen kann geht schief) ist dies in der Regel aber nicht der Fall, weshalb Kritiker von Seilwinden immer wieder süffisant bemerken, dass man eine Winde meist nur für andere, aber nie für sich selbst benötigt. Nichtsdestotrotz ist eine Seilwinde – egal ob elektrisch oder hydraulisch betrieben – eine äußerst kraftsparende und materialschonende Möglichkeit, sich aus einer verfahrenen Situation zu befreien, wenn die Rahmenbedingungen dazu gegeben sind. Häufig reicht es ja schon aus, die Winde an einem Begleitfahrzeug zu befestigen, um selbiges als »Anker« zu nutzen.

Vor dem Einbau einer Seilwinde ist allerdings einiges zu beachten. So müssen sich alle, die mit Fahrzeug-Gewichtsproblemen zu kämpfen haben, auf ein relativ hohes Windengewicht einstellen, so dass man ggf. auf anderes Equipment verzichten muss. Bei der Dimensionierung einer Winde sollte diese eine Zugkraft vom 1,5 fachen des Fahrzeuggewichts leisten. Ein 3,5 t-Fahrzeug benötigt also mindestens eine 5,25 t-Winde wie beispielsweise die mit 12V betriebene Superwinch Talon 12.5SR, die mit ihrem 6 PS-Motor 31 kg wiegt, gut 5600 kg aus dem Dreck und € 1.420,– aus dem Geldbeutel zieht. Beachten sollte man auch, dass die Seilwinden enorm hohe Ströme aufnehmen, was bei der Verkabelung der Winde und auch bei der Dimensionierung der Batterienkapazität berücksichtigt werden muss. Unter Volllast fließt bei der Talon 12,5SR ein Strom von 530 Ampere! Da sollten die Anschlusskabel ebenso dick sein wie das Windenseil sein!

Seilwinde Superwinch Talon 12.5SR

In ausgemusterten Lkws vom THW oder den Feuerwehren sind häufig Hydraulikwinden mit dicken Stahlseilen verbaut und man ist geneigt, sich erst mal darüber zu freuen. Allerdings bringen die großen Rotzler-Winden mit ihren dicken Stahlseilen bis zu 500 kg auf die Waage, womit sich dann wieder die Frage stellt, ob es Sinn macht, dieses hohe Gewicht für etwaige Bergeeinsätze mit sich herumzuschleppen. Alternativ dazu könnte man im Lkw eine Hydraulikwinde verbauen, wenn ein Nebenabtrieb zur Verfügung steht. Die schlägt inklusive Öltank und Ölkühler mit rund 150 kg zu Buche, kostet neu bei WARN rund € 7000,–, es gibt sie aber gebraucht auch schon deutlich günstiger.

WARN-Winden sind die Klassiker im Offroad-Bereich, jedoch werden sie ausschließlich mit Stahlseilen ausgestattet und müssen deshalb noch auf Kunststoffseile umgerüstet werden. Deshalb setzen sich immer mehr die Winden der Firma SUPERWINCH durch, die von Haus aus schon über Kunststoffseile verfügen und darüber hinaus noch besser abgedichtet sind. Gute Beratung tut beim Windenkauf auf jeden Fall not.

34.9 Neu und genial! Die Felgenwinde

Der Münchner Expeditionsmobil-Fahrer und Tüftler Bernd Ungewitter hat ein neues System entwickelt und patentieren lassen, wie er seinen Lkw auch ohne Seilwinde aus dem Schlammassel ziehen kann. Er hat auf den Rädern Haltekränze montiert, auf die je eine Seiltrommel mit 25 m Kunststoffseil aufgesteckt werden kann. Die Seile befestigt er an einem Felsen, Baum oder

34 Bergeprävention, Bergetechnik und Bergeequipment

BEZUGSQUELLE

Felgenwinde
BERND UNGEWITTER
www.felgenwinde.de

PREIS
Der Preis stand bei Redaktionsschluss noch nicht fest

Baumankergurt, Bruchlast 28 t

Bergefahrzeug und zieht sich mit der eigenen Motorkraft aus der Situation. Im Gegensatz zu einer Seilwinde wiegt ein Haltekranz pro Rad 5 kg, die beiden Seiltrommeln je 18 kg. Das System kann auf Vorder- wie Hinterrädern eingesetzt werden und zieht dementsprechend sowohl nach vorne als auch nach hinten. Der Preis liegt ebenfalls deutlich unter dem einer Seilwinde für Lkws, stand aber bei Redaktionsschluss noch nicht fest.

ANMERKUNG Der Einsatz von Stahlseilen bei der Bergung ist mit äußerster Vorsicht zu genießen. Erstens ist die Verletzungsgefahr durch gerissene und abstehende Seildrähte nicht unerheblich, viel größer ist sie jedoch im Fall eines Seilbruchs. Während Kunststoffseile einfach nur zu Boden fallen wenn sie reißen, schnellen gerissene Stahlseile zurück und können zum tödlichen Geschoss für Menschen werden oder am Fahrzeug erheblichen Schaden anrichten.

TIPP Wenn sich eine Bergung mit einem Stahlseil nicht vermeiden lässt, dann sollte man auf jeden Fall eine Jacke, Handtücher oder ähnliches in der Mitte des Seils über dasselbe hängen. Das bremst das Zurückschnellen des Seils und sorgt dafür, dass es zu Boden fällt. Bei der Bergung dürfen sich auf keinen Fall Personen im Radius des Stahlseils befinden! Zu einer Winde gehört natürlich auch immer ein der Windenkapazität angepasster Baumankergurt, an dem das Windenseil befestigt werden kann.

34.10 Bergegurte und Schäkel

Damit sind wir auch schon bei Bergegurten und Schäkeln, die zur Standard-Ausrüstung eines jeden Allrad-Wohnmobils gehören sollten, aber auch eine gute Figur in jedem Onroad-Wohnmobil machen. Denn das klassische Abschleppseil funktioniert auch dort nur auf Asphalt, ist aber hoffnungslos überfordert, wenn sich ein fünf oder sechs Tonnen schweres Wohnmobil im Sand, Matsch oder Schnee festgefahren hat. Genauso wie der

Abschlepphaken, der an Serienmobilen verbaut ist. Es ist deshalb im Vorfeld zu prüfen und gegebenenfalls mit dem Hersteller abzuklären, ob und wo am Wohnmobil ein Schäkel mit Bergegurt befestigt werden kann.

Bei deren Dimensionierung gelten die gleichen Regeln wie bei den Seilwinden. Die Arbeitslast eines Bergegurtes und der Schäkel sollte dem 1,5-fachen Fahrzeuggewicht entsprechen. Die Bruchlast der zweifachen Arbeitslast. Das bedeutet, dass in einem 7,5 t Lkw Bergegurte und Schäkel mit einer Arbeitslast von ca. 12 t und einer Bruchlast von ca. 24 t mitgeführt werden sollten. Dabei ist darauf zu achten, dass die Befestigungspunkte der Schäkel ihre Kraft direkt in den Fahrzeugrahmen einleiten.

Abschleppdienst in Marokko

Mit derlei dimensioniertem Equipment sollte es möglich sein, ein festgefahrenes Fahrzeug mit einem mindestens ebenbürtigen zu bergen. Voraussetzung ist jedoch, dass man alle vier Räder in Zugrichtung freischaufelt, um möglichst viel Rollwiderstand zu beseitigen. Besser noch, das Fahrzeug auch nach hinten freizuschaufeln, so dass man sich ggf. aus dem Loch »herausschaukeln« kann. Das Unterlegen von Sand- oder Waffleboards ist dabei ebenso sinnvoll, denn auch wenn die Bergegurte ausreichend dimensioniert sind, gibt es doch andere Bauteile, die bei einer Bergung massiv beansprucht werden. Allen voran die Kupplungen der beiden Fahrzeuge–sowohl die des Havaristen als noch viel mehr die des Bergefahrzeugs. Um die nicht zu ruinieren sollte man nicht mit schleifender Kupplung das Seil spannen, sondern im ersten Gang der Untersetzung ganz langsam–evtl. gebremst »ins Seil fahren« und dann Gas geben. Dabei entsteht natürlich ein mehr oder weniger heftiger Ruck, der den Fahrzeugen allerdings weniger schadet, als wenn man mit schleifender Kupplung versucht, das zu bergende Fahrzeug frei zu bekommen. Parallel muss natürlich auch der Fahrer dieses Fahrzeugs Gas geben, um das Bergefahrzeug zu unterstützen. So fahre ich einen 3 m langen, statischen 20-Tonnen-Gurt und zwei 9 Meter lange, statische 20 Tonnen-Gurte spazieren sowie seit Neuestem ein 15 m langes, dynamisches »Black Mamba-Bergeseil« mit einer Bruchlast von 22,6 t.

34 Bergeprävention, Bergetechnik und Bergeequipment

Links dynamisches Bergeseil »Black Mamba«, Bruchlast 22.6 t, rechts meine 2 × 9 m statischen Bergegurte und der gelbe 3m Gurt mit jeweils 20 Tonnen-Bruchlast.

Wesentlich sanfter funktioniert das Ganze, wenn man statt eines statischen Bergegurtes ein kinetisches Bergeseil verwendet, ein sogenanntes KERR. KERR steht für Kinetic Energy Recovery Rope und bedeutet, dass sich das Bergeseil unter Zug bis zu einem gewissen Grad dehnt und dann immer statischer wird. Damit kann das Bergefahrzeug mit voller Beschleunigung anfahren was eine wesentlich höhere kinetische Energie in die Bergeaktion hineinbringt, als wenn das Zugfahrzeug quasi steht und erst anfahren muss. Diese Methode ist wesentlich materialschonender, weil kein Ruck entsteht sondern die Kraft mit der Spannung im sich dehnenden Seil dynamisch ansteigt. Klar, dass kinetische Bergeseile deutlich teurer sind als statische Gurte, aber gemessen am Aufwand und den Kosten für eine verbrannte Kupplung, eine abgerissene Stoßstange, einen gerissen Bergegurt oder Schäkel sind sie ihr Geld wert. So kostet der kinetische Bergegurt »Black Mamba« für Fahrzeuge bis 3,5 t € 125,– (Arbeitslast 6250 kg, Bruchlast 12 500 kg). Der für 7,5 t Fahrzeuge € 400,– (Arbeitslast 11 300 kg, Bruchlast 22 600 kg).

34.11 Hebewerkzeuge

Manchmal gibt es jedoch Situationen, in denen das Herausziehen mittels Bergegurt nicht funktioniert. Nämlich dann, wenn das Fahrzeug bis zu den Achsen feststeckt. Dann hilft auch der dynamischste Gurt nichts, denn das Fahrzeug muss erst einmal vertikal angehoben werden, um Steine, Erde oder Sandbleche unter die Räder zu bringen und damit die Differenziale und Achsen wieder frei zu bekommen. Für solche Fälle sollten in jedem Fahrzeug mindestens zwei Wagenheber mitgeführt werden, um das Fahrzeug an Front oder Heck oder auf einer Seite parallel anheben zu können. In meinem Fall sind es zwei 10 bzw. 15 Tonnen Hydraulikwagenheber, die mit herausdrehbarer Hubspindel mindestens 30 cm Hubhöhe leisten.

Problematisch kann deren Einsatz dann werden, wenn unter dem Fahrzeug die Bauhöhe eines solchen Wagenhebers nicht mehr frei gemacht werden kann oder der Untergrund weich ist. In solchen Fällen können zwei völlig unterschiedliche Hebekonzepte helfen: Der Highlift, der außen am Fahrzeug angesetzt wird, um es anzuheben oder ein pneumatisches Bergekissen, das man unters Auto schiebt und mit dem Druckluftschlauch befüllt, bis sich das Fahrzeug so weit gehoben hat, dass man Sandbleche oder Steine unter die Räder bekommt.

Der Highlift ist eigentlich ein Tool, das für kleine und mittlere Fahrzeuge geeignet ist. Er hebt bis zu 2 Tonnen, was aber an einer Ecke eines 7,5-Tonners angesetzt durchaus ausreichend sein kann. Sein Vorteil liegt in der enormen Höhe von bis zu 1,5 Metern Hubhöhe, wobei er bereits wenige Zentimeter über dem Boden angesetzt werden kann. Darüber hinaus kann man mit dem Highlift auch horizontal arbeiten und ihn ähnlich wie einen Greifzug einsetzen und ein Fahrzeug beispielsweise gegen seitliches Abrutschen zu sichern. Mit rund 14 kg für die 150 cm-Ausführung ist der Highlift kein Leichtgewicht, andererseits deutlich leichter als ein Greifzug und vielfältiger einzusetzen.

Sehr erhebend! Meine Hebewerkzeuge bestehend aus 2 Wagenhebern, einem Highlift und einem 24 t Hebekissen

Wesentlich komfortabler ist allerdings der Einsatz von Hebekissen, die es in verschiedenen Größen und damit auch für die unterschiedlichsten Gewichtsklassen gibt. Sie arbeiten mit der Druckluft aus dem Lkw Druckluftkompressor–sind meist auf 8 bis 10 bar ausgelegt und heben je nach Ausführung 40 Tonnen und auch mehr. Der große Vorteil von Hebekissen liegt in ihrer flachen Bauweise. Unbefüllt sind Hebekissen nur circa drei bis vier Zentimeter hoch, so dass es in der Regel ausreicht, unter dem Fahrzeug nur eine handbreit Untergrund wegzuschaufeln um das Kissen und ggf. noch eine Schutzmatte zu platzieren. Da die Hubhöhe von ca. 30 cm pro Kissen häufig nicht ausreicht, empfiehlt es sich, gleich zwei Kissen zu unterlegen. Damit spart man sich viel Grabarbeit und auch beim Reifenwechseln oder anderen Arbeiten am und unter dem Fahrzeug leisten Hebekissen gute Dienste. Der Nachteil von so viel Komfort ist der relativ hohe Preis von neuen Hebekissen, der bei über € 2.000,– für ein neues 40-Tonnen-Hebekissen mit einer Hubhöhe von max. 40 cm liegt. Hier hilft der gelegentliche Blick bei Ebay, weil immer wieder Hebekissen von der Bundeswehr, Hilfsorganisationen oder Feuerwehren ausgemustert werden, die dann für einige hundert Euro über die Auktionstheke gehen. So habe ich mir dort ein 24-Tonnen-Kissen für € 190,– ersteigert.

ACHTUNG Bitte unbedingt beachten: Vor dem Arbeiten unter dem wie auch immer angehobenen Fahrzeug MUSS dieses UNBEDINGT mit Unterstellböcken abgesichert werden!

34 Bergeprävention, Bergetechnik und Bergeequipment

34.12 Holzfällerwerkzeug

Für den Fall, dass man umgestürzte Bäume oder tiefhängende Äste beseitigen muss, um ein Weiterkommen zu sichern, empfiehlt es sich, wenigstens eine Handsäge, eine Axt, ein Beil und eine Astschere dabei zu haben. Manch einer ist so kühn und schleppt gleich eine Motorsäge mit, womit aber wohl eher der Zweck verfolgt wird, schnell und mühelos Brennholz für das abendliche Lagerfeuer zu machen. Erfreulicherweise ist das Holzfällerequipment dann auch viel häufiger hierfür im Einsatz, als um sich einen Weg freizuschlagen.

Übrigens: Mit das Wichtigste bei all dem Bergeequipment dürfte die 1,5 × 1,3 m große, 5 mm starke PE-Matte sein, die dafür sorgt, dass man bei Arbeiten am oder unter dem Auto nicht ständig im Dreck herumliegt.

34.13 Schneeketten

Ein unverzichtbares Fahr- und Bergeequipment sind Schneeketten. In Österreich von November bis April für Lkw vorgeschrieben sind sie auch in den Sommermonaten und auf Reisen in warme Länder unser ständiger Begleiter. Denn schon eine nasse Wiese kann dem Allrad-Antrieb wie weiter oben bereits erwähnt, seine Grenzen setzen. Will man diese dann auch noch bergauf erklimmen, kommt man um die Montage von Schneeketten kaum herum. Bei 26 kg pro Kette ist das nicht wirklich spaßig (bei einer Reifengröße von 365/80-20), aber unerlässlich, wenn der Grip mal nicht ausreichen sollte. Wer einmal erlebt hat, wie knappe 8 Tonnen im Schnee oder auf nasser Wiese dem Gefälle folgen, der wird auf Schneeketten nie mehr verzichten wollen.

BEZUGSQUELLE

Schneeketten
WESTENTHANNER GMBH
www.schneeketten.com

PREIS
Schneeketten für 365/80-20: € 459,–/Paar

Beim Betrachten der Berge von Equipment drängt sich schon die Frage auf, ob da einer den Begriff »Bergeequipment« falsch verstanden hat? Mal abgesehen davon, dass ich hoffentlich nie vier Bergegurte benötigen und ich mich deshalb wohl auch von einem der statischen Gurte trennen werde, ist nichts, was auf dem Bild zu erkennen ist, überflüssig. Am ehesten vielleicht noch die große Sandschaufel, die so sperrig ist, dass sie nicht immer und überall dabei sein wird. Alles andere ist Equipment, das bereits einmal oder sogar mehrfach im Einsatz war. Auch das gilt es bei der Dimensionierung des Fahrzeugs und der möglichen Zuladung zu berücksichtigen. Denn da kommen schon mal leicht 80 bis 100 kg zusammen, mit Schneeketten auch schon mal 150 kg. Andererseits macht es wenig Sinn, sich abseits der ausgetretenen Touristenpfade und Offroad zu bewegen und nicht die Sicherheit zu haben, sich selbst helfen zu können, wenn es erforderlich sein sollte. In diesem Sinne wünsche ich frohes Schaufeln und erfolgreiches Bergen!

BEZUGSQUELLE

Bergeequipment
WWW.NAKATANENGA.COM

PREIS

- Tragbarer Kompressor VIAR 300P: € 187,–
- oder VIAR 450P-A: € 350,–
- Festeingebauter Kompressor VIAR 460C: € 311,–
- Luftablassventile: € 35,–
- Bead Lock Felgen von Hutchinson: ab € 499,–/Felge
- Alu-Sandbleche: Preis: ab € 198,–/Paar
- Gfk-Waffleboards: € 185,–/Paar
- Element Ramps: € 225,–/Paar
- Seilwinde Superwinch Talon 12.5SR, 5.669 kg: € 1.060,–
- Baumankergurt 2 m, Bruchlast 28 Tonnen: € 10,–
- Schäkel, Edelstahl, Traglast 2.750 kg, Bruchlast 11 000 kg: € 13,–
- Schäkel, Edelstahl, Traglast 4750 kg, Bruchlast 19 000 kg: € 45,–
- Dynamisches Bergeseil, Black Mamba 10 m Länge, Bruchkraft ca. 12 500 kg: € 125,–
- Dynamisches Bergeseil, Black Mamba 15 m Länge, Bruchkraft ca. 22 600 kg: € 400,–
- Hi-Lift 48"/122cm: € 125,–
- Hi-Lift X-treme XT605 60"/152cm: € 195,–
- Offroad-Schaufel 70 cm: Preis € 19,–

Hat da einer was falsch verstanden? Bergeequipment heißt nicht Berge von Equipment. Oder doch?

35 Ausbau in Zahlen

35.1 Zeitaufwand

Der gesamte Ausbau unseres Fahrzeugs zog sich über acht Monate hin, in denen ich Fulltime fünf bis sechs Tage die Woche am Fahrzeug bastelte. Interessant bei der Betrachtung der aufgewendeten Zeiten ist dabei der hohe Anteil an Planungs-, Recherche- und Beschaffungszeiten. Der resultiert vor allem aus der Tatsache, dass wir von null gestartet sind und innerhalb von wenigen Monaten nicht nur die Entscheidungen für ein Fahrzeug, sondern auch die für einen Ausbau und dessen Realisierung getroffen haben. Vor allem die Beschaffung der vielfältigen Teile, Arbeits- und Hilfsmittel in den diversen Baumärkten und Fachgeschäften hat sehr viel Zeit in Anspruch genommen. Dabei hatte ich noch den Vorteil, dass alles Womo-Spezifische bei Intercamp auf Lager vorrätig war oder kurzfristig bestellt werden konnte.

Ähnlich verhält es sich mit den Ausbauzeiten. Da ich noch nie ein Wohnmobil ausgebaut hatte und in den letzten 20 Jahren selten die Notwendigkeit bestand, einen Schraubenschlüssel in die Hand zu nehmen, musste ich mir die Arbeitsschritte und Arbeitsweisen erst sukzessive aneignen. Das macht sich natürlich im Zeitaufwand bemerkbar.

Zeitaufwand

- 1145,5 Stunden Arbeiten am Innenausbau
- 297 Stunden Aufwand für Planung, Beschaffung, Recherche und Organisation
- 355 Stunden Arbeiten an den Anbauten, an der Lkw-Technik, am Durchstieg und am Fahrerhaus
- 1825 Stunden Gesamtaufwand

Zeitaufwand für Optimierungsarbeiten in den vergangenen drei Jahren

- Nachisolierung: ca. 100 Stunden
- Optimierung der Elektrik und Beleuchtung: ca. 100 Stunden
- Einbau der Gasanlage inkl. Kochfeld und Außenkochstelle: ca. 60 Stunden
- Arbeiten zur Fahrgestellkonservierung (noch nicht abgeschlossen): ca. 20 Stunden
- Arbeiten an der neuen Wasserfilteranlage: 20 Stunden
- Neues Solarpanel installieren und anschließen: 5 Stunden
- Sonstige Arbeiten am Lkw: ca. 125 Stunden

ANMERKUNG ZUM ZEITEINSATZ Ein Freund hat mehr oder weniger das gleiche Fahrzeug mit fast dem gleichen Grundriss ausgebaut. Er hat meine CD-ROM und benötigte dafür ungefähr die Hälfte der Zeit, die ich benötigte. Vielleicht arbeitet er generell schneller und effizienter als ich, aber nach seinem eigenen Bekunden hat er sich viel Zeit dadurch erspart, dass er nicht stundenlang über ein Lösung grübeln musste, sondern es einfach so machte, wie ich es tat, oder schneller zu einer anderen Entscheidung kam, weil ich das Ganze bereits »vorgekaut« hatte.

35.2 Kostenaufwand

Ähnlich verhält es sich mit den Kosten. Von der Idee bis zum Kauf des Lkws und der Umsetzung des Ausbaus vergingen ja, wie gesagt, nur vier Monate. Und da wir eigentlich sofort losreisen wollten, nahmen wir uns nicht die Zeit, entspannt nach einem geeigneten Fahrzeug oder nach gebrauchten Teilen bei eBay zu suchen. Alles musste mehr oder weniger sofort geschehen, und Zeit für Recherchen und langes Taktieren beim Kauf von Lkw, Shelter oder anderen Groß-Komponenten wollten wir uns nicht nehmen. Deshalb sind 95% aller im Text genannten Preise für Ausbaukomponenten Neupreise mit einem geringen Abschlag wegen »Mengenrabatt«. Dafür waren die Teile eben neu, mit Garantie und sofort verfügbar.

Kostenaufwand für Fahrzeug und Koffer:
€ 20.000,– Mercedes 914 AK, Bj. 1988 mit 36 000 km inkl. Einzelbereifung
€ 1.300,– für Anpassung des Zwischenrahmens
€ 2.500,– für ZEPPELIN-Shelter
€ 1.000,– für komplette Lackierung

Kostenaufwand für den Ausbau
Ca. € 21.000,– für Komponenten, Teile und Materialien für den Innenausbau. Das ist im Wesentlichen die Summe der im Text aufgeführten Ausbau-Komponenten zuzüglich einer ganzen Menge von Kleinteilen und Materialien aus diversen Baumärkten und Fachgeschäften. Deren Anteil an oben genannte Summe liegt immerhin bei rund 30 Prozent. Darin ist aber restlos alles enthalten bis hin zur Bettwäsche, den Töpfen und Kaffeebechern.

Ca. € 11.000,– für Lkw-Teile, Anbauten und Komponenten, Fahrzeug-Optimierung und Fahrerhaus-Ausstattung inkl. des Garmin-Navigationsgeräts, der Kosten für den Durchstieg, der Sandbleche, des Tanks, der Radios, Schneeketten, des Heckträgers, Tankunterfahrschutzes, der Alu-Staukästen, der Kotflügel, der Fensterklappen und Dachlukenhauben usw.

Ca. € 5.500,– für Teile und Komponenten anlässlich der Optimierung unseres Sternchens (Elektrik, Gasanlage usw.) in den Jahren 2010 bis 2012.

Ca. € 12.000,– für all die Optimierungen in 2013 für Fahrlichter, Arbeitsbeleuchtung, neuer Wasserfilteranlage, Lithium-Ionen-Batterien mit Ladetechnik, begehbares Solarpanel, neues Bergeequipment und all die viele kleinen und größeren Optimierungen.

Ca. € 6.000,– sind an Reparaturen in den Lkw geflossen, angefangen bei einem neuen Luftpresser, einer neuen Wasserpumpe, die Optimierung der Einspritzpumpe, gebrauchte schlauchlos-Felgen mit Reifen und vielen anderen Kleinteilen mehr.

36 Bezugsquellen

Name Firma	Produkte Dienstleistungen	Ansprechpartner	Plz	Ort	Telefonnummer	Web
Aigner-Trucks	Allrad-Lkw, Ersatzteile, Zubehör	Franz und Michael Aigner	84326	Falkenberg	+49 8727 9 69 46-0	www.aignertrucks.com
Alde Deutschland GmbH	Gas-Wasserheizungen	Fachhandel	97520	Röthlein	+49 9723 9116 699	www.alde.se/de/
Alu-Leitl	Bleche aller Art, Lochblech		80687	München	+49 89 45 22 56 60	www.aluleitl.de
Alu-Star	Aluminium-Wohnkabinen, Zwischenrahmen	Alexander Feldweg	79730	Murg	+49 7763 92 96 20	www.alu-star.com
Amalric Plastic	Maßgefertigte Wasser- und Treibstofftanks	Bernd Grieshaber	53489	Sinzig	+49-2642 4 26 21	www.amalric.de
AMR Outdoorwelt	KCT-Echtglasfenster, Outdoor-Equipment	Jörgen Hohenstein	21337	Lüneburg	+49 4131 8 12 21	www.amr-outdoorwelt.de
Audioteam	Car-HiFi	Herr Weiß	85737	Ismaning	+49 89 96 31 21	www.audio-team.de
BAT-TRADE	Allrad-Lkw, Ersatzteile, Zubehör	Frank Flick	51643	Gummersbach	+49 2261 5 01 28 18	www.bat-trade.de
Bochmann	Einstiegsleiter »Little Jumbo«	Herr Bochmann	65549	Limburg	+49 6431 81 41	www.little-jumbo.de
Boote Kantschuster	Wasser-Tankgeber	Herr Kantschuster	82538	Gelting	+49 8171 91 06 31	www.kantschuster.de
CAMO Military Vehicles	Allrad-Lkw, Ersatzteile, Zubehör	Günter Ctortnik	2325	Himberg	+43 2235 8 42 33	www.camo.co.at
Cleves GmbH	Polsterungen in Stoff und Leder	Cleves GmbH	47169	Duisburg	+49 203 50 10 34	www.clevespolster.de
Crystop GmbH	SAT-Antennen, Sat-Internet	Fachhandel	76131	Karlsruhe	+49 721 61 10 71	www.crystop.de
DEKA Kleben & Dichten GmbH	Dicht- und Klebemittel	Fachhandel	63691	Ranstadt	+49 6041 / 82 03 80	www.dekalin.de
Dometic	Kühlschränke, Kühlboxen, Seitz-Fenster, Heki-Dachluken, Toiletten, Stromgeneratoren, Gaskochfelder, Spülen, u.v.a.m.	Fachhandel	57074	Siegen	+49 271 692-0	www.dometic.de
Eberspächer Climate Control Systems GmbH & Co. KG	Diesel-Heizungen, Klimageräte	Fachhandel	73730	Esslingen	+49 711 939-00	www.eberspaecher.com/
Elgena	Warmwasserboiler	Herr Namendorf	81373	München	+49 89 774717	www.elgena.de
Expeditions-Lkw	Allrad-Lkw, Ersatzteile, Zubehör	Fabian Heidtmann	86899	Landsberg	+49 8191 4 29 91 90	www.expeditions-lkw.de
FAKOLITH Farben GmbH	Schimmelbeseitigungsmittel, Schimmelprävention	Fachhandel	64658	Fürth		www.fakolith.com
Famous-Water	Wasserfilteranlagen, Wasserentsalzungsanlagen	Joachim Proksch	63906	Erlenbach am Main	+49 9372 94 07 288	www.famouns-water-com
F&F Expedition	Expeditionsmobil-Ausbauten, Teilausbauten, Gfk- und Alu-Wohnkabinen, Kabinenbausätze, Wohnmobil-Ausbauteile	Klaus Fröhlich	85250	Altomünster	+49 825 441 8721	www.ff-expedition.de
Fiamma	Markisen, Vorzelte, Fahrradträgersysteme, usw.	Fachhandel		Cardano al Campo (Italien)		www.fiamma.com
Füss Mobile GmbH	Expeditionsmobile, Ausbauen, Umbauten, Reifendruck-Regelanlage	Frank Oechsner	72511	Bingen-Hitzkofen	+49 7571 13156	www.fuess-mobile.de

Name Firma	Produkte Dienstleistungen	Ansprechpartner	Plz	Ort	Telefonnummer	Web
Gasprofi24	Gaskocher für Außenkochstelle, Gasmelder	Sascha Busch	53121	Bonn	+49 228 51 24 14	www.gasprofi24.de
Green Power Batterien (NDS)	AGM Batterien	Fachhandel				www.ndsgroup.it
Heiß Metallbau	Metallbau, Z-Profile für Fenster		85435	Erding	+49 8122 9 45 39 30	www.stahlbau-heiss.de
Intercamp	Wohnmobil-Ausbau, Ausbau-Komponenten	Ralph Ametsbichler	85646	Anzing	+49 8106 8 9 91 03	www.ic-intercamp.de
Jännert Fahrzeugbau	Faltenbalg, Rahmen f. Durchstieg	Herr Löschinger	85551	Kirchheim	+49 89 9 09 96 50	www.jaennert.de
Johnson Controls Batteries GmbH	Optima Batterien	Fachhandel	51399	Burscheid	+49 2174 65 0	www.johnsoncontrols.de
Katadyn Deutschland GmbH	Wasserkonservierung und Desinfektion	Fachhandel	64546	Mörfelden-Walldorf	+49 61 05 45 67 89	www.katadyn.de
KCT GmbH & Co. KG	Echtglasfenster	Achim Krumm	72348	Rosenfeld	+49 7428-9452885	www.kctechnik.de
Kern Metallbau	Zwischenrahmen, Heckträger, Alu-Kotflügel, Staukästen, Dachträger, Einstiegsleitern, ...	Alois und Andreas Kern	94501	Beutelsbach/Tillbach	+49 8543 611	www.kern-metallbau.de
Korrosionsschutz-Depot	Korrosionschutzmittel	Beratungshotline	90579	Langenzenn	+49 9101 68 01	www.korrosionsschutz-depot.de
Lauche & Maas	Garmin Navi, Expeditionsbedarf	Verkauf	81245	München	+49 89 88 07 05	www.lauche-maas.de
Lechner	Tischlerei, Möbelumleimer	Andreas Lechner	85567	Grafing	+49 8092 65 29	www.schreinerei-lechner.de/
LED-Powershop	LED Leuchtmittel für Wohnmobile	Detlev Stendel	19294	Eldena	+49 38755 2 05 55	www.led-powershop.de
Lilie	Wassertechnik, Wohnmobil-Ausbauteile	Fachhandel	74354	Besigheim	+49 7143-96230	www.lilie.com
MAH Münchner Autostoff	Sitzbezüge		82065	Baierbrunn	+49 89 74 48 24 83	www.mah.de
Maik Beyersdorf Internethandel	Zange und Nieten für Einziehmuttern	Maik Beyersdorff	15328	Reitwein	+49 33601 50 38	www.ebay.de
Mastervolt Deutschland	Elektronik-Komponenten, Solartechnik, Batterien, Lithium-Ionen-Batterien	Fachhandel	51105	Köln	+49 221 8295860	www.mastervolt.de
Nakatanga 4x4 Equipment	4x4 Equipment, Umbauten, Ausbauten, Bergetechnik	Peter Hochsieder	92348	Berg bei Neumarkt i.d.Opf.	+49 9181 46 66 44	www.nakatanenga.de
ORMOCAR Reisemobile	GFK Wohnkabinen, Zwischenrahmen, Tür- und Klappen-Bausätze	Peter Kuhn	76846	Hauenstein	+49 6392 99 33 75	www.ormocar.de
Outbound B.V.	Echtglasfenster, Türen, Serviceklappen, Dachluken	Dianne + Jan van Haandel	5427PJ	Boekel (NL)	+31 6229 1 9242	www.outbound.eu
PaBST AirTec	Echtglasfenster	Pascal Bocianowski	51766	Engelskirchen	+49 160 6 14 05 47	www.pabstairtec.de
REIMO GmbH	Wohnmobil-Ausbauteile	Beratung + Verkauf	63329	Egelsbach	+49 6103 40 05-21	www.reimo.com
Schrauben-Preisinger	Spezialschrauben		80469	München	+49 89 2 36 84 60	www.schrauben-preisinger.de
Segelladen	Tischfuß	Herr Pentenrieder	55257	Budenheim/Mainz	+49 6139 2 93 80	www.segelladen.de

36 Bezugsquellen

Name Firma	Produkte Dienstleistungen	Ansprechpartner	Plz	Ort	Telefonnummer	Web
SFC Energy	Methanol-Brennstoffzellen	Fachhandel	85649	Brunnthal	+49 8967 3592 343	www.sfc.com
Sika Deutschland GmbH	Dicht- und Klebemittel	Fachhandel	70439	Stuttgart	+49 711 8009 0	www.sika.com
SOG - Entlüftungssysteme Dahmann	WC Entlüftungssysteme	Werner Dahmann	56332	Löf / Mosel	+49 2605 952762	www.sog-dahmann.de/
Solara - Centrosolar Group AG	Solarmodule, Laderegler	Fachhandel	80807	München	+49 89 201800	www.solara.de
Super-B	Lithium-Ionen-Batterien	Reinhard Ardelt	7554 TA	Hengelo	+49 172 538 3 887	www.super-b.com
tegos gmbh & co.kg	Wohnmobil-Türen und Stauraumklappen	Peter Müller	88356	Ostrach	+49 7585 1898	www.tegos-systeme.de
Thetford	Toiletten, Kühlschränke, Kühlboxen, Spülen, Gas-Kochfelder, Gas-Backöfen	Fachhandel	4870 AD	Etten-Leur (Niederlande)	+31 76 504 22 00	www.thetford-europe.com/de/
Tourfactory	Eingangstür, Stauraumklappen, Wasserfilter	Helmut Ginster	41379	Brueggen	+49 2157 87 22 77	www.tourfactory.de
Truma Gerätetechnik GmbH & Co. KG	Heizungen, Wasserboiler, Brennstoffzellen, Gastechnik	Fachhandel	85640	Putzbrunn	+49 89 4617-0	www.truma.com
Vöhringer GmbH	Holz-Plattenmaterial	Herr Schäfer	72818	Trochtelfingen	+49 7124 92 98-110	www.voehringer.com
Webasto	Diesel-Heizungen, Wasserboiler, Kompressor-Kühlschränke, Dieselkocher	Fachhandel	82131	Stockdorf	+49 89 8 57 94-0	www.webasto.de
Westenthanner	BW-Parts, Lkw-Schneeketten	Herr Westenthanner	84155	Aich	+49 8741 65 20	www.schneeketten.com
Winkler	Fahrzeugteile	Fachhandel	85748	Garching	+49 89 3 29 53 41 23	www.winkler.de
Wynen Gas	Gastank und Zubehör	Herr Meskes	41747	Viersen	+49 2162 35 66 99	www.wynen-gas.de
Zacher	Duschvorhang und Duschvorhangschiene	Herr Zacher	82110	Germering	+49 89 84 96 25	www.zacher-raumausstatter.de

457

37 Resümee und Schlussbetrachtung

Zugegeben: Der Ausbau war viel Arbeit. Und zugegeben: Er hat wesentlich mehr gekostet, als ich ursprünglich veranschlagt und kalkuliert hatte. Und zugegeben: Es hat wesentlich länger gedauert, als ich mir gedacht und gewünscht hatte. Was aber dabei herausgekommen ist, ist ein Ergebnis, das meine eigenen Erwartungen bei Weitem übertrifft. Da dies mein erstes Wohnmobil ist, das ich selbst ausgebaut habe, hatte ich vor dem Ausbau die Bedenken, dass sich meine Laienhaftigkeit im Endergebnis widerspiegeln könnte. Ich hatte befürchtet, dass der Ausbau zusammengepfuscht, hingepfriemelt, zusammengestückelt und improvisiert aussehen könnte.

Das wäre zum einen angesichts des eingesetzten Kapitals sehr schade gewesen, zum anderen hätten wir uns sicherlich täglich über solche Mangelerscheinungen geärgert. Ich hatte außerdem befürchtet, dass der Ausbau vielleicht nicht den Belastungen im Gelände und auf harten Pisten standhalten könnte und dass die eine oder andere Komponente ihren Geist aufgeben würde, weil ich vielleicht beim Einbau etwas falsch gemacht haben könnte.

Nichts von all dem ist eingetreten. Das soll nun nicht heißen, dass unser Sternchen oder der Ausbau perfekt sind. Davon sind wir weit entfernt und wahrscheinlich ist es gar nicht möglich, ein solches Fahrzeug perfekt zu bauen, denn alles, wirklich alles ist ein Kompromiss. Auf unserer achtmonatigen Reise hat alles – bis auf den 230-Volt-Wechselrichter – funktioniert. Und selbst den konnten wir während der gesamten Reise durch einen kleinen, mobilen Wechselrichter ersetzen.

Kleinere Funktionsstörungen konnte ich selbst und mit Bordmitteln beheben. Und die notwendigen Reparaturarbeiten am Truck wie den Austausch des Kupplungsgeberzylinders, des gerissenen Standgaszugs und einiges andere mehr konnte ich selbst vornehmen und dabei ein bisschen mit der Lkw-Technik »warm« werden. Das Schönste aber ist die Tatsache, dass wir uns in unserem Sternchen wirklich sauwohl fühlen. So wohl, dass unsere »Testreise« nicht wie geplant vier Monate dauerte, sondern es wurden am Ende acht daraus. Und selbst nach unserer Rückkehr im Juni 2009 lebten wir noch weitere fünf Monate im Sternchen.

Das liegt sicher aber auch daran, dass wir eben unser Traum-Mobil genau so gebaut haben, wie es unseren Vorstellungen entspricht. Bei all den Fahrzeugen, die wir uns angeschaut haben, gab es doch immer wieder sogenannte »No-Go-Kriterien«, die wir einfach nicht akzeptieren konnten oder wollten. So war es die logische Konsequenz, dass wir unser Fahrzeug einfach selbst nach unseren Vorstellungen ausbauen.

Denn nur dann kann man auch mit der Liebe fürs Detail Dinge realisieren, die man von einer Werkstatt niemals hätte machen lassen. Ich erinnere nur an den Bau von 17 Schubladen und 18 Decken-Staufächern, die von insgesamt 67

Push-Locks verschlossen gehalten werden; dann an den enormen Aufwand für den Bau des Durchstiegs, für den Einbau der Kühlschrank-Belüftungsklappen und die vielen anderen kleinen und großen Tüftelleien.

Die habe ich nur deshalb bewerkstelligt, weil mein Herz an diesem Fahrzeug mehr hängt als an jedem anderen zuvor. Schließlich ist es das erste Fahrzeug, mit dem ich mir einen Lebenstraum erfülle, und deshalb ist es auch das erste, das einen Namen bekommen hat: Sternchen.

Natürlich ist man hinterher immer schlauer und würde so manches anders machen. Aber viel ist es nicht, das ich mit dem Kopf von heute verändern würde – zumindest nicht bei gleichen Rahmenbedingungen. Klar wäre eine um 30 cm breitere und 50 cm längere Kabine schon angenehmer vom Raumgefühl. Aber das zum Mehrpreis von mindestens € 10.000,-? Klar, dass 100 PS mehr unserem Sternchen schon guttäten. Aber zum damaligen Zeit-punkt war kein vergleichbares Fahrzeug in dieser Preisklasse mit 220 oder 240 PS verfügbar. Auch die tollen KCT-Fenster wären nett gewesen. Aber zum Mehrpreis von € 6.000,-?

So gibt es nicht viel, was ich unter den gleichen Voraussetzungen anders machen würde – das meiste spiegelt sich in den mittlerweile erfolgten Optimierungsmaßnahmen wider. Die vielleicht größte Fehleinschätzung war die der Batterien- und Ladekapazität, wo sich gezeigt hat, dass 300 Ah konventionelle Batterienkapazität und 200 Wp Solarladekapazität einfach nicht ausreichen. Auch die Hoffnung, mit einem Spirituskocher glücklich zu werden, hat sich nicht bewahrheitet und letztendlich zur Nachrüstung einer Gasanlage geführt. Und so wird es wohl auch in Zukunft Optimierungen an und in unserem Sternchen geben, spätestens dann, wenn sich Reiseanforderungen verändern oder neue, bessere Komponenten Feind des Guten werden und leistbar sind.

Keine Sekunde bereut habe ich es, dass ich den Ausbau selbst vornahm. Ganz im Gegenteil: Für mich stellte der Ausbau bereits die erste Etappe unserer Reisen dar, und mit dieser inneren Einstellung konnte ich ihn auch (meistens) genießen. Vielleicht ist auch das der Grund, warum ich den Ausbau von Anfang an so akribisch fotografisch dokumentiert habe – eine Tatsache, ohne die ich dieses Selbstausbau-Buch nie hätte realisieren können. Natürlich war es ein Glücksfall für mich, dass ich in Intercamp die besten Coaches fand, die man sich für ein solches Projekt vorstellen kann. Umgesetzt und gebaut habe aber ich weitgehend das Fahrzeug.

Es steht jedem frei, – und das will ich damit auch anregen – sich selbst ähnliche Umstände zu schaffen, unter denen man Unterstützung beim Ausbau seines Fahrzeugs findet. Vielleicht gründest Du eine Schrauber- oder Hallengemeinschaft, wo man die Fahrzeuge gemeinsam unterstellt und gemeinsam daran

37 Resümee und Schlussbetrachtung

bastelt? Oder vielleicht hast Du ja einen Freund, der handwerklich begabt ist und der Dir hilft und der dafür das Fahrzeug einige Wochen im Jahr nutzen darf?

Möglichkeiten gibt es viele, die eigenen Fähigkeiten mit denen von Spezialisten zu veredeln. Man muss halt ein bisschen kreativ sein – nicht nur beim Ausbau, sondern bereits beim Schaffen eines geeigneten Set-ups. Das Beste an der Sache ist aber das gute Gefühl auf Reisen, zu wissen, warum was wie zusammengebaut ist, wo die einzelnen Leitungen liegen, wie die Verbindungen hergestellt sind, wie die Bauteile zusammenwirken und funktionieren und wo die Ursache eines Fehlers liegen könnte. Der Wert dieses Durchblicks steigt mit jedem Kilometer, den Du Dich weiter von der Zivilisation entfernst.

So sieht unser Resümee durchaus positiv aus. Auch wenn ich für den Ausbau wahrscheinlich dreimal so viel Zeit aufgewendet habe, als wenn ein Profi diese Leistung erbracht hätte, bedeuten vor allem der Stolz und die innere Befriedigung auf der Habenseite so viel, dass es das Geld, die Zeit und die Mühen bei Weitem aufwiegt.

Ich habe mich an Gewerke gewagt, die ich mir vorher nie zugetraut hätte, und dabei unschätzbare Erfahrungen gesammelt, die ich heute im täglichen Leben nutzen kann. Der Ausbau eines Wohnmobils konfrontiert Dich mit so vielfältigen Themen und Handwerken, dass es Dir nie langweilig wird. Deshalb kann ich nur jedem ans Herz legen, auf sich zu vertrauen, sich selbst zu ermutigen und ermächtigen, den Ausbau seines Fahrzeugs selbst in die Hand zu nehmen. Das ist, wie eingangs schon erwähnt, meine Absicht, die ich mit diesem Buch verfolge. Ganz gleich, ob Du einen vw-Bus, einen Kastenwagen, einen Pick-up mit Absetz-kabine, ein klassisches Wohnmobil oder einen Lkw ausbauen möchtest: Ich hoffe, dass ich Dir mit meiner Ausbauanleitung viele hilfreiche Tipps und Ratschläge gebe und Dich zu Überlegungen anrege, die Du vielleicht ohne dieses Werk nie gehabt hättest. Und vielleicht kann ich Dich vor dem einen oder anderen Ausbau-Fehler bewahren und Dir dabei helfen, Fehlinvestitionen zu vermeiden.

Ganz besonders freue ich mich, wenn es mir mit meinem Buch gelungen ist, ganz im Sinne des am Anfang zitierten Antoine de Saint-Exupéry Deine Sehnsucht nach der Freiheit des Reisens im eigenen Wohnmobil geweckt oder gestärkt zu haben. Nicht ohne Grund habe ich die teilweise staubtrockene Technik mit einigen Impressionen von unserer Marokko- und Westsahara-Reise garniert. Ich freue mich über Dein Feedback, bin offen für konstruktive Kritik genauso wie für Verbesserungsvorschläge und neue Anregungen.

Edith, Sternchen und ich wünschen Dir viel Spaß beim Planen und Tüfteln, beim Bauen und Montieren, vor allem aber beim Reisen und Genießen – egal, mit welchem Auto, egal, wohin. Hauptsache die Welt entdecken, neue Länder und Menschen kennen-lernen und viele kleine und große Abenteuer bestehen.

Herzlichst

Edith & Ulrich & Sternchen

Impressum

Herausgeber
Dolce Vita Verlag, Bad Schönborn

Idee, Konzeption, Redaktion und Organisation
Ulrich Dolde

Autor
Ulrich Dolde

Fotografie
Ausbau- und Reisebilder Edith Dolde, Ulrich Dolde

Titelbilder Wohnmobile: Fotolia.de
Allrad-Lkws: Aigner-Trucks GmbH, Bat-Trade GmbH, Fabian Heidtmann Nutzfahrzeuge, Ulrich Dolde
Kofferaufbauten: Alu-Star und Ormocar
Koffer-Selbstbau: Saevar Skaptason, F&F Expedition, Kern-Metallbau
Befestigungstechnik: Sika GmbH und Dekalin GmbH
Produktbilder Heizungen, Wasserboiler, Verdampferklimaanlage, Schubladen-Kühlschrank, Polsterungen usw. von den jeweiligen Herstellern
TV-Sat-Anlagen: Crystop GmbH
Möbelholz: Vöhringer GmbH

Visuelles Konzept, Gestaltung, Bildbearbeitung und Druckvorstufe
Andreas Dobos, area 4 | Büro für Markenkommunikation,
Feldmarschall Conrad Platz 8, 9020 Klagenfurt am Wörthersee
+ 43 676 9 31 28 84
www.area4.at, office@area4.at

Lektorat
Edith Dolde

Schrifttype
Calluna Sans, gestaltet von Jos Buivenga.

Papiere
Vorsatz und Nachsatz 120 g/m²
Kern: Maxisilk, 135 g/m²

Druck und Bindung
Kraft Druck GmbH
Industriestraße 5–9, 76275 Ettlingen
+49 7243 591 0
info@kraft-druck.de, www.kraft-druck.de

© Alle Rechte vorbehalten, jede Art der Vervielfältigung ohne Genehmigung des Verlages ist unzulässig.

Bibliografische Information der Deutschen Nationalbibliothek: Die Deutsche Nationalbibliothek verzeichnet diese Publikation in der Deutschen Nationalbibliografie; detaillierte bibliografische Daten sind im Internet über http://dnb.d-nb.de abrufbar.

ClimatePartner°
klimaneutral
Druck | ID: 53361-1403-1009

ISBN 13 97839-81-49568-3
www.wohnmobil-selbstausbau.com

wohnmobil aufbau
selbstausbau
www.wohnmobil-selbstausbau.com

Wirtschaft und Liebe

Wohnmobil-Selbstausbau ist in den letzten Jahren ein wichtiger Bestandteil meines Lebens geworden, in den viel Herzblut hineinfließt. Aber eigentlich liegen meine beruflichen Wurzeln wo ganz anders: bei Marken, im Marketing und im Aufbau und in der Leitung von Unternehmen beziehungsweise im Coaching von Führungskräften in Bezug auf Mitarbeitermotivation und Produktivitätssteigerung.

Nach 20 Jahren in der Wirtschaft habe ich meine Erfahrungen dazu ebenfalls in einem Buch zusammengefasst: »Wirtschaft und Liebe«. Das Buch habe ich für alle in der Wirtschaft tätigen Menschen geschrieben. Zwar vorzugsweise für diejenigen, die Verantwortung für Menschen und Unternehmen tragen und diese führen und lenken, im weiteren Sinne aber auch für alle Arbeitnehmerinnen und Arbeitnehmer. Denn zur Liebe gehören ja bekanntlich (fast) immer zwei. »Wirtschaft und Liebe« will einen Beitrag dazu leisten, dass die Wirtschaft menschlicher wird und dadurch auch wirtschaftlicher. Menschlichkeit und Produktivität wurden viel zu lange als Gegenpole verstanden, die sie nicht sind.

Anhand zahlreicher selbst erlebter Geschichten und Beispiele aus meinem Berufsleben zeige ich auf, dass es möglich ist, die Ziele von Unternehmen mit denen der Mitarbeiter in Einklang zu bringen. Wie das Web 2.0 die Menschen zum Mitmachen motiviert, muss Management 2.0 die Mitarbeiter in die kreativen und strategischen Prozesse der Unternehmensführung einbeziehen. Denn dadurch werden Mitarbeiter zu Mitdenkern und Mitunternehmern, was ihre noch schlummernden Produktivitätspotenziale weckt. Mit diesem Buch will ich ein Bewusstsein dafür schaffen, dass Mitarbeiter und Unternehmensführung auf der gleichen Seite des Stranges stehen, an dem es gemeinsam zu ziehen gilt.

Somit gibt es nicht nur die Möglichkeit, mich an einem windigen Strand oder auf einer staubigen Piste zu treffen, sondern vielleicht auch auf einem Kongress für innovative Unternehmensführung. Egal wo, ich freue mich darauf!

Herzlichst, Ulrich Dolde

www.wirtschaft-und-liebe.com
ISBN: 978-3-981-4956-0-7